민족의 인종적 기원

민족의 인종적 기원

초판 1쇄 인쇄 _ 2018년 2월 5일
초판 1쇄 발행 _ 2018년 2월 10일

지은이 앤서니 D. 스미스
옮긴이 이재석
펴낸이 유재건 | **펴낸곳** (주)그린비출판사 | **주소** 서울시 마포구 와우산로 180, 4층
전화 02-702-2717 | **이메일** editor@greenbee.co.kr | **신고번호** 제2017-000094호

ISBN 978-89-7682-281-9 93900
이 도서의 국립중앙도서관 출판시도서목록(CIP)은 서지정보유통지원시스템 홈페이지(http://seoji.nl.go.kr)와 국가자료공
동목록시스템(http://www.nl.go.kr/kolisnet)에서 이용하실 수 있습니다.(CIP제어번호: CIP2018003258)

앤서니 D. 스미스 지음
이재석 옮김

민족의
인종적
기원

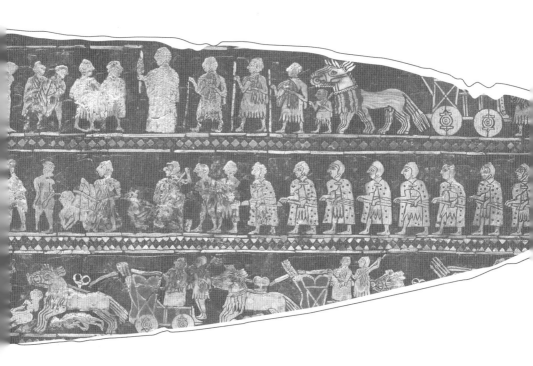

휴 시턴-왓슨 교수를 기리며

우리의 좁은 공간, 우리의 짧은 인생, 곧 끝날 우리의 열정과 감정이
우리를 그을린 유한한 현실로부터 이끌어 낼 때,
여기 인류의 감정을 거의 만족시킬 수 있을 만큼 크고 강력한 우주가 있다.
W. B. 예이츠

사회의 통일성과 개성을 부여하는 집단적 감정과 공동체의 이상을
주기적으로 고무하고 재확인할 필요성을 느끼지 못하는 사회란 결코 없다.
에밀 뒤르켐

그날이 오면 너는 무너져 버린 다윗의 성선을 일으켜 세우고,
그 성전의 터진 곳을 메우겠습니다.
그리고 나는 다윗 성전의 잃어버린 옛 모습을 일으켜 세워,
옛날의 모습대로 건축하겠습니다.
…
그리고 나는 포로가 되어 있는 나의 민족 이스라엘인들을 데려가겠습니다.
그렇게 하여 그들이 황무지에 도시를 건설하고 거기서 살도록 하겠습니다.
또한 그들이 포도를 재배해서 그것에서 나온 포도주를 마실 수 있도록 하겠습니다.
또한 그들이 과수원을 만들고 그 과수원의 과일을 먹을 수 있도록 하겠습니다.
그리고 나는 우리 민족을 우리 민족의 땅에 정착시켜,
그들이 내가 준 땅 밖으로 더 이상 끌려가지 않도록 하겠습니다. 나의 주 하나님께 고합니다.
아모스

| 일러두기 |

1 이 책은 Anthony D. Smith, *The Ethnic Origins of Nations*(Blackwell Publishers Ltd., 1986)을 완역한 것이다.

2 본문의 주석은 모두 각주로 표시했으며, 옮긴이 주는 해당 주석의 끝에 '—옮긴이'라고 표시해 따로 구분해 주었다. 본문 내용 중 옮긴이가 추가한 내용은 대괄호([ ])로 묶어 표시했다.

3 주석에서 언급되는 문헌들은 저자명과 출간연도만을 간략히 표시했으며, 해당 문헌의 자세한 서지정보는 책 말미의 '참고문헌'에 따로 정리했다.

4 단행본과 정기간행물, 오페라 등에는 겹낫표(『 』)를, 단편과 논문, 회화, 곡명 등은 낫표(「 」)를 써서 표기했다.

5 외국 인명이나 지명, 민족명이나 국가명 등은 2002년에 국립국어원에서 펴낸 '외래어 표기법'을 따라 표기했다.

서문

최근 역사학자와 사회과학자 사이에서 근대 세계의 기원과 모습에 관한 관심사가 점점 더 수렴되고 있다. 다수의 사회학적 성향의 역사학자와 역사적인 것에 관심을 가진 사회학자들이 몇십 년에 걸쳐 한편으로는 기록에 의거한 경험주의와 다른 한편으로는 '사회'에 관한 추상적인 이론화를 거쳤고, 이후 협동연구를 통해서 자본주의, 세속주의, 관료제를 내용으로 하는 현대 세계의 등장과 특징적인 현대 세계의 다양한 성격을 추적하는 데로 그들 각자의 학문에서 가진 관심과 발견을 옮겨 갈 필요성을 절감하였다. 여러 사람들 가운데서도 특히 카(E. H. Carr), 시턴-왓슨(Hugh Seton-Watson), 홉스봄(Eric Hobsbawm), 키에르난(Victor Kiernan), 틸리(Charles Tilly), 스카치폴(Theda Skocpol), 배링턴 무어(Barrington Moore), 월러스틴(Immanuel Wallerstein), 헥터(Michael Hechter), 겔너(Ernest Gellner), 암스트롱(John Alexander Armstrong)의 저작을 통해서, 그들의 관심사가 역사사회학과 사회역사학의 발전에 개별적으로 기여했다고 우리는 알고 있다.

그들 관심사의 지극히 중요한 특징 중 하나는 민족과 국가의 성장이다. 근대적 형태의 국가의 기원과 성격에 대해서는 많은 연구가 이루어졌다. 그러나 서구뿐만 아니라 제3세계에서도 '민족 형성' 문제와 씨름했던 수많은 노력이 있었다.

　이 책은 그와 같은 커다란 논쟁의 성격과 관련되어 있고, 근대 서구의 발전을 보다 넓은 역사적 맥락에다 두고자 하는 희망에서 제시되고 있다. 이 책의 목적은 몇 가지 민족의 기원과 계통을, 특히 '인종적 민족'[1]의 근원을 분석하는 것이다. 근대 세계의 '독립국의 지위'를 규정하는 불변적인 요소와 민족 형성을 지배하는 일반적 특징에 주목하는 것이 정당하지만, 민족의 변종 또한 그것 자체로든 정치적 결과로든 중요하기 때문이다. 이런 변종 가운데 가장 중요한 것은 축적된 특수한 역사적 경험과 집단적 경험에 의해 결정된다는 것이 나의 신조이다. 이런 까닭에, 여기서는 다양한 '신화', '기념물', '상징'을 중요시하는데, 그것들은 흔히 인종적 민족을 규정하고 차별화한다. 그것들은 거꾸로 근대 이전 인종적 민족의 형성 연구를 요구하는데, 특히 우리가 집단적 경험의 역사적 축적물을 추적하기 때문이고, 또한 '민족성'이 일반적 양식으로 채용되고 형성되어 근대적 민족에게서도 망각되지 않는 인간 결사체의 강력한 모델을 제공해 주기 때문이다.

---

1) ethnie는 프랑스어이며, 이 말을 대신하는 영어는 없다. 그러나 이 말의 형용사형에 해당되는 말로 영어 ethnic, ethnical이 있는데 이 말은 '종족적', '인종의', '민족의' 등으로 번역되어 사용되고 있다. 여기서 착안한 듯 우리나라에서 ethnie는 일반적으로 '종족'으로 번역되고 있다. 하지만 이 번역은 집단의 혈연적 속성을 정확하게 짚어 낸 장점은 있으나 집단의 문화적 속성을 저버리고 있다. 프랑스어 ethnie는 사전적으로 '언어·풍속·교양을 같이하는 자연적 인간 집단'을 의미하고, 이 책의 저자 스미스의 견해에 의하면 "공유한 조상의 신화, 역사, 문화와 특정한 영역과 연대의식을 가진 명명된 인간의 집합"이다. 다시 말하자면 ethnie는 부족(tribe)과 민족(nation)의 중간 단계에 있는 역사와 문화를 가진 인간 공동체로, 아민족(亞民族) 또는 준(準)민족인 것이다. 그리하여 옮긴이는 ethnie를 이 집단이 가진 문화와 독자적인 이름을 중시하는 것이 타당하다고 여겨 '인종적 민족'으로 번역하고 nation은 '민족'으로 번역하며, ethnic은 national과 구별해 '인종적' 혹은 '인종적 민족의'라고 번역하고자 한다.

민족의 형성에 인종적 뿌리가 중요하다는 나의 신조는 고(故) 시턴-왓슨 교수의 저서와 강의로부터 크게 자극과 격려를 받았다. 이런 쟁점들에 대해 나는 그와 토의하는 행운을 누렸으므로, 깊이 감사하는 마음으로 이 책을 그의 영전에 바친다. 그는 민족주의, 특히 동유럽 민족주의를 연구한 가장 저명한 역사학자 가운데 한 사람으로서, 젊은 세대들이 수행하는 민족성과 민족주의 연구를 격려해 주었다. 그가 일찍 서거한 것은 그의 가장 중요한 업적을 이룬 주제인 근대국가와 민족의 역사적 근원 문제에 관심을 가진 학문공동체에 크나큰 손실이었다.

나는 또한 이 분야를 전공하는 다른 학자들, 특히 암스트롱, 코너(Walker Connor), 겔너의 저작에 빚을 졌다. 전(前)근대 시기 종족의 신화와 상징 연구에 대해서는 암스트롱의 개척자적인 저서 『민족주의 이전의 민족』과 마찬가지로, 프랭크포트(Henri Frankfort)와 프라이(Richard Frye) 같은 고대 사가의 저작이 무어라 평가할 수 없을 정도로 유용했다. 이 주제에 관한 나의 관심은 또한 레이놀즈(Susan Reynolds)와 그녀의 동료들이 조직한 '후손에 의한 정당화'(Legitimation by Descent) 학술회의에서 자극받았다. 2, 3, 4장은 초고 형태로 런던정경대학 수요야간역사사회연구회의 '역사의 패턴'과 '민족주의' 세미나에서 발표되었다. 이 책의 주제를 구성하는 쟁점에 대해 토론했던 학과 구성원들뿐만 아니라 도움이 된 논평을 해준 세미나 참가자들에게도 감사한다. 오류나 누락에 대한 책임뿐만 아니라 표명된 견해에 대한 책임은 전적으로 나의 것임은 두말할 나위가 없다.

끝으로, 이 책을 출판해 준 데 대해 블랙웰(Blackwell) 출판사와 매기(Sean Magee)에게, 본문에 대한 논평을 해준 데 대해 크론(Patricia Crone)과 홀(John Hall)에게도 고마움을 표하고 싶다. 나는 이 책을 집필하는 동안 나의 가족들이 인내해 준 데 대해, 그리고 나의 아내가 지도와 참고문헌을 정리하는 데 도움을 준 데 대해 감사를 표시하고 싶다. 그들의 도움이 없었더라면 나는 이 책을 쓰지 못했을 것이다.

1986년 1월
런던정경대학 사회학과
앤서니 스미스

지도

다음 지도는 본문에서 논의된 고대 중동과 중세 유럽에 존재했던 인종적 민족 공동체의 이주 및 유입과 함께 대략적인 위치를 가리키고 있다. 이 지도는 자세한 지리적 특징을 가리키는 것은 아니나, 해당되는 시기에 번성했던 인간군상(인종적 민족), 국가, 시골 또는 지역, 도시를 뚜렷한 활자체로 분류해 표시했다(인종적 민족은 굵은 고딕체로, 국가 또는 왕국은 명조체로 표시했다). 주어진 본래의 이름, 예컨대 이집트, 아시리아, 페르시아가 다른 때에는 인종적 민족, 지역, 또는 국가를 의미하기 때문에, 범주가 불가피하게도 중첩된다. 이것은 특히 유대 또는 아르메니아같이 인종적 민족으로 그려진 지역이나 지방에 해당되는데, 그 이름은 정착한 인종적 민족으로부터 가져와 왕국에 붙인 이름이다. 어떤 지역은 야곱의 아들 유다처럼 인종적 민족의 조상을 따서 이름을 지었다. 그밖에도 그리스와 로마의 저자들은 그들의 세계 변방에 있는 지역을 종종 종족의 이름을 따서, 예컨대 게르마니아와 브리타니아처럼 묘사했고, 특히 '야만 부족' 또는 언어 집단이 거주하는 미지의 지역을 그렇게 묘사했다. 독자들은 지도상에서 정보를 해석할 때 이것을 유념하기 바란다.

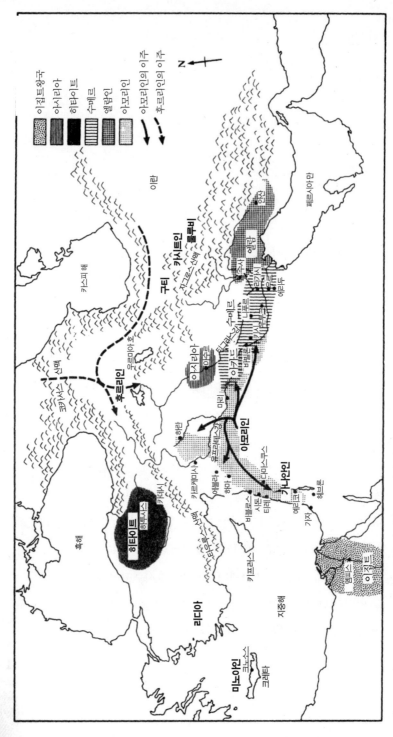

지도 1. 고대 근동 (BC 2200~1700) : 인종적 민족 공동체와 이주

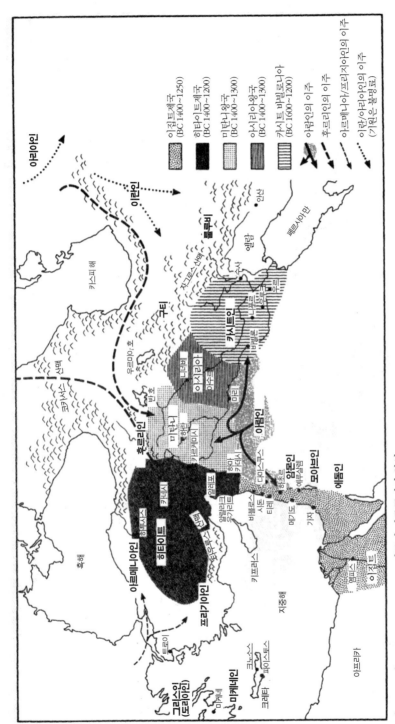

지도 2. 고대 근동(BC 1500~1200) : 인종적 민족국가와 침입

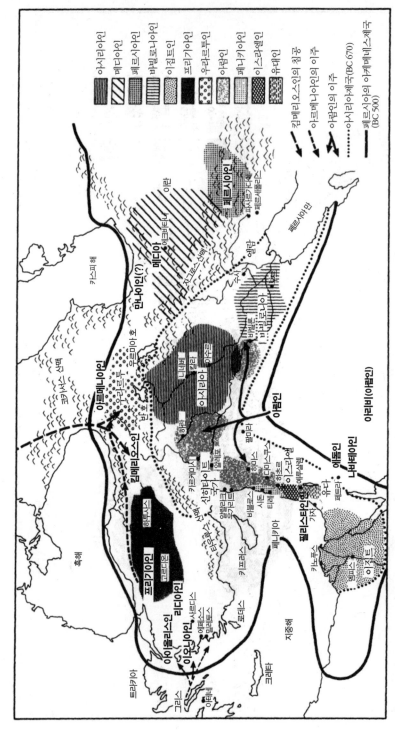

지도 3. 고대 근동(BC 800~500) : 아시리아제국과 페르시아제국 통치 아래에 있던 인종적 민족 공동체

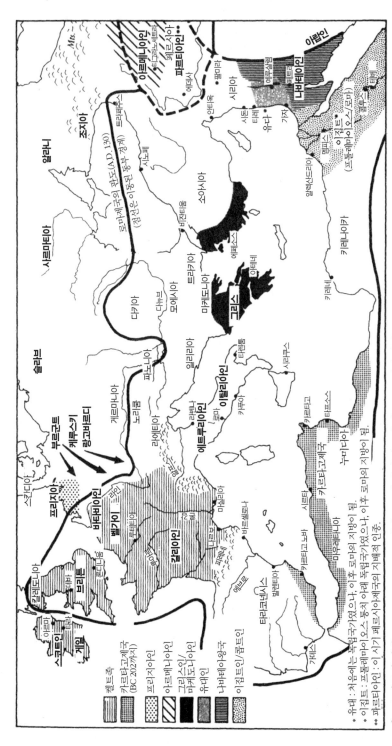

지도 4. 지중해 세계(BC 200~A.D. 300) : 로마제국 통치 아래 인종적 민족 공동체와 지역

* 유태 : 처음에는 독립국가였으나, 이후 로마의 지방이 됨.
* 이집트 : 프톨레마이오스 통치 아래 독립국가였으나, 이후 로마의 지방이 됨.
* 그리스인/마케도니아인 : 프톨레마이오스 통치 아래 독립국가였으나, 이후 로마의 지방이 됨.
** 파르티아인 : 이 시기 페르시아제국의 지배적 인종.

셀트족
카르타고제국 (BC 202까지)
프리지아인
아르메니아인
그리스인/마케도니아인
유태인
나바테아왕국
이집트인/콥트인

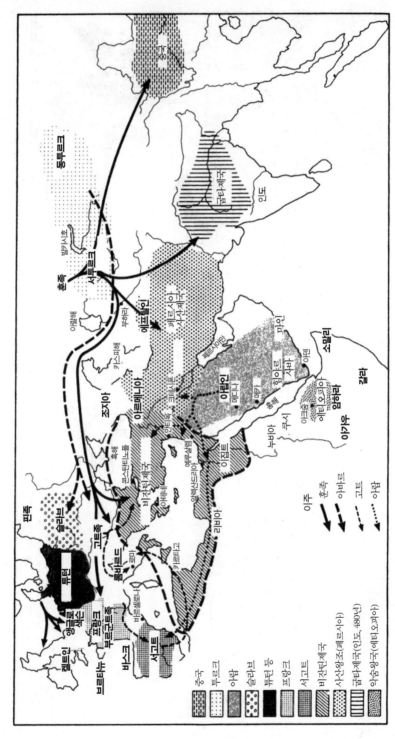

지도 5. 고대 세계의 말기(400~700) : 제국, 인종적 민족 공동체, 그리고 인종적 민족의 이주

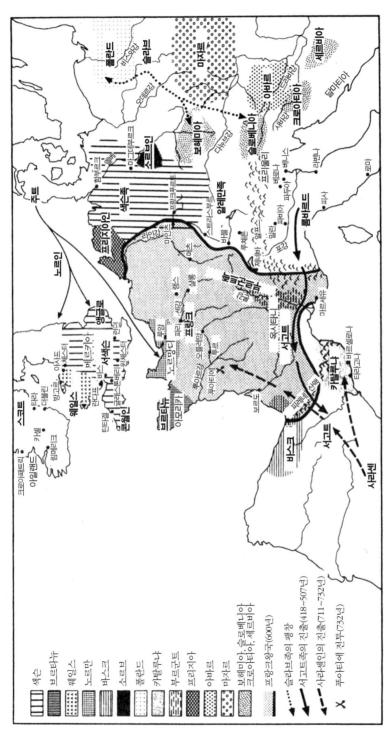

지도 6. 서부 및 중부 유럽(400~1000) : 인종적 민족의 왕국과 이주

색슨
브르타뉴
웨일스
노르만
바스크
수에브
롬바르드
카탈루냐
부르군트
프리지아
아바르
마자르
보헤미아, 슬로베니아 크로아티아, 세르비아
프랑크왕국(600년)

⋯⋯⋯ 슬라브족의 팽창
─── 서고트족의 진출(418~507년)
- - - 사라센인의 진출(711~732년)
✕ 푸아티에 전투(732년)

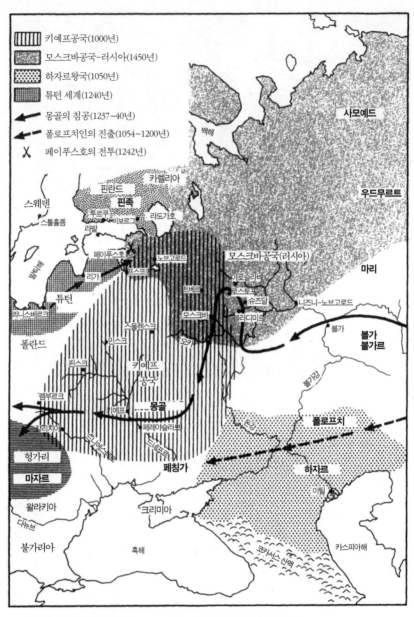

지도 7. 러시아와 동유럽(1000~1500) : 인종적 민족국가와 침공

차례

서문 9
지도 13

서론 23

1장 _ 민족은 근대적인 것인가? 31
    '근대주의자'와 '원초주의자' 33 | 인종적 민족, 신화 그리고 상징 45 | 인종적
    민족 공동체의 지속성 52

1부 _ 전근대의 인종적 민족 공동체

2장 _ 인종적 민족 공동체의 토대 58
    인종적 민족의 차원 61 | 인종적 민족 형성의 토대들 80 | 인종적 민족의 구
    조와 지속성 99

3장 _ 역사상의 인종적 민족과 민족성 중시주의 111
    독특성과 배제 112 | 인종적 민족의 저항과 쇄신 116 | 외부의 위협과 인종
    적 민족의 반응 126 | 신화원동기의 두 유형 133

4장 _ 농경사회의 계급과 인종적 민족 156
    '사회침투'의 문제 158 | 군사적 동원과 인종적 민족의 의식 166 | 인종적 민
    족의 두 유형 171 | 인종적 민족의 정치체제 197

5장 _ 인종적 민족의 생존과 소멸 202
    위치와 주권 203 | 인구의 지속성과 문화의 지속성 209 | 인종적 민족의 해체
    215 | 인종적 민족의 생존 228 | 인종적 민족의 사회화와 종교적 쇄신 259

2부_근대의 인종적 민족과 민족

6장_민족의 형성 274

서구의 혁명 276 | 영토적 민족과 인종적 민족 285 | 민족-형성 292 | 인종적 민족 모델 306 | 인종적 민족의 연대 혹은 정치적 시민권? 315

7장_인종적 민족에서 민족으로 323

인종적 민족의 정치화 325 | 새로운 성직자 332 | 단일 지배의 정치와 영토화 339 | 동원과 포용 346 | 새로운 상상 355

8장_전설과 풍경 363

향수와 후손 363 | '과거'의 의미 369 | 역사 드라마로서의 낭만적 민족주의 373 | 시적 공간: 풍경의 이용 381 | 황금시대: 역사의 이용 398 | 신화와 민족 건설 419

9장_민족의 계보학 435

파르메니데스류 학파와 헤라클레이토스류 학파 436 | 민족의 '고풍' 440 | 민족성을 초월할 수 있는가? 445 | 규모가 작은 민족의 세계는? 450 | 인종적 민족의 동원과 지구적 안보 458

옮긴이 후기 469 | 참고문헌 473 | 찾아보기 510

서론

이 책은 두 개의 관심사로부터 생겨났다. 첫째 관심사는 고(故) 시턴-왓 슨 교수와 인종적 민족 공동체와 민족 사이의 차이점에 관해 나눈 상당한 수준의 대화에서 유래하였다. 곳곳에 있는 인류 집단은 그들의 경제적 자 원, 인구자원, 군사적/정치적 힘 그리고 문화적 기반과 성격에서 매우 다 르면서도 '민족'이란 지위를 요구한다. 하나의 민족의 자격을 주장하는 것은 물론 동등한 국제적인 대우를 요구하는 것이지만, 그러한 요구가 아 프리카와 아시아의 작고, 저발전이며, 문화적으로 이질적인 국가 혹은 제 3세계의 일부 지방에 있는 정치적 비중과 문화적 기반을 가지고 있지 아 니한 많은 '부족' 집단을 위한 것이라면, 과연 지지받을 수 있었을까? 누 군가가 그런 집단의 위계질서를 세울 수 있었고 그런 까닭에 그런 요구의 서열을 수립할 수 있었을까? 그런 범주의 인류 또는 집단은 언제 인정받 는 '민족'이 되었는가? 혹은 그들이 민족이 아니라면, 언제 인정받는 인종 적 민족 공동체가 되었는가?

　　두번째 관심사는 시턴-왓슨, 틸리와 브륄리(John Breuilly) 같은 역 사학자, 네언(Tom Nairn), 앤더슨(Benedict Anderson), 겔너 같은 사회학 자의 저작에서 다룬 근대 초기 서구 민족의 형성에 대한 최근의 논의에서 생겨났다. 민족주의 이데올로기가 아닌 '민족'을 고대에서 발견할 수 있다고 보는 초기 세대의 학자 및 문외한과는 대조적으로, 새로운 파도격인 사회과학자와 역사학자들은 민족이란 근원이 보다 이른 시기에 있었다 해도 그것은 거의 없는, 전적으로 근대적인 고안물이라고 선언했다. 그러나 근대의 '인종적 민족의 부활'을, 특히 서구에서 인종적 민족의 부활을 다룬 나의 초기 저작은 역사 초기에 있었던 종족적 유대와 감정의 중요한 기능을 주장한 바 있다. 다시 한 번 이런 의문이 일었다. 인종적 민족의 정체성과 민족 사이의 관계는 무엇인가? 그것은 단순히 연대기적인 것인가, 아니면 유형학적인 것인가? 인종적 민족의 특성과 민족의 형성 사이에는 인과적인 연계가 있는가?

자격이 있는 국가와 자칭 민족의 세계에는 단순히 학문적 쟁점만 있는 것이 아니다. 수많은 수효의 사람들이 자기네 민족의 정체성을 승인받고 자기네 '역사 속의' 땅을 회복하기 위해 기꺼이 희생당할 준비가 되어 있다. 불안정해서 취약한 신생국가는 자기네들의 '민족' 자격을 확립하려고 고심하는데, 특히 그들이 공통된 민족성의 외관을 결여하고 있을 때 더욱 그러하다. 뿌리를 상실하여 모국이 없는 대중들은 그들이 소속해 있다고 믿을 수 있고 또 믿고 싶어 하는 정치적으로 유효한 단위에로 융합할 것을 열렬히 주장한다. 기억조차 할 수 없는 시대 한가운데 가라앉은 또는 잃어버린 인종적 민족의 뿌리를 재발견하는 것보다 소속감을 주장하거나 부여하는 더 좋은 방법은 무엇인가?

몇 세기 전에 땀과 피로 만들어진 자기네 민족의 정체성에 안전하게 안주하고 있는 서양의 관찰자들이 19세기 유럽 또는 20세기 아시아 아프리카의 민족주의 지식인들이 행한 과도한 수사와 잘못된 학문을 조롱하는 것이 유행하고 있다. 자신의 정체성을 거의 의심받지 않는 사람들은,

그리고 추방 또는 땅과 문화의 예속이라는 것을 몰라도 되는 사람들은 인정받을 수 있는 고유한 정체성을 수립하기 위해서 그들의 '뿌리'를 추적할 필요가 없다. 그러나 지붕 꼭대기로부터 들려오는 외침, 즉 '우리는 소속되어 있다', '우리는 고유한 정체성을 가지고 있다', '우리는 그것을 우리 조상과 우리 역사를 통해서 안다'고 하는 암묵적이며 자연스런 형식의 명제를 그들은 외치고 있다. 이것들이 기만과 왜곡으로 가득 찬 '신화'와 '기념물'이라는 것은 중요하지 않다. 영국과 프랑스의 민족정체성은 그와 같은 신화와 기념물로 구성되어 있다. 그 신화와 기념물로 인해 영국인과 프랑스인은 민족인 것이며, 신화와 기념물이 없으면 그 주민들은 정치적 공간에 존재하고 있을 뿐이다.

물론, 신화와 기념물보다도 '민족'(nation) 개념에 중요한 것이 있긴 하다. 그러나 그 신화와 기념물이 하나의 필수조건을 구성한다. 즉, 기억이 없다면 (사실은 선택적이지만) 정체성이 있을 수가 없다. 신화가 없다면 집단의 목표도 없다. 그리고 정체성과 목표 혹은 운명은 하나의 민족 개념에 필수적 요소이다. 그러나 이것은 인종적 민족 공동체의 개념에도 들어맞는다. 정체성과 운명을 갖고 있다는 것은, 그런 까닭에 신화와 기념물을 갖고 있다는 것은 느껴져야만 한다. 그렇다면 민족은 확장된 인종적 민족 공동체일 뿐인가?

이들 쟁점은 암스트롱의 최근 저작에 의해 핵심적인 논의의 초점이 되었다. 그의 중세 이슬람과 기독교 왕국의 종족적 정체성 요소 분석은 신세대 역사학자와 사회과학자의 여러 전제에 대한 직접적인 도전이 되는 것 같다. 그는 신화, 상징, 기억이란 요소에 초점을 두고서 종족적 현상과 민족적 현상에 대한 당혹스러운 성격, 즉 인종적 민족 공동체와 민족이 동시적으로 갖는 견고성과 취약성 조사를 완수할 수 있었다. 여러 가지 방법으로 민족, 조직의 문화보다는 민족주의, 이데올로기 운동을 파악하는 것이 더 쉽다. 인종적 민족 공동체조차도 멀리서는 쉽게 인식되지만, 우리가 가까이 다가가면 다가갈수록, 우리가 그것을 콕 찍어내고자 하면 할수록 우리 눈앞에서 사라져 버린다. '민족성'은 보유자의 눈에만 있고, 그 민족성은 시간과 맥락의 문제라는 의미에서 '상황적'인 것이고, 전이하며, 떠돌며, 환각적이라고 결론을 내리게끔 유혹한다.

이것이 어느 지점에서 조사의 시각을 고려하는 것이 필요한 이유이고, 또 조사의 시각은 고려 중인 문제점에 달려 있다. 우리의 목표는 민족의 토대와 계보를 알아보는 것이다. 그렇게 하는 것은 광범위하고 긴 시각을 요구한다. 불가피하게, 이것은 우리에게 민족과 인종적 민족 공동체에다 어떤 점에서 엄밀한 조사가 보장해 주는 것보다는 정태적인 '견고성'을 부여할 것을 요구한다. 나는 전체로서 개괄적으로 인종적 민족 공동체와 민족의 관계를 보기 위해서, 그것과 그 구성 요소들을 특수한 사례가 허용해 주는 것 이상으로 크나큰 확실성과 정밀한 정의를 가지고 있는 것으로 다루겠다. 그러나 그것은 인종적 민족 공동체와 민족 사이의 유사성과 차이점을 파악하는 데서, 민족성과 인종적 민족 공동체가 민족 구성의 모델과 기반을 이루는 방법을 파악하는 데서 불가피하다.

이런 조사에서, 우리는 민족의 기원과 형성에 대한 주요 사상 학파의 가정으로부터 출발해야 할 것이다. 우리가 민족을 더 이상 사회적 존재의 소여로 즉 시간을 배제한 원초적이며 자연적인 인간결사체의 단위로 보지 않을 것이지만, 비록 그것이 '자본주의'의 신경 경련이거나 산업사회의 필연적 형식이거나 문화라 할지라도 우리는 그것이 전적으로 근대적 현상이란 주장도 받아들일 수 없다. 산업자본주의 혁명, 관료제 국가, 그리고 세속적인 대중교육은 신석기 시대로의 이행과 비견할 만한 인류 역사의 분수령을 대표하나, 그것들이 전근대 시기의 문화와 정체성을 없애거나 쓸모없게 할 수는 없다. 그것들은 문화와 정체성의 많은 것을 바꾸었고 나머지를 파괴했으나, 다른 나머지들은 융합되고 부활했다. 이런 문화와 정체성의 운명은 그것들의 내적 재산 못지않게 근대 혁명을 불균등하게 투사하는 데에 달려 있다. 이것은 정체성과 문화의 구성분인 신화, 기념물, 상징, 가치가 흔히 새로운 의미와 새로운 기능에 의해 조화를 이루어 환경에 적응할 수 있기 때문이다. 이런 까닭에, 그것들의 후속적인 진화의 기초를 완전하게 성숙한 '민족'에 위치하도록 하기 위해서는 새로운 혁명적인 힘에 노출되기 이전 공동체의 '문화정체성 상태'를 조사하는 것이 중요하다.

이런 성찰이 이번 탐구의 방법과 얼개를 결정해 주었다. 인구 규모, 경제적 자원, 소통체계, 중앙집권화된 관료제, 아주 흔하게 민족을 형성하는 데 도움을 주는 국가 같은 요소가 분명히 민족의 환경을 조성하는 데 중요한 역할을 하지만, 그것들이 출현하는 민족 공동체의 뚜렷한 특질과 성격을 우리에게 말해 주는 것은 별로 없다. 그 때문에 우리는 '주관적' 요소로 돌아가야 한다. 그 요소들은 인종적 민족 의식의 일상적 구조를 형성하는 집단적 의지, 태도, 심지어 감정이라는 보다 덧없는 현상이 아니라 기억, 가치, 신화, 그리고 상징주의라는 보다 영구적인 특성이다. 이것들은 공동체의 예술, 언어, 과학, 그리고 법률 속에 기록되고 사멸되지 않고 남아 있어서, 비록 보다 느린 발전에 종속되지만 후속 세대의 인식에 자국을 남기고 또한 그것들이 저장하는 뚜렷한 전통을 통해 공동체의 구조와 분위기를 형성한다. 인종적 민족 공동체와 민족에서 지속성을 갖는 구성 요소를 역사적으로 비교하는 것에 기반을 둔 '상징적' 접근법만이 우리가 이들 공동체와 민족 사이의 역사적이며 사회학적인 관계를 전체적으로 그려 낼 수 있도록 해준다.

그렇기 때문에 이 책 1장은 경합을 벌이는 '원초주의자'(primordialist) 와 '도구주의자'(instrumentalist)의 힘과 한계, 그리고 민족의 기원에 관한 '영속주의자'와 '근대화론자'의 중첩적인 입장의 힘과 한계를 보다 상세히 개괄하는 데 할애되었다. 그리고 또한 그들의 가정의 많은 것들을 거부하고 다른 접근법과 입장을 포용하는 것이 필요하다는 것을 설명하는데 할애되고 있다.

이 책은 2부로 이루어진다. 1부는 인종적 민족 공동체 즉 인종적 민족의 본질과 기원을 검토한다. 2부는 민족의 형성과 성격을 검토한다. 1부의 첫번째 장(2장)은 인종적 민족 공동체의 주요 특징을 분석하고, 그들의 경제적·정치적·문화적인 근본적 토대를 추적한다. 3장은 다양한 종류의 전근대 인종적 민족들의 감정과 운동, 전형적으로 그것들을 발생시킨 상황을 탐색한다. 4장은 '근대화론자'의 주장에 맞서 상당한 분량의 엘리트문화가 공동체의 다른 계층과 지역에 분포해 있었다고 주장하고, 대중적 동원과 공동체의 폐쇄성이란 관점에 의해 공동체의 '수평적' 특징과 '수직적' 특징을 제시한다. 5장은 인종적 민족의 부활이라는 큰 주제를 다룬다. 즉, 어떤 인종적 민족은 어떻게 그리고 왜 변동과 관계 없이 몇 세기 동안 혹은 몇 천 년 동안 그들의 문화를 영속할 수 있고, 그와 달리 그들 중 일부는 정치적으로 더 강해지고, 와해되고, 망각되는가를 다룬다. 여기서 여러 복합적인 요소 가운데, 종교적인 구원의 조건, 그들의 경전, 기도서 그리고 성직자가 여러 공동체 속에서 인종적 민족에 특유한 형식을 보유하고 유지하는 생생한 요소라고 주장된다.

경전에 의한 신앙과 성직자에 의해 강화된 여러 인종적 민족 공동체가 현대에 생존한 것은 2부에서 고려된 민족의 형성 배경을 구성한다. 여기서 첫 장(6장)은 서구의 경제적·정치적·문화적 혁명에 의해 도입된 급격한 단절로부터 시작해서 민족 형성의 두 개의 모델과 도정을, 즉 시민적-영토적 모델과 인종적 민족적-연대기적 모델의 도정을 도식화한다. 두 개의 개념과 경로의 상호작용은 유럽과 아시아에서 추적되고, 인종적 민족 모델의 증대되는 영향력이 조명된다. 이를 통해 민족 개념은 본질적으로 불안정하고 이중적임이 발견된다. 7장과 8장은 이런 이중적인 민족의 성격을 정교화하도록 한다. 즉, 7장은 민족을 인구상 대중에 기초한 유동적이고, 활동적이며, 세속화하고, 영역적이며, 포용적인 이익사회로 본다. 8장은 다른 모습, 즉 과거를 찾는 민족을 본다. 민족과 같은 공동체는 죽음과 무익성을 극복하기 위해서 역사와 운명을 필요로 하기 때문에, 자연숭배와 과거의 영웅에게서 그것을 찾아야만 한다. 특히 되돌아온 지식인들은 생생히 살아 있는 과거를 필요로 하는데, 그 속에서 '민족'이 스스로의 위치를 잡을 수 있고 또 마땅히 그래야만 하는 서사시 속의 공간과 황금시대를 재건하기 위해서 고고학이나 문헌학과 같은 학문에 다시 입문하여 그것을 이용한다. 자연과 역사 기념물, 영웅숭배는 그들이 불러온 '지도'와 도덕성을 통해 밑바닥에 스며들고 새로운 민족을 형성한다.

　결론을 내리는 마지막 장은 서두의 문제의식으로 돌아가서, 역사적 과정으로 지속성을 갖고 이용할 수 있는 과거를 요구하는 민족 내부의 골동품을 지적함으로써, 분석적 요소들을 끌어모은다. 이 장은 또한 특정한 인종적 민족 공동체 및 혼합된 인종적 민족에 대해서처럼 보편적인 민족성의 잠재력을 강조한다. 현재 유지되는 민족에게서 재해석한 과거의 인종적 민족의 정체성이 점점 더 정합성을 보여 주듯이, 전근대의 인종적 민족과 근대의 민족 사이에 수단적인 것은 극적으로 변했을 수 있으나, 전근대의 인종적 민족에서 근대의 민족에 이르기까지의 목적은 상당히 지속적이다. 세계 도처에 있는 인종적 민족의 과거에서 뿌리를 찾으려는 민족의 염원을 무시한다면 오래 지속될 수 있는 세계질서가 결코 창조될 수 없고, 과거가 열매를 맺는다는 사실을 무시한다면 민족과 민족주의 연구 또한 이루어질 수 없다.

1장 _ 민족은 근대적인 것인가?

남자와 여자를 불문하고 사람들은 왜 자기 나라를 위해 기꺼이 죽으려 하는가? 그들은 왜 민족에게 강한 정체성을 갖는가? 민족의 특징과 민족주의는 보편적인가? 아니면, '민족'은 순수하게 근대적 현상이고 또 엄밀히 근대 사회현상의 산물인가? 어떤 경우든, 우리는 '민족'과 '민족정체성' 개념으로 무엇을 의미하는가?

이 연구는 그런 의문에 답하려 하며 하나의 매우 중요한 쟁점 즉 근대성에, 만일 이것이 아니라면 민족의 근대성에 초점을 맞추고 있다. 이런 문제를 제기하면서 나는 민족 개념의 여러 구성요소를 밝혀 내고, 이런 방법으로 민족정체성의 본질과 강렬함을 명료화하기를 바란다. 불가피한 일이지만, 이것은 민족주의의 출발점이라고 받아들여지는 18세기 말이라는 가까운 시점으로 돌아가서, 역사적 기록이 보다 일반적인 설명의 틀 안에서 제시하는 민족적 유대와 감정의 증거를 조합하는 것을 의미한다. 보다 일반적인 설명의 틀들은 역사적이며 사회학적인 것이다. 다시 말하자면, 그 틀들은 시기적으로 연속성 혹은 발전의 연속물과 비교하여 설명하는 관점을 제시하는데, 그 안에서 선택된 사실과 절차가 일관된 틀로 정리된다. 뚜렷하게 구분되는 연속성을 갖는 시기와 비교해 보는 관점을 가지지 않으면 그리고 그런 관점들을 명백하게 하지 못한다면, 당대 집단의 정체성과 이데올로기 연구는 종종 장애를 겪는다. 종종 그런 정체성과 이데올로기가 보편적이라거나 아주 최근의 현상이라고 가정되는데, 일반적인 틀 안에서 역사적 기록을 대하면 그런 가정의 한계가 드러난다. 이 연구의 목표 가운데 하나는 집단적 정체성과 감정이라는 장기적 관점 안에 민족감정과 이데올로기를 위치시키려는 것이다.

그러나 방법론에 대한 성찰을 넘어, 민족정체성과 민족감정의 의미와 그것의 만연이라는 근본적이고도 본질적인 문제가 있다. 여기서 다시 사회학적이면서 역사적인 분석이 우리가 사회적 맥락에서 민족정체성의 의미를 파악하도록 해 주고 널리 퍼져 있는 민족정체성의 의미와 그 격렬함의 근원을 발견하도록 도와준다. 과도한 주관성 때문에 혹은 해석상의 불확실성 때문에, 민족정체성의 의미가 역사적 기록에 남긴 자국대로의 의미를 무시하는 것은 당대 민족정체성의 근원에 대한 깊이 있는 이해를 차단하는 것이다. 대중의 의식과 감정을 추적하고 해석하는 것이 어려움에도 불구하고, 우리는 다른 시대와 문명 속에 노출된 대규모 집단의 정체성 표현으로부터 출발하고, 액면 그대로는 아니더라도 그것을 받아들여야 한다. 인종적 민족의 민족성 및 민족감정과 같은 현상은 매우 밀접하게 (더 많은 것을 포함하고 있는 곳에서조차) 태도, 인지, 느낌의 표현과 묶여 있기 때문에, 순수하게 구조적인 접근법은 설명하려는 목표로부터 필연적으로 멀어질 것이며, 그 접근법이 비록 심각하게 오도하지 않을 때조차 그렇게 될 것이다. 동시에, 집단적 정체성과 감정에 기울어진 '의미'는 비록 많은 정체성과 감정이 여러 세대 동안 지속된다 하더라도 시대와 환경에 따라 변한다. 이런 까닭에, 민족의 근원에 대한 연구라면 그 의미가 변하고 변환하게 되는 구조와 문화를 드러내도록 노력해야만 한다.

'근대주의자'와 '원초주의자'

우리가 현상과 대상을 얻을 때 또는 그것들을 잃어버릴 때, 아마도 우리는 그것들을 잘 알지 못한다. 반대로, 우리가 그것들에 포획되어 있다고 확신할 때 우리는 그것들을 당연히 여기지 않는다. 이것은 민족 개념에 대한 대중적이고도 학문적인 태도 조사로 밝혀졌다. 20세기 중엽, 우리의 민족주의에 대한 태도가 무엇이든 민족은 가족, 언어, 혹은 우리 신체 그 자체처럼 '자연스러운' 무엇이라고 하는 광범위한 가정이 대중의 마음속에 있었고, 많은 학문공동체에서 호응을 받았다. 많은 사람들이 민족의 구분, 민족의 성격, 그리고 민족주의를 당연히 여겼고, 그것들이 해로운 결과를 내고 있을 때조차 그랬다. 사람들은 초민족적 실체를 갈망했고 심지어는 세계정부를 갈망했으며, 국제연맹과 국제연합에 희망을 집중시켰다. 그러나 국제연맹이 우리에게 말해 주고 있듯이 민족국가의 영원성이나 민족국가의 세계는 심각하게 의심을 받지 않았다. 심지어 학문공동체에서도, 동의하지 않는 목소리가 있기는 했으나, 대부분의 학자들은 민족이 시공간에서 형태를 변화시키는 것을 목도할 때조차 민족을 인간적 상수로 취급했고, 이런 까닭에 그들은 세계를 파멸시킨 전쟁을 민족, 민족의 이익과 공격적 본능의 관점에서 설명하려 했다.[1]

그러나 20세기 말 많은 요인들이 대중의 마음속에 있었고 학자들의

---

1) 특히 1890년대부터 제2차 세계대전 때까지 르봉(Gustave Le Bon), 푸예(Alfred Jules Émile Fouillée), 트로터(Trotter)와 맥두걸(MacDougall)의 사회심리학이론의 영향 아래서 그러하다. 이런 성격을 근대적이며 현학적으로 다룬 것은 Doob(1964), 유사한 가정이 Popper, *Open Society and its Enemies*(1962, vol. II, pp. 40~58)와 Simmel, *Conflict, and The Web of Group Affiliations*(1964)에 깔려 있다. 전쟁과 민족주의에 대해서는 Z. Barbu, "Nationalism as a source of aggression", in CIBA(1967) 참조.

호응을 받았던 가정을 의심하게 만들었다. 산업세계 국가의 시민 대부분이 계속 민족을 당연히 여기고 '민족의 이익'에서 대외방위정책을 설명하는 주요 힘을 찾고 있는 것이 사실이나, 나이지리아, 인도 그리고 인도네시아처럼 '민족국가'로 명료하게 정의될 수 없는 일부 제3세계 국가의 뚜렷한 부상은 근사치에 가까운 보편성을 가진 민족의 '자연스러움'에 대한 근대적 믿음을 침식시켰다. 아프리카의 '부족'과 같은 보다 작은 단위를 표준적인 혹은 '고전적인' 유럽의 '민족'에로 동화시키는 것에 관련되는 어려움이 있다. 이것은 다시 민족은 최근의 현상 혹은 유럽만의 현상이라고 시사해 주고 있다.[2] 그 다음에 몇몇 서유럽 '민족국가'에 통합되어 만족하고 있는 구성원이라고 여겨진 공동체에서, 예컨대 브르타뉴인, 스코틀랜드인, 플랑드르인, 퀘벡인 사이에서 민족감정과 민족주의 요구가 놀랍게도 부활하고 있다. 그렇다면 민족 안의 민족들이 운명의 순간을 가다려왔는가? 아니면 부활한 소수민족은 오랫동안 구성했던 정치적 민족의 해체를 말해 주는 것인가? 그렇다면 무엇이 '자연적' 민족이란 단일개념이 되는가?[3]

민족의 자연성과 보편성에 대하여 대중이 하는 가정을 의심하는 다른 근거들도 있다. 우리는 거대한 초강대국과 그 국가들의 후견을 받는

---

2) 부족 개념에 대한 정의에는 많은 논란이 있다. 최근의 아프리카 문화를 검토하기 위해서는 King(1976) 참조. W. J. Argyle, "European nationalism and African tribalism", in Gulliver (1969)는 유럽 특히 동유럽 민족주의와 아프리카 '부족주의'의 기본적인 유사성을 강조하고 있으나, 국가에 기초한 정체성과 운동에 대해서는 사하라 이남 아프리카의 '민족주의'(임의적이지만 내 의견으로)라는 용어를 택함으로써 두 개를 대비하는 것이 더 유용하다. W. A. Lewis (1965) 및 Neuberger(1976) 참조.
3) 서유럽에서 '인종적 민족의 부활'에 대한 많은 문헌이 있다. 특히 Connor(1973), S. Berger (1972), Esman(1977)의 논문이 있다. Brand(1978)와 C. Williams(1982)의 논문처럼 서유럽과 북아메리카에서 개별 운동에 대한 많은 연구는 말할 것도 없다. 또한 Allardt(1979) 참조.

국가의 군사블록——이 양자는 각각 핵무기와 거대한 병기창에 비축한 재래식 무기로 무장해 있다——의 성장을 목도해 왔다. 이들 블록의 개별 회원국이 아직도 '민족적' 고려에 의해 행동하지만, 그들의 행동의 자유는, 핵무장한 두 개의 초강대국의 행동의 자유를 제외하면, 군사적·정치적 분야에서 극도로 제약되어 있고, 경제적·이념적 영역에서도 상당한 정도로 제약되어 있다.[4] 전통적인 '민족국가' 개념은 다른 방향에서도 공격을 받고 있다. 즉, 거대한 예산과 고도의 기술, 크나큰 영향을 미치는 전문기술, 그리고 장기간에 걸친 대규모 계획과 투자를 할 수 있는 능력을 가진 거대한 다국적 기업의 성장은 많은 국가와 민족 공동체에, 특히 아시아, 아프리카, 라틴아메리카의 국가와 민족 공동체에 실질적인 위협을 주고 있다. 작은 국가는 말할 것도 없고 중간 규모 크기의 민족국가 혹은 국가를 가진 민족은 20세기 말 기술적·군사적·경제적 변환에 의해 쇠퇴하거나 무시될 것이다.[5]

도처에 있는 힘 있는 고전적 (유럽의) 민족국가에 대한 모든 의구심은 국가 안팎의 발전으로부터 유래한 것이고, 많은 사람들로 하여금 특히 정치와 학문의 세계에 있는 많은 사람들로 하여금 민족성에 대한 오래된 가정에 의문을 품게 만들고, 민족과 민족주의에 대해 아주 다른 전망을 제시하게 한다.

간단히 말해, 이런 전망은 민족이 사회와 역사 구조 속의 자연적인 혹은 필수적인 요소가 아니라 자본주의, 관료제, 그리고 세속적 공리주의

---

4) 1945년 이후 국가정책에서 민족주의의 지속적인 역할에 대한 강력한 언급에 대해서는 Benthem van den Berghe(1966), Seton-Watson(1978) 참조.
5) 민족국가를 침식하는 힘에 대해서는 Said and Simmons(1976) 서론, Deutsch(1969) 참조.

처럼 매우 근대적인 발전의 산물로서, 순수하게 근대적인 현상이라고 주장한다. 그것은 인간 본성이나 역사에 근원을 둔 것이 아닌 정말로 우연한 현상이고, 민족주의가 근대의 조건에 잘 맞았기 때문에 오늘날 세계도처에 존재한다고 하더라도 그러하다고 그들은 주장한다. 민족과 민족주의는 다소 빠르거나 늦겠지만 다소 정확하게 18세기 후반기까지 거슬러 올라가며, 그것을 닮은 고대나 중세에 있었던 어떤 것들은 순전히 우연적이거나 예외적인 것으로 이해되어야 한다는 주장이 계속되고 있다. 방법론적으로, 이런 견해는 근대의 진행과 조건 속에서 민족과 민족주의 연구의 출발점을 규정하는 것이다. 왜냐하면 최근의 민족의 확산과 전근대의 민족 부재는 근대 산업문명과 이전 농업문명의 큰 차이와 필연적으로 관련되었기 때문이다. 반대로, 민족 혹은 민족주의에 관해 남아 있는 어떤 가정은 학문공동체 자체 안에 있는 민족주의적 신념과 이상의 보유 탓으로 돌려지는데, 그 신념과 이상은 분석과 설명을 위해서 그리고 또한 정치적 행동에 있어서 사람들을 호도하는 신념과 이상이다.[6]

나는 위에서 말한 입장을 민족과 민족주의에 대해 '근대주의자'의 견해라고 부르자고 제안한다. 물론 '근대주의'에도 그 하위에는 다양한 종류가 있다.

근대주의자의 한 학파는 근대사회의 경제적 기초로부터 출발해 근대민족이 도처에 존재하게 된 것을 설명한다. 그들의 주장은 이렇다. 16세기 이래 어떤 '중심' 국가들이 주변부와 반주변부를 희생해서 초기 시

---

6) 학자들 사이에 벌어지는 이런 민족주의적 가정과 결점에 대해서는 Sathyamurthy(1983, ch. 1) 참조. 민족주의의 논리적 우연성은 Gellner(1964, ch. 7)에서 강하게 주장되고 있으나, 그는 민족주의가 사회적으로 근대 산업사회를 필요로 함을 강조한다.

장자본주의를 선점한 장점과 강한 행정기구를 이용할 수 있었다. 그래서 브리튼(영국), 프랑스, 스페인, 초기의 홀란드는 처음엔 동유럽을 그 다음에는 중앙 및 남 아메리카를 제국주의의 씨앗을 담은 종속적 주변부로 바꾸었다.[7] 1800년 이후 서구의 부르주아지는 아시아와 아프리카의 많은 나라에 보다 직접적인 경제적·정치적 제국주의를 부과할 수 있었는데, 이런 행위는 이들 '주변부' 지역 엘리트들의 저항을 불러일으켰다. 이런 저항은 대중동원 형태를 지녔다. 어떤 자산도 없었던 엘리트들은 '그들의' 대중에게 호소해서 불균등한 자본주의의 팽창에 내포된 위협에 저항해야만 했다. 왜냐하면 그들은 자본과 기술이 동반하는 정치적·경제적 지배가 없는 자본과 기술을 원했기 때문이다.[8] 이들 '주변부'는 해외영토에만 국한된 것이 아니었다. 중심부 국가는 그 자본과 기술의 '모국' 경계 안에서도, 몇 세기에 걸쳐서 인종적 민족의 배후와 주변부 공동체를 착취하여 왔고, 그런 착취는 산업화로 발생한 경제적 상호작용이 급속히 성장함으로써 증가되었다. 우리가 오늘날 스코틀랜드, 웨일스, 플랑드르, 브르타뉴, 코르시카, 바스크, 카탈루냐와 같은 공동체의 저항운동이 경제적·문화적 위협에 직면해 정체성의 재확립을 기도하고 주장하는 것을 목격하게 된 것은 조금도 이상한 일이 아니다.[9]

　　'근대주의자'의 두번째 학파는 더 정치적인 차원을 분석에 포함시킨

---

7) 이것은 Wallerstein(1974, p. 149)의 접근법이다. "세계체제에서 강한 국가 창설은 강한 국가 및 주변부에서 민족주의가 등장하는 역사적 선결조건이었다."

8) 이런 노선에 대한 완벽한 이론은 Nairn(1977, ch. 2 and 9)에 의해 제안되었다. '중심'-'주변부' 모델의 아프리카에 대한 적용은 Gutkind and Wallerstein(1976, ch. 1) 참조.

9) 영국의 발전 사례에 대해서는 Hechter(1975) 참조. 이것은 산업사회에서의 경제적 민족주의의 기원에 관한 중요한 논쟁의 불을 붙였다. 다른 서구 산업사회에 적용될 수 있는 '내부 식민주의'의 수정된 견해에 대해서는 Hechter and Levi(1979) 참조. 이런 경제이론에 대한 비판에 대해서는 A. D. Smith(1981a, ch. 2) 및 더 신랄한 비판으로는 Connor(1984) 참조.

다. 민족성을 연구하는 수많은 최근의 학자들은 이렇게 주장한다. 하나의 단위로서 인종적 민족과 민족은 부, 권력, 그리고 특권을 위해 싸우는 엘리트의 일반적인 투쟁에 대중적 지지를 보내는 편리한 '지반'을 제공하고, 자원은 희소하나 커뮤니케이션의 수준이 높은 세계를 두고 보면 인종적 민족의 상징과 경계는 단일한 깃발 아래 다른 분파적 이해관계 당자사의 참여와 협동을 불러올 수 있다. 이런 견해에 의하면, 민족성은 근본적으로 '도구주의적'이다. 그것은 그 대변자들이 존재 이유라고 주창하는 문화적 목표보다는 다른 목적에 봉사한다. 그러나 정치적·경제적 이해관계를 문화적 정서와 결합함으로써 그렇게 한다. 이런 이유로, 인종적 민족의 공동체와 민족 공동체는 흔히 대중의 행동을 동원하고 협력해서 집단의 정책 혹은 경쟁적 엘리트에 의한 권력의 추구를 지원하는 데서 반향을 불러일으키는 기반을 제공하는 데 계급보다 우월하다.[10] 이것은 노르웨이의 인류사회학자 바르트(Fredrik Barth)의 연구——이 연구는 사회집단을 태도와 인식으로 구분하고 차별화하는 상징적 '경계수호'와 '경계기제' 연구이다——에 많이 힘입은 견해이고, 내가 종종 돌아가려는 관점이다.[11]

그러나 아마도 '근대주의자' 입장을 가장 흥미롭고 똑바르게 언급한 것은 앤더슨과 겔너가 쓴 최근에 나온 두 권의 책에 있다. 앤더슨은 오래된 종교가 파악하고 또 설명하고자 했던 죽음을 극복하기 위해 늘 존재하는 필요로부터 그리고 '인쇄 자본주의'라는 새로운 기술 아래 활자어

---

10) D. Bell, "Ethnicity and social change", in Glazer and Moynihan(1975)에서 개관된 견해. 유사한 '도구주의'는 Enloe(1973), Brass(1974, 1985)와 같은 영향력 있는 미국학자에게서도 발견되지만, Horowitz(1985)에서 발견되는 것은 적다.
11) Barth(1969)의 서론 참조.

의 홍수로 열린 커뮤니케이션이란 새로운 양식으로부터 출발한다. 종교의 쇠퇴와 활자어의 등장으로 주권이 있으면서 제한적인 공동체를 '상상하는 것'이 가능해졌고 필요해졌다. 그런 상상을 통해서 불멸감이 환기되고, 그런 상상으로 익명의 개인은 정체성을 가질 수 있다. 서로 알지 못했던 개인은 활자어를 통해서 동질적인 많은 시간을 함께 살고, 또한 그들 이전 세대와 달리 뒷날의 세상과 상상의 공동체에 속함으로써 동일시할 수 있는 공간에 거주할 수 있다. 이런 '상상의 공동체' 혹은 민족은 세속적 자본주의라는 특유한 근대적 조건 아래 경제적 필요뿐만 아니라 심리적 필요에 필수적으로 봉사하게 된다.[12]

　　아마도 민족과 민족주의가 순수하게 근대적인 현상이란 견해 가운데 가장 납득할 만한 예는 겔너의 이론 속에 담겨 있는데, 거기에서 민족과 민족주의는 성장지향의 산업사회를 필요조건으로 한다. 겔너에게 전근대 문자가 있는 농경사회에는 민족과 민족주의가 들어설 자리가 없었다. 그 사회의 엘리트와 식량을 생산하는 대중은 문화적 경계를 따라서 분리되어 있었고, 이런 유형의 사회는 그런 분할을 극복할 수 있는 이데올로기를 발생시킬 수 없었다. 반대로 근대 사회는 기능할 수 있는 문화적 동질성을 필요로 하고, 필수적인 이데올로기를 발생시킨다. 근대 산업은 유동적이고 문자해독능력이 있으며 기술을 구비한 인구를 요구하고 있고, 근대 국가는 대중적·공적·강제적·표준적인 교육체계의 지원을 통해 그런 인구의 노동력을 제공할 수 있는 유일한 기관이다. 서유럽 심장부로부터 산업화와 근대화가 불균등하게 진행됨에 따라 산업화와 근대

---

12) B. Anderson(1983)은 고통과 죽음의 문제를 파악하는 문화체계로서 종교와 민족주의 관계를 인식한(*ibid*., pp. 17~25) 몇몇 사람 중 한 사람이다. 또한 Klausner(1960) 참조.

화는 필연적으로 마을과 전체 지역의 뿌리를 흔들고, 전통적 구조와 문화를 침식시키고, 수많은 사람들을 그들의 환경으로부터 익명성과 근대 도시 중심의 갈등이 지배하는 환경 속으로 집어넣었다. 그 결과 대도시에서 희소한 자원을 둘러싼 계급갈등이 일어났었고, 통상적으로 확립된 지오래된 계급과 새로 도시화된 계급 사이에 갈등이 일어났다. 그러나 만일 도시라는 용광로가 교육체계를 통해 신규 참여자들을 지배적인 문자 해독능력이 있는 문화 속으로 동화시키지 못한다면, 즉 특별한 문화적 특징을 가진 어떤 집단이 흡수될 수 없다면, 두 개의 민족주의가 두 개의 민족을 발생시키는 것과 유사하게 된다. 이것은 흔히 신규 참여자들이 다른 피부색 혹은 다른 지역, 특히 주류문화가 있는 지역을 가진 곳에서 일어난다. 왜냐하면 이것들이 가시적이고 구별을 해주는 표지이기 때문이고, 그것들은 산업화 진행의 후기단계에서 표지를 붙여 쓰디쓴 그리고 오래 지속되는 갈등을 발생시키고 있다.[13]

이들 접근법 모두가 가지고 있는 것은 민족주의의 우연성과 민족의 근대성에 대한 믿음이다. 비록 민족주의의 우연성과 민족의 근대성은 다른 근대적 과정에 민족정체성 의식을 자극시키는 비중 차이가 있지만, 그것들은 민족주의의 시기상의 위치 그리고 근대 민족을 설명하는 방향에서 완전히 일치하고 있다. 아주 단순하게 말하자면, 근대성 즉 '근대적 조건'의 복합체는 결코 민족정체성을 실현하는 양식이 아니고, 민족정체성의 산물은 더더욱 아니다. 또한 민족과 민족주의는 근대성과 근대문명의

---

13) 가장 완벽한 언급으로는 Gellner(1983), 보다 초기의 입장에 대해서는 Gellner(1964, ch. 7; 1973) 참조. 이 세 가지 언급에 흥미로운 점이 있지만, 민족과 민족주의는 전적으로 근대적 현상이고 그것의 특수한 사회-경제적 특성과 함께 '근대' 시대에 출현할 수 있다는 확신에 기초한 근본적인 지속성이 있다.

상관현상이자 파생물이다.

　어떤 의미에서 '근대주의자들'이 옳다. 하나의 이데올로기이자 운동
으로서 민족주의는 18세기 말에 비롯한 현상이고, 반면에 특수한 '민족
적' 감정은 서유럽에서는 15세기 말 혹은 16세기보다 조금 빠른 시기에도
발견된다.[14] '민족국가' 역시 하나의 정치적 모범으로서 매우 근대적이
다. 유럽 국가체계가 1648년의 베스트팔렌 조약에서 생겨났다면, 19세기
에 이르러서야 유럽 국가들은 '민족국가'로 전환되었고, 이로써 민족국가
체계가 생겨났다.[15] 유럽에서 근대 초기, 정확히 17세기 말에야 '민족적
성격'을 가져 남과 구별되고 공통의 정체성을 갖는 인구라는 관념이 유럽
의 교육받은 계급 사이에 퍼지게 되었다.[16]

　그렇지만 이런 견해에도 난점이 있다. 왜냐하면 그리스인이나 로마

---

14) 이것은 가장 저명한 역사가(예컨대 Hertz, 1944; Shafer, 1955)의 통계조사인데, 두 사람은 정
확한 시기에서는 다르다. 어떤 사람에게 그것은 1775년 폴란드의 2차 분할과 함께 등장했
고, 다른 사람에게는 1776년 미국에서, 그리고 또 다른 사람에겐 프랑스 혁명 과정에서 나타
났다. 민족주의 이데올로기의 등장에 관한 가장 중요한 연구는 Kohn(1967a, 2nd ed.)의 연구
인데, 그 연구는 유럽과 미국에서 민족주의 개화 시기로 1775~90년 시기를 제시한다. 그러
나 Kemilainen(1964)의 중요한 분석은 17세기 말부터 출현한 유럽의 교육받은 계층 사이에
서 민족주의 가설과 이념의 자취가 있을 정도로 시간적으로 유구한 것임을 강조한다. 이 시
기는 Marcu(1976)에 의해 16세기까지 소급되어 확장되지만, 그녀의 주장은 Breuilly(1982,
pp. 4~6)에 의해 비판적으로 재검토되고 있다. 그는 민족주의 이데올로기로서의 운동에 대
해 18세기 말을 주장하고, 이전의 문헌에 들어 있는 상당한 정도의 민족의식을 인정했다.
Kohn(1967a, ch. 4)과 Snyder(1976)가 인정하고 있는 17세기 홀란드와 영국 민족주의 문제
가 있는데, 영국의 민족감정에 대해서 조명하는 연구는 Kohn(1940) 참조. Kamenka(1976)
는 '민족주의는 …… 근대유럽에서 선도된 현상이고, 1789년 프랑스 혁명에 의해 생성되고
상징되는 발전과 관련해서 가장 잘 이해될 수 있다고 주장하고 있다(p. 4). Kedourie(1960)도
그런 주장을 하지만, 그는 충족된 민족주의 교의를 프러시아가 예나에서 당한 재난의 결과
피히테가 『독일 국민에게 고함』이란 연설을 한 해인 1806년까지 소급한다. 각각의 경우 다른
민족주의 개념이 채택되고 있다.
15) Tilly(1975)의 서론 참조, 또한 Tivey(1980)에 수록된 그의 논문 참조.
16) Kemilainen(1964) 및 Tipton(1972) 참조.

인들이 자기들의 문화를 공유하지 않거나 도시국가 출신이 아닌 사람들을 바라보았던 방식에서, 그리고 고대 이집트인들이 누비아(Nubia)인이나 아시아인을 바라보았던 방식에서, 그리고 메소포타미아 사람과 성서가 행한 다른 사람들의 구별에서 전근대 시대에 심지어 고대 세계에서도 '근대적' 개념에 필적하는 민족적 정체성과 성격을 발견하기 때문이다.[17] 다시 말하지만, 고대세계에서 우리는 몇 가지 점에서 근대민족주의를 닮은 것 같은 운동, 특히 외국인에 의해 정복당한 영토를 해방하려는 혹은 기원전 6세기 말 페르시아의 팽창에 맞선 이오니아인의 저항과 같은 혹은 카이사르의 작전에 대한 갈리아인의 저항과 같은, 외국의 침략에 저항하려는 희망을 발견할 수 있다.[18] 기원전 14세기 텔엘아마르나(Tell-el-Amarna)[19]에 근대적인 민족국가 체계와 유사한 고대적 체계가 있었다. 그때에 이집트 신왕조, 히타이트(Hittite) 제국,[20] 미탄니(Mitanni)[21]와 카시트(Kassite)[22]의 바빌론 왕국과 같은 많은 강력한 국가들이 외교적 군사적 동맹과 갈등의 복합적인 네트워크에 속해 있었는데, 그런 것들은 근대에 유럽을 특징짓는 것이었다.[23] 고대에서 중세로 넘어가는 중간 단계 시기에서조차 우리는 프랑크, 서고트,[24] 노르만, 롬바르드 같은 중세 초

---

17) 고대세계의 인종적 민족과 종족의 감정에 대해서는 Snowden(1983) 참조. 로마인의 태도는 Sherwin-White(1952)에서 간략히 탐색되고 있다.
18) 이오니아인의 반란에 대해서는 Andrewes(1956, pp. 123~7) 참조. 21년, 69년뿐 아니라 기원전 52년 골 지역에 반란이 있었다. Wells and Barrow(1950, pp. 68~9, 113, 131, 155~7) 참조.
19) 이집트 중부 나일강변의 도시. 고대 이집트의 아케타톤(Akhetaton)이 있던 지역 — 옮긴이.
20) 기원전 1900~1200경 소아시아와 시리아 지방에 강력한 왕국을 건설한 민족 — 옮긴이.
21) 기원전 14~15세기 메소포타미아 서북부에서 번영한 후르리인의 왕국 — 옮긴이.
22) 기원전 1650~1100경 바빌로니아를 지배한 엘람인과 같은 고대민족 — 옮긴이.
23) 텔엘아마르나 시대에 대해서는 *Cambridge Ancient History*(1973, II/1, x, §6) 참조.
24) 게르만족의 서쪽 분파로 418년경 왕국을 건설해 남프랑스에서 507년, 스페인에서 711년까지 왕국을 유지했다 — 옮긴이.

기 유럽의 수많은 '야만인의' 왕국들은 정치적 관계의 네트워크, 혹은 그런 정도까지는 아니라 해도 그것의 원형이 되는 것과 같은 종류의 네트워크에 속해 있었음을 발견할 수 있다.[25] 그렇다면 우리가 정말로 민족과 민족주의를 순순하게 근대적인 현상으로 보는 것이 정당화될 수 있는가? 만일 그렇지 않다면, 우리는 민족적 유대와 감정은 '역사의 원료'이고 인간성의 보편적 특질이라는 오래된 견해로 되돌아가야만 하는가?

이것은 '원초주의자'의 결론이 될 것이다. 이런 견해의 옹호자들은 언어, 종교, 인종, 민족성, 영역에 기초한 '원초주의적' 연대의 중요성에 대한 쉴즈(Edward Shils)의 연구에서 단서를 찾으면서, 민족과 인종적 민족 공동체는 역사의 자연스러운 단위이고 인간 경험의 통합적 요소라고 주장한다. 이런 주장의 사회생물학적 견해는 민족성은 혈연관계의 확대이고 혈연관계는 생존을 위한 투쟁에서 집단적 목표를 추구하는 정상적인 매개물이라고 주장한다.[26] 같은 관점의 사회학적 해석은 언어, 종교, 인종, 민족성, 영역을 역사에서 관철되는 인간 결사체의 기본적인 조직원리와 유대라고 본다. 그런 의미에서 그들이 보다 복잡한 정치적 구성을 선도하고 정치적 구성이 세워지는 토대를 제공한다는 점에서 이 두 견해는 '원초주의적'이다. 보다 중요한 것은, 인류가 자연적으로 성(sex)과 지리를 갖듯이 '원초적 유대'는 인류를 항상 구분해 왔고 앞으로도 그럴 것이라는 점이다. 이런 까닭에, 민족주의에 특별히 근대적인 것은 아무것도 없고, '근대적 조건'이 두드러지게 변해도 민족주의는 사라지지 않을 것

---

25) 이 시기에 대한 일반적 설명은 Dixon(1976) 및 Lasko(1971) 참조.
26) van den Berghe(1978) 참조. 비판적 견해는 Reynolds(1980), 충분한 언급은 van den Berghe(1979)에서 발견된다.

처럼 보인다.[27]

사실상, 이들 '원초주의자들'은 분리될 수 있는 두 개의 주장을 하고 있다. 그들은 민족과 민족주의는 영속적인 것이고 자연적인 것이라고 주장한다. 물론 후자의 가정을 수용하는 것은 전자의 수용을 포함한다. 그렇지만 그것의 반대는 아니다. 어떤 학자는 민족과 민족주의가 어떤 의미에서 말, 성, 지리처럼 '자연적'이라는 주장에 동의하지 않으면서 민족과 민족주의는 역사적 기록 속에 항상 존재해 왔다고 주장한다. 우리가 유사한 현상을 서술하기 위하여 다른 용어를 사용하여 사실을 위장할 때에만, '민족'이라고 부르는 단위와 우리가 '민족주의'라고 부르는 감정과 이상이 역사상 전체 기간에 발견된다고 주장하는 것이 가능할 것이다. 이것은 근대 세계에서 발견되는 단위와 감정이 인류 역사의 초기까지 추적될 수 있는 비슷한 단위와 감정을 보다 규모가 크고 효과적으로 해석한 것임을 의미한다. 또한 이것은 우리가 인류의 특질, 혈연관계에 대한 고집스러운 성향, 집단적 소속, 커뮤니케이션과 의미에 대한 문화적 상징의 필요성을 고려한 후, 민족과 민족주의가 영속적이고 아마도 보편적이라고 기대해야만 한다는 것을 의미한다.[28]

우리가 '근대주의'에 대비해서, 그리고 보다 급진적인 '원초주의'와 구별해서 '영속주의'라고 이름을 붙인 관점 역시 문제를 가지고 있다. '영

---

27) 원초적 유대에 대한 세미나 논문 2개는 Shils(1957) 및 C. Geertz, "The Integrative Revolution", in Geertz(1963a) 참조. 최근의 언급에 대해서는 Fishman(1980) 참조.

28) 베버 학설에서 의미와 상징의 필요성에 대해서는 C. Geertz, "Ideolgy as a cultural system", in Apter(1963a), 균형이 잡힌 원초주의 입장 비판은 P. Brass, "Elite groups, symbol manipulation and ethnic identity among the Muslims of South Asia", in Taylor and Yapp(1979), '원초주의/도구주의' 및 '근대주의/영속주의' 논쟁에 대해서는 특히 최근의 겔너와 암스트롱의 저작에서의 논쟁에 대해서는 A. D. Smith(1984c) 및 McKay(1982)가 제안한 종합을 참조.

속주의자들'이 집단의 문화적 유대와 감정의 오래됨을 올바르게 지적할 때, 그들의 주장은 그런 유대와 감정이——원초주의자들이 주장하듯 '자연적'이라고는 못 해도——보편적이란 전제에는 못 미치고 있다. 영속주의자들이 (보편적인?) 인류의 특질을 소속 혹은 종교단체에 대한 욕구처럼 암시할 때, 이렇게 암시된 욕구를 민족 혹은 민족주의를 형성하고 지속시키려는 욕구와 연결시킬 수 있는 것은 거의 없다. 더구나, 혹자는 집단의 문화적 연대와 감정을 회고적으로 민족 혹은 민족주의에 동화시키지 않고서도 또는 고대 혹은 중세 집단의 단위와 감정이 근대 민족과 민족주의의 형식보다 규모가 작고 원시적인 것이라고 가정하지 않은 채, 집단의 문화적 연대와 감정이 오래된 것임을 시인할 수 있다. 고대 혹은 중세 집단의 단위와 감정이 근대 민족과 민족주의와 연관될 수 있지만, 그렇게 되기 위해서는 경험적으로 그것이 입증되어야 한다. 같은 방식으로, 집단의 문화적 연대의 범주, 심도, 특징, 정치적 중요성이란 변수는 어떠한 '영속주의' 관점에도 삽입되어야 하며, 이것은 보다 넓은 사회적 과정에서의 역할처럼 그들의 상징과 신화학의 형식과 내용을 역사적으로 분석해야만 이루어질 수 있다.

인종적 민족, 신화 그리고 상징

이와 같은 성찰은 일부 학자들로 하여금 현대 민족의 인종적 배경의 맥락에서 현대 민족의 부상을 연구하게끔 이끌고 있다. 위에서 말했듯이, 이것은 근대 민족주의에 대한 우리의 이해를 상당한 시차가 있는 역사적 기반 위에 두고, 그 주제와 형식이 더 이른 시기에 얼마나 선행적으로 모습을 갖추고 있는가, 그리고 더 이른 시기의 종족적 유대와 감정이 얼마나 잘 수립되어 있는가를 알아보는 것을 의미한다. 전근대의 단위 및 감정과 근대의 민족 및 민족주의 사이에 급격한 단절이 있다고 말하는 근대주의자의 주장을 거부하고, 근대 민족과 민족주의는 전근대의 유대와 감정을 단순히 규모만 키운 새로운 해석이라고 말하는 '원초주의자'의 주장을 거부하며, 우리는 인종적 민족과 인종적 민족 공동체 그리고 그들 상징에 대한 이해로 돌아가서, 양측의 더 포괄적인 주장과 다른 분석을 할 것이다. 한편으로 근대주의자들의 관점을 거부하는 것은 직접적으로 많은 사회학자들이 확고하게 양분하는 경향이 있는 '전통'과 '근대', '농경'과 '산업' 시대 사이에 상당한 정도의 지속성이 있음을 인정한다는 것이다. 몇 가지 점에서 단절이 급격하다고 하더라도 문화영역에서는 우리가 과거에 생각했던 것처럼 모든 것을 포괄하거나 모든 것에 침투하는 것은 아니므로, 이것은 경제적 맥락 밖에서 '산업사회', '자본주의' 같은 개념의 설명적 가치에 의구심을 보낼 것이다. 동시에 영속주의자의 주장을 거부하면서, 근대성이 가져온 변형과 우리가 움직이며 살고 있는 인류가 충성을 바치는 기본 단위에 그 변형이 미친 결과에 합당한 비중을 둘 것이다. 집단의 단위와 감정 안에 중요한 변화가 있었고, 심지어 형식의 변화도 있었다는 것은 사실이다. 그러나 이런 변화는 이전부터 존재해 온 집단적 충성과 정체성의 틀 안에서 발생했으며, 이 틀은 그 틀에 영향을 미쳤던 것 못지않게 변화의 조건을 만들었다.[29]

그러므로, 근대 민족(nation) 단위 및 민족감정과 내가 '인종적 민족'(ethnie)이라고 이름을 붙인 이전 시대의 집단적인 문화적 단위 및 감정

---

29) 민족주의 관점에서 근대 이념과 가정에 고대의 것을 회고적으로 융합시키는 좋은 예는 Levi(1965, ch. 2)의 그리스 도시국가의 갈등에 대한 흥미로운 설명에서 발견된다.

의 차별화와 유사성을 만드는 분석 유형이 필요하다. 이런 분석에서 결정적으로 중요한 것은 '형식', '정체성', '신화', '상징', 그리고 '소통'의 코드이다. 공동체의 창조물의 상징적 내용과 의미가 시간이 지남에 따라 변화하지만 특유한 표현양식은 거의 항구적이란 점에서 형식은 양식과 흡사하다. 물론, 아주 오랜 간격의 시간이 지나면 예술양식처럼 형식도 바뀐다. 그러나 이것은 전근대 시대에 꽤 드물며 이전 문명에 새로운 건축양식과 법률을 도입한 이슬람의 정복 혹은 알렉산더의 정복 이후 오리엔트 지방의 헬레니즘화처럼 중요한 대변동을 필요로 한다. 대부분 활동성과 창조성의 형틀은 일단 한번 생겨나면 공동으로 인식할 수 있는 통로 혹은 도관, 그리고 집단적 표현이 문화적으로 구별되는 저장고를 만든다(물론 이것은 인종적 민족의 공동체보다 정도에서 훨씬 크고, 한때는 전체 문명과 문화 지역을 감싼다. 그러나 대개 그것들은 인종적 민족에 한정된다).[30]

'정체성'이란 개념은 상당한 정도의 주의를 요구하는데, 정치학과 국제관계학 문헌에서 더욱 그렇다. 그러나 여기서 그것은 어떠한 집단성 혹은 이데올로기 개념에 관계되기보다 역사와 문화에 토대를 둔 공동체 의식이란 의미에 관계된다. 이것에서, 나는 엡스타인(Arnold Leonard Epstein)이 '상황적 민족성'을 말한 문헌——여기서 일종의 집단적 자아인식은 집단 특히 인종적 민족의 정체성과 연대의 중요한 부분으로 다루어지고 있다——에서 제시한 수정을 따르겠다. 여기에서 자아의 의미는 공동체 유산의 상징과 신화학의 프리즘을 통해서만 보인다. 개인의 정체

---

30) '양식'으로서의 문화형식에 대해서는 Kroeber(1963, pp. 3~4, 24~7, 36~40, 71~4) 참조. 그는 좋은 예술양식의 지표를 특정한 문화공동체보다는 (흥미롭게도 고대 그리스와 이집트를 예외로 하고) 전체 문명 혹은 다른 활동에 적용하고 있다.

성과 자존감을 획득하기 위해서 필요한 공동체와의 동일화는 부분적으로 역사적인 문화공동체에서 행해진 사회화 경험의 기능이다. 그리고 동일화의 양식과 목표는 집단이 집단적 '전통' 속으로 융합할 때 집단과 그 집단의 과거의 경험에 의해 제공된다.[31)]

다른 세 개의 개념은 내부적으로 연관되어 있다. 그것들은 개인이 공유한 의미와 경험에 중요성을 부과해 주는 접근법을 가리킨다. 또한 그것들은 아주 빈번하게 우리들에게 공동체의 사상, 감정, 태도에 관한 단서를 제공해 주는 전체적인 범위의 기술과 '소수의 예술'뿐만 아니라, 여러 세대에 걸쳐서 신성한 경전과 언어, 종교사원, 묘지, 복식, 그림과 건축, 음악, 시와 춤, 법전, 도시계획, (민간의, 군사적인, 종교적인) 품계제도, 전쟁양식과 생산기술 같은 다양한 유형의 현상 속에 만들어진 결정체에 대한 접근을 가리킨다. 암스트롱은 이 점에서 개척자적이며 기념비적인 공헌을 하였는데, 그는 '인종적 민족의 정체성'을 포괄하는 요소와 차원으로 이루어진 하나의 그림에서 다양한 현상을 연결시켰다. 비록 그의 접근법이 보다 현상학적이고, 또한 바르트가 내놓은 사회적 상호작용모델을 따르기 때문에 여기서 채용된 용어로 '도구주의적'이지만, 그는 또한 상징적 분석을 채택했다. 이런 까닭에 암스트롱은 '우리'와 '그들'(이방인 혹은 외부인) 사이의 장벽을 가시화시켜 주는 상징인 다양한 '국경경비대'에 대해 강조하고 있고, 정도는 약하지만 구성원들에게 집단적 정체성을 설명하고 정당화해 주는 신화에 대해 강조하고 있다. 흥미롭게도, 암스트롱의 분석은 일부 근대주의자의 입장에 의문점을 던지고, 특히 근대 이전 시대에 민족주의나 민족을 닮은 어떠한 것도 있을 수 없다는 사고에 의문

---

31) Epstein(1978). 엡스타인과 바르트 및 다른 사람에 대해서는 Okamura(1981) 참조.

점을 던지고 있다. 사실상, 중세 이슬람과 기독교 왕국 안의 인종적 민족의 정체성에 대한 그의 연구는 만일 인종적 민족의 귀속의식이 변동적이라면 그것이 얼마나 강하고 광범위했는가를 밝히는 것이고, 그래서 어떤 의미에서 그를 '영속주의자' 가까이에 위치시키는 것이 보다 정확할 것이다.[32]

그러나 암스트롱과 다른 몇몇 학자의 연구에서 그 연구들이 인종적 민족의(ethnic) 공동체와 민족(nation)의 구분 그리고 인종적 민족의 정체성과 민족주의(nationalism)의 구분을 하고 있는지, 그리고 구분하고 있다면 얼마만큼 구분하는지 하는 문제가 아주 명료한 것은 아니다.[33] 이 책의 뒷부분에 두 개의 개념군으로 구분하는 시도를 하였고, 그것들이 연관되는 경험적 자료를 표로 만들었다. 이런 까닭에, 1부는 수평적으로 퍼져 있는 인종적 민족과 수직적으로 존재하는 인종적 민족의 연결된 인식과 더불어 인종적 민족의 공동체, 자민족 중심주의(ethnocentrism), 민족성 중시주의(ethnicism)란 개념, 그리고 인종적 민족의 생존능력과 인종적 민족의 분리라는 개념에 할애된다. 2부에서 나는 민족의 형성, 두 개의 민족유형과 독립국의 지위로 가는 길, 그리고 많은 근대의 인종적 민족이 다소 성공적으로 민족으로 형성되면서 동시에 진정한 그리고 자주독립

---

32) 암스트롱의 책 『민족주의 이후의 민족』(Nations before Nationalism)의 표제는 독자들을 잘 못 인도하고 있다. 왜냐하면 암스트롱이 그 저작의 본문에서 계속 분석하는 것은 인종적 민족 정체성과 감정이고 또 (그가 마지막 장에서 밝히고 있듯이) 근대민족의 형성에서의 정체성과 감정의 역할이기 때문이다. 이처럼 무거운 세미나 연구의 충분한 논평에 대해서는 A. D. Smith (1984c) 참조.

33) 이것은 앞에서 언급한 겔너, 슈나이더, 심지어 콘의 업적에 적용된다. 그러나 Kohn(1967a, chs. 2~3)은 인종적 민족과 민족 사이의 구분에 많은 증거를 제시하고 있다. 그러나 구분은 Seton-Watson(1977)뿐만 아니라 Connor(1978), Krejci(essay in Giner and Archer, 1978; Krejci and Velimsky, 1981)에서 인정되고 있다.

적인 인종적 민족의 유산을 유지하거나 재형성하는 방식을 고찰한다. 우리의 목표는 일관되게 근대 민족의 인종적 토대와 뿌리를 추적하고 그렇게 함으로써 '근대주의자'의 입장의 수정을 제시하는 것이다. 이런 목적을 염두에 두고, 신화, 기억, 가치와 상징 속에 표현되고 요약된 그대로 감정, 태도, 인식의 문화적 형식이 강조된다.

내가 주장하고 있는 것은 민족성의 '핵심'은 그것이 역사적 기록으로 전승되어 왔고 개인의 경험을 형성하듯이, 신화, 기억, 가치, 상징의 네 가지 기둥 속에 그리고 특징적인 형식, 양식, 장르로서 역사적인 인구의 통합 속에 존재하고 있다는 것이다. 우리는 '인종적 민족'이라는 통칭을 지닐 만한 통합은 어떤 것인가를 그런 인종적 민족의 특징적인 '형태' 혹은 구조와 더불어 다음 장에서 개관할 것이다. 이름하여 '신화–상징' 복합체 (myth-symbol complex)가, 특히 신화원동기(mythomoteur) 혹은 인종적 민족의 정치체제를 구성하는 신화가 특히 강조되고 있다. 그리고 그런 강조는 민족성의 수호자들이 미래의 세대에 보전하고, 확산시키며, 전수하는 신념과 감정의 본체를 구현하는 신화와 상징의 매우 중요한 역할을 가리킨다.[34] 달리 말해, 인종적 민족의 특질과 지속성은 계보상의 위치, 계급적 집단, 군사적·정치적 관계에서 발견될 수 없다. 이것들이 특수한 인종적 공동체의 매일매일의 경험과 중간쯤 되는 기간 동안 생존할 수 있는 기회로서 중요한 것이기는 하다. 그보다는 누군가가 인종적 민족정체성의 특징을 파악하기를 원한다면 어떤 인구를 통해 전파 혹은 결여되고 미

---

34) 신화원동기란 용어는 Armstrong(1982, pp. 8~9, 129~67, 293)에서 빈번히 채용되고 있고, 그것은 Ramon d'Abadal i de Vinyals, 특히 그의 "A propos du Legs Visigothique en Espagne", *Settimane di Studio del Centro Italiano di Studi sull'Alt. Medioevo*, 2(1958), pp. 541~85에서 가져왔다.

래 세대에 전수되는 메커니즘에서 우리가 '신화-상징' 복합체라고 요약한 신화와 상징, 역사적 기억과 중심적 가치의 형식과 내용의 본질을 보아야 한다.

내가 주장했듯이, 민족성은 성격상 '신화적'이고 '상징적'이며, 신화, 상징, 기억, 가치는 아주 천천히 변화하는 가공물과 활동의 형태와 형식으로 전달되기 때문에, 인종적 민족은 일단 형성되면 '정상적인' 순환 아래 예외적일 만큼 지속적인 경향이 있다. 여러 세대 동안, 심지어는 여러 세기 동안 지속되어 틀을 형성해서, 그 틀 안에서 온갖 종류의 사회적·문화적 전개가 이루어지고, 그것에 온갖 종류의 환경과 압력이 충격을 준다. 오직 아주 예외적인 환경에서만 외부의 압력이 내부의 교체와 조화를 이루어 특별한 경우에 우리가 '인종청소' 혹은 학살이라고 말할 수 있는 정도로 민족성의 특질을 급격히 붕괴시킨다. 이런 것들은 드문 사례이다. 인종적 민족들이 우리가 인종적 민족 공동체의 특질의 변화를 추정할 수 있을 정도로 그들의 민족성을 바꾸는 것이 더 흔하고, 그 형식과 내용이 내부의 간극과 동화와 흡수라는 외부의 압력에 직면해서 점진적으로 묽어지는 것이 더 흔하다.

첫번째 경우, 영역 안의 인구변동은 문화변동보다 덜 중요하다. 소수 지배층인 새로운 인구의 유입이 있을 수 있으나, 치명적인 요소는 아랍의 정복 후 이루어진 이집트의 이슬람화 기간 동안 발생했던 것과 같은 인구 대다수의 신화-상징 복합체와 신화원동기에서의 급격한 단절이다. 그러나 이란에서는 이슬람화 후에 그 정도까지 이르지는 않았다. 두번째 경우는, 인구변동이 문화변동의 중요한 원인이다. 새로운 이민자가 물리적으로 문화적으로 이전의 거주자를 능가하면, 초기에 비잔틴의 지배 아래 있다가 후에 로마화된 그리스에서 발생한 것과 같이 고대의 '신화-상징' 복합체와 신화원동기를 급격히 파괴한다. 비록 지속성이 몇 세기 후에도 가시적이긴 하지만. 이 세 가지 경우 모두에서 근대 민족주의가, 의도의 강도와 성공의 정도는 다르지만, 이전의 '신화-상징' 복합체와 신화원동기를 부활시키고자 하거나, 부활해 왔거나, 혹은 이전의 '신화-상징' 복합체와 신화원동기를 나중의 '신화-상징' 복합체와 신화원동기와 결합하고자 한다는 사실은 민족성에 대한 비상징적 정의에 냉소적인 빛을 비추고, 최근의 '도구주의'와 근대주의 민족주의 이론이 묘사한 것보다 더 근대의 한가운데서도 종족적 형식과 내용이 지속적임을 시사해 주고 있다.

인종적 민족 공동체의 지속성

이런 조사의 저변에 깔려 있는 동기는 인종적 민족의 형식과 내용의 본질과 지속성, 그리고 이전의 인종적 민족의 정체성과 이후의 민족정체성 사이의 관계이다. 이것은 인종적 민족의 정체성과 민족정체성이 필수적이며 연속적인 집단적 정체성을 이룬다거나, 개별적이든 집단적이든 정체성 탐색이 문화 전반 탐색을 의미한다는 것은 아니다. 역사적 증거가 거의 도처에 있으면서 일시적으로 회귀하는 민족성의 특질을 시사해 주고 있고, 인종적 민족이 우리가 기록한 모든 대륙과 시대에 나타난 것이 사실이지만, 이 증거들은 인종적 민족의 유산을 증대함으로써 공동체의 지위를 보전하려는 전근대 문헌의 특수한 관심과 빈번히 보이는 민족성에 대한 언어의 혼동 탓에 기록의 인플레이션으로부터도 생겨났다. 그럼에도 불구하고, 우리가 다른 인종적 민족의 지류로 밝혀진 혹은 연대기나 서사시에 의해 인종적 민족을 구성하는 것으로 잘못 생각한 인종적 민족의 모호한 사례를 추출할 때에도, 우리는 지구 곳곳에 산재되어 있고 인류 역사의 각 시기를 통해 전개된 수많은 순수한 인종적 민족 공동체를 넘겨받았다. 이것이 그 자체로 '영속주의자'의 명제에 무게를 두는 것은 아니지만, 그것은 우리에게 '근대주의자'의 입장을 중요하리만큼 수정할 것을 요구한다. 그것은 많은 민족(nation)과 민족주의(nationalism)가 앞서 존재했던 인종적 민족과 자민족 중심주의의 기초 위에서 분출하였을 뿐만 아니라 오늘날 '민족'(nation)을 주조하기 위해서는 인종적 민족의 요소 ── 이것이 결여되면 '민족수립'에 중요한 장애가 발생한다 ── 를 창출하고 결정체로 만드는 것을 필요로 한다는 것을 암시하고 있다. 이것이 이번에는 우리가 소수의 고전적인 사회학적 사고를 하는 사람들이 어렴풋이 그려 낸 방식으로 '근대성'과 '근대사회'의 본질과 의미를 재고할 것을 요구한다.

물론 오래된 유형의 사회구조와 문화의 요소들('전통적인'이든 혹은 '전자본주의적인'이든 혹은 '농경'이든, 우리가 무엇이라 부르든 그것은 거의 중요하지 않다)이 가장 현대적인 양식의 사회조직과 문화 안에 지속한다는 가정에 놀랄 만한 것은 없다. 뒤르켐(Émile Durkheim)은 이 입장을 강력하게 주장했고, 일반적인 경우든 특별한 경우든 (특히 인도의 '카스트제도'의 잔존처럼) '근대화'에 대해 쓴 많은 저술가들이 그를 지지했다.[35] 이 입장은 내가 이름한 '영속주의'와 '근대주의' 사이의 중간적 입장을 대표하고, 그것은 내게 근대적 민족(nation)과 오래된 인종적 민족(ethnie) 사이의, 그리고 근대 민족주의와 오래오래 살아남아 온 고대의 자민족 중심주의 사이의 모호한 관계를 가장 적절하게 잡아내고 있는 것처럼 보인다는 것을 언급해야겠다. 왜냐하면 그것은 우리로 하여금 민족성과 민족주

35) Durkheim(1964, pp. 277~8), Nisbet(1965) 및 Eisenstadt(1973) 참조.

의를 포함하는 다양한 근대적 상황을 정당화하도록 허용하고 있기 때문이다. 한편으로, 쇠퇴와 종속으로 인지된 상태에서 '변형되고' '재생한', 지속된 인종적 민족의 (시공간적) 기초 위에서 등장한 민족의 입증 사례도 있다. 다른 한편, 우리는 특정한 시기에 존재했던 이전의 인종적 민족이 선택되어 근대 민족의 자리를 차지하는 방법에는 사례가 거의 없음을 발견한다. 아마도 일부 사람들은 앞서의 위대한 기념물을 가까이 끌어다가, 그리고 일부 사람들은 근대 엘리트가 고대의 문벌을 닮은 것을 가지고 '민족'을 재구성하기 위해서 문화적 차이와 '표지'로 삼을지도 모른다. 예전의 벨기에령 콩고의 방갈라(Bangala)처럼 '고안된 인종적 민족'의 사례도 몇몇 있다. 거기에서 예기치 않게 만들어진 선교의 전진기지는 개종했거나 그 주위에서 모집한 인종적 민족 성원과 그렇지 않은 사람 사이의 간극의 장이 되어 버렸다. 그러나 이와 같은 극단적인 사례는 매우 드물다. 비록 그것이 희미한 기억과 문화와 선조라고 주장된 사람들의 요소들이긴 하지만, 통상적으로 근대 민족의 형성을 위한 약간의 인종적 민족의 기초가 있어서, 훗날 [프랑스 남동부 프로방스 지방의] 옥시타니아(Occitanian) 민족주의자들이 시도했던 것처럼 부활이 기대되고 있다. 이 경우조차 성공하는 경우가 상대적으로 적어서 민족 개념을 제안하고 정교화하는 프로젝트에서 인종적 민족의 유산과 유대의 의미의 중요성을 보여 준다.[36]

'영속주의자'와 '근대주의자'의 입장에 중간적인 입장을 적용하는 편익 가운데 하나는 그것이 우리로 하여금 민족주의 시대의 전야에 '모자이크로 된 인종적 민족'이 해당 지역에 지속성을 보이는 정도에 따라 민족

---

36) 방갈라에 대해서는 V. Turner, "Congo-Kinshasa" in Olorunsola(1972), 옥시타니아인에 대해서는 Coulon and Morin(1979) 참조.

형성의 다른 패턴을 그려 낼 수 있도록 해준다는 점이다. 그러나 이런 주장에서 여러 인종적 민족과 민족 사이에 존재하는 상당한 정도의 연속성에 대해 우리는 '민족'과 '민족주의'의 근대적이며 특유한 특징의 분석과 함께 '근대주의자' 입장의 통찰을 거부하는 것을 원하지 않는다. 앞으로 우리가 보게 되듯이 '근대 민족'이 실제로 전근대 인종적 민족의 일부 특징을 섞어 '근대 시대'의 여명기까지 여러 지역에서 생존해 온 보편화된 민족성 모델에 많이 힘입고 있다 해도, 이데올로기로서 그리고 운동으로서 민족주의는 전적으로 근대적 현상이다. 나의 분석이 밝히고자 하는 것은 사회학자들이 상대적으로 소홀히 한 연구 분야인 최소한 유럽과 아시아, 그리고 가능하다면 아프리카까지의 전근대 시대의 역사적인 인종적 민족의 범주와 지속성이고, 두번째로 근대 민족과 민족주의의 모양과 내용에 미친 근대화의 충격 그리고 민족수립전략에서 엘리트들이 인구를 조종해 동원하는 데 제약을 가한 현상이다. 여기서 제안된 분석이 정확하다면, 민족성과 민족주의에 대한 '도구주의자'의 접근법은 깊은 함의를 갖는다. 왜냐하면 그것은 상당한 정도로 근대 민족과 민족주의에 본질과 한계를 결정하고, 또한 엘리트가 만일 단기적 목적을 달성하기를 원한다면 주목해야 할 '인종적 민족의 근원'이 있다고 가정하기 때문이다. 우리가 조종하는 문화의 형식은 그 자체로 우리가 목표를 달성하기 위해 채용해야 할 목표와 수단의 강력한 결정인자이다.

1부

전근대의
인종적 민족 공동체

2장 _ 인종적 민족 공동체의 토대

영어에는 인종적 민족(ethnie) 집단 혹은 인종적 민족의(ethnic) 공동체
라는 개념에 대한 용어가 없다. 흔히 사용되는 '인민'(people)이라는 느슨
하고 모호한 용어는 인종적 민족 공동체와는 꽤 다른 함의를 가지며, 그
함의는 항상 그리고 불가피하게 '대중적'이라는 점을 가정한다.[1] 그리스
어 용어는 많은 용법을 감당하고 있다. 즉, 우리는 『일리아스』에서 "한 무
리의 동료"(ethnos etariōn) 혹은 "많은 사람들"(ethnos laōn), 호메로스
에서 "아케안 혹은 루키온 부족"(ethnos Achaiōn or Lukiōn), 『오뒷세이
아』에서 "영광스런 시신/사자의 무리"(kluta ethna nekrōn), 다시 『일리아
스』에서 "한 무리의 벌떼 혹은 새떼"(ethnea melissōn or orithōn), 핀다로
스(Pindaros)에서 "남자 혹은 여자라는 인종에 관해서"(ethnos anerōn or

---

1) '인민'이라는 용어에는 몇 가지 목적이 있다. (이 책의 4장에서) 우리가 보게 되듯이, 인종적 민
족 공동체는 '방계적인' 귀족주의 유형일지 모른다. 사회주의자와 맑스주의자의 이데올로기
는 '보다 낮은' 혹은 '노동' 계급 혹은 '땀을 흘리는 대중'에만 '인민'을 귀속시킨다. 사전적인
정의는 공동체, 참정권이 있는 시민, 노동하는 사람, 왕의 신민, 한 장소에 귀속해 한 무리 혹은
계급을 구성하거나, 하나의 인종, 공동체, 혹은 민족을 구성하는 사람, 혹은 전체로서의 사람과
같은 동의어 군(群)이 있다. '인종적 민족의', '민족'이라는 용어의 함의는 너무 광범위해서, 보
다 느슨하거나 카멜레온같이 변화무쌍해지는 용어를 대하는 우리의 어려움을 해결해 주지 못
한다.

gunaikōn), 그리고 헤로도토스에서 아틱(Attic)[고대 그리스의] 웅변가와 마찬가지로 "메디아 사람들 혹은 민족에게서"(to Mēdikon ethnos)라는 용어를 듣는다. 우리는 또 그 용어들이 플라톤에 있는 "고지자 계급"(ethnos kērukikuōn)처럼 특별한 계급에 관해, 크세노폰에 있는 "여성"(thēlu ethnos)처럼 성에 관해 사용되는 것을 발견한다. 끝으로, 그 단어는 신약의 저술가들과 교부들에 의해서 이방인(ta ethnē), 즉 기독교도와 유대인을 제외한 모든 민족 집단에 적용되었다.[2]

이 모든 용법에서 공통된 이름[3]의 기원은 꼭 같은 씨족 혹은 부족에 속하지는 않지만, 함께 살거나 함께 행동한 다수의 사람 혹은 동물의 의미인 것 같다. 적어도 헤로도토스는 (비록 그가 genos를 사용해서 인민, 민족, 인종이나 한 무리의 동물을 나타내지만) 한 가지 점에서 이들 '부족'(genos)은 인종적인 민족(ethnos)의 하위에 속하는 과(科)라고 가정한다. 그리스인들은 부족(tribes)과 민족(nations) 혹은 한 무리인 사람들(bands)과 종족(races)을 구분한 것 같지 않다. 그러나 부족(genos)이라는 용어는 인종적인 민족(ethnos)보다는 혈연관계에 기초한 집단에 사용되었고, 인종적 민족이라는 말의 범위와 함의는 상응해서 넓고, 분명히 어떤 혈연적 토대에 덜 관련되었다. 달리 말하면 인종적 민족은 생물학적이거나 혈연적 구별보다 문화적 구별에 더 적합하다. 또한 인종적 민족이라는 용어를 끌어당기는 것은 집단에 있는 유사한 문화적 특성이다.[4]

---

2) H. G. Liddell and R. Scott, *A Greek-English Lexicon*, 6th ed., Clarendon Press, Oxford 1869. '민족'에 대해서는 Herodotus I, 101 및 I, 56; 카스트와 부족에 대해서는 Plato, *Republic*, 290C 참조.
3) 'eth-' 계열의 명사를 말함—옮긴이.
4) 민족(ethnos)의 아래 단계의 구분인 부족(genos)에 대해서는 Herodotus I, 101 ibid. I, 125, 한 혈통의 가족에 대해서는 Homer, *Iliad* 13, 354. 민족(natio)의 유사어 및 민족과 인민(populus)

우리가 현대 유럽어 가운데 그리스인이 사용하는 공통된 이름의 기원에서 얻을 수 있는 가장 가까운 것은 프랑스어 용어 '인종적 민족' (ethnie)으로, 이 말은 문화적 차이를 강조해 역사적 공동체를 의미한다. 이런 역사의 의미가 그리고 문화적 독특성의 인지와 개별성이 어떤 주민들 자신의 눈으로나 국외자의 눈으로나 하나의 주민을 다른 주민과 구별하고 그들에게 구체적인 정체성을 부여한다.[5] 물론, 이 개별성이 얼마나 순수하게 주관적인 현상인가, 우리가 어떤 '객관적인' 인종적 민족의 실체보다 공통된 인종적 민족의 특성을 잘 다루고 있는가는 논의의 여지가 있다. 후속되는 분석의 목적을 위해 정의해 두자면 우리가 인종적 민족에게 돌리는 것과 같은 '실체'는 본질적으로 사회적이고 문화적이다. 즉 인종적 민족의 혈연적 특징은 출산율, 문자해독능력, 혹은 도시화와 같은 '개괄적' 지표보다(이것들이 어떤 환경에서는 중요하지만) 여러 세대에 걸쳐 수많은 남자와 여자들이 문화적이고 공간적이며 시대를 반영하는 성격을 가진 그들의 상호작용과 공통된 경험에 부여한 의미로부터 도

의 차이에 관해서는 C. T. Lewis and C. Short, *A Latin Dictionary*, Clarendon Press, Oxford, 1879의 초판 및 1955년의 재인쇄본에 있는 'natio' 참조. 'natio' 개념의 변화에 대한 유용한 분석으로는 Zernatto(1944) and Hertz(1944, ch. 1) 참조. 부족(gens)은 로마인들에 의해 규모가 큰 문명화된 사람들에 대해 사용되었고, 민족(natio)은 멀리 떨어진 후진적인 공동체에 대해 사용되었으며, 인민(pobulus)은 바로 로마 국민에 대해 사용되었다. 위대한 국민으로서 부족 (gens)의 의미는 예컨대 영국부족(gens Anglorum)처럼 중세에도 지속되었다. 이것은, 고전적 용법에서 어떤 큰 일관성을 식별할 수 없다는 것을 덧붙여야 하지만, 여러 가지 방식으로 그리스에서 사용한 민족(ethnos)과 부족(genos)이란 용어의 용법과 반대이다.

5) 역사와 민족에 대한 똑같은 강조를 Schermerhorn(1970, p. 12)에서 발견할 수 있다. 거기서 인종적 민족 공동체는 "실제적인 혹은 사상 속의 조상, 공유한 역사적 과거에 대한 기억 그리고 사회적·문화적 일체감을 강조하는 민족의식(peoplehood)의 전형으로 정의되는 하나 이상의 상징적 요소에 대해 문화적 중심을 갖는 사회 안의 집단이며……필요한 부수물은 집단성원에 있는 어느 정도의 동류의식이다"라고 정의되고 있다. 여기서 인종적 민족은 소수민족으로 취급되고, 현재 인종적 민족은 어떤 영토국가에서 다수 혹은 단일공동체를 가리킨다. 이에 대해서는 에로드(Guy Héraud)의 저작, 특히 Héraud(1963) 참조.

출된다.[6] 남자와 여자들이 환경에 의해 만들어진 어떤 집단 또는 인구 안에 (갈등을 포함해서) 집단적 경험을 해석하고 표출함에 따라, 이들 해석과 표현은 시간이 지나면서 결정체로 되고, 다음 세대로 전달되며, 다음 세대는 자신들의 경험과 상호작용에 따라 그것을 수정한다. 이런 방식으로 인종적 민족의 특징은 얼마나 멀리 기원을 두든, 그들의 인지 및 의지와 독립되어 어떤 구성원이나 세대를 묶어 주는 외부적 특질을 띤다. 또한 그것들은 그 자체로 후속되는 민족적 해석과 표현물을 통합해 한 부분이 되는 역사성의 특질을 소유한다.[7]

프랑스 용어[인종적 민족]가 특유한 문화적 개별성과 공유한 민족성(ethnicity)의 역사성을 갖는다면, 인종적 민족과 다른 인류 집단을 구별해 주면서 우리가 인종적 민족을 만날 때 그것을 인식하게 해 주는 주요 특징은 무엇인가?

인종적 민족의 차원

집단의 명칭

이것은 역사적 기록에서 식별할 수 있는 인종적 민족의 표지이다. 고대에 이름은 너무나 중요하고, 힘에 근본적인 것이었기 때문에, 사람이나 신에게 이름을 붙인다는 것은 경이롭거나 두려워 금하는 무엇인가, 즉 '본질'

---

6) 혈연적 유대나 언어보다 역사적 기억, 관습에 대한 베버의 관심으로부터 유래한 '상징적 접근'은 Weber(1968, I/5) 참조. 베버의 민족과 민족주의에 대한 접근은 A. D. Smith(1983b), Beetham(1974)에서 간략히 논의되고 있다.

7) 그러므로 민족성은 뒤르켐의 이론에서 사회적 사실이나, 뒤르켐은 민족과 민족주의 문제를 거의 다루지 아니했다. Mitchell(1931) 참조. 공유한 역사와 문화에서 나오는 정체성의 차원은 Isaacs(1975)에서, 문화적 전통으로서의 민족성은 Lal(1983)에서 흥미롭게 논의되고 있다.

을 인식하는 것과 동등하다고 생각되었다. 예컨대 이집트 탈출 이후의 유대교에서 하나님의 신성한 이름을 부르지 않았다.[8] 그 대신 일반론적인 하나님의 권능이란 표현이 대신 들어섰고, 정교회 사이에 이런 감정과 관습은 오늘날까지 지속되고 있다.[9]

구체적인 명령으로 배제되는 경우가 아니라면, 이름이 없는 인종적 민족이 하나라도 있는가? 나는 그런 것이 있는 줄 알지 못한다. 역사적인 기록은 집단 명칭을 갖는 인구의 문화와 사회구조에 대한 서술보다는 집단의 이름으로 가득 차 있다(정말로 우리가 개별적인 주민들로 식별하는 것보다 훨씬 많은 이름이 있다). 그러나 일부 규모가 아주 작은 인종적 민족은 명명되지 않고 있다. (반대로 다양한 집단 혹은 계급의 느슨한 연합은 비문碑文 혹은 연대기에 의해 이름이 붙여졌으나, 그런 비문과 연대기는 그 연합에 대해 어떤 것을 알지 못한 채, 그들을 잘 형성된 인종적 민족으로 오인하였다.) 일부 아프리카의 사례에서 작은 인종적 민족은 근대의 민속지(民俗紙) 학자가 그들을 '발견하고' 그들을 이웃과 구별해 명명할 때까지 기록되지 아니한 채 지내왔다. 앞서 이미 언급한 방갈라의 사례는 가장 두드러진 것일 뿐이고, 팔라샤(Falashas)[10] 혹은 (스스로) 제2의 이스라엘(Beta Israel)이라고 부르는 유대 부족의 저명한 사례는 집단의 명명에 관해 흥미로운 의문을 제기한다. 이들 반(牛)군집적 집단의 일부 성원에 대해서, 그들이 여러 세기 혹은 수천 년 전 이스라엘인의 나머지로부터 떨어져 나

---

8) 유대인들은 그들 하나님의 이름 야훼(YHWH)는 너무 거룩하여 부를 수 없어 회당예배에서는 아도나이라는 단어를 사용했다 ─ 옮긴이.

9) 기도서의 '아도나이'(Adonai) 즉 '나의 주'란 용어 사용에서처럼, 성서상의 이스라엘 종교와 하나님의 이름에 대해서는 Kaufmann(1961, pp. 127~31, 163~5, 295~8) 참조.

10) 에티오피아의 한 부족으로 햄 어족의 언어를 쓰는 유대교의 한 분파이다 ─ 옮긴이.

와 이스라엘 땅을 그들의 정신적 중심으로 보는 이스라엘가의 자손이라 하지만, 지배적으로 기독교도인 암하라(Amhara)인, 티그레(Tigre), 갈라(Galla)[11]의 이웃에게 그들은 '추방자' 혹은 '이방인'(암하라 어로 '팔라샤'란 용어의 의미)으로 지적될 뿐 다른 식별하는 이름을 부여받지 못하고 있는 것 같다.[12]

아마도 형성 중인 인종적 민족도 또한 명명되지 않았다. 이것의 흥미로운 사례는 최근 유고슬라비아에서 발생했는데, 거기서 보스니아의 무슬림은 누구나 자신의 민족성을 규정하도록 요구하는 유고슬라비아의 인구조사에서 인종적 민족 명칭으로 '무슬림'이란 이름을 택하기로 결정했다. 많은 무슬람이 이슬람의 신념과 관행을 고수하지 않고 있다는 사실에도 불구하고 이랬다. 그렇지만, 그들은 민족성과 종교 입문이 밀접하게 얽힌 사회에서 그들의 종교적 기원(자기들이 무슬림이라는 사실)에 의해서 스스로를 인식하고 다른 사람에 의해서도 인식되었고, 그들이 오랫동안 거주했던 지방의 이름보다는 그들의 상징으로서의 그런 정체성을 더 좋아했다. 그러나 그들 공동체의 의미와 구별이 유고슬라비아의 사회적·정치적 의무라는 압력 아래 의식되고 공통적으로 인식되었을 때에야 무슬림은 다민족 체제 내의 인구조사에서 이름을 채택할 필요성을 느끼게 되었다.[13]

---

11) 암하라는 옛날 아프리카 동부, 오늘날 에티오피아 지방 일대이며, 티그레는 에티오피아 북부 지방이다. 갈라는 케냐와 에티오피아의 유목민족이다 — 옮긴이.

12) 베타 이스라엘에 대해서는, 그들을 기원후 첫 천년의 첫 세기에 남부 아라비아로부터 아크숨의 에티오피아 왕국으로 간 유대화된 이민자(Falasha란 이름의 다른 의미)로 간주하는 Parfitt(1985)의 간단한 요약 참조.

13) 유고슬라비아에서 민족주의의 최근 지위는 Schöpflin(1980), Krejci and Velimsky(1981, ch. 10)에서 윤곽이 그려지고 있다. Gellner(1983, pp. 71~2)는 유고슬라비아 인구조사에서 보스니아 무슬림이 최근 '무슬림'이라는 인종적 민족명을 선택한 것을 논의하고 있으나, 그들이

그러나 일반적으로 집단의 이름은 인종적 민족 공동체의 확실한 표시이자 상징이고, 마치 이름으로 그들의 존재와 생존을 보장하는 마술을 부리듯이 그것에 의해 그들은 스스로를 구별하고 그들의 '본질'을 축약할 수 있다. 부적과 같이, 집단의 이름은 함축적이고 신비적인 힘을 갖는다. 다시 한번 말하지만, 이름의 신화적인 성질은 민족성의 기원과 실천적 용법에 대한 어떤 타당한 설명이 제시하는 것보다도 민족성 연구에 훨씬 더 중요하다. 집단의 이름은 그것이 포함하고 있는 사람에게 힘과 의미를 갖는 분위기와 드라마를 연출하고, 국외자들에게는 그것들을 조금도 연출하지 못하거나 아주 다른 반향으로 연출한다. 아카디아인(Akkadians) 혹은 카르타고인(Carthaginians)처럼, 집단의 이름이 한 인물이나 씨족(gens)이 아닌 하나의 도시나 거리에서 유래했다 해도,[14] 그것이 명명된 공동체 구성원들에게 여러 세대에 걸쳐 영광을 주고, 특히 어떤 성취와 특질이 그 공동체와 결합될 때에는 더욱 그렇다. 그래서 이름은 참여자와 그들 후대와 마찬가지로 국외자의 정신과 상상력에 공동체의 뚜렷한 특성과 성격의 이미지를 불러온다. 이들 이미지는 크게 다르겠지만. 민족성

별도의 공동체 그리고 하나의 이름으로 인정을 받지 못했을 뿐이지만 잘 형성된 확립된 인종적 민족을 구성했다고 느끼는가를 묻지 않고 있다. 똑같은 것이 그네들을 동질화시키려고 하는 노력에도 불구하고 조상들의 방식과 관습을 고집하는 불가리아의 투르크에게도 해당된다. Horak(1985, pp. 300~304) 참조. 폴란드라는 이름 역시 폴라네(polane) '부족'이 영토를 가진 왕국으로 굳어짐에 따라 기원후 첫 천 년의 말기에 점진적으로 획득되었다. 폴라네는 polacy(Poles) 및 Polska(Poland)로 바뀌었다. Gieysztor et al.(1962, ch. 1) 참조. 이미 셰익스피어의 『로미오와 줄리엣』(Act II, scene 2)에서 명명은 개인적 정체성에 중요한 것으로 다루어졌다. 로미오의 '본질'은 연극의 모든 참가자들에게 가문의 이름으로 주어져 있었고, 줄리엣에 대한 젊은이다운 연민은 필연적으로 그녀와 그녀의 애인을 삼켜버리는 비극의 한 부분이었다.

14) 아카디아는 님로드(니므롯) 왕국의 4개 도시 중 하나이며, 카르타고는 아프리카 북부, 현재의 튀니스 근처에 페니키아인이 세운 도시국가이다—옮긴이.

연구의 한 부분은 이름이 불러오는 공동체의 다른 이미지를 발견하고 파악하는 것이다.

가계의 공통된 신화

여러 가지 방식으로 민족성의 필수조건이자 참여자에게 인종적 민족의 유대와 감정의 의미를 강조하는, 복합적 의미의 주요 요인이 되고 있는 기원과 가계의 신화는 세상에 집단을 위치시키는 수단과 공동체의 기원, 성장, 운명을 설명하는 헌장을 제공해 준다.

여기서 내가 사실상의 가계가 아닌 공통된 조상과 기원에 돌려진 의미에 관심을 갖고 있다는 것은 말할 나위가 없다. 가계의 신화는 유사성과 소속에 대한 의문에 해답을 제공해 주고자 한다. 왜 우리는 비슷한가? 왜 우리는 하나의 공동체인가? 우리는 구체적인 시기에 같은 곳에서 왔기 때문에, 그리고 같은 조상에서 태어났기 때문에, 우리는 반드시 하나로 소속되어 같은 감정과 취향을 갖는다. 이 '설명'은 그리스어 용어로 '민족'(ethnos)의 두 가지 요소인 함께 살고 있고 문화적으로 유사하다는 관념을 가져오지만, 그 용어의 두번째 의미 즉 계보적·혈연적 유대라는 의미보다 공통된 가계의 유대라는 의미를 더하고 있다.[15]

일부 주석가들과 학자들이 힌두교의 신학적 원리와 의식의 규율이 이른바 토지소유와 종교적 착취에 기초한 인도 카스트제도의 합리화라

---

15) '종족'(race)과 '민족'(ethnicity)의 차이는 vand den Berghe(1967, ch. 1)와 Kuper(1974, p. 44)에서 논의되고 있다. 그러나 Horowitz(1985, pp. 41~50)의 견해를 참조하기 바람. 우리의 목적상, 본래적이어서 바꿀 수 없는 어떤 성격의 특성의 (자체에 의해서든 타자에 의해서든) 사회적 의미를 갖는 '종족'은 보다 넓은 인종적 민족 현상의 하위유형으로 취급된다. 그러나 공통된 조상의 신화는 순수하게 주관적이어서, 본래적이어서 바꿀 수 없는 생리적 혹은 유전적 성격이란 특성과 동일시되어서는 절대로 안 된다.

고 다루듯이, '가계의 신화'를 그 다음에 이루어지는 집단적 자기정당화와 합리화로 간단히 처리하기는 쉽다.[16] 그러나 이런 처리는 지적 의식과 '설명'이, 말하자면 계급 혹은 지역주의의 경우보다 더 민족성의 중요한 요소라는 사실과는 별도로, 인지된 것보다 더 표출적이고 생동하는 가계의 신화의 실질적인 목적을 놓치는 것이다. 거기엔 또한 중요한 미학적 차원이 있다. 인종적 민족의 상징은 만족할 만한 형식을 제공해 주고, 인종적 민족의 신화는 소통과 동원을 위해서 쉬운 장르로 옮겨진다. 그것들이 후속 세대의 집단적 경험으로부터 등장할 때, 연대기, 서사시, 민요로 만들어지고 편집된다. 이것들은 공동체의 역사와 상황에 대한 인식의 지도를 존엄과 정체성의 의미를 담은 비유와 결합시킨다. 혼합되고 정교화된 신화는 인종적 민족의 공동체에 전체적인 의미의 틀과 공동체의 경험을 '알게 하고' 그 경험의 '정수'를 정의해 주는 신화원동기를 제공해 준다. 신화원동기가 없다면 하나의 집단은 그 자신을 스스로에게 또는 다른 집단에게 정의할 수 없으며, 집단적 행동을 고무하거나 계도할 수 없다.[17]

가계의 신화는 통상 몇몇 요소와 몇몇 켜로 된 전설을 밝혀 준다. 공간과 시간 상의 기원신화, 이주신화, 조상과 자손에 대한 신화, 황금시대에 대한 신화, 쇠퇴와 탈출과 부활의 신화가 있다. 이들 개별적인 신화 소재가 한데 모여 조상과 후손의 정밀한 신화학을 구성하는 것은 훨씬 뒤의 일이다. 이것은 흔히 근대의 민족주의 지식인의 작업이다. 그러나 우리는 호메로스의 작품이나 성경에서, 혹은 이란의 『왕들의 책』[샤나메*Shahnameh*]

---

16) 예컨대, B. Barber, "Social mobility in India", in Silverberg(1968) 및 Dumont's *Homo Hierarchicus*(1970) in Madan(1971)에 대한 논쟁 참조.
17) 신화원동기에 대해서는 Armstrong(1982, p. 8~9, 293~7), Tudor(1972), 인종적 민족의 신화의 구성 요소와 기능에 대해서는 A. D. Smith(1984b) 및 이 책 8장 참조.

에서처럼 전근대 시대에도 정교한 신화의 소재를 발견하기도 한다. 각각의 신화에서, 공동체가 형성되고 발전한 과정에 대한 즐겁고 일관된 '이야기'를 제공하기 위해서 '역사적 진실'의 핵심은 판타지와 반쯤인 진실로 장식된다. 종종 변형된 이야기와 충돌을 일으키는 이야기가 있다. 다른 세대는 똑같은 형식의 서사시와 시, 예술 장르, 그리고 심지어 상징으로 그들의 경험을 달리 설명해서 기록한다. 그 결과는 잡동사니가 된 신화와 전설이고 여러 재료가 섞여 있어, 공동의 역사에 대한 최대치의 '과학적' 설명에 도달하기 위해서는 종종 고통스럽게 옥석을 가릴 필요가 있다. 그러나 이렇게 풍부한 신화의 목적은 과학적 '객관성'이 아니고, 사회적 연대와 사회적인 자기 정의를 단단히 묶기 위한 감동적이며 미학적인 결합이다.[18]

공유한 역사

만일 역사공동체가 공유한 기억 위에 세워지지 않는다면, 인종적 민족은 아무것도 아닌 것이 된다. 공통된 역사의식은 공통된 기억의 축적에 추가된 경험으로 후속 세대를 통일시키고, 그 역사의식은 주민을 경험의 시간적 연속성이란 관점에서 정의해 준다. 시간적 연속성은 후속 세대에게 그들 경험의 역사성을 전해 준다. 달리 말하자면, 역사적 연속성은 후속 세대의 경험, 통로, 해석을 하기 위한 자료의 '형식'을 제공한다. 공동체가 공유한 역사에 대한 이해 혹은 발전을 강조했던 사건이나 인물에 대한 이해가 종종 '그것에 흥미를 갖지 아니한 후대의 학자'들이 다양한 증거에

---

18) 몇 가지 정치적 신화에 대해서는 Tudor(1972, chs. 3~4), 일반적인 인도-유럽 신화에 대해서는 Oosten(1985) 및 Ellis Davidson(1984), 신화의 용도와 의미에 대해서는 Kirk(1973) 참조.

비추어 그 역사에 관해 밝힌 것과 일치하지 않는다는 사실이 중요하지 않다고 전제하거나, 혹은 공동체의 공유한 역사에 대한 이해 혹은 발전을 강조했던 사건이나 인물에 대한 이해는 공동체의 발전이란 점에서 중요하다고 전제한다. 참여자들이 공유한 역사에 대한 이해는 그 자체가 중요한 기록 자료인데, 결합으로 '채우고' 결합을 제공해야 하며, 그렇지 않은 경우 그들의 역사 이해는 혼이 없는 해골과 같은 이야기이자 소묘이고, 분쟁을 일으키는 증거일 뿐이다. 그래서 예언자의 성전(Hadith)이 코란을 보충하거나 이스라엘의 열두 부족의 대탈출(출애굽) 전통이 이스라엘 기원의 생생한 기록으로 취급되듯이, 공동체 자체의 전통은 기록의 본질적 요소이다.

역사화하는 객관적 방법의 시도는 물론 역사기록의 분명한 출처가 중요한 것이 아니라, 기록이 밝히려 하는 시적·교훈적·통합적 목적이 중요하다. 이런 의미에서 '역사'는 하나의 이야기를 말해야만 하고, 역사는 해설로서 즐겁게 하고 만족시켜야 하고, 호메로스의 작품과 오시안(Ossian)[스코틀랜드의 전설적인 시인]처럼 한 조각으로 된 전체이어야 한다.[19] 역사는 또한 교육해야 한다. 남녀를 불문하고 영웅의 행적을 표출하는 역사는 공동체가 귀중한 것이라고 주장하는 덕을 구현하고, 인도의 성자, 터키의 전사, 유대인 현자와 같은 동일한 유형에 부합한다. 새로운 계층은 그들이 출현해서 권력을 잡음에 따라 그들과 짝을 이루는 새로운 가치와 부합되게 축적된 덕을 증가시킨다. 훗날의 예를 들자면, 영국의 기업가, 중국의 농부, 러시아의 공장노동자들이 있다. 이것은 19세기 그리스

---

19) 이런 종류의 시적·비유적 특질의 분석에 대해서는 Nisbet(1969), 호메로스, 오시안, 성경에 대한 낭만주의적 인기에 대해서는 Honour(1968, esp. ch. 3) 참조.

에서 발생했던 것처럼 교육과 역사 해석의 독점을 위한 둘 혹은 그 이상의 인종적 민족 전통 사이의 갈등으로 나갈 수 있다. 그때 정교회 사제와 새로운 지식인과 부르주아지는 비잔틴 노선과 헬레니즘 노선을 따라 그리스 역사의 국가적 해석 독점을 위해 강의실과 대학에서 경쟁했다. 그러나 이런 경쟁조차 통합적 기능을 가졌다. 역사 해석에서 경쟁자의 존재로 인해 생긴 효과는 주어진 주민에게서 높은 민족의식을 창출했고, 공유한 과거에 토대를 둔 공동의 운명을 생각함으로써 심지어 같은 공동체의 경쟁적 압력 집단과 계급 사이의 갈등을 통해 보다 높은 수준의 통합을 창출했다. 단기간에는, 경쟁자가 있는 역사는 공동체를 분할하거나 기존의 계급갈등을 심화시킨다. 그러나 장기간이 지나면 선전과 가르침은 특정한 공동체에서 공유한 정체성과 운명에 대한 이해를 깊게 한다.

뚜렷이 구분되는 공유한 문화

가계와 공통된 기억을 넘어서, 인종적 민족은 구성원을 결속시켜 주고 국외자로부터 구별해 주는 하나 이상의 '문화적' 요소로써 구별된다. 이것은 아크진(Benjamin Akzin)이 '유사점-차이점' 유형이라고 이름을 지은 것인데, 이 유형에서 인종적 민족의 구성원은 문화적 특성이 닮아 비슷하고, 이 특성으로 한 구성원은 다른 구성원과 차이를 보인다.[20] 가장 공통적이며 구별되는 공유한 특성은 언어와 종교의 특성이다. 그러나 관습, 제도, 법, 민속, 건축, 복식, 음식, 음악, 미술, 심지어 피부색과 체형조차 차이를 낳거나 구별에서 한몫을 한다. 미국의 흑인들 사이에 존재하는 현재의 단결은 언어 혹은 종교에 기초한 것이 아니라, 색깔 입히기와 흑인들

---

20) Akzin(1964, pp. 30~31) 참조.

이 표출하고 상징화한 고통과 편견에 기초하고 있다. 이 경우 '패싱'[백인 행세]은 어렵고, 비록 흑인들이 아프리카 인종적 민족의 유산을 많이 잃어버리고 거의 미국화했더라도, 그들 주변 백인의 인종적 민족 문화와는 별도로 그들 자신의 미국 흑인문화에 대한 갈망은 지속되었으며, 그것이 자라나서 뒤에 재즈, 흑인 연구, 흑인 육체미 예찬처럼 특별한 정취와 특성을 가진 대항문화를 생산해 냈다.[21] 랠런어(Lallans)가 [스코틀랜드] 저지대 지방의 언어가 되자, 언어는 스코틀랜드인 사이에서 오래전부터 그들을 구별해 주고 단일화시키는 역할을 하지 않고 있다. 대신, 스코틀랜드 장로교회, 스코틀랜드의 법률체계, 스코틀랜드의 교육체계가 스코틀랜드인의 지속적인 인종적 민족정체성 인식의 보루를 만들었고, 거기서 명확한 '문화적' 요소가 이전 세기의 독립된 국가의 지위에 대한 집단적 기억을 고양시키고 형상화한다.[22] 다른 사례로, 종교는 언어와 마찬가지로 공유한 문화의 다른 특징에 부합하거나 그 특징을 단절시킨다. 아르메니아의 경우 종교공동체와 언어공동체가 부합한다. 반면, 스위스는 여러 가지 점에서 특별한 사례인데, 언어공동체와 종교공동체가 서로 어긋나 있으며, 특히 보(Vaud)[23]와 같은 주에서는 더욱 그러한데, 거기서는 두 개의 언어와 기독교에 대한 두 개의 다른 해석이 나타나고 있다.[24]

　　민족성을 구별해 주는 (유일한 것은 아니라 해도) 중요한 표지라고 오랫동안 주장되어 온 언어가 민족정체성을 이해하는 데 적절하지 않거나

---

21) 흑인문화에 대해서는 Cruse(1967), 피부색 의식과 흑인 전체의 예민한 반응의 성장에 대해서는 Legum(1962) 및 Brotz(1966) 참조.
22) 이에 대해서는 Hanham(1969) 및 Webb(1977) 참조.
23) 스위스 남서부의 주(州)로 주도는 로잔(Lausanne)—옮긴이.
24) 스위스를 결합한 횡단적 병합에 대한 예리한 분석은 Siegfried(1950) 및 Warburton(1976) 참조.

혹은 분열을 일으킨다는 것을 보여 주는 사례가 증가하고 있다. 게일어[25] 를 말하는 북부 지방과 랠런어를 말하는 남부 지방 사이의 말의 차이는 스코틀랜드인의 정체성 의식을 완전히 손상시키지는 않았고, 남부 웨일 스 지방의 영어를 말하는 웨일스인들은 북부 웨일스 지방의 웨일스어를 말하는 동료를 인종적 민족으로서 웨일스인이라고 느낀다.[26] 쥐라(Jura) 산악지방에서 프랑스어는 쥐라인의 정체성을 인식하는 중요한 진단표 지가 되어 왔다. 그러나 쥐라의 남부지방에서 프랑스어를 말하는 쥐라인 들 역시 독일어를 말하는 베르네주——1815년 이래 병합되어, 병합에 대 한 저항은 묵살되고 초기에 남부의 쥐라인들은 베르네주에 잔류하는 것 을 지지했다——의 지배적인 공동체와 같이 신교를 믿고 있다. 유고슬라 비아에서는 언어의 차이가 경미하기 때문에 그리스정교의 세르비아인과 가톨릭을 믿는 크로아티아인의 적대는 실제 종교적 공동체의 한 부분이 다. 실질적인 목적을 위해서 세르비아인과 크로아티아인은 통일된 언어 를 표현함으로써, 언어는 두 개의 민족주의의 기반을 제공하지 못한다.[27]

그렇지만 학자들은 언어를 민족성의 특징을 나타내는 표지로 간주 하기를 주장하는데, 이런 입장은 고대와 근대의 인종적 민족 공동체에 대 한 지나친 단순화와 오해를 가져온다. 의심할 나위 없이 바스크(Basques) 나 혹은 헝가리의 특유하나 명확히 구분되는 언어는 분명하게 구분이 되

---

25) 켈트어에 속하는 고대 아일랜드의 방언 및 그로부터 발달한 여러 방언의 총칭으로 스코틀랜 드의 언어도 포함된다—옮긴이.

26) 웨일스의 사례에 대해서는 Morgan(1971) 참조. 베버는 민족의 지위에 필요한 구성 요소로 이 런 언어가 갖는 불충분한 점을 지적했다. Weber(1947, pp. 171~9) 참조.

27) 쥐라 문제에 대해서는 W. Petersen, "On the sub-nations of Europe" in Glazer and Moynihan(1975), 세르비아-크로아티아인의 분열에 대해서는 Schöpflin(1980) 및 Singleton (1985) 참조.

는 인종적 민족을 표시하지만——언어는 그것을 강화한다——, 미국의 흑인 사이에서처럼 다른 문화적 요소들이 중요한 역할을 하며, 때로는 그 문화적 요소들 전체가 언어를 능가한다. 그 이외에도, 언어는 가장 잘 변하고 의존적인 범주이다. 커다란 언어의 갈라짐(예컨대 로마, 슬라브, 게르만 언어군 사이의)과 달리, 특수한 언어의 형성은 어떤 지역 안에서의 종교적·정치적 조직의 상호작용의 산물이다. 이런 까닭에 인종적 민족의 '문화적' 특징 묘사는 모든 문화적 표시를 포함해야만 하고, 또한 공유하는 언어가 표현하는 직접적이면서 두드러진 징표를 보되, 공동체가 강조하는 생활양식과 가치까지 함께 보아야만 한다.[28]

문화적 특유성 또한 민족성에 중요하다. 다른 언어와 관련되지 않는 언어를 갖거나 자체적인 종교 공동체를 가짐으로써, 혹은 한 무리의 인종적 민족의 문화 사이에 그 민족이 피부 혹은 제도와 같은 그 자체의 문화적 특징에 두드러지기 때문에, 혹은 다른 교차문화적 특징이 특유하기 때문에, 문제의 인종적 민족은 뚜렷이 구별될 뿐만 아니라 비교할 수 없다. 첫번째 사례는 바스크족에 의해 대표된다. 두번째 사례는 유대인, 아르메니아인, 시크(Sikhs)족에 의해, 세번째 사례는 미국의 흑인이나 백인 정착 후의 뉴질랜드 마오리족에 의해, 마지막 사례는 인도와 파키스탄의 무슬림과 같은 종교를 갖지만 특수한 언어인 벵갈어로 된 인도문화를 갖고 있는 방글라데시인, 혹은 왈론인(Walloon)과 같은 가톨릭 종교를 갖지만 북으로 이웃한 네덜란드와 같은 언어를 쓰는 벨기에의 플라망인(Flemish)

---

28) 하나의 요인으로 언어가 정치와 종교에 대해 갖는 의존성에 관해서는 Armstrong(1982, ch. 8) 및 A. D. Smith(1982) 참조. 그러나 중세 유럽에서 그것의 중요성은 저평가되어서는 안 된다. Bloch(1961, II, pp. 431~7) 참조.

에 의해 대표된다. 사실상, 구별해 주는 문화적 연대 혹은 문화적 특성의 수가 많으면 많을수록 독립된 민족성 의식은 더욱 짙고, 인종적 민족의 지속할 기회 또한 더욱 크다.[29]

특정한 영역과의 결합

인종적 민족은 항상 특정한 장소 혹은 영역을 보유하며, 그들은 그것을 그들 '자신의 것'이라고 부른다. 그들은 그 영역 안에 거주할 수 있다. 영역과의 결합은 강력한 기억을 낳는다. 인종적 민족은 그들의 영역을 물리적으로 소유할 필요는 없다. 중요한 것은 그 민족이 상징적인 지리적 중심, 신성한 본고장, '모국'을 갖는다는 것이고, 민족성원들이 지구 곳곳에 이산해서 수 세기 전에 그들의 모국을 잃어버렸을 때조차 그것을 다시 상징적으로 돌이킨다. 인종적 민족은 성원들이 흩어져 그들의 모국을 잃어버렸을 때에도 계속 인종적 민족이 된다. 민족성은 신화, 기억, 가치, 상징의 문제이지, 물질의 보유 혹은 정치권력——이것은 실현시킬 환경이 필요하다——의 문제가 아니기 때문이다. 10~13세기에 중앙아시아로부터

---

29) 벨기에의 사례에 대한 상세한 분석에 대해서는 A. Zolberg, "Splitting the difference: Federalisation without federalism in Belgium", in Esman(1977) 및 Glazer and Moynihan (1975) 참조. 사실상, 우리가 동쪽으로 멀리 여행을 하면 할수록, 서구의 교육받은 학자가 객관적인 기준이 무엇이라 하든, 공유한 민족성의 의미를 정의하는 데 있어 종교가 언어를 훨씬 더 압도한다. 그래서 프라이(Richard Frye)는 그의 명료한 저서 『페르시아의 유산』(*The Heritage of Persia*, 1966)에서 이란(그리고 중동의 다른 곳)에서 종교와 관습의 역할을 모호하게 하는 경향이 있는 언어적 기준의 관점에서 인종적 민족의 범위를 정한다. 앞으로 우리가 보게 되듯이 한 무리의 중동, 아시아, 심지어 유럽(폴란드, 세르비아, 크로아티아, 그리스, 아일랜드)의 인종적 민족은 그들이 갖는 언어적 구별보다 그들의 종교적 관행과 공동체를 정체성 의식에 중요한 것으로 간주한다. 고전학자와 근동의 학자들은 종종 그들 스스로가 언어학자로서, 때때로 온건한 언어민족주의의 영향을 받았으며, 오랫동안 적지 않게 소멸한 고대 언어를 학습했는데, 아주 자주 다른 것 가운데 하나의 기준으로 언어를 처리하는 것이 아니라 순수하게 언어적 기준에 의한 인종적 구별을 선택한다.

아나톨리아 지역으로 이주한 터키인 공동체, 아라비아반도를 떠나 먼 땅을 정복해 정주한 아랍인, 혹은 스칸디나비아의 피요르드 협곡을 떠나 프랑스, 영국, 시칠리아 그리고 다른 곳으로 간 노르만인처럼, 인종적 민족이 모국을 다른 것으로 바꾸는 것도 가능하다. 영역은 실제로 소유되기 때문이 아니라 주장되고 느끼게 되는 지구의 한 부분과 '그 부분'에 있는 공동체 사이의 공생 때문에 민족성에 관계가 있는 것이며, 이런 관계는 심지어 영역의 기후, 지형 그리고 위치가 인종적 민족의 개념에 영향을 준다고 하더라도 그것들의 '객관적' 성격에 비추어 볼 때도 그렇다. 다시 말하지만, 시적·상징적 성격이 일상적 특성보다 강한 힘을 갖는다. 꿈꾸는 땅은 실제 영지보다 훨씬 더 중요하다.[30]

이것은 인종적 민족의 세 가지 특성, 즉 신성의 중심, 일군의 기념물 그리고 영원한 인식에 의해 조명된다. 각각의 모국은 종교적·인종적 의미에서 신성한 것으로 여겨지는 중심지를 갖고 있다. 그 중심지는 순례의 초점이 되는데, 폴란드의 야스나 고라(Jasna Góra) 검은 성모마리아 수도원, 혹은 메카의 카바(Kabba) 사원(마스지드 알하람)처럼 성자나 신의 사원은 이들의 보호 아래 있는 인종적 민족과 밀접하게 결합되어 있기 때문이다. 이란의 쿰(Qom)시나 마샤드(Mashad), 혹은 아르메니아의 에치미아진(Echmiadzin) 혹은 오늘날 북부 쿠르디스탄의 고대의 우라르투(Urartu)의 신성한 도시인 무사시르(Musasir)는 인종적 민족의 종교학습 사원, 교단, 혹은 학교이기 때문에 어떤 마을이나 도시는 '신성하게' 디자인되기도 한다. 그들의 상징과 감동적인 특성은 비록 기억 혹은 기도로서

---

30) 누군가에게 자신의 땅이 제공하는 자극, 즉 '장소의 애국주의'에 대해서는 Doob(1964), 그리고 동유럽의 애국주의의 중요성에 대해서는 Pearson(1983, chs. 1, 4) 참조.

이루어지는 것이긴 하지만, 밖으로 빛을 비추고 중심에서 벗어난 혹은 추방된 공동체 성원을 공동체로 끌어들인다. 종교적 구원은 이제 중심을 가진 신성한 영역 혹은 확장된 공동체 자체에 닻을 내린다.

둘째, 인종적 민족과 '그 민족의' 모국이 대개 외부의 힘에 의해서 격리될 때, 사람들과 영토 사이의 '결합' 혹은 '유대'는 남는다. 이런 결합 자체는 공동체의 집단적 기억과 정체성의 본질적인 부분을 이룬다. 땅은 공동체의 구비(口碑)의 한 부분이 되고, 집단적 꿈의 초점이 된다. 천국의 개념들이 가장 사랑스러운 땅의 특징과 관련해 분명히 언급되고, 추방된 공동체는 그 땅으로부터의 거리로 측정되고, 그 땅의 회복과 부흥계획이 상상되고, 구성원들은 스스로를 그 땅에 둔 '기원'에 의해 인식하며, 유대인들이나 망명 중인 아르메니아 공동체의 경우처럼, 상당한 정도로 영토와의 물리적 결합이 단절된 수세기 후에도 영토와 계보학을 혼합시킨다.

셋째, 국외자들이 공동체 성원을 인식할 때 그들은 종종 영토적 '기원'과 관련해 인식해서, '인종적 민족'이란 용어는 '같은 모국에서 기원하는 것'이란 부수적인 함축적 의미를 갖는다. 그래서 미국이나 아르메니아에서 이민자들은 그들 출신지에 따라 '위치가 지어지며', 민족성은 이민자의 본고장에 대한 언급을 포함하는 것으로 생각된다. 보다 일반적으로, 브르타뉴에 거주하는 브르타뉴인, 몽골에 거주하는 몽골인, 티베트에 거주한 티베트인들은 '모국'에 거주하는 인종적 민족으로 인정받는다. 달리 말하자면, 공동체가 광범위한 지역에 산재한 집시처럼 반대되는 사례에도 불구하고, 공동체와 인종적 민족의 영역 사이의 협력은 쉽게 가정할 수 있다. 한 조각의 영역이 '모국'이 되기 위해서는 '결합되고' '인정되어야 한다.' 공동체 구성원들은 그들이 그 영역에 귀속되어 있기 때문에 그들이 모국에 귀속한다고 느끼고, 그들의 영역이 그들에게 정당하게 귀속한다는 것을 국외자에게 인정받아야 한다. 여기서 단 하나의 역사적 영역에 두 개의 결사와 두 개의 승인이 존재함으로써 이스라엘과 팔레스타인의 비극 중 일부가 발생했다.[31]

연대의식

인종적 민족은 나의 용법에서 공통된 이름, 가계의 신화, 역사, 문화, 영역상의 결합을 갖는 범주의 인구만을 의미하는 것은 아니다. 그것은 또한 종종 제도상 인류학적 표현을 보여 주는 구체적인 정체성과 연대를 가진 공동체이기도 하다. 18세기에 그리고 그 이전에는 말하자면 슬로바키아인이나 우크라이나인을 '인종적 민족'의 범주로 보는 것이 정당하였다. 관찰자에게 그들은 우리가 개관한 많은 요소를 소유하고 있었으나, 공동체와 정체성 의식은 거의 없었다. 이것은 비록 집단의 이름이 모호하고 의심스러우나, 19세기의 하우사(Hausa)[32]의 인종적 민족국가나 15세기의 오스만 터키(오스만투르크) 부족에게도 해당된다. 국외자에게 그런 범주의 집단은 민족성에 어울리는 것으로, 잠재적인 인종적 민족으로 보였다. 계곡에 있는 공동체별로 나뉘는 내부적 분열, 씨족, 공국은 구성원들의 정체성에 더욱 중요해 보였다. 충성위기와 전쟁 때를 제외하면 좁은 범위의 직접적인 충성의 대상을 넘어서서 멀리 여행해 본 사람도 거의 없었고 보다 큰 범위의 단위에 부합하게 행동하도록 소집된 사람도 거의 없었기 때문에, 더욱 광범위한 통일을 아는 구성원은 거의 없었다. 아마도 집단적인 기억은 고정된 특징적인 형식을 가질 수 있는 자료가 없었고,

---

31) 위의 요점은 이 책 8장에서 정밀하게 설명된다. 또한 Smith and Williams(1983) 참조.
32) 서아프리카 수단의 니제르강과 차드호 사이에 사는 부족—옮긴이.

그래서 우리가 스타일이라고 부르는 일관되고 강한 '목소리'를 전면으로 가져올 수 없었다. 문자어로 된 법규와 문헌의 부재가 19세기 초기 우크라이나와 20세기 초기 에웨(Ewe)인[33]의 경우에 명백한데, 그 원주민 언어인 안로어(Anlo)는 프로테스탄트 선교사에 의해서 기록되고 문자화되었다.[34]

인종적 민족 공동체 혹은 (인종적 범주와 반대되는) 인종적 민족의 자격을 갖기 위해서는 스트레스와 위기에 처한 때 공동체 내의 계급, 분파적이거나 지역적 분열을 능가하는 강한 소속감과 행동적인 연대를 등장시켜야만 했다. 실제로, 뒤에 만개하고 승인된 민족에서처럼 활동적인 연대와 협동은 상당히 다양하다. 우리가 순수한 인종적 민족을 말하려 하면, 이런 연대와 공동체 의식은 필요할 경우, 공동체 안의 다른 계층과 다른 지역과 소통할 수 있는 교육받은 상류층을 격려해야만 한다. 인종적 민족의 연대가 어떤 시기에는 다른 종류의 연합에 의해 쌓이고 더 동태적이고 군집적이며 계급적 혹은 지역적일 수 있다. 그러나 인종적 민족이 관계된 곳에서 우리는 이런 종류의 충성심을 압도하는 충분한 힘과 깊이로 인종적 민족의 연대와 제도적 협력이 주기적으로 재출현하는 것을 기대할 수 있는데, 특히 외부의 적과 위협에 직면했을 때 그러하다.

내가 지금까지 별도로 다룬 인종적 민족의 6개 '요소'는 민족성이 작용하는 정의를 제공해 주며, 그중 하나는 우리가 인접한 계급 혹은 종교

---

33) 아프리카 서부의 가나와 토고 남부에 사는 종족―옮긴이.

34) 우크라이나의 사례에 대해서는 Armstrong(1963) 및 Szporluk(1979, esp. ch. 3), 아프리카의 인종적 민족 사이에 문자로 쓴 기록이 없으며 이런 기록 부재가 집단적 기억과 정체성을 방해하는 방식에 대해서는 Mazrui(1985) 참조.

공동체로부터 그 범주의 한계를 벗어나도록 해준다. 실제로, 요소 혹은 요인 중 일부는 명료성, 범위, 강도에서 다르다. 조상 신화는 혼동되며, 역사의 기억은 소묘에 불과하고 문화적 구별 경계는 일반적으로 우리가 하나의 인종적 민족, 인종적 민족의 범주, 단순히 인종적 민족의 지역적 변형, 하나의 계급, 종교적 공동체, 혹은 정치체제를 다루는 정도를 밝혀 준다. 유사하게, 우리는 '인종적 민족'의 형성과정에 있는 집단성은, 민족 형성이 작동중인 한, 그것이 결여된 6개 차원의 것들과 함께 그들이 공유한 특징과 차이를 증가시킨다고 주장할 것이다. 그렇지만, 주관적 인식, 의지, 상징주의, 소통이 포함된 것을 감안하면, 자칭 인종적 민족이 그들의 문화적 차이를 발전시키고, 적합한 이름을 찾으며, 적합한 역사, 족보, 심지어 신화적 모국을 혼돈스러운 기억, 그보다 먼저 인종적 민족의 형성에 자극을 주었던 공동체의 기존의 문화적 표지와 공유한 기원 인식으로부터 찾아낸다는 것은 불가능하다. 달리 말하면, 한 무리의 사람들이 스스로 공동체라고 느낀다면 공유하게 되는 기억, 영역을 가진 결사체 혹은 같은 조상을 가진 신화 때문에, 용어 그대로의 완전한 의미의 인종적 민족이 되기 위해서는 이름을 찾고 연대의식을 확장하며 점차 그들 자신의 (별개의 지역과 관습, 혹은 언어, 혹은 제도, 혹은 피부색에 기초한) 문화를 공식적으로 설명하는 것이 불가능하기만 한 것은 아니라는 것이 증명될 것이다. 여기에 내가 추가해야 할 것이 있는데, 영역 심지어 별개의 문화를 가졌으나 역사적 기억 혹은 가계의 신화에 별것이 없는 민족을 창조하는 것이 훨씬 어렵다는 것이다. 여기서, 새로운 혁명적인 자칭 인종적 민족의 문제가 놓여 있다.

여기서 6개의 '기준'(더 좋은 표현은 '차원') 가운데 결여된 2개는 언급되어야 한다. 하나는 경제적 통일, 혹은 통일된 분업이다. 다른 하나는 공통된 법적 권리와 공통된 정치체제이다. 사실 근대 이전 인종적 민족은 통일된 경제에 근접하는 어떤 것을 보여 주지 않고 있다. 그들은 통상 유목이나 스스로 부양하는 농업을 하는 여러 씨족이나 마을로 구성되어 있다. 이런 까닭에 지방의 경제적 유대는 인종적 유대보다 더 중요한 경향이 있다. 이것이 인종적 민족의 왕국 통치자들이 장려하는 장거리 교역의 존재를 부정하는 것은 아니다. 그러나 몇몇 아프리카 역사학자들이 보여 주듯, 그런 교역이 대부분의 아프리카 사회와 문화에 특징적인 대내적 생산양식을 대신하지 않음은 물론이고 그 양식에 맞지도 않는다. 드문 봉건제 유형의 사회조차 경제적으로 지방화되었다. 이것은 아마도 로마제국 밖의 고대세계에도 해당될 것이다.[35]

고대 이집트나 솔로몬의 이스라엘에서처럼 인종적 민족의 정치체제가 나타난 곳에서조차 공통된 법적 권리에 대해 말할 수 없다. 이들 왕국은 계급으로 나뉘었을 뿐만 아니라 지역적으로 나뉘어 있었고, '시민권'은 말할 것도 없고 인종적 민족 구성원을 위한 법적 권리 개념이 없었다(뒤에 유대왕국에서, 그 권리에 근접하는 무엇이 성인 남자에게 실행된 일은 있었다). '인종적 정치체제의' 민족에 대해서도 말할 것이 없다. 우리가 보게 되듯이 그들은 이런저런 민족요소를 결여했고, 어떤 다른 관점에서 인종적 요소가 오늘날까지 지속되고 있지만, 또한 민족주의 이데올로기를 결여했다. 그러나 여기서 우리는 고대한다. 우리가 근대성을 이해하려면 민족성의 기반과 확산을 수립하는 것이 필요하고, 혹은 그게 아니라면 민

---

35) 이런 아프리카 사회와 그들의 '국내적' 생산양식에 대해서는 C. Coqueiry-Vidrovitch, "The Political economy of the African peasantry and modes of production", in Gutkind and Wallerstein(1976) 참조.

족의 기반과 확산을 수립하는 것이 필요하다.

인종적 민족 형성의 토대들

앞으로 계속되는 토론의 토대로서 인종적 민족(인종적 민족 공동체)은 이제 공유한 조상의 신화, 역사, 문화와 특정한 영역과 연대의식을 가진 명명된 인간의 집합으로 정의된다. 나는 그런 공동체가 중동과 에게해(海) 지방에서 적어도 문자 기록의 공용과 연대기상 인종적 민족의 부침을 다시 설명해 주는 때인 청동기 시대 초기 이래 역사상 전 기간에 광범위하게 존재했음을 보여 주도록 노력하겠다. 또한 그런 공동체가 역시 지구상의 여러 지역을 성격 규정해 주며 산업화된 세계의 가장 근대화된 국가에서도 발견되고 있음을 보여 주도록 노력하겠다. 나는 인종적 민족 공동체가 사회문화 조직의 중요 양식을 이루고, 전근대 시기에서조차 그것이 유일한 양식을 이룬다는 것을 주장하는 것은 아니다. 다만 그것은 다른 조직과 문화의 양식처럼 중요하고, 그렇기 때문에 우리가 그것을 소홀히 할 위험이 있지만 소홀히 해서는 안 된다는 것을 주장할 뿐이다. 오늘날까지도 그런 공동체는 일부 문화지역에 특히 아프리카와 아시아 일부 지역뿐만 아니라 구(舊)소련, 유럽 그리고 북미에서 중요한 상태로 남아 있다. 또한 나는 인종적 민족은 물론이고 민족성이 가시적이지 않다 해도 여전히 지속적이라고 주장하지도 않는다. 그것은 거부된 바 있는 '영속주의', 심지어 '원초주의'의 냄새가 난다. 그 대신에 나는 인종적 민족(통상적으로 다른 것들)이 몇몇 대륙과 문화지역에서 다른 시기에 등장했고, 근대에 바로 재등장했다는 것을 보여 주기를 희망한다. 그리고 나는 민족성은 모든 사회가 따른 것은 아니지만 기원전 3000년 전부터 오늘날까지 인간의 조직과 커뮤니케이션의 사회문화적 모델로 남아 있다는 것을 보여 주기를 희망한다. 달리 말하자면, 나는 그것의 보편성을 주장하지 않는 반면 이 현상은 간혹 중단되기는 하지만 광범위하게 분포하고 오래오래 지속되는 모습과 지속성을 갖는다고 주장하는 것이다. 민족성의 역설은 지속성의 변덕스러움이고 변동을 통한 지속이다.

이런 역설을 시인하고 인종적 민족과 민족성의 놀랄 만한 부활을 이해하기 위해서 인종적 민족의 정체성을 형성하고 유지하는 데 도움을 주는 반복된 요소를 검토하는 것이 필요하다. 다른 것들은 암스트롱의 광범위한 연구에 정리되어 있고, 나는 여기서 세 개의 요소들을 단일하게 정교화하려 한다. 그중 두 개는 암스트롱이 다소 다른 형식으로 조명하고 있고, 세번째는 그가 다루지 않았지만 여러 관점에서 그의 논의에서 떠다니면서 학설의 잘못을 논하고 있다.

정착화와 향수

쿨본(Rushton Coulborn)은 그의 최근 저작에서 문명 초기 이민자 위기이론을 공리로 가정했다. 그는 러시아와 중앙아시아 대지의 건조가 신석기 시대 말기의 공동체를 나일강, 티그리스-유프라테스강, 인더스강 하곡 남쪽과 황하의 동쪽으로 몰아냈다고 주장했다. 여기서 그들은 이전의 목축과 유목하는 사람들로부터 완전히 다른 생활양식을 취했다. 심지어 초기의 농업 형태를 실행했던 곳에서조차 다른 곡물을 재배해야 하는 그들의 새로운 환경은 그들로 하여금 생산양식과 사회조직을 바꾸도록 하였다. 쿨본은 대규모의 이민과 새로운 생활양식에 강요된 적응은 스트레스를 주고 위험한 것으로 느껴졌다고 주장한다. 경작이 실패하고 관개작업이 강의 범람을 막아내지 못한다면, 사회가 붕괴하고 무정부상태로 갈 위험이 항상 있었다. 이런 가능성을 해결하기 위해 보다 잘 조직되고 의식화된 기반 위에서 새로운 신념과 관행이 생겨났다. 특수계층인 사제가 풍작을 빌고 홍수를 예방하는 데서 신뢰를 받았고, 특수한 제단이 만들어졌다. 사원은 신을 달래어 신의 은총을 얻는 종교적인 중심과 마찬가지로 경제적 중심으로 행동했다. 이런 식으로, 의식과 신전을 구비한 새로운 종류의 상징적이며 조직화된 종교가, 친숙하지 않은 환경에 경제적으로 적응하는 데 이민자들이 직면한 어려움으로 생긴 사회 해체의 위협을 극복하기 위해 생겨났다.[36]

쿨본 명제의 중요성은 조직화된 종교의 유물론적 해석보다 그가 정주의 과정과 정신적 외상에 부여한 중요성과 유목과 정주라는 두 종류의 생활양식을 대비한 데 있다. 민족성의 목적과 인종적 민족의 지속성을 위해서는 정주과정의 세 가지 결과가 언급되어야 한다. 첫번째는 새로운 '지역주의'이다. 비록 단거리를 이동하는 유목집단도 있지만 많은 유목민들이 이동하는 꽤 먼 거리 대신, 초기의 농경문화는 소규모 마을 정착민들로 구성되었고, 그들은 구역의 네트워크를 만들어 구성마을 사이에 혹은 작은 지방도시에서 생산물을 교환했다. 이런 유형의 생산과 거주 패턴은 뚜렷이 구분되는 노동과 충성심을 가진 지방형 유대를 낳았다. 분산된 농민은 촌장 아래 농경하는 정착민의 무리를 형성했다. 이들은 일반적으로 멀리 떨어진 도시에 있는 통치자와 그의 집단을 대표하는 지방총독의 우두머리나 관리에게 정해진 부세를 지급한다. 교역 역시 지방화되어, 소통의 결여는 그 구역을 넘어서는 정치적 충성 의식을 방해한다.

---

36) Coulborn(1959, esp. ch. 5), 그리고 최초의 문명이 출현하는 고고학적 증거에 대해서는 Daniel(1971), Braidwood and Willey(1962) 참조.

지방적 유대와 지방적 교환의 패턴으로부터 특징적인 '민속음률'과 레드필드(Robert Redfield) 같은 사회인류학자가 연구한 '작은 전통'(Little Tradition)이 발전되었다. 이들은 여러 세대 동안 그 지방 안에서 지속되고 농민들의 노동패턴과 거주패턴을 보충해 주는 지방적 신화와 전설, 방언과 대화법, 의식과 관습을 포함한다. 그것과 결합된 축제, 관습, 통과의례와 함께 주, 계절, 일생이란 주기의 순환은 고대와 중세 사회의 모든 곳에서 농민과 부족의 종교와 민속문화를 포함하고 있다. 그 문화는 훗날 민족주의자들로 하여금 그들의 꿈인 '민족'을 구축하는 데 많은 재료를 제공해 주었다.[37]

셋째, 우리가 암스트롱의 '향수'라는 용어를 사용한다면, 우리는 유목민과 정주민의 생활양식과 결합한 특정한 '향수'를 발견하는데, 그 향수는 잃어버린 과거에 대한 갈망을 구체화하고, 특히 정주한 유목민 편의 갈망을 구체화한다. 이 향수는 여러 형식을 취한다. 그것은 사막의 초원이나 평야나 숲 혹은 산악에, 공동체의 요람 혹은 평화로운 시절의 의자에 초점을 둔다. 그것은 잃어버린 모국에로 귀환하려는 바람 혹은 이주 후 망각했던 모국에 대한 감상적인 집착을 유도한다. 그것은 하나의 공동체를 규칙적으로 받아들일 때에, 전보다 더 굳게 이전의 혹은 채택된 생활양식에 집착하고 모든 이웃들과 그 공동체를 구별하게끔 해준다.

더욱 중요한 것은 혈족에 대한 향수와 영역(territory)에 대한 향수라는 두 개의 보다 넓은 유형의 향수 사이의 구별이다. 일부 사람들은 정주

---

37) 농민사회에 대한 고전적인 연구는 Redfield(1960)에 있다. 보다 최근의 분석에 대해서는 Shanin(1971) 참조. 전자본주의 생산양식에 대해서는 Marx(1964) 참조. 게르만족의 영국 초기 정착에 대한 사례연구는 R. Hodges, "The Anglo-Saxon Migrations", in L. Smith(1984)에 들어 있다.

했거나 도시화된 문명과의 접촉이 부식시킨, 조상들의 반쯤 유목을 하는 단순한 생활양식과 상실된 씨족의 조직에 대한 갈망을 나타낸다. 가나안의 유대인들이 명백한 그 증거이고 되풀이되는 아랍인의 파도가 그 증거이다.[38] 다른 인종적 민족은 이런 향수로서 보다 이른 발생기 단계 이후 공동체의 영토적 기념을 채택함으로써 그들의 첫번째 공동체의 토대를 형성했던 특정한 지방 영지에서 누렸던 원시적인 과거에 대한 갈망을 표현했다. 여기서 암스트롱은 처음 공간적으로 위치하고 영토적 단위로 설명된 그리스-로마의 폴리스(polis)와 파트리아(patria)란 개념을 채용한 '야만적인 인종적 민족', 이를테면 튜턴인, 프랑크인, 서고트족, 노르만족 등을 인용한다. 그러나 실제로, 분석적으로 구분될 수 있는 두 가지 종류의 향수는 중첩된다. 소수의 중부 유럽인이라고 부를 수 있는 유대인, 아르메니아인, 쿠르드족, 드루즈인 사이에는 인종적 기원이 신화, 기억, 상징에 들어 있는 열렬한 영토적인 집착으로 짜여 있다. 반대로, 일부 유럽의 인종적 민족이라고 부를 수 있는 프랑스 귀족의 특성, 코르시카의 협곡, 마자르의 전제 사이에는 강한 영역적 집착이 봉건적 혹은 씨족적 가계의 열렬한 의식을 배제하지 않는다.

생각건대, 공동체를 구별하고 그 성원들에게 특정한 상징과 지역을

---

38) 향수의 용도와 유형에 대해서는 Armstrong(1982, ch. 2), 부족 생활의 미덕과 종족의 단결에 대한 아랍인의 향수는 사막 생활과 종교에 대한 갈망을 반영하는 이븐 할둔(Ibn Khaldun)의 사회학에서 가장 명백한데, 이것에 대해서는 Hall(1985, pp. 91~8) 참조. 이스라엘 부족의 반(半)유목적 기원에 대해서는 Weber(1952) 및 Kohn(1929, p. 23) 참조. 사우디아라비아의 와하비운동은 고대의 천막생활과 금주를 하는 레갑파(Rechabite)를 닮아 있고, 또한 가나안 도시문명의 활력을 빼앗는 영향력과 그 결과로 스며드는 남용과 우상숭배에 반대하여 원시적 사막 종교가 갖는 고대의 경건성을 지지하는 아모스(Amos)와 엘리야를 닮았다. 레갑파는 고대의 이상에로의 복귀를 목표로 했던 것 같다. 그들은 술과 땅의 경작을 조롱했다. 그렇지만, 동시에 이들 초기의 예언자적 운동은 다른 방법으로 민족적 저항을 내포했다.

부여하는 데 도움을 주는 유목 생활양식과 정주 생활양식의 대비가 중요하다. 하나의 생활양식에서 다른 생활양식으로의 전이가 증진시키는, 그리고 이란인, 유대인, 아랍인의 경험이 증명하듯 독자적인 인종적 민족의 성격을 형성하는 데 도움을 주는 역사적 발전과 전개 의식이 있다. 단거리 유목을 한 소말리아인처럼 상당한 정도로 자신들의 이전 생활양식을 보유한 공동체조차도 두 개의 생활양식을 중요하게 대비함으로써 스스로를 식별하고, 다른 인종적 민족에게 인식되었다. 여기서 정주의 충격과 그것의 후속적인 양식은 나머지로부터 발전경로를 취한 다른 양식에 작용하여, 정주하는 공동체 안에서 장소와 이전의 생활양식을 그리워하는 향수에 부착된 민속문화와 지역적 유대의 오아시스를 형성했다.[39]

조직화된 종교

몇몇 학자들은 전근대 공동체 사이에서 커뮤니케이션의 상징적 코드와 사회조직의 초점으로서 종교의 중요성을 언급했다. 그러나, 서구에서 종교는 흔히 인종의 그리고 민족의 경계를 뛰어넘어 개종하는 것으로 생각되었고, 적어도 구원의 종교는 문화적·계급적 장벽을 넘고 심지어 하나님의 진정한 말씀을 찾아 민족성의 타당성을 거부하기조차 했다. 실제로 조직화된 종교는 특히 첫번째의 '열광적인' 단계 후 기존의 경제적·문화적 구분과 관계를 맺게 되었고, 특히 그 종교들이 어떤 정치적 표현을 가질 때 더욱 그랬다. 그리고 그 결과로서 '종교'가 종종 뚜렷이 구분되는 종교

---

39) 소말리아인에 대해서는 I. Lewis(1980, ch. 1~2), 혈족(kinship)을 활동적인 정치세력으로 삼은 중세에 강한 향수의 발생을 입증하고 있는 봉건제도에 대해서는 Bloch(1961, I/3, esp. pp. 139~41) 참조.

적인 인종적 민족 공동체를 형성시키는 인종적 민족 감정을 가열시키기까지는 아니더라도, 그것을 강화하는 것을 발견하게 된다.

다시, 민족성과 종교 융합의 세 가지 양상을 지적하는 것이 유용하다. 첫째, 인종적 민족의 기원신화와 창조와 우주에서 차지하는 위치에 관한 그들의 종교적 신앙 사이에는 밀접한 관계가 있다. 명백한 예는 그리스인과 유대인의 창조신화이다. 즉, 데우칼리온(Deucalion)과 피라(Pyrrha) 그리고 그의 아들 헬렌(Hellen)에 관한 그리스 신화는 유대인의 노아(Noah)와 그의 세 아들의 전설과 비슷한데,[40] 두 가문은 대홍수의 재앙에서 살아난 유일한 생존자이고, 종교적-인종적 공동체의 먼 조상 역할을 하고 있다. 정말로 궁극적인 근원이 같은 관념이 수메르인의 창생 서사시인 에누마 엘리시(Enuma Elish)와 길가메시(Gilgamesh)[전설상의 수메르인의 왕]의 서사시에서 발견되고 있는데, 그들 역시 대홍수에서 살아남았다. 수메르 왕 역시 그들 도시의 신으로부터 계보를 찾았고, 수메르인의 만신전에서 지상의 부섭정으로 행동했다. 신을 위해 행동한다는 주장보다 인종적 민족정체성에 대해 더욱 중요한 것은 신의 선택과 집단의 사명이라는 함축적인 사고, 즉 '우리'는 지구 공동체 ──신의 활동의 은혜── 중 최초의 것이고, 우리는 우르남무(Ur-Nammu)[BC 2000년경 수메르의 도시국가 우르의 왕], 함무라비(Hammurabi), 모세(Moses)의 율법과 같이 신이 규정한 법의 지배 아래 특수한 생명을 이끌고 있다는 사고이다. 이런

---

40) 데우칼리온(Deucalion)은 그리스 신화에 나오는 프로메테우스의 아들. 에피메테우스와 판도라 사이의 딸인 피라(Pyrrha)를 아내로 맞이하였고, 이들은 함께 제우스가 내린 대홍수 속에서 살아남았다. 둘 사이에 태어난 아들 헬렌(Hellen)은 고대 그리스인(Hellenes)의 시조이다. 노아(Noah)는 헤브라이의 족장으로 신의 계시를 받아 방주를 만들어 모든 동물 한 쌍을 방주에 태워 대홍수를 피하였다──옮긴이.

방식으로, 우주에서의 특수한 위치는 인종적 민족의식에 다른 사람과의 구별과 우월의식을 제공한다.[41]

종교의 종파성은 인종적 민족-종교 공동체에 두번째 비옥한 토양을 제공해 준다. 고대세계에서 종교 공동체는 일반적으로 이집트, 수메르, 아시리아, 그리고 뒤에 페르시아에서처럼 인종적 민족 공동체와 일치했다. 그러나 일신론적 구원의 종교나 동양에서의 무신론적 종교의 등장은 인종적 민족과 정치적 경계를 뛰어넘는 경향이 있었다. 특히 초기 기독교 시대에 전기독교 운동은 계급의 장벽을 부수고 기존의 인종적 민족의 구분을 초월하는 데 도움을 주었다. 그러나 바로 직후 말시온주의 신도(Marcionites)와 아리우스파(Arians)[42]에서 나온 다양한 분파의 등장은 스스로를 주장하고 새로운 형식과 내용을 발견하기 위해 인종적 민족의 상징과 인종적 민족의 유대를 용인하였다. 사실, 우리는 다양한 종파주의 운동이 별개의 인종적 민족의 혈통과 유산을 의식하는 오래된 기존의 공동체와 밀접하게 연관된다는 것을 발견하며, 특히 지중해 동부에서 많이 발견한다.

예컨대 그레고리(Gregorian) 형식의 기독교는 정교로 시작했는데,

---

41) 유대인의 창조신화에 대해서는 Genesis 11: 10~27 참조. 인류의 5시대, 데우칼리온과 피라의 홍수, 그리고 그들의 아들 헬렌과 후손 도루스, 애루스, 이온, 아케우스——아폴로도루스와 파우사니아스는 다시 계산되었다——의 이야기를 가진(Graves, 1960, I, pp. 33~7, 138~43, 158~62) 헬레네의 창조신화에 대해서는 Hesiod, *Theogony* 211~32, *Works and Days* 109~201 참조. 수메르인의 창조와 길가메시 신화에 대해서는 Jacobsen(1976, ch. 6~7) 참조.
42) 말시온주의 신도는 2~7세기에 번성했던 그노시스(Gnosis)의 금욕을 교리로 하는 교파의 신도. 구약성서를 거부해 그리스도가 하나님의 아들임을 부정한다. 아리우스파는 이집트 알렉산드리아 출신 아리우스가 주장한 신학으로, '성자' 예수는 창조된 존재인 피조물이며 '성부'에게 종속적인 개인이라고 하는 반(反)삼위일체 성격의 교리를 주장하여 정통기독교에서 이단으로 본다——옮긴이.

아르메니아의 의식과 상징에 익숙해졌고, 비잔티움과 사산조 페르시아 (Sassanid Persia) 사이에 낀 아르메니아 왕국의 분리의 진행과 이단인 그 노시스교에 대한 투쟁은 일신론적 기독교가 더욱 멀리 있는 아르메니아 의 규범이 되도록 유도했다. 이 과정은 특히 5세기 에페수스(Ephesus) 에서 이루어진 교회 회의의 결정에 의해 촉진되었다. 그러나, 사실상 이 와 같은 지방적 형태의 기독교는 주변부적 지위에 놓인 아르메니아인 공 동체와 언어에 의해 강화되고 지지를 받았다.[43] 이집트와 아비시니아에 서도 역시 일신론적 종파가 콥트족(Copt)[고대 이집트인의 자손 그리고 콥트 교회 의 신자]과 암하르의 주민 사이에서 많은 추종자를 얻어서 보다 큰 기독교 세계에서 이들 공동체의 배타적 정체성을 강화했다. 유사한 과정이 레바 논, 시리아, 북부 메소포타미아 공동체에서 작동했는데, 거기서 마론파 (Maronites), 드루즈(Druze), 야곱(Jacobite) 교파의 시리아인들이 다른 지 방의 박해를 피해 흘러 들어왔다.[44] 여기서 종파적인 심지어 이단적인 형 태의 기독교와 이슬람이 먼 지방의 공동체와 결합했는데, 그 공동체는 초 기의 종교적 결사체에서 점차 인종적 민족 결사체로 바뀌었다.[45]

이런 과정이 중동에만 특유한 것은 아니다. 시크교도 공동체는 종교 적 분립을 통해 존재하기 시작했다. 이 종교의 경전과 북서 인도에 있는

---

43) 정교회 평의회에 대해서는 Ware(1984, ch. 2), 아르메니아의 그레고리 교회의 등장에 대해서 는 Atiya(1968, Part IV) 참조.
44) '마론파'는 로마 가톨릭에 귀속한 동방교회계의 한 교파. 주로 레바논에 살며 시리아 교회의 관할에 속했다. 4세기경 수도사로 이 교파를 창시한 마론의 이름에서 유래. '드루즈'는 11세 기에 창시되어 시리아와 레바논에 널리 퍼진 교파로, 그리스도교, 유대교, 이슬람교의 요소를 지니고 있다. 영혼의 전생과 인간의 궁극적 완성을 믿는 종파나 신자를 가리킨다. '야곱 교파' 는 6세기에 창시되어 안티옥의 수사가 지배한 시리아의 기독교 종파이다―옮긴이.
45) 이들 종파와 교회에 대해서는 이 책 5장 및 Atiya(1968, Parts I, II, III 및 VI) 참조.

이 종교의 사원은, 마치 드루즈인의 성서와 사제가 공동의 감정을 모으고 결정체화하는 데 도움을 주었던 것처럼 공동의 종교적 유대와 감정의 증대에 중심을 제공해 왔다.[46)

미얀마에서는 테라바다(Theravada)[상좌부. 소승불교의 한 분파] 불교가 미얀마인의 민족성 인식에 표지와 정체성의 내용을 제공해 왔는데, 민족성의 의식은 불교가 유사국가종교가 되어 공동체를 이웃과 구별하게 해준 중세 바간왕조의 평온하고 행복했던 시절까지로 소급된다.[47) 중세 초기 랑그도크(Languedoc)의 남쪽 지방에서조차 이단적인 이중주의 경향이 다른 문명에 더 개방적인 나르본(Narbonne)과 툴루즈(Toulouse) 주위에서 혼합적인 문화의 수용력을 가진 많은 청중을 얻었다. 아마도 발도파(Waldensian)와 알비파(Albigensian)[48) 공동체는 그대로 남겨 두었다면, 미스트랄(Mistral)과 훗날 옥시타니아 민족주의가 부활하기를 열망했던 것처럼, 그 지방의 언어인 랑그도크(langue d'oc)[중세 프랑스 남부의 로망스 구어]에 기초한 별도의 인종적 민족으로 굳어졌을 것이다(그리고 툴루즈 공의 지배 아래 있었을 것이다). 다른 한편, 초기의 기독교 및 이슬람과 달리 중세의 가톨릭은 적어도 종교개혁 때까지 종교적 일치를 강요해서, 영향을 받지 아니한 지방과 인종적 민족을 그들 틀 안에 가두어 잠재적인 인종적 민족 성향을 강화할 수 있는 분파주의 성향을 허물어뜨리는 데 도움

---

46) 시크교의 기원에 대해서는 Thapar(1966, pp. 308~12) 참조.
47) 속념에 사로잡힌 미얀마와 테라바다 불교의 역할을 조명하는 설명은 Sarkisyanz(1964) 참조.
48) '발도파'는 1170년 이후 리용의 상인 페트루스 발데스(Petrus Valdes, Peter Waldo)의 지도 아래 프랑스 남부에서 일어나 16세기 종교개혁운동에 참가한 기독교의 한 분파이다. '알비파'는 11세기 프랑스 알비에서 일어난, 로마교회에 반대하는 종파이다. 13세기에 십자군과 이단자 탄압을 위해 설치된 종교재판에 의해 괴멸되었다 — 옮긴이.

을 주었다.[49)]

세번째, 조직화된 종교는 인종적 신화와 상징의 확산에 개인적 채널과 소통의 채널을 공급해 준다. 사제와 율법학자는 서로 전설과 신앙을 소통하고 기록하며 번역할 뿐만 아니라, 중세의 혹은 제국의 엘리트를 농민대중이나 식량생산자 그리고 그들의 **작은 전통**에 연결시킬 수 있는 주요 수호자이자 행위자로 봉사한다. 사제단은 그들이 봉사하는 주민의 필요에 따라 다양한 방식으로 조직될 수 있으나, 그 효과는 유사하다. 그래서 우리는 비잔틴제국에서처럼 중앙집중화되고 계서적인 사제단을 보게된다. 아르메니아 공동체 사이에 있는 탈중앙화된 계서제는 중부 유럽과그 너머로 퍼졌다. 유대인 이산민족 사이에는 매우 지방화된 심판위원회가 있었고, 공동체의 종교적 사회화가 이루어졌다. 그렇지만 이 세 가지모두 지방적 전통과 의식을 통일시키면서, 잘 정립된 생활양식과 종교법전과 함께 공통의 상징, 의식, 축제, 행사, 영웅과 성자의 신화를 보급하는데 효과적이었다. 이런 식으로, 그것들은 공동체에서 순회하는 공통된 감정과 이상을 보전하고 심화시켰으며, 문화적으로 구분이 되고 역사적으로 자의식이 있는 주민의 특수한 필요와 이익에 보다 넓은 의미의 종교적교의와 윤리를 채용했다. 그들의 공통된 훈련과 이상을 통해 사제들은 지방 농민들의 특유한 의식과 전설을 종합하고 재해석해서, 그들을 표준적인 규범으로 융합했다. 바로 그들이 주민들로 하여금 모국과 신의 이름을가진 공동체의 정체성을 확신하게 인도했고, 바빌론의 신년축제나 4년마다 열리는 범아테네적 축제처럼 기도하는 사람들을 연례적인 축제 분위기 속에서 중재하고 번영하도록 이끌었다. 이렇게 위대한 행사는 유대

---

49) 알비파에 대해서는 Runciman(1947) 및 Keen(1969, pp. 139~43) 참조.

인이 유월절에 하듯이, 이주한 지역의 주민들이 사원으로 순례를 떠나는 '위대한 전통'이 만들어지도록 했다.[50]

사제와 율법학자는, 특히 율법학자는 또 다른 필요에 부응한다. 즉, 인종적 민족의 종교적 공동체의 경전과 법전을 보전하고 편찬하고 전수한다. 이런 책을 통해서 공동체의 전설과 구비는 표현을 찾고, 표준화되며 전파된다. 상대적으로 문자해독률이 낮은 시대에 비드(Bede)[51]로부터 초기 키예프 러시아의 '블라디미르(Vladimir) 연대기'의 저자에 이르기까지 수도승과 사제들은 공동체의 과거 연대기 기록자로 활동했다. 현대에, 우리는 그들이 다른 공동체의 토착어를 기록하고 표준화하는 것을 발견한다. 우리는 서부 아프리카에서 브레멘(Bremen)의 개신교 선교사들이 안로(Anlo)어를 해독하고 그것에 문학의 형식을 제공하여 안로어를 사용하는 사람들에게 에웨(Ewe)인의 정체성을 고무했다는 것을 언급했다.[52] 사제와 율법학자들은 산업사회 이전의 여러 사회에서 문자를 해독할 수 있는 유일한 계층이었다. 후에 분리된 종교와 사회는 서로 뒤섞여서, 「룻기」의 전언이 기억에 남을 만큼 밝혀 주고 있듯이, 그 땅에 사는 사람의 일부가 되는 것은 사실상 그 사회의 생활양식과 종교를 포용하는 것이었다. 『탈무드』에서 개종의식을 통해 개종자는 유대인에 편입되며 물질적 소유권을 가짐과 동시에 부담을 공유하여 재탄생하는 것임을 강조하는 것은 흥미롭다. 할례와 의식적 침잠은 개종을 표현하고 증명하는 것

---

50) 비잔틴, 아르메니아, 유대인 성직자에 대해서는 Armstrong(1982, ch. 7), 바빌로니아의 신년 축제에 대해서는 Frankfort(1948, ch. 22), 범아테네적 축제에 대해서는 Andrewes(1971, ch. 11) 참조.

51) 비드(Saint Bede, Venerable Bede, 673?~735). 영국의 수도사 겸 역사학자, 신학자로 영국 초기의 역사를 썼다―옮긴이.

52) 이에 대한 훌륭한 설명으로는 Welch(1966) 참조.

이며, 개종시험은 재탄생하여 기쁨·슬픔과 의무를 갖고 공동체에 참여하는 개종자의 의지를 파악하는 것이다.[53] 여기서 사제는 공동체를 이웃과 달리 표시해서 구분해 주는 표준화되고 규약으로 된 공동체의 생활양식과 감정을 전파함으로써 공동체의 파수꾼으로서 '귀화'의 대리인으로 행동한다.

국가 사이의 전쟁

전쟁은 가정으로부터 제국에 이르기까지 모든 집단에서 발생하지만, 군주의 혹은 관료의 통제 아래 매우 중앙집중화된 전문적 군인의 무리를 이용해 다른 종류의 정치적 권위와의 사이에 수행되는 것으로, 인종적 민족의 형성과 지속에 큰 충격을 준다. 핵심에 단일 인종을 둔 줄루(Zulu)[54] 왕국처럼 중앙집중화된 정치체제 주위에 수립된 전쟁기구의 사례도 있다. 그러나 더욱 흔한 것은 정치체제가 몇몇 인종적 민족의 주민 — 그중 하나의 인종이 지배적이다 — 의 기초 위에 수립되는 것이고, 경쟁적인 정치체제 사이에 전쟁의 빈도, 강도, 지속성은 그 자체로 영향을 입은 주민들 사이에 인종적 민족감정을 결정체로 만드는 중요한 요소이다. 그런 주민은 전쟁을 업으로 삼는 국가의 '핵심'이 되는 인종적 요소를 포함할 뿐만 아니라 전쟁지역으로 끌려간 인종적 민족 — 그들의 영역은 으레 제국의 야망을 위한 상습적인 전쟁터이다 — 을 포함한다. 전쟁하는 계절의 작전에 '핵심' 성원과 그 성원과 가까운 인종적 민족이 많이 징집되면 될수록(징집된 인종적 민족의 비율이 높으면 높을수록), 그런 전쟁은 더욱

---

53) Ruth 1: 16~18, Kaplan(1976, pp. 20~22) 참조.
54) 아프리카 동남부 해안가에 사는 반투어계의 민족 — 옮긴이.

결속력이 있고 사람들은 더욱 민족적이 된다. 마찬가지로, 제국의 혹은 도시국가의 전쟁이 '제3자'인 공동체 —— 이들은 전투를 하도록 강요받을 수도 있다 —— 의 영토를 넘어 벌어질수록, 그들 주민들은 공동의 정체성을 더욱 잘 의식한다.[55]

국가 사이의 전쟁이 인종적 민족감정을 발화시키고 유지하는 데에는 세 가지 중요한 방식이 있다. 전쟁을 위한 물리적 동원은 가장 흔한 것이다. 물론, 보수를 주고 하는 징집과 반대로 토착민을 어느 정도 징집하는가가 사활적이다. 초기 아시리아나 그리스와 로마의 군대에서처럼 원주민 농민이나 장인이 군대의 골격을 이룬 곳에서는, 동원 행위 그 자체가 전투의 충격 및 상호의존적인 보병의 단결과 더불어 공동체와 복지에 대한 구성원의 의존 의식을 가져다준다. 위기 순간의 전우애, 팀워크, 군인정신의 발동을 통해 전장에서 집단적으로 저항하는 각 개인이 갖는 인종적 민족정체성의 중요성을 파악하기 위해서, 우리는 아이스퀼로스[56]의 페르시아전쟁 —— 이 전쟁에서 그의 형은 살해되었고, 그도 싸웠다 —— 묘사를 읽기만 하면 된다. 이런 참가자의 기록과 더불어, 국가가 정치적 선전을 위해 계산적으로 만든 작품도 있는데, 그 목적은 저항을 강화하고 군주와 엘리트의 공훈을 찬미하는 것이었다. 정복과 학살을 습관적으로 뽐내는 것이 중요한 만큼, 히타이트인과 이집트인들 모두 자기들의 승리라고 주장했던 저 유명한 카데시(Kadesh) 전투에서 발생했던 것처럼 경쟁적인 국가에 의한 군대 역사의 개작과 전통적인 적에 대한 모독이 반복

---

55) 전쟁과 사회의 관계에 대한 일반적 조사에 대해서는 Bramson and Goethals(1964), 및 Bond and Roy(1975) 참조.
56) 아이스퀼로스(Aischylos, BC 525~456). 그리스의 비극시인. 극작가——옮긴이.

되었다. 여기서 목표는 군주의 야망을 정당화하는 것뿐만 아니라, 인명손실과 신민공동체에서 가져오는 자원의 추출은 공동체의 모든 분파를 함께 묶어 주는, 보다 높은 명분을 갖는 일종의 희생으로 보고 있다는 것을 확실히 하는 것이다.[57]

이와 같은 '유대 만들기' 요인은 또한 '신화를 만드는' 과정에 의해 더욱 중요하게 받들어진다. 결국 동원과 선전은 단명한다. 그러나 서사

---

57) '지상에서의' 고전적 전쟁의 생생한 설명은 Connolly(1981) 참조. 고대의 이런 뽐냄은 Pritchard(1958, p. 231)에 수록된 메르넵타(Mer-ne-ptah)의 승리송가(*Hymn of Victory*, BC 1230)로 볼 수 있다:

왕자들은 엎드린 채 '자비를 베푸소서!' 애원을 하고
아홉 번 머리를 조아리며 아무도 머리를 들지 못하도다
테헤누에는 폐허가 되고, 하티는 평화롭게 되었도다
모든 악과 더불어 가나안을 갈아엎도다
이전된 것은 아슈켈론이고, 포획된 것은 게제르라
야노암은 없었던 듯 사라져 버렸고
이스라엘은 황폐화되어, 종자조차 없도다
후루는 이집트의 과부가 되네
모든 대지는 다같이, 평화롭구나
쉴 수 없는 사람은 이미 불태워졌다
상류와 하류 이집트 왕 바운레 마리아몬(Ba-en-Re Mari-Amon),
매일 레(Re)처럼 생명을 받는
레의 아들 메르넵타 호텝히르마트(Mer-ne-ptah Hotep-hir-Maat)에 의해

아시리아의 비명은 더욱 장대하다:
지구 사륜안의 왕자들을 무릎 꿇린 …… 위대한 왕, 정당성을 가진 왕, 세계의 왕, 아시리아의 왕인 아다드 니라리(Adad-nirari)의 재산. …… (*ibid.*, p. 192)

또는 사르곤 2세(BC 721~705)의 비명:
우리 친족이 가지고 있는 두려움을 불러일으킬 정도의 우아함이 그를 눈멀게 했고, 공포가 그를 제압했다. 우리 친족은 차꼬를 차고 쇠사슬로 묶인 그(그리스인)를 거꾸로 매달았고, 그(에티오피아 왕)를 먼 여행 끝에 아시리아로 데려갔다. …… (*ibid.*, p. 197)

나의 군주 아슈르의 두려움을 일으킬 정도의 우아함이 멜루하 왕을 압도했다. …… 나는 서해 한가운데 (섬에) 사는 그리스인(이오니아인)을 물고기 잡듯 잡았다.(*ibid.*, p. 196)

북부 시리아의 카데시 전투에 대해서는 Roux(1964, p. 235) 참조.

시, 민요, 극, 혹은 찬가에 새겨진 전쟁신화는 장기간 동안 힘을 갖고 에피소드 그 자체를 뛰어넘어 멀리 미치는 반작용을 형성한다. 테르모필레(Thermopylae)에서 살해된 스파르타인에 대한 시모니데스(Simonides)[그리스의 시인]의 대구, 아쟁쿠르(Agincourt)[58]의 의미에 관한 셰익스피어의 연설, (첫번째) 사원의 붕괴에 대한 예레미야(Jeremiah)의 탄식, 심지어 톨스토이의 보로디노(Borodino)[59]에 대한 설명조차도 사건 자체보다 인종적으로 의식을 가진 가계의 후속 세대들을 만드는 데 효과적이고, 내부적 분파주의나 간극을 감싸는 데 거의 어떤 일도 하지 않은 승리나 패배보다 더욱 잘 단결시키는 강력한 기관이다. 전쟁은 사회적 결속을 증가시키지 않을지도 모른다. 지멜이 말하고 있듯, 전쟁은 공동체 와해의 촉매일지도 모른다. 그러나 영웅주의 그리고 저항의 신화와 전설은 장기적으로 약화된 단결을 강화하고, 의기양양한 정신을 부활시킨다.[60]

또한 공동체의 지정학적인 위치가 있다. 공동체의 소재지와 정치체제의 이웃들과의 관계는 성원들 사이에서 민족의식을 활성화하는 데 도움을 준다. 동맹관계와 갈등관계는 오랜 기간에 걸쳐 정치적 관계에 포함되어 있는 공동체를 구별하는 느낌을 강화한다. 통상 판박이식 부정으로 표상되는 상시적인 적의 창조를 통해서, 전쟁은 중요한 집단과 국외자와의 관계 양태를 만든다. 이런 종류의 '적대적 정체성'은 기록에 풍부하게

---

58) 프랑스 북부 칼레 근처의 마을로 백년전쟁 중 헨리 5세가 이끈 영국군이 프랑스군에게 승리한 고장이다—옮긴이.

59) 러시아의 모스크바에서 서쪽으로 113km 떨어져 있는 마을로, 1812년 나폴레옹이 이끈 프랑스군과 러시아군의 접전 지역—옮긴이.

60) "그러나 하나의 갈등상태는 성원들을 확 잡아끌어 그들을 단일한 충동에 복종시켜 그들이 완전히 함께 가거나 서로를 완전히 추방해야 한다. 이것은 외부와의 전쟁이 종종 내부갈등을 갖고 있는 한 국가가 적대관계를 극복하거나 구체적으로 파기할 수 있는 마지막 기회이다." Simmel(1964, pp. 92~3) 참조.

나타나는 한 짝을 이룬 적의에서, 즉 엘람(Elam)인[61]과 바빌로니아인, 아시리아인과 우라르투(Urartu)인, 그리스인과 페르시아인, 로마인과 파르티아인, 비잔틴인과 사산인, 스위스인과 오스트리아인, 영국인과 프랑스인, 크메르인과 베트남인, 폴란드인과 러시아인, 아랍인과 이스라엘인 등등의 사이에서 찾을 수 있다. 그런 짝이 결코 보편적이지는 않지만, 그 짝은 자체적인 계기를 가지고 있고, 다른 국가(와 그 국가의 공동체)를 대결궤도 속으로 흡입하는 경향이 있다. 그런 의미에서 전쟁을 결정하는 것이 사회 혹은 민족성인 것이 아니고, 바로 갈등 그 자체가 민족성에 대한 인식과 민족을 결정하는 것이다. 전쟁이 유일하게 문화적 차이를 낳는 것은 아니지만 그러한 차이를 첨예하게 하고 정치화시키며, '인종적 민족의 범주'를 자신의 정체성과 운명을 아는 온전하게 통합된 '인종적 민족'으로 바꾼다.[62]

어떤 영역에서 폭력수단에 대한 통제력을 갖고 있는 국가 혹은 중앙집중화된 공적 권위는 전쟁과 국가 사이의 조정을 위해 있다. 국가가 수행하는 전쟁은 구별되는 주민의 정체성 의식을 증진시키고, 전쟁이 국가기구를 압박하지 않는다면 중앙집권화하는 동력을 강화하는 경향이 있다. 오래전에, 전쟁은 경쟁적 권력의 기초를 지배하는 통합되고 중앙집중화된 명령구조를 발생시키고 그래서 전쟁의 궁극적 수혜자는 공동체보다 국가 자체에 있다고 지멜은 말했다.[63] 그러나 확장에 의해, 국가 안의

---

61) 바빌로니아 동쪽 페르시아만 북쪽에 있던 고대 왕국—옮긴이.
62) 이 사례에 대한 완전한 설명은 A. D. Smith(1981b) 참조. 이것은 통상적인 '집단적 공격'이라는 전쟁이론에 대한 비판을 제공하며, 그 반대 중 지멜과 결합한 '결속'명제는 인종적 민족과 그들의 자체 이미지를 굳히는 데서 정치적 행동 특히 국가 간 전쟁에 우월성을 부여하는 베버적 접근을 선호한다.
63) Simmel(1964, p. 88) 참조. "전쟁은 국가를 만들고 국가는 전쟁을 만든다. 비록 일부 국가가

지배적인 인종적 민족은 이익을 거두어들이는데, 적어도 동원과 국가명령구조로부터 오는 통합이 그것이다. 그에 상응해서 제2차 세계대전 중 브르타뉴인이나 우크라이나인 사이에 발생했던 것과 같이 궁극적으로 이탈 혹은 반란으로 표출되는 다인종국가에서의 종속적 혹은 주변부 인종적 민족의 이반도 수반된다. 일드프랑스(Île de France)[64] 지역의 프랑스인이나 서부 이란의 페르시아인처럼 지리적으로나 정치적으로 정치체제의 '핵심'에 있는 인종적 민족은 보다 많은 이득을 얻고 전쟁 중인 국가에서 지도적인 지위에 의해 강화된 인종적 민족의 자기의식을 갖는 반면, 그 밖의 소수 인종적 민족은 상대적으로 배제됨을 느끼면서, 애초에 강력하게 병합된 정치체제로부터 소외된다.[65]

물론 전쟁을 하는 모든 국가가 공동체를 통합하고 '그들의' 지배적인 인종적 민족의 생존을 강화하는 데 성공하는 것은 아니다. 몽골의 칸 제국처럼 급속하게 확장한 국가는 그들의 자원을 불리하게 사용한다. 유럽과 아시아에서 엄청나게 팽창하고 조공을 실시함으로써, 몽골의 칸은 경쟁적인 영역의 단위로 인종적 민족의 자원을 분할했다. 별도의 제국으로 수립된 러시아의 타타르는 몽골의 인적 자원을 지방적인 것으로 만든 반면, 중국과 중앙아시아에 있던 몽골 지배층은 그들이 복속시킨 이전 국가의 문명에 의해 문화적으로 압도되고 몹시 쇠약해졌다. 오직 한 무리 본래의 몽골 민족만이 비록 제국 건설의 경험에 의해 많은 것이 변하기는 했지만 손상을 받지 않은 채 남아, 본래 유목을 하던 본향의 초원 지대에

패배하지만 아마도 국가는 그들의 인종적 민족을 만든다." Tilly(1975), 서론, p. 42 참조.
64) 파리 센강 안의 섬으로 프랑스의 출발지―옮긴이.
65) 근대 세계에서 오래 끈 총력전으로는 세계대전을 예로 들 수 있다. Marwick(1974, 특히 pp. 55~6, 123, 132, 153 sqq.) 참조.

서 타타르족과 별개로 발전하였다. 타타르족은 점차 터키어를 말하는 주민들과 융합하고 이슬람으로 개종하여 문화적으로 변형되었다. 다른 사례로 프톨레마이오스 왕조(Ptolemaeos)[66]의 이집트에서처럼 길게 끈 전쟁은 사실상 정체를 약화시킨 반면에 일부 남아 있던 민족감정은 손상을 입히지 않고 남겨 주었다.[67]

그러나 몇몇 예외는 있지만 오래 끈 국가 간 전쟁이 국가의 지배적인 인종적 민족 공동체 안에 공통된 민족성의 초기의식을 결정화하고 강화했다는 것은 사실이다. 그 결과 패배해서 정치체제가 해체될 때에도 지배적인 인종적 민족은 대부분의 경우 살아남아서 자신을 변형시키지만, 전의 경험으로부터 신화, 기억, 상징, 가치의 지속성을 상당히 보유한다. 이것은 13세기 원(元)왕조를 수립한 몽골족에게 정복당한 한족, 알렉산더에게, 그리고 후에 니하반드(Nihaband)에서 아랍의 무슬림 군대에게 패한 뒤의 페르시아인들, 로마에 정복당한 후부터 적어도 슬라브인 이주시대 때까지의 그리스인들, 18세기 말 취약한 왕국이 분할된 후의 폴란드인들의 경우에 해당한다. 이들 사례 각각의 경우, 국가 사이의 전쟁은 공동체가 충분한 민족정체성 의식을 형성해서 수세기 동안 재난으로부터 살아남을 수 있게 했고, 몇몇의 경우 인종적 민족을 부활하게 만들었다. 오래 끈 전쟁은 즉각적인 재앙에 가까운 패배를 막아 국가를 강화하고 그래서 지배적인 인종적 민족의 공동의 유대를 강화했고, 몇몇의 경우 그들

---

66) 헬레니즘 시대 이집트를 지배한 마케도니아인의 왕조로 BC 332~30년까지 알렉산더 대왕의 부장 프톨레마이오스 1세로부터 클레오파트라와 그의 아들 케사리온에 이르는 15대 약 300년간 통치했다—옮긴이.

67) 몽골의 경우 MacNeill(1963, pp. 486~94), 타타르의 경우 Zenkovsky(1960), 프톨레마이오스의 경우 Grant(1982, pp. 37~48) 참조.

영역이 강대국 간 영토전쟁이 일어난 아르메니아와 유대 공동체처럼 다른 공동체 속에 수립한 제3공동체의 유대를 강화했다. 이런 의미에서, 우리는 국가 사이의 전쟁은 역사상 인종적 민족의 정체성을 증대시키고 유지시키는 데 기여한다고 결론을 내릴 수 있다.[68]

인종적 민족의 구조와 지속성

정착적인 농경민의 지방주의와 향수 속에서, 종교공동체의 조직과 종파주의에서, 그리고 국가 사이의 전쟁 동원, 신화, 그리고 공동의 위상에서 민족성의 '토대'를 인식하는 데 있어, 우리는 인종적 민족의 오래된 기원에 관한 어떤 것을 암시하려는 것이 아니다. 어떤 경우 이런 요소의 결합이 인종적 민족의 근원에 자리 잡고 있는 반면, 그것이 인종적 민족이 등장하거나 형성되는 초기의 문화적 차이, 이를테면 종교, 관습, 언어, 제도, 피부색 등과 같은 것의 문화적 차이를 설명해 주지는 못한다. 민족 구별의 기원에 대한 베일이 최근 몇몇 경우에 걷히고 있기는 하지만, 그 기원은 아직도 어둠에 싸여 있다. 그러나 우리가 오늘날 당연하게 여기는, 인구를 인종적 민족으로 분류하는 근대적인 행위는 도처에 산재되어 있고 오래 장수해 온 다른 인종적 민족 공동체를 모델로 한 것이다. 인종적 민족의 형성을 허용하고 격려한 본래의 '바벨탑'은 우리의 빈약한 기록으로

---

68) 물론 모든 요소가 인종적 민족의 응집으로 작용하지는 않는다. 오래 끈 전쟁은 사산조 페르시아나 12세기 비잔틴제국처럼 국가를 고갈시킬 수 있다. 갑작스런 패배는 아마도 부르군디 혹은 아시리아처럼 인종적 민족을 소멸시킬 수 있다. 식민지화는 무슬림 지배 아래의 이집트에서처럼 인종적 민족 인식을 침식시킨다. 이것들과 다른 예외에 대해서는 A. D. Smith(1981b) 및 Andreski(1954, pp. 111~15) 참조.

설명될 수 없다. 기원전 3천 년대 중반, 문자로 기록한 역사시대가 시작하는 시점에 인종적 민족의 증거가 있고, 역사의 행위자로 이름을 가진 문화-공동체가 등장한다.[69]

위에서 개관한 요인과 의심할 바 없는 다른 요인을 통해서 설명될 수 있는 것은 "인종적 민족의 '범주'가 순수한" 인종적 민족 '공동체'로 결정화하고 통합하는 과정뿐만 아니라, 일단 형성되면 갖게 되는 민족적 유대와 감정의 지속성과 회복력이다. 인종적 민족의 지속성 '토대'가 오래 가거나 주기적으로 부활하는 것은 성원들의 정체성과 충성심이 중요하고 계속 자기 인식을 강화시켜 주기 때문이다. 아직 살펴보지 아니한 것은 다른 토대와 요소의 비율과 결합의 최적성, 다시 말하자면 어떤 인종적 민족의 돌출과 생존이나 일반적인 민족성에 대한 최적성이다. 아마도 다른 지역과 시대에도 역시 이런 요소의 결합은 특정한 인종적 민족 공동체의 전개에 따라 다를 것이다. 예를 들면, 잘 형성된 인종적 민족은 보다 많은 수의 농민, 영역에 대한 향수 혹은 국가 사이 전쟁의 동원효과를 더 이상 필요로 하지 않는다. 주로 상업에 종사하는 이산민족이나 통상을 하는 해양 도시국가연합은, 일단 공동체 의식이 잘 굳어진다면, 다른 토대가 없음에도 불구하고 종교와 문자에 의한 문화와 예술을 통해서 자의식이 있는 민족으로 생존하고 번성할 수 있다. 대신, 조직화된 종교적 문화와 공동체의 요소는 공간적 영역을 지키는 데 이바지하여, 헝가리의 기사처럼 몽골과 오스만 초원지대 유목민의 위협을 받는 기독교 왕국의 전초

---

69) 수메르인과 이집트인을 별개로, 우리는 기원전 3만 년경에 엘람인, 누비아인, 가나안인, 아모리인 그리고 아나톨리아의 루위인을 만난다. Mallowan(1965) 및 Lloyd(1967), 그리고 *Cambridge Ancient History* I/2, chapter 11(vi), 13(ii), 15(viii) 및 18(vi) 참조.

(antemurale) 보루로 행동하는 전사 혹은 기사인 귀족적 민족의 필요에 종속될 수 있다. 그러나 이런 기반과 요소의 '재결합'은 잘 형성된 민족성의 경우와 인종적 민족의 전형적인 판형과 구조가 여러 세대 동안 작동했던 곳에서만 가능하다.[70]

그러나 이처럼 '전형적인' 인종적 민족의 판형과 구조는 무엇인가? 내가 생각하기에 근대 이전 인종적 민족 공동체의 이념형의 모습은 (중요한 변형을 고려하면) 다음과 같은 요소를 포함한다.

1. 시골과 소규모 상업 지역에 있는, 자유에 대해 여러 가지 구속(강제노역, 농노, 게토라는 특별거주제한구역 거주, 카스트제)을 받는, 가장 근접한 큰 전통에 의해 느슨하게 영향을 받은 지방의 '민속' 문화(사투리, 전설, 시골의 관습과 의식, 복식, 춤, 음악, 기술)와 결합한 수많은 농민과 장인.

2. 부와 정치권력을 독점하고 행정수도와 핵심지역에 중심을 두면서 특수한 상인과 장인을 후견하는, 소규모 도시의 주요 타운에 사는 경쟁력 있는 엘리트 계층―통치자와 그들의 궁정인, 관료적 지주귀족 그리고 군사지도자.

3. 공동체의 신념체계, 의식과 교육 서비스의 독점을 주장하는 다양한 도시 엘리트들 사이에, 그리고 그 엘리트들과 농민과 시골 장인들 사이에 상징을 전수하고 행하는 자로서, 그들이 수호자와 사회화 기관으로

---

70) 헝가리의 이전의 인종적 민족에 대해서는 Armstrong(1982, pp. 47~51) 참조. 농민 혹은 외부와의 전쟁이라는 접착제를 토대로 웃자라서 잘 형성된 인종적 민족이란 개념은 이 책 5장에서 논의된 페니키아인의 사례가 밝혀 주는 것처럼 문제가 많다. 조상 신화뿐만 아니라 살아 있는 전통의 존재와 다른 집단과 다른 독특한 공동의 생활양식은 필수불가결해 보이며, 그것은 역으로 집단이 원래의 습속으로부터 제공을 받기 전에 처음으로 어느 정도 세대를 넘는 지속성을 요구한다.

행동하는 중심적인 작은 전통을 후의 큰 전통으로 병합하려는 작은 층의 사제/승려 및 율법학자.

4. 공동체 그 자체와, 그 기원, 발전, 운명 그리고 우주질서에서의 위치—이 모든 것은 공동체를 천상의 만신전과 모국에 묶어 주는 일련의 축제, 의식, 예술품으로 시현된다—를 표현하고 설명해 주는 신화, 기억, 가치, 상징의 축적.

5. 도시의 엘리트들과 전문가인 피후견인 사이에, 그리고 밖으로나 아래로 필요한 곳에서 종속적인 농민에게 신화, 기억, 가치, 상징의 소통, 전수, 사회화하는 과정. 주로 사원의 의식과 숭배를 이용한 신성한 경전의 교훈과 도덕의 전파, 미술, 건축, 복식에서 상징의 이용. 고전 전통, 민요, 서사시, 찬송가의 정교화, 법전과 칙령의 포고, 지방의 학교에서 다양한 계층에서 선발된 구성원을 위한 기본적인 암기학습, 군대복무와 공공노역의 이용.

이런 '이념형'적인 인종적 민족을 형성하면서, 우리는 도시 지역이 아닌 곳에 있는 계층 사이에 인종적 민족의 신화와 상징이 어느 정도 침투하는가 하는 의문점을 남겨 두고 있다. 이것은 뒤에 우리가 몰두할 의문점이다. 현재로서 대부분의 도시계층은 상당한 정도로 축적된 민족적 상징의 형식과 내용을 접하고 있고, 이런 까닭에 그들은 하나 이상의 상징적·신화적 소통과 전수를 독점한다는 것을 지적하는 것만으로 충분하다. 우리가 앞으로 보게 되듯이, 사제와 율법학자는 여러 가지 방식으로 인종적 민족이 축적한 자산을 관리하고 전수하는 띠와 통로로서 핵심 축이 된다. 정말로 여러 경우에 종교적 자격이라고 우리가 파악한 것은, 하나같이 '인종적' 프로필은 사제와 율법학자의 활동으로 형성되고 그만큼 강화된 주민 사이에서 상징과 소통을 독점할 수 있는 인종적 민족의 자격으로 이해되었다. 이것이 다른 인종적 민족의 사회화 기관이 존재하지 않거나 중요하지 않다고 말하는 것은 아니다. 정치체제의 역할은 때때로 민간인과 군대의 역할에서 중요하다. 똑같이 가족 사이의 네트워크도 중요한데, 특히 인종적 민족의 사회화 과정의 성패를 확실히 하는 데 중요하며, 이것은 인종적 민족 지도자가 충분히 이해하고 있는 것이다. 여기서 인종적 민족이 본보기와 교훈으로 그들의 영향력이 미치는 지역에 민족의 축적된 상징을 퍼뜨리는 지방 귀족 지도자와 가계의 역할이 중요하다.

그러나 근대 이전 인종적 민족 공동체에 있는 구조와 침투를 고려하는 데 필요한 중요한 한 가지 구별점이, 즉 인종적 민족의 정치체제와 보다 큰 정치체제 속에 병합된 소수인 인종적 민족 사이의 구별점이 있다. 만일 문제가 된 인종적 민족이 ㄱ 정치체제의 대다수 인구를 구성한다면, 예컨대 그 민족이 세습왕국을 구성하거나 보다 넓은 범위의 농경 제국의 핵심을 구성한다면, 그 인종적 민족의 신화와 상징은 정치적 지배와 왕권의 요소를 반영하고, 인종적 민족의 소통 통로는 근대 이전 인종적 민족의 소통에 공통적인 사제와 율법학자뿐 아니라 관리, 재판관, 군인을 포함한다. 그들은 조상과 기원의 다른 신화뿐만 아니라 인종적 민족의 자산의 한 부분인 왕 및 귀족과 왕실의 가계와 정치적 지배의 신화를 전파하며, 공동체의 상징주의는 이런 정치적 경험의 중심적 성격을 반영한다. 이것은 의심의 여지가 없는 고대 이집트의 사례이다. 통치자는 신이었고, 왕의 궁정, 귀족, 관료는 파라오의 보호와 영광을 반영했으며, 왕의 위엄은 멤피스와 테베에 있는 사제 신화학의 최고 점정에 있었다. 약간의 지역주의에도 불구하고 나일강 계곡의 생태는, 거대한 사원과 왕실과 귀족의 무덤에 사제다운 모습으로 새겨진 왕의 위엄 있는 조각뿐 아니라 회화, 조각, 도예, 장신구와 같은 장르와 예술품으로 된 일련의 선전용 고안물로 파라오의 종교와 왕권의 상징을 보급했다. 세 왕조 중 가장 중앙집권화된 기간 동안에, 단 하나의 간단한 예외를 둔다면, 파라오와 사제는 힘을 합쳐 영향력을 행사해서 삼각주로부터 아스완에 이르는 시골의 지역주의 표현과 농민의 전통을 통합했다. 그 지역에 특유한 지리는, (힉소스, 해양인, 아시리아인과 페르시아인에 의한) 외부의 침입과 내부의 붕괴에도 불구하고, 유대인의 세계를 제외하면 다른 고대 세계 어디에서도 찾아보기 힘든, 상당한 정도의 인종적 민족의 동질성을 발전시키는 것을 가능하게 했다. 인종적 민족의 상징주의와 인종적 민족의 사회구조의 내용을 특징지은 것은 이집트의 인종적 민족 공동체와 왕조국가 사이에 있는 정체성 바로 그것이었다.[71]

다른 한편, 병합된 인종적 민족 혹은 '소수민족'의 경우에는 이런 정체성이 없었다. 여기에서 정치적 왕국과 왕조국가의 이상은 인종적 민족의 모국 또는 소속된 영역에 대한 이상으로 대치되었다. 그후뿐만 아니라 통일왕조 전의 이스라엘 부족, 아카드(Agade) 왕조와 우르의 제3왕조에 의해 통일되기 전의 수메르인의 도시국가, 페니키아와 그리스의 도시국가, 초기 스위스의 주, 세르비아, 크로아티아, 불가리아, 그리스, 체코, 슬로바키아 인과 같은 정복된 동유럽의 여러 인종적 민족 공동체는 모두 그들의 결속과 지속성의 의식을 실제적인 혹은 주장에 그치는 조상의 모국에 대한 유대와 그 땅의 영광스런 과거의 회상에 의존했다. 여기서 정치적 용어로 표현된 인종적 민족의식의 싹이 생겨났는데, 그것은 정복국가

---

71) 이러한 특수성을 강조하는 입문서는 Frankfort(1954, ch. 4), 신의 왕국의 요소에 대해서는 Frankfort(1948), 보다 최근의 분석으로는 David(1982) 참조.

와 그 국가 왕조의 지배로 쌓인 충격으로부터가 아니라, 공동의 적에 대면해서 생긴 보다 지방적인 충성심으로부터 그리고 공통된 기원과 공통된 문화라는 생생한 신화로부터 생겨났다. 그래서 고대의 수메르와 아카드에서 경쟁력이 있는 도시국가는 그들 자체의 주군, 신, 사원, 사제를 가지고 있었다. 니푸르(Nippur)에는 의례의 중심이 있었지만, 도시 내 갈등을 규제하고 사막이나 변경 지대에서 오는 약탈적인 부족에 저항할 만한 힘을 갖지 못했다. 사르곤이 정복할 때까지 다른 정치적으로 통일된 기관이 없었다. 그러나 이것이 공통된 언어와 종교적 신화, 의식, 공통된 문자와 문헌, 공통된 건축양식과 예술 그리고 공통된 관개기술에 토대를 둔 문화적 통일의 성장을 막지는 못했다. 우르의 제3왕조 그리고 그 뒤의 바빌론의 암몬(Amorite)[72] 왕조가 정치적인 통일 조치를 기록할 수 있었던 것은 이런 종교-언어-문자의 통일성이었다. 심지어 상업, 외교, 문학어로서 아카드어(Akkadian)[73]가 수메르어를 대체했을 때조차, 그리고 바빌론의 주신 마르둑(Marduk)이 메소포타미아 신전의 최고신이 되었을 때조차 그랬다.[74]

우리는 뒤에서 인종적 민족의 정치체제와 구분되는 병합된 인종적 민족의 차이가 두 유형의 인종적 민족에 특정적인 사회침투 양식과 신화 원동기 유형에 어떻게 표시를 남기는가를 보게 될 것이다. 현재로서는 어떻게 두 가지 종류의 인종적 민족이 유사한 구조와 문화적 특징을 보이고 또 어떻게 두 가지 특징이 역사적 기록에 발견되고 있는가를 밝힐 필요가

---

72) 이스라엘인이 가나안을 정복하기 이전에 그 지역에 살던 민족—옮긴이.
73) 아시리아와 바빌로니아의 동부 셈어—옮긴이.
74) 수메르인의 도시국가 양상에 대해서는 Frankfort(1954, ch. 3), 우르의 3왕조 아래 범수메르인의 통일에 대해서는 Roux(1964, ch. 10) 참조.

있다. 정치화되었든 아니든, 세습왕조 혹은 부족연합, 혹은 도시국가 인보동맹(隣保同盟)으로서든, 인종적 민족 공동체는 기원전 3000년 전 중동에서 처음 기록이 나타난 때인 적어도 초기 청동기시대부터 지구상의 거의 대부분 지역에서 인류사회와 문화에서 중요한 역할을 수행하고 있었던 것이 발견되고 있다. 정말로 인종적 민족이 이 시기로 거슬러 올라가는지 말하기는 어렵다. 기원전 4~5천 년 전 메소포타미아와 이집트에 있는 도자기 양식은 티그리스강 저지대에 있는 할라프(Halaf)와 알우바이드(al-Ubaid)처럼 문화의 계승을 시사해 주고 있으나, 문자기록이나 고고학적 증거가 없어, 이러한 양식의 계승이 새로운 이주민의 출현을 나타내는 것인지 주장할 수단이 없다.[75]

아마도 이 시기는 파도처럼 몰려오는 연속적인 이주자들이 비옥한 강변지대에 정착함에 따라 그들 선조의 신화, 기억, 종교와 언어를 갖는 '인종적 민족'의 범주가 형성되었을 것이다. 그러나 기원전 3000년대 초기 최초의 도시국가 및 세습왕조의 등장과 국가 사이의 전쟁에서 최초로 청동기 무기의 사용과 함께 우리는 지방적 수준 이상의 인종적 민족의식과 감정의 성장을 발견하며, 이는 특히 이집트와 수메르인 사이에서 발견된다.[76]

기원전 3000년대 후반부터 이집트인과 수메르인뿐만 아니라 엘람인, 암몬인, 쿠시인(Kushites), 가나안인과 같은 핵심적인 인종적 민족 공동체에 기반한 국가의 계승이 중동 역사기록에 나타난 것은 확실하다. 이

---

75) 초기 메소포타미아 문명화 속도에 대해서는 F. Hole, "Investigating the origins of Mesopotamian civilisation" in Sabloff and Lamberg-Karlovsky(1974) 참조.
76) 초기 이집트인의 감정에 대해서는 Trigger et al.(1983, esp. pp. 188~202), 수메르인에 대해서는 Kramer(1963, esp. p. 260) 참조.

와 더불어 정치적 구조가 존재했다면 더 지속적이었던 다른 공동체가 있었는데, 그 공동체는 구티(Guti), 룰루비(Lullubi) 혹은 하라파(Harapans)로 기원전 2300~1700년 시기에 번성했다. 이 시기에 정치체제와 인종적 민족은 종종 일치하지는 않는다. 보다 흔한 패턴은 일반적인 위협에 직면해서 공통된 문화와 종교 때문에 일시적으로 결합한 도시국가 패턴, 혹은 아프카니스탄과 중앙아시아로부터 인더스강 하구와 편잡 지방으로 퍼져가서 하라파 문명의 검은 피부의 토착적인 다사(Dasa)족을 복속시켰던 기원전 2000년대 초 아리안족이 그랬던 것처럼, 영향력을 증대해서 도시 혹은 지역을 지배하고자 한 부족연합이었다.[77] 이 단계에서 오래 정착한 이집트인들과 수메르인을 제외하면 인종적 민족의 결속 혹은 강한 인종적 민족 감정은 거의 없었다.

기원전 2000년대 말, 많은 민족이 등장하며, 보다 큰 자아 인식과 결속을 입증한다. 히타이트인과 미탄니의 후르리인(Hurrians)[78]과 별도로, 카시트, '미노스인', 미케네인, 필리스타인인(Philistines).[79] 페니키아인, 아시리아인, 가나안인이 수세기 동안 활발했고, 그들 중 일부는 통상적으로 축출되고 정복된 토착 주민 위에 수립된 세습왕조(히타이트, 미탄니, 카시트, 아시리아)이고, 일부는 평화스런 혹은 전쟁을 하는 도시왕국(미노스, 미케네, 필리스타인, 페니키아)이고, 또 다른 일부는 침투해서 자체의 도시왕국을 세운 부족연합(아람인, 가나안인)이다. 인종적 민족의 통일성이나

---

77) (학자들이 그려냈던 대로의) 하라파 문명에 대해서는 Daniel(1971), 아리안족의 침투에 대해서는 Thapar(1966, chs. 1~2) 참조.
78) 기원전 3000~2000년경에 행한 민족의 이동으로 중동에 살았다 — 옮긴이.
79) 고대 팔레스타인의 남쪽, 현재의 이스라엘의 서부에 살던 민족으로 다년간 이스라엘인들을 압박했다 — 옮긴이.

의식의 정도는 다르나, 필리스타인인과 시리아의 아람인에 관한 성서의 기록으로 판단하면 초기보다는 컸다. 우리는 텔엘아마르나 시기(기원전 14세기)에 상당한 정도의 국가 간 경쟁과 소통이 문화와 공동체의 보다 직접적인 접촉을 가져오고, 이웃이자 적이라는 병렬적 관계를 통해서 자아 인식을 고조시켰다고 추정한다.[80]

이때부터 기원전 1000년대 말 중국과 로마의 팽창 때까지 민족성이 더욱 정치적으로 중요하고 문화적으로 두드러지게 되었다는 것은 확실하다. 「룻기」와 「요나」, 초기의 「열왕기」, 헤로도토스와 크세노폰의 『역사』, 그리고 아이스퀼로스의 『페르시아인들』(Persae)에 있는 것처럼, 헤브라이 고전문화는 사회생활에서 인종적 민족의 점증하는 역할을 밝혀주고 있다. 보다 뒤의 이집트의 그림에서처럼 아시리아와 페르시아의 처마 밑 띠 모양의 조각이나 그리스의 조각상에서 외국인과 그들의 다른 관습에 대한 점점 증가하는 인식을 찾아볼 수 있다. 정복된 국가와 사람 중 엘리트와 도시민을 추방하는 아시리아의 관습에, 제국의 지배에 대한 지속적인 저항에 문화적이면서 역사적인 결속의 강력한 힘에 대한 인식의 첫번째 신호가 있다.[81]

일찍이 이때부터 인종적 민족은 주민 사이에 정체성 의식을 제공하거나 그들에게 과거와 전통에 대한 향수를 불러일으키면서 다른 형태의 공동체 즉 도시, 계급, 지역, 종교 공동체와 경쟁하거나 결탁했다. 심각한 위기의 시기에 인종적 민족은, 공동체들이 전통적 생활양식과 정체성에

---

80) 텔엘아마르나 시대에 대해서는 Roux(1964, ch. 16), 근동의 고대의 사람들에 대한 일반적 조사로는 Moscati(1962) 참조.
81) 통상 조공으로서 아시리아인이 다른 사람을 대표한 것에 대해서는 Reade(1983) 및 Frankfort (1970, ch. 6) 참조.

대한 공격으로 간주한 것에 대해서는 강력한 분노와 복수 감정을 불러 일으켰다. 그러나 대부분 인종적 민족은 정체성의 초점을 조상들로, 그래서 죽음에 직면하는 수단으로, 특히 적의 손에 참담하게 당한 죽음으로 부여했다. 집단의 이름을 환기하면서, 공동체의 상징적인 이미지를 사용해서, 공동체와 공동체의 적에 대한 고정관념의 발생에 의해서, 의례, 축제, 희생 의식의 수행과 연습에 의해서, 공동으로 하는 과거의 신조와 고대 '영웅의' 공훈의 암송에 의해서, 남자와 여자들 모두 스스로가 개인이란 존재를 초월하는 집단성과 역사적 운명을 나누어 갖는다고 느낌으로써, 자연재해와 인간의 폭력에 직면했을 때 겪는 고독감과 불안감을 묻을 수 있었다.

민족성의 침투성과 산재의 증거는 이런 이름, 이미지, 고정관념, 의식(rituals), 그리고 암송의 존재뿐만 아니라 복식과 머리장식, 공예와 가구, 묘지·사원·궁전의 양식 차이에, 메달과 보석, 도예와 목각에 그려진 사람 얼굴 초상화에, 모든 시기 모든 곳에서 살았던 주민을 구별했던 언어와 글씨, 법률과 관습과 마찬가지로 살아남은 사람과 활동의 묘사 속에 존재한다. 이러한 모든 자료는, 비록 그것들이 우리에게 공동체가 얼마나 독특하고 결속력 있으며 공동체의 신화, 기억, 가치, 상징의 저장물이 얼마나 깊이 사회의 계층제도에 침투했는가를 말해 주지는 못한다 해도, 인종적 민족의 차이와 문화적 정체성의 풍부한 증거를 제공해 준다. 그러나 그것들은 지속성에 의해서 민족성의 지속, 즉 변화를 견디어 내고 외부의 영향력을 흡수할 수 있는 능력의 어떤 것을 제시해 주는데, 그것들이 재래의 기록문자와 결합된다면 더욱 잘 제시할 수 있다. 모든 문화적 차이가 인종적 공동체(인종적 민족)는 물론이고 인종적 차이를 반영하지는 않지만, 어떤 지역에서 특정한 사람들에게 부착되어 수세기 동안 지속된 구별이 되는 양식은 모든 시대에 있는 인종적 민족의 유구성과 광범위한 발생을 보여 준다. 정치체제와 함께 종교조직, 계급, 민족성은 근대에 협력과 구분의 중심축 중 하나이고 또한 가장 오래 지속될 수 있는 축 중 하나이다.

3장_ 역사상의 인종적 민족과 민족성 중시주의

인종적 민족의 존재와 지속성을 확립하는 것과 민족의 힘과 쇄신의 형식을 측정하는 것은 서로 다른 일이다. 여기서 나는 고대와 중세 세계에서 주민들 사이에서 강력한 정체성을 창출한 유대의 일반적 형식과 특수한 하위유형을 개관하고자 한다. 우리가 관심을 갖는 것은 베버(Max Weber)의 용어를 채용하자면 '위신이란 감정'인데, 그것은 집단의 노력과 외양에 활력을 불어넣는 것이다.[1] 이런 목적을 위해 나는 자민족 중심주의와 민족성 중시주의라는 서로 관련되는 두 개념을 사용하는데, 자민족 중심주의란 개념은 근대 이전 집단감정의 일반적 본질을 성격규정하고 민족성 중시주의란 개념은 인종적 민족을 방위하려는 집단적 활동의 다양한 형식을 분석하는 데 사용된다. 이와 더불어 이 두 개념은 넓은 스펙트럼의 인종적 민족 감정과 특징적 상황에 대한 반응을 말해 준다. 그리고 '민족성 중시주의'라는 항목 아래 포함된 다양한 활동은 보다 세련되게 유형화할 필요성을 가리키고 있다.

---

1) Weber(1947, pp. 171~6) 참조.

독특성과 배제

인종적 민족의 공동체는 국외자와 외부의 영향에 매우 개방적인 것부터 다소 폐쇄적인 것에 이르기까지 연속적으로 전개될 수 있지만, 근대 이전의 인종적 민족은 다양한 정도로 집단의 독특성과 중심성이란 의미를 결합하고 있는 것이 사실이다. 성원들에게 집단은 그들의 육체적·정신적 우주의 중심에 서 있다. 집단 성원의 감정과 태도는 보통 다소 노골적으로 국외자를 배제하는 데 초점을 맞추고 있고, 외부의 생활양식에 대해 상응하는 경멸이나 공포가 있다. 이런 까닭에 자민족 중심주의는 이런 배타적 태도, 집단 중심성, 문화적 독특성의 느낌, 다른 사람과 그들의 습속에 대한 우월한 태도를 기술한다. (기술적으로 혹은 정치적으로) 매우 발전한 문명은 인종적 민족 공동체의 일부 성원으로 하여금 중요한 다른 공동체를 참조할 집단 심지어 모델이 되는 집단으로 다루도록 강요하기도 한다. 그렇지만 이런 명백한 외경은 많은 개발도상국가가 정신적인 자기방어를 위해서 사용하는 '동도서기'(東道西器=Western Arts, Eastern Morality)라는 구호로 요약할 수 있는 토착적인 것의 도덕적 우월성을 내부적으로 확신한다.[2] 이것은 보다 이른 시기에 피정복민이 그들의 토착신과 관습을 유지하려는 완고함으로 예시된다. 고대 바빌로니아인들은 아시리아와 심지어 페르시아의 멍에 아래 놓였을 때에도 그들의 신전과 언어를 유지했고, BC 2000년경에 이집트 혹은 히타이트의 지배 아래 떨

---

2) 근대세계에서 이런 구호의 이용에 대해서는 Levenson(1959), 그리고 오늘날 아시아와 아프리카의 개발도상국가에서 리더십이 서구화하면서 고풍을 모방한 요소를 혼합하는 그리고 후자가 바라는 변화를 정당화하는 다양한 방식에 대해서는 M. Matossian, "Ideologies of delayed industrialisation: some tensions and ambiguities", in Kautsky(1962) 참조.

어진 가나안의 도시국가도 그랬다.

이와 같은 광범위한 집단 중심성과 독특성은 두 개의 가정을 구체화한다. 한편으로, 기원의 신화, 역사적 기억, 문화, 어떤 인종적 민족의 모국은 '자연스러운' 그리고 '적절한' 것으로 느껴진다. 그들은 '가치'와 '신성함'을 소유하고 있고, 그래서 '우리의 유산'은 어떤 의미에서 순수한 것이었다. 다른 한편, 다른 인종적 민족의 신화, 기억, 문화, 모국은 가치와 진실을 결여하고 있고, 그래서 일시적인 것이고 오염된 것이었다. 신의 진리의 빛은 영원히 '우리' 땅과 공동체를 비출 것이었다. 그러나 다른 인종적 민족은 '어둠 속을 걷고' '야만적인' 언어를 지껄였다. '야만인'에 대한 우월의식을 가진 그리스인이나 이교도의 우상숭배를 경멸한 유대인뿐만 아니라, 고대와 그 이후 모든 사람들은, 그들이 아시아적인 것에 대해 경멸하는 이집트인이든, 자기들이 우주의 중심에 있다는 바빌로니아인이든 혹은 중국인이든, 혹은 모든 다른 문명과 계시에 대한 다룰이슬람(Darul-Islam)의 우월성을 믿는 무슬림의 아랍인이든 막론하고, 다른 공동체의 무례하고 지혜롭지 못한 방식을 '올바르다'고 의식하는 것과 가치가 있다고 인식하는 것에 반대했다.[3]

이런 광범위한 인종적 민족의 외견 뒤에는 특수주의적이고 계보적인 역사 개념이 있다. 일부 집단이 영역적 차원 혹은 초월적 해석을 얼마만큼 발전시키든, 그들은 궁극적으로 특정한 인종적 민족의 차별적인 가치에 중심을 두고 또 이런 차이를 문벌과 조상 신화의 관점에서 설명하는

---

[3] 고대 혹은 중세 시대의 민족성 중심주의에 대한 일반적 연구는 없다. 그러나 고대 그리스와 로마의 태도에 대해서는 Fondation Hardt(1962)와 Sherwin-White(1952)의 논문 참조. 일반적으로 고대에 피부색에 대한 편견이 없었다는 데 대해서는 Snowden(1983) 참조.

귀속주의적 입장에 머물렀다. 6세기 말 그리스인들이 도시국가의 영토적 기반 위에 기초를 둔 정치적 충성의식을 발전시켰다는 것은 사실이다. 아테네에서조차 투표와 조세징수 목적으로 영토 행정구(deme)를 도입한 클레이스테네스[4]의 유명한 개혁은 씨족(genoi 혹은 phratries) 간의 낡은 혈족관계를 초월하거나 제거하지 못했다. 기원전 5세기의 아테네는 귀족 가문이 지도한 민주주의 국가로 남아 있었으나, 구성원에 대한 귀족의 감독을 제약한 기원전 462년 아레오파고스(Areopagus)[5]에서 다룬 개혁은 정치적 충성심을 가진 가문의 기반을 침해하지 못했고, 아이스퀼로스의 비극 『에우메니데스』(Eumenides, BC 458)에 들어 있는 목표 중 하나는 아테네인들을 혈연적이고 가족적인 제우스와 아테나의 올림피아 신격과 시민적이고 영토적인 크토니안(Chtonian)[6] 신격으로 대표되는 두 개 차원의 특성과 화해시키는 것이었다.[7]

자민족 중심주의가 모든 인종적 민족의 정상적 조건이며 계보적이고 특수한 세계관에 기초하고 있다고 말하는 것은 명백해 보이지만, 그것은 특유한 신화, 기억, 가치와 상징을 가진 공동의 유산과 함께 거의 자기만족적 집착을 수반한다. 이것은 인종적 민족정체성 의식이 국외자를 내모는 차이보다는 집단 성원을 통일시키는 공유한 요소에 대한 관여 혹은

---

4) 클레이스테네스(Cleisthenes)는 BC 515~495년에 활약한 그리스 정치가이다. 그는 BC 508년 아테네와 그 주변을 100개의 시구(市區)로 나누는 개혁을 단행했다—옮긴이.
5) 아테네 아크로폴리스 광장 서쪽의 언덕에 있던 최고재판소—옮긴이.
6) 그리스 신화에 나오는 지하에 사는 신—옮긴이.
7) 클레이스테네스의 개혁에 대해서는 Hignett(1952, ch. 6), 기원전 5세기 전기 아테네 민주주의와 462년의 에피알테스(Ephialtes) 개혁에 대해서 그리고 아이스퀼로스(Aischylos)의 비극 3부작 '오레스테이아'(Oresteia)[『아가멤논』, 『코이포로이』, 『에우메니데스』]의 정치적 목적에 대해서는 Forrest(1966, ch. 9) 참조.

집착에서 발산된다는 것을 의미한다. 정확히 인종적 민족은 '가문'에 중심을 두고 있어 크고 특유한 가문이 됨을 의미하기 때문에, 성원들은 서로 밀접하게 엮여 있고 그들 가문의 유산인 생활양식과 문화에 관련되어 있다고 느낀다. 인종적 민족의 생활양식과 문화는 민족 내 각 가문의 조상의 것이기 때문에, (다른 것들이 동일하다면) 현재의 각 세대가 유지하고 인정할 수 있는 강한 성질이 있다. 그렇지만, 똑같이 문화와 생활양식의 공유를 통해서, 무엇보다도 신화와 기억, 가치, 상징을 통해서 오늘날 성원들은 가문의 유산을 인식한다.

이것이 사실이라면, 우리는 공동체를 가시적으로 구별해 주는 다양한 집단적 상징과 가치를 우리와 그들을 구분해 주는 '경계 메커니즘' 혹은 '문화를 표시하는 것'으로 간주할 수 없다. 또한 우리는 광범위하게 주징되는 '나른' '지혜롭지 못한 사람들'의 의식 위에서 우리 민족성의 개념을 발견할 수 없다. 국외자들은 '이방인'이고, 우리는 그들과 소통할 수 없고, 또 '그들의' 방식은 우리에게 이해될 수 없다는 사실은 이미 존재하는 공유된 경험과 가치에 대한 감각, 공동체의 느낌, '우리'라는 느낌, 집단적 소속감으로부터 의미와 중요성을 가져온다. 그것들은 결국 가문의 유산과 자기인식을 형성하고 구속하는 보다 넓고 복합적인 전통과 생활양식으로 된 가문의 유산을 비추어 보는 것으로부터 나온다. 이런 보다 넓은 생활양식과 전통이 '우리의 공동체'의 이미지와 언어를 제공해 주고, 우리 공동체의 모습은 '다른 공동체'와의 접촉에 의해 윤곽이 더욱 또렷해진다. 그런 전통과 문화의 모든 요소, 즉 법률과 관습, 제도, 종교, 미술, 음악, 춤, 건축, 가문의 관습과 언어 속에 정리된 신화, 상징, 가치, 기억은 선조의 공동체 속에 가족적 유대를 묶어 주는 것을 돕는다. (일부의 학자들에게 이방인에 대항해 집단의 상징적 '경계수호자'를 구성하는 언어체계가 아닌) 표현과 대표의 전체성, 즉 매 세대마다 조상과 과거에 대한 존경과 숭배를 획득하고 환기하는 전체성도 그렇게 한다.[8]

외부에서 볼 때, 집단적 생활의 다양한 상징, 즉 복식, 에티켓, 음식, 미술, 음악, 의례, 언어 등등은 국외자로부터 인종적 민족의 성원을 구별해 주는데, 시간과 장소에 따라 다른 형태를 띠지만 지속적으로 공동체의 '경계'를 '수호'한다. 그러나 이런 상징은 내부적으로 더욱 중요하다. 상징은 공통적인 유산과 운명을 항구적으로 상기시켜 주는 것이기 때문이다. 그것은 우리를 가문의 계보 안으로 다시 부르고, 우리가 공통으로 갖는 먼 조상을 기억하도록 한다. 상징은 새로운 세대들에게 아버지와 어머니의 습속과 전통을 주입하고 부착한다. 그것들은 공동체의 생활과 제도의 방향을 제시한다. 그것은 외경심과 향수의 가시적인 박차로 작동한다. 그것은 우리를 가족의 유산으로 인도하고 공동의 운명으로 유도한다. 이런 식으로, 인종적 민족의 상징은 공동체를 만드는 각 가족이 자양분과 신앙을 끌어내는 집단적인 노력과 경험의 결정적인 신화와 기억을 표상하고 설명해 준다.[9]

인종적 민족의 저항과 쇄신

문화유산과 전통을 보호하려는 바람은 우월성과 독특성 인식뿐만 아니

---

8) 민족성이 궁극적으로, 널리 입증된 '이방인'에 대한 사실과 소통의 실패로부터 생긴다는 이론에 대해서는 Armstrong(1982, pp. 2~3), 스칸디나비아와 서부 아프리카에서 이런 장애를 넘어 소통할 수 있는 별도의 언어집단의 사례에 대해서는 Fishman(1968) 참조.
9) '기본적인 정체성'의 상징에 대해서는 Issacs(1975) 참조. 오래전에 헤르더가 인종적 민족의 정체성과 생존에 대해 문화유산의 모든 요소가 갖는 중요성을 주장했다(그는 민속 음악과 무용에 의한 축적을 평가했다)는 것을 추가해야 한다. Barnard(1965) 및 Berlin(1976) 참조.

라 인종적 민족의 계시와 생활양식의 옳음과 가치에 대한 믿음을 고무한다. 그것은 또한 내가 민족성 중시주의(ethnicism)라는 용어 아래 포함하기를 제안하는 다양한 종류의 민족저항운동과 문화회복운동에 자극을 제공한다. 자민족 중심주의(ethnocentrism)의 태도와 신념이 민족성 중시주의에 들어가지만, 민족성 중시주의는 고조되고 활동적인 자민족 중심주의 이상이다. 민족성 중시주의는 집단적 운동으로, 그 활동과 노력은 외부로부터 오는 지각된 위협과 내부의 부식에 저항하고, 공동체의 형식과 전통을 쇄신하며, 갈등적 압력으로 인해 위험할 정도로 분열된 공동체의 성원과 계층을 재통합하는 것을 목표로 한다. 이런 노력에는 항상 공동행위 요청이 있고 공동체 문화의 특성과 영토를 회복하려는 중요하고도 명백한 프로그램이 있다. 그리고 이것은 자민족 중심주의를 특징짓는 인종적 중심, 우월성, 독특성에 대해 종종 만족해하고, 정적인 감정, 가끔은 스스로 의식하지 못하는 감정을 넘어 진행된다.

자민족 중심주의처럼 민족성 중시주의는 결코 근대 세계에만 국한되지 않는다. 그것은 문명의 흐름이 교차할 때 특히 후진사회가 보다 발전된 사회의 충격을 통해 사회 문화적 변동에 노출되는 곳에서 전형적으로 발견된다. 그래서 19세기 중국에서 일어난 태평천국운동(1851~64)은 서구자본주의에 점점 물들어 가는 중국에서 가혹해진 수탈에 저항하는 농민반란으로 시작해서, 곧 강한 천년지복설적인 인종적 민족의 반향을 얻었다. 그 지도자 홍수전(洪水全)은 기독교 사상을 고대 중국의 사상과 혼합시켜 (그의 농민) 추종자들에게 '지상천국'을 약속하는 교의를 선포했다. 재산문제와 여성의 권리에 대한 기독교 사상이 혼합된 교의에 입문했으나, 홍수전은 고대 중국의 사상에서 훨씬 많은 것을 가져오고, 고대 사상은 그 운동에 강한 반만(反滿)적 편견을 주어 그 운동을 외국의 지배와 외국의 간섭에 대한 십자군 운동으로 바꾸었다.[10] 20세기 초 아프리카와 아시아의 천년지복설적 운동은 그들의 이상이 계시론적이었지만 토착민을 보호하는 감정을 끌어냈다. 1915년 니아살랜드(Nyasaland)[말라위 공화국의 구칭. 1964년 독립]에서의 칠렘브웨(John Chilembwe)의 봉기뿐만 아니라 벨기에의 지배에 저항한 벨기에령 콩고에서 1921년 킴방구(Simon Kimbangu)에 의해 지도된 운동 역시 토착민 보호주의 뿌리를 가진 반식민주의에 고무되었다.[11] 한편으로 킴방구는 복음주의 기독교의 선교사 언어를 사용해서 외국인 황제에 대항하는 토착민의 하나님에 호소하였고, 다른 한편으로 벨기에의 지배를 일소하고자 하는 그의 목표는 바콩고(BaKongo)인의 잃어버린 왕국을 부흥시키려는 꿈에 기반을 두었다.[12]

그러나 내가 여기서 주로 관심을 갖는 것은 근대 이전의 다양한 민족성 중시주의이다. 넓게 말해서, 민족성 중시주의는 고대와 중세에 영토의 회복, 가계의 회복, 문화의 쇄신이란 세 개의 넓은 목표를 보여 주었다. 실제로 세 개의 하위유형은 상당히 중첩되지만, 나는 그것을 별개로 나눠 예증하겠다.

영토회복운동

이것은 세 개의 유형 중 가장 직접적인 것이다. 그것은 한편으로 상정된 침략에 대한 일차적인 저항으로, 공동체와 그 문화의 방위를 포함한다. 다른 한편으로 공동체에 속했다고 생각되었던 잃어버린 영토를 다시 획

---

10) Eberhard(1977, pp. 301~303) 참조.
11) 칠렘브웨의 봉기에 대해서는 Shepperson and Price(1958) 및 Shepperson(1960) 참조.
12) 킴방구주의자와 다른 중부아프리카의 천년지복설에 대해서는 Balandier(1953) 참조.

득하려는 운동을 포함한다. 사례는 고대 초기로 돌아간다. 기원전 3000년대 말 우루크(Uruk)[13])의 도시국가 수메르는 아카드 왕조와 제국을 파기하는 것을 도왔던 자그로(Zagros)로부터 온 산악부족인 구티(Guti)의 지배에 대해 총력적인 저항을 지도했다. 우루크의 영주(ensi) 우투혜갈(Utu-hegal)은 '언덕의 쏘아대는 뱀'에 대항해 일어서서, 그들의 왕 티리칸(Tiriqan)을 패배시켰다. 우리는 이런 것을 읽고 있다. "우투혜갈은 앉았다. 티리칸은 그의 발아래 무릎을 꿇었다. 우투혜갈은 그의 목에 발을 올려놓았다. 그는 그의 수중에 수메르의 주권을 회복했다."[14]) 후속적인 사건에서, 특히 새로운 수메르 제국을 수립하기 위해서 모든 '수메르와 아카드'의 이름으로 계속된 봉기에서 우리는 이런 영토회복운동에 구체적인 인종적 민족의 기미를 추정할 수 있다. 몇 세기 뒤에 테베의 왕자 카모세(Kamose)가 구시와 아시아계 힉소스에 저항해 분할된 이집트에 남부왕조를 이끌었을 때, 우리는 그가 다음과 같은 외침과 함께 영토적인 민족성 중시주의 언어로 저항의 기치를 올리는 것을 발견한다.

한 왕자는 아바리스에서 다스리고, 다른 왕자는 에티오피아에서 다스리며, 나는 여기에서 아시아계인 한 사람 및 흑인 한 사람과 결속하고 있다. 각각 이집트의 조각 땅을 갖고 나와 함께 그 땅을 분할한다.…… 아시아계의 조세로 망가져서 누구도 평화롭게 휴식할 수 없다. 나는 그들과 싸워, 그들의 배를 가를 것이다. 나는 이집트를 구하고, 아시아계를 전복하겠다![15])

---

13) 이라크 남부 유프라테스강 부근에 있었던 고대 수메르의 도시 ―옮긴이.
14) 이것의 등장과 필사에 대해서는 Roux(1964, ch. 10) 참조.

기원전 16세기 중반 쿠시의 패배와 힉소스의 추방은 완전하다고 할 정도로 이집트의 회복을 표시하는 것이었고, 신왕조 속에서 운명이 부활했음을 표시하는 것이었다.

우리는 다른 많은 인종적 민족의 영토주의운동을 인용할 수 있다. 농민반란과 폴란드의 침공, 왕위 요구자에 의해 붕괴된 '러시아'를 위해서 1610년 '고난의 시대'에 상실한 러시아 영토를 회복하려고 한 포자르스키(Dmitry Pozharsky)와 미닌(Minin)이 지도한 운동,[16] 잔다르크의 후원 아래 1429년 랭스(Reims)에서 치른 샤를 7세의 대관식이 상징하는 영국의 봉건영주와 그들의 프랑스 내 동맹군인 부르군디(Burgundian) 추방운동,[17] 9세기와 10세기에 바르셀로나와 카탈루냐에서 무슬림을 축출한 카탈루냐 회복운동의 사례가 여기에 포함된다.[18] 그런 영토회복운동이 얼마만큼 구체적인 인종적 민족의식과 이상에 봉사했는지 의문스럽고, 특히 카롤링거 왕조에 의존했던 카탈루냐의 경우에 그러하다. 그러나 이런 인종적 민족의 요구에 매달려 있는 신화가 급속히 부상해서 저항

---

15) 이런 비문에 대해서는 J. B. Pritchard(ed.), *Ancient Near Eastern Texts relating to the Old Testament*, 2nd edn, Princeton University Press, 1955를 인용한 Moscati(1962, p. 110) 참조. 힉소스의 추방에 대한 자세한 내용은 Pritchard(1958, pp. 173~5) 및 Trigger et al.(1983, pp. 149~60, 173~4) 참조.

16) 우리는 이미 러시아의 민족성 중시주의가 어느 정도 불확실한가 말할 수 있을지 모른다. 동부 슬라브인의 주요 유대는 폴란드-리투아니아의 통치자와 귀족의 가톨릭과 대조되는 정교라는 종교이다. Pipes(1977, pp. 37~9) 참조.

17) Warner(1983, esp. chs. 3~4)의 잔다르크와 영국의 귀족에 대항해 전세를 변화시킨 그녀의 역할에 대한 우수한 연구. 15세기 이전 특수한 '프랑스' 애국주의의 수준과 깊이를 시와 연대기로부터 고양시키는 어려움에 대한 진술은 Kirkland(1938) 참조.

18) 바로셀로나 백작의 초기 무훈(*Gesta*) 분석에 대해서는 Atkinson(1960, ch. 5) 및 Bisson(1982)의 논문 참조. 카탈루냐 사람들이 그들의 국토회복전쟁(Reconquista)을 발렌시아와 발레아레스 제도에까지 확장함에 따라 13세기 초에 자아의식을 크게 갖긴 했지만, 서기 900년경 백작이 카롤링거 왕조의 프랑크족으로부터 독립을 추구했다는 것은 분명하다.

을 정당화했다. 인종적 민족의식이 이미 선언된 경우에는, 영토회복을 위한 저항과 해방 전쟁은 공통된 전통의 민족적 성격을 심화하는 데 기여했다. 페르시아로부터 이오니아를 해방한 그리스인들과 셀레우코스 왕조(Selucids)[19]와 로마인들로부터 주님의 땅을 회복하려는 유대인들의 열망은 학대를 받은 인종적 민족의 영토주의의 가장 잘 알려진 고대의 사례이다.

계보회복운동

이런 유형의 운동은 보통 인종적 민족 정통성과 (왕조 혹은 귀족) 계보의 정통성을 섞는다. 그래서 롤로(Rollo)[20]의 지휘를 받는 옛 노르웨이인이 노르망디에 정착한 후에 그들의 대공은 고대의 계보를 만들어 칭송함으로써 그들의 지배를 정당화할 필요를 느꼈다.[21] 그들의 권리증서, 그들의 지배의 유구성과 적절성을 수립하기 위해서 11세기 말과 12세기에 두도(Dudo)와 오데릭(Orderic) 같은 사람들이 필사해 기록하려는 노력은 후의 대공의 가계를 추적하는 것이다. 노르만의 신화는 본질적으로 계보회복적인 것이었다. 그것은 911년의 샤를 3세(Charles the Simple)와 맺은 원래의 취득조약을 언급함으로써 노르만인과 통치하는 그 가문의 권위에 다시 근거를 제공하는 것을 목표로 했다(지배하는 가문과 공동체의 동일화가 전형적이다). 그래서 옛 노르웨이인 정착민들이 프랑스어를 말하는 원주민들과 결혼하고 변함에 따라, 그 왕조는 공통된 조상과 관습을

---

19) 기원전 312~64년에 소아시아와 시리아, 페르시아, 박트리아, 바빌로니아를 포함한 왕국을 지배한 그리스 왕국—옮긴이.
20) 고대 노르만인의 족장(860~931?)으로 초대 노르만 대공(911~931?)이 됨—옮긴이.
21) 롤로와 그의 공국에 대해서는 Jones(1973, III/3, pp. 229~32; IV/3, pp. 394~5) 참조.

가진 정당하게 구성된 중세의 왕국을 정당화하였다.[22]

계보회복운동은 쇠퇴한 정치체제의 고대 에토스를 부활하고자 하기도 한다. 비록 후대의 칼데아 왕조(Chaldean)[23]가 기원전 2000년대 초기 옛 바빌로니아 왕국을 건국한 암몬인과 관련이 있는지 의심스럽지만, 기원전 6세기 칼데아 왕조 치하의 바빌론에서는 찬탈자 나보니두스(Nabonidus)[바빌로니아 마지막 왕]가 고대 바빌로니아의 신화, 서사시, 의식, 관습을 종교적으로 또한 고풍으로 부활시키는 일을 주재했다. 나보니두스의 회복운동의 목적은 계보적인 것 이상이었다. 그는 메디아(Medes)인과 페르시아인이 그들의 제국을 위협할 때 고대 바빌로니아의 긍지를 북돋우고자 했다. 그의 시도는 헛되었다. 바빌론은 키로스 왕(Cyrus)[BC 558?~529 기간의 페르시아 왕]에게 무너져, 왕세자 벨샤자르(Belshazzar)는 멸망한 해인 기원전 539년 피살되었다.[24]

또 다른 찬탈자 왕조인 프톨레마이오스 왕조 역시 계보학적인 노력으로 지배를 정당화하고자 했다. 그들은 그리스와 마케도니아의 기반을 가지고 있음에도 불구하고 이집트의 사제 마네토(Manetho)에게 의뢰해서 자기들의 왕조가 자연스럽게 계승하는 것으로 이집트 왕국의 역사를 연대기에 넣도록 했다. 그 결과가 메네스(Menes)[25]로부터 페르시아의 정복에 이르기까지 존재한 30개 왕조로 분열된 이집트인 국가의 창조인데, 이 국가는 고대 이집트 연표의 출발점으로 남아 있다. 메네스의 개인적 느낌이 무엇이든, 그들의 지배를 고대 명예스런 가문에 접목시키려는 이

---

22) 노르만의 연대기 편자와 그들의 '신화'에 대해서는 R. H. Davis(1976, ch. 2) 참조.
23) 티그리스강과 유프라테스강 유역에 일어난 바빌로니아 셈 인종 왕조─옮긴이.
24) Oppenheim(1977, pp. 152~3) 및 Roux(1964, pp. 346~53) 참조.
25) 기원전 3200년경 이집트 초대 왕, 왕국의 창시자─옮긴이.

런 시도는 프톨레마이오스의 관점에서 성공했으나 한계가 있었다. 이런 저런 노력에도 불구하고 프톨레마이오스 왕조는 반쯤만 수용되었고 이집트인의 감정은 강하게 그리스의 영향을 의식하고 있었다.[26]

아마도 가장 성공적인 것은 기원후 1270년 '솔로몬'의 유산을 가졌다고 주장하는 에티오피아 왕조의 회복이다. 그들은 옛 아크숨인 (Aksumit)[27]의 왕국을 암하라의 영토 남쪽으로 옮기고, 그들의 유대로부터의 기원을 강조해서 자신들의 계보를 솔로몬과 시바의 후손으로 추적해서 유일신적인 아크숨의 유산을 주장했다. 사실 이전 왕조는 위대한 통치자를 다수 배출했고 주변의 팔라샤와 아랍 무슬림의 위협에도 불구하고 에티오피아 고원 위에 유일신을 숭배하는 종교 문화의 부활을 이루어냈다.[28]

문화적 쇄신운동

우리의 앞의 예가 보여 주듯, 계보회복운동은 통상 문화쇄신을 포함한다. 그러나 문화운동은 보다 철저하고 포괄적이다. 그것은 자랑하고 지킬 것을 가진 계보를 가진 사람들인 지배가문 혹은 귀족에 국한되지 아니하고, 전체 공동체 문화의 부활을 추구한다. 그것은 또한 영토의 해방을 뛰어넘는데, 영토의 해방은 이따금 외부의 위협에 직면해서 인종적 민족 유산의 쇄신에 하나의 수단이자 전조로 나타난다.

---

26) 마네토와 이집트 프톨레마이오스 왕조의 관계에 대해서는 Grant(1982, pp. 37~48), 마네토의 연대기에 대해서는 Trigger et al.(1983, pp. 152~3) 참조.

27) 고대 에티오피아에 거주한 부족―옮긴이.

28) 중세 에티오피아 역사에 대한 간략한 설명은 Ullendorff(1973, ch. 4), 초기 에티오피아 종교와 문화가 갖는 셈족의 성격에 대해서는 Moscati(1957, ch. 9) 및 Kessler(1985, chs. 1~2) 참조.

인종적 민족의 문화유산에 대해 그들 스스로를 의식한 쇄신은 이집트 전체가 아시아계 힉소스로부터 해방된 후 18왕조 아래에서 발생했다. 신왕조의 파라오는 고왕조과 중왕조의 영광을 새롭게 하기를 희망했고, 이집트 문화의 영향을 팔레스타인과 시리아로 확장하고자 했다. 수도를 다시 테베(Thebes)로 천도했고, 아몬라(Amon-Ra)를 경배하는 새로운 중심이 카르낙(Karnak) 근처에 세워졌고, 땅은 재편되고 사원으로 꾸며졌다. 이것을 이어 행정과 교육의 재조직화가 뒤따랐는데, 특히 고위 관료와 귀족을 위해서 그랬다.[29] 우리는 유사한 의식 부활의 사례를 초기 사산 왕조 아래 페르시아의 사조와 문화의 부활과 아케메네스 왕조(Achaemenids)[30]의 마즈딘(Mazdean: 조로아스터교) 종교로의 복귀에서 찾을 수 있다. 이 부활은 부분적으로 뒤의 아르사크(Arsacid)[=파르티아 Parthian] 아래에서 서방의 그리고 로마의 모든 것에 대한 반동으로, 준데샤푸르(Gundeshapur)와 비샤푸르(Bishapur)처럼 새로운 타운의 건설과 같은 도시 건설에서, 그리고 샤푸르 1세(Shapur I, 240~72)의 재위 동안 유명해진 사제 카르티르(Kartir Hangirpe)에 의해 추진된 배화교(조로아스터교) 정통파의 개혁에서 특히 두드러졌다. 그러나 배화사원 및 모바다(mobadah)와 허바다(herbadah)의 계서제도를 가진 재조직화된 종교의 보급은 사산조 국가가 민간의 종교적 불화와 쇠퇴의 먹잇감이 되는 것을 막지는 못했다. 그것은 호스로 1세(Chosroes I, 531~579) 치하에서 문화쇄신운동을 요구했는데, 중앙아시아로부터 온 동방의 에프탈(Hephthalite)

---

29) 신왕조의 부활에 대해서는 Trigger et al.(1983, pp. 183~278), 신왕조 아래 이집트의 행정과 교육에 대해서는 Beyer(1959) 참조.
30) 기원전 550년부터 기원전 331년까지 페르시아를 통치한 왕조─옮긴이.

부족에 영구히 의존하는 것을 막기 위해서, 많지 않은 귀족들에게 많은 권력을 주고, 의식, 학문, 문학에서 민족적인 부활을 통해서 그들을 왕에게 묶어둠으로써, 사회적 계서제도를 개혁하는 것이었다. 프라이는 6세기의 부활을 혁신의 하나로서 요약하지는 않는다. 그러나,

> 보다 진실된 관점에서, 역사가 국가와 종교의 정당화로서 중요해진 이 시대는 과거의 수집과 기록의 요약으로 성격이 규정될 수 있을지 모른다. 그러나 서사시, 전통 그리고 관습에서 부활된 과거는 호스로가 수립하기를 원했던 중앙집권화되고 관료적인 국가의 과거가 아니라, 위대하고도 고상한 가문의 그리고 봉건적 습속의 영웅의 과거였다.

호스로와 그의 계승자 치하에서 '고풍의 재탄생'이 있었던 것 같다. 전례궤범, '왕자의 거울', 사회행위를 정리한 다른 기록, 『카비』(*Kavi*)와 같은 타이틀이 부활되었고, 『왕들의 책』을 포함한 이야기와 전설이 이 시대에 수집되었다. 등급과 에티켓을 가진 사회 전체가 추정적인 영웅의 과거의 이미지로 결정화하였으나, 사산조 국가를 괴롭힌 내부의 쇠퇴를 막지는 못했다.[31]

구티인에 대항해 기원전 3000년대 말 우루크가 이끈 영토적 저항운동은 신수메르국의 광범위한 문화쇄신운동이 되었다. 그것은 우르(Ur)의 3왕조(BC 2113~2006)에 의해 지도되었는데, 범수메르의 르네상스가 되었다. 왕조의 건설자 우르남무(BC 2113~2096)의 지도 아래 상업은 회

---

31) 샤푸르, 카르티르, 및 에프탈에 대해서는 Frye(1966, pp. 239, 258~61) 및 *ibid.*, pp. 240~56 참조. 이에 대해서는 5장에서 충분히 살필 것이다(5장 각주 39 참조).

복되고, 운하가 건설되었으며, 관개가 재건되었다. 도시의 담 벽을 다시 쌓았으며, 인상적인 일련의 지구라트(Ziggurat)가 우르, 우루크, 에리두(Eridu), 니푸르(Nippur)에 세워졌는데, 아마도 인간과 신 사이의 가교를 상징하려는 것이었겠으나, 분명한 것은 제국적인 수메르인의 왕조의 광휘를 상징한 것이었다. 우르남무의 계승자들 아래서, 제국은 확장되어 중부 티그리스강 지역을 포함했고, 우르의 제3왕조가 소멸한 후 오래도록 수메르 문화는 비옥한 초승달 지역을 넘어 퍼졌다. 이 시기에 오래된 수메르의 신화와 의식이 의식적으로 재가동되었고, 자의식이 있는 범수메르 감정이 상류계층에 스며들어, 그 종교문화를 보전하려는 욕망을 불러일으켰다.[32]

외부의 위협과 인종적 민족의 반응

다른 종류의 민족성 중시주의는 강도와 지속성에서 상당히 다르다. 일부는 극적이고 단순하나, 다른 일부는 음영이 있고 오래 지속된다. 일부는 사제와 상류 귀족에게 한정되나, 다른 일부는 적어도 일시적으로 보다 넓은 계층을 움직인다. 일부는 10년이나 한 세대 동안만 지속되나, 다른 일부는 몇 세기에 걸쳐서 밀려오는 파도처럼 발생한 창조로부터 온다. 그것 모두가 공통적으로 가지고 있는 것은 신화를 만드는 특질이다. 그것은 신화를 만들고 영광스런 과거의 기억을 보존하는 반면, 지금은 잃어버린 '황금시대'에 대한 후대의 기억과 신화의 그루터기가 된다.

민족성 중시주의는 기본적으로 방어적이다. 그것은 외부의 위협과

---

32) Roux(1964, ch. 10), 충분한 보기로는 *Cambridge Ancient History* I/2, ch. XXII, pp. 1~6 참조.

내부의 분열에 대한 반응이다. 그것은 이전 현상으로의 복귀와 원시적인 과거의 이미지에로의 복귀를 추구한다. 이것은 집단의 민족성 인식이 옅어지거나 손상될 때 혹은 요동치는 외부의 사건으로 도전받을 때 등장한다. 이스라엘 사람과 유대인은 그들의 예언자에 의해서 원시적인 반(半)유목적인 소박함에로 돌아가는 것을 반겼다. 엘리야(Elijah)부터 에스겔(Ezekiel)까지, 그들 연합이 가나안에 정착하여 그들의 인종적 민족의 통일성과 믿음을 해치는 느슨한 도시의 습속과 지방의 우상숭배신앙을 채택하기 이전 초기의 부족주의로 돌아가도록 요청받았다.[33] 베르길리우스와 호라티우스[34]가 정직, 불굴, 검약의 옛 미덕을 해치는 동부의 사치와 부패를 탄식했던 데에서, 비록 향수 어린 것이긴 하지만 옛 로마에 있었던 유사한 모습을 우리는 발견한다.[35] 유사하게, 콤네네 트레비존드(Comnene Trebizond)[36]와 팔레올로간 콘스탄틴노플(Paleologan Constantinople)은 4차 십자군에 의해 무자비하게 파괴된 정교도와 제국의 영광의 시절을 복구하고자 했다.[37]

민족성 중시주의가 방어적이고 복구적인 것이라면, 어떤 요소가 인종적 민족의 유대와 감정을 불러일으키는가? 우리는 공동체의 중요한 부

---

33) 이런 예언적 주제에 대해서는 Heschel(1969, esp. chs. 6 and 8) 참조. 엘리야란 인물은 특히 유대교의 전통에서 중요하다. Wiener(1978, esp. p. 77), 엘리야의 경력에 대해서는 제1열왕기 17~제2열왕기 2 참조.
34) 베르길리우스(Publius Vergilius Marol, BC 70~19)는 로마의 시인이며, 호라티우스(Quintus Horatius Flaccus, BC 65~8)는 로마의 시인 겸 풍자작가이다—옮긴이.
35) Vergil, *Georgics* II, 136~74; Horace, *Odes* I, 35, 37; II, 15; III, 3, 5, 6 참조. 개인적·역사적 상황에 대해서는 Highet(1959, pp. 67~74, 131~2) 참조.
36) 1204~1461년에 소아시아반도 동북부에 있던 중세의 제국으로 트라페주스 제국이라고도 한다—옮긴이.
37) 트레비존드와 콤네네에 대해서는 Runciman(1975, ch. 6), 말기 비잔틴 제국에 대해서는 Baynes and Moss(1969, pp. 33~50) 참조.

분이 그들의 지위와 유산에 이중적인 위협, 즉 내부분열과 쇠퇴 그리고 외부의 도전과 영향을 지각할 때 민족성 중시주의가 나타난 것을 발견했다. 이런 위협은 여러 형태가 있는데, 다음과 같다.

1. 군사적 위협 : 자신의 영토에 대한 공격이나 정복은 방어적 민족성 중시주의에 대한 가장 명백한 자극이다. 그러나 위협이 뚜렷하지 않다면 그것이 자극이 될 필요가 없다. 몽골의 중국 정복과 아랍의 이집트 정복은 상응하는 민족성 중시주의, 적어도 정치적 혹은 군사적 성격의 민족성 중시주의를 야기하지 않았다. 역사상의 모든 정복이 반응을 불러오지도 않았고, 공격에 대한 모든 반응이 민족성 중시주의적인 것도 아니었다. 실제로 보다 갑작스러운 예기치 못한 습격일수록, 인종적 민족주의 반응을 불러 올 개연성이 낮다. 이것은 인종적 민족운동은 창안과 조직을 요구하고, 역으로 바꾸어 일정 부분 문화적 준비를 필요로 하기 때문이다.

2. 사회경제적 도전 : 여기서 우리는 경제적으로 보다 발전된 사회와 접촉한 결과로서 하나의 생산양식으로부터 다른 생산양식으로의 전환을, 유목과 목축 양식으로부터 정착한 농경양식으로, 혹은 농민의 가내생산 양식으로부터 상업적 생산양식으로의 전환을 포함시킬 수 있다. 우리는 또한 여기에 정례적·정착적 자급자족적인 경제에 심각한 위협을 주는 급속한 교역의 확대와 새로운 네트워크를 가진 시장의 성장을 포함시킬 수 있다. 시장의 힘 혹은 새로운 형태의 의존적인 노동에 의한 경제적인 탈구는 로마 동부의 정복이 원로원 계급을 위해 막대한 약탈품을 가져오고 노예를 데려와 남부 이탈리아와 시칠리아의 포도와 올리브 농장에서

일하게 한 기원전 2세기 말 로마와 이탈리아에서 일어났던 것처럼 전통적인 농업적 유대와 공동체에 외부의 위협으로 쉽게 나타날 수 있다.[38]

3. 문화적 접촉: 종종 덜 발전된 공동체가 보다 발전된 세력과 오랫동안 문화적으로 접촉할 때 신념의 위기가 전개된다. 예컨대, 제국의 팽창은 그 도정에서 위협받거나 정복된 사람들에게 거의 자력과 같은 흡인력을 가져온다. 그곳 사람들은 곧 제국주의자들의 신앙과 습속에 자신들의 것을 적응시킬 필요성을 느낀다. 코스모폴리탄적인 분파와 토착적인 분파가 등장해서 전자는 정복자의 선진문명의 습속과 생활양식을 채택하도록 압박하고, 후자는 외국의 문화 침탈에 저항해서 그들의 옛 방식을 고수하려고 한다. 17세기 중후반의 로마노프(Romanovs) 왕조는 이런 곤란함 중 몇 가지에 부딪혔는데, 그때 니콘(Nikon) 총대주교 아래에서 교회는 서구의 영향을 받게 되어 교회의 전례와 의식을 개혁하고자 했다. 이것은 곧 정교회 사회가 크게 파멸하는 원인이 되었고, 대다수가 러시아 정교회의 정신이 외래적인 것으로 변화하는 것에 반대하여 구식 신도의 길로 몰입하였다.[39] 근대 이전 사회에서 문화 접촉은 종교적 도전과 분리될 수 없는 것이다. 그래서 우리가 보게 되듯, 카르티르와 그의 모바드[고위 신관]들은 기독교와 다른 이란식 변종 기독교인 마니교 같은 서구 종교의 도전에 대한 반응으로 정통 조로아스터교를 강화했다. 종교적

---

38) Hopkins(1978) 참조. 그리스에서 노예의 중요성은 전통적인 경제와 문화를 뒤흔들 정도로 크지는 않았다. Finley(1981, Part II) 참조.
39) Vernadsky(1969, pp. 129~33) 및 M. Cherniavsky, 'Russia' in Ranum(1975, esp. pp. 135~40) 참조.

쇄신은 인종적 민족의 회복에 필수적이다.[40]

이런 위협은 고대세계 민족성 중시주의의 고전적 사례인 셀레우코스 왕조와 로마의 지배에 대한 유대인의 저항운동에서 나타난다. 이것은 얼핏 보기에 영토해방에 대한 단순한 문제였다. 그러나 사실상 셀레우코스 왕조와 로마인들(그리고 이들 전의 프톨레마이오스 왕조)은 팔레스타인에 어떤 공동의 저항징조가 있기 전 수십 년 동안 그 지역의 대군주였다. 마카비(Maccabees) 가(家)의 경우 안티오코스 3세(대왕)가 아닌 안티오코스 4세(에피파네스) 치하에서 저항이 발생했고,[41] 이 저항은 그가 바로 사원 안에 헬레네의 종교관행을 도입하려 시도했을 때 발생했다. 그때까지, 예루살렘 엘리트의 영향력 있는 종파는 헬레네의 습속과 관습을 채용하여 헬레네 세계와의 접촉으로 문호가 개방되는 넓은 지평을 환영했다. 이것은 전도서(Ecclesiastes)와 집회서(Ben Sirach) 같은 유대인의 지혜에 대한 그리스 철학과 문화의 영향으로 볼 때 명백하다. 안티오코스가 왕국 전체에 도시계획, 극장, 언어, 스포츠, 예술과 같은 영역에서만 그리스화를 진전시키는 데에 국한했더라면 불만을 잠재웠을 것이다. 많은 영세농민과 유대 장인들이 지중해의 상업경제에 참여했고 이런 상업은 요르단 너머로 토비아(Tobias)[42]와 그의 가족처럼 소규모의 교역을 하는 계급을 발생시켰으며, 안티오코스의 조치가 예루살렘의 신전에 도달하기 전까

---

40) 마니교의 교의와 운명에 대해서는 *Cambridge History of Iran*(1983) III/2, ch. 27a, 조로아스터의 개혁에 대해서는 *ibid.*, III/1, ch. 4 참조.

41) 마카비(마카베오)는 BC 2세기 유대가의 일족. 안티오코스 3세(Antiochus III the Great, BC 241~187)는 셀레우코스 왕조의 제6대 왕(재위 BC 222~187). 안티오코스 4세(Antiochus IV Epiphanes, BC 215~164)는 셀레우코스 왕조의 제8대 왕(재위 BC 175~164) ─ 옮긴이.

42) 「토빗기」에 기록되어 있는 토빗의 아들 ─ 옮긴이.

지는 실제적인 혐오의 조짐이 없었다.[43] 안티오코스의 치하에서 등장한 헬레니즘을 추구하는 정당이 신성한 법률에 대한 엄격한 집착을 버리고 문화를 눈부시게 정교화했고, 이것은 (돼지고기 먹는 것을 거부한 엘리야의 저항과 같은) 개별적인 저항을 제공했다. 그러나 동화(同化)가 안티오코스 사원의 신성모독으로 인식되었을 때(그가 헬레네의 예배식과 제우스 상을 도입했을 때), 전통주의 혹은 토착주의 당파가 조직되기 시작했다. 비슷한 제대를 주위 마을과 도시에 세우도록 하는 명령이 내려졌을 때, '법에 열성적인' 사제 마타티아스(Mattathias)[44]가 시리아인의 명령에 복종하기를 원한 유대인 헬레네화론자의 목을 베어 그의 고향 모디인(Modi'in)의 제단 위에 제물로 바치고, 그의 다섯 아들과 함께 언덕으로 가서 그를 추적해 온 시리아 세력을 패퇴시켰다.[45]

본질적으로 하시딤(Chassidim)[46]은 율법의 순수성으로 돌아가 헬레니즘의 유대주의를 정화시키기를 바라는 예언적 틀로 되어 있다. '사원의 혐오'는 그들에게 전체적인 문화추락 과정과 내부 사회의 쇠퇴를 상징했고, 그 과정에서 유대인은 주변의 이방인과 혼혈됨으로써 종교적·인종적 정체성을 상실하는 것이었다. 보다 뒤의 열심당(Zealot)[47] 운동은 똑

---

43) '지혜의 문헌'에 대해서는 Seltzer(1980, ch. 3), 토비아스와 헬레네화의 경제적 배경에 대해서는 권위 있는 설명을 해주는 Tcherikover(1970, Part I) 참조.
44) 마타티아스(?~BC 167?). 유대인들의 지도자이자 유다 마카베오(Judas Maccabeus)의 아버지―옮긴이.
45) I Maccabees 2; 15~30 참조. 마카비의 봉기에 대한 충분한 설명은 Pearlmann (1973), 헬레네적인 것의 배경에 대해서는 Tcherikover(1970, Part I) 및 Hengel(1980), 이스라엘-유대의 배경에서 마카비의 봉기에 대해서는 Bright(1978, pp. 416~47) 참조.
46) 유대교 중에서도 영적인 헌신과 자비를 강조하는 신비주의적 교파로서, 이들을 일컬어 하시딕 유대교(Hasidic Jewish)라고 한다―옮긴이.
47) 기원전 1세기경 로마에 저항한 유대인 민족주의 운동―옮긴이.

같이 문화적 순수성과 인종적 민족정체성의 보전에 관련되어 있었다. 실제로 요세푸스[48]는 그들을 보다 넓은 바리새인의(Pharisaic) 형식주의운동을 하는 특별히 광신적인 그리고 정치적인 종류로 본다.[49] 그러나 그들은 문화적 쇄신은 영토적 해방을 필요로 한다고 주장하고, 또 오직 주님의 땅은 그분에게 회복되어야 하고 로마인이 축출될 때에만 진정한 유대 공동체가 신성으로 북돋은 신정정치체제에서 번성한다고 주장한다는 점에서, 그 시대 다른 유대인 운동과 다르다. 열심당 지도자에게 종교쇄신과 영토회복 사이의 구별은 없었는데, 헤롯(Herod)의 죽음 이후 계속된 로마인 총독의 재정 압박과 경영실패 상황에서 그것들을 분석하는 것은 의미가 있는 일이었다.[50] 신성한 땅의 회복은 열심당원에게 최고로 중요한 일이 되었고 그들은 그것을 보다 넓은 종교회복운동의 수단이라고 보았다. 이 점에서 그것들은 강조하는 목표가 혼합된 것이었으나, 이상화된 신성한 과거로의 복귀를 바라는 여러 사회-종교운동의 전형이다.

역사적인 문화와 조상의 모국은 민족성 중시주의의 쌍둥이 목표이다. 외부의 위협과 내부의 부패로부터 손상되지 아니한 상태로 그것을 회복하는 것은 인종적 민족의 토착문화부흥이 추구하는 이상이고 그 부흥

---

48) 플라비우스 요세푸스(Flavius Josephus, 37~100?). 유대의 장군이자 역사가—옮긴이.

49) 요세푸스에 대해서는 Rajak(1983)의 자세한 연구 참조. 열심당에 대한 요세푸스의 끈기 있는 입증은 Brandon(1967, ch. 2)에 의해 조심스럽게 분석되고 있다.

50) 로마의 유대 점령과 유대인의 저항에 대한 생생한 묘사는 Maccoby(1974) 참조. 이 세대의 일반적인 역사는 Grant(1973) 참조. 73년 마사다에서 엘리야 벤 예르의 지휘 아래 벌어진 열심당의 마지막 저항에 대해서는 Yadin(1966). 이것은 Josephus의 *Jewish War* VII, pp. 323~33에 기록된 연설을 인용하고 있다. 열심당 이념의 일반적 태도에 대해서는 Josephus의 *Antiquities of the Jews* XVIII, 4~5 참조. "네번째의 철학적 분파는 이 유다 갈릴리인에 의해 수립되었다. 그 분파의 일원(열심당원)은 스스로를 대체로 바리새인의 교의와 결합했다. 그러나 그들은 자유에 대한 무한한 사랑을 가졌는데, 그들은 하나님을 그들의 유일한 주이자 주인으로 모셨기 때문이다."

을 위해서 그것에 집착하는 사람들은 종종 그들의 생명을 희생할 준비가 되어 있다. 다양한 환경에 따라 다른 운동이 그것이 땅이든 가계이든 문화이든 상실한 혹은 위협을 받는 세습 재산의 하나 이상의 다른 양상에 초점을 두지만, 그 모두가 공동체의 이상의 훌륭한 분출을 발견하고 그것으로 돌아감으로써 '옛 시절처럼' 공동체를 활성화시키고 회복하는 것을 목표로 하고 있다.

신화원동기의 두 유형

우리가 보아 왔듯, 모든 인종적 민족의 중심과 그 민족의 특유한 자민족 중심주의에는 집단의 기원과 가계의 계보에 관한 특유한 주장을 가진 신화, 기억, 상징의 뚜렷한 복합체(혹은 '신화-상징 복합체')가 있다. 이런 주장과 이런 복합체는 공동체의 정체성과 신화원동기를 제공하거나 혹은 정치신화를 구성한다. 인종적 민족운동을 활성화시키는 조건은 공통된 기원에 관한 의식을 고조시키고 신화원동기가 작동하도록 하는 것이다. 그것은 암시적이고 가정적이지만 그것으로부터 유래한 공통의 기원에 대한 확신과 정치신화는 운동에다 모습과 방향을 부여해 주고, 성원들이 처방된 목표와 이상을 추구하고 지도해 가는 단위의 성격을 한정해 준다.

그러나 다른 종류의 인종적 민족문화와 생활양식을 낳는 다양한 종류의 '신화-상징 복합체'와 신화원동기가 있다. 예컨대, 근대에서 친족과 가계의 혈통으로부터 공통적인 통일성을 추출해 내는 문화와 '신화-상징 복합체', 고풍스런 공통된 역사 시대에 유사한 문화와 이데올로기적인 유사성에 의해 그들의 문화를 추적하는 문화와 '신화-상징 복합체' 사이에 필수적인 구별을 하는 것이 가능하다. 가계신화와 문화의 '혈통상'의 유형과 이데올로기적인 유형 사이의 구별은, 다른 계급과 종교에 종종 부착되는 경쟁적인 신화학과 상징주의의 토대 위에서 민족이 창출될 때 중요하다.[51] 여기서 우리와 관련된 근대 이진 시기에 가계와 관습을 추적하는 생물학적 양식과 문화적 양식 사이의 구별은 매우 약하고 덜 주요하다. 어떤 정신적 가치와 생활양식으로 복귀하려는 열망은 중세의 에티오피아에서 '솔로몬' 왕조를 혹은 고대 이스라엘에서 다윗 가계를 복구하려는 희망에서처럼, 빈번하게 특정한 계보를 복구하려는 이상과 묶여 있다. 반대로, 어떤 고대의 계보를 추적하는 것은, 15세기 러시아에서 종종 '키예프' 가계를 회복함으로써 스스로를 정당화하고자 했던 볼가-오카(Volga-Oka) 지역의 공국 사이에, 특히 모스크바대공국에서 발생했던 것처럼, 특정한 가치와 문화 군을 타당게 하고 복구하는 데 기여한다.[52]

보다 적절한 일군의 특징은 정치체제의 유형, '신화-상징 복합체'의 구비 유형 그리고 그 문화와 관계된다. 넓게 말하자면, 우리는 왕조적 유형과 공동체적 유형의 정치체제와 신화-상징 복합체를 구별할 수 있다. 후자의 안에서 우리는 보다 종교적인 다양한 것으로부터 보다 정치적인 종류의 문화와 상징을 구별할 수 있다. 그러나 이것은 정도의 문제일 뿐, 종교 이념과 실천이 빈번하게 뒤집어지고 근대 이전 시기 사람들의 기원과 문화에 대한 인식에 색깔을 입히기 때문에 구분은 종종 모호해진다.

---

51) 나는 이 특징을 A. D. Smith(1984a)에서 역사적 사례와 함께 충분히 길게 논의했다. '부족의' 신화에 대해서는 Poliakov(1974) 참조.

52) 키예프가 쇠퇴한 뒤(1169년 로스토프의 안드레이 보골류프스키는 정복한 키예프를 수도로 만드는 데 박차를 가했다), 오랜 후에 만들어진 이런 정당화에 대해서는 Armstrong(1982, pp. 148~51) 참조. 그것은 키예프의 유산이라고 주장하는 리투아니아인에 대응할 목적으로 고안되었다. 키예프의 루스족과 그 계승자에 대해서는 Pipes(1977, ch. 2) 및 Kochan(1963, chs. 1~3) 참조.

그러나 첫번째 특징이 뒤에 논의하는 다른 종류의 인종적 민족의 형성에 빛을 던져 주기 때문에 그것은 중요하다.

왕조의 신화원동기

우리가 기대하듯이, 여기서 신화원동기는 통치자의 집무실에 그리고 확대해서 통치자의 집과 왕조에 부착되어 있다. 이것은 우리가 노르만의 연대기의 경우에 보았듯 왕가와 공동체를 인식하는 필경사와 기록자의 경향으로 예시된다.

전형적인 왕조의 신화원동기와 문화는 메로빙거 왕조와 카롤링거 왕조의 프랑크 왕국에서 대면한다. 클로비스[53] 치하에서(496) 기독교로 개종한 후에 메로빙거 왕조는 트로이 계보를 채택했다. 그것은 트로이를 떠나 로마인의 조상이 뇌는 아이네이아스(Aeneas)[54]와 그와 함께 방랑하는 무리로 소급한다. 이것은 그들을 다른 야만인 왕국과 동등하게 만들어 주었다. 이들 통치자는 그들의 규칙을 로마화된 주민들이 더욱 잘 받아들일 수 있도록 하는 고전적 혈통을 고상하게 만드는 기능을 이해하고 있었다.[55] 이런 트로이 가계 신화는 곧 가톨릭의 정당화에 의해 도전을 받고 그것과 유착되었다. 반기를 든 카롤링거인들은 가톨릭의 정당화가 유익한 것을 발견했다. 754년 교황 바오로[1세]는 롬바르드의 귀족에 저항한

---

53) 클로비스 1세(Clovis I, 446~511)를 말한다. 481~511년 재위한 프랑크 왕국의 초대 왕, 메로빙거 왕조의 시조—옮긴이.
54) 트로이의 용사로 안키세스와 아프로디테 사이의 아들, 로마건국의 시조로 전해짐—옮긴이.
55) 메로빙거 왕조와 카롤링거 왕조에 대해서는 Anderson(1974a, Part I, pp. 128~44) 및 Dixon (1976), (마누스를 알라누스로 대신한) 프랑크의 '족보'에 있는 대로, 트로이의 계보, 노아의 아들 야벳으로부터 그리고 지구의 아들 마누와 그의 세 아들로부터 다른 계보에 대해서는 S. Reynolds(1983)의 명료한 설명 참조.

프랑크인의 도움에 대한 보답으로 피핀(Pepin)[56]의 봉기를 정당화해 주었다. 피핀은 하나님이 선택한 사람이 되었고, 그의 왕국은 '다윗의 새로운 왕국'이 되었다. "프랑크인은 교회에 대한 원조 때문에 하늘나라에 새겨진 특수한 자리를, 즉 이스라엘 사람들이 가졌던 것과 유사한 자리를 갖고 있다"라고 그는 말했다.[57]

여기에 강한 종교적 색채를 띤 강력한 왕조의 신화원동기라는 씨앗이 있다. 그것은 800년 샤를마뉴(Charlemagne)[58]에게 왕관을 씌워줌으로써 강화되었다. 그 대관식에서 기름 붓기 의식 다음에 박자를 맞춘 환호가 터져나왔다. 그리고 그것은 프랑스의 주교, 특히 987년 위대한 카페 왕조(Capetian)[59]의 지명을 후원한 랭스의 대주교에 의해서 분할된 프랑크의 서부 왕국에 있는 카롤링거와 카페 왕조의 계승자들에게 적용되었다. 이 '신성한 왕조'는 윤곽이 분명한 '신성한 영토'에 일치했다. 그 영토는 스헬더, 뫼즈, 손, 론 강으로 묶인 아담한 왕국이었다. 이 왕조는 의심할 나위 없이 등장하고 있는 독일 왕국과 별도로 하나님과 직접적 관계를 맺고 있는 왕조를 통해 참여자와 관찰자의 정신에 서 있는 '프랑스인'이라는 관념을 고착화시키는 데 도움을 주었다. 카페인들은 실제로 특수한 후원인 샤를마뉴의 유산을 물려받아 사라센에 대한 전쟁에서 프랑스적인 리더십의 역할을 특수하게 구사했다. 그러나 최후의 수단으로 프랑스적 유산인 왕국과 랭스 주교의 후원과 대관식 의식 아래 프랑스의 감독

---

56) 샤를마뉴 대제의 아버지로, 751~768년 사이에 재위한 프랑크의 왕—옮긴이.
57) 프랑크와 카페 왕조에 대한 교황의 정당화에 대해서는 Armstrong(1982, pp. 152~9) 참조.
58) 768~814년 사이에 재위한 프랑크 왕국의 왕으로, 800~814년 동안 신성로마제국의 황제가 됨—옮긴이.
59) 프랑스 왕가로 직계는 987~1328년까지, 방계는 발루아(Valois) 왕가와 부르봉(Bourbons) 왕가로 1792~1814년 사이를 제외하고 1830년까지 프랑스를 지배함—옮긴이.

조직이 초기의 심각한 군사적 불리함에도 불구하고 프랑스 왕국과 사람들의 생존과 개성을 확고히 해주었다. 왕조의 신화원동기에서 마지막 요소는 천국을 닮은 자유로운 왕국에서 살고 있는, 그리고 트로이 조상 때문에 교황권에 아무것도 의존하지 않고 동로마제국 영역 밖에 있는 진정한 기독교 군주에 의해 통치를 받는 '선택된 사람들'로 프랑스인의 특수한 지위를 강조했다. 이것은 13세기 말 교황 보니파시오(Boniface)에 의해서 승인되었다. "이스라엘 사람들처럼…… 프랑스 왕국은 하늘의 명령을 수행하도록 주님이 선택한 특별한 사람들이다."[60] 확실히 성스러운 왕조·땅·사람이라는 삼위일체는 뒤에 프랑스인의 인종적 민족국가가 출현하는 중요한 요소였고, 중세 말기에 이웃한 인종적 민족을 관료제도로 흡수하는 것을 수월하게 시작하도록 하였다.

이런 종교적-왕조적인 신화원동기는 긴 역사를 가지고 있다. 물론 그것들은 3천 년 이상 특징적인 이집트 정체성을 유지하는 중요한 요소 중 하나인 파라오를 신전의 신성과 동일시하는 고대 이집트에서 두드러진다. 그러나 아크나톤(Akhnaton)[61] 통치 때 사제의 몰락은 신화원동기의 지속성과 통치자 권력의 한계를 보여 준다.[62] 얼핏 보기에 메소포타미아의 신화-상징 복합체는 왕조에 역할을 거의 부여하지 않았다. 그러나 이것은 천상의 제국이 수메르의 주신 엔릴(Enlil, 후의 바빌로니아의 마르둑) 아래 신들의 회의에 의해 통치되는 우주의 왕국을 반영한다는 수메르

---

60) Ibid., 초기 및 후기 봉건적인 프랑스 국가에 대한 간략한 설명은 A. Lewis(1974), Kantorowicz (1951), Bloch(1961, II, pp. 431~7) 참조.
61) 기원전 1375~1357? 시기의 고대 이집트의 왕 아멘호테프 4세 — 옮긴이.
62) 아크나톤에 대해서는 Trigger et al.(1983, pp. 219~22) 참조. 국가와 신-왕의 역할에 관한 이집트인의 사고에 대해서는 J. Wilson, "Egypt" in Frankfort et al.(1949, ch. III) 및 David(1982, pp. 155~71) 참조.

인과 바빌로니아인의 인식과 걸맞는 것이었었다. 그렇기 때문에 제국의
통치자는 그의 영역이 가능한 한 하늘의 영역을 닮았다는 것을 확실히 하
기 위해서 신을 위해서 행동했다. 그렇기 때문에 군주는 성직자의 수장이
되었고, 고위직 사제에 의해 기름이 부어졌으며, 아시리아 시대에는 '아
슈르(Asshur)의 왕관과 닌릴(Ninlil)[63]의 홀(笏)'을 부여받았다. 바빌로니
아와 아시리아에서 군주는 새해와 새달 축제에서 중요한 역할을 하였고,
어떤 왕도 먼저 점쟁이와 왕실 천문학자와 상의하지 않고서는 중요한 정
치적 결정을 할 수가 없었다. 아시리아 왕은 확실히 신화적인 선조 영웅
아답파(Adapa)[64]에게까지 소급하는 세습왕조와 왕실의 혈통을 자랑스
러워했다. 그러나 그들이 통치했던 국가는 매우 위험할 정도로 거대한 귀
족 및 관리와 동반자 관계를 맺었고, 바빌로니아의 것을 모델로 삼은 사
원소속 성직자의 신화와 의식에 둘러싸여 있었다. 아시리아의 기록과 비
문의 잔재로부터 얻은 과중한 인상은 말하자면 히타이트 왕국보다는 왕
조의 군주가 지배하는 모습이다.[65]

　　물론 왕조의 신화원동기는 형식에서 그런 것이 아니라 하더라도 의
도에서는 정치적이다. 종교언어와 의식에 녹아 있지만, 그것의 최고 목적
은 정치적 선전이다. 즉, 어떤 내부적 변동이나 외부의 도전에 대응해 통
치자와 그의 가문의 신조를 정당화하고 순조로운 승계를 위한 길을 닦아
주는 것이다. 비잔틴의 신화원동기는 확실히 세계주의적 기독교의 사명

---

63) 수메르의 여신으로 주신 엔릴의 아내이며 하계(下界)의 신―옮긴이.
64) 수메르의 천신 아누(Anu)가 제공한 영생의 음식과 물을 인류를 대표해 거절했다고 하는 고
　　대 바빌로니아의 전설상의 현자―옮긴이.
65) 아시리아 왕의 기능에 대해서는 Roux(1964, ch. 21) 참조. 그리고 대체로 메소포타미아에 많
　　이 있다. Oppenheim(1977) 참조.

을 구체화하기 위해 고안되었으나, 지상에 있는 그리스도의 목사로 인식된 세속의 통치자 없이는 상상조차 할 수 없는 것이었다. 이것은 이미 테오도시우스(Theodosius)[66]와 보다 뒤의 유스티니아누스(Justinian)[67] 시대의 그림 속에서 볼 수 있다. 그 그림에서 황제는 그의 궁정 사람들보다 2배 큰 크기로 나타나고, 거기서 그리스도의 판토크레이터(pantokrator)[68] 이미지는 유대-기독교적이며 동시에 기독교-헬레니즘적인(그래서 로마적인) 소재로서 고위직 사제이자 사제 겸 군주인 비잔틴 황제의 이중적 역할을 신학적으로, 예술적으로 표현하였다.[69]

실제로 그렇지만, 이 황제-교황주의의 운반자는 초기에 라틴어에 조예가 깊은 교육받은 궁정과 행정이었고, 그것을 통해서 황제는 서구와 로마 제국 계보와의 연결을 유지했다. 그러나 그리스어는 관료제의 낮은 계층에서 허용되었다. 8세기 경, 그리스어는 국가어가 되었고, 비잔티움은 더 이상 이탈리아를 포함해서 서부 지방에 권력을 조금도 행사하지 못했다. 우리가 앞으로 보게 되듯이, 그 결과는 보다 인종적 민족의 제국주의 방향으로의, 정교를 믿는 비잔틴 신화원동기의 헬레니즘화였다. 제국주의적 비잔틴의 행정적 신화-상징 복합체와 성직적인 신화-상징 복합체의 융합은 제국 안에 강력한 인종적 민족정체성의 씨앗을 가져왔으며, 그것은 제국의 회복을 위한 예기치 않은 바퀴로 판명되었다.[70]

---

66) 379~395 사이에 재위한 로마제국의 황제 — 옮긴이.
67) 527~565 사이에 재위한 로마제국의 황제 — 옮긴이.
68) 우주의 지배자로서 그리스도를 그린 그림 — 옮긴이.
69) 비잔틴 예술의 대표성에 대해서는 Runciman(1975), 비잔틴 황제의 역할에 대해서는 Armstrong (1982, pp. 145~8) 및 Runciman(1977) 참조.
70) 비잔틴의 쇠퇴에 대해서는 Baynes and Moss(1969, ch. 1), 그리스어에 대해서는 ibid., ch. 9 참조. Armstrong(1982, pp. 178~81)은 1204년 후 비잔티움이 새로운 '조숙한' 민족주의와 헬레니즘에로 선회한 것을 논의한다. 종교적 차원과 반(反)라틴주의에 대해서는 Sherrard

공동체의 신화원동기

왕조의 신화원동기 — 이것의 궤적은 지배가문이고, 이것의 담지자는 전형적으로 지배층의 귀족 혹은 관료 개인이다 — 와는 대조적으로, '공동체의 신화-상징 복합체'는 다른 계층에 의해 배양되었고, 특권이 있는 가계 혹은 국가제도보다는 전체 공동체를 강조한다. 우리는 이런 유형의 신화원동기를 수많은 사회-정치 체계에서, 즉 도시국가의 인보동맹, 부족연합, 분파적 혹은 이산 공동체에서 발견한다. 중요한 것은 '신화-상징 복합체'의 보다 넓은 초점이다. 전체 공동체의 문화체계와 사회체계는 이웃 공동체의 그것과는 반대로 특정한 상징과 가계 신화의 대상을 형성한다. 도시국가 신화원동기는 공동체의 스펙트럼에서 보다 정치적인 목적에 놓여 있다. 공동체의 환영과 설명의 대상이 되는 것은 정치체계이고 시민문화이다. 피렌체, 베로나, 혹은 베네치아 같은 도시국가에서 우리는 주변 마을과 시골에 퍼져 있으면서 여러 세대에 걸쳐 정치적 분리와 역사적 차이를 유인하는 강한 지방적 애국주의를 발견한다.[71] 이것이 북부와 중심부 이탈리아에서 중세와 르네상스 시기 극단적인 형태를 취하지 아니했다는 사실은 부분적으로 통일된 로마의 과거 유산에, 즉 (교황령 국가에 의해 야기된 정치적 구분에도 불구하고) 꽤 단일하게 된 가톨릭 문화에, 그리고 단테(Alighieri Dante)와 페트라르카(Francesco Petrarca)의 토스카나 이탈리아어를 통해 확산된 인문주의 문화에 의한 것이다. 르네상스 시기 이탈리아 통일의 몇몇 구조는 마키아벨리(Niccolò Machiavelli)와

(1959) 참조.
71) 이러한 중세 이탈리아 도시국가의 지방적 특성('campanilismo')에 대해서는 Waley(1969, pp. 7~11, 54~5, 102~9, 110~22, 그리고 특히 139~63) 참조.

유스티아노폴리티아노(Muzio Justinopoiltano)의 그것처럼 기존의 도시국가와 종교를 출발점으로 취했고, 바로 그 이유로 정치적으로 무력할 운명이었다. 그러나 이것이 보다 넓은 의미의 이탈리아의 운명을 배제하는 것은 아니고, 1495년 손쉽게 성공한 프랑스인의 침공과 그 뒤 계속된 경쟁적인 유럽 열강의 침략에 대한 한탄에서 매우 뚜렷하다. 난점은 공통된 로마와 기독교(그리고 언어)의 유산이 수 세기 동안의 지역문화와 정치적 분열에 의해 층층이 쌓였다는 것이다. 그 유산은 어떤 경우 근대까지 지속된 하위의 인종적 민족의 충성심과 정체성을 낳는 경향이 있었다.[72] 우리는 이미 아카드의 사르곤(Sargon)[73] 왕조 이후 수메르 도시국가 사이의 관계를 개관했다. 그러나 부가적으로 종교적인 위장이나 형식으로 개별 신과 주신(ensis)을 가진 구성 도시의 신화와 상징으로부터 출발하는 공동체의 신화원동기를 탐구하는 것도 가능하다. 실제로 제국과 우주의 '신화-상징 복합체'의 후속적인 진화는 최종적으로 루갈-작기시(Lugal-zaggisi) 그 다음에 사르곤이 통일한 개별 도시국가의 별개의 신화원동기로부터의 전이로 볼 수 있다. 어떤 식으로든 수메르 문화는 중세 이탈리아 문화보다 훨씬 통일적이었다. 신화, 상징, 기억, 가치의 공통된 유산은 우루(Ur)와 라가시(Lagash), 에리두(Eridu)와 키시(Kish), 우루크(Uruk)와 움마(Umma)의 국가간 차이를 넘어서서 그들의 건축, 종교적 실천, 도시

---

72) 남부 이탈리아는 정말로, 특히 노르만의 침입과 후에 이루어진 스페인의 통치 이후 급격히 다른 방식으로 발전해 근대 시대에 이탈리아의 통일과 연대에 심각한 결과를 미쳤다. Beales(1971) 참조. 15~16세기 초기 이탈리아의 몇 가지 통일구도에 대해서는 Marcu(1976) 및 Breuilly(1982, pp. 4~6)의 비판 참조. 이미 14세기에 콜라 다 리엔조(Cola da Rienjo)와 페트라르카는 이탈리아의 연대의식을 분명히 보여 주었고, 특히 로마와 가톨릭의 이상과 전제를 깔고 있었다. Kohn(1967a, ch. 3) 참조.
73) 기원전 722~705 사이 재위한 아시리아의 왕—옮긴이.

계획, 법률편찬을 알려준다. 기원전 3000년대 말 우르의 제3왕조의 신수메르 시대 부흥에서 이런 문화적 통일성은 정치적 표출을 낳았고, 이 무렵 장로 회의를 가진 도시국가의 민주주의의 원형이 되는 성격은, 군주 (signoria)에 의해 이탈리아의 시민공화국의 회의가 대치되었던 것처럼, 시들었다.[74]

　　그러나 시민적 정치공동체 문화와 신화원동기의 가장 잘 알려진 예는 고대 그리스 도시국가에서 나온다. 우리는 방어적인 광장의 기반 위에 세워진 가장 초기의 도시가 통일적인 헬레네 문화와 '신화-상징 복합체'의 출현의 다음이었는지 그것을 선행했는지는 모른다. 우리가 기원전 8세기의 문화에 대하여 갖는 지식으로서, 도시국가는 이미 귀족적인 과두제를 위해 왕을 저버렸으며 헬레네 유산의 독특한 특징은 광장에 있다. 이것들은 다음을 포함한다. 초기의 지하에 사는 신(Chthonian)의 신격에 대한 하늘의 남녀 신의 승리를 찬미하는 공동의 올림피아 신전, 의식과 함께 결합한 델피(Delphi), 도도나(Dodona), 디디마(Didyma) 등과 같은 일련의 신탁, 아이올리스어(Aeolian), 보이오티아어(Boeotian), 이오니아어(Ionian), 도리아어(Dorian)와 같이 밀접하게 연결된 그리스 계통 방언(이 방언을 말하는 사람은 또한 별도의 그리스 혈통과 영웅적인 조상을 가졌다. 특히 헤라클레스를 도리아인으로 보고 있다), 더 이른 시기의 미케네 문명과 트로이에 대한 전쟁을 찬미하고 헤시오도스(Hesiodos)와 기타의 다른 사람들이 기록한 창조와 신화에 의해 보충된 호메로스의 시

74) 이런 원형 민주주의 성격에 대해서는 Frankfort(1954, ch. 3) 참조. 범수메르 문화와 감정에 대해서는 Kramer(1963, ch. 7), 그리고 도시국가의 신화와 상징을 범수메르의 제국적 신화원동기로 전달하는 것에 대해서는 Armstrong(1982, pp. 131~2) 참조.

와 서사시라는 공통적인 문학적 유산의 소유를 포함한다. 이 모든 것들과 올림피아, 퓌티아(Pythian), 네메아(Nemean), 이스트모스(Isthmian)에서의 경기와 같은 다양한 종류의 경기, 그리고 건설된 식민지는 그리스인들을 그 주위로 묶어 두고 분리하는 데 기여했다. 이것들은, 농민들이 제우스와 아폴론보다 지방의 신과 시골의 관습에, 판(Pan)[75]과 헤파이토스(Hephaistos)[76]에게 더 밀착되게까지 했지만, 모든 교육받은 그리스인들이 세습하는 전통을 형성했다.[77]

이처럼 광범위한 헬레네의 인종적 민족 범주에서 우리는 두 가지 경합하는 정체성과 '신화-상징 복합체'를 발견한다. 첫째는 대조되는 건축과 미술 양식을 지닌, 다른 관습과 영웅적인 조상을 가진, 그리고 별도의 지정학적 영향력의 범주를 발생시킨 별개의 언어를 쓰는 도리아, 이오니아, 아이올리스(보다 뒤의 보이오티아)인의 이민이다. 몇 가지 경우에서 시키온(Sicyon)에서처럼 이들 하위의 인종적 민족의 구분은 도시 간의 적대로 나아갔다.[78] 폴리스는 보통의 그리스인들에게 기본적인 정치적 개념

---

75) 그리스의 숲, 들, 목양의 신. 머리, 가슴 팔은 사람, 다리는 양, 때로는 양의 뿔이나 귀를 가짐 — 옮긴이.

76) 불, 대장장이 일, 수공예를 담당하는 고대 그리스의 신 — 옮긴이.

77) 도시국가에 대해서는 Ehrenberg(1960), 범헬레네 감정의 성장에 대해서는 R. Schlaifer, "Greek theories of slavery from Homer to Aristotle" in Finley(1961) 참조. 그는 그 성장을 8세기부터 6세기까지의 신탁, 연맹, 경기에 돌린다. 또한 A. Andrewes, "The growth of the city-state" in Lloyd-Jones(1965) 참조.

78) 6세기 시키온과 다른 곳에서의 인종적 민족의 혼란에 대해서는 Andrewes(1965, ch. 5) 참조. 그리스 공동체 안의 인종적 민족의 간극과 그 깊이와 정도에 대해서는 약간의 논란이 있다. 일부는 그것이 피상적이라고 간주하고, 알티(Alty, 1982)와 같은 다른 사람들은 적어도 5세기에는 그들이 근본적이고 정치적으로 중요했다고 본다. 펠로폰네소스 전쟁 기간 동안 양측에서 '인종적 민족의 혈족'에게 빈번한 호소가 있었고, 이오니아와 도리아의 건국신화에 대한 지식이 널리 퍼졌으며, 도리아인과 이오니아인 사이에서처럼 관습, 예배, 달력, 부족제도에 차이가 있었다. Huxley(1966) 참조. 투키디데스 또한 빈번하게 모든 편의 공통된 가정으로 펠로폰네소스 전쟁에서 도리아인과 직접 대치한 이오니아인(아테네인을 포함해서)의 군

과 복지를 제공했기 때문에, 정치적 통일에 심각한 것은 도시 간의 갈등이었다. 각각의 도시 안에 도시 간 인보동맹과 동맹이 밑받침한 갈등인, 민주주의가 떠받든 유복한 소수인들과 가난한 계급 간 반복되는 투쟁이 있었다. 그 결과, 페르시아로부터 오는 거대한 위협에 직면해서 스파르타 주도의 (도리아인의) 연맹과 이오니아의 아티카 사이에 비록 일시적인 동맹이 맺어지긴 했지만, 그리스 도시국가는 몇몇 그리스 도시와 델피의 신탁의 중재에도 불구하고 외부의 위협에 노출될 때에는 단결하지 못했다.[79]

거대한 페르시아가 행한 침공의 한 가지 효과는 잠재적인 헬레네의 인종적 민족중심주의를 공공연한 정치-문화 운동으로 변형시켰다는 것이다. 불가피하게 이탈리아와 수메르에서처럼 맺어진 어떤 단결은 이웃

사적 자신감 결여를 언급하고 있다. 도리아인으로서 헤로도토스는 (자립적인 아테네인을 뺐지만) 이오니아인의 나약함에 대해 똑같이 경멸했고, 암묵적으로 도리아의 조상을 자랑으로 여긴 도리아인 승자에게 바치는 핀다르(Pindar)의 찬송을 유효하다고 확인했다. 알티에게 이들 인종적 민족의 근거는 정치적 결과를 가졌는데, 그들은 '좋은' 근거로(설명으로서 그리고 행동에 대한 영향으로서) 그리스의 정신 속에 그들 스스로를 확립했기 때문이었다. 그래서 "인종적 민족의 차이는 바로 그 사실에 의해서 사람들이 행동하는 방식에 영향을 끼친다"(*ibid.*, p. 7). 그러나 알티는 그의 관심을 정치적 행동에만 한정한다. 민족성(도리아인이든 이오니아인이든, 혹은 보다 넓게 헬레네인이든)은 미술, 건축, 복식, 음악, 시, 대화법, 종교와 같은 많은 영역에서 스스로를 드러낸다(도리아인은 이오니아인의 사원에 들어갈 수가 없었고, 스파르타의 클레오메네스는 아테네에 있는 아크로폴리스에 발을 디딜 수 없었다). 더구나 어떤 목적을 위해 그리고 어떤 배경에서, 이오니아인, 도리아인, 보티아인은 스스로를 특별한 헬레네 신화와 유대와 제도를 가진 헬레네인이라고 느꼈다. 그리고 충성과 감정을 가진 보다 작은 인종적 민족의 범주(이오니아인, 도리아인 등등)와 보다 큰 인종적 민족의 범주(헬레네인)의 관계가 탐구될 필요가 있다. 소아시아의 이오니아인과 아이올리스인에 대해서는 Huxley(1966), Burn(1960, pp. 6~7, 48~50, 55, 98~100, 210~14, 그리고 이오니아의 중추 수도에 대해서는 p. 62) 참조. 이오니아의 도시국가는 너무 독립적이어서, 비록 페르시아(BC 499~94)에 대한 비운의 반란 기간 동안 연방제도를 만들어 내긴 했지만, 탈레스의 이오니아연맹 제안을 수용할 수 없었다. (ibid., pp. 334~6). 또한 Andrewes(1971, ch. 3) 참조.

79) Andrewes(1971, ch. 8) 참조. 고대 그리스의 계급투쟁과 노예제도에 대해서는 Finley(1981, esp. Part II) 및 Ste Croix(1981), 그리스 도시국가 내부의 파벌에 대해서는 Forrest(1966) 참조.

과 아테네나 스파르타와 같은 (그리스의) 큰 세력에 대항해 그들의 주권을 지키고 도시 사이의 경쟁을 통하여 그들의 통상적 이득을 극대화하고자 하는 도시국가들의 협동에 기초해 있었다. 그러나 페르시아의 엄청난 위협과 그만한 규모에 대한 예기치 않은 승리가 자극한 새로운 범헬레네 의식을 제공받아, 지도적인 도시국가는 곧 페르시아에 대항하는 범헬레네 운동의 후원 경쟁에 끌려 들어갔다. 처음에 스파르타, 코린트, 플라테아(Platea), 에비아(Euboea)가 아테네와 아테네의 델리연합을 반격에 가담시켰다. 올림피아에 제우스에게 바치는 거대한 사원이 세워졌다. 새로운 식민지가 이식되었고, 경기가 제도화되었다. 연극배우, 철학자, 미술가, 그리고 이오니아에서 온 많은 사람들이 아테네와 다른 본토의 도시로 몰려들었다. 정말로 기원전 449년 페리클레스(Pericles)는 칼리아스(Kallias)의 평화에서 절정을 이룬 페르시아에 대항하는 십자군을 후원했다.[80] 칼리아스의 평화에 의해 아테네는 문화와 정치에서 그리스의 리더십을 보유했지만, 펠로폰네소스 세력들은 그리스의 증대하는 힘을 시기했다.

기원전 5세기 헬레네 민족성 중시주의는 성격상 두드러지게 시민적이었고, 공동체적이었다. 그리스 통일의 이미지는 구성 도시국가의 정치제도와 신화에 의해 형성되었다. 그리스 통일의 고무는 군사적으로 통일된 그리스의 리더십을 위한 주권을 가진 도시국가의 동맹에까지 이르렀

---

80) Levi(1965, pp. 47~8)는 그리스인 사이의 도시국가 내 갈등을 페르시아라는 적에 대항하는 헬라스의 리더십을 위한 경쟁의 산물로 설명을 시도한다. 의심할 바 없이 페르시아에 대한 승리는 5세기 내내 범헬레네 의식을 자극했으나, 내부적인 사회갈등은 어떠한 범헬레네적인 정치적 통일도 방해하는 데 있어 폴리스의 자부심 혹은 폴리스의 경쟁만큼이나 중요했다. Burn(1978, chs. 9~10) 참조.

다. 4세기 아게실라우스(Agesilaus)[81] 이소크라테스(Isocrates)[82]의 범헬레니즘 아래 헬라의 이익을 위하는 주권은, 그래서 결과적으로 다가온 통일은 종국에는 도시국가의 자유를 파괴할 것이라는 생각이 없었다. 다른 한편, 정치문화의 구조에서 페르시아의 위협은 헬레네 통일의 의미가 절정에 오른 문화 속에 활기를 띠었는데, 이 문화는 페르시아의 '노예상태'와 '야만적 문맹'에 대한 그리스의 우수성과 독특성을 강화했다.[83]

공동체의 '신화-상징 복합체'의 밀접하게 연관된 유형은 신격에 특별한 관계를 가진 신성한 사람들의 이미지를 중심으로 한다. 전형적으로 신화원동기는 관계가 조화롭고 자연스러운, 이상적인, 신앙을 가진 사람들의 공동체가 신의 배려를 진실로 믿고 이해하며 살아가는 때인 과거를 가정한다. 오늘날 세대는 그들의 길을 잃었고, 그들의 이상적 역사시대로 돌아가 다시 한 번 신이 지상에 보낸 선택받은 사자로 되는 것이 그들의 의무이다.

고대의 모든 사람들이 그들의 역할을 신격의 특별한 피보호자라고 하는 자민족 중심주의적인 개념을 환영한 반면, 신성한 신화원동기와 종교적인 '신화-상징 복합체'를 특징으로 하는 특수한 사명과 회복시키는 요소는 보다 뒤의 유대인의 자아개념에 가장 뚜렷이 나타난다. 예언적 유

---

81) 기원전 400~360년에 재위한 스파르타의 왕―옮긴이.
82) 기원전 436~338년. 아테네의 웅변가이자 수사가―옮긴이.
83) 귀속된 후손보다 문화의 문제로 되는 경향이 있는 기원전 5~4세기의 범헬레니즘에 대해서는 H. Schwabl, "Das Bild der fremden Welt bei den frühen Griechen"; Hans Ditter, "Die Hellenen-Barbaren-Antithese im Zeitalter der Perserkriege", both in Fondation Hardt(1962) 참조. 페르시아와의 대비는 문명과 야만, 자유와 굴종, 지성적 문화와 몽매, 창의성과 노예근성의 모방처럼 다면적이다. 그러나 이 모든 것은 사건 이후의 대비이다. 페르시아의 침입 전 헬라스가 가졌던 연대는 종교적·언어적인 것이었으며, 호메로스의 작품에 요약되어 있다.

대주의가 강한 보편주의적 요소를 가지고 있다는 것은 사실이다. 즉, '내가 이집트의 땅으로부터 이스라엘 사람을, 카프터(Caphtor)로부터 필리스타인인을, 키르(Kir)로부터 아람인을 데려오지 않지 않았느냐?' 라고 아모스(Amos)[84]의 관점에서 신이 묻는다. 반면에, 여호아는 '나의 종인 바빌론의 왕에게' 각자의 땅을 주었기 때문에, 예레미야(Jeremiah)는 네부카드네자르(Nebuchadnezzar)[85]에게 복종을 요구한다.[86] 그러나 이것은, '모든 사람들은 그들 신의 이름으로 각자 길을 걷는다. 그러나 우리는 영원히 우리의 하나님 여호아의 이름으로 걷는다' 라는 미가(Micha)[87]의 말에 있는, 특별히 별개의 운명으로 인도하는 강한 민족감정으로 상쇄된다. 그것은 5세기 에스라(Ezra)[88]의 개혁, 특히 경쟁자가 되는 사마리아인(과 다른 부족)과의 내부 결혼을 금지한 그의 시도와, 그의 조합교회의 혁신 특히 사제직의 부활과 예루살렘 회중에게 하는 토라(Torah)의 강독에서 실천적으로 표현된 개념이었다.[89]

그 순간부터 그들 자신의 왕과 통치자를 빼앗겨 사원의 사제직에 중심을 둔 유대인들은 공동체의 신성한 신화원동기를 발전시켰는데, 그것은 곧 유대 지방과 이산한 지역에 있는 유대교 회당을 통해 확산되었다.

---

84) 기원전 8세기의 헤브라이의 예언자―옮긴이.

85) 기원전 604?~561?년. 바빌로니아의 왕으로 예루살렘을 정복함―옮긴이.

86) 아모스서 9:7; 예레미야서 25:9. 고대 이스라엘 종교의 보편구제설과 일신교에 대해서는 Kaufmann(1961, pp. 127~31) 참조.

87) 기원전 8세기의 소 예언자―옮긴이.

88) 기원전 5세기에 활약한 유대인 사제, 법률학자. 느헤미야와 함께 예루살렘에서 유대교의 기초를 닦음―옮긴이.

89) Micah 4:5. 이것은 보편주의의 맥락에서 발생하지만, 그럼에도 불구하고 보편주의의 맥락은 각각의 공동체가 자신의 신을 갖는 자연성을 가정한다. 이런 예언적 메시지에 대해서는 Baeck(1948) 및 Heschel(1969) 참조. Bright(1978, pp. 379~90) 참조. 이 시기 에즈라의 개혁과 연대기의 문제에 대해서는 Weber(1952, ch. 13) 참조.

기원과 가계의 신화에서 유대인들은 초기 주교와 모세와 아론을 통해서 사제에 이르는 레위(Levi)의 계보를 강조했고 다윗의 아버지 이새와 다윗에 이르는 유다의 계보는 정치상황에 더 적게 의존하도록 했다. 유대교회당이 사원의 기능을 인수했을 때, 종교적인 자의적 개념의 대중화는 완결되었다. 랍비는 중재자가 아니라 토라의 교사였고 해설자였다. 미시나(Mishna)[90]에 구체화된 구전법(Oral Law)은 신자 공동체 전체를 위해 고안되었다. 유사하게 추방으로부터 회복은 점점 정치공동체 회복이 아닌 지역공동체 회복이 되었다. 그것은 팔레스타인에 다윗가의 통치를 회복하는 것보다 성스런 중심지 시온(Zion)에 이스라엘 공동체를 복귀시키는 것을 포함하고 있었고, 메시아의 시대는 성직에 임명된 사람이나 기관보다는 이스라엘의 회복이 가져오는 보편적 정의와 평화에 중심을 두었다. 군주제도에 대한 사제와 예언자의 비난은 유대인의 기초적인 신화원동기의 신학적 공동체적 개념을 위한 길을 닦아 주었다.[91]

유사한 신학적 그리고 지리공동체적 신화원동기가 또 다른 이산민족인 아르메니아인 사이에 출현했다. 그들은 그들 산악지방 왕국과 조지아의 성지 에크미아드진에 강하게 계속 집착했다. 반면 그들의 왕실 아사시드(Arsacid)와 바그라티드(Bagratid) 왕조의 패배와 붕괴는 조지아인의 계서제도 수중에 제도적 정신적 권력을 남겼다. 아르메니아인들이 광범위한 이산 지역에서 차지하게 된 특수한 경제 영역(기본적으로 농업

---

90) 탈무드의 일부를 이루는 유대교의 율법─옮긴이.
91) 미시나의 사회적 관계에 대해서는 Neusner(1981) 참조. 쿰란 종파의 신약에서, 메시아의 시대는 두 명의 머리에 기름 부은 자에 의해서 즉 다윗 왕과 아론가의 메시아의 고위사제에 의해 주재될 것이었다. R. J. Zwi Werblowsky, "Messianism in Jewish history", in Ben-Sasson and Ettinger(1971) 참조. 유대 메시아니즘에 대한 충분한 설명은 Klausner(1956), 초기(이집트 탈출 전) 왕과 왕권의 모호성에 대해서는 Kaufmann(1961, ch. 8) 참조.

경제)에서 획득한 아르메니아인의 뚜렷이 구별되는 특징이 그들을 이슬람——비록 이슬람 통치자가 경전 속의 사람들에 대해서는 관대하였지만—— 아래에서, 유대인들이 중세유럽에서 차지하게 된 것과 같은 사회경제적인 최하층의 지위에 두었다는 것은 사실이다.[92] 그러나 이것은 진정한 정교의 신앙이라는 신성한 인종적 민족의 사명에 전체 공동체가 참여하는 기반 위에 세워진 공동체의 정체성을 강화했다. 유대인에게서처럼 이산 아르메니아인에게 황금시대는 그들의 성지의 먼 과거에, 즉 그레고리와 나르시스(Narses) 그리고 그레고리 교회의 시대에 있었다. 그레고리 교회의 의식과 전례의식은 아르메니아 사람들을 함께 묶어 주었고, 그들의 신성한 문헌은 근대 초의 후속적인 부활을 고무했다.[93] 신성한 신화원동기에서 아르메니아인은 스스로를 선택받은 사람, 유다 맥베스와 같은 구약의 전사인 영웅으로 보았고, 그들의 마지막 통치자 아사시드(와 귀족 바그라티드)를 유대계의 혈통으로 보았다. 고대 이스라엘의 역할을 공유하면서 특유한 조지아-아르메니아의 신앙 공동체는 진정한 정교의 저장소로 남아 있다. 종교와 인종적 민족은 융합되어 세기와 천 년의 단위를 넘어 공동체의 생존에 역동적인 자극을 준다.[94]

신자들의 공동체라는 개념은 또한 아랍의 인종적 민족정체성 인식을 고무시켰다. 비록 아랍의 지배계급이 그들의 영역 안에 있는 아랍인이 아닌 무슬림으로부터 호의적으로 대접받고 실제로 아랍 무슬림과 구

---

92) 이동적인 이산민족으로서 유대인과 아르메니아인의 경제적 지위에 대한 체계적인 비교에 대해서는 Armstrong(1976; 1982, ch. 7) 참조. 중세 기독교 지역과 이슬람 지역의 유대인의 지위의 차이에 대해서는 Poliakov(1966~75, esp. Vols I and II) 참조.
93) Lang(1980, esp. ch. 7)의 충분한 설명 및 Atiya(1968, Part IV) 참조.
94) Armstrong(1982, pp. 207~8), 그리고 Atiya(1968, p. 322 and sqq.) 참조.

별을 하지 않을 때이기는 하지만, 여기서 우리는 고도의 종교적인 자민족 중심주의와 대면한다. 그렇지만, 때때로 이슬람 계시의 '아랍적' 차원은 강한 표현을 했다. 반대로, 아랍 정체성의 종교공동체적 성격은 항상 강조되었고, 오늘날의 세속적인 환경에서도 그렇다.[95] 무함마드가 동료 아랍인들에게 보편적인 계시와 사명을 설교했고 또한 아라비아의 부족들을 종교-정치적인 공동체로 통합하려고 했다는 것은 사실이다. 그렇기 때문에 아랍은 예언자의 선택된 도구이고, 흩어져 있는 아랍 정치체제와 부족을 통일시키는 유대이자 살아 있는 표지인 그들의 풍부한 언어는 성스런 코란에서 쓰는 신성한 말로 선택되었다. 처음으로 아랍의 엘리트들이 성전이란 최초의 정복을 실행해 최초의 지배자를 제공했다. 이것은 후속적인 아랍의 분노와 오스만투르크와 같은 이후의 지배자에 대한 경멸을 설명해 준다. 이런 신성한 성질의 아랍 정체성이 오늘날까지도 수니파 아랍인을 동료들의 황금시대와 초기의 우마야드(Ummayard)[96]의 황금시대로 끌고 간다.[97]

---

95) 무함마드의 의도가 무엇이든 아라비아 사막에서 7세기에 유출된 것은 강한 인종적 민족의 색채를 가져왔다. 무함마드의 움마(umma) 전에도 생활양식과 부족의 조직뿐만 아니라 언어와 시가 종종 반복하는 부족 사이를 중재했기 때문이다(남부 왕국은 다소 다르다). Carmichael (1967, ch. 2) 참조. 그러나 최근에서야 알카와키비로부터 쭉 아랍 민족주의가 초기의 이슬람을 아랍 순수성을 최고로 표현한 것으로 재해석했다. Haim(1962, 서론) 참조. 그러나 기독교적인 아랍이 창당한 세속적인 바트당조차 이슬람에 당 강령과 당의의 최고의 위치를 부여하는 것이 필요함을 알게 되었다. Binder(1964) 참조.

96) 661~750년 다마스커스에 근거를 두고 통치한 왕조로, 예언자 무함마드의 증조부 오마야 (Ommayy)의 혈통이라고 주장함—옮긴이.

97) 아랍주의 이념의 발생에 대한 간략한 설명은 Dawn(1961) 참조. 라시드 리다(Rashid Rida) 는 아랍주의자는 아니지만 초기 아랍의 이슬람을 회고했다. "아랍의 역사에 대한 열정이 충만해서, 그 영광을 부활시키는 것은 이슬람 연맹을 위해 일하는 것과 같은 일이다. 이슬람 연맹은 과거에 아랍을 통해서만 성취되었고, 아랍을 통하지 않고서는 금세기에 다시 획득될 수 없다"(*Al-Manar* III, May 1900)라고 그는 썼다. 라시드 리다로부터 이 구절을 이용한 Haim(1962, p. 23) 참조.

몇 개의 다른 공동체가 종교적-공동체의 정의와 신화원동기를 채용했다. 아일랜드인은 영국인에게 불복한 후 특수한 가톨릭의 수도승적인 '신화-종교 복합체'를 발달시켜, 아일랜드를 대양과 같은 프로테스탄티즘과 유물론 속에서 경건과 기독교의 덕성을 갖춘 성스런 섬으로 위치시켰다. 19세기에 많은 앵글로-아일랜드, 아일랜드-가톨릭 부활론자들이 서부에 남아 있는 게일 풍(Gaeltacht)의 잔재를 부활시켜서 특징적인 성스런 신화와 상징을 가진 신자들의 특수한 공동체인 에이레인 아일랜드의 근본적으로 대중적인 가톨릭의 게일 문명을 후원했다.[98]

콘스탄티노플이 함락된 후 비잔틴의 그리스 공동체의 경우에서, 정교도는 그들의 다른 정체성 인식을, 교회가 분산된 그리스 공동체의 정신적 운명뿐만 아니라 정치적 운명에 대해 강력한 장악력을 행사하고 또한 교회가 지난 2세기 동안의 쇠퇴하는 비잔틴 제국에 등장하기 시작해 그리스의 인종적 민족정체성을 보전하는 것으로 정의했다. 콘스탄티노플에 있는 엘리트들이 그리스어만 사용하고 잠재적인 헬레네의 고전문화에 의존하려 한 바로 그때에, 그리스어를 사용하지 않는 서부 대부분의 영토 상실과 후에 동부와 아나톨리아 상실은 제국이 헬레네 문화와 그리스어를 사용하는 핵심으로 줄어든 것을 의미했기 때문이다. 동시에 교회와 그 명령은 라틴과 투르크에 저항하는 주민에게 1439년 피렌체 회의에서 정한 교회의 재통일계획 조건을 거부할 만큼 충분히 큰 영향력을 행사

---

98) 이러한 초기 아일랜드 기독교 금욕주의에 대해서는 L. de Paor, "The Christian connection" in L. Smith(1984) 참조. 켈트 부활론자에 대해서는 Lyons(1979) 및 Hutchinson(1987)의 최근의 조명 참조. 후자는 예이츠의 켈트 부활주의와 맥닐의 보다 게일적인(그리고 암묵적으로 가톨릭적인) 부활의 차이를 분석한다.

하고 있었다.[99]

후속적인 사건이 그리스 정교회의 역할과 비잔틴의 꿈을 강화했다. 밀레트(millet) 체제 아래 오스만은 총대교구의 직에 공동체의 승인과 확장된 권력을 주고 교회를 가지고 있는 그리스어를 사용하는 공동체의 정체성을 강화했다. 교회의 복구적인 신화원동기를 제공받아 그리스인의 밀레트는 궁극적으로 승리해야만 하는 억압받는 기독교의 담지자인 그리스인 공동체의 궁극적 해방에 대한 믿음과 동일시되었다. 그렇지만 점차 그 과정 속에 변화가 발생했다. 신성한 믿음이 더 이상 황제나 심지어 총대주교의 사무실에 부여되는 것이 아니라, 자유의 회복과 이교도에 대한 지배의 약속과 함께 신앙 공동체에 부가되었다.[100]

사실상 비잔틴의 꿈은 한동안 정교회 러시아에서만 실현되었다. 여기서 우리는 치명적인 긴장을 포함하는 것으로 입증된 공동체 신화원동기와 왕조 신화원동기의 혼합과 대면한다. 비록 그리스의 영향이 의문시되고, 특히 1500년대를 기점으로 이른바 유대화에 저항적이었지만, 이반(Ivan) 3세의 모스크바인들이 비잔틴의 정신적 계승자라고 느낀 정도에 대해 과장하는 것이 가능하다. 그러나 러시아 교회가 자기네 역할을 비잔틴 교회를 계승하는 것으로, 모스크바를 제3의 로마로, 이반 3세를 제2의 콘스탄틴으로 생각했다는 것은 의심할 점이 거의 없다.[101] 이반 4세 이후

---

99) Baynes and Moss(1969, pp. 43~4) 참조. 라틴과 정교회 간 관계와 전쟁에 대해서는 ibid.(pp. 119~27), 그리고 Ware(1984, ch. 3), 보다 일반적인 것으로는 Armstrong(1982, pp. 176~81) 참조.
100) Campbell and Sherrard(1968, ch. 1) 참조. 투르크 치하 밀레트 제도에 대해서는 Stavrianos (1961) 참조.
101) 비잔틴의 마지막에서 두번째 황제인 콘스탄티누스 11세(Constantine XI)는 1453년 살해되었다. 이것과 유대교회에 대해서는 Green(1964, p. 373) 및 Armstrong(1982, pp. 149~51) 참조. 비잔틴과 러시아 사이의 관계, 특히 교회에서의 관계에 대해서는 Baron Meyendorff

차르의 신성한 권위의 성장은 서구의 절대주의에 비해 약했지만 정교도인 비잔틴 황제가 소유한 것과 같은 메시아적 특질을 구현한 타이틀을 채택했다.

그러나 차르는 러시아인 대주교와 그들의 신성한 상상물에 의한 의식에서 경쟁자를 갖고 있었다. 이것은 정교회 사제가 관리하는 신앙 공동체였고, 차르로서는 이런 이미지와 동일화해서 자신의 신성한 신화원동기를 그의 신민의 보호자이자 구원자로 구축하는 것이 필요하였다. 이반 4세와 그의 후계자들이 이것을 이룩한 것은 신민의 관심을 귀족의 약탈과 부에 저항하도록 하고 하급 지주 계급과 관료계층의 봉사를 이끎으로써 가능했으며 또한, 폴란드인, 타타르인, 스웨덴인에 대한 활발한 저항 (그리고 팽창) 정책에 의해서 이루어진 것이었다. 국가를 차르 개인에게서 인식함으로써, 차르 제국이 비러시아인 그리고 비정교회 사람을 포함할 만큼 확장되었지만, 사람들과 정교회 신앙, 통치자는 러시아 공동체가 키에프공국의 블라디미르 1세와 궁극적으로 루리크(Rurik)[102]로부터 내려왔다고 주장하는 효과적이고 신성한 신화원동기를 창조하였다. 페체네그(Pechenegs)와 쿠만(Cumans) 혹은 폴로프트지(Polovtsii) 같은 초원지대 사람들과의 끊임없는 전쟁을 한 키예프의 유산은 군사적 통치자의 지위를 상승시켜 주었고, 그래서 두 개의 전선에서 전쟁을 하는, 로스토프(Rostov), 트베리(Tver), 슈즈달(Suzdal), 모스크바 같은 북부-동부 러시아의 식민화하는 변경의 공국에 잘 맞았다.[103] 그러나 이 군사적-전제

---

and Norman Baynes, "The Byzantine inheritance in Russia", in Baynes and Moss(1969) 참조.

102) ?~879. 루리크 왕조(862~1598)를 건설한 러시아 왕국 창건자—옮긴이.

103) 키예프 국가와 공국을 식민화한 북동 러시아 사이의 관계에 대해서는 Pipes(1977, ch. 2) 및

적 신화는 전제자를 지상에서 러시아의 젬랴(zemlya) 혹은 영토의 신민을 보호하고 어떤 보편적인 사명을 선언하는 그리스도의 부섭정으로 바꾸어 주는 신성한 신화와 결합하였다. 결국, 차르가 교회를 대신했고(표트르 1세는 총주교직을 없애 버렸다), 신비적인 특성을 인수해서, 슬라브파(派) 지식인들(Slavophiles)은 표트르 이전의 시기에 대해, 그때 차르와 신민들은 신성한 수도원에 있는 '유기적인' '가부장적 공동체'를, 즉 근대화한 유럽을 수용한 러시아가 되돌아가야만 하는 이상을 생각하였다고 회고했다.[104]

우리의 주제를 기대하면서, 우리는 이미 모든 유형의 민족성 중시주의와 그것의 특징적인 신화원동기 가운데 신성한 요소와 종교적 열정과 상상으로 가득 찬 것이 가장 강력하고 지속적이란 것을 알 수 있다. 우리는 여기에 러시아 특유의 왕조적인 것과 공동체-종교적 신화원동기의 융합을 포함할 수 있을 것이다. 이 신화원동기는 분명 정교를 믿는 러시아 슬라브의 핵심을 둘러싼 지역 통합과 관료적 병합을 통해 근대 초 민족국가 성장의 길을 개척했다. 인용된 다른 사례에서는 신성한 전례와 신화학이 공동체에 존재 이유와 내부적 자원을 제공해 주었다. 종교적으로 고무된 공동체의 '신화-상징 복합체' 가운데서, 우리는 공동체의 에너지와 문화적 힘을 다시 활성화시킨 외부의 위협 혹은 내부의 분열에 직면해 이루

Riasanovsky(1983) 참조.
104) 표트르 이전 러시아를 회고하는 친슬라브(Slavophiles) 사상에서 인민의 아버지이자 보호자, 구세주인 차르의 지위에 대해서는 Thaden(1964) 및 Kohn(1960, II/1), 영토팽창과 정치발전을 위한 제도로서의 차르의 발전에 대해서는 Vernadsky(1969, ch. 4) 및 M. Cherniavsky, "Russia" in Ranum(1975), 19세기에 대해서는 Seton-Watson(1967) 4장 참조.

어진 반복되는 문화쇄신운동을 발견한다. 신성한 신화원동기와 문화는 이상적 공동체를 그들의 관심과 중요한 일로 받아들여, 대중적이고 동태적인 요소를 보다 왕조적인 혹은 정치적 종류의 '신화-상징 복합체'를 결여한 공동체의 의식 속으로 투사한다. 이상적 공동체를 특정한 장소와 옛 시대에 위치시킴으로써, 종교적인 '신화-상징 복합체'는 인종적 민족 성원에게 즉각적인 사건이나 변동을 넘어 초월적인 역사적 관점에서 나오는 운명의식을 제공해 준다. 그것은 억압받는 인종적 민족이 그들이 이전의 은총을 받는 상태로 회복될 것이라는 '지위의 역전' 희망을 수반하는 성스런 신화원동기에 의해 부지된다.

후속 장에서 나는 보다 자세히 다른 종류의 인종적 민족이 생존하는 힘과, 특히 신화와 신화원동기가 부지하는 소수민족을 검토할 것이다. 현재로서 우리는 종교적으로 고무된 인종적 민족 문화의 힘과, 위험과 위기를 통해 공동체를 전수하는 민족의 능력, 그리고 강한 인종적 민족의 유대 및 감정과 강력한 종교적 계시와 사명 사이의 상관관계를 언급할 필요가 있다. 왕조적인 것, 공동체-정치적인 것, 공동체-종교적인 것인 세 가지 유형의 신화원동기 가운데, 맨 마지막 것이 의심할 나위 없이 공동체의 구성원과, 쇄신과 부흥의 민족성 중심주의와 민족성 중시주의 운동의 성향에 가장 큰 충격을 준다. 우리가 '신화-상징 복합체'에 의해 인종적 민족의 사회 침투 정도를 고찰할 때, 유사한 결론이 나온다. 어떤 예외는 있지만, 종교적 신화원동기는 어떤 유형의 민족 형성과 결합되어 있다. 우리가 이제 돌아가려는 것은 인종적 민족 형성에 나타나는 차이이다.

4장 _ 농경사회의 계급과 인종적 민족

'근대주의자'에게, 민족과 민족주의는 아주 최근의 현상이고, 유럽에서 18세기부터 혹은 그보다 조금 일찍 시작된 순수하게 근대적인 과정의 산물이다. 전근대 시대는 민족주의나 민족과 조화될 수가 없었다. 실제로 농경사회의 모든 것은, 즉 문화의 성격, 권력의 구조, 경제적 유대관계는 민족의 등장을 방해하는 혐의가 있었다. 특히 농경사회는 매우 계층화되어 있고 유동성이 없어 문화적 이질성이 사회규범이라는 것을 확실히 하였다. 왕국, 제국, 공국은 문화적 통일을 향한 운동의 산물이 아니라, 종속계층의 전문적 봉사와 식량생산자 농민의 노동으로 살아가는 소수 지배층의 부와 특권을 보호하려는 필요의 산물이었다. 상류계급을 뚜렷하게 구분해야 할 필요성 때문에, 문화는 불가피하게 계층을 만드는 역할을 수행했다. 다시 말하자면, 문화는 일차적인 사회-경제적 구분을 강화하고 가시화했으며 영구화했다. 문자해득은 소수의 엘리트, 특히 사제의 영역으로 남아 있었고, 농민은 지역주의를 표현하는 한 무리의 문화와 스스로 해결해야 하는 그들 몫인 생계유지수단으로서의 경제로 세분되어졌다. 위대한 전통은 주요 도시와 귀족에게 굳게 얽매여 있었다. 시골의 다양한 작은 전통은 부수적으로 존재했고, 상대적으로 통치자의 문화에 스며들

지 않았다.[1]

이런 이유로, 겔너는 그의 민족주의 이론을 문자가 있는 농경사회로 부터 근대 산업사회로의 이행에 연결시켰다. 우리가 이미 살펴보았듯이, 이것 역시 근대 이전의 민족성과 인종적 민족의 정도와 지속성에 관한 의무를 남겨 두고 있다. 현재까지 제시된 증거는 문화적 동질성이 그 자체로 정치적 목적이 아니지만 그것은 여러 사례에서 획득되고 있으며, 뚜렷한 문화적 통일성을 표현하고 있는 공동체는 세계의 여러 지역에서 오랫동안 지속되어 왔다는 것을 시사해 주었다. 우리는 농경사회에서의 계급과 문화에 관한 겔너의 주장과 이 증거를 일치시킬 수 있는가? 상류계급의 문화가 일반적으로 농민들의 문화와 성격상 다르고, 다른 지역 혹은 다른 정치체제의 계급 사이에 공유하는 정체성 의식이 없다는 것은 사실인가?

---

1) Gellner(1983, ch. 2)에서 시도된 겔너의 주장은 많은 사람에게 암묵적인 것, 즉 근대 이전 전산업사회 세계에 민족과 민족주의가 존립할 수 없는 불가능성을 명백하게 요약한다. 이 전통은 액튼(Thomas Acton)과 르낭(Ernest Renan)에게로 거슬러 올라간다. 르낭은 이미 많은 사람들이 본 근대 민족의 특징적인 것, 즉 성원의 익명성을 바로 지적했다. 이것에다, 콘과 시턴-왓슨 같은 역사학자와 즈나니에츠키(Florian Znaniecki)와 도이치(Karl Wolfgang Deutch) 같은 사회과학자는 1789년 이후의 유럽과 산업세계에서만 번성할 수 있는 요소인 이데올로기적 단일성, 문화적 동질성 같은 특징을 추가했다. 겔너에게 민족주의는 사실상 문화숭상으로, 본질적으로 유동적이고, 문자를 가진, 익명의 그리고 혁신적인 사회가 단일한 교육과 지속적인 문화를 필요로 하는 시대에서만 발생한다. 이들 교육과 문화는 농경사회의 오랜 분열과 문화를 표준화시키고 수효를 줄여서 일부만이 생존하고 또한 '새로운 문자에 의해 지지를 획득하고, 점점 많은 요구를 하고 명확하게 경계가 정해진다. 최초의 인종적 민족의 색채는, 수에서 소수가 되고 서로 뚜렷하게 윤곽이 드러나는데, 종종 그것이 부착된 사람과 그것을 깊이 내면화하는 사람들에 의해 **선택된다**'(강조는 원문에서 이탤릭체)(Gellner, 1982, p. 176) 참조. 이 강의에서 겔너는 근대 이전 인종적 민족과 근대 민족주의의 관계에 보다 큰 주의를 기울이는데, 민족이 없는, 농경을 하는 전근대사회와 필수적으로 민족주의적인 산업사회의 근본적인 구분에 대한 신념을 바꾸지 않고 있다. 내가 주장할 것이지만, 인종적 민족의 선택은 종종 강제되어지는데, 특히 내용이 재해석되고 형식이 재구성될 때 그러하다(이 책 6~8장 참조).

'사회침투'의 문제

이런 의문에 답하면서, 우리는 고대 혹은 중세 대중의 주관적인 사고와 감정을 풀어내는 데 내재하는 난점에 직면하고 있다. 대중의 신념과 감정이라는 주제에 관한 기록은 적고, 우리에게 전수되어 온 문헌은 통상 학자들이나 도시 엘리트들의 작품이다. 기록이 있을 때조차 그것들은 통상 한정된 지역에 관계된다. 부와 권력의 중심에서 벗어난 지역은 주민들의 충성심과 이상의 직접적인 자취를 거의 남기지 않고 있다. 잘해야 우리는 미술과 건축 혹은 그 지역의 고고학적 잔재로부터 불확실한 추정에 도달할 수 있고, 헤로도토스나 스트라본(Strabon)와 같은 외국인 여행자와 역사가의 저작에 부스러기처럼 담겨 있는 참고로 보강할 수 있을 뿐이다. 근대 이전 시대의 빈약한 소통 때문에 도처에 낮은 수준의 감정이 있었다고 가정할 수도 없다. 이것은 (비록 '부족적 감정'이 중요했던 것으로 알려지기는 하지만) '중심에서 벗어난 지역'에는 사실이지만, 중동, 북부 아프리카, 남부 및 서부 유럽 혹은 인도와 중국의 잘 연결된 문명의 중심에 대해서는 이에 대해 거의 얻을 수 있는 것이 없다. 각각의 경우, 농민들이 얼마만큼 그들의 지주 혹은 지방 도회지와 문화적 유대를 진행시켰는지 그리고 부족 집단과 부족 연합이 문화적 통일성을 가졌는지 하는 문제는 경험적으로 조사해야 할 의문점이다.[2]

---

2) 예컨대, 아프리카 공동체는 종종 유럽의 공동체보다 더 통일되어 있고 다른 공동체와 구별되는데, 부족 혹은 씨족으로 파편화되는 것은 각 가족에 지위와 역할을 부여하기 때문이고, Goody(1971)에서 주장되듯, 봉건적 유대가 약해지는 경향이 있다. '부족'이 인종적 민족과 같은 것은 아니나, 부족 연합은 인종적 민족으로 형성되어, 보다 상상적인 신비적인 조상과의 유대를 이용할 수 있다. Tilly(1975, Introduction) 참조.

우리는 고대로부터 전형적인 사례, 즉 남서부 이란의 엘람인 문제를 고찰함으로써 난점을 증명할 수 있다. 엘람인의 이름은 기원전 3000년대 중반 수메르인들이 새긴 비문에서 처음 발견된다. 그것은 우르의 제3왕조(기원전 2150~2000) 때 다시 나타나는데, 그때 엘람인은 동요하는 제국에 은혜를 베풀었다. 바빌로니아와 카시트 때의 기록은 엘람과 엘람인을 언급하고 있으며, 대략 기원전 1175년에 그들의 왕 슈트루크-나훈테(Shutruk-Nakhunte)는 바빌론을 약탈해 많은 노획물과 함무라비법전이 새겨진 섬록암 돌을 수도인 수사(Susa)로 가져갔다. 다시 아시리아의 비문은 종종 엘람을 언급하고 있는데, 기원전 약 635년에 아슈르바니팔(Ashur-bani-pal)이 마침내 그 왕국을 파괴시키고 수사를 약탈해서 유명한 신전을 없애 버렸다. 그 후 그들은 역사 기록에서 사라지지만, 그들의 언어는 남아 있어 다리우스(Darius)의 베히스툰(Behistun)[3] 비문에서 발견된다.[4]

우리는 어느 정도까지 엘람을 인종적 민족 공동체로 그려낼 수 있는가? 엘람인의 감정은 얼마나 사회에 침투하였는가? 우리가 정치적 목적으로 부족연합체를 조종한 초기의 통치자, 다음에는 왕으로 된 정치체제만을 다루고 있고, 또 엘람이라고 알려져 들볶인 지역 부족과 농민은 엘람인의 인종적 민족 통일에 어떤 부착도 의식도 갖고 있지 않았다고 주장

---

3) 이란 서부의 마을로, 고대 페르시아어, 엘람어, 바빌로니아어로 설형문자에 의한 비문이 새겨져 있는 마애조각의 소재지. 이 비문이 설형문자 해독의 단서가 됨 ― 옮긴이.

4) 수메르와 엘람에 대해서는 *Cambridge Ancient History* I/2, ch. 23 참조. 여기서 엘람인은 '원형 루르인'(Proto-Lurs)으로 불리는데, 그들 언어는 중세 이란어가 되었다(p. 644). 그들은 그들의 땅을 알탐트(Altamt, 추측건대 신의 땅)이라 불렀다. 그들의 언어는 알려져 있는 어떤 언어에 관련되어 있지 않고, 잘 이해되지 않고 있다. 슈트루크-나훈테와 아슈르바니팔 작전에 대해서는 Roux(1964, pp. 237~8, 301~4) 참조.

될 수 있었다. 실제로 언어학자들은 카시트, 룰루비, 구티, 심지어 우라틴인과 같은 (언어적으로 엘람인과) 관련된 주민들과 엘람인의 경계에 대해 확신을 하지 못해 왔다.[5] 그러나 이것은 민족이론상 언어에 입각한 게르만과 로마의 기원을 거부하는 것이다. 고대 의식에 엘람 지역은 수메르의 북동쪽 (바빌론의 동쪽)이나 (작은 언덕을 포함하는) 이란 고원 아래라고 각인되었다. 정치체제의 존재 역시 의심할 것이 없다. 정치체제의 독특성도 의심할 것이 없었는데, 거기서는 왕의 동생이 예외적인 역할을 했고, 아들은 수도인 수사의 통치자로 예정되었다. 상류계급의 여성들에게 부여한 자유, 모계왕조, 남매간 결혼과 남자의 왕조계승에서 그들의 관습은 특이하였다. 이것은 어머니의 신성성에 중요한 역할을 부여하고 있는, 그리고 셈족어도 아니고 인도유럽어도 아닌 독특한 언어를 가진 엘람인의 종교와 부합했다.[6]

명확히 구분되는 문화적 특성을 감안하면, 즉 2천 년 이상 지속된 수사와 안산(Anshan, 흔히 엘람이란 칭호로 불린다) 왕국의 지속성을 감안하면 이름, 가계의 신화, 문화, 역사, 영토적 모국을 가진 지속적인 인종적 민족 공동체가 없었다고 상상하는 것은 믿을 수 없어 보인다. 다른 한편, 우리는 엘람인이라는 의식이 얼마나 농민에게 침투했고 농민들이 스스로를 엘람이란 국가와 왕조의 운명과 동일시했는가에 대해서는 알아보지 않을 것이다. 우리는 엘람의 최종적 해체와 그 지역에 페르시아인이 도래

---

5) *Cambridge Ancient History* II/1, ch. 7; Oppenheim(1977, pp. 67~9) 및 Ghirshmann(1954, pp. 45~6, 50~7, 63~7, 118~23) 참조.
6) 뱀 숭배 의식과 위대한 여신 피니키르(Pinikir)와 키리샤(Kirrisha) 그리고 주신 쿰반(Khumban, 후에 수사의 인슈시낙은 도시와 함께 중요해졌다)을 가진 엘람인의 종교와 관습에 대해서는 *Cambridge Ancient History* I/2, ch. 23, esp. pp. 62~73 참조.

할 때까지, 보다 광범위한 분파의 주민을 동원해서 그들이 공동체를 의식하게 한 수메르, 바빌로니아, 아시리아에 대해 오랜 기간 동안 지속한 저항에서, 국가를 지속시킨 충성도를 추정할 수 있다.[7]

엘람인에게 해당되는 것은 똑같은 정도로 고대의 잘 알려진 많은 사람들, 즉 아람인, 후르리인, 우라트인, 필리스타인인, 카시트인, 암몬인에게도 적용된다. 이들 공동체 혹은 부족연합은 남아 있는 많은 자료에 대한 지식이나 발견된 더 많은 비문에 등장하기 때문에, 그들의 인종적 민족 공동체 인식과 정체성은 잘 증명될 수 있다. 그러나 대부분의 경우, 사회적으로 구속되어 있었던 것 같다. 혹은 적어도 우리가 들추어 낸 기록에서는 도시나 지배 엘리트를 위해 기록된 인종적 민족감정의 사회침투를 많이 조명하지 않고 있다.

중세 초기, 주민의 인종적 민족감정도 논쟁에 개방되어 있다. 로마문명 ── 이 문명의 뒤를 기독교 왕국과 이슬람이 이었다 ── 의 확산은 근대 초기 유럽에서 부활할 때까지 쇠퇴하는 민족감정을 소멸시켰다.[8] 우리가 보았듯이, 이런 그림에는 중요한 예외가 있다. 실제로 최근 학자들은 중세 초기의 유럽에서, 즉, 서고트, 프랑크, 스코틀랜드, 롬바르드, 색슨 등등에서 나타난 왕국의 출현에 주의를 기울이고 있다. 이들 왕국의 정

---

7) 언어가 이란에서 6세기까지 남아 베히스툰(Behistun)의 바위 위에 새겨진 다리우스의 세 개의 비문에 의해 판명된 것은 흥미롭다. Oppenheim(1977, p. 69) 참조. 그리고 기원전 520년의 비문의 원본은 엘라미트에 있는데, 이에 대해서는 J. M. Cook(1983, pp. 67~9) 참조.

8) 이런 견해에 대해서는 Handelsman(1929), Hadas(1943) 및 (1950) 참조. Kohn(1967a, ch. 3)에는 적어도 통치자, 시인, 교황에 대해 충분히 기록되어 있다. 일관되게 콘은 (민족성을 언급하지 않고) 민족과 민족주의의 부재를 강조한다. 그러나 중세의 집단적 감정과 기랄두스 캄브렌시스(Giraldus Cambrensis)(c. AD 1200)에 대한 노트에서, 그는 '웨일스인의 영국인에 대한 자연스러운 혐오'를 언급하고 있다(note 26, pp. 595~6). 민족과 민족주의에 대한 서설 혹은 선구로서보다 그 자체를 위해 분석할 필요가 있는 것은 대중의식과 인종적 민족의 고정화이다.

당화는 노아 혹은 아이네이아스(Aeneas)[9]까지 계보를 소급한 영웅적 가계의 공통된 관습과 신화에 초점을 둔다. 이런 신화를 공급해 주는 작가들은 세비야의 이시도루스(Isidore)[10], 비드(Bede)[11] 혹은 비탈리아누스(Vitalis)[12]처럼 학자 혹은 성직자에 속해 있다. 그렇지만 그들은 왕조적인 왕국에 대한 광범위한 대중의 충성과 이론적 근거의 존재를 발견했고, 지배계급은 그들의 권력과 직함의 위신을 밑에서 받쳐 주는 고귀한 조상을 다시 세우는 것이 필요하다는 것을 발견하였다.[13]

이런 중세의 가계 신화가 더 뒤의 민족주의 신화와 대등하다고 주장하는 것은 매우 잘못된 것이다. 그 이유 중 하나는 중세의 신화가 오늘날처럼 광범위하거나 필수적이지 않았다는 것이고, 다른 하나는 중세의 신화가 적어도 중세 말까지 사회변동 혹은 심지어 전쟁에 사람을 동원하는 데 거의 기여하지 못했기 때문이다. 그러나 새로운 '야만인의 왕국'은 스스로의 기반을 기존의 주민과 그들의 문화적 유산에다 두어야만 했다. 이 것은 대등한 사람들의 삶과 왕위계승 요구 같은 관습과 로마화한 주민의 토착적 언어와 관습을 포함했다. 클로비스의 프랑크는 갈로-로마 주민의 정통파 가톨릭의 삼위일체설을 채택해서 대부분의 지방보다 특히 서부지방(후에 뉴스트리아)에서보다는 굳건한 토대 위에 그들의 왕국을 수

---

9) 트로이의 용사로 안치스와 아프로디테의 아들—옮긴이.
10) 570~636년. 대주교, 학자, 역사가—옮긴이.
11) 673?~735년. 영국의 수도사, 역사학자, 신학자로 영국 초기의 역사를 씀—옮긴이.
12) ?~672년. 로마의 교황—옮긴이.
13) Jakobson(1945) 및 S. Reynolds(1983) 참조. 이들은, 영웅적 조상신화가 6세기까지 소급되지만, 독일인, 영국인, 노르만인, 웨일스인, 프랑스인, 심지어 이탈리아인 사이에 널리 퍼진 조상집단에 대한 인식을 강조한다. 그녀는 S. Reynolds(1984, esp. ch. 8 and Conclusion)에서 스스로를 카롤링거 이후 시대에 서유럽의 떠오르는 왕국으로 보는 가계집단의 대중적 인식을 확인한다.

립할 수 있었다. 그들의 개종은 트로이 가계의 신화를 채택함으로써 강화되었다.[14] 동유럽에서도 역시 슬라브 부족 공동체가 9세기 말 키릴로스(Kyrillos)[15]과 메토디우스(Methodius)[16]에 의해 개종해서 가계와 역사적 기억의 유대 위에서 발칸지방에 왕조적인 인종적 민족국가를 세웠다. 이런 신화와 문화가 얼마만큼의 사회적 규모로 침투했는지 측정하기는 어렵다. 그러나 두 가지 요인이 이들 인종적 민족국가에 포함된 농민공동체의 자기인식을 증가시켰다. 그 요인은 지방의 정교회 위계제도와 슬라브어로 하는 기도, 그리고 경쟁적인 주민으로 급속히 채워지고 있는 동유럽에 있는 전리품이 많은 영토를 방어하기 위한 빈번한 전쟁이었다.[17]

고대부터 중세 초기 시대까지의 인종적 민족의 패턴에 대립되는 사례를 우리는 중세 말기에 발견하는데, 거기에서는 겔너가 주장했듯이 문화가 계급의 구분을 강화하고 문자가 있는 농경사회를 구분하는 항구적이고 가시적인 차이를 만든다. 근대 초기 동유럽은 수평적인 문화계층을 발전시켰는데, 거기서 귀족과 성직자는 특권을 가진 귀족문화를 공유했고 반면에 그에 대응되는 농민과 장인은 그 문화에서 배제되고 때때로 중첩되는 지방문화로 세분되었다.[18] 이것은 그들의 신분과, 어떤 의미에서 잠재적인 공동체의 정체성을 '굳힌다'. 폴란드인 귀족과 성직자는 폴란드

---

14) 이들 왕국의 개관으로는 Dixon(1976), 그들의 물질문화와 종교적 실천에 대해서는 Todd(1972) 및 Lasko(1971) 참조.
15) 827~869년. 그리스 전도자로 모라비아 지방 슬라브인에게 포교함—옮긴이.
16) 825~885년. 모라비아 지방의 전도사로, 키릴로스의 형—옮긴이
17) 개종에 대해서는 Koht(1947) 및 Singleton(1985, pp. 16~19), 중세 남부 슬라브 왕국에 대한 간략한 설명은 Singleton(1980, ch. 3) 및 Pearson(1983, ch. 1) 참조. 인종적 민족의 형성에 영향을 준 동부 및 남동부 유럽의 발전에 대해 밝혀주는 논의는 Anderson(1974a, Part II/ii, chs. 3~5) 참조.
18) 몇 가지 사례에 대해서는 Pearson(1983, chs. 2~3) 및 Sugar(1980)에 있는 논문 참조.

와 우크라이나인 농민 위에 카스트와 같은 신분을 형성했고, 유사하게 마자르족 영주는 크로아티아인이나 슬로바키아인 예속민에 대해서 그렇게 했다. 만일 우리가 카르파티아 계곡의 농민들이 말하는 방언의 연계도를 그릴 수 있다면, 보다 일찍이 체코의 귀족은 슬로바키아어를 말하는 농민을 수탈했다.[19] 18세기에 누구도 주민을 공동체로 간주하지 않음은 물론이고 인종적 민족의 범주로 간주하지 않았다. 루마니아에서도 역시 왈라키아와 모라비아의 귀족과 성직자는 자기네 영지에서 일하는 농민과는 별개의 신분을 구성했다. 미추 대주교(Archbishop Micu)가 왈라키아 사람들의 권리를 위해 설교했을 때 성직자와 귀족은 모두 그의 제안을 거부했다. 그들은 실제 단일어를 말하는 왈라키아 사람들의 존재를 인정했지만, 다른 계층의 사람이 국민의 한 부분이 되고 어떤 국가적 모임에서 대표권을 향유하는 권리를 거부했다.[20]

유사한 패턴이 발칸의 다른 지방에서도 발견될 수 있다. 그리스와 세르비아에서 귀족, 부유한 상인, 고위 성직자는 목동 및 농민과는 별개의 신분과 계급을 이루었다. 콘스탄티노플의 판나리오를 에피로스(Epirus)나 모레아(Morea)의 농민과 연결시키는 것은 종교를 제외하곤 거의 없다. 종교는 정교도인 그리스인 혹은 세르비아인과 무슬림인 오스만인(그

---

19) 1620년대 합스부르크에 의해 패배할 때까지이다. 폴란드와 헝가리의 귀족에 대해서는 Pearson(1983, chs. 2~3) 참조. Sugar and Lederer(1969)에 들어 있는 브록(Brock)과 바라니(Barany) 논문 참조. 슬로바키아 방언과 슬로바키아인의 민족주의에 대해서는 Brock(1976) 참조. W. Argyle, 'Size and scale as factors in the development of nationalist movements' in A. D. Smith(1976)는 동부 유럽에서 초기 민족주의는 반드시 소규모의 상층 및 중간층에 의해 이끌어져 왔으며, 부여된 엘리트의 이익과 대중의 무관심이란 어긋난 맞물림 속에 중세의 국가의 지위에 대한 희미한 기억에 토대를 둔 새로운 범주(즉 민족)인 그 어떤 것을 제안해야만 했다.

20) 초기 루마니아 민족주의에 대해서는 Florescu(1967) 및 Zernatto(1944) 참조.

리고 무슬림인 보스니아인) 사이에 구별의 표지이고, 동시에 오데사의 상인과 모레아의 농민을 묶어 주는 멍에이다. 이런 의미에서 지역문화, 계급문화, 신분문화 등 몇 개의 문화가 단일한 역사적 (정교도인) 인종적 민족 안에 공존했다. 그러나 그 문화들은 모두 축적된 공통의 신화, 기억, 상징, 가치를 끌어냈고, 그것들로부터 자양분을 끌어내 다양한 변종을 새롭게 엮어 새로운 그리스 (혹은 세르비아) '민족' ── 이것은 이들 문화의 불안한 혼합물로 남아 있다 ── 을 창출할 수 있었다.[21]

광범위한 인종적 민족의 ── 종교 공동체 혹은 인종적 민족의 ── 언어 공동체 안에서 지역적 계급문화의 패턴은 근대 시대에도 지속되며, 그것도 동부 유럽에서만 그런 것이 아니다. 영국에서 북부와 남부의 구분은 먼저 노섬브리아(Northumbria)[22]로부터, 그 다음으로 덴마크 왕국부터 비롯하며, 중엽의 색슨문화와 앵글로-노르만 문화의 혼합을 통해 튜더(Tudor) 왕조와 스튜어트(Stuart) 왕조 시대까지 지속되었다. 그리고 그 구분은 산업자본주의 초기 19세기에 강화되었고, 오늘날까지도 영국에서 사회 경제 생활의 현저한 특징으로 남아 있다. 그래서 '두 개의 민족'과 '노동계급의 문화'는 보다 광범위한 문화적 역사적 통일을 가정함에도 불구하고 거의 동의를 받지 못한다. 프랑스와 이탈리아에서도 지역문화는 중세와 르네상스 시대부터 20세기까지 지속되고 있다. 프랑스에서 사회 통합은 정치적 통일과는 반대로 20세기 시작 전까지 거의 이루어지지 못

---

21) 오스만 지배 아래에 있던 발칸의 인종적 민족의 정체성과 민족주의의 전개에 대해서는 Stavrianos(1957) 및 (1961), 종교의 역할에 대해서는 G. Arnakis, "The role of religion in the development of Balkan nationalism" in Jelavich(1963) 참조.

22) 영국 잉글랜드 북동부 험버강에서 북동부 포스마에 이르는 지역을 차지한 잉글랜드 7왕국 시대의 한 왕국─옮긴이.

했던 반면, 이탈리아에서 정치적 통일은 지속적인 지역주의를 가렸을 뿐이며, 특히 남부에서는 민족의식에 대해서까지는 아니더라도 민족적 단결에는 심각한 장애를 야기한다.[23] 분명히 우리는 근대 민족의 문화적 동질성 수준을 과대평가해서는 안 된다.

군사적 동원과 인종적 민족의 의식

2장에서 공통된 민족성 인식을 형성하고 유지하는 데 전쟁이 차지하는 중요성은 간략히 검토하여 기술했다. 전쟁 신화는 처음의 사건 자체보다도 후의 세대가 인종적 민족 감정을 유지하는 데 더욱 중요하며, 또한 하나의 공동체의 지정학적 위치, 다른 공동체 및 정치체제와의 관계, 국가가 스스로를 발견하는 국가의 관계가 성원의 공동운명 의식을 제공하고 생생하게 한다고 주장되었다. 우리는 비엘리트의 공통된 의식에 미치는 전쟁의 효과를 언급함으로써 이런 관찰을 확장할 수 있다. 큰 규모의 전투가 다른 계층 대표자들의 개입과 상호의존을 통해 수행될 뿐만 아니라, 전환점이 발생시키는 신화는 현실이 무엇이든 관습적으로 계급 내적이고 결속력이 있기 때문이다.

넓게 말하자면, 우리는 근대 이전 전쟁에서 대결은 대중적 참여와 전문적 참여로 구분할 수 있다. 이것은 상호 배타적인 범주는 아닌데, 징집된 대중의 동원은 통상 전문적인 엘리트의 감독 아래 수행되기 때문이다.

---

23) 오늘날까지 지속되고 있는 이탈리아 지역주의와 남부지방의 특수한 문제(Mezzogiorono)에 대해서는 Beales(1971) 및 Procacci(1973, chs. 13~14) 참조. 20세기 초까지 지속된 프랑스 지역주의에 대한 주요 연구는 E. Weber(1979), 오늘날 영국문화 안의 계급적 분열에 대서는 Martin and Crouch, in Giner and Archer(1971) 및 Nairn(1977)참조.

혹은 고대 스파르타에서처럼 시민 '대중'(그들의 수는 모두 9000명이었다)
이 전문적인 군대로 변환되었다. 실제로 고대 그리스의 많은 도시국가에
서 중무장한 대중과 '전문적인' 장군(strategoi) 혹은 지휘관 사이에 분명
한 선을 긋기는 어렵다. 동일한 것이 본래 로마의 혹은 마케도니아의 징
집된 농민군에도 해당된다. 이 모든 경우에 보병대의 구성은 높은 수준의
동원과 훈련, 게다가 엄격한 훈련과 전우애의 결과 양성된 전문가를 필요
로 했다.[24)

　　다른 정치제제와 공동체에서 대중의 참여와 전문 엘리트의 참여의
구별은 잘 이해된다. 잣대의 한쪽 끝에 근대 초기 유럽의 신사들의 전문
적인 참여가 있었는데, 거기서 왕조의 계승 혹은 지역의 조정은 공동체
전체의 운명보다 더 중요한 문제였다. 르네상스 초기 이탈리아에는 전쟁
을 하는 국가를 위해서 용병대장이 지휘한 상인단의 참여도 있다. 잣대의
다른 끝에는 스위스 주의 혹은 아랍의 부족민의 경우처럼 조직화되지 아
니한 전체 공동체의 대결 혹은 징집된 시민군의 대결이 있다. 여기서 전
투기술은 몽골족의 기마술처럼 생활의 한 부분이거나, 이스라엘인, 필리
스타인인, 혹은 로마인, 카르타고인의 경우에서처럼 이웃한 공동체 혹은
정치체제제와의 오랜 싸움과정에서 학습되었다. 이 경우 전체 공동체 인력
의 대부분은 주기적으로 이루어지는 반복된 작전에 동원되었다. 참여인
식은, 즉 개인의 그리고 가족의 운명이 전쟁에서의 승리와 결부된다는 인
식은 필연적으로 생생한 공동체 의식을 주입했다. 이런 참여가 문화적 차
이와 종교적 사명이란 관념에 매일 수 있다면, 항거하거나 심지어 정복하
는 것이 의무가 되는 생활양식 관념이 나타나게 된다면, 오랜 기간 행하

---

24) 고전 세계의 전쟁과 기술에 대한 상세한 해설은 Connolly(1981) 참조.

는 대중동원의 조건은 가장 강력하고 지속적인 인종적 민족 공동체의 신화와 인종적 민족의 단결을 상징하게 될 것이다.[25]

이런 조건 중 일부는 수많은 근대 이전 인종적 민족의 관계에서 발견될 수 있었다. 예컨대, 초기 아시리아 군대가 주로 아시리아 심장 지역에서 소집된 농민으로 구성되어 인상적일 만큼 전문적인 지휘관과 공성전 문가의 지도를 받았다는 사실, 정치제제와 공동체로서 아시리아는 여러 해 동안 계속되는 적(특히 우라투, 엘람, 그리고 최종적으로 이집트──그러나 이들 적은 각각 아주 다른 생활양식을 가지고 있었다)의 침공에 직면했다는 사실, 아시리아 국가 공동체의 군사작전은 적어도 초기에는 (아슈르와 그의 영역을 위해 싸운다는) 종교적인 사명감에 밀접하게 묶여 있었다는 사실, 이 모든 것은 장인, 농민, 상인에게 국가종교와 왕국으로 구현된 아시리아인의 '신화−상징 복합체'에 대한 일체감을 발생시켰다.

또한 경제적으로, 적어도 귀족과 노예농민 사이 간격이 넓어지고, 후기 제국의 군대개혁이 원주민 농민보병의 역할을 감소시키기 전까지, 아시리아인이 연례적인 토지에서의 약탈과 국가에 의해 행해진 약탈한 전리품 분배에 농민이 참여하게 허용한 것은 농민의 참여와 연대의식을 증가시켰다.[26]

길게 지속된 전쟁은 로마와 카르타고의 하위계층에 유사한 효과를 미쳤다. 로마와 카르타고 사이의 갈등이 귀족과 평민 사이의 적대를 결코 감소시키지 못했지만(만일 적대가 있었다면 그 효과는 귀족과 평민 사이의

---

25) 공동체의, 특히 도시국가와 유목민의 연합 정치에서 전쟁과 군대의 역할을 조명하는 분석으로는 MacNeill(1963) 및 (1981, esp. ch. 1), 인종적 민족의 의식과 상상력에 미친 전쟁의 영향에 대해서는 A. D. Smith(1981b) 참조.
26) 아시리아 군대에 대해서는 Saggs(1984, ch. 16) 및 Roux(1964, pp. 257~61, 276~8, 314~7) 참조.

갈등을 부추겼을 것이다), 갈등은 의심할 바 없이 다른 정치체제와의 관계에서 전체로서의 공동체에 대한 일체감을 강화했다. 기원전 3세기에 팽창하는 로마와의 해상전투는 제1차 포에니 전쟁 기간 동안 카르타고의 연대의식과 페니키아 기원 의식을 고취했고, 하밀카르(Hamilcar Barca)[27]와 한니발(Hannibal)은 이런 감정을 이용해서 로마의 문턱에서 전쟁을 수행했다. 이번에는 길고 무서운 제2차 포에니 전쟁의 작전이 혼합된 인종적 민족으로 이루어진 로마 공동체를 단결시켜서, 처음으로 공통된 민족성과 계급 사이의 단결 의식을 창조해 냈고, 이 단결 의식은 사회적으로 훗날 분열된 시대에 영웅적 단결과 공동체의 시금석이 되었다.[28]

물론, 모든 전쟁이 그리고 길게 계속된 대중동원 사례가 저절로 인종적 민족 공동체 의식을 존치시키는 것은 아니다. 반대로 모든 공동체 혹은 정치체제가 지속적인 인종적 민족의 연대의식을 얻기 위해 길게 끈 전쟁에 참여할 필요가 있는 것도 아니다. 13세기 몽골의 팽창은 정규적인 작전과 전장에서의 공동체 생활이 오랜 기간 지속되는 인종적 민족의 연대의식을 확보하는 데 실패한 저명한 사례이다. 인정되고 있듯이, 경쟁적인 몽골 부족의 통일이 테무친 자신이 벌인 팽창 작전에 성취되었다. 칭기스 칸으로서 테무친은 결속과 인종적 민족의 자아인식이 유지될 필요가 있을 경우 필수적인, 특히 단거리에서 유목을 하는 유목민에게 필요한 전통과 공동체의 자기이미지를 창출할 시간을 거의 갖지 못했고, 준비도

27) 기원전 270~228년. 카르타고의 정치가 장군. 한니발의 아버지 — 옮긴이.
28) 포에니 전쟁 기간 로마 애국심의 성장에 대해서는 Wilkinson(1975, ch. 2), 로마 역사로부터 나온 덕과 애국심, 특히 포에니 전쟁에서 레굴루스(Regulus)와 스키피오(Scipio) 아프리카누스(Africanus)의 예에 대해서는 Balsdon(1979, pp. 2~9) 및 Ogilvie(1976), 18세기 말 프랑스 문화와 정치에서 덕과 애국심의 부활에 대해서는 Rosenblum(1967, ch. 2) 및 Herbert(1972) 참조.

거의 못했다. 결과적으로, 상대적으로 소수의 사람들이 대륙을 횡단해야 하는 광대한 거리, 광범위한 정복 범위와 빠른 정복 속도, 특히 토착부족과 그들이 정복한 사회에 있는 고대의 뿌리 깊은 문화에 (불교가 가미된) 샤머니즘 문화를 (부가는 아니라 해도) 대항시키는 일에 실패한 것은 그들의 공통된 운명과 전쟁의 위험이 동반하는 공통된 민족성 의식을 불가피하게 조각내거나, 공생하거나, 해체하게 하였다.[29)]

다른 한편 러시아의 정체성은 길게 끈 전쟁보다는 중요한 신화를 만드는 대응물을 통해서 간헐적으로 주조되었다. 러시아의 노르만 국가로 부상한 키예프의 스비아토슬라브(Sviatoslav)가 이룩한 10세기 말 하자르(Chazar) 왕국의 와해(965)로 시작해, 정교로 개종한 동부의 슬라브인들은 페쳉가인(Pechenges)[30)]과 쿠만(Cumans, 폴란드인) 같은 초원지대 유목민과 빈번한 대결에 빠져들었다. 1185년 쿠만에 대한 습격은 재앙이었으나 슬라브계 러시아를 재창조하려는 후속 세대의 의도를 고무하는 표지를 초기의 서사시 『이고르 원정기』(Igor's Host)에 남겼다. 침략자에 저항한 다른 전설적인 대결 가운데 1242년 페이피우스(Peipius)[31)] 전투가 포함되는데, 그때 알렉산드르 넵스키(Alexander Nevsky)는 얼어붙은 호수 위에서 가톨릭의 튜턴계 기사를 패배시켰다. 1552년 이반 뇌제(Ivan The Terrible)에 의한 타타르 카잔 공세는 타타르라는 황금의 유목민(Golden Horde)의 지배를 종식시켰다. 1812년의 보로디노(Borodino) 전투는 다른 서양의 정복자를 제거했다. 1942년 스탈린그라드 공세는 인

---

29) MacNeil(1963, pp. 486~94), 그리고 몽골의 중국 지배에 대해서는 Meskill(1973, ch. 6) 참조.
30) 러시아 북서부 지대의 유목인—옮긴이.
31) 러시아의 서부 에스토니아 동부 국경지방에 있는 호수—옮긴이.

종적 민족의 결정체화 단계를 축약하고 러시아인의 운명 공동체를 묶는 데 도움을 준 마지막 상징물이었다.[32]

이런 예들은, 전투조건의 동등성, 긍정적인 모습을 이상화함으로써 전쟁의 섬뜩함을 보상할 인간의 필요, 그리고 공동체의 운명이 (사실 그대로) 전장에서 비쳐지는 상징주의가 어떻게 대중으로 하여금 전쟁을 수행하고 가장 통일적인 사회에서 그것들이 창조한 신화를 움직이게 하는가를 설명해 준다. 그러나 전쟁이 도덕적 틀 속에 있는 모든 성원을 위해 확신을 가지고 전쟁을 해석하는 구체적인 윤리적 전통 속으로 들어갈 때, 공동체의 전환점을 표시하는 전쟁은 공통의 조상과 운명 의식을 지탱할 수 있다.

인종적 민족의 두 유형

전문적 엘리트와 징집되는 대중으로 나누는 근대 이전 두 종류의 군복무 유형 구분법은 두 종류의 인종적 민족 공동체를 구분하는 것과 유사성을

---

32) 『이고르 군대의 노래』(Lay of the Host Igor)로 유명한, 1185년 이고르 공과 그의 군대와 폴로프트지(Cumans)의 불행한 대결에 대해서는 Pipes(1977, p. 35) 참조. 『이고르 군대의 노래』의 확실성에 대한 학문적 의구심은 Paskiewicz(1954, pp. 336~53)에서 논의되었는데, 그것은 보로딘(Borodin)의 장엄한 오페라와 이반 빌리빈(Ivan Bilibin) 또는 뢰리히(Roerich)가 그린 명성이 있는 그림에서 명백했던 것처럼, 인종적 민족의 신화의 힘에 어떤 영향을 주지 않았다 (또 다른 서사시에 의해 반응을 불러일으킨 후대의 것은 1941년 침공한 나치와 소비에트 러시아 방위군 사이의 대결이었다). 1242년 페이퍼우스 호수 위의 튜턴 기사와 알렉산드르 넵스키의 대결은 1938년 나치 팽창의 그늘 아래 제작된, 프로코피에프(Prokofiev)가 호평한 에이젠슈테인(Sergei Eisenstein)의 유명한 영화의 토대가 되었다. 이에 대해서는 Vernadsky(1969, pp. 61~2) 참조. 에이젠슈테인은 이반 뇌제의 통치에 대한 두 편의 영화를 제작했는데, 그의 1552년 카잔의 위대한 승리를 그렸다. 19세기 슬라브주의 운동기간 과거로부터 러시아의 역사적 ·종교적·군사적인 주제가 민족주의로 부활한 것에 대해서는 Gray(1971, chs. 1~2) 참조.

보여 준다. 첫째는 수평적이고 확장적인 것이고, 둘째는 수직적이고 심화적인 것이다. 첫째에서 우리는 사회적으로는 깊이 침투하지 않지만 공간적으로 약탈과 조야한 방식으로 확장하는 공동체를 찾아볼 수 있다. 전형적으로 '수평적인' 인종적 민족은 보다 부유한 도시상인들과 함께 통상적으로 성직자와 문서를 다루는 계층이 포함되지만 귀족적이다. 똑같이 전형적으로 '수직적인' 인종적 민족은 도회의 부유하고 힘이 있는 파당에서 치고나온 지배층과 더불어 도시에 기반을 두고 있고 정밀하며, 상업적이거나 기능적이다. 달리 말하면, 그들은 씨족장 아래 느슨한 부족연합이고 전투를 위해 통일되었고, 원시적인 국가와 왕국이라면 지배자와 함께 뭉쳐 있거나 공존한다. 각각의 경우, 그들을 결속시켜 주는 유대는 수평적인 귀족적·인종적 민족에서 보다 심화된 것이고 배타적인 종류의 것이다. 이런 까닭에 그것은 종종 종교적 혹은 선교적인 특질을 표현한다.

두 유형의 인종적 민족을 구분하는 것은 우리가 예비적 방식으로 인종적 민족 공동체의 여러 변종을 정리하는 것을 돕고, 또한 사회포섭의 관점에서 전근대의 인종적 민족을 근대 민족과 대립시키는 경향이 있는 주장에 한계를 지어, 상세히 설명하도록 해 준다. 그런 주장은 순수한 '근대주의자'의 입장과 달리, 근대 이전 시대에 인종적 민족의 옛 것이 있었고 만연했다는 점을 인정하지만, 근대의 민족과 비교해 볼 때 사회적 범위와 중요성을 제한하는 경향이 있다. 이 주장은 근대의 경제적·정치적 조건만이 계급을 문화적으로 통일된 민족으로 묶을 수 있는 반면, 이전 시대에는 자본주의와 중앙집중화된 국가 및 대규모의 군사조직의 부재가 엘리트 문화가 낮은 계층으로 확산되는 것을 막는다고 주장한다. 귀족국가는 정치적으로 통일된 단위는 커녕 문화적으로 동질적이고 주관적으로 유사한 단위로 주민을 묶을 수 있는 기술적·행정적 수단도 갖고 있지 않다. 이들 국가는 시민을 창조할 수단을 갖고 있지 않다. 그 결과, 인종적 민족은 필연적으로 계급에 구속을 받는다. 이들 국가는 고대 이집트처럼 (특별한 이유로) 몇몇 예외가 있지만, 주로 상류계급의 영역으로 남아 있고, 거기서 인구의 대부분인 농민은 기술적 수단과 정치적 의지의 결여로 배제되어 있다.[33)]

　지금까지 제시된 증거는 이런 주장에 상당한 지지를 보내고 있다. 그러나 그런 주장은 지나치게 일반화된 것이고, 근대 이전 시기 다른 종류의 인종적 민족 공동체를 정당화하지 못한다. 이 견해가 기술하는 것은 내가 말하는 '수평적' 혹은 귀족적 유형의 인종적 민족인데, 거기서 문화는 계층화되어 있고 엘리트 문화는 미미하게 확산되어 있다. 궁정 및 관리들과는 별도로, 귀족, 지주, 성직자는 그들을 느슨하게 통일시켜 주는 반면 지방에 특유한 민속문화 속에 자리 잡은 시골의 주민 대다수와 달리 위대한 전통에 접근할 수 있다.

　이 견해는, 기반이 도시에 있고 도시에서 벗어난 시골 지방은 변형된 지방 문화를 보여 준다 해도 단일한 인종적 민족의 문화가 다양하게 주민 대부분의 계층에 스며든 많은 '수직적', 혹은 '민중적'인 인종적 민족을 설명하지 못한다. 이 인종적 민족은 전체 인구를 십자군과 같은 공동체 활동으로 일소하려는 개혁주의 열망의 파도와 외부의 문화적·경제적 압력

---

33) 현대의 사하라 이남 아프리카에서 민족 형성을 설명해 주는 국가에 기초한 민족과 민중적 민족의 유사한 구분에 대해서는 Francis(1968) 참조. 이 장의 초기 주장의 관점에 대해 논평해 준 데 대해서 나는 만 박사(Dr. Michael Mann)에게 빚을 졌고, 특히 근대 이전 인종적 민족의 형성과 대비해서 근대 민족의 대중적 성격에 대한 그의 강조에 대해서 빚을 졌다. 민족의 특성으로서 시민권의 중요성에 대해서는 그에게 동의하지만, 나는 일부 근대 이전 '민중적인' 인종적 민족의 존재는 우리에게 그의 주장에 내포된 명료한 대비를 수정하도록 요청한다고 주장하고 싶다.

아래 인종적 민족의 유대를 점진적으로 해체하는 데로 나가는 장기간에 걸친 무기력함 사이를 주기적으로 오가는 경향이 있다. 대중을 동원하는 괴로운 전쟁은 정상적으로 민중적 유형의 인종적 민족 공동체를 수반하는 원래의 사명과 배타적 의식을 바르게 쇄신할 수 있다. 민중적인 인종적 민족에서 토착적인 문화는 어떤 계급의 영역으로 남아 있을 수 없고, 심지어 그 문화의 생산자와 전승자가 특정한 계층이나 제도로부터 나오더라도 그러하다.

물론 그 인종적 민족의 메시지를 듣는 '청중'은 상당히 달라질 수 있다. 무함마드의 계시는 처음 그의 부족과 메카의 상인들에게 소개되었지만, 후에는 서로 싸우는 메디나의 부족 그리고 마침내 중부와 북부 아라비아 전체 부족에게 소개되었다. 엄격한 일신교로서 보편적이지만, 무함마드의 메시지는 사막에서 생활하는 베두인족 아랍인과 그들의 단순한 생활의 순수성을 찬양하고, 사나운 아랍 부족과 씨족 출신의 차별을 초월할 수 있는 신앙 공동체(혹은 umma)를 만들어 내고자 하였다.[34] 유사하게, 조로아스터교의 다양한 해석은 비록 원리상 보편적이지만, 처음에는 아마도 동부에서 이란의 궁정 주변에 소개되었고, 후에는 아케메네스 왕조의 왕이 채택했다. 후에 파르티아 왕조(Parthian)와 사산 왕조(Sassanid)의 후원 아래, 조로아스터교의 불 숭배의식은 '민족'의 지역인

---

34) 메디나와 거기서의 무함마드의 활동에 대해서는 B. Lewis(1970, pp. 40~47) 및 Carmichael (1967, chs. 1~2) 참조. 아랍의 정복이 처음에는 이슬람과 거의 관련이 없다는 생각에 대해서는 Lewis(1970, pp. 55~6) 참조. 비록 그가 이슬람이 팽창하는 아랍 부족에게 확신과 규율을 부여했다고 추가하긴 했지만, '초기에 위대한 정복은 이슬람의 팽창이 아니라 아랍 민족의 팽창이었고, 그것은 이웃 국가로 출구를 찾으려는 원래 반도의 인구과잉 압력에 의해 촉발되었다. 그것은 셈족의 시대를 비옥한 초승달 지역 내부와 그 너머로 가져간 일련의 이주 중 하나였다'. 또한 Crone and Cook(1980) 참조.

이란 왕국 전체에 퍼졌다. 사제와 사원의 정교한 계층구조는 이란에서 신
앙의 독점을 추구했고, 특히 기독교와 도시의 하위계층 사이에 광범위한
추종자를 얻은 마니교의 이단에 대항했다.[35] 아주 다른 상황에서, 우리가
보아왔듯이 범헬레네 감정은 정치적 투쟁에서 상류계급이 이용했음에도
불구하고 그리스 도시국가에서 다양한 계층을 격려하였다. 가장 가난한
그리스인조차도 스스로를 가장 '강한' 야만인보다 우월하고, 자신들은 그
들의 신, 조상의 신화, 언어, 그리고 호메로스의 유산에 매달려 있다고 보
았다.[36]

   그리스인, 유대인, 아르메니아인, 수메르인, 아일랜드인, 스위스인,
카탈루냐인과 같은 민중적인 인종적 민족 중 많은 민족이 상대적으로 규
모가 작고, 실제적인 계급 차별와 활발한 정치활동 역량을 결여하고 있다
는 것은 반대에 부딪힐지도 모른다. 역사상 실제로 중요했던 모든 인종적
민족은 수평적이고 귀족적이었다. 사실 뒤의 주장은 수평적인 인종적 민
족과 그 민족으로부터 유래하는 다른 유형을, 즉 관료적인 인종적 민족
국가를 구별하지 못한다. 민중적 민족은 내부갈등과 정치적 영향력에서
규모가 작다는 앞의 주장은 초점이 너무 협소하다. 가장 크고 강력한 것

---

35) 호스로 1세(Chosroes I) 같은 일부 사산조 통치자 아래에서만 그랬다. Frye(1966, pp. 258-62)
   참조. 조로아스터교의 확산에 대해서는 M. Boyce(1979) 참조.
36) 플라톤의 메넥세우스(Menexenos(245 c/d))에 의하면, 아테네인들은 다른 그리스 도시국가
   와 달리 자기네들이 이집트 혹은 페니키아의 조상을 갖지 않았다는 것을 자랑했다. "이 도시
   의 정신은 너무나 고귀하고, 자유롭고, 강력해서, 본질적으로 야만인들을 증오한다. 왜냐하
   면 우리는 순수한 헬레네 사람들이고 야만인과 혼혈되어 있지 않기 때문이다. 본질적으로
   야만인이고 법에 의해서만 헬레네인인, 펠롭스인(Pelops), 카드무스인(Cadmus), 이집트인
   (Aegyptus), 다나우스인(Danaus)과 다른 사람들은 우리와 함께 살지 않고, 우리는 야만인과
   뒤섞이지 않고 순수한 헬레네인으로 여기에 산다. 그렇기 때문에 도시는 다른 본성의 실제적
   인 증오를 갖는다. Hengel(1980, p. 56)에서 인용, 그리고 전체적으로는 이 책 ch. 7 참조. 그리
   스인의 교육과 자기에 대한 정의의 필수적인 부분에 대해서는 Burn(1960, pp. 8~10) 참조.

을 의미하는 중요한 인종적 민족조차 주로 수평적이고 귀족적이라면(히타이트, 메디아와 페르시아, 로마, 파르티아, 후의 아랍과 터키, 초기의 영국, 프랑스, 카스티야, 근대 이전의 폴란드, 헝가리), 사회문화적 충격이 심각하고 정치적 행동이 역사적 관점에서 결정적이었던 거대한 등급의 민중적 공동체를 남겼을 것이었다. 가장 명백한 예는 페르시아에 대한 그리스인의 저항, 셀레우코스 왕조와 로마 왕조에 대한 유대인의 저항이다. 양자의 경우 초기의 군사적·정치적 성공이, 다른 정치체제와 종교를 통해서 역사과정에 영향을 끼친 중요한 종교적·문화적 발전으로 나아갔다. 다른 민중적이나 규모가 작은 인종적 민족은 수메르의 도시국가, 페니키아, 아르메니아를 포함하는데, 그것 모두 중요한 문화적 유산을 남겼다. 스위스, 카탈루냐, 홀란드 같은 작은 민중적인 인종적 민족 공동체가 심각한 계급 차별을 노정하고 지방화된다면 극적인 정치적 행동을 할 수 있음을 보여주었다. 우리는 또한 민중적인 인종적 민족의 파편 아래에 포함시킬 수 있는 부족연합에 의해 이룩된 군사적·정치적 행동의 경이적인 모든 사례를 포함시킬 수 있다. 또한 나는 수평적으로 이룬 팽창이 무슬림의 아랍 엘리트와 몽골/타타르 칸의 영민(khanate)을 지리적으로 분열시키기 전 그리고 귀족화시키기 전의 초기 국면에서 아랍과 몽골이 수행한 정복을 언급한다.

이 모든 경우에 보다 뒤에 이루어진 인종적 민족의 안정화 단계에서 부와 신분에 의한 계급분화와 내부적 계층화를 발견하지만, 이것이 인종적 민족의 정체성이나 독특성을 손상시키는 것도 아니고 결정적인 정치적 행동 역량을 손상시키는 것도 아니다.

이제 두 종류의 인종적 민족을 살피고 그들의 특징과 역사적 역할을 요약하기로 한다.

수평적 – 귀족적인 인종적 민족

주목해야 할 첫번째 일은 수평적인 인종적 민족의 힘과 지속성이다. 넓고 포괄적인 방식으로 혈연적인 동족관계 관념, 중매결혼, 공통된 의식에 의해서 결속되는 귀족과 성직자에게만 공통적인 민족성 의식이 국한되는 곳에서조차, 그런 의식은 상당한 사회적 중요성과 지속성을 보유한다. 귀족적인 인종적 민족의 문화는 그들의 정체성이 일정 부분 지위상황을 형성하기 때문에 정확히 지속한다. 문화와 우수성은 융합되어서 뚜렷한 사명의식을 창조한다. 제한적인 사회침투는 공통된 기원과 가계의식을 조금도 침해하지 못하고, 인종적 민족으로서의 급속한 해체를 포함하지도 않는다.

다른 한편, 수평적인 인종적 민족은 종종 뚜렷하고 정밀하게 위치를 설정하지 못한다. 그들의 경계는 종종 너덜거리고 결정적이지 않다. 예컨대 하나의 차원에서 우리는 라틴 기독교 왕국, 그리스 정교회, 아랍의 이슬람——이 셋은 문화적으로 정치적으로 하위의 분화가 가능하다——과 같이 특정한 시기에 큰 규모의 집단을 정당하게 그려 낼 수 있다. 암스트롱은 공통된 언어와 의식을 가진 수평적인 상류계층은 쉽게 계급 혹은 종교적 정체성 또는 양자의 정체성으로 '미끄러 들어가기' 때문에, 그들의 정체성은 인종적 민족을 정의할 수 없음을 보여 준다고 생각한다. 그러나 엄밀히 조사해 보면, 이들 세 가지 '정체성'은 다르다. 십자군 시대 정교회의 정체성은 두드러지게 그리스어를 사용하는 것이었고, 그들 엘리트들은 정향에서 헬레네적이었다. 라틴과 이슬람 정체성은 훨씬 느슨해서, 인

종적 민족——프랑크족, 노르만인, 베네치아인, 파티마 왕조(Fatimid)[37]
의 이집트인, 셀주크 투르크인——혹은 연합잡색의 작은 봉건 공국, 도시
국가, 부족집단을 가진 정치적 집단과 같았다.[38]

우리 목적에 더욱 밀접한 관계가 있는 것은 히타이트의 귀족이다.
이 전사귀족은 기원전 2000년대 초기 북으로부터 아나톨리아 고원지대
로 침투해서, 기원전 1750년경 토착 농민인 하티족(hatti)[39]과 카네시트
(Kaneshite)인 주민을 지배하는 히타이트 봉건귀족 국가연합인 구 히타
이트 왕국을 세웠다. 다른 공유자들과 함께 이들 종속민들은 히타이트 전
제 공동체를 의미하는 판쿠시(pankush)——이것은 실제로는 종종 그랬
듯이 귀족, 왕실, 사제로 구성되었다——에서 배제되었다. 히타이트 왕에
게 권위를 부여하거나 박탈하는 유일한 권한을 가진 것은 판쿠시 혹은 귀
족들의 회의체였다.[40]

히타이트 왕국은 권위를 점점 남쪽과 동쪽으로 확장해서, 기원전
1595년에 바빌론을 기습했다. 기원전 1500년부터 기원전 1200년 사이에
이 인도-유럽어계의 전사 귀족(약간의 후르리의 혼혈인이 있었다)들은 인

---

37) 909~1171년에 존재한 이집트의 이슬람 왕조—옮긴이.
38) Armstrong(1982, ch. 3) 참조. 암스트롱은 세계의 종교는 중세 인종적 민족의 정체성 신화와
    상징을 많이 제공한다고 올바르게 주장하고 있다. 동시에 십자군 시대에 교황령 혹은 공국에
    서 공통된 기원과 역사의식은 거의 없고, 그보다는 기독교와 봉건적-군사적 이상이 결합해
    있었는데, 그것은 수도기사단(Templars: 1118년 예루살렘에서 십자군 전사들이 수립해 1312년
    해산된 기사단—옮긴이)과 호스피털 기사단원(Hospitalier: 제1차 십자군 전쟁 때 예루살렘에서
    일어난 요한 기사단. 처음에는 사상자 치료를 목적으로 했기 때문에 이런 이름이 생김—옮긴이)의
    분쟁과 경쟁에서처럼. 실제로 봉건적 분쟁과 상업적 경쟁 속에 해체되었다. Keen(1969, chs.
    9, 13) 참조.
39) 히타이트족이 정복할 때까지 아나톨리아 중부에 살고 있던 고대 민족—옮긴이.
40) 아나톨리아 평원의 초기 사람들에 대해서는 Lloyd(1967), 판쿠시에 대해서는 Moscati(1962,
    ch. 5) 및 Gurney(1954, pp. 78~9) 참조.

상적인 제국을 세웠는데, 18왕조 이래의 이집트 신왕조와 더불어 3세기 동안 중동 정치를 지배했다. 그들의 정치체제가 유지되고 있는 동안 복속한 사람들에게 침투하거나, 그들 문화와 정체성을 분산시키거나, 정치활동을 곤란하게 하거나, 카스트처럼 또렷하게 구분된 의식을 감소시키는 실패(만일 이 '실패'가 올바른 용어라 한다면)를 하지 않았다. 그들이 정치적으로 인종적 민족으로 오래 지속한 비결의 열쇠는 초보적인 관료적 정치체제와 결합한 '봉건'제도에 있었는데, 그 제도는 또한 궁극적인 해체의 씨앗도 가지고 있었다.

국내에서 히타이트의 봉건제는 종속민 혹은 종속된 도시국가가 법적 계약상의 조약을 통해 히타이트 대군주와 연결되지만 정복된 주민의 다른 종교와 문화를 그대로 두는 일종의 '정복 봉건제'를 창설했다.[41] 유사하게, 종교적인 문제에서 히타이트는 일부 학자가 명명한 '정신적 봉건제'를 보여 주었다. 즉, 그들은 산악지방에 '폭풍의 신'을 융합시키고, 이웃한 인도-유럽어계의 후르리인으로부터 사원, 의식, 사제로 가득한 모든 양식의 신격을 빌려 온 반면, 수도 하투사슈(Hattusas)[42] 근처 야질리카야(Yazilikaya)에 있는 중앙의 노천 사원에 매달렸다.[43] 이처럼 히타이트는 귀족적인 인종적 민족의 장점과 결점을 보여 준다. 그들의 느슨한 조직과 문화적 포섭능력은 그들로 하여금 이집트인, 미탄니인, 바빌로니

---

41) 이런 정복 '봉건제'에 대해서는 Moscati(1962, pp. 168, 188~9) 참조.
42) 소아시아의 고대 히타이트 왕국의 수도, 현재 터키의 보가즈코이 ─ 옮긴이.
43) Ibid.(pp. 174~5) 참조. Burney and Lang(1971, ch. 4)에 있어, 히타이트의 성격은 기원전 14세기 제국의 지배자들이 고위 성직자가 되고, 표지로 태양 모양의 판으로 된 날개를 가진 '나의 태양으로 소개되었듯이, 다양한 지방적 그리고 중동의 문화 속으로 가라앉았다. 그들은 또한 십자가 부조를 새긴 야질리카야(Yazilikaya)의 신전이 대체로 성격과 영향에서 후르리인의 것이라고 생각한다. Lloyd(1956, pp. 138~43) 참조.

아-카시트의 이웃으로부터 학습하게 만들었다. 그리고 그들의 전차전 대형은 끊임없는 전쟁 위협 속에서 공동운명체 의식을 고양했다. 그러나 바로 이런 장점은 보다 앞선 혹은 오래된 문화에 굴종하도록 하는 유혹을 가져왔다. 그들 제국의 야망, 전형적인 봉건제도, 인도-유럽어와 종교, 대형건축물, 인종적 민족의 윤곽을 명확히 표시하고 인종적 민족정체성을 각인하도록 하는 조각의 풍습에도 불구하고, 히타이트라는 인종적 민족은 그들 제국의 붕괴 이후 오랫동안 생존하지 못했다. 히타이트 문화의 마지막 국면에서 무게 중심은, 팽창하는 아시리아와 아람인 이주자의 물결이 삼켜버리기 전인 기원전 1100~850년에 밀접하게 연결된 문화를 꽃피우고 생산한, 북서부 메소포타미아에 있는 카르케미시(Carchemish)[44] 부근의 수많은 작은 도시국가로 옮겨갔다.[45]

수평적인 인종적 민족의 생존과 영향의 보다 성공적인 사례는 북부 인도의 아리아인의 사례이다. 중앙아시아에서 온 아리아인의 침공은 유사한 인도-유럽계인 히타이트의 침입보다 다소 늦었지만, 오랜 기간 동안 이루어졌다. 기원전 첫 천년 초에 아리안 전사들은 북부 인도 평원에 퍼져서 검은 피부의 다사(Dasa) 토착인 주민을 그들의 봉건적인 대(大)군주에게 복속시켰다. 초기의 베다(Vedic) 찬가에 의하면, 비록 목자들이 우세하였지만 아리아인은 전사(크샤트리아), 사제(브라민), 농부, 그리고 상

---

44) 터키 남부 유프라테스강 상류 서안의 고대 도시, 미탄니 왕국의 주요 도시로 후에 히타이트 수도가 됨—옮긴이.

45) 그러면 우리는 문화가 정치체제보다 오래 생존한다고 말할 수 있는가? 정확하게 말할 수 없다. 기원전 1200년 후 히타이트 제국의 종말은 (중심지) 카르케미시, 말라티아(Malatya), 삼알(Sam'al), 하마스(Hamath), 알레포(Alepo)에서 신(新)히타이트 문화가 번창하도록 했다. 그러나 그것은 너무 일찍 시들어 이들 중심지에는 아람인들이 침투했고, 기원전 800년 후 점차 언어와 문화에서 아람화했거나, 부흥한 아시리아에 굴복했다. Encyclopaedia Judaica(1971, Aram, Arameans) 및 Lloyd(1967, ch. 9) 참조.

인으로 하부에서 분화되었다. 종속적인 원주민은 하인(수드라)의 역할을 부여받았고, 당시에 공동체 밖에 위치해 있었다.[46] 아주 천천히 베다와 우파니샤드의 브라만 신화와 의식이 중부 인도, 북부 인도, 그리고 나중에는 남부 인도에로 확산되었고, 이때쯤 마우리아 왕조(Mauryan)[47]가 알렉산더의 침입 후 일시적으로 인도를 통일시켰다. 정말로, 산스크리트 의식을 가진 힌두교 침투의 마지막 단계가 무갈제국 시대에 특히 소통체계와 관료제가 브라만 문화의 빠른 침투를 허용해 준 영국의 지배 시대에 발생했다.[48]

아리아인이 히타이트인의 길을 걸었고, 궁극적으로 인도 아대륙에 있는 잡동사니 문화와 종교를 흡수하였으나, 이는 군주를 위해서 신성한 의식을 수행하는, 그렇지만 점차 신성한 산스크리트어, 종교적인 경전, 손을 씻는 세정의식과 함께 역할을 확장하고 변형시킨 사제와 신성한 사람들의 특수한 지위와 분화를 위한 것이었다. 비록 탈중앙집권화 되고 가톨릭의 사제 혹은 이란인 사제 조직을 결여했지만, 브라만 학자와 신성한 사람들은 그들의 사원, 정착, 지대 수취, 가르침이 가져다주는 존경에 의해 그들의 신성한 책의 가르침을 정교화하고 전파할 수 있었으며, 심지어 아대륙으로부터 불교와 자이나교(janism)[49] 같은 경쟁적인 종교를 몰아내기까지 하였다. 남부에서처럼 크샤트리아의 군사조직이 침투하지 못한 곳에서는 경작을 하는 브라만 정착민들이 남쪽의 이교도들을 이겨 힌

---

46) 베다 시대와 아리안족의 침투에 대해서는 Thapar(1966, ch. 2) 및 Sen(1961, chs. 2, 8, 9) 참조.
47) 기원전 322~184년까지 존재한, 인도 북부에서 일어나 인도 전토를 거의 통일한 왕조—옮긴이.
48) 이러한 영국 통치 아래 산스크리트화에 대해서는 Srinivas(1962), 힌두교 전파에 대한 사회학적 설명은 Dumont(1970), 그리고 남부에 대해서는 Beteille(1965) 참조.
49) 불교와 힌두교에 공통적인 교의를 가진 한 종파—옮긴이.

두교로 바꾸어, 남쪽을 인종적 민족의 힌두교 문화 속에다 병합했다.[50] 이런 식으로, 느슨하고 관용적인 힌두 민족성이란 의미가 발생되었고, 이것이 무슬림 정복자에 혹은 후에 영국인 정복자에 대항해 사람을 동원할 수 있었다. 그럼에도 불구하고, 그 경계 안에는 힌두 문화를 위에서 감싸는 강한 지역적 변종을 표출하는, 수많은 언어적인 인종적 민족의 하위문화, 즉 벵갈, 안드라, 마라티, 구자라트의 문화를 포함하고 있었다. 분파의 전형적인 차이인 자티(jati)[51]와 바르나(varna)[52]를 갖는 힌두교를 믿는 아리아인의 인종적 민족의 흡수 능력은 궁극적으로 상류 계층 문화가 전체 주민에 침투해서 아래로 지역의 촌락문화 속으로 도달했다는 것을 의미했다.[53]

잘 알려진 다른 귀족적인 인종적 민족은 보다 오래 생존해서 더 지속적인 정치체제와 사회구조를 창출했다. 페르시아의 아케메네스 왕조는 메디아인과 페르시아인 부족연합의 계승자로, 특히 페르시아인 부족은 관련된 집단으로부터 고대 중동에서 가장 큰 제국을 통치하는 궁정, 관료, 귀족, 성직자를 제공한 지속적인 인종적 민족을 형성했다. 그들의 이

---

50) Beteille(1965, pp. 45~65) 참조. Weber(1958)와 Dumont(1970)과 다른 인도 사회에서 브라만의 특수한 역할에 대한 해석에 대해서는 Hall(1985, ch. 3) 및 Meillassoux(1973) 참조.
51) 힌두교의 2 카스트―옮긴이.
52) 힌두교의 사성의 하나―옮긴이.
53) 틸라크의 마라타(Maratha : 인도 봄베이 근처의 사는 인종―옮긴이)의 영웅인 시바지(Shivaji) 숭배와 벵갈에서 그의 운동에 동참한 여신 칼리(Kali) 숭배는 『바가바드 기타』의 적극적인 강독의 강조와 더불어, 본래 귀족적인 힌두교도의 인종적 민족이 지역과 언어에 세부 분열하는 유동성과, 과거 아리안의 힌두의 위대함을 호소하는 재해석된 힌두신화와 상징의 폭발적인 힘을 시사해 준다. M. Adenwalla, 'Hindu concepts and the Guita in early Indian national thought' in Sakai(1961) 참조. 지역적-언어적인 인종적 민족이 (시크교의 특수한 문제와는 별개로) 전체적인 힌두 공동체에의 던지는 도전에 대해서는 Harrison(1960) 및 J. Das Gupta, 'Ethnicity, language, demands and national development in India' in Glazer and Moyhihan(1975) 참조.

란 문화는 뚜렷한 특징을 보이는 미술과 건축(이것은 전개된 가장 먼 지점까지 아시리아와 우라르투[Urartu][54] 인의 구상과 소재를 갖고 있다), 인정받고 있는 의상, 인도-유럽어, 그리고 제국의 효율성에서 명백하게 가시적이다. 그러나 히타이트인처럼 이 시대 이란의 종교는 초기부터 살아남은 온갖 방식의 이교도 숭배와 혼합되어 있다. 다리우스(Darius)가 아후라-마즈다(Ahura-Mazda)[55] 숭배를 채택하고 아르타크세르크세스 1세 (Artaxerxes I, 기원전 465~425)[56]가 조로아스터교(Mazdaism)를 지배가문의 종교로 만들었지만, 제국에서뿐만 아니라 심지어 이란 안에서조차 다른 종교와 문화에 대한 관용이 확대되어 있었다.[57] 이것이 역으로 이란 사회의 느슨한 봉건적 구조와 자치와 비등하게 되었는데, 자치는 페르시아의 관리와 귀족이 그들 신민과 관습에 양보한 것이었다.

다시 한 번, 누더기처럼 너덜너덜해진 수평적인 인종적 민족의 경계, 배타적이며 소명을 가진 신앙의 결여, 정교하게 될 수 있는 종교법으로 신성한 전통을 환원시킬 수 있는 능력의 결여, 이란 농민의 사회침투능력의 결여는 알렉산더와 그의 후계자들의 침공 아래 페르시아 왕조와 공동체의 붕괴에 기여했다. 원주민의 이란 왕조가 권력을 잡았을 때, 그 왕조는 (페르시아인의 본고장인) 파르스(Fars 혹은 Pars) 지방에서 온 것이 아니라 더 동쪽의 파르티아의 아르사시드(Arsacid) 왕조로부터 왔다(BC 250~

---

54) 기원전 1270~750년경 터키 동부 호반에 있었던 고대 왕국으로 자주 아시리아의 침략을 받음—옮긴이.
55) 조로아스터교에서 창조력을 갖춘 최고의 신으로 최초의 인간을 창조했다고 함—옮긴이.
56) 크세르크세스의 아들로 페르시아의 왕—옮긴이.
57) 페르시아의 종교와 아케메네스 왕조시대 예술에 대해서는 J. M. Cook(1983, chs. 14 및 15), 그리고 Frye(1966, ch. 3) 참조. 아르타크세르세스 2세(Artaxerxes II, BC 405~359)는 그의 비문에서 아베스탄 3인방(the Avestan triad)인, 아나히타(Anahita), 미트라(Mithra)와 아후라-마즈다(Ahura-Mazda)의 이름을 넣었는데, 제국 곳곳에서 아나히타 숭배를 실행했던 것 같다.

AD 226). 가계가 아케메네스에로 소급되고 파르스 출신인 사산조의 아르다시르(Ardashir)가 파르티아의 대군주를 전복하고 사산조 제국을 세웠을 때에 카르티르의 종교개혁과 다른 조치를 통해서 페르시아인 인종적 민족 국가를 안정화시키고 굳히려는 구체적인 시도가 이루어졌다.[58]

마자르인과 오스만인 가운데서, 원래의 부족연합은 그들의 원거주지로부터 떨어진 곳에 정착하게 되었고, 그들의 전사 수장과 귀족은 그들 지배가문이 침입한 이교도에 대항해 개종한 종교문화를 확장하거나 수호하는 선교사적인 문명화 과제를 떠맡았다. 중세 헝가리 기사는 1241년 몽골 유목민에게 저항하기 위해 노력했을 뿐만 아니라, 15~16세기 말경 진출하는 오스만의 예봉을 맞아 이슬람 침공에 대항해서 라틴 기독교 왕국을 보호하는 인종적 민족의 '경계'로서 활동하였다. 반대로 오스만의 정체성은 중앙아시아에서 온 터키 부족의 전사로 굳어지기에 이르렀다. 그들의 정복과 이슬람화는 그들 왕국의 밀레트 조직에도 불구하고 불가피하게 제국의 확대와 더불어 인종적 민족인 터키인의 동질성을 희석시켰다. 아르메니아와 발칸에서 기독교를 믿는 인종적 민족의 민족주의 등장과 병행해서 터키 제국의 유럽 부분이 분리됨에 따라 핵심적인 터키 요소가 단계적으로 전면으로 부각되었다. 아랍의 반란과 세계대전에서 영국의 정복은 터키 지역이 아닌 지역을 오스만의 지배로부터 떼어냈고, 아나톨리아 고원지대로 축소된 제국은 그리스어를 말하고 정교를 믿는 서

---

58) 이란에서 페르시아의 인종적 민족의 지속성 정도는 불의 숭배를 주관하는 사제인 매기(Magi)에 의해 제공되었다. 그들이 레위(Levite) 부족처럼 초기 시대의 브라만 계급보다 다 많긴 했지만. 사산조에서 그들은 사회계층에서 뚜렷한 지위를 점유했다. J. M. Cook(1983, pp.154~5), 개괄적인 초기 조로아스터교에 대해서는 *Cambridge History of Judaism*(1984, I, ch.11) 참조.

부 지역과 연안 지역을 제외하곤 철저히 이슬람화되었으며, 기독교 민족주의에 대한 반작용으로 범터키 이데올로기는 수평적인 오스만 인종적 민족에게 민중적이고 수직적인 대안을 제공했다.[59]

　이 모든 경우에서 수평적 유대의 민족성은 희박해져서 소멸되거나 민중적인 인종적 민족(ethnie)과 초기의 민족(nation)으로 변형되기 전에 수 세기 동안 지속되었다. 어느 경우든 귀족적인 인종적 민족은 문화기록에 영원한 자취를 남겼다.

수직적 – 민중적인 인종적 민족

보다 유동적이고 개방적인 귀족적 유형의 인종적 민족과는 대조적으로, 민중적 혹은 수직적 공동체는 '이방인' 혹은 '적'에 대항하여 그들을 단결시키는 인종적 민족의 유대를 강조한다. 이것은 종교적 융합주의에 대한, 문화적 동화에 대한 그리고 족내 결혼에 대한 금지와 더불어 엄밀한 경계를 두드러지게 강조하는 것을 포함한다. 이 모든 것은 수평적 공동체와 매우 대조적이고, 종교적 유대 혹은 혈연적 유대보다는 '계급적' 유대를 갖는다. 어떤 귀족 공동체는 유사종교의 사명을 짊어지지만, 그들의 사명은 가정(假定)적 역할이다. 반면에 보다 민중적인 유형의 인종적 민족에서, 사명과 신성의 모습은 그들의 '본질'을 정의하는 부분이 된다. 그런 까닭에, 신성의 모습은 일정 부분 공동체를 위해서 부착된 강한 감정과 자

---

59) 15세기 말 궁정 사회에 짧은 동안 투르크의 부활이 있었는데, 그것은 투르크어를 말하는 부족을 가진 오스만의 동부 아나톨리아 정복에 의해 부추겨졌다. 그러나 이것은 오래 가지 못했다. 콘스탄티노플에 있는 제국의 중심이란 위치가 모든 투르크 요소를 흐리게 했다. B. Lewis (1968, ch. 1) 참조. 오스만 제국의 투르크 민족 국가로의 근대적 변형에 대해서는 Karal(1965) 및 Berkes(1964) 참조.

기를 희생하는 행동을 유발하는 능력을 정의한다. 또한 그런 까닭에 그것은 일정 부분 전체 공동체의 특유한 성격을 구체화하는 것으로 느끼게 되는 카리스마적 지도자라는 신성한 사람이 수행하는 중요한 역할을 정의한다. 이 경우도 역시 빈번한 전쟁은 공동체를 견고히 하는 데 큰 역할을 한다. 그러나 여기서 그 효과는 무장한 기사 혹은 전차에 배치된 전사를 개별적으로 이용하는 것보다는, 집단의 생존을 위한, 전투에서 이웃 사람에 대한 각자의 독립을 그리고 전체로서의 공동체를 갖는 대중적 친교의 하나이다. 이런 이유로, 우리는 민중적인 인종적 민족 사이에서 큰 진동과 불안정성을 예상해야 하는데, 인종적 민족의 중요한 성격의 변형은 흥망성쇠에 대한 종교적 해석과 그들의 물질적 정치적 운명의 상호작용에 달려 있다.

실제로, 민중적인 인종적 민족은 구체적인 하위유형(어떤 경우 하나의 범주보다 다른 시기에 더 많은 범주에로 들어가지만)으로 나누어진다. 이런 것들이 있다.

1. **도시국가의 인보동맹** : 우리는 고대 수메르, 페니키아와 그리스에서 나란히 가는 두 종류의 감정, 즉 개별 도시국가에 대한 정치적인 충성과 하나의 문화적 친족을 가진 문화적 감정적 연대를 발견한다. 이것은 당대의 기원과 가계신화에 의해 해석된다. 전형적으로 둘 혹은 그 이상의 국가, 이를테면 우루크와 라가시(Lagash), 이신(Isin)과 라르사(Larsa), 티레(Tire)와 시돈(Sidon), 스파르타와 아테네 사이의 깊은 갈등은 보다 큰 정치적 연합 시도를 방해했다. 그러나 이런 깊이 자리를 잡은 경쟁자들은 종교, 언어, 미술, 문학, 정치제도, 복식, 그리고 여가의 휴식이란 형식의 공통된 유산에 기초를 둔 강한 범수메르, 범페니키아, 범헬레네 감정

과 함께 공존했다. 고대 수메르에서 니푸르의 의식의 중심은 수메르의 쇠퇴기를 지나 바빌로니아와 칼데아 시대까지 즉 기원전 3000년대 중반부터 2000년대 초반까지 지속된 남부 메소포타미아의 감정에 의식상의 표현을 더해 주었다. 정말로 도시 사이 경쟁자들은 그들의 부를 질투하는 이웃 부족에 대한 도시국가의 태도에서 그리고 기원과 신전에 대한 공통된 생각을 표현한 종교문학에서 표현된 범수메르 감정의 성장을 고무했다.[60] 페니키아에서도 역시 공통된 가나안의 비옥한 지역, 공통된 언어와 알파벳, 해상활동과 식민지, 반도에 건설된 사원과 지리적 위치의 모든 것이 자기들의 생활양식을 지키려는 다양한 계층과 도시국가 사이에 공통된 감정의 토대를 제공했다.[61] 끝으로, 고대 그리스인 사이에 만연한 도시국가 사이의 불화, 끊임없는 전쟁, 심지어 페르시아인 침입자에로의 변절에도 불구하고, 페리클레스가 아주 평이하게 표현했던 문학적이고 정치적인 헬라에서 벌인 리더십을 위한 경쟁은 범그리스 민족성을 낳았고, 그리스어를 말할 수 없거나 그리스인과 같은 '자유'를 소유하지 아니한 외국인들에 대한 우월성을 낳았다. 이런 문화적 연대 감정이 우리가 '인종적 민족의' 것으로 성격을 규정할 수 있는 강한 도시국가의 정치적 충성과 이오니아, 도리아, 보티, 아이올리스의 언어적 문화감정에 대면해서도 널리 유행했다.[62]

---

60) 이에 대해서는 앞의 2장 및 Kramer(1963, ch. 7) 참조. 니푸르의 종교적·경제적 중요성에 대해서는 Roux(1964, pp. 129~30) 참조. 후에 범(凡)바빌로니아 감정이 범수메르의 충성을 대신해서 헬레네 시기까지 계속되었다. Oates(1979) 참조.
61) 이에 대해서는 이 책 5장 및 Harden(1971) 참조.
62) 이 책 3장의 각주(78~80) 및 Hengel(1980, ch. 7) 참조.

2. '경계'의 인종적 민족 : 모든 '경계'의 인종적 민족이 마자르인의 사례가 가리키고 있듯 민중적인 것은 아니지만, 그들의 방어적 전략적 위치에서 우러난 성격은 계층상 도시의 지배 엘리트를 넘는 성격이 있다. '경계'의 위치는 지리적-정치적이거나 전략적-경제적일 수 있고 또는 양자를 겸할 수 있다. 공동체는 두 개의 더 큰 투쟁 단위 사이에, 혹은 아르메니아 왕국을 둘러싸고 싸운 로마와 페르시아처럼 두 개의 문명 사이에 놓일 수도 있고, 고대의 혹은 아시리아와 이집트 사이의 이스라엘처럼, 스위스, 쿠르드, 체코처럼 전략적이고 경제적인 지역이나 길을 차지할 수 있다. 첫번째 경우, 모국에 있는 아르메니아인과 회복기의 카탈루냐인은 전체 문명의 전위(前衛)처럼 행동했고, 반복되는 위험과 위기 때문에 상당한 수의 인종적 민족 주민들이 전투에 개입해서 집단적 인식을 갖게 되었다. 계층적인 신분과 재산이 공동체를 분할하지만 (각각의 도시국가 내에서 인종적 국가의 민족이 분할하듯) 각 편에서 지배적인 가문이 교묘히 실행하는 '다른' 문화를 가진 적과의 반복되는 대결은 사회적 결속은 아니라 해도 적어도 광범위한 인종적 민족의 자의식을 증진시킨다. 갈등과정에서 자기 이미지와 이웃과 적에 대한 고정관념이 생산되고, 그것은 아름답지 못한 정치적 괴롭힘이나 군대의 참전을 중심으로 수놓은 전설과 상징으로 결정화된다. 이 전설과 상징은 훗날 인종적 민족의 연대기와 현대에서 각각의 민족 문화유산을 형성하는 회화, 시, 음악의 재료를 제공해주는 서사시의 그루터기를 형성한다.[63]

---

63) 시턴-왓슨(Seton-Watson, 1977, ch. 2)은 암스트롱(Armstrong, 1982, chs. 2~3)처럼, '경계'의 위치와 기독교 왕국의 변경에 위치한 카스티야인, 헝가리인, 러시아인의 순례 열정에 주목한다. 인종적 민족의 의식에서 전쟁과 지정학의 역할에 대해서는 A. D. Smith(1981b) 참조.

우리는 이 과정이 아주 명확하게 스위스 연방에서 작동하는 것을 본다. 특권을 철회하려는 합스부르크에 저항하는 3개 산악 속의 주들이 벌인 스타우파허(Stauffacher)의 초기 반란은 경제적이고 전략적인 것이었다. 즉 그것은 최근 개통된 성 고타르(St Gotharrd) 통로 주변의 사활이 걸린 새로운 통상로 방위였다.[64] 그러나 다른 주가 연방에 가입하고 1291년 루틀리 목장에서 조인된 본래의 조약을 갱신함에 따라, 반란을 진압하려는 루돌프(Rudolf)와 게슬러(Gessler)의 초기 시도가 스위스의 창병에 의해 처음에는 모르가르텐(Morgarten)에서 나중에는 셈파흐(Sempach)에서 패배함에 따라 산간 계곡에 있는 많은 농민들이 끊임없는 투쟁에 끌려왔고, 북동부와 서부에 있는 문화와 왕국의 차이를 인식하게 되었다. 그들은 위태로운 쟁점, 특히 계곡에서 태어나지 아니한 재판관 지지 거부를 파악하는 데 실패하지 않았을 뿐만 아니라, 승자는 곧 가난한 농민들에게 집단의 성취에 대한 자부심, 매우 우수한 군주제의 설정, 어려운 산악 생활이 길러준 '진정한' 가치와 우수한 값어치에 대한 인식을 부여했다. 이런 가치와 기억을 구현하고 후에 감정과 단결을 고무한 특징적인 신화가 대체적인 전투의 소재였다는 것은 놀라운 일이 아니다. 그 소재는 스타우파허와 루틀리(Rütli), 텔(Tell)과 게슬러, 모르가르텐, 셈파흐와 아르놀트 폰 윈케를리트(Arnold von Winkerlried), 그랜드존(Grandson)과 모라트(Morrat)이다. 전쟁을 둘러싼 전설이 번성했다는 사실은 전쟁이 모든 농민 가정에 끼친 광범위한 충격과 의미를 입증해 주고 있다.[65]

---

64) 이에 대해서는 Thürer(1970, pp. 23~6) 참조.
65) Ibid, pp. 26~44 및 Steinberg(1976, ch. 2) 참조. 우리는 '산림'주와 루체른, 취리히 및 베른의 부유한 과두정 사이에 뒤에 벌어진 분열을 간과해서는 안 된다. 그러나 역사적 차이와 공유한 신화의 의미는 남아 있어서 18세기 스위스(Helvetic)의 부활을 허용하고 가속시켰다. 스위

3. 부족연합 : 이런 부족연합 모두가 성격상 민중적인 것은 결코 아니다. 초기 역사의 많은 부분을 차지했던 싸움은 오스만투르크, 페르시아인 사이에서 전사귀족을 부상시켰고, 그보다 덜하긴 하지만 아랍인 사이에서도 그랬다. 그러나 우리는 또한 부족의 유대를 유지한 부족연합을 발견한다. 이것은 샤카(Shaka)에 의해 가공할 만한 군사조직과 중앙집권화된 국가로 통일된 줄루 전사들, (더 후에 별개의 이민자 아래 더 귀족적 성격을 취한) 하우사-풀라니(Hausa-Fulani) 부족, 칭기즈칸과 그의 후계자 아래의 몽골족, 산악 요새에 있는 쿠르드족, 가나안을 침입한 이스라엘인을 포함한다. 더 넓은 종교-문화적 단위로 된 씨족의 파편을 가진 빈번한 군사적 대결이 별도의 인종적 민족정체성을 결정체로 만들고 유지했다. 부족 계통을 따라 이루어진 정치적 분화조차 이런 대중적인 인종적 민족의 정체성을 근절하지는 못한다. 12세기 말부터 쭉 앵글로-노르만 침입자에 통일적으로 공동으로 저항하지는 못했지만, 그럼에도 불구하고 아일랜드 부족은 그들 공통의 군주제 전통과 가톨릭 전통, 신성한 민간전승 지식을 유지했고, 가톨릭을 믿는 농민들은 훗날 프로테스탄트의 침입과 앵글로-스코틀랜드인 정착에 대해 깊이 분노했다. 19세기까지 이렇게 종교적으로 토대를 둔 감정은 박해, 학살, 기아에 의해 확산되고 억압적인 형법 아래 숨이 막혔지만, 지방 곳곳에 스며들었고, '신성한' 아일랜드인이란 정체성을 확실히 보유하도록 했다. 이 정체성 위에서 훗날 민족주의자들이 광범위한 토대를 가진 독립운동을 구축할 수 있었다.[66]

스 부활을 그린 푸젤리의 『루틀리의 서약』(*Oath of the Rutli*)은 취리히 라타우스(Rathaus)에 의해 1778년 위탁받았는데(계속 그곳에 있다), 기념비적인 상징이다. Kohn(1957a, pp. 22~47) 참조. 푸젤리에 대해서는 Antal(1956) 및 Schiff(1973) 참조.

66) 그러나 1641년 아일랜드 원주민과 구 영국인(대체로 가톨릭교도인)의 반란의 진압 때까지, 가

이런 원래의 부족 단위가 도시국가의 인종적 민족처럼 문화적 변종을 드러내 주지만, 그럼에도 불구하고 부족 단위는 '객관적인' 문화적 특징에 의해서 뿐만 아니라 또한 전쟁과 복속(혹은 정복)이 전체 주민의 유산과 자산으로 변환시켜 주는 신화, 상징, 기억, 가치에 의해서 이웃과 현저히 다른 인정받을 수 있는 인종적 민족 공동체를 형성한다. 대신에, 종교운동, 사회적 차별 혹은 심지어 어떤 영토상의 위치는, 중앙집권화된 국가의 행동이 없을 때도 시간이 지남에 따라, 씨족과 부족을 한데 묶어서 단단한 인종적 민족으로 만든다.

4. 이산민족과 분파 : 수직적인 인종적 민족 중 가장 '대중적인 것'에는 '이방인' 공동체가 있다. 이들은 외모, 언어, 그리고 특히 종교의식 때문에 주류 사회가 노골적인 적의는 아니라 하더라도 잠재적인 적의를 가지고 대한다. 이것은 추방된 그리스인, 서부 아프리카의 레바논 상인, 동부 아프리카의 인도인, 유대인과 아르메니아인, 식민주의 전성기 이전에 중국으로부터 이주해서 주류 사회에서 점차 상업적 지위를 차지한 동남아시아의 해외 중국인의 화교공동체에 해당된다. 유대인과 아르메니아인처럼 중국인들은 그들의 가족생활과 관습, 그들 특유한 종교의식(설날 등등), 그들의 언어문화를 유지했다. 중국인들은 '주류' 사회와 사업을 하면서, 공동체의 모든 성원이 자기에 부착된 공통적인 표지와 정체성을 기억하지 않을 수 없다. 그래서 (영국의 식민지 관료가) 주조한 '다원사회'란 용어

톨릭이라는 종교는 중요하기는 했지만, 아일랜드인들에게 정체성의 중요한 요소가 되지는 않았다. 이들의 정체성은 크롬웰의 종교정책과 토지정책의 결과로 형성되었고, 또 1690년 앵글로인의 승리가 확보해 준 것이었다. D. G. Boyce, 'Separatism and the Irish Nationalist Tradition' in C. Williams(1982) 및 Beckett(1958, chs. 2~4) 참조.

가 동남아시아의 서구 식민지 국가를 서술하지만, 문화 분리가 실제로 먼저 일어났고, 그 분리는 특별하고도 결정적인 식민지 정책과는 별개의 것이었다.[67]

거주패턴은 별개의 민족성을 강화시켰다. 주류 사회에서 반쯤 격리되었으나 연결된 구역 즉 포령(enclave/包領)에 살면서, 유대인, 아르메니아인, 중국인 같은 이산민족은 그들의 신화와 기억, 가문의 의식과 가치를 길러서, 문화적 자치, 사회적 조롱, 그리고 정치적 무능의 혼성물이 동화가 어려운 때 생존을 위해 요구하는 집단적 위신 의식이 살아 있도록 했다. 여러 포령의 여행은 필연적으로 이산민족의 결속과 공동운명의 지각을 강화하고, 거래와 지식의 교환은 여러 포령을 지역적 네트워크와 거의 지구적인 인종적 민족 공동체로 묶어 준다. 베버가 유대인의 경우를 말했듯이, 우리는 이산민족 공동체에 의해 가장 잘 설명되고 정밀하게 설명되는 역사적인 집단운명 개념을 발견하는 것은 놀라운 일이 아니다.[68]

드루즈, 파르시교도(Parsees)[69] 그리고 마론교도처럼 보다 지방적인 분파의 인종적 민족의 경우, 이주신화와 내밀한 의식은 외부의 적대에 의해 지원을 받고 가족 및 씨족의 결속으로 계급 안 결속을 기르는 데 도움을 주었다. 이집트의 콥트교도, 이라크의 네스토리우스파 아리안의 경우처럼 이주는 거의 발생하지 않는다(콥트교도가 4~5세기에 누비아와 에티오피아의 남쪽으로 팽창하고, 칼데아인과 네스토리우스파가 메소포타미아

---

67) 해외의 화교에 대해서는 Seton-Watson(1977, ch. 10), 동남아시아의 '다원사회'에 대해서는 Furnivall(1948)과 Banton(1967, ch. 11) 참조.
68) 인도의 불가촉천민(Harijan)과 유대인의 신분의 역전 인식의 차이에 대해서는 Weber(1965, ch. 7), 근대 유럽 유대인 거주구역의 유대인 공동체의 생활에 대해서는 Wirth(1956), 다른 이산민족에 대해서는 Armstorng(1976) 참조.
69) 7~8세기에 이슬람교도의 박해를 피했던 페르시아 계통 인도 조로아스터교도—옮긴이.

와 인도로 팽창하긴 했다). 문화적으로 다른 정치체제에 복속한 경험이 초기 시대의 열렬한 사명감에 불타 행한 팽창 후에 지방교회를 종파로 바꾸고 종교적으로 정의되는 인종적 민족으로 바꾸었다. 물론, 인종적 민족의 요소는 처음부터 현저했다. 콥트(Copt)란 단어는 집트('gypt'), 즉 이집트인을 가리키는 그리스 단어(aigypts, 이집트의 사용문자로 쓴 글씨 Ha-Ka-Ptah)에서 유래하는데, 단지 이집트인을 의미했다.[70] 오늘날 네스토리우스파교도들은 스스로를 '아시리아인'이라고 부르며, 고대 아시리아인으로부터 내려오는 가계라고 주장하는데, 5세기에 초기의 교회 몇 개가 그 중심 근처에 세워졌다.[71] 영역의 중심인 '모국'과 연결하는 것이 어느 분파가 인종적 민족으로 가는 도정의 본질적인 부분을 구성한다는 것은 명백하다. 시크교의 예배의식의 중심 특히 암리차르 주위에서 시크교의 결정체가 목격된다. 그러나 똑같이 중요한 것은 책의 중심성이고 또한 찬양되어 중단되지 않고 기억되는 성스런 언어가 차지하는 중심성이다. 성격상 도구가 되는 땅과 종교서적을 통해 집단의 기억은 계속 공급되나, 기억이 없다면 민족성도 있을 수가 없다.

---

70) Atiya(1968, I, pp. 16~17) 참조. 아랍인들은 이집트를 다르알깁트('dar-al-Qibt'), 즉 '콥트교의 집'이라고 불렀다. 근대 이집트에서 콥트교에 대한 간략한 설명은 Wakin(1963) 참조.

71) Atiya(1968, III, esp. pp. 251~88) 및 Joseph(1983, ch. 1) 참조. 동부의(비단성론[non-Monophysite]의) 시리아인들의 동부로의 이동이 네스토리우스의 죽음과 칼케돈(Chalcedon) 회의(451) 후 시작되어, 사산왕조가 중심이 되었으나, 후에 아라비아, 중앙아시아, 중국이 다른 중심이 되었다. 남부 인도에서 성 토머스 크리스천 교회가 번성했다는 것은 말할 것도 없다. 이에 대해서는 Van der Ploeg(1982) 및 Atiya(1968, V) 참조. 그러나 몽골과 투르크의 정복과 쿠르드족과의 갈등은 이라크에서 네스토리우스파교도와 칼데아인(합동동방 가톨릭교도의 분파)의 수를 약 3만 명으로 감소시켰다. 미국의 칼데아인 이산민족에 대해서는 M. C. Sengstock, 'Detroit's Iraqi-Chaldeans: a conflicting conception of Identity' in Abraham and Abraham(1983) 참조.

내가 구분했던 다양한 종류의 인종적 민족과 그 하위 유형 사이에는 실제로 많은 중첩이 있고 또한 수평적-귀족적인 인종적 민족과 수직적-민중적인 인종적 민족의 구분조차 뚜렷한 구분보다는 연속성을 보여 준다고 주장하는, 위에서 다룬 유형론에 반대가 있을 수 있다. 이것은 타당한 반대이다. 우리가 보아 왔듯이, 인종적 민족의 정체성은 지속적인 것이지만 변할 수 있는 것이고, 어떤 인종적 공동체가 역사상 다른 시기에 변화하는 필요와 경험에 반응해서 다양한 성격을 보여 주게 된다는 것은 불가피한 일이다. 그래서 우리는 첫 인상으로는 역사의 기록에서 '민중적' 성격 —— 부족장이나 부족전사는 전쟁 및 이민과 같은 통일적인 경험에서 종속적인 추종자와 밀접하게 연결되어 있다 —— 을 보여 준 '부족연합'이, 공동체가 큰 위험에 빠진 순간을 제외하고 전사와 농노 사이의 간격을 넓히는 정치체제를 만들어 내는 데 성공한다면, 어떻게 정착하고 안정되어 감에 따라 대중적 요소를 잃어 가는가를 보아 왔다. 도시국가 안에서도 역시 민중적 요소는 과두적인 집정관의 지배에 의해서도 심하게 줄어들었는지도 모르며, 특히 토착 농민들이 더 이상 공화국 초기의 보병이나 해군의 역할을 감당하지 않았다면 더 그랬을지도 모른다. 그리고, 이것이 라틴연맹이나 스파르타 연합 혹은 니푸르에 기반을 둔 수메르의 종교적 네트워크에 발생했던 것처럼 전체로서의 인종적 인보동맹의 대중적 성격에 반향을 불러올 것이다.

그렇기 때문에 우리는 다른 시기의 역사 동안 다양한 인종적 민족 공동체나 인종적 민족의 연합 안에서 귀족적이고 민중적인 요소를 한정할 필요가 있다. 동시에 기본적인 수평적-수직적 구별은 다른 종류의 인종적 민족에 거칠지만 유용한 지침을 제공해 주고, 또한 고대와 중세 시대에 문화는 계급에 구속을 받고 부차적이어서 전체 공동체의 접착제를 제공할 수 없었다거나 혹은 인종적 민족은 계급에 기초하기 때문에 모든 인종적 민족이 불가피하게 수평적이고 귀족적이라는 견해에 대한 개선책을 제공해 준다. 우리의 민중적인 하위유형은 작지만 중요한 수많은 인종적 민족을 감싸주며, 거기서 공동체 감정은 대중이 전쟁과 이주에 참여하는 것으로부터 나오고, 그것은 문화적 개혁과 종교적인 저항에 대한 반응으로 부족, 농민, 장인 사이에서 주기적으로 재등장하여 강력하고 특별한 사제단이나 필사를 가르치는 학교에 의해서 후속세대를 위해 편찬되고 전달된다. 어떤 인종적 민족 공동체가 시간이 지남에 따라 발전하는 모든 하위 유형에서, 표준적인 전쟁 방법으로 하는 방위를 위한 대중동원은 민중적 성격과 밀접하게 그리고 인과관계로 연결되어 있다. 전쟁조건이 변하는 곳에서, 초기의 문화적 결속을 침해할 정도로 군사제도와 사회제도가 진화하는 곳에서, 영향력 있는 외부의 문화체계(예컨대, 가톨릭 교회)가 진화하는 새로운 사회체계의 계층 뒤에 비중을 둔 곳에서, 혹은 이 세 가지가 모두 있는 곳에서, 우리는 수직적이고 민중적인 인종적 민족이 봉건제가 최고도로 발달한 시기에 발생했던 것처럼 영지에 기초한 느슨한 문화공동체를 목격할 수 있다.[72] 물론, 강력한 토착적인 사제들에 의해 전달된 인종적 민족의 특유한 전통이 분열적인 군사적 사회적 경향에 대응해 작용하지 않는다면, 그리고 문제가 된 인종적 민족의 군사적 참여가 금지되고, 여러 세기 동안 '동결한' 사회적·정치적 조건에 놓여 있지 않다면, 그렇다는 것이다. 이것은 내가 다음 장에서 탐구할 것을 제안하는 의문점이다.

---

72) 자체 방어를 위해서 그리고 이교도의 유럽 변방의 힘에 의한 개종을 막기 위해 등장하는 봉건주의를 지지한 교회의 역할에 대해서는 Ganshof(1952) 및 Keen(1969, chs. 1~4 and 6) 참조.

지금까지 등장했던 것은 민족성의 사회침투라는 문제와 인종적 민족의 생존 문제는 분리할 필요가 있다는 것이다. 이 조사에서, 수평적-귀족적인 인종적 민족은 몇 세기 동안 사회적으로 중요한 행위자로 생존할 수 있었는데, 히타이트나 필리스타인처럼 더 넓은 계층에 공통된 민족의식을 불어넣으려는 노력을 하지 않았을 때조차 그랬다. (오스만의 경우 그랬던 것처럼) 인종적 민족정체성을 근대 민족으로 바꾸기 위해 변형조치를 요구하기도 하지만, 호의적인 군사적·사회적·문화적 조건을 제공해주면 귀족적인 인종적 민족은 헝가리의 귀족 혹은 오스만투르크처럼 그들의 인종적 민족의 정체성을 근대 민족주의 시대까지 영속화할 수 있다.

그러나 동일한 것이 보다 민중적인 인종적 민족에도 해당된다. 다른 과제를 요구하지만, 근대민족으로 자기변형을 하는 절차는 고통스럽고 급격하다. 일반적으로, 문제가 되는 것은 인종적 민족 문화가 얼마나 사회에 침투했는가 하는 정도의 문제도 아니고, 얼마나 내부에서 분화되었는가 하는 정도의 문제도 아니다. 민중적인 인종적 민족은 계층화되어 있고, 고대이든 현대이든 어떤 단위로서 내부적 갈등에 종속되어 있다. 상당한 정도의 내부갈등을 허용하는 반면 동질적인 문화, 시민권, 분업을 갖는 근대 민족국가의 계급처럼, 민중적인 인종적 민족의 계층은 민중적이며 수직적인 인종적 민족의 주민을 통일시키는 다양한 인종적 민족의 상징의 부착물과 동원하는 힘이 있는 민족성 의식을 방해하지 않는다.[73]

이것이 근대의 학자들이 19세기의 역사주의를 단순하게 확신하고

---

73) 이것은 우리가 보아 왔듯이 그리스인과 유대인에도 해당된다. Levi(1965) 및 Brandon(1969, ch. 2). 그러나 우리는 또한 러시아인, 아르메니아인, 근대 그리스인 및 불가리아인 초기 아랍인과 콥트교도에게서 계급분열과 인종적 민족 감정의 공존을 발견한다.

회고적으로 근대 민족주의의 왜곡된 렌즈를 통해 고대와 중세의 유대와 감정과 갈등을 보고 있다는 것을 의미하지 않는다. 여기서 주장되는 것은 '민족'과 '민족주의'는 고대에 규범을 형성했고, 로마제국기에 쇠퇴했으며, '야만인'들의 분출기에 재탄생을 위한 강한 자극을 받았다고 하는 왈렉-체르네키(M. T. Walek-Czernecki) 및 코트(H. Koht)와 같은 학자들의 낡은 견해와는 다른 것이다.[74] 유럽과 중동에서 고대와 중세 초기의 사회 문화 생활에 침투한 것은 민족(nation)이 아니라 인종적 민족(ethnie)이며, 국민적 민족성(nationality)이 아니라 인종적 민족성(ethnicity)이며, 민족주의(nationalism)가 아니라 민족성 중시주의(ethnicism)이다. 이런 인종적 민족은 다양한 정치체제 안에 그리고 그 체제를 따라서 존재했었고, 페르시아인, 메디아인처럼, 정치와 국가로부터 혹은 다른 인종적 민족에 대한 통치권을 수립하고 획득하는 것과는 떨어져 있었다. 대신에 그들은 고대와 중세의 거대한 제국 안에서 문화적으로 다양한 포령을 구성해서, 국가형성에 어울리는 것과는 무관하게 지속하였다.

인종적 민족의 정치체제

인종적 민족과 정치체제 사이의 불일치는 고대와 중세에 전형적인 것이었지만, 중요한 예외가 있다. 수많은 경우, 대략적인 일치는 공동체 문화와 일정 규모의 영토를 가진 정치체제 사이에 일어났다. 고대 이집트는 고전적인 사례를 제공한다. 나일강의 독특한 성격, 강 양안에 있는 경작

---

74) Walek-Czernecki(1929), Hadas(1950) 및 Koht(1947) 참조. Tipton(1972)의 중세 '민족주의' 논쟁 참조.

이 가능한 좁고 길게 뻗은 땅, 시나이와 서부의 사막, 이 모든 것은 상대적으로 남부를 제외하고 이집트를 공격하기 위해 접근할 수 없는 곳으로 만들었고, 양쪽 강둑을 따라 살고 있는 주민들이 농민 경작자의 경제적 무익함을 쉽게 이용할 수 있는 중앙집권화한 국가의 처분에 완전히 굴복하게 만들었다. 왕조 이전 시대에 상류와 하류 이집트에는 수많은 문화가 있었으나, 두 국가의 통일과 멤피스 사제단의 강력한 종교적 영향력은 지역 문화 모두를 모든 이집트인의 통치자 문화에 종속시켰다. 고대에, 상류계층의 문화가 아주 깊이 종속계층의 사회적·경제적 생활에 침투한, 그처럼 단일하고 동질적인 문화적 윤곽을 가진 사례는 달리 없다. 그러나 다른 지역에는 그처럼 지속적이고 토착적인 지배 계층과 원주민의 문화도 없다.[75]

다른 곳에서는 불완전한 인종적 민족국가의 사례가 있다. 이집트 자체 안에서는 토착민 왕조가 계속해서 침입자들에게 축출당했는데, 이 중 프톨레마이오스는 토착 주민에게 자신들의 헬레니즘 문화를 접목하는 데 두드러지게 실패했고, 이는 로마와 비잔틴도 마찬가지였다. 장기적으로 아랍인들은 보다 성공적이었다. 그러나 규모가 큰 콥트교 소수민족이 있었고, 중세 시대에는 다른 소수 인종적 민족이 유입했는데, 그들 중 일부는 오랜 기간 동안 지배자와 군단을 제공했다. 유사한 상황이 파르티아인과 사산조의 지배 아래에 있던 이란에서도 발생했다. 소수의 종파와 인종적 소수민족이 넘쳐났으나 많은 박해를 받았고, 조로아스터교의 우세는 약화되었다. 그렇지만 이집트에서처럼 지배적인 페르시아 왕조는 지

---

75) 이집트의 초기 문화와 왕조에 대해서는 Trigger et al(1983, ch. 1) 및 Emery(1961, Introduction and ch. 1) 참조.

배 계층의 조로아스터 문화를 중심으로 주민을 통일시키려고 노력했다. 그 노력은 실패했지만, 이란의 정치공동체 안에 다른 종교를 포함하려는 효과를 가졌다. 아랍의 정복 후, 10세기 말 페르시아인이 문화적·정치적으로 부활했을 때, 페르시아 정체성 상실을 두려워하지 않고 이슬람식으로 부활할 수 있었다. 막간을 담당한 셀주크투르크족 후에 사파비드의 부활은 주로 투르크인 통치자의 시아파 문화 주변에서 페르시아인의 인종적 민족정체성을 강화하는 의도하지 아니한 효과를 얻었다.[76]

　사실 매우 불완전하지만, 이런 사례가 보여 주는 것은 귀족적인 인종적 민족(보다 민중적인 부족연합에서 유래하든 않든)이 종속적인 주민에게 그들 인종적 민족의 문화를 부과하고 아래로 내려 보내어, 그들에게 비록 생생하고 강하지는 않지만 상당한 정도로 비슷하다는 공통된 인종적 민족의식을 부여하는 것이다. 이것이 문자 이전 시대 모든 이란 농민이 피르다우시(Firdausi)[77]의 서사시에 관심을 가졌고 또한 국법을 인식했다는 것을 의미하는 것은 아니고, 이란인의 정체성이 시골, 씨족과의 직접적인 유대 및 보다 큰 이슬람의 의무와 함께 여러 지역에 있었다는 것을 의미한다. 무슬림의 이집트에서조차 왕조가 계속 외부세력에 의해 점유됨으로써, 무슬림의 통치와 지리적 격리가 강화된 콥트교도의 마을에는 약한 이집트인 의식이 있었다. 아랍화한 무슬림 주민 가운데, 영토적 정체성과 이웃과 구별해 줄 수 있는 최소의 종교 문화를 가진 불완전한 인종적 민족국가가 출현했다. 항상 제약을 받았던 말기 비잔틴 국가의 반복된 행정

---

76) 이란의 이슬람에로의 동화와 10세기 페르시아의 부활에 대해서는 *Cambridge History of Iran* (1983, IV, ch. 1) 참조.
77) 932~1020. 페르시아의 시인—옮긴이.

행위가 초래한 장기적 효과는 그리스어를 말하는 대중을 귀족, 성직자, 궁정의 점증하는 그리스와 헬레네 문화의 영향력 아래 두었다. 여기서 다시 한 번, 제국의 관행을 표준화하고 단결을 제공하기 위한 국가의 행위, 즉 행정적·사법적·재정적 군사적 수단의 이용이 단위를 보다 일치하는 인종적 민족의 정치체제로 형성하는 것을 도와준다.[78]

매우 불완전하긴 하지만 군사적·행정적 행위로 창출된 인종적 민족 국가의 가장 놀랄 만한 사례는 아마도 중세의 프랑스에 의해 제시된다. 여기서 이어지는 프랑크족의 왕국은 5세기 말부터 점차 갈리아인, 로마인, 게르만인의 요소를 융합했고, 카페인들이 일 드 프랑스에 있는 중심지 이웃 지역을 넘어(처음엔 북으로 노르망디와 피카르디로, 다음엔 남으로 오베르뉴, 랑그도크, 그리고 프로방스로) 지배력을 확장해 갈 무렵인 12세기에 이웃 문화를 굴복시켜 파리의 프랑스 국가문화 속으로 융합시킬 수 있는 군사적 행정적 수단을 가지고 있었다. 그러나 중요한 문화적 포령이 19세기까지도 브르타뉴, 베른, 알사스, 니스, 가스코뉴에 남아 있었다. '프랑크' 귀족과 '갈로-로마인'(제3신분) 사이의 원래 간극이 곧 다가올 듯한 부르주아지가 통제하는 프랑스 '민족'의 승리를 선언할 수 있었던 것처럼, 이들 지역의 문화는 분열할 수 없는 공화국의 혁명의 꿈을 홀렸다.[79]

영국, 스웨덴, 러시아와 스페인에서 중세 말 근대 초기에 주민을 동질화시켜 '인종적 민족' 국가를 만들려는 노력이 행해졌고, 수행 정도는 달랐지만 성공했다. 유사하게 일본에서 가마쿠라(鎌倉), 무로마치(室町),

---

78) Baynes and Moss(1969, ch 1) 및 Armstorng(1982, ch. 6) 참조.
79) 이런 간극과 후의 정치적 이용에 대해서는 Barzun(1932), 중세시대 '프랑스'의 지역주의에 대해서는 Handelsman(1929), 언어적 지역주의에 대해서는 Rickard(1974) 참조.

도쿠가와(德川) 막부는 일본에 유사한 문화적 통일성을 주고 봉건국가의 통일을 위해서 소수민족과 외래인을 통제하려고 노력했다.[80] 이런 노력 중 어느 것도 민족주의에 의해서 혹은 문화 자치라는 사고에 의해서 동기를 부여받은 것이 아니었다. 그것들은 내부와 외부에 있는 경쟁자에 대항해서 자기의 지위를 보전하고 주민 대중에게 충성심의 기반을 제공하려는 지배자와 그 파당의 필요에서 비롯한 것이었다. 그러나 이런 관심사의 부산물로서 구체적인 인종적 민족의 정치체제, 즉 정도는 다르지만 보다 낮은 종속 계층을 지배 엘리트의 문화와 상징 속으로 흡수함으로써 체제 구성원의 대다수를 단일한 인종적 민족으로 성장한 것은 명확하다. 이 과정에서 이들 엘리트들의 행정적·종교적 요소가 보급과 침투의 중요한 역할을 한다. 이런 식으로, 그들은 정치체제를 안정시키고, 그 체제가 국가의 영토적 통합을 선호하는 방식으로 주민을 묶는 것을 돕는다. 이런 기반에서 민족과 민족주의가 출현했다.

---

80) A. Lewis(1974, chs. 3~5) 및 Hall(1962) 참조. 서구의 근대 초기 국가형성과 동질화에 대해서는 Tilly(1975) 및 Seton-Watson(1977, ch. 2) 참조.

5장 _ 인종적 민족의 생존과 소멸

지금까지 나는 널리 퍼져 있는 인종적 민족과 자민족 중심주의, 빈번하게 발생하는 저항과 회복운동으로서의 민족성 중시주의, 그리고 사회적으로 침투하는 특수한 '인종적 민족'의 '신화-상징 복합체'와 문화에 대해 살펴보았다. 증거는 필연적으로 소묘와 단편에 불과했으나, 그것은 인종적 민족과 민족성 중시주의가 고대와 중세에, 특히 아시아와 유럽에 광범위하게 퍼져 있었고, 많은 경우 이 인종적 민족의 유대와 감정은 집중적이고 민중적이기보다 확산적이고 수평적이라고 시사해 준다.

그러나 이것은 다소 공식적인 접근법이다. 시간상 어떤 시점에서의 인종적 민족의 단면을 분석하는 것을 떠나 통시적인 관점을 채택하는 것은 '성격을 변화시키는' 뚜렷한 인종적 민족의 많은 사례와, 계속 침식하고 침잠하고 심지어는 역사적인 기록으로부터 사라지는 다른 인종적 민족의 사례를 조명하도록 한다. 첫번째 '성격' 변화의 범주에는 수많은 사례가 있는데, 그중에는 영국, 그리스, 이집트가 가장 잘 알려져 있다. 여기서 침입, 인구유입, 새로운 종교 혹은 이데올로기가 급진적으로 본래의 인종적 민족의 문화, 감정 그리고 '신화-상징 복합체'를 변화시켰다. 침식과 해체의 두번째 범주에서, 우리는 새로운 참여자에 의해서 침잠하고 흡수될 때까지 경제적·정치적 쇠퇴를 계속한 히타이트인, 페니키아인, 필리스타인인, (대부분의) 프리슬란트인(Frisians)[1], 소르비아인(Sorbs)[2], 그리고 프로방스인(Provencals)을 포함시킬 수 있다. 아마도 인종적 민족 해체의 가장 저명한 사례는 아시리아인에 의해 제공될 것이다. 그리고 그들 사례는 주목할 만한 장점이 있다.

그러면, 인종적 민족 공동체의 생존, 변형, 혹은 해체를 북돋는 주요 요인은 무엇인가? 문화와 정치의 상호작용을 수반하는 기회와 정치적 사건의 생생한 역할을 감안하면, 어떤 타당한 일반화가 이루어질 수 있는가? 문제의 크기는 수많은 가능성을 야기한다. 그렇기 때문에 문헌 대부분이 쇠퇴와 해체라는 특수한 의문을 제기하지 않는다면, 역사상 인종적 민족과 정치체제를 다룬 문헌에서 되풀이 되는 주요 요인을 선별하는 것이 필요하다.

위치와 주권

아마도 인종적 민족의 생존 혹은 해체에 대해 인용되는 가장 명백하고 반복되는 요인은 지정학적인 것이다. 넓게 말하자면, '위치'와 '주권'은 많은 관찰자들에게 인종적 민족의 생존의 핵심을 이룬다. 엄밀하고 방어할 수 있는 영토에서 외부 간섭으로부터의 자유는 중요도에서 뚜렷하게 구분되는 공동체의 생존을 확보해 주는 다른 모든 변수를 능가한다.

이 견해에서 민족주의적 가정을 제쳐 놓으면, 이런 주장의 타당성이

---

1) 네덜란드, 독일, 덴마크의 해안에서 30~50km 떨어져 길게 뻗어 있는 북해열도 도서―옮긴이.
2) 동부 독일 동남부 슬라브어를 쓰는 인종―옮긴이.

의심된다. 폴란드인들이 다른 강대국 군대가 자유롭게 휘젓고 다니면서 파괴를 일삼을 수 있었던 넓은 평원으로 된 불리한 지정학적 위치로 고통을 받았다는 것은 사실이다. 그러나 위치는 너무 정적인 요인이라서 몇 세기 동안 다른 강대국들이 18세기 말 그들의 이웃 폴란드를 분할할 정도로 강했는가를 설명해 줄 수 없다. 더구나, 불행한 위치로 발생한 독립의 상실은 폴란드인의 정체성과 독특성에 대한 인식을 조금도 감소시키지 않았다. 만일 어떤 일이 있었다면, 오히려 정체성과 독특성 인식을 증가시켰다.[3] 유사하게 아라라트(Ararat) 주변의 거대한 산맥에 의해 차단된 평원에 자리를 잡은 자연 요새 위에 있는 아르메니아인들은 계속 보다 큰 이웃에 의해 정복되었다. 그리고 그들의 위치는 팽창주의적 열강에게 자석으로 기능했다(그래서 '불행했다')고 주장된다면, 오히려 그것은 주민들이 느끼는 아르메니아 성격의 인식을 증진시키는 데 도움을 주었다.[4] 스위스인들이 산악요새에 있는 위치에서 도움을 받았다면, 체코인과 쿠르드인은 도움을 받지 못했다. 일본인들이 대륙에서 떨어진 섬으로 도움을 받았다면, 브리튼인과 그 뒤의 앵글로색슨인은 도움을 받지 못했다. 그러나 모두가 인종적 민족으로서 근대 속에서 살아남았다. 반도의 도시국가에 있던 페니키아인들과 더 큰 반도에 있던 서고트인은 살아남지 못했고, 심지어 이집트인들은 상대적으로 보호를 받고 독립적이었지만, 그들의

---

3) 폴란드의 일반 역사에 대해서는 Halecki(1955) 및 최근의 Davies(1982)의 알기 쉬운 설명 참조.

4) 이 산악지방의 전략적 위치는 Burney and Lang(1971)의 상세한 연구에서 조명되고 있다. 부수적으로 동일한 것을 아르메니아인(과 그들의 바그라티드 왕조 역시 다윗과 솔로몬의 후손이라고 주장되고 있다)을 곧바로 따라서 기독교도가 된 북부의 조지아에 대해서도 말할 수 있다. 계속된 전쟁과 코카서스의 전략적 위치에 의해 강화된 그들의 자의식에 대해서는 British Library (1978, pp. 69~72) 및 Burney and Lang(1971) 참조.

독립을 유지하지 못했고 또는 그들 파라오의 문화와 외양을 부지하지 못했다. 더 극단적인 경우, 자신들의 모국과 독립을 상실한 이산민족 공동체는 몇 세기 동안 심지어 몇 천 년 동안 스스로를 유지하지 못했다.

이것이 위치 혹은 주권(또는 더 좋게 자치)이 중요하지 않다고 말하는 것은 아니다. 존재하고 있는 정치체제의 유지를 도움으로써, 그것들은 인종적 민족에게 은신처를 제공해 주며, 그것들이 자칭 '정복자'의 표적으로 행동할 때도 그렇다. 그러나 우리가 위치의 상징적이고 사회학적인 특징을 강조한다면, 지정학적인 위치는 자치보다 인종적 민족의 생존에 더욱 중요한 것 같다. 인종적 민족에게 중요했던 것은 인종적 민족과 다른 이들이 그들의 역사적 권리라고 인정되고 그것으로부터 유래했다고 느끼는 '모국'의 소유 혹은 적어도 그런 모국과의 결합이다. 이것은 (근대의 정치적 실체에 더 잘 들어맞는 개념인) 영토에 거주하는 인구의 조밀함과 국경의 방어가능성보다 더욱 중요하다. 바빌론 망명자에게 중요했던 것은 망각된 이전 유대왕국의 방어가능성보다 예루살렘 주위에 모국을 가진 결사체에 대한 키로스의 인정 여부였다.[5] 유사하게, 많은 당대의 인종적 민족의 '자치'운동에 관련된 것은 국가와 지배적인 인종적 민족에 의한 인정이었다. 그들 국가와 지배적인 인종적 민족은 모국을 가지고 있는 주변부 인종적 민족 공동체와 역사적으로 결속해 있었고, 그 공동체를 특별히 필요로 했고, 또한 특수한 자원을 가지고 있었다. 그들 국가와 지배적인 인종적 민족은 주변부 인종적 민족 공동체와 수 세기 동안 동일시

---

5) 이것이 아르탁세르세스의 총독이자 사절인 느헤미야가 기원전 5세기 사마리아의 산발랏과 다른 사람들의 침공에 대항해 예루살렘과 그 영토의 확보가 필요하다는 것을 알지 못했다고 말하는 것은 아니다. 예루살렘 회복의 역사에 대해서는 *Cambridge History of Judaism*(1984, I, pp. 135~43, 148~61) 및 Bright(1978, chs. 9~10) 참조.

되었고, 심지어 브리튼과 바스크인의 경우는 수천 년 동안 동일시 되었다.[6]

이란 사례는 단순한 지정학적 영토의 특성보다 사회적 인정이란 의미에서 위치가 중요하다는 것을 보여 준다. 후자가 중요하기 때문이다. 그 머리 아래 우리는 다음 것을 포함하도록 한다.

1. 이웃과 관련해서 인구와 영지의 크기와 정도
2. 영역의 인구밀도와 국경의 방어가능성
3. 부와 권력의 중심으로부터의 거리
4. 특수한 자원과 경제적 자산(항구, 교역로, 물의 공급, 광물 등등)

그러나 영토 위치의 중요성은 마지막의 경우에 특별한 인종적 민족이 끼어드는 공동체와 국가의 경제적·정치적인 지역 네트워크에, 그리고 그 지역 국가 안 체계 구성원의 군사적·정치적 운명의 변화 패턴에 달려 있다. 이것은 근대 세계의 인종적 민족 동원을 유도하는 요인에 대해 최근 이루어진 분석이 갖는 짐이다. 또한 우리가 유사한 개념과 접근을 고대나 중세 세계의 보다 제한된 지역 네트워크에 적용하지 못할 이유는 없다. 이러한 접근법은 (특히 유럽에서) 지역적 네트워크와 국가의 체계적 성격에 대한 록칸(Stein Rokkan)의 연구와 특수한 국가 형성을 유지하는 데 도움을 준 요인에 대한 틸리의 분석을 끌어온다. 반면에 다른 접근법은 요소들(도시의 부, 정치적 리더십과 군사적 리더십, 보호받는 지위, 동질적

---

6) 서유럽의 주변적 인종적 민족이 벌이는 최근의 자치운동에 대해서는 S. Berger(1972) 및 Esman(1977) 참조.

인 인구, 특히 전쟁에서 장기간이 지난 후의 성공)의 적절한 결합을 결여해서 위치가 침식되거나 독립적 단위로서의 존재가 끝장나 버린 것을 발견했다.[7]

　아마도 지정학적인 체계적 접근법을 통해 최근 유럽의 인종적 민족의 '자치'운동을 가장 체계적으로 다루고자 한 시도는 오리지(Andrew Orridge)의 시도였다. 그는 우리가 '유발'요인으로부터 자치적 민족주의의 선행조건을 분리해서 그 두 가지를 유럽의 국가체계의 맥락에 둘 필요가 있다고 주장했다. 이것은 우리로 하여금 다른 차원에서, 즉 사회적 토대, 지역경제, 국가체계——이 셋은 모두 경제적 운동의 구조적인 선행조건을 형성하는 핵심적 영토와 뚜렷이 구분되는 문화를 형성하도록 도와준다——의 관점에서 다른 유형을 보게 한다. 그래서, 로망스, 게르만, 슬라브 언어군 사이에 있는 언어지리의 '주류 구분선'과 핀란드, 헝가리, 바스크 지방, 영국과 아일랜드의 브르타뉴와 켈트인 지역에 있는 부수적인 구분선은 스페인과 동남 유럽에 있는 경계상의 입지와 짝을 이루어, 유럽 여러 지역에서 공동체의 초기 기반을 형성했다. 그러나 이것들은 국제적인 경제적 압력, 발틱에서 교역을 통제할 수 있었던 스칸디나비아의 통일을 방해한 예와 같은 더 지역적이고 지방적인 경제적 압력에 의해서, 혹은 스페인과 프랑스처럼 다른 것을 균질화시킨 (무어인과 유대인의 추방, 위그노의 추방) 반면, 보헤미아와 아일랜드처럼 지역의 종교 반란을 야기한 압력을 집중화함으로써 변형되었다.[8]

---

7) (Rokkans의 연구를 포함해) Tilly(1975) 수록 논문 및 Rokkan et al.(1972), 그리고 Karl Deutsch(1966) 참조.

8) Orridge(1982) 및 Orridge and Williams(1982) 참조. 이 논문은 국가들과 공동체들의 더 광범위한 네트워크 안의 특수한 인종적 민족의 역할을 검토하는 것의 잠재력을 분명히 밝혀 주고

이런 유형의 분석은 인종적 민족의 생존과 동원의 열쇠로서 영토적 위치라는 단순한 개념을 넘어선다. 그것은 위치의 다른 특징, 특히 어떤 인종적 민족과 그들의 땅 사이의 관계에 대한 사회적 인정, 전체 유럽 국가체계 안에 국가가 자리잡은 장소를 포함한다. 이것은 초기의 문화적 차이를 가진 주민에게 영향을 끼친 민족성에 대한 공통된 인식을 형성하고 유지하는 데는 국가 사이의 전쟁이 중요하다는 앞서의(2장) 주장에 연결되어 있다. 또한 이것은 후의 인종적 민족(그리고 민족주의) 운동을 위한 기반을 준비하는 데 필요한 더 넓은 네트워크와 지역 안에 있는 생육할 장소와 민속 문화의 중요성과 연결된다.[9]

사실상, 오랜 기간에 걸쳐 주민에게 있는 인종적 민족의식의 유지와 활성화에는 최적의 연속성이 있는 것 같다. 이것은 어떤 지역에 초기의 공통적인 문화적 특징(종교, 관습, 언어 등등)을 가진 인구의 출현(혹은 특정한 지역으로 이주)로부터 시작했다. 우리의 시초의 인종적 민족은 이웃한 연합이나 도시국가와의 간헐적인 전쟁을 통해서 점차 부족의 덩어리로부터 통일되었고, 자체적으로든 혹은 외부의 정복을 통해서든 상당한 정도로 정치적 중앙집중화를 이루었다. 어떤 단계에서 통일된 인종적 민족은 문화적 성취를 이루고 정치적으로 자치할 수 있는 국가에 이르렀고, 그것은 비록 간단하긴 했지만 후속적인 발전모델이 되었다. 이런 국가는 중심적인 '신화-상징 복합체'와 상류층 이상에 결합한 기억과 가치의 확산을 보장할 수 있을 만큼 오래 지속하였다. 그래서 인종적 민족은 모국

있다.

9) 국가 건설 자체에 있어 전쟁의 영향에 대해서는 Tilly(1975)에 수록된 파이너(Finer)의 에세이에서 다루어지고 있다. '민족의 영토'란 관념과 실체를 통합하는 데 위치, 환경, 및 민속 문화의 역할에 대해서는 A. D. Smith(1981c) 참조.

안에서 독립을 완전히 잃었다 해도, 특정한 지역을 가진 지 오래된 그리고 정치적으로나 문화적으로 결실을 맺은 공동체는 더 큰 군사적·문화적 약탈행위에 대항해 공동체를 지켰다. 쇠퇴와 추방 시기에도 모국의 신화와 가치는 회복된 주권 혹은 자치의 희망이 없는 곳에서 인종적 민족의 생존의 보증자로 계속 작동하였다.

그러나 여기서 수월한 유랑자 생존보장이라는 가정에서, 유랑자들이 신화와 기억을 가져간다고 하면, 위에서 그린 최적의 연속성은 제동이 걸릴 수 있다. 일부 유랑자들은 수 세기 동안 생존하도록 허용하고 다른 유랑자들은 흡수되거나 변형되도록 하는 내부 기제는 정확히 무엇인가? 왜 어떤 인종적 민족은 오랜 기간 동안 주권을 행사하고 모국과 그 너머에서 주인 노릇을 하다가 점진적으로 혹은 급격히 와해되었는가? 왜 필리스타인인과 아시리아인은 자취도 없이 소멸되고 유대인과 아르메니아인은 생존했는가? 사실상 우리가 말하는 '인종적 민족의 생존'은 정확히 무엇을 의미하는가?

인구의 지속성과 문화의 지속성

이런 질문에 대한 가장 간결하고 명료한 답변은 인구 연구 분야에 있다. 하나의 공동체가 세대에서 세대로 충분히 그 성원을 생산해 내는 한, 인구의 지속성은 시간이 지남에 따라 문화 내용의 교체를 최소한으로 하고 인종적 민족의 생존을 보장해 준다. 다른 한편 인구의 지속성의 상실은 점진적인 불임을 통해서든, 충분한 힘으로 이민자 인구의 저지하는 것을 통해서든, 혹은 부분적인 학살을 통해서든, 인종적 민족의 지속성을 침식하거나 방해하고, 생존을 위협한다. 그리스와 발칸 지방으로 간 슬라브인 이주와 북부 인도로 간 아리안족의 침투는 모두 새로운 문화를 지닌 인종적 민족의 범주(인종적 민족으로 불완전하다면)에 드는 인구를 대규모로 혼합해서 토착 주민의 인종적 민족의 성격을 바꾸었다.[10) 비록 새로운 참여자들이 뚜렷하게 구별되는 그들 자신의 문화를 가져오지 않고 혼합된 생활양식과 혼합 신화를 가져온다 해도, 그들의 물리적인 우세는 종국적으로, 바랑 러시아인(Varangian Rus)[11)에 의해 압도된 하자르인이나 파도처럼 밀려 와 사막에 사는 아랍인에 흡수된 나바테아인처럼, 스스로를 유지하기 위해 투쟁하는 이미 쇠퇴 중에 있는 공동체 혹은 아주 작은 공동체의 독립적인 문화와 사회생활을 종식킨다.[12)

그러나 이런 예가 명백해지듯이, 실제로 종식된 것은 인구란 물리적 존재가 아니라 그들의 구별이 되는 문화와 독립적인 공동체 의식이다. 고대 그리스인도, 드라비다 다사도, 유대교를 믿는 하자르도, 헬레네화한 이교도 나바테아인도 물리적으로 근절된 것은 아니었다. 그들의 문화와 생활양식은 흡수되었고, 신화와 상징은 그 지역 주민들에게 조금도 장악력을 행사하지 못했다. 학살의 경우조차도 총체적으로 이루어진 것이 아니라면 물리적 파괴는 문화종식을 포함하지 않는다. 번성하는 아르메니아와 유대인 공동체와 별도로, 붉은 피부의 인디언, 토착민(Aboriginal)과 집시에게 주어진 파괴조차 그들 조상의 문화를 소멸시키지 못했다. '학

---

10) 이들 슬라브 이민자에 대해서는 Singleton(1985, ch. 2) 및 Anderson(1974a, II/2, ch. 5), 아리안의 침투에 대해서는 Thapar(1966, I/ch. 2) 참조.

11) 9세기 루리크 왕 아래서 러시아에 왕조를 세운 고대 스칸디나비아인 —옮긴이.

12) 하자르(Chazars)에 대해서는 Dunlop(1967, esp. ch. 9 on the fall of Khazaran-Atil) 참조. 하자르는 국가붕괴 후 수 세기 동안 잔존하였다. 메시아적인 유대인의 운동이 11세기 말 알려지고 12세기에 쿠만(폴로프치)에 의해 그 지역이 정복됨에 따라 사라졌다. 나바테아인과 아랍 베두인족 정복자에 의한 흡수에 대해서는 Avi-Yonah(1981, p. 46) 참조. 다른 사람들은 그들이 그보다 일찍 사라졌다고 생각한다.

살'이 '전체로 혹은 부분적으로 민족 집단, 인종적 민족 집단, 종족 집단, 혹은 종교 집단을 파괴하려는 의도'를 의미하지만, 그것은 역설적으로 한 집단의 문화와 그 문화의 전승 혹은 예견할 수 없는 정복과 이주 결과를 근절하려 계획하는 '인종청소' 정책보다는 인종적 민족의 생존에 덜 위험 하다.[13)]

여기서 우리와 관련된 것은 특수하게 '인종적 민족' 요소의 생존능력 이며, 이들 요소들은 물리적인 인구에 있는 것이 아니라 그들이 신화, 상 징, 기억, 가치에, 간단히 말해 그들의 집단적 전통과 문화형식으로 편찬 된 태도, 감정, 지각에 있다. 특정한 인구가 어떤 형식과 전통에 의해 성격 이 규정된다는 사실, 즉 주기적인 변동을 받는 내용과는 관계없이 어떤 신화, 기억, 상징이 인구에 부착된다는 사실이 그들에게 지속성이 있는 '인종적 민족'으로 기술될 수 있는 자격을 준다.

우리가 이런 '신화-상징 복합체'와 그 복합체의 기억과 가치의 결합 네트워크를 발견하는 곳에서는 어디든지 인구를 구별해 주고 그들을 내 부적으로 묶어 주는 '인종적 민족의 범주'와 '인종적 민족'을 말해도 좋다. 또한 신화-상징 복합체가 인구 단위 혹은 인구 안의 계층에 부착되어, 성 원들이 구분이 되는 태도, 감정, 지각의 군집에 의해 행동하는 곳이라면 어디든지 우리는 '인종적 공동체'라고 말할 수 있다.

이것은 '인종적 민족'의 생존이란 관념이 문화양태에 인구의 재생산 을 결합시킨다는 것을 의미한다. 인종적 민족을 사회적 경계와 경계 안의 문화를 정의해 주는 태도와 감정의 묶음으로 보는 바스 학파(Barthians)

---

13) 학살에 대한 유엔의 정의(학살에 대한 협정)에 대해서는 Kuper(1981, ch. 2), 나치의 집시 근절 에 대해서는 Kenrick and Puxon(1972, Part II) 참조.

사람들과 달리, 여기서 채택된 접근법은 인종적 민족을 특수한 가치, 신념, 관행에 의해 발생되고 그것들로 편성된 유사한 지각과 감정 덩어리로 정의한다. 여기서 인구학적 요소는 중요하나, 문화적 요소에 비해 2차적이다. 인종적 민족은 다음에 있다고 간주되기 때문이다:

1. 하나의 인구 단위에 공통적인 상징적 인지적 규범적 요소
2. 세대를 넘어 인구를 묶어 주는 관행과 습속
3. 공동으로 가지고 있어 인구를 다른 인구와 구별해 주는 감정과 태도.

구별해 주는 특징적 모습은 통합적인 것으로부터 나오는데, 그것은 역으로 밑받침되는 상징적 인지적 규범적 요소를 전제로 한다.[14]

이런 접근법은 우리가 인종적 민족의 '형식'의 지속성을 다루고, 그것의 '내용'과 특성의 전통과 변형도 다루도록 허용해 준다. 우리는 말하자면 미술, 건축, 언어, 관습, 가계구조, 법적 절차, 종교 문학 등의 이란의 전통과 형식, 그리고 광범위한 양식으로 된 역사적으로 오래된 이란의 인습 안에서 그들의 특별한 상징, 신화, 기억, 가치의 변형에 관해서 말할 수 있다. 또는 영국에서 전통의 변화, 즉 새로운 축제와 의식, 새로운 스포츠와 의상, 새로운 유형의 미술과 건축, 새로운 법규, 언어와 억양에서의 변화에 관해서, 심지어 전통의 창조에 관해서조차 말할 수 있고, 반면에 적어도 이 분야에서 광범위한 형식 즉 유행과 예술사적 시대 변화에도 불구

---

14) 위의 chapter 3장 참조. 여기서 바스학파(Barthians)와의 차이는 민족성 중심주의와 관련되어 있다.

하고 프랑스와 이탈리아의 것과 매우 다른 그래서 영국적이라고 할 수 있는, '영국의' 미술, 시골생활, 지방의 습속, 법적 절차, 종교와 실내 건축, 음악과 미술공예를 이해하고 '느끼는' 형식으로 된 '영국의 양식'과, 영국의 신화, 기억, 상징주의, 가치의 지속성을 관찰할 수 있다.[15] 이런 기본적인 집단의 '형식'과 전통이 사라질 때에만, 민족성은 묽어지고 주민은 문화적으로 이웃과 구별할 수 없게 되도록 흡수되는 것이다.

이런 까닭에, '인종적 민족의 생존'은 궁극적으로 지속될 수 있는 그들 구성원의 충분한 수효와 그 민족의 형식과 전통의 힘에 있다. 이들 민족의 형식과 전통은 한 주민의 외양과 감정을 묶어 주고 다른 것과 결속시켜 주고 구별해 주는 영향력을 발휘할 수 있고, 특수한 내용은 변화하지만 주민들 사이에서 스스로를 채울 수 있다. 민족성 의식이 전파되고 미래의 세대에게 전수되려면, 형식은 적어도 하나의 주민의 분파에 대해 중요성을 가져야 하며, 전통은 형식 속에서 살아 있고 번창해야 한다. 형식이 의미를 잃고 전통이 굳어져 새롭게 발전할 수 없으면, 개인 성원 혹은 정치체제가 아무리 번영하고 강력하다 해도, 인종적 민족은 문화의 쇠퇴에 빠진다. 반대로, 형식과 전통이 다시 채워지고 확장되면 혹은 개혁되고 방향을 다시 설정하면, 커다란 위협, 박탈, 박해와 같은 외부적 상황에 처해도 인종적 민족은 번성할 수 있다. 사산조 이후의 이란이나 콥트 이후의 이집트에서처럼 주민들이 정복자의 종교로 토착적인 종교를 바꾸었을 때조차도, 예술적·법적·사회적 가족의 형식이 계속 발달해서 고

---

15) 이것은 시골 생활과 예술에서 가장 명백하다. 첫번째에 대해서는 예컨대 Ditchfield(1985)의 옛 영국의 관습과 실천의 확립에 대한 칭송, 두번째로 영국 예술에서 영국적인 특수한 것의 분석에 대해서는 Pevsner(1955) 참조.

상한 이념의 바퀴와 새로운 종교의 실천으로 행동할 수 있다면, 그 인종적 민족 공동체는 유지될 수 있고, 또 역사공동체의 의미는 손상을 입지 않은 채로 있을 수 있다.[16]

그렇기 때문에 정복, 식민화, 혹은 이주에 의한 대규모 인구 혼합은 문화적 상징, 특성, 생활양식의 큰 변화를 낳지만, 그 변화가 너무 커서 기존의 토착적인 인종적 민족 문화의 형식과 전통을 거의 완전히 파괴할 때에만 우리는 인종청소와 오래된 인종적 민족의 완전 해체를 말할 수 있다. 이것은 새로운 이주자 문화가 기술적으로나 교육적으로 발달해서 (그리고 그것이 두드러져서), 그리고 이민자가 수가 너무 많고 강력해서 그들이 구문화를 가라앉히고 그와 더불어 인종적 민족을 가라앉힐 때 수행된다. 이것은 비록 다른 많은 규모가 작은 부족문화가 오랜 기간 동안 생존해 있었고 일부는 오늘날에도 생존해 있지만, 로마와 중국 시절부터 오늘날까지 제국의 팽창에 직면한 규모가 작은 수많은 '부족' 문화에서 발생했다. 다른 사례로, 몽골의 중국 정복처럼, 종속된 그러나 인구가 많은 문화는 정복자의 문화를 가라앉혔다.[17] 그렇지만 다른 사례로 고대 중동의 것과 같은 한 무리의 독립된 인종적 민족의 문화는 고대 아람인과 그리스인의 경우에서처럼 새로운 이민자와 그들의 언어의 유입에 의해서 옅어졌다.[18]

---

16) 이들 사례에 대해서는 그 다음을 볼 것. 인도 전통의 근대화에 대해서는 Rudolph and Rudolph(1967) 참조.

17) Meskill(1973, ch. 6) 및 Eberhard(1977, pp. 237~49) 참조.

18) *Encyclopedia Judaica*(1971, Aram, Arameans), 및 Moscati(1957, ch. 7) 참조. 보다 단순한 언어와 알파벳을 통한 문화번역기관으로서의 그들의 역할에 대해서는 Moscati(1962, ch. 6)를 참조.

인종적 민족의 해체

그렇다면, 장기적인 시간을 두고 인종적 민족 공동체의 생존 혹은 해체를 확실히 하는 데 도움을 주는 특수한 요인은 무엇인가? 특정한 단위의 사람들의 문화가 잔재를 조금도 남기지 않을 정도로 다른 문화에 흡수된 인종적 민족 소멸의 몇몇 사례의 고찰로부터 출발하는 것이 가능하다.

이런 사례의 하나가 페니키아인의 경우이다. 얼핏 보기에 페니키아인은 원래 기원전 2천년대에 시리아와 팔레스타인을 통해 퍼진 셈족 계통 가나안인 중 해안가에 사는 지류이기 때문에, 명확하게 구별되는 페니키아라는 인종적 민족은 없다. 그들은 구 히브리와 모아비트인과 밀접하게 동맹을 맺은 가나안의 방언을 사용했다. 그들의 신은 가나안적 바탕에 미케네적 혼합물이 함께하는 변종이었다. 그들의 예배 관행은 바빌로니아인에게서 영향을 받았다. 그들의 종교적인 건축은 기원전 2000년대 중엽 팔레스타인과 시리아를 지배한 이집트인에게서 영향을 받았다. 그들의 교역과 항해를 하는 성벽(性癖)은 미케네인 교역상인과 탐험가의 영향에 힘입었다.[19]

그러나 그들의 관행에 대해 수집될 수 있는 것과 훗날 외국 저자들이 우리에게 말해 주는 것으로부터, 누구나 페니키아인을 비록 서로 전쟁을 하는 도시국가로 나뉘어 있기는 했지만, 특징이 뚜렷한 인종적 민족 공

---

19) 페니키아인과 그들의 문화에 대해서는 Harden(1971) 및 Moscati(1973, Part I) 참조. 페니키아어로 된 충분한 직접적인 자료의 부재와 그들 스스로를 기술하는 데 페니키아인(가나안인은 원적지 호칭이고 페니키아인[phoinkes]은 호메로스와 그리스 용어이다)이 사용한 공통적이고 특수한 이름의 회소성은 우리의 앎을 방해하고, 도시국가의 의식은 인종적 민족의 의식보다 더 많이 발전했다는 것을 시사해 준다. 이에 대해서는 Moscati(1973. ch.1) 참조.

동체로 본다. 1세기에 라틴어로 기록한 스페인 저술가 멜라(Pomponius Mela)는 "페니키아인들은 전시와 평시에 번성한 영리한 인종이다. 그들은 쓰기와 문학, 다른 종류의 예술, 항해술, 해전 그리고 제국을 다스리는 데서 탁월했다"라고 우리에게 말해 주고 있다.[20] 페르시아인들이 그리스 도시국가에 대항한 전쟁에서 페니키아인의 함대에 의존했다는 것도 알려져 있다. 보다 일찍, 그들의 왕 특히 티레(Tyre)의 왕은 솔로몬의 이스라엘 제국을 포함한 주변국가와 관계를 맺었고, 그들 도시 티레와 시돈(Sidon), 아라두스(Aradus)와 비블로스(Byblos)는 길게 늘어진 반도에서 부유해졌고 많은 인구로 붐볐으며, 솔로몬의 신전처럼 크고 중요한 신전을 지었다.

아마도 여기서 우리는 이웃과 자신을 구별하는 데 실패했고 이웃의 문화에 너무 많이 의존한 인종적 민족을 본다. 카르타고와 스페인에 있는 서부 페니키아인과 별개인, 332년 알렉산더의 티레 정복 후 동부 페니키아인의 독자적인 활동에 대해서는 거의 들을 수 없다. 페니키아 지역은 셀레우코스의 지배 아래에서 이웃한 유대에서 지속했던 것처럼 지속하지 못했는가? 왜 페니키아 문자와 언어는 아람어와 그리스어에 의해 궁극적으로 바뀌게 되었는가? 동부 페니키아 지역에서는 페니키아인들의 모습과 의식을 추정할 수 있는 페니키아어로 쓰인 기록이 (손으로 쓴 글자판과는 별도로) 발견되지 않았는가?

페니키아 도시국가는 끊임없이 서로 전쟁을 했는데, 내부적인 투쟁과 불충분하게 구성된 문화와 단결의식이 페니키아의 공통적인 민족성의식의 소멸에 기여한 중요 요인인 것 같다. 페니키아를 그리스 도시국가

---

20) 인용은 Harden(1971, p. 17)에서 따왔다.

와 비교하는 것은 흥미롭다. 그리스 도시국가도 만성적으로 서로 싸웠으나, 그들은 아주 공공연히 그리고 의식적으로 공통된 헬레네 문화와 조상의 신화를 받아들여, 카이로네이아(Chaeronea)[21] 이후 수 세기 동안 그들 인종적 민족의 특성을 유지할 수 있었다. 구분이 되는 언어군에 속하는 언어로 쓰인 호메로스 시의 유산 속에 온존하는 뚜렷한 특징을 가진 올림피아 지역을 보유함으로써 그리스인들은 페니키아인들이 결여한 방식으로 그들의 공통적인 민족성 의식을 기르고, 사랑하고, 전수하는 것이 가능해졌다. 아마도 페니키아인들이 가나안인들과 그들의 바알 신(Baal Melquarts)과 아스타르테 신(Astartes)[22], 그리고 다른 이웃들과 손으로 쓴 글자판을, 아시리아인과 공예기술을 공유했다는 사실이 독자적인 문화와 조상에 대한 의식을 약하게 하였다. 우리는 알지 못한다. 시간이 지남에 따라 구분이 되는 특징적인 문화를 발전시키지 못해서 기원전 722년에 왕국에 닥친 재난으로부터 왕국을 구원하지 못한 북부 이스라엘 왕국의 사례와 같은 유사한 사례에 비추어, 우리는 생각할 수 있을 뿐이다. 그러나 이것은 뒤에서 논의될 것이다.[23]

　페니키아의 경우는 인종적 민족의 흡수와 소멸의 주요 원인으로 고

---

21) 고대 그리스 보이오티아의 고대도시. 마케도니아의 필립이 아테네/테베 및 그 동맹군을 격파한 싸움터(기원전 338) — 옮긴이.
22) 고대 셈족의 풍요와 생식의 여신. 페니키아, 가나안 사람들이 숭상하던 신으로 그리스와 로마의 달의 여신에 해당 — 옮긴이.
23) 사실상, 동부에 있는 페니키아의 도시, 카르타고 그리고 주변의 속국은 정치적으로 해체된 뒤에도 몇 세기 동안 살아남았다. 티레와 시돈은 기원전 120년과 111년에 도시국가로서 자치권을 되찾았고, 기원전 64년부터 로마의 통치 아래 부분적인 독립을 향유했다. 그리고 언어는 점차 사멸하기 시작했다(Moscati, 1973, p. 49 참조). 포에니 문화의 생존에 대해서는 특히 누미디아에서의 생존에 대해서는 Moscati(1973, pp. 168~9), 카이사르가 카르타고와 누미디아를 병합한 후에야 로마화가 진행되었다. 그러나 언어는 성 아우구스티누스(St Augustine) 시대까지 사용되었고, 예배식은 로마의 종교에 흡수되었다.

대 세계의 종교와 문화 융합의 중요성을 강조하고 있다. 이런 맥락에서 동어반복과 사후적 사유를 피하기는 어렵다. 우리는 종종 어떤 인종적 민족이 '충분히 구별될 수 있는 특징적인 문화/종교/연대의식'을 발전시키지 못해서 융합과 동화를 통해 결과적으로 이루어진 소멸을 피하지 못했다고 말하는 데 이른다. 외부의 사회적 힘과 문화패턴의 장력과 압력에 저항할 수 있는 어느 집단의 전통과 문화의 차별성과 개성은 측정될 수 없다. 그럼에도 불구하고 근대 이전 인종적 민족이 관련되는 한, 긴 기간 동안 종교와 문화의 개성의 결여는 모국으로부터의 정복이나 축출보다도 인종적 민족의 생존의 힘에 중요하다고 주장할 수 있다. 그리 멀지 않은 고대 부르군디(Burgundy)[24] 왕가의 우울한 유물에도 불구하고, 혼재된 영토와 주민의 엘리트들 사이에 공통된 문화를 주입하려는 부르군디 궁정의 실패와 특유하게 구별되는 양식(국제적인 고딕양식이 널리 확산되어 있었고, 심지어 이탈리아에도 퍼져 있었다)의 결여가 1476년 그랜드존과 모라트에 있는 스위스 통행료 징수관보다 공통적인 초기의 부르군디 민족성 의식이 소멸된 이유를 더 잘 설명해 준다.[25]

그러나 인종적 민족의 문화적 유대를 해체하는 데 도움을 준 융화와 문화변용의 가장 두드러진 예는 아시리아의 몰락에 의해 제공되었다. 기록에 남는 인정을 받는 인종적 민족 공동체로서, 아시리아는 기원전 1900년대까지 소급되는 것으로 알려졌는데, 그때 그들의 상업 식민지가 아나톨리아의 카네쉬(Kanesh)에서 발견되었다. 그 직후, 샴시-아사드 1세

---

24) 프랑스 동남부 지방. 7~9세기에는 왕국, 9~10세기에는 공국이 있었음―옮긴이.

25) 국제적인 고딕양식에 대해서는 Murray and Murray(1963, ch. 2) 참조. 부르군디의 쇠퇴에 대해서는 Threr(1970, pp. 42~5) 참조. Tilly(1975, Introduction)는 부르군디를 국가의 지위 획득에 실패한 후보로 언급했다.

(Shamsi-Asad I)의 옛 아시리아 왕국(기원전 1750년)은 아수르에 있는 티그리스 북부 근처에서 위치해 있고, 히타이트와 미탄니의 진출로 복속되었다.[26] 기원전 14세기에 아슈르-우발리트(Ashue-uballite)와 아다드-니라리 1세(Adad-Nirari I)는 제1아시리아 제국을 건설했으나, 아시리아 제국이 중동에서 지배적인 세력이 된 것은 보다 뒤의 아슈르-나시르팔 2세(Ashur-nasir-pal II, BC 885~BC 860)와 샬마니저르(Shalmaneser, BC 860~BC 825)가 재위한 9세기에서였다. 그때부터 기원전 7세기 말까지 아시리아의 전쟁기구는 군부정치를 지배했고, 왕은 기념비적인 문화 및 세계주의적 사회와 더불어 지금까지 있던 정치체제 중 가장 중앙집권화된 정치체제를 창설하였다. 그러나 적대세력인 바빌론 도시국가와 메디아 부족의 연합이 이루어진 지 몇 년이 안 되어, 아시리아 제국은 붕괴되었고, 니네베는 기원전 612년에 파괴되었고, 마지막 아시리아인 왕자 아슈르-우발리트는 기원전 609년 하란에서 패배했다. 그 이후의 아시리아 국가와 국민에 대해서 더 이상 들을 수 있는 것이 없다. 다시 아시리아 영토에 대한 언급이 있지만, 크세노폰이 기원전 401년 그 지역을 행군해 갔을 때 그는 에르빌(Erbil)을 제외하곤 모든 도시가 황폐화된 것을 발견했다.[27] 이런 까닭에, 오늘날 북부 이라크에 있는 네스토리우스 종파의 박해받은 소규모 공동체와 멀리 나간 이산민족을 제외하곤 누구도 아시리아

---

26) 카네쉬의 아시리아 식민지에 대해서는 Lloyd(1956, ch. 7) 및 Saggs(1984, pp. 27~34) 참조. 구왕조에 대해서는 Roux(1964, pp. 170~77) 및 *Cambrdge Ancient History* I/2, pp. 752~63 참조.
27) 일부 마을이 남아 있다. Roux(1964, p. 374) 참조. 아시리아의 급속한 몰락에 대해서는 Olmstead(1975, ch. 48) 참조. 아시리아 제국에 대한 고전적 설명은 Saggs(1984, pp. 117~21) 참조.

인이라고 주장하지 못한다.[28]

제국이 아니라 아시리아 공동체와 문화에 대한 의식을 지워버린 갑작스런 와해를 무엇으로 설명할 것인가? 한 가지 분명한 이유는, 그들의 도시가 마리와 하란을 통해서 북서쪽으로 가는 교역로를 따라 공격과 문화적 영향에 개방된, 자지라(Jazirah) 초원 지대 옆의 노출된 위치에 있었다는 것이다. 다른 한편 아시리아의 도시는 자그로스 산맥으로 뻗어간 산기슭 아래 중부 티그리스에 있는 비옥한 토양을 가진 인구가 조밀한 지역이었고, 이 위치는 바빌론, 시리아, 우라르투에서 활동할 수 있는 중앙집권화된 국가의 형성을 촉진했다. 그러나 전략적 위치는 양면성이 있다. 아시리아인의 팽창, 보다 먼 지역에 대한 이들의 약탈은 어떤 원료(이 점이 중요하다)의 필요보다 지정학적인 관점에서 노출되어 있고 전략적인 조국을 방어하기 위한 결과였다고 주장되었다.[29]

그것과 짝을 이루는 두번째 이유는 기원전 614~609년에 있었던 아시리아의 갑작스런 재앙에 가까운 군사적 패배였다. 군사적 팽창은 경제적 인적 자원을 과용하도록 했고 소진된 아시리아의 전쟁기구가 감당할 수 없는 많은 연합세력을 가진 적을 만들었다. 그러나 이것은 인종적 민족의 사멸이 아니라 군사적 패배와 정치적 소멸의 이유이다. 다른 보다 적은 세력은 재앙에 가까운 패배를 당하고, 포로가 되거나 추방되었다. 그렇지만 그들은 생존하였다(우리는 페르시아인, 유대인, 이집트인, 아일랜

---

28) 키로스는 신전에 아시리아 신을 다시 허용했으나, 아시리아의 이름은 북부 메소포타미아 지역에만 적용되었던 것 같다. 근대 칼데아인과 네스토리우스파교도에 대해서는 Atiya(1968, pp. 277~8) 참조. 그들의 주장에 대해서는 *The Assyrian*, *Journal of the Assyrian Society of Great Britain*(I/31, Autumn 1975) 참조.

29) Olmstead(1923/1975, chs. 1~3) 및 Roux(1964, pp. 257~61), 그리고 Oppenheim(1977, pp. 163~70) 참조.

드인, 카탈루냐인, 러시아인, 폴란드인, 헝가리인을 생각해 볼 수 있다). 이웃한 바빌로니아도 기원전 539년에 키로스에 독립을 상실했다. 그러나 바빌로니아의 인종적 민족 감정은 기원전 492년의 반란 후에도 몇 십 년 동안 남아 있었다. 이때 페르시아가 일부 바빌로니아 사원을 파괴하고 사제들을 해산시켰다.[30] 왜 아시리아는 그처럼 즉시 그리고 완전히 스스로를 독자적인 공동체로 보지 않게 되었는가?

아마도 보다 더 강력한 이유는 이미 간략히 검토한 인구와 문화의 계속성이란 부분에 있다. 후기 아시리아 제국의 정책은 많은 인종적 민족의 엘리트와 상류계급의 국외추방과 혼합을 요구했다. 10개의 이스라엘 부족은 잘 알려진 사례에 불과하다. 그 결과, 팔레스타인과 시리아와 아시리아 자체 안에서도 상당한 정도의 인종적 민족이 뒤섞여 단일성이 약화되었고, 티그리스 중부 제국의 심장 지역은 문화에서 점차 이질적이었고 세계주의적으로 변했다. 동시에, 통상과 행정상의 이유로 아시리아 국가는 페르시아 제국이 인수한 관습인 대중적이며 상업적인 세계 공용언어(lingua franca)로서 단순하고 보다 덜 성가신 아람어를 사용하는 것을 장려했다. 이것을 이어 기원전 1000년 이후 아람인이 대규모로 유입해 왔고 아람의 도시국가가 번성했으며, 그 효과는 이전의 아시리아라는 인종적

---

30) 이들 반란과 그 결과에 대해서는 J. M. Cook(1983, pp. 55~6, 100) 참조. 그러나 주민들은 안티오코스 1세(Antiochus I, BC 281~BC 261)에 의해 티그리스 북쪽 90킬로미터 떨어진 셀루시아로 이주하도록 명령을 받았지만, 바빌론과 그 사원 그리고 사제는 셀레우코스 시대에도 살아남았다. 정치적 비중과 상업의 중심지는 안티옥과 알렉산드리아로 이동했지만, 키슈, 니푸르, 우루크, 바르시파 그리고 북쪽에 있는 아수르와 누지와 더불어 셀레우코스와 파티마 시대에 부활했던 것으로 보인다. Oates(1979, pp. 140~43) 및 Roux(1964, ch. 25) 참조. 그러나 페르시아인 아래 인플레이션과 과도한 조세징수 때문에 생긴 경제적 빈곤화에, 이 시기 아람어를 말하는 이방인의 유입을 동반했고, 오래된 바빌로니아의 문화는 소수의 성직자 엘리트에게만 국한되었다.

민족 공동체를 다시 '국제화'하는 것이었다.[31]

만일 보다 뒤의 아시리아 제국의 심장부에서 중요한 사회적·정치적 긴장이 뒤따르지 않았다면, 이것이 인종적 민족의 지속성과 개별성에 그처럼 중요하지는 않았을 것이다. 아시리아 군대의 주요 부분을 구성한 농민은 충원되는 국가의 주요 고관을 배출하는 지주에게 점점 종속하게 되었다. 영지가 점점 커짐에 따라서 지주들은 농업 노동자 혹은 정규 군인인 휩시(hupshi)와 전쟁포로로부터 충원한 노예를 거느렸다. 7세기에 큰 영지의 호화로운 궁궐 같은 집에서 살면서 점점 부패해진 상류계급과 종속적이며 과중한 세금을 부담하는 농민과 장인 대중의 격차는, 후자가 후기에 즉 아시리아 속국에서 온 파병으로 군대를 대체하는 티글라트-필레세르(Tiglath-Piliser) 3세(BC 745~727)의 개혁 후에 아시리아 군대에서 배제됨에 따라서 증가되었다. 이것이 후속된 아시리아 군대의 급속한 해체를 설명하는 데 도움을 준다면, 왜 아시리아 군대가 역사적 흔적을 조금도 남기지 않았는가를 시사해 준다. 국가 사이의 전쟁과 농민군이 전에는 아시리아인에게 강한 민족의식을 부여하는 데 도움을 주었으나, 이제는 소규모 장교단에 의해서 통솔되고 외국인과 외국에서 온 전문가에게 많은 것을 의지하는 군대로 구성의 변화가 이루어졌다. 이것이 국가의 몰락과 상류계급과 그들의 기반이 되는 농민과의 간극을 촉진했다. 이것은 징집이 토착민에게서 이루어진다면 국가 사이의 전쟁은 인종적 민족정체성을 유지한다는 앞에서(2장) 이루어진 주장을 확실하게 확인해 주고 있다.[32]

---

31) 아람인에 대해서는 Moscati(1957, ch. 7) 참조. 대량의 국외추방에 대해서는 Roux(1964, pp. 278, 290) 및 Saggs(1984, pp. 124~30) 참조.

이것은 제국의 붕괴 후 아시리아 엘리트로부터 농민층의 기반이 떨어져 간 것을 설명해 주나, 기원전 609년 후에 아시리아 엘리트 사이에 아시리아인의 정체성 의식에 대해 우리가 많이 듣지 못하는 이유를 설명해 주지는 않는다. 아시리아의 도시가 파괴되었고, 그들 엘리트 다수가 축출되었을지 모른다는 것은 사실이다. 바빌로니아의 정복 군주로서 나보폴라사르(Nabopolassar)는 이렇게 썼다.

> 나는 수바룸(Subarum, 아시리아)의 땅을 쳐부수어, 적의에 찬 땅을 한 덩어리 폐허로 만들었다. 아시리아인들은 오래 전부터 모든 사람을 지배했고, 그들의 무거운 멍에로 자기 나라 사람들에게 해를 끼쳤다. 나는 아카드의 발길을 돌리게 했고 그 멍에를 벗겨버렸다.[33]

그러나 정복이나 추방이 인종적 민족의 정체성에 꼭 치명적인 것은 아니므로, 아시리아인의 정체성 소멸에 대한 의문은 여전히 남아 있다. 한 가지 가능성은 그것과 병행해서 이루어진 아시리아 종교의 소멸이다. 바빌로니아 혹은 이집트와 달리 아시리아 국가의 붕괴는 조직화된 아시리아 종교의 종말을 포함했다. 키로스가 기원전 538년 바빌로니아의 신전에 고대 아시리아 신을 안치했는데, 이것은 일정부분 아시리아의 종교적 감정과의 연결을 시사해 준다. 그렇지만 아시리아의 사원이나 사제에 대해서 그 이상으로 들을 수 있는 것은 없다. 아시리아 종교는 국가와 너

---

32) 티글라트-필레세르 3세의 군 개혁에 대해서는 Roux(1964, pp. 277~8), 아시리아 군대에 대해서는 Olmstead(1923/1975, pp. 602~5) 및 Roux(1964, pp. 314~7), 그리고 Contenau(1954, pp. 140~49) 참조.

33) Olmstead(1923/1975, p. 640) 및 Roux(1964, p. 342)에서 인용.

무 밀접하게 연결되어서 그리고 국가의 귀족과 군주의 이해와 동일시되어서, 국가가 붕괴했을 때 아시리아 종교는 돌이킬 수 있는 물질적·정신적인 그 무엇을 조금도 가지고 있지 않았고, 다른 계층의 주민을 묶어 줄 힘도 없었다.

이것과 쌍을 이루는 이유가 또 있다. 후기의 아시리아 종교는, 본래 아슈르의 종교 중심지에서 아슈르, 아다드(Adad)[34], 다간[35] 숭배에 중심을 두었는데, 점차 수메르와 바빌로니아 모델에 의존하게 되었다. 아슈르-바니-팔(BC 668~BC 626) 시대에 충분한 고전의 부활이 있었으나, 고유한 근거를 가지고 있지 않았다. 니네베의 필경사는 수메르, 바빌로니아, 아카드의 문학과 종교 원전을 충실히 모사하기 위하여 설치되었고, 사원의 사제는 니푸르, 시파르, 바빌론에 있는 존엄한 바빌론 사제를 모델로 삼았다. 그들은 그들 자신의 종교를 발전시키기보다 종교 중심인 아슈르의 지위를 강등시켜, 아시리아의 민족성보다 바빌로니아의 민족성 의식을 영속화시키는 데 도움을 준 고대 메소포타미아의 신화를 이용했던 것 같다.[36]

유사한 그림이 아시리아의 미술과 건축, 그것과 밀접하게 연결된 왕실의 비문 연구로부터 출현한다. 이 세 가지는 거의 배타적으로 국가의 정치적 선전과 왕국의 영광에 봉사했다. 가장 인상적인 건축물은 카르-투쿨티-니누르타(Kar-Tukulti-Ninurta)에 있는 투쿨티-니누르타 1세(Tukulti-ninurta I)의 왕궁, 님루드(Nimrud)에 있는 아슈르-나지르-팔 2

---

34) 바빌로니아인의 바람과 폭풍우 신—옮긴이.
35) 농경과 대지를 관장하는 메소포타미아의 신—옮긴이.
36) 이런 고풍의 부활에 대해서는 Roux(1964, ch. 22), 메소포타미아의 종교와 예언에 대해서는 Oppenheim(1977, ch. 4) 참조.

세와 샬마네세르 3세의 왕궁, 코르사바드(Khorsabad)에 있는 사르곤 2세 (Sargon II)의 왕궁이다. 이 왕궁에는 실물보다 큰 황소와 통상적으로 왕의 군사작전과 공성 혹은 왕의 사냥을 조각한 부조가 있는데, 부조에서 왕은 대개 신의 위에 있는 것으로 묘사되었고 국가의 확대를 (특히 종교 부분에서) 반영했다.[37] 이것은 대사나 종속국에게 아시리아 국가에 대한 두려움과 외경심을 불러오기 위해 고안된 정치적 성격의 미술이었다. 왕은 바빌로니아의 왕처럼 해마다 하는 종교 행위에 의해서, 그리고 꿈, 경이적인 사건, 예언에 의해서 구속을 받았지만, 종교 영역 밖에서는 행동의 자유를 누렸고, 성직자의 수장으로서 국가 목적을 위해 전통을 조종할 수 있었다. 모든 고관들에게 관련된 것은 왕에 의한 군사작전의 행위였고, 왕이 '창조자의 아들'(mar banuti) ── 왕은 후계자를 그에게 보여야 한다 ──의 협력을 받는다면, 왕은 신비적인 영웅 아답파에게로 소급되는 그의 가문의 위신을 확인할 수 있어, 군사적 목표의 추구와 국가 사무에 전념할 수 있었다는 것을 왕실의 비문은 분명히 했다.[38]

그러면, 아시리아인의 (정치적 해체와 반대되는) 인종적 민족의 소멸은, 내부적인 사회분화, 다른 제도의 희생 아래 이루어진 국가의 확대, 점증하는 문화적 세계주의와 짝을 이룬 아시리아 종교의 외부 모델 의존 등 여러 요소의 결합인 것 같으며, 아시리아 도시와 군대에서 낮아진 아시리아인의 비중이 특히 중요했다. 문화적 동화와 종교적 보수화는 특히 도시 엘리트들에게 손상을 주었다. 제국의 붕괴와 더불어, 아시리아인의 가치, 기억, 상징, 신화는 바빌로니아의 것과 융합되어 있었고 의식과 성직은

---

37) Reade(1983), 그리고 Frankfort(1970, ch. 6) 참조.
38) Roux(1964, pp. 307~14) 및 Saggs(1984, pp. 147~51) 참조.

바빌론을 그들의 모델로 받아들였기 때문에, 문화적 관점에서 아시리아인과 이웃한 바빌로니아인을 차별화할 만한 점이 거의 없었다. 결국, 아시리아의 전통은 이제 더 이상 기능하지 않는 국가에 대한 익숙한 의존을 제외하고는 이웃의 전통과 거의 구별할 수 없게 되었다.

그것과 연결되는 아시리아인의 정체성의 급속한 소멸에 대한 다른 이유도 있다. 그것은 바로 정복된 주민들에게 있는 인종적 민족의 요소를 근절하고 추방하는 아시리아의 잔인한 정책 때문에 주위의 인종적 민족이 가진 적대이다. 당시에 제파니아(Zephaniah)[39]가 혹은 한 세기 후에 에스겔이 그랬듯이 추방당한 인종적 민족이 아시리아의 붕괴에 환호했다는 것은 놀라운 일이 아니다. 니네베 북쪽에 있는 엘코시(Elkosh)로 추방된 예언자 나훔(Nahum)[40]의 복수 송가에서 복속한 주민의 감정의 그 무엇을 파악할 수 있다:

주 여호아가 말했다. 보아라. 나는 너에게 대적한다. 내가 또 가증하고 더러운 것들을 네 위에 던져 능욕하여 너를 구경거리가 되게 하리니, 그때에 너를 보는 자가 다 네게서 도망하며 이르기를, 니네베가 황폐하였도다. 누가 그것을 위하여 애통해 통곡하며 내가 어디서 너를 위로할 자를 구하리요 하리라.

네 목자는 잠을 자고, 네 귀족은 누워 쉬며, 네 백성은 산과 들에 흩어지니, 그들을 모을 사람이 없도다. 네 상처를 고칠 수 없고, 네 부상은 아물

---

39) 기원전 7세기 헤브라이의 소(小)현자 중 한 사람—옮긴이.
40) 기원전 7세기 소현자 중 한 사람—옮긴이.

길이 없다. 네 소식을 들은 자가 다 나를 보고 즐거이 손뼉을 치나니, 이
는 그들이 항상 너의 행패를 당했기 때문이 아니더냐?[41]

　　보다 뒤에, 아시리아라는 용어는 단순히 지리적 표현, 즉 이라크 북
부 지역의 표현으로 남았는데, 그 지역은 훨씬 뒤에 네스토리우스파의 칼
데아인이 모여서 그 이름을 가졌고, 고대의 화려한 주민으로부터 내려온
가계라고 주장했다.[42]

　　아시리아는 인종적 민족의 정치체제의 파괴를 뒤따라 인종적 민족
이 소멸한 가장 두드러진 예일 뿐이다. 고대와 중세의 잘 알려진 많은 사
례 즉 카시트인, 필리스타인인, 구티인, 엘람인, 서고트인, 부르군트인,
(노르망디의) 노르만인, 아바르인, 쿠만인, 하자르인, 이란의 에프탈인은
몇 십 년 혹은 몇 세기 동안 왕조 혹은 정치체제를 창설했으나 정치체제
와 동시에 혹은 정치체제의 소멸 후 바로 뒤에 사라졌다. 반면, 다른 사례
들에서는 폴란드인, 그리스인, 아르메니아인, 헝가리인처럼 '그들의' 국
가 혹은 그들이 지배했던 국가를 상실했으나, 본래대로 생존했거나 변형
되었음에도 불구하고 인종적으로 식별이 가능하다. 러시아와 아프리카

---

41) Nahum 3:6~7, 18~19 참조. Olmstead(1923/1975, pp. 640~44) ; 그리고 Zephaniah
　　2:13~16 참조.
42) 위의 주 28 참조. 사실상, 여기서 '아시리아'라는 용어는 동부 시리아의 동방 가톨릭교도인 칼
　　데아인과 네스토리우스파를 포괄하는데, 그중 많은 사람들이 메소포타미아, 동부 아나톨리
　　아, 이란에 즉 페르시아 제국에 위치하며, 동부 시리아인보다 아시리아인으로 불리기를 좋
　　아했다. 그들은 5세기에 디오피지트(Diophysites)가 되었고, 13세기부터 비로소 네스토리
　　우스파로 불렸다(이것은 AD 431년 에페소스 회의에서 콘스탄티노플 주교 네스토리우스가 디오
　　피지트의 지위로부터 취한 것이다). 그들은 서부 시리아의 상대자인 야곱파(Jacob Baradaeus,
　　c. AD 500~75)로부터 나온 수사처럼 시리아 방언과 성서를 사용한다. Joseph(1983) 및
　　Atiyah(1968, pp. 239~42, 249~56), 그리고 Ware(1984, pp. 28~37) 참조.

에는 그들 자신의 국가를 자랑할 수 없는 보다 작은 인종적 민족이 많이 있으나, 그들의 고립된 생활이 보다 큰 제국 혹은 그 제국의 주변에서 생존하도록 도와준다. 반면 룰루비(Lullubi)로부터 브라후이(Brahuis) 혹은 스제클러(Szeklers)에 이르는 다른 작은 인종적 민족은 기록에서 사라졌다.[43]

각각 사례의 환경을 검토하지 못해서, 인종적 민족의 부침에 내재한 다양한 요소에 대한 일반적인 지적과 단서보다 더 많은 것을 제공하는 것이 불가능하다.

인종적 민족의 생존

① 국가를 가진 인종적 민족

똑같은 것이 인종적 민족이 장기간, 즉 몇 세기 이상 혹은 천 년 이상 생존하는 데 유리한 환경의 사례에도 해당된다. 인종적 민족이 지속하는 힘의 사례를 검토하는 데는, 민중적인 인종적 민족과 귀족적인 인종적 민족의 구별로 돌아가서, 그것을 2장과 3장에서 언급된, 왕조적 공동체적 신화원동기와 문화 사이 그리고 인종적 민족국가('자신의' 국가를 가진 인종적 민족)와 소수민족(자신의 국가를 갖지 못한 인종적 민족) 사이의 중요한 차이와 결합하는 것이 필요하다. 먼저 인종적 민족의 국가로부터 출발해서, 수평적-귀족적인 인종적 민족이 종종 왕조의 문화와 함께 그들 스스로를

---

43) 이들과 다른 살아남은 인종적 민족과 인종적 민족의 파편에 대해서는 Ashworth(1977~80) 참조. 동유럽의 사례에 대해서는 Horak(1985), 구소련의 인종적 민족 집단에 대해서는 Szporluk(1971) 참조.

어떻게 늘려 민족(nation)으로 바꾸는가를 보기로 하자.

수평적-귀족적인 인종적 민족이 여러 세대 동안 심지어 몇 세기 동안 지속할 수 있지만, 그들이 정치권력의 소멸과 함께 사멸하는 경향이 있다는 것은 정상적이다. 그리고 이것은 아시리아인처럼 그들의 신화원 동기가 점차 왕조적인 것이 된 정치권력에도 해당된다. 만일 귀족적인 인종적 민족과 그 통치자들이 그들의 국가를 이용해서 사회규모를 넘어 침투하고 도시의 중심으로부터 도달하는 흡수할 수 있는 관료제를 수립한다면, 그런 결과는 피할 수 있다. 이것은 원주민 귀족과 왕조에 의해서 혹은 긴 기간에 걸친 침략자에 의해 수행될 수 있다. 그 절차는 지배적인 인종적 민족의 귀족이 관료제를 수립해 국가의 인구 대다수를 통합하는 것으로 시작하며, 종종 오래 끈 전쟁에 의해 도움을 받는다. 그리고 그 절차는 비록 불균등할지라도 인구 대다수가 참여하는 국가문화를 산출함으로써 끝난다. 이것은 침입해 온 귀족들이 점차 북부 프랑스의 갈로-로마인을 흡수하는 데 성공함에 따라(로마 지방인 남부의 절반에서는 그만큼 성공하지 못했다) 프랑스인 메로빙거 왕조와 카롤링거 왕조[44] 통치 아래 발생했다. 이것은 카페 왕조와 발루아 왕조가 북부 프랑스 문화를 남쪽으로 확산시키도록 해주었고, 백년전쟁 후 프랑스 국가문화 그리고 궁극적으로 국가문화의 창조의 길을 열어 주었다. 물론, 대부분의 근대 이전 사회에서 소통의 빈약함과 낮은 수준의 기술을 감안하면, 몇몇 인종적 민족 국가가 흡수와 문화적 동화라는 목표를 충족할 수 없었다. 우리가 히타이트인, 폴란드인, 헝가리인에게서 보았듯이, 모든 수평적인 인종적 민족이

---

44) 메로빙거 왕조에 이어 751년부터 프랑크 왕국을 지배한 왕조. 왕국 분열 후 동프랑크에서는 911년까지, 서프랑크에서는 987년까지 계속됨—옮긴이.

민족주의 시대까지 그렇게 하는 것이 필요하다고 혹은 바람직하다고 생각했던 것은 결코 아니다. 필리스타인의 영주나 몽골의 칸이 정복된 주민이 '모국' 영토 안에서 확고하게 뿌리를 내리도록 해 줄 관료기구를 통해서 그들을 흡수하고 동질화시키는 것이 필요하다고 생각했다는 증거는 없다.

오직 몇몇 사례에서만, 즉 이란, 고대 및 중세 이집트, 일본, 그리고 근대 러시아에서 수평적-귀족적인 인종적 민족이 국가제도를 이용해서 문화구조를 굳히고 (거의 농민 대중은 아니지만) 다른 아래의 계층을 관료 연합을 통해 엄밀하고 의식을 가진 인종적 민족 공동체로 결합하는 시도를 하였다. 여기서 명료하게 구획된 경계와 그 경계 안의 안정된 정치질서를 지향하는 추동력이 있어, 그것이 대내적인 안정과 대외적인 보호로부터 이익을 보려는 다른 주민계층 사이에서 점점 증대하는 인종적 민족의 단결의식을 낳았다. 이런 인종적 민족 연합의 '관료주의적 양식'에서, 지배적인 왕조는 국가를 질서와 보호의 보증자로 인식했고, 국가는 점차 보호를 받을 수 있는 질서 있는 공동체가 되었다. 이것은 부르봉 왕조 아래의 프랑스에서, 튜더 왕조와 덜 성공적이기는 했지만 스튜어트 왕조 아래의 영국에서 발생했던 것이다. 적어도 중간과 하위의 도시 계층을 변화시킴으로써, 귀족적인 인종적 민족은 그 기반을 넓히고, 귀족들이 여러 세대에 걸쳐 배양하여 이제 확대된 원형 민족(proto-nation)의 유산과 저장고가 된, 신화, 상징, 가치, 기억과 함께 사회생활과 습속을 연장시킨다.[45]

관료적 연합 시도가 모두 성공적인 것은 결코 아니다. 중세 시대에,

---

45) 이들 서구 국가의 성장과 문화적 동질화 정책에 대해서는 Bendix(1964) 및 Tilly(1975) 수록 논문, 그리고 Tivey(1980, 특히 Navarri and Tivey의 글) 참조.

에티오피아의 솔로몬 왕조는 왕국을 보호하고 그들의 일신교적인 기독교 왕국을 보다 관료적인 국가로 변화시키려는 지속적인 노력을 했으며, 남부의 무슬림과 북부의 팔라샤와 싸우면서 민족의 교회와 문화를 수립하고자 하였으나, 그런 노력은 실패로 끝났다.[46] 이슬람 계승자에게 보다 지속적인 문화유산을 넘겨주긴 했지만, 이란을 페르시아 민족국가로 결합시키려는 사산조의 시도도 그랬다. 이 두 사례에서 경험은 장기간에 걸쳐서 인종적 민족의 유대를 강화했다. 차이는 물론 사산조 이란이 동서 교통로를 따라 걸쳐 있는 전략적 문화 지역에 위치해 있어 보다 더 적대를 받았다는 것이다. 이란의 초기 및 중세 역사는 끊임없는 전쟁의 역사이자 종교적인 권위에 의해 후원을 받아 주기적으로 국가를 재조직화한 역사이고, 특히 샤푸르 1세(AD 241~271)와 부분적으로 불교, 기독교, 마니교의 유입을 막기 위해 조로아스터교의 불 숭배와 사원을 퍼트린 조로아스터 개혁가 카르티르의 지배 아래 사산인이 부활한 역사였다.[47]

이런 부흥에도 불구하고 사산조에서는 군주, 귀족, 조로아스터교 사제와 도시계층 사이에 상당한 내부적 불화가 있었고, 그것은 광범위한 종교적 융합 호소와 왕 코바드(Kobad, 498~531)의 조로아스터교(Mazdakite) 급진종파를 보호하는 정책과 그의 계승자 호스로(Chosroes, 531~579)의 조로아스터교 급진종파 억압과 조로아스터 정통파의 부흥이란 왕실의 종교 정책의 동요 속에 스스로를 드러냈다.[48] 이 후기에 고전

---

46) Ullendorff(1973, ch. 4) 및 Levine(1965, ch. 2) 참조. 그것은 완전한 실패는 아니었다. 셈족화된 암하라의 단성론을 믿는 왕국의 핵심은 남아서, 19세기 중엽 새로운 팽창의 도약대가 될 때까지 이슬람의 바다라는 환경으로부터 단절되어 있었다.

47) 이런 부활에 대해서는 위의 3장 및 Frye(1966, ch. 6) 참조. 종교적 소수민과 외래의 종교의 호소에 대한 사산조의 정책에 대한 자세한 설명은 *Cambridge History on Iran*, III/1, ch. 4 참조.

48) 조로아스터교도에 대해서는 *Cambridge History of Iran* III/1, pp. 150~51, 및 III/2, ch.

애호 문화운동이 발생했고, 우리가 보아왔듯 민족 서사시의 전통은 호스로 치하에서 처음 편찬되었다. 이들 업적을 단순히 의식적 '고풍'으로 조소하고 또 다음과 같이 주장하기는 쉽다.

시골에 실제적인 근거를 두지 아니한 다른 도시의 운동과 마찬가지로, 그 결과는 건축에서와 마찬가지로 신학에서 크고 인위적이다. 알렉산더의 승리가 더 일찍 아케메네스의 고도 문화를 파괴시켰듯이, 무슬림의 정복은 7세기에 그 전통을 단절시켰다.[49]

그러나 아케메네스에서처럼 하나의 이름, 하나의 사례, 하나의 격려가 동일함을 증명할 수 있는 인구 단위와 특별한 문화지역에 존재했다는 사실은 남아 있다. 또한 그 나라에 이란의 특수한 성격과 이슬람의 경로를 형성하고, 페르시아인 사이에 공통의 조상과 역사의식을 강화해 주는 사실은 남았다.[50]

27(b) 참조.

49) MacNeill(1963, p. 400) 참조. *Cambridge History of Iran* III/1, ch. 3, pp. 359 sqq.에 의하면, 『피리다우시 샤나마』(*The Shahnama of Firdausi* ; d. c. 1029)는 마지막 사산조 왕 야즈드기르드 3세(Yazdgird III, 631~51)의 치하에서 수집되어 이븐 알무스카파(ibn al-Musquaffa)에 의해 아랍어로 번역되었으며, 부분적으로 『주의 서』(*Khwaday-namag*)에 기반해 있었다. 프라이(Frye, 1966, p.259)는 호스로 1세 치하에서 수집된 초기의 『주의 서』가 있었다고 주장한다. 그 문제는 상당한 불확실성이 있고, 우리가 확신할 수 있는 모든 것은 아랍어 번역본과 피르다우시 원전 중 하나인 후대의(10세기) 새로운 페르시아어 번역본이다. 이에 대한 나의 지식은 크론(Patricia Crone)에 의존하고 있다.

50) 여기서 우리는 10세기 문어적 수단으로서의 새로운 페르시아어의 등장뿐만 아니라 사산조의 과거에 대한 특별한 역사적 기억의 부활도 말할 수 있다. *Cambridge History of Iran* III/1, pp. 173~7 참조. Frye(1966, pp. 282~5)에 의하면, 새로운 페르시아어는 쿠라산의 타히리드(Tahirids of Khurasan, c. 821-73) 치하에서 처음 발견되나, 실제로는 시아파 부이드(Buyids) 아래 서부 이란에서 채택되기 전에(892~999년에 효과적으로 다스려진) 동부의 사마니드(Samanids)에서 번성했다. 새로운 페르시아어는 사산조 중반 페르시아 궁정 언어(표준

유사하게, 이전의 귀족적인 인종적 민족을 보다 특유한 공동체의식을 보호해 줄 수 있는 큰 인종적 민족국가로 변형하는 것은 이집트 역사에서 발견할 수 있다. 아시리아(BC 671), 바빌론(BC 598), 페르시아(BC 525)에 의한 정복도 파라오의 문화나 신화를 파괴하지 못했으며, 오직 기원전 343년에 발생한 심각한 반란의 진압이 파라오의 신전을 파괴하기에 이르렀다. 알렉산더에 대한 이집트인들의 환영은 이집트 공동체 의식의 지속성을 반영하며 프톨레마이오스와 로마 시대에는 덴데라(Dendera), 에드푸(Edfu), 에스나(Esna), 콤 옴보(Kom ombo)와 필래(Philae)에 사원이 건축되었고, 통치자는 파라오를 섬기는 종교를 실제로 회유했다.[51] 동시에 혼합주의와는 별도로, 이집트인 사제단은 의식적으로 종교상의 고풍을 실천하고 분명한 외국인 혐오 경향을 보여 주면서 손으로 쓴 복잡한 상형문자 글자체로 외국이 자행하는 신성모독으로부터 고대의 의식을 보전하고 '전체 세계'의 '사원'인 이집트를 보호하고자 했다.[52] 그러나 이집트의 대중적인 종교는 사라피스(Sarapis)와 이시스(Isis)에 중심을 두고 귀족적인 사원의 신화로부터 점점 더 갈라져서 어떤 형태의 기독교, 즉

화된, 상류층이 쓰는 중부 페르시아의 특수한 문체인 다리[Dari])에 무한하게 풍부한 아랍의 어휘를 더해 주었고, 아랍의 필사체로 팔레비 문자를 대신했다. 팔레비어는 경화되고 그 문자는 사람들이 말하는 중부 페르시아 방언의 모든 발음을 표기할 수 없었기 때문이다.

51) 343년 이집트의 반란과 진압에 대해서는 J. M. Cook(1983, pp. 223~4) 및 Trigger et al.(1983, pp. 287, 340~2) 참조. 프톨레마이오스 왕조 치하의 사원 난립에 대해서는 Clayton(1982) 참조.

52) 헤로도토스가 기록했듯 외국인에 대한 이집트인의 태도에 대해서는 Trigger et al.(1983, pp. 316~7) 참조. 기원전 410년 엘레판틴(Elephantine)에 있는 상인공동체 유대인의 관행에 대한 적대처럼 종교적 금기는 중요한 역할을 했다. *Cambridge History of Judaism*(1984, I, pp. 358~500) 참조. '전 세계의 사원'이란 구절은 아스클레피오스(Asclepius : 아폴로의 아들인 의술의 신—옮긴이)의 책으로 알려진 신비한 처방에 있으며, 외국인들이 모독한 고대 신성한 이집트를 이상화하고 있다. Grimal(1968, pp. 212~18) 참조.

로마의 지배와 중과세에 놓여 있는 사람들의 일상적 필요를 더 많이 표현하는 (말하자면 이집트의) 콥트 일신교를 점진적으로 수용할 수 있는 도정을 준비했다. 그리스인, 유대인, 로마인의 인종적 민족 요소는 이집트의 분별의식을 약화시키는 데 성공하지 못했으나, '아래로부터' 그 경로를 바꾸었다. 실제로 콥트 기독교는 아랍의 정복과 모든 국가의 거래에 공용어로 아랍어를 쓰도록 한 705년의 아브드 알 말리크(Abd-al-Malik)의 칙령 이후에도 오래 지속되었다. 심지어 무슬림의(파티미드) 문화적 지배로의 이행조차 이집트인의 연속된 정체성을 근절시키지 못했다.[53]

여러 가지 방식으로, 하나의 인종적 민족 국가를 창설하려는 시도를 했던 파라오 말기와 파라오 이후의 역사는, 왕조적 신화원동기와 짝을 이룬 귀족주의적 인종적 민족 문화가 일단 그들의 통제를 넘을 새로운 도시의 중심에서 작동하는 새로운 문화에 도전받게 되면, 특정한 신화와 상징을 유지하고 그것들을 상류계층과 사원의 열렬한 신도들 밖으로 확산하기가 어렵다는 점을 설명해 준다. 프톨레마이오스와 로마 지배기에 도시의 가난한 사람들은 긴 역사를 가진 파라오가 다스리는 이집트의 독자성으로부터 어떤 기본적인 감정과 전제를 받아들였다. 그것은 절대적으로 그들의 것인 땅(Ptah)에 대한 집착, 외래의 인종적 민족 공동체에 저항하는 주기적인 폭동 속에 나타난 문화적 차이 인식, 그리고 지금까지 외국의 요소와 혼합되지 아니한 역사적 문화라는 공통된 기원과 계보를 가졌

---

53) 파티마 왕조 치하와 그후의 콥트교도와 그들에 대한 대우에 대해 자세한 것은 Worrell(1945) 및 Atiya(1968, pp. 79~98) 참조. 이시스와 사라피스 숭배 및 그들의 종교적 예술적 표현에 대해서는 Atiya(1968, pp. 20~22), 및 Godwin(1981, ch. 11), 그리고 Ferguson(1973, pp. 22~4), 134) 참조.

다는 모호하지만 날카로운 느낌이었다.[54]

인종적 민족 국가를 창설하는 것이 비잔틴 상류계층의 중요한 의도는 아니나 그들의 의도 중 하나라고 한다면, 그들은 몇 가지 방법으로 인종적 민족 국가를 창설하는 데 성공적이었다. 시작부터 비잔틴 제국의 신화원동기는 이중적이어서 왕조적이고도 또 종교적이었다. 하나님과 세계적인 로마 제국의 부섭정으로서, 비잔틴 황제는 어떤 다른 왕조의 통치자 이상이었다. 그는 신자들의 공동체를 위한 투쟁 속으로 고전 세계에 대한 향수와 정교회의 구세주적 희망을 가져갔다. 그러나 공동체는 점점 더 말과 외모에서 그리스적인 것이 되었다. 비록 라틴어가 오랫동안 궁정과 관료사회에서 사용되었지만, 제국의 핵심적 주민을 묶어 주는 것은 그리스어였고, 교육은 그리스 고전과 말로 행해졌다.[55]

비잔티움이 7세기 후 서부와 아시아의 영지 대부분을 서고트인, 스페인과 북아프리카의 아랍인, 이탈리아의 많은 지역에서 롬바르드인, 발칸에서 슬라브인, 이집트와 중동에서 무슬림 군대에게 상실한 후에도, 제국의 전통, 정교, 그리고 그리스 문화는 더욱 더 비잔티움과 그들 헬레네 공동체의 기반이 되었다. 정치적 환경, 그리고 완성된 그리스 문화와 교육은 비잔티움을 언어와 성격에서 두드러지게 그리스적인 것으로 만들었다.[56] 1204년 콘스탄티노플의 약탈과 베네치아인의 후원 아래 라틴제국이 수립된 후, 이전의 수도를 재탈환하려는 애국적인 헬레네인의 꿈

---

54) 이 시기 이집트의 토착문화부흥에 대해서는 Grant(1982, pp. 37~48) 및 프톨레마이오스 시대 전통적인 귀족 이집트 종교의 한계를 밝혀 주는 Grimal(1968, pp. 211~41) 참조.
55) 자세한 것은 Baynes and Moss(1969, ch. 1), 그리고 예술로 황제를 표현하는 것에 대해서는 Runciman(1975) 참조.
56) Baynes and Moss(1969, ch. 1), 그리고 Sherrard(1959) 참조.

을 실현하려는 니케아, 에피루스, 트레비존드에 기반을 둔 그리스 제국의 경쟁자들은 라틴계의 강탈에 대항해 인종적 민족 감정을 더욱 자극했다. 터키의 위협에 직면해서 15세기 비잔틴 황제 팔라이올로고스(Michael Palaelogus)가 교회를 교황과 서구의 보호 아래에 두려고 했을 때 불타오른 그리스인의 감정은 격하게 그 정책에 반대했다. 14세기와 15세기 도시의 주민과 정부의 라틴정책에 반대하는 수도승, 사제 정교회가 부추긴 헬레네 감정은 사실상 주교가 쓰는 라틴식 주교관보다는 터키의 터번을 더 좋아했고, 도시 내의 부유한 계급을 공격했다.[57]

그러나 터키의 정복과 비잔티움의 멸망은 정교도의 그리스 공동체와 인종적 민족 감정의 종말을 기록하지는 못했다. 그리스 공동체가 교회와 대주교 아래 있었고, 오스만 제국의 밀레트로 조직되었지만, 그들은 추방지에서 번성했으며, 이산민족의 상류계급은 제국 안에서 특권이 있는 경제적·관료적 지위를 차지했다. 그래서 비잔틴의 관료적 합병은 역설적인 결과를 가졌다. 즉, 이집트에서처럼 그것은 보다 민중적인 그리스 정교회를 애호하는 국가, 궁정, 그리고 관료적인 제국의 신화와 문화로부터 그리스 공동체의 대중을 분리시켰다. 그러나 이집트와 달리 국가의 멸망은 정교를 강화해서 터키의 억압에 반대하여 복원된 비잔틴 제국의 오래된 왕조적이고 구세주적인 상징을 정교에 다시 접착시키는 데 봉사했다.[58]

---

57) Armstrong(1982, ch. 6) 및 동구 교회와 서구 교회 사이의 불화에 대해서는 Ware(1984, ch. 3) 참조.
58) 한때 지배적인 국가의 종교가 방어적인 소수민의 공동체가 되고 페르시아 부활의 꿈이 이슬람의 형태로 다시 투사되어야 했던 사산조 이후 조로아스터교의 경우와 달리, 그리스의 경우에는 교회가 국가의 해체 이후에도 생존할 수 있는 충분한 힘과 제국의 권위에 대항할 수 있는 조직적인 자율성을 보유했다. 그것은 또한 무슬림이 특수한 관점에서 기독교도(와 유대

귀족적인 인종적 민족이 순수한 '민족'으로 바뀔 수 있는 성공적인 관료화 사례는 서구에서만 발견된다. 영국의 사례는 아주 교훈적이다. 섬이라는 위치, 그리고 대규모 경작에 적합한 저지대 평원과 웨일스, 컴벌랜드, 스코틀랜드의 산악 고지대 사이의 뚜렷한 구별은 영국에서 특징적인 인종적 민족정체성의 형성과 유지를 위한 정치적·경제적 기초를 제공해 주었다. 그러나 다른 요소들이 이런 경향을 혼돈스럽게 했다. 그 요소는 영국해협에 걸쳐 있는 왕조와 친족의 배열, 앵글로색슨 왕국으로부터 물려받은 지역주의, 웨섹스(Wessex)[59] 주도의 남부와 보다 더 덴마크적인 북부의 문화적 구분, 시골과 소도시에서 사용하는 영어와 성과 도시에서 쓰는 앵글로-노르만어, 그리고 교회와 수도원에서 쓰는 라틴어 사이의 언어문화에 있는 계급구속적 차이이다.[60]

점차 인종적 민족 그리고 민족적 색채를 띠기 시작한 프랑스의 왕 및 귀족과의 14세기에 오랜 기간 동안의 전쟁으로 상당한 정도의 정치적·언어적 중앙집권화가 달성되었다. 초서(Geoffrey Chaucer)가 활동했던 무렵, 국가행정은 보다 큰 법적·언어적 표준화를 필요로 했는데, 이것은 언어의 확장을 통한 엘리트 문화의 하향침투를 의미했다. 그것은 또한 영국신화의 창조, 역사의 재편찬, 12세기 말 먼머스의 제프리(Geoffrey of

인)를 보도록 했고, 그들이 인두세를 내기만 한다면 보호받는 공동체로서 종교를 갖도록 허용했다. 반면에 이런 특권은 조로아스터교에는 부여되지 않았다. 중세 중부 유럽과 비잔틴 제국에서의 국가와 교회의 관계에 대해서는 Eisenstadt(1962) 참조.

59) 중세 잉글랜드 남부에 있던 앵글로색슨 왕국―옮긴이.

60) 영국 정복 전 지역주의에 대해서는 L. Smith(1984, chs. 4~5, 8~10) 참조. 그리고 서구의 언어 차이와 영어와 프랑스어의 연결에 대해서는 Southern(1967, pp. 19~26) 참조. 영국 안의 생태학적인 경계, 프랑스와의 연결 및 중세 영국에서 역사와 언어의 역할에 대한 흥미로운 논의로는 Brooke(1969, pp. 27~36) 참조.

Monmouth)[61]와의 출발을 의미했다.[62] 강력한 국가사제의 결여와 지역의 언어적 유산과 사명을 가진 지방적·지역적 전통은 영국 민족의 성장을 촉진했다. 물론, 이것은 후에 교황의 '관할'로서 종속적이고 지방적인 영국의 종교적 지위를 바꾼 헨리 8세의 반전으로, 그리고 후속된 청교도적 인종적 민족의 민족주의 사조에 의해 제공되었다. 영국 '민족'의 확신 시기가 왕조적인 신화원동기가 더 대중적인 도서(島嶼) 상징주의에 자리를 넘겨준 때이고, 그 상징주의 속에서 영국은 문화적 사명과 공동체 의식을 부여받았다는 것은 흥미롭다.[63]

② 소수민족

대다수가 성격상 수직적이고 민중적이며 공동의 신화원동기를 가지고 있는 소수민족으로 돌아가면, 우리는 성스러운 요소가 왕조적인 인종적 민족국가에서보다 더 중요성을 갖고 있는 것을 발견한다. 후자의 경우 사제와 그들의 성스러운 경전이 귀족적인 공동체의 관료적인 인종적 민족의 연합 과정을 뒷받침하는 반면, 소수민족에서 그것들은 '신화-상징 복

---

61) 1100?~1154년. 영국의 연대기 작가—옮긴이.
62) 언어의 중앙집중화에 대해서는 Seton-Watson(1977, ch. 2) 및 Brooke(1969, pp. 197~201) 참조. 먼머스의 제프리의 역사와 그 영향에 대해서는 Geoffrey of Monmouth(1976, esp. 서론) 참조. 아이네이아스(Aeneas)의 위대한 손자 브루투스(Brutus)와 그의 세 아들 로크리누스(Locrinus, 영국), 캠버(Kamber, 웨일스) 알바낙투스(Albanactus, 스코틀랜드)와 리어(Lear) 왕과 아더(Arthur)왕을 관통하는 신화적인 왕의 계보에 관한 전설은 크레티엥 드 트루아(Chretien de Troyes), 말로리(Mallory), 홀린즈헤드(Holinshed), 그래프턴(Graftwon), 스펜서(Spenser), 셰익스피어(Shakespeare)와 밀턴(Milton)을 포함해 상상력이 넘치는 문학과 선전에 깊은 영향을 미쳤고, 웨일스와 스코틀랜드에 대한 영국의 권리주장을 강화하는 데 이용되었는데, 특히 1542년 헨리 8세는 스코틀랜드에 대한 자신의 권리를 주장했다. Mason(1985) 참조.
63) 17세기 초기 및 중엽의 영국 청교도의 인종적 민족의 민족주의에 대한 상세한 분석은 Kohn (1940)에 이루어져 있다. 또한 Hill(1968, ch. 3) 참조.

합체'와 역사적 문화의 수호자와 전달자로 행동한다. 몇 가지 사례에서, 사제와 성스러운 경전은 지정학적인 위치와 인종적 민족의 모국 안에서 그리고 그것들을 위해서 작용된다. 다른 곳에서 그것은 위치를 대신하는 것 같다. 첫번째 사례로, 거주하는 소수민족에서 사제, 그리고 상징적인 전승지식의 역할은 공동체가 소유하고 있고 일상생활을 영위하는 땅에 근거를 두고 있다. 두번째로 이산민족 공동체에서 사제, 그리고 신성한 경전의 역할은 옛 땅에 뿌리를 두고 유랑자의 견해로는 아직 정교화되지 않은 상상의 모국을 대신하는 것이다.

하나의 인종적 민족 국가 안에 거주하는 소수민족의 생존을 유리하게 하는 가장 명백한 조건은 매우 안전하고 엄밀한 위치이다. 브르타뉴인과 바스크족은 매우 엄밀하고 가시적인 위치를 지니고 있을 뿐만 아니라, 일반적으로 기억조차 할 수 없는 때부터 '그들의' 본고장에서 살고 있는 것으로 인정받고 있다. 그들은 다민족사회에서 심지어 국가가 어떤 인종적 민족의 지배를 통해서 하나의 인종적 민족의 국가로 되어가고 있을 때조차 영원한 구성요소로 간주된다. 비록 그 소수민족이 그들 자신의 영역 안에서 종속되고, 무시되고, 억압되고, 기본적인 문화적 권리를 거부당한다고 하더라도, 국가의 주어진 영역 안에서 역사적 결사로서 그들의 존재를 부정하려는 시도는 없다.

그러나 이런 지정학적 인정이 최악의 외부적 압력으로부터 소수민족을 보호한다면, 그것은 내부적인 침해와 쇠퇴를 방지하지는 못한다. 웨일스인이 1282년 이후 독립을 상실했을 때 기나긴 동화과정, 특히 엘리트가 영국 사회와 문화에 동화하는 과정이 시작되었고, 이는 1636년 연맹법에 의해 가속화되었다. 19세기 무렵 웨일스의 '지주는 철저히 영국화되어, 종교에서 국교를 믿고, 말과 통상적인 교육에서 영어를 썼다'. 그래서 정치적 합병과 사회적·지리적 단면에 직면해서 웨일스 공동체 의식이 살아 있도록 하는 것은 다른 계층과 제도에 넘겨졌다.[64] 이들 제도 가운데 시인과 예배당이 다른 시기에 장소의 자부심을 차지한다. 또한 시인과 그들의 경쟁자 즉, 비록 여러 가지 차이가 있지만 모건(Iolo Morgan)과 존스(Thomas Jones) 같은 18세기의 지식인들이 그들의 웨일스 시·음악 경연대회(eisteddfoddau)에서 복구하고 모방하기 위해 노력했던 경쟁자, 웨일스에서 회합, 합창, 성경읽기를 통해 웨일스 공동체와 조상에 대한 의식을 부활시킨 18세기 감리교와 침례교의 설교자가 있다. 여기에다 독립된 왕국시절부터 보유하고 18세기부터 쭉 발전된 읽고 쓰는 교육이 유행시킨 아더왕과 같은 종류의 켈트 고대인의 환상곡과 융합한 축적된 전설과 신화가 추가되어야 한다.[65]

섬이라는 위치는 아일랜드에 정부와 정착민 공동체에 의한 침입과 억압으로부터 전략적인 위치상의 도움을 거의 주지 못했다. 아일랜드인을 정당한 권리가 있는 주민으로 보는 승인이 있었지만, 그들의 문화와 정체성에 대해 영국인은 거의 인정하지 않았고, 특히 종교개혁의 파도 속에 점증하는 종교적 분화 이후에는 더욱 인정하지 않으려 했다. 그러는 동안, 분열되고 지도자를 갖지 못한 아일랜드 부족과 마을 공동체는 게일과 가톨릭의 유산에, 즉 기독교와 고전의 학습이 서유럽에서 가장 퇴조했던 때에 스코틀랜드, 북부 브리튼, 웨일스 곳곳에 확산된 수도원적인 켈

---

(64) 1880년대 두 개의 '민족'에 대해서는 Morgan(1982, pp. 9-18 및 93), 웨일스의 쇠퇴와 지주계급의 영국화에 대해서는 Hechter(1975) 참조.

(65) 비국교도의 예배당에 대해서는 Morgan(1982, pp. 14~18, 96, 134~7) 참조. 근대시기 웨일스 시·음악경연대회와 그것들의 고안에 대해서는 P. Morgan, "From a Death to a View: the hunt" in Hobsbawm and Ranger(1983) 참조. 웨일스의 전설에 대해서는 G. Williams(1985, pp. 6, 37~41, 56~7), 아더의 시대에 대해서는 Alcok(1973, esp. chs. 4~6) 참조.

트 기독교(4세기 말과 5세기에 로마화한 브리튼으로부터 들여온)의 오래되고 화려한 전통으로부터 생겨난 유산에 의존했다.[66]

 그 결과 아일랜드 공동체에서 성직자는 특수하고도 결정적인 역할을 하게 되었고, 영국의 억압과 청교도의 선교노력이 침식할 수 없는 게일어를 말하는 아일랜드와 영어를 말하는 계승자의 내용을 정의하는 데서 켈트 가톨릭의 전통은 위신과 영향력을 지녔다. 일차적으로 위치가 브리튼이 아일랜드를 통제하도록 강제했고, 심화된 종교적 분열 그리고 이전의 아일랜드 가톨릭 엘리트들이 행한 권력·부·위신에 대한 접근 거부가 있었다. 그 결과 18세기경 가톨릭 농민대중은 가톨릭의 성채로 내몰려 그들의 희망을 게일 가톨릭의 부활로 못 박고, 점차 가톨릭적 충실성이란 관점에서 아일랜드 성격을 정의하고 시골에서의 가톨릭 위계제도의 영향력을 유지하였다. (게일 문화는 쇠퇴하지 않았지만) 게일어의 쇠퇴와 더불어 깊이 뿌리내린 가톨릭주의와 지배적인 가톨릭 성직자는 아일랜드 정체성의 주요 지지자이자 상징의 정의자로 남게 되었다. 박해와 차별은 종교적이고, 메시아적인 아일랜드 민족성의 내용을 강화하는 데 기여할 뿐이었다.[67]

---

66) 아일랜드 수도원의 기독교에 대해서는 L. de Paor, "The Christian connection", L. Smith (1984), 초기 아일랜드 왕국에 대해서는 Chadwick(1970, pp. 83~88, 100~109) 참조.

67) Orridge(1977)의 탁월한 분석 참조. 이 책은 이들 요인들이 서로 어떻게 부여되었는가를 보여준다. Beckett(1958, ch. 2)이 보여 주듯, 아일랜드에 대한 대륙의 위협이 헨리 8세로 하여금 그 섬을 제압하게 했고, 엘리자베스의 정착 정책은 섬을 확보했다. 실제로 1641년 봉기와 후속적인 진압은 증증하는 프로테스탄트 영국의회에 대항해 마침내 1641년 봉기에 가담한 구영국의 가톨릭을 포함할 만큼 확장된 아일랜드 인종적 민족의 접착제로 가톨릭의 교의를 변화시켰다. D. G. Boyce, "Separatism and Irish Nationalist Tradition", C. Williams(1982) 참조. 근대 아일랜드 민족주의에 들어 있는 가톨릭의 게일적 전통에 대해서는 Hutchinson(1987) 참조.

심각한 외부적 적대와 내부적 불화에 직면해서, 오랫동안 인종적 민족의 정체성을 유지하는 데 사제와 성스러운 경전의 중요한 역할은 수많은 중동의 공동체에서 보다 분명했고, 그중 일부는 몇 세기 혹은 몇 천 년 동안 생존했다. 드루즈 알하킴(Druze al-Hakim) 예배의 기원은 약 1016년 헤르몬 산(Mount Hermon) 근처에 있는 남부 레바논의 와디 알타임(Wadi al-Taym)까지 소급된다. 초기의 십자군에 의해, 봉건적 가문 즉 타누크(Tanukhs), 아르슬란(Arslan), 그 다음의 만(M'an) 가문 아래 드루즈 공동체는 몬포르트(Montfort)와 벨포르트(Belfort)에 있는 십자군 요새를 공격하는 데 중요한 군사적 역할을 수행하였다. 16세기 무렵 만의 가문은 오스만에 의해 남부 레바논의 봉건 영주로 인정되었는데, 그것은 18세기에 외견상 수니파의 시하(Shihab) 부족이 차지한 지위였다. 19세기 중엽에 비로소 외국의 개입과 오스만 제국의 정책이 긴장을 발생시키고 레바논에서 마론파와 드루즈파의 내전을 낳았다. 산악요새와 산악인의 독립정신이 결합해서, 주기적인 억압은 드루즈의 분리주의를 강화했고 또한 족내혼과 비밀종교 의식과 관습에서 유래한 그들의 습속과 드루즈 가문 및 마을의 단결을 강화했다. 이런 비밀주의는 새로운 개종자들이 박해자에게 종교를 배신할지 모른다는 두려움과 알하킴(al-Hakim)의 죽음과 함께 '은총의 날'이 지나갔기 때문에 행하는 개종 거부에서 유래했다. 이것은 최후의 위대한 드루즈 교사인 바하알딘(Baha'al-Din)의 죽음(AD 1031) 후에 '아무나 드루즈의 교회에 받아들여질 수 없고 그것으로부터 이탈도 허용될 수 없다는 것을 의미했다.' 드루즈 종교는 단순히 하나의 종교가 아니었고, 추종자는 뚜렷한 민족(nation)이었다. 드루즈교도의 신앙은 대대로 이어졌고, 불경스런 세계에서 신성한 특권은 그 추종자들이 내부를 지향하도록 했다:

이런 자기 중심화는 신도들 수가 증가함에 따라 신도들이 피하지 못하게 하는 것으로, 그들의 종교를 실행하는 비밀주의 및 그들이 가는 길에 그림자를 드리우는 어떤 지배적인 종교에 고백하도록 하는 기꺼운 태도와 짝을 이루어, 드루즈 공동체가 9세기 이후 안정적이고 동질적인 존재를 유지하도록 할 수 있었다.[68]

비록 이런 의견이 드루즈교의 안정성을 과장하고 있기는 하지만, 원래의 인종적 민족의 이질성(페르시아인, 쿠르드인, 아랍인의 요소)을 감안하면, 종교적-인종적 민족의 정체성이 일단 형성되면, 그것의 활발한 지속성은 대부분 심오한 신성한 고대의 경전을 통해 신비적인 교리 연구로 선도된 사제의 기층공동체에 대한 영향력으로부터 나와야 한다.[69]

일부 유대인 종파는 아주 잘 생존했고, 확실히 숫자는 감소했어도 오래 생존했다. 오늘날 약 3만 명의 팔라샤가 있는데, 한때 그들은 자신의 왕국을 소유하고 있었고, 그 왕국은 15~16세기에 통치했던 솔로몬 왕조와 또한 암하라 에티오피아의 일신교 신앙과 격렬하게 싸웠다. 그러나 그들의 생존은 에티오피아의 관습과 언어(Ge'ez는 그들의 신성한 언어이다)에 대한 초기 유대주의의 특유한 혼성물의 결과였다. 그래서 '그들의 기독교 형제인 에티오피아인처럼 팔라샤는 남부 아라비아로부터 아프리카의 혼 곳에 이식된 헤브라이-유대의 신념, 관행, 관습의 완고한 담지자이다.'[70]

---

68) Hitti(1928, p. 12) 참조.
69) 드루즈교도의 인종적 민족의 기원에 대해서는 Ibid(pp. 19~20), 드루즈의 종교적 교의, 역사, 사회에 대해서는 H. Z. (J. W.) Hirschberg, "The Druzes" in Arberry(1969) 참조.
70) Ullendorff(1973, p. 52) 참조. 그러나, Kessler(1985, chs. 1~2)에서는 그들의 유대주의가 고대

이것에다 그들의 고립, 곤다르에서 주류 에티오피아 사회의 밖에 있는 '굳어진 계층화, 경작자와 장인으로서의 역할, 그리고 종교적인 편견에 의해서 쫓겨나고 유대의 관행을 완고하게 보유함으로써 강화된 주요 기독교도 이웃에 간헐적인 적대가 추가되어야 한다.[71]

나불루스의 사마리아인들은(텔아비브 근처 홀론의 사마리아인과 더불어, 약 400명쯤 된다) 그들의 가계를 왕조 이전 이스라엘 시대 우지(Uzzi)와 세켐(Shechem)에 있는 경쟁적인 사제 엘리(Eli) 사이의 종교 분열로까지 소급한다. 엘리는 실로(Shiloh)에 경쟁적인 종단을 수립했는데, 그것은 뒤에 다윗에 의해 예루살렘으로 옮겨졌다. 그 이래로 유대인과 사마리아인 주장의 주요 뼈대가 초점이 되는 '성스런 장소'였다는 것은 흥미롭다. 탈무드에서, 사마리아인 이교도는 게리즘 산(Mount Gerizm)의 신성성에 대한 믿음을 갖는다.[72] 사마리아인의 기원으로 종종 소급되는 페르시아 시대에, 에즈라(Ezra)의 개혁과 사마리아의 통치자 산발랏(Sanballat)과 느헤미야의 갈등은 의심할 나위 없이 사마리아인의 구별의식에 의해 날카로워졌다. 그 결과, 비잔틴이 행한 정교가 아닌 종교에 대한 가혹한 박해 때까지, 사마리아인들은 팔레스타인의 유대인과 공통적인 협력을 거

메뢰왕국(누비아)을 통해 에티오피아에 도달했다고 주장한다. 그들의 문학과 관습의 대부분이 에티오피아적이지만, 팔라샤는 탈출 전의 축제와 의식의 순수성과 할례의 법처럼 사바스를 엄격하게 준수한다. 아가위(Agaw) 부족의 반란은 유디트(Judith[Esat])라 불린 유대 여왕에 의해 지도되었고, 10세기 말 유대화된 국가를 창설했으며, 이것은 1972년까지 신봉되었다. 팔라샤는 13세기와 14세기에 왕을 가졌던 것으로 보이며(두 개의 기드온이 기록되어 있다), 네구스 수세스뉴스(Negus Susesnyuos, 1607~23) 통치 때까지 상당한 자율성을 보유했다. Parfitt(1985, pp. 8~12) 및 Kessler(1985, ch. 4~5) 참조.
71) 최근의 팔라샤 역사와 사회에 대해서는 Parfitt(1985, chs. 1~5) 참조.
72) Purvis(1968, ch. 3)는 그들의 기원에 대한 최근의 이론을 검토하고 있다.

의 하지 못했다.[73] 사마리아인들은 그 지역의 침입자나 지배자에게 무시당했지만, 가장 초기의 유대교 계층에 매달려 활발하게 모세5경(구약성서의 첫 5편)의 해석에 집착했다. 그러나 다마스쿠스를 제외하면 해외 정착민들은 뿌리를 내리지 못해서 이스라엘의 유대인과의 족내혼에 의해 오늘날 홀론과 나블루스에 부활할 수 있었다.[74]

기독교의 인종적 민족 공동체 또한 천 년 이상 지역적으로 중동에서 유지되었다. 마론 종파의 실제 창시자인 성 존 마론(685~707년에 활동한 사제)은 중부 레바논의 카디샤(Qadisha) 계곡 주변에서 시리아 기도서와 의식을 가진 산악인(Ahl-al-Fabal) 공동체를 조직했다.[75] 그 수도원은 종종 높은 산마루에 세워졌는데, 박해자에 대항하는 요새이자 학습장소가 되었다. 1182년에 시작되어 1736년 시노드(Shynod)에서 완성된 로마교회와의 교회 연합은 비록 그것이 아래 사회계급으로 침투하지는 못했지만 상당한 정도의 정치적 보호를 제공해 주었다. 그 결과로서 기번

---

73) 사마리아 사람과 산발랏(Sanballat)에 관해서는 참조. Cambridge History of Judaism(1984, I, pp. 74, 83, 150~55, 158~61) 및 Purvis(1968, ch. 3), 로마와 비잔틴 시대 유대인과 사마리아인의 관계에 대해서는 Avi-Yonah(1976, pp. 77~8, 241~3, 250~1) 참조.

74) 사마리아인의 현재의 지위에 대해서는 Strizower(1962, ch. 5) 및 Ben-Ezzi(1965)에 의해 내부로부터의 설명 참조. 인구의 약 반만이 나블루스에 살고 있고, 종교적으로 우월한 부족을 포함하나, 모두 나블루스로 돌아와 해질 무렵 게리짐(Gerizim) 산 고개에서의 희생을 기념하는데, 이것을 그들은 이스라엘 사람들이 이집트를 탈출하는 날 밤 명을 받았듯이, 급히 해치운다. 사마리아인 사제의 집은 17세기에 없어졌고, 사무소는 하코헨 하레비(ha-kohen ha-Levi)로서 레위족에게로 양도되었다. (Strizower, 1962, p. 145)

75) 이것은 그들을 위한 마론교도의 이름 중 하나이다. 사실상, 교회는 오론테 제방으로 물러나 레바논에 개종의 중심지인 수도원 공동체를 창건한, 4세기 말 은자인 성 마로(Maro)로부터 이름과 기원을 가지고 있었다. 그러나 아랍-비잔틴 간 전쟁은 이 장소를 불안하게 만들어 '안티옥과 동방'에서 선출된 장래의 장로인 성 존 마로가 그의 무리를 산으로 인도하였고, 원래의 수도원은 그 직후(AD 700) 파괴되었다. G. C. Anawati, "The Roman Catholic Church and Churches in communion with Rome" in Arberry(1969, I, pp. 374~77), 및 Atiya(1968, pp. 394~7) 참조.

(Edward Gibbon)은 이렇게 주장할 수 있었다. "그렇지만 마론 종파라는 비천한 민족은 콘스탄티노플 제국보다 오래 살아남았고, 그들은 터키 주인 아래서 종교의 자유와 느슨한 예속상태를 누리고 있다."[76]

똑같은 일이 콥트교도에게 해당되는데, 그들은 산악의 격리라는 마론 종파가 가진 이점을 누리지 못했으나, 대신에 이슬람교의 이집트에서 필경사, 조세징수인, 행정관으로서 특징적인 사회적 영역을 차지하게 되었다. 그러나 의심할 바 없이 그들이 수입의 근원으로서 그리고 통치의 도구로서 계속된 이슬람 왕조에게 유용했지만, 콥트교도들은 자신들의 보호를 교회와 기도서에 의존했다. 이 기도서에서 콥트어는 신성한 언어로 기능했는데, 근대초기 상부 이집트에서 소멸한 후에도 그랬다.[77] 콥트교도의 초기 수도원적인 전통의 영향은 유일신교의 기독교와 콥트교의 정체성에 충성심을 보전하고 부활시키는 데 중요하였다. 19세기에 교육과 종교의 위대한 개혁가인 키릴(Cyril) 4세 대주교(1854~61)가 다른 사람처럼 수도승의 한 사람으로 경력을 시작해서, 콥트교도들이 20세기 초 근대화에서 지도적인 역할을 하도록 도운 개혁조치를 선도하기 전에 성 안토니(St. Antony) 수도원의 대수도원장이 되었다.[78]

서유럽에서도 역시, 인종적 민족 공동체는 종교와 성스러운 경전이 중심축이 되는 역할을 한 유사한 환경의 조합에 의해 보전되었다. 지난

---

76) Atiya(1968, p. 418, 주 2), 그리고 로마와의 관계에 대해서는 ibid., pp. 397~403, 이웃한 드루즈교도와의 관계의 변천사에 대해서는 ibid., pp. 404~8 참조.
77) 평화로운 시대가 종교적 박해, 조세, 교회의 몰수로 바꾸어 버린, 계속된 무슬림 왕조 아래 콥트의 쇠퇴에 대한 완전한 설명은 Atiya(1968, pp. 79~98) 참조.
78) 최근 콥트교회에 대해서는 O. F Meinardus, "The Coptic Church in Egypt" in Arberry(1969), 키릴 4세 대주교에 대해서는 Atiya(1968, pp. 103~7) 참조.

5세기 동안 바스크족의 정체성은 바스크 귀족과 바스크 특별법(fueros)의 조상신화와 역사적 기억에 의해 배양되었다. 그러나 그와 똑같은 정도로 멀리 떨어져 있고 산악에 자리를 잡은 위치, 그리고 후기에는 차별화된 경제발전에 의해 배양되었다. 그렇지만, 여기서도 역시 종교개혁에 대한 대응적인 개혁 후 지방의 성직자들이 주민들과 매우 가까웠고, 공동체의 지도자로 활동했다.[79] 게다가 19세기에 바스크 지방의 스페인 왕위 계승을 지지하는 운동(Calism)에 대한 가톨릭의 격려는, 바스크 사회 가톨릭의 본질을 지키려는 과중한 바람을 밝힌 1894년 사비노 아라나(Sabino Arana)가 묘사한 바스크 민족주의의 최초의 표명 속에 반향을 불러 일으켰다.[80] 브르타뉴 아르모리카(Breton Armorica) 역시 처음으로 5세기에 영국의 켈트족이 정착했는데, 전통적인 가톨릭의 거점이 되었으며, 특히 1532년 프랑스 왕권과 연합한 후에 그렇게 되었다. 혁명 무렵 브르타뉴는 지역적 특수주의와 대항혁명의 방어거점이 되었다. 다음 세기에, 그것은 고대 농민생활의 리듬과 '슬픈 켈트인의 종교적 독실함'을 연구하는 신전통주의 지식인의 멀리 떨어진 피난처로 간주되었다.[81]

종교적 믿음, 의식, 경전이 갖는 깊은 결속력을 보여 주는 많은 다른 사례들은 유럽과 아시아에서 세르비아인, 크로아티아인, 슬로바키아인,

---

79) 바스크 귀족과 특권(fueros)에 대해서는 D. Greenwood, "Continuity in change", in Esman (1977), 그리고 K. Medhurst, "Basques and Basque Nationalism" in C. Williams(1982) 참조.

80) M. Heiberg, "External and internal nationalism: the case of the Spanish Basques" in R. Hall(1979) 및 Llobera(1983) 참조.

81) 아르모리카(Armorica)에 대해서는 Chadwick(1970, pp. 60~2), 그리고 5세기 콘월과 웨일스에서 온 브르타뉴인에 의한 아르모리카 식민지화에 대해서는 ibid., pp. 81~3, 그에 대한 보다 최근의 역사는 S. Berger, "Bretons and Jacobins" in Esman(1977) 및 Mayo(1974, ch. 2~4) 참조.

조지아인, 시크교도, 카렌인(Karen)[82], 스리랑카인(Sinhalese)에게서 입증되며, 그들 모두 민족성 형식의 보전과 정신의 부활을 보여 주고 있다. 현대에서, 이런 영향은 감소하고 있는데, 먼저 해양인과 상인들에게서 감소한다. 그래서 중세 초기 카탈루냐 가톨릭의 종교적 독실함은 다른 곳에서처럼 뚜렷했다. 그 증거는 무슬림에 대항하는 회복운동이란 사명에 대한 열정, 바르셀로나에 있는 교회와 리폴(Ripoll), 포블레트(Poblet), 몬세라트(Montserrat)와 같은 성당의 수효와 크기이다.[83] 카스티야(Castilla)와 아라곤(Aragon) 왕국의 합병 후에야 기억이 그들의 해양제국의 영광과 총독부 혹은 자치행정기구의 보유로 돌려졌다. 그렇지만 초기 카탈루냐 민족주의는 의심할 바 없이 로마화한 가톨릭 영향을 받았고, 20세기 초에 이르러서야 빠르게 산업화한 바르셀로나에서 언어와 세속적인 문학이 문화의 접착제로서 그리고 근대적인 카탈루냐 민족의 상징으로서 종교를 대신하게 된다.[84]

③ 이산민족

종교적 요소의 특수한 역할은 모국과 자치를 상실한 이산민족 공동체에 의해 더욱 예리하게 묘사된다. 여러 가지 방식으로 모국과 자치의 상실은 그들이 후에 해야 할 몫과 '회복해야 할 권리를 가진 민족'이라는 자기인식을 조건짓는다. 그러나 회복이 연기됨이 따라 무엇인가가 상실을 대체한다. 그 무엇인가는 열렬한 구원의 신앙인데, 그 신앙은 수는 많으나 괴

---

82) 태국 서부 미얀마 동남부에 거주 하는 부족―옮긴이.
83) Read(1978), Atkinson(1960, chs. 5~6) 및 Bisson(1982)의 논문 참조.
84) Payne(1971) 및 초기 카탈루냐의 민족주의에 대해서는 Llobera(1983) 참조.

롭힘을 당하는 작은 이산민족 공동체에서 유지되기 위해 장대한 법과 의식으로 둘러싸여 있다. 여기서 종교는 거주하는 인종적 민족에게는 보수적 역할을, 중심적인 약속을 지키면서 변화하는 다양한 환경에 대처하기 위해서는 혁신적으로 적응하는 이중적 역할을 수행한다.[85]

물론, 고전적인 이산민족 각각이 그들이 정착했던 농경적 신분사회의 피라미드 계층구조 안에서 특수한 활동영역을 차지하였다. 우리는 오스만 제국의 밀레트로 조직된 정교도 그리스인이 어떻게 경제와 행정에서 특수한 지위를 누렸으며, 특히 콘스탄티노플의 파나리오트(Phanariots)와 서부 소아시아와 흑해에서 상인의 지위를 확보했는가를 살펴보았다.[86] 정교도 그리스인은 사실상 고대 아테네의 이상과 헬레네식 교육에로의 복귀를 통해서 합리주의 문화와 서구적 양식의 사회를 지향하는 서구화된 이산민족 지식인의 꿈을 애호하게 되었다. 베네치아, 빈, 그리고 암스테르담과 같은 도시에서 지식인은 순수해진 그리스어 부활을 이끈 대학교육과 인쇄업을 통해서 그리스인의 공통된 민족의식을 분출시키는 데 기여했다.[87] 그러나 마지막 분석으로, 가난한 농민과 목동 사이에서 그리스 정체성을 지탱했던 것은 부흥된 비잔틴 정교 제국이란 꿈이었다. 그것은 시골에 있는 촘촘한 사제의 네트워크에 의해서, 연중 계속되는 나날의 교회 의식에 의해서, 사제만이 접근할 수 있는 신성한 기도서와 경전에 의해서, 오스만의 지배 아래에서조차 오래 계속된 교회의

---

85) 보수주의와 종교의 선별적 혁신에 대해서는 Blau(1959), 이산민족에 대해서는 Armstrong (1976) 참조.
86) 파나리오트에 대해서는 C. Mango, "The Phanariots and Byzantine tradition" in Clogg (1973), 그리스 상인에 대해서는 Mouzelis(1978) 및 Stavrianos(1957) 참조.
87) 그리스 인텔리겐치아와 그들의 기여에 대해서는 C. Koumarianou Clogg(1973) 및 Henderson(1971) 참조.

계층제도와 정치권력의 결합에 의해서 지지를 받았기 때문이다. 1830년대에 교회가 독립한 그리스 국가에 종속되었을 때(상류계층과 대주교가 봉기를 비난한 이래), 시골에서 뿌리 깊은 교회의 영향력은 오랫동안 유지되었고, 비잔티움의 이미지로 대(大)그리스를 형성하기 위해서 그리스 이오니아의 재정복을 위한 거대한 이상(Megal Idea)의 형식으로 교회의 정치적 야망은 국가의 야망이 되었다.[88] 종교와 정치의 동일화, 비잔틴 전제주의와 교황절대주의 정책, 그리고 조로아스터교도 페르시아인과 무슬림 투르크인과의 오래 지속된 전쟁은 출현하는 그리스 민족의 반향을 윤색하고 형성했던 반면, 그것들은 비잔틴제국을 지배했던 정복된 그리스의 인종적 민족 공동체에 사명의식을 보존하고 주입했다.

오스만 제국의 아르메니아인 역시 그들의 총주교(catholicos) 아래 밀레트로 조직되었고, 그들의 이산민족은 다시 비잔틴 말기와 아랍 시대에서 비롯되는데, 인도와 러시아처럼 더 먼 지방을 포함하고 있었으며, 상인과 장인으로서 특수한 활동영역을 가졌다.[89] 그리스인들처럼 똑같이 열정적으로, 이들 이산민족 공동체도 콘스탄티노플과 대립되는 곳인 그들의 성소 에크미아드진과 19세기까지 아르메니아인 대다수가 아직도 거주했던 모국을 회고했다.[90] 그것 자체가 분산된 아르메니아 포령에다 어떤 결속과 조직적 목적을 제공했다. 그렇지만 이런 조직의 구조는 근본적으로 종교적이었고, 그들이 받은 교육은 주로 교회에 관한 것이었다.

---

88) 18세기 말과 20세기 초 그리스 정교회에 대해서는 Frazee(1969), 그리스 독립운동과 거대한 이상(Megal Idea)의 실현의 요인에 대해서는 Dakin(1972) 및 Campbell and Sherrard(1968, chs. 1, 4~5) 참조.
89) 중세 말기와 근대 시대 아르메니아인 이산민족을 강조한 아르메니아의 역사에 대해서는 Nalbandian(1963) 및 Lang(1982) 참조.
90) 그 모습에 대해서는 상당한 논쟁이 있다. Hovannisian(1967) 참조.

이것은 아르메니아 안에서만 해당되는 사례였는데, 5세기 초 성 메스롭-마소츠(St Mesrop-Mashotz)에 의한 아르메니아의 성스런 글씨체 고안은 동화의 새로운 장벽을 만들고 또 종교 교육과 복음주의 작업을 위한 강력한 무기를 만들었기 때문이다.[91]

이런 점에서 계몽가 그레고리(St. Gregory)의 손에 의해 이루어진 301년 아르메니아의 개종, 그리고 신성한 글자체의 고안과 사용의 효과를, 그렇게 하지 아니한 남쪽의 이웃인 나바테아인과 아르메니아인들을 비교하여 측정하는 것은 교훈적이다. 아르메니아인처럼, 나바테아인은 페르시아 초기 시대에서 기원한다. 아르메니아인처럼 유명한 티그라네(Tigranes) 대왕(BC 95~BC 55) 치하에서, 그들은 기원전 2세기 말 왕국으로 조직되었고, 이집트와 셀레우코스의 시리아와 빈번한 전쟁에 개입했으며, 아르메니아인이 그랬듯 로마와 파르티아, 그리고 후에 사산조 이란 사이에 끼였다.[92] 두 경우 인종적 민족의 정체성의 증거가 있으며, 적어도 이 당시 상류계급에서는 그랬다. 그러나 비잔틴 시대 말기에 나바테아인은 쇠퇴하기 시작했고, 그들의 왕국은 트라야누스(Trajan)[93]에 의해 병합되었고(106년), 이제 더 이상 그들에 대해 들을 수 없다. 반면 아르메니아

---

91) 이런 고안에 대해서는 Lang(1980, pp. 166, 264~7), 그리고 아르메니아 역사에 대한 조지아 기독교의 영향에 대해서는 ibid., ch. 7, 그리고 The British Library(1978, pp. 57~63) 참조.
92) 티그라네에 대해서는 Lang(1980, ch. 6) 참조. 나바테아인의 기원에 대해서는 Encyclopedia of Judaism(1971, Nabataeans) 참조. 여기서 그들은 조심스럽게 '셈계 사람들'로 불리고 있다. 그들은 아랍인의 혈통으로 아시리아의 기록에도 나타나지만, 헤로도토스 이래 고전 저자들은 줄곧 그들을 아랍인으로 간주한다. 그들의 인종적 민족의 기원과 이후의 동화에 관해서는 학자들 간 합의가 없다. 그들 신의 일부는 아랍의 것이지만, 다른 일부는 메소포타미아의 것이고, 그들의 예술은 다양한 양식의 경향을 보여 준다. 모스카티(Moscati, 1957, ch. 8)에 의하면, 나바테아와 팔미라(Palmyrene)는 국가의 기원에서는 아랍적이지만, 언어와 문화에서는 (부분적으로 종교를 포함해서) 아랍적이다.
93) 98~117년에 재위한 로마 황제 ─ 옮긴이.

인들은 비록 아바라이르(Avaryr) 지역에서 왕국을 상실했으나(451년), 그들의 땅을 유지해서 바그라투니(Bagratuni) 왕조(856~1071년) 아래 왕국을 부활시켰고, 실리시아(Cilicia)에 후속적인 공국을 부활시켰다.[94]

우리가 말할 수 있는 한, 나바테아인은 셈족 계통의 기원을 갖고 아람어를 말하고 썼으나, 아라비아의 어휘를 많이 가지고 있었다. 그들이 북동지방에서 남부 팔레스타인과 트랜스 요르단으로 이동함에 따라서, 그들은 점차 헬레네화했고, 그들 부족의 조직은 정착하여 교역을 하는 존재가 되었다. 그들의 주신 두사라(Dushara)는 최고의 신 제우스-하다드(Zeus-Haddad) 아래에 있는 메소포타미아 다산의 신인 디오니소스(Dionysus)와 동일하고, 그의 배우자 아테나-알라트(Atena-Allat)는 또 다른 다산의 여신인 아타르가티스(Atargatis)와 연결되어 있다. 나바테아인의 축제는 유목하는 봄 축제로부터 수확하는 가을 축제로 옮겨졌다. 아우구스투스(Augustus) 시대 무렵 동양화하는 인물이 그들의 시리아 영지의 상실과 더불어 나바테아인 문화와 미술에 나타나고 있다. 우리가 헬레네화하고 있는 아랍 상인과 땅을 갈아 밀, 올리브, 포도를 기르는 동양화하고 있는 아람-이돔인(Arammean-Edomite) 농부로 구성된 복합적인

---

94) 이 전투 기념일(6월 2일)엔 아르메니아 교회의 주요 축제 가운데 사람들이 넘쳐나고, 그 지휘관 바르단 마미코니안(Vardan Mamokonian)은 성자의 반열에 올라 있는데, 이 전투에 대해서는 Lang(1980, pp. 167~8) 참조. 그리고 후속적인 아르메니아의 봉건화와 종파의 반란 뒤 바그라티드의 부활과 지배 시대가 뒤를 이었는데, 이에 대해서는 Lang(1980, ch. 8) 및 Atiya(1968, pp. 309~10) 참조. 나바테아인의 쇠퇴에 대해서는 Avi-Yonah(1981, p. 163) 참조. 그는 '그러나 인종적으로 비문과 예술이 입증하듯이, 그들(나바테아인)은 …… (전의 헤롯의 지배처럼 로마의 지배 아래) 그들의 정체성을 보유했다. 그들은 파도처럼 몰려오는 이슬람의 아랍에 동화됨에 따라 마침내 사라졌다'. 또한 Encyclopedia Judaica(1971, Nabataeans) 참조. 여기서는 로마 지배 하의 나바테아인은 '그럼에도 불구하고 비잔틴이 그 지역 주민을 기독교화했을 때 최후의 일격을 받은 종교와 문화를 유지했다. 나바테아인은 이슬람의 도래와 함께 역사에서 사라졌다'고 주장한다.(col.743)

공동체를 다루고 있다는 것이 이미 제시되었다.[95] 진실이 무엇이든, 아르메니아인과 유대인과 달리 나바테아인은 그들 자신의 경전 언저리에서 특징적인 문화와 종교를 발전시킬 수 없었고, 그래서 유동적인 공동체의 감정과 인종적 민족의 지속성을 확보해 주는 보수적인 의식 형식의 접합을 도입할 수 없었다.

의심할 바 없이 위태로운 아르메니아를 구원한 것은 티리다테스 (Tiridates) 3세 시기 때맞추어 행한 기독교에로의 개종이었고, 387년 후 로마와 페르시아 사이의 정치적 분할시대에 지방의 경계선을 따라 이룩한 발전이었다. 이런 발전은 아르메니아 정통파가 칼케돈(Chalcedon) 공의회[96]에 반대하고, 제2차 드빈회의(Council of Dvin, 554년)에서 아르메니아 교회가 콘스탄티노플과의 유대단절로 나아가서 페르시아로부터 그들 모국을 재점령한 비잔틴 황제의 박해와 아르메니아인 추방의 길을 열어주었다.[97] 조직적으로나 감정적으로, 인종적 민족 교회가 추방되어 이주하는 아르메니아인들에게 확실히 표현된 그들에 대한 정체성, 공동체의 틀과 잠재적인 정치적 목표, 아르메니아 왕국 혹은 국가의 회복을 제

---

95) 자세한 내용과 의견은 Avi-Yonah(1981, esp. pp. 160~64, 170~4) 참조. 그는 나바테아와 팔미라 사이의 양식의 유사성과 메소포타미아와 시리아의 풍요의 신 사이의 친근성으로부터, 나바테아인은 시리아 사막에 집단으로 살며 아랍인, 성서상의 그리고 아시리아의 나바요스인 (Nabayoth)과 동맹했던 부족과 동일하다고 생각하고 있다. 그들의 언어(예술이 아니라)에 아랍어의 침투는 아랍과의 접촉의 결과일 수 있으며, 그들은 아랍인들을 지중해안의 대리인으로 받들었는데, 그리스 저자들에 의해 아랍인으로 혼동되었다. 그러나 두 인종은 어떤 공통적인 예술적 유산을 갖고 있지 않다. 그러나 다른 사람들은 후대의 고전 저술가들의 노선에 따라 아랍과의 언어적 종교적 친근성은 더욱 밀접하다고 생각한다. Moscati(1957, ch. 8) 참조.
96) 451년 열린 전세계 기독교도 회의로, 그리스도에게는 신인(神人) 이성(二性)이 있음을 확인했다―옮긴이.
97) 아르메니아 기독교의 전개와 콘스탄티노플과의 단절에 대해서는 Atiya(1968, pp. 315~28) 및 Lang(1980, pp. 168~74) 참조.

공했다는 것은 의심할 것이 아니다.[98]

제3의 이산민족인 유대인에게도 똑같은 것을 말할 수 있다. 실제로 그들은 몇 가지 추가적인 특이한 특징과 함께 이미 논의된 모든 요소에 대해 잘 기록된 사례를 제공해 주었다. 그리스인이나 아르메니아인과 달리, 대부분의 유대인은 바르-코바(Bar-Kochba) 반란기(132~5년)부터 이산민족 공동체에서 살았다. 십자군 이후, 오직 규모가 작은 포령이 팔레스타인에, 주로 예루살렘, 자파, 그리고 갈릴리에 있었다.[99] 주기적으로 행해지는 박해가 때로는 유대인에게 더욱 심했는데, 특히 십자군 시대의 유럽과 말기의 차르 치하 러시아에서 그랬다. 홀로코스트는 1915년의 아르메니아인 학살보다 더욱 파멸적인 것이었다.[100] 카스트제도와 같은 구속은 다른 이산민족에 대해서 보다 더 '단단해졌고' 제도화되었다. 유대인은 기독교 왕국에서 비난받는 소규모 상업이나 고리대금업에로 내몰렸을 뿐만 아니라, 강제로 구별이 되는 특별한 옷을 입고 배지를 달아야 했고, 격리된 유대인 거주구역에 살아야만 했다. 물론 다른 소수민족, 특히 유랑하는 집시공동체는 다른 소수민족과 똑같이 추방되었고 멸시되었다. 그러나 중세 동유럽 사회와 같은 농경사회에서 세르비아의 친차르(Tsintsars), 폴란드인 카슈브(Kashubs), 가우가우지(Gaugauzi), 블라크

---

98) 그리고리 교회와 아르메니아 공동체에서의 교회의 역할에 대한 개관은 K. V. Sarkissian, "The Armenian Church" in Arberry(1969); by Atiya(1968, pp. 329~56), 및 Armstrong(1982, ch. 7) 참조.

99) 로마 지배와 비잔틴 치하 유대인에 대해서는 Avi-Yonah(1976), 바르코크바(Bar-Kochba) 반란에 대해서는 Yadin(1971) 참조. Ben-Arieh(1979)에는 19세기 팔레스타인과 팔레스타인 종교적 명소에 대한 매력적인 설명이 들어 있다.

100) 유럽의 반유대주의에 대해서는 Poliakov(1966~75, I and III), 그리고 아르메니아인과 유대인 학살에 대해서는 Kuper(1981, chs. 6~7) 참조. Elon(1971, ch. 8)에는 나치의 학살이 유대인의 태도에 미친 충격이 논의되고 있다.

(Vlachs), 불가리아의 포마크(Pomaks)와 투르크(Turks) 같은 작은 인종적 민족 공동체는 최소한의 활동영역을 찾을 수가 있었다. 빈약한 소통과 '신분' 사회에서의 정치적 동질성의 결여는 우크라이나인과 슬로바키아인처럼 사회적으로 내리 눌린 인종적 민족처럼 소수민족의 확산을 촉진한다.[101)]

유대인의 상황이 인종적 민족의 파편화와 확산에 보다 집중된 표현이라면, 널리 퍼진 유대인 공동체가 거의 2천 년에 걸쳐 유지한 단결은 어떤 이산민족의 단결보다 강도가 세다. 하나는 초기 단계에서 유대교의 영토적 근원으로부터의 단절은 유랑하는 풍조와 다른 민족보다 더 두드러진 회복해야 할 모국의 이상화를 고무하였고, 이것이 역으로 계승된 유대인 사회의 중심이 자치의 정도에 따라 '모사'된 조국으로 번성하도록 했다. 차례로, 바빌로니아, 라인란트, 스페인, 폴란드, 후에 미국은 멀리 떨어진 유대인의 작은 포령으로서 자석으로 작용했다. 다른 한 가지는, 언어가 다른 인종에서보다 초기에 밀접한 유대를 발생하도록 했다. 아랍어에서 시작해 아랍어와 이디시어(Yiddish)[102)]로 변한 일상어가 아니라, 사마리아인에 의해 보전된 오래된 헤브루로부터 발전해 온 독특한 원본을 가진 성경과 유대 교회당의 신성한 언어가 그렇게 했다. 언어는 이슬람에서처럼 종교적 이상과 감정이 꽉 찬 무게를 지닐 뿐만 아니라, 문화적

---

101) 집시, 그리고 14세기 북부 인도로부터 중동을 경유해 발칸과 서유럽으로 이주하고 나치의 25만 명에 이르는 집시학살에서 절정을 이룬 집시에 대한 인종적·종족적 편견에 대해서는 Kenrick and Puxon(1972, esp. Parts I and II) 참조. 서유럽의 롬(Rom)과 신티(Sinti) 집단에 대한 연구는 Acton(1979), 금세기 동유럽의 집시와 다른 규모가 작은 소수민족에 대해서는 Horak(1985) 참조.
102) 고지대 독일어에 가까운 여러 방언에 헤브라이어와 슬라브어의 말이 섞여 들어간 것으로 헤브라이 문자로 쓰이며, 주로 독일 동쪽의 유대인 이민자들이 쓰고 현재는 러시아 아시아부 동남부 유대인 자치지구 공용어로 됨—옮긴이.

으로 다른 유대인 공동체 사이에 상호이해의 열쇠가 되어서, 어느 정도는 일상의 종교적 예배에서뿐만 아니라 지적·시적 노력에서도 세파르디(Sephardi)[103]와 아스케나지(Ashkennazi)[104] 교회의 의식을 하는 유대인 사이에 벌어진 간격에 다리를 놓아 연결해 주었다.[105] 저절로 취해진 언어적 요소가 아르메니아와 그리스의 경험에 평행을 이뤘다면, 특유한 체계로 된 탈무드의 법과 해석, 5세기와 6세기에 바빌로니아와 팔레스타인에서 편찬된 미시나에 대한 랍비의 주석의 산물은 공통된 생활양식과 윤리로 묶인 통합된 공동체 안에서 모든 사회적·종교적 필요에 대처하는 데 특유한 틀을 제공해 주었다. 탈무드에서는 미시나와 반대로, 작은 도시의 상인과 장인의 필요와 격려가 특별하게 제공되었으며 초기 성경의 이상과 의식적 표현과 법적 틀이 미시나의 인식과 통합되어, 보다 도시화되고 상업화된 유대인 공동체를 유럽과 중동, 멀리 인도와 중국에 옮기는 것을 가능하게 했다.[106]

격리, 탈지역화, 박해, 신성한 언어와 모든 것을 포괄하는 종교법의 요소들은 각각 다른 공동체에서 스스로 갖는 대응물을 발견한다. 그러나

---

103) 스페인과 포르투갈의 유대인과 그 자손―옮긴이.
104) 중부 동부 유럽의 유대인과 그 자손―옮긴이.
105) 헤브루의 종교적 습관, 의식, 발음은 스페인-포르투갈계 유대인(Sephardim)과 유럽-중동계 유대인(Ashekanzim) 사이에 크게 달랐다. Barnett(1971) 수록 논문, 특히 Sassoon, Vajda and Sarna의 논문 참조. 무슬림 영토에 있는 유대 공동체의 지위에 대한 일반적인 재검토를 위해서는 H. Z. (J. W.) Hirshberg, "The Oriental Jewish Communities" in Arberry(1969) 및 S. D. Goitein(1955)의 단편 참조. 이스라엘에 있는 동방 유대인의 지위에 대해서는 Smooha(1978, chs. 4, 7~8) 참조.
106) 미시나의 사회적 배경에 대해서는 Neusner(1981), 탈무드와 그 신학에 대해서는 Seltzer(1980, pp. 260~314), 그리고 인도의 유대인에 대해서는 Strizower(1962), 중국 카이펑의 (1127년 이후 20세기 초까지의) 유대인 공동체와 면직물 생산에 대해서는 Seltzer(1980, pp. 349 및 790, n. 20) 참조.

구원의 집단주의적인 윤리를 갖는 유일신교에 있어 그들 요소의 결합은 아주 독특하다. 구세주의 구원의 종교는 시아파와 수니파 이슬람, 프로테스탄트와 가톨릭, 그리스정교, 아르메니아인과 심지어 불교도 사이에서도 발견될 수 있지만, 이들 천년지복설은 그들의 계시론적인 해석을 (분명히 이상화된) 특정한 영토적 표현과 거의 연결시키고 있지 않고, 또 명령의 실천으로서 종교법을 구체적으로 준수해서 '신성한 사람'이 되어 메시아의 왕국의 도래를 촉진하여 신분을 반전시키려는 갈망과 연결시키고 있지 않기 때문이다. 다른 천년지복설적 신앙에서는 그들 자신의 (이스라엘의) 땅에 그들 공동체를 궁극적으로 복원하는 것을 보편적인 평화와 정의의 시대와 연결시키지 않는다. 종교를 위해서 공동체가 겪는 만성적인 박해를 고려하면, 공동체가 정체된 것을 두려워할 때 전체적인 인종적 민족의 지속성과 정체성의 범위 안에서 윤리적·종교적 동력의 주기적인 쇄신을 확보하는 메시아의 요소는 긴급성을 가지며, 적어도 마카비 가문(Maccabees)[107] 시대부터 그러하다.[108]

유대인의 이산민족은 인종적 민족이 생존하는 하나의 다른 양상, 즉 역사적 기억에 주목한다. 비록 유대인들이 18세기까지 세속적인 역사를 쓰지는 않았으나, 그들의 종교 사상과 문학은 시대적인 계승과 계보의 목적의식으로 가득 차 있다. 공통된 조상과 미래의 운명을 연결시키는 것은 모세가 이스라엘인에게 한 연설과 예언자의 약속과 마찬가지로 하나

---

107) 유대 지도자의 일족으로 하몬스 가문의 별칭, 기원전 167~37까지 유대를 통치하고 안티오코스 치하의 시리아군을 격파해(BC 165?) 예루살렘 신전을 다시 신에게 봉정한 유다 마카비(Judas Maccbaecus)와 그 형제들을 말함—옮긴이.

108) R. J. Werblowski, "Messianism in Jewish History" in Ben-Sasson and Ettinger(1971). 사바타(Sabbateian)와 다른 이들의 메시아 운동에 대해서는 Marcus(1965, pp. 225~83) 참조. 성서와 성서 이후 메시아니즘의 연구의 고전은 Klausner(1956)의 연구이다.

님이 아브라함에게 한 약속에 이미 명백해졌다.[109] 연례적인 축제가 고대 공동체 생활에 흔히 있었던 유대인의 역사적 사건을 돌이켜보게 했듯, 랍비는 역사적 기원과 선택된 운명이라는 약속을 여러 성서주해서 속에 윤색했다. 근대 시대에 기억의 역사적 의미는 홀로코스트를 포함해서 유대인과 비유대인 앞에 변화무쌍한 유대인의 경험을 가져오는 데 사용되었다. 그 방식과 경향은 서구 역사 편찬의 방식과 경향을 취했으나, 민족주의 시대에 맞는 유대인의 목적 그리고 때로는 시온주의의 목적을 가진 것이었다.[110]

이런 역사주의 종교의 근원은 7세기 말 예루살렘에서 구약성서 상의 신명기 운동과 기원전 8~6세기 유다와 바빌론에서 전개된 역사적 예언운동에서 찾아볼 수 있다. 다윗 시대부터 사제와 예언가 사독과 나단(Zadok and Nathan)은 강력한 세력으로 등장해서, 왕과 귀족을 비판하고 이사야와 에스겔의 관계가 설명해 주듯이 조화롭게 다윗 가문의 왕을 조종하는 데 종사했다.[111] 그 결과, 유대의 전통은 예루살렘의 사원에 고착되었고 왕조의 규칙이나 국가보다는 유대 전체에 고착되었다. 더구나 다윗의 후손인 왕보다는 아론의 대표인 사제가 모세 신화원동기의 그리고 사원의 의식의 수호자 및 전승자가 되었다. 그래서 왕의 규칙은 땅과 사제에 종속되었고, 개혁적인 신명기 운동은 바빌론 유폐에 인종적 민족의

---

109) 고대 중동의 '신화상의 시 양식'과 반대되는 사상의 '역사적 양식'은 Franfort(1949)에서 가져왔다. 아브라함의 약속에 대해서는 Genesis 17:1~14, 그리고 모세의 연설에 대해서는 특히 Deuteronomy 5~12, 27~31 참조.

110) 유대의 역사 편찬에 대해서는 Dubnow(1958) 및 Dinur(1968) 참조.

111) 왕조시대에 대해서는 Noth(1960, II, ch. 3) 및 Seltzer(1980, ch. 2) 참조. 19세기 초 베를린과 갈리시아 하스카라 운동(Galician Haskalah movement) 기간 동안, 다윗의 농부와 전사 연방은 세속화하고 있는 유대 지식인에 의해 소생되었다. Eisenstein-Barzilay(1959) 및 Meyer(1967) 참조.

생존과 신성한 경전의 편찬에 자극제가 되었다. 이러한 핵심에 추가되어야 할 것은 예언의 위협과 회복의 약속인데, 그것은 현재의 재난 속에 강한 미래지향성을 지니고 있었고 재난이 있던 시대의 유대 역사와 그 이후의 본보기를 제공해 주었다.[112]

그리스인과 후의 아르메니아인처럼 유대인의 사례는 페니키아인, 나바테아인, 노르만인, 특히 다소 강한 국가가 파괴되고 그들 주민이 인종적 민족의 후예를 두지 못한 채 흡수된 아시리아인의 경험과 크게 대비된다. 이것은 우리 주제, 즉 인종적 민족의 정체성을 유지하는 데 있어 종교적 전통, 특징적인 사제와 의식의 중심적인 역할을 설명해 주고 있다. 위치와 자치의 중요성을 부정하지 않더라도, 사제가 인종적 민족의 정체성을 보호하고 수 세기에 걸친 인종적 민족의 생존을 확실히 하는 데 있어 정치와 모국보다 더 주요하다는 것은 분명하다. 복합적인 '종교적 요소'들이 근대 이전 시대에 인종적 민족의 개성과 공동체에 대한 감각을 유지한 것 같다.

인종적 민족의 사회화와 종교적 쇄신

그러나 종교적 요소는 복잡하고 애매한 역할을 한다. 본래의 종교를 가진 상태에서 고대 이집트와 이란의 인종적 민족은 쇠퇴하고 그들의 정체성 의식에 손상을 입었으나 새로운 신념과 의식, 계층구조에 의해 회복되었

---

112) 이에 대해서는 Klausner(1956, III, ch. 9), 그리고 신명기(Deutrinomic) 운동과 고전적인 예언에 대해서는 Seltzer(1980, pp. 77~111) 참조.

다. 이집트에서 전통적인 테베 사원의 종교는 사이스(Saites) 왕조[113] 말기부터 점차 경직화되고 약화된 반면, 프톨레마이오스 왕조 아래 그것이 부활한 것은 너무 엘리트주의적이고 국가가 후원하는 것이었으므로, 이집트 보통 사람들의 종교적 정체성 의식을 부활시킬 수 없었다.[114] 국가가 불의 숭배와 사원의 의식을 지휘했음에도 불구하고, 유사한 경화 현상이 사산인의 조로아스터교에도 따라다녔다. 뿌리 깊은 내부 분열과 비잔틴 전쟁에서의 국가 능력 소진은 니하반드(Nihaband)에서 아랍에게 최후의 패배(642년)를 당하게 되는 길을 열어 주었고, 조로아스터 종교와 공동체가 쇠퇴하게 했다. 조로아스터 문학의 부활은 너무 늦었다. 왜냐하면 9세기 무렵 팔레비 문자(Phalavi)[115]가 덴카르트(Denkartes) 같은 조로아스터교 경전을 구성하기 위한 모바드의 영역이 되었기 때문이다. 이러는 동안 시골에 있는 새로운 엘리트(dikhans)들이 그들의 정치적 출세의 통로로 이슬람을 감싸서 아랍화된 새로운 페르시아어가 사만 왕조 아래서 동쪽으로부터 급속히 퍼졌다. 조로아스터 종교와 문학은 새로 이슬람화된 페르시아 문화에 굴복했다.[116]

나는 파라오와 조로아스터의 사례를 인용했는데, 이것은 말하자면

---

113) 파라오가 사이스에서 통치한 기원전 665~525년의 왕조—옮긴이.

114) Grimal(1968, pp. 211~41) 및 Trigger et al(1983, ch. 4), 그리고 주 41-3 참조.

115) 사산조 페르시아의 공용어로 3~10세기 중기에 쓰인 페르시아어—옮긴이.

116) 사만 왕조(Samanids, c. 892~999)는 부하라부터 동부 쿠라산을 통치했고, 페르시아 문화의 열렬한 숭배자였다. 그들은 사만의 후손이라고 주장했다. 그들의 부흥은 예술과 건축으로 확장되었다(Pope 1969, pp. 41~3 참조). 대중적인 언어 혹은 사산조 시대의 언어(이른바 Middle Persian Koine)가 얼마나 새로운 페르시아어에 도움을 주었는가는 논쟁중이다. Frye(1966, p. 272) 참조. 조로아스터 문자의 부활에 대한 자세한 것은 *Cambridge History of Iran* IV, ch. 17, 그리고 사산인과 페르시아의 부활에 대한 자세한 것은 Saunders(1978, pp. 118~19) 및 Frye(1966, pp. 281~5) 참조.

아시리아의 종교와 달리 꽤 구별되고 토착적인 종교였으나 그것들을 결속하고 묶어 둘 인종적 민족의 자동적인 생존을 보장해 주지 않았기 때문이다. 고대 이집트의 종교의 경우, 페르시아인과 프톨레마이오스의 지배 아래 고유한 파라오 권위의 상실, 새로운 종교와 문화의 유입, 도시 계급과 농민의 필요를 다루지 못한 국가 엘리트와 사제의 실패가 평균적인 이집트인의 시각에서 오래된 신의 효과를 상실하게 했다. 더구나 정치적 안정의 상실은 도시 계층의 종교적 보수주의를 침식했다. 파라오의 종교에서 메시아적 요소의 결여는 사라피스(Sarapis/Serapis)[117]와 이시스(Isis)[118]의 새로운 숭배와 달리 오래된 신이 점점 증가하는 개인의 구원에 대한 바람을 관리할 수 없었다는 것을 의미했다. 이것이 다시 국가와 국가의 신이자 왕이 지도하는 오래된 공동체의 질서를 침식했다. 쇠퇴하는 국가와 그 국가의 낡은 우주질서가 남긴 틈을 메우는 것은 이집트의 형식으로 된 유대에서 온 개인 구원의 종교에게 넘겨졌다.

조로아스터교의 사례는 설명하기가 더욱 어렵다. 사산조 국가의 한 팔로서 공식적인 불의 숭배는 소멸의 고통과 묶여 있다. 조로아스터교 공동체가 이란에서 지속되었고 파르시교도로서 인도에도 있었다는 사실은 아후라-마즈다(Ahura-Mazda) 숭배에 들어 있는 구원의 공동체를 고무할 수 있는 보다 동적이고 개인적인 차원을 가리킨다. 그러나 보다 더 잘 동원할 수 있는 열정과 포괄적인 활동성은 있으되 교리와 실천은 매우 단순한 이슬람과 비교해 볼 때, 조로아스터교의 비밀로 전하는 의식과 신

---

117) 프톨레마이오스 왕조 시대 이집트에서 그리스·이집트 두 종교의 융합정책으로 만들어진 신. 이집트의 오시리스와 그리스의 제우스 신의 성격을 겸비함—옮긴이.
118) 고대 이집트 최고의 여신으로 풍요의 신, 오시리스의 누이동생이며 아내. 태양신 호루스의 어머니—옮긴이.

앙, 특히 시간의 본질에 대한 명상은 실제로 문명화된 엘리트에게만 중요한 것이었다. 고대 이스라엘의 예언자처럼 공동체의 용어로 재난을 합리화할 수 없는 패배한 국가의 종교로서, 그것은 사회 진출의 기회를 거의 제공하지 못했고, 또 비천한 페르시아인들에게 급속히 신분을 바꿀 수 있다는 전망도 제공할 수 없었다. 더구나 이슬람은 시작부터 접근이 가능하고 가지고 다니기 쉬운 신성한 경전이 주는 최고의 장점을 가진 반면, 주로 구술적인 조로아스터교의 전통은 이슬람화한 페르시아의 예술과 문예 부흥이 이란에 도래하는 9세기와 10세기까지 글로 전환되어 확산되지 못했다.[119]

이들 사례는 개인과 공동체의 구원에 대한 필요성을 만족시킬 수 있는 달콤함을 제공하지 못하는 정통파 종교의 불모성을 보여 준다. 그리고 이런 종교의 신성한 경전은 비록 문자형태로 되어 있다고 해도 고문체를 쓰는 엘리트가 비밀스럽게 전수하는 영역이 되었다. 종교가 고유할지 모르나, 만일 그것이 안에서는 생기를 잃고 밖에서는 국가의 관리로 억압받는다면, 종교는 더 이상 공동체 정체성의 수호자이자 쇄신자로서 활동할 수 없다. 이로부터 인종적 민족의 지속과 생존에 중요한 것은 (a) 자체를 새롭게 하고 다른 환경에 적응하는 종교적 전통의 능력, 그리고 (b) 신성과 구원의 메시지를 비엘리트 (특히 도시에 사는) 계층에게 전달하고 새로운 세대의 신자들을 세속화하는 종교적 전통의 능력이다.

이 조건 중 첫번째 조건을 보면, 구세계 고대의 '고풍스런' 종교가 분

---

119) 조로아스터주의의 쇠퇴와 이슬람의 궁극적인 성공에 대한 몇 가지 원인에 대해서는 *Cambridge History of Iran* IV, ch. 1, 그리고 이슬람 양식에서 페르시아 인종적 민족의 신화와 역사에로의 복귀를 이룬 새로운 페르시아의 이슬람 부흥에 대해서는 ibid. ch. 19, 이런 신화와 역사는 초기의 책에서 논의되고 있다. ibid., III/1, 3(b), p. 359 참조.

수령이 되는 기원전 6세기 이후 오래지 않아 어떻게 소멸했는가를 알면 흥미롭다. 기원전 6세기는 최초의 구원의 종교인 불교, 자이나교, 유대교, 조로아스터교가 나온 위대한 시대이고, 그 뒤를 도교, 기독교, 다소 뒤에 이슬람교가 이었다.[120] 이런 세계종교는 이전에 존재했던 인종적 민족의 노선에 따라 파편화되고 지역적·지방적 종파를 통해 새로운 인종적 민족을 창출하는 데 도움을 주었지만, 그것들은 대부분의 오래된 '고풍의' 종교를 압도하여 그것을 제거했다. '고풍스런' 종교는 변화하는 환경에서 스스로를 쇄신할 수 없었거나 혹은 보다 동적이고 개인을 구원하는 종교와 경쟁할 수 없었다. 그것들은 고대 말의 '신비적인 종교'의 홍수를 막을 수가 없어서, 전에 묶었던 인종적 민족 공동체와 국가를 밑받침할 수 없었다. 사제와 필경사는 유리된 계급이 되었고, 그들의 의식은 공식적·시민적인 것이 되었으며, 그들의 신성한 경선은 유례가 없는 경세변동과 세계주의적인 고전 문화 시대에 고풍스러운 관심을 중요하게 여겼다. 오래된 신과 의식의 몰락과 더불어 인종적 민족의 기억, 신화 그리고 상징이 점차 해체되기 시작했는데, 그것들이 정서적으로나 인지적으로 오래된 공동체의 종교의 의미와 열정의 틀 위에 전제되어 있었기 때문이다.

물결처럼 밀려 온 구원의 종교가 보다 오래된 인종적 민족의 구조를 완전히 일소하지는 못했다. 페르시아, 유대, 그리고 아랍의 경우, 그것들은 불교가 스리랑카와 바간 미얀마(Pegan Burma)에서 행했듯 공동체를 창출하거나 통일시켰다.[121] 이슬람과 기독교가 오래된 부족 종교의 가

---

120) 종교 사상의 이러한 총체적 변화에 대해서는 Bellah(1964) 참조.
121) 이들 불교의 구조와 문화에 대해서는 Sarkisyanz(1964)와 Roberts(1979, chs. 2 and 7) 참조. 인종적 민족-종교적 동원의 근대적 사례에 대해서는 D. E. Smith(1974, esp. Parts 3 and 4)에서 논의되고 있다.

정, 관습 및 상징 중 많은 것을 인수받아 재설정했다――특히 북부 유럽과 아프리카에서 그랬다――는 것 역시 사실이다. 켈트인, 튜턴인, 슬라브인, 투르크인이 이룬 많은 '야만적인' 부족 연합은 이슬람 혹은 기독교를 받아들이면서 의식과 상징에서 변형되었으나, 사라지지는 않았다. 그들의 신앙을 갖고 있지 않은 때인 '영웅적인' 과거에 대한 왜곡되긴 했으나 생생한 기억은 근대 세계의 국가체계에 도전하고 대응하는 데 필요한 독특한 색깔과 호전적인 분위기를 훗날의 민족주의 드라마에 제공해 주었다.[122] 그럼에도 불구하고, 동적인 구원의 종교만이 인종적 민족의 상징, 신화의 저장고로서 그리고 인종적 민족의 감정, 가치, 기억의 보루로 남아 있게 되었다. 살아남은 인종적 민족과 오늘날 민족의 고대 및 중세 역사는 가변적이지만 종교의 역사이다. 구원의 종교가 그들의 자기 이해와 자기 쇄신 양식뿐만 아니라 공동체의 영감과 형식을 제공했기 때문이다. 종파의 독립, 새로운 운동, 변화된 정책과 새로운 해석에 의해 스스로 쇄신할 수 있는 주요 세계종교의 특유한 힘은 변화하는 환경 아래 특정한 공동체의 지방적 필요를 충족시켜 줄 수 있는 것이라서, 그것들이 모든 변동을 통해 지속하고 쇄신하는 데 도움을 준 종교적 전통 자체의 지속과 인종적 민족의 지속을 확보했다.

　　이것은 우리를 두번째 조건, 즉 사회화와 종교적 메시지의 확산양식으로 인도한다. 우리가 반복적으로 보아왔듯이, 인종적 민족의 생존에 자동적인 것은 없고, 종교적 전통 또한 똑같다. 그것들을 전파하고 남겨 전

---

122) 영웅의 과거가 생존하는 '야만인'의 기독교화에 대한 사례로는 Owen(1981, ch. 5) 및 Chadwick(1970) 참조. 근대 빅토리아 시대 기독교로 가려서 '영웅적' 과거를 재포장(및 재해석)한 현저한 예는 J. Nelson, "Myths of the Dark Ages" in L. Smith(1984) 참조.

승하는 것은 변화하는 환경에서 끊임없는 활동과 목적을 달성하기 위한 수단에 대한 현실주의적인 인식을 필요로 한다. 이것은 상징이 큰 역할을 하는 곳이다. 예루살렘보다 메카에 있는 카아바(Kaaba)를 무함마드가 선택한 것은 그의 메시지를 전파하는 데 동료 아랍인을 우선시하려는 의도였을 뿐만 아니라, 이미 숭배되고 있는 목표 주위에서 아랍부족의 통일을 상징화하려는 의도였다. 그러나 무함마드에게는 가시적이고 열렬한 순례행위로 신자들의 공동체인 움마를 묶어 주는 모든 경건한 무슬림의 종교적 의무인 메카순례(hajj)의 필요성을 추가해야 한다.[123] 히브리에 있는 젊은이들에게 일상적인 구어가 아닌 정통파 유대인 사이에 쓰는 신성한 언어를 가르칠 필요성은 아주 다른 문화와 서로 이해할 수 없는 일상적인 언어를 말하는 유대인에게 종교-언어적 유대를 확보해 주려는 원대한 목적을 가지고 있다. 그렇지만 그것은 또한 성스러운 경전 연구를 통해 젊은이들을 종교적 전통 속으로 사회화시켰으며, 그래서 다른 유대인과 히브리를 이해하지 못하는 비유대인으로부터 오는 격리성을 통일시켜 주는 의식을 주입했다. 히브리는 '내부적' 소통의 수단이 되었을 뿐만 아니라 고풍, 통일, 구별의 상징이 되었다.[124] 사제복과 같은 특수한 복장, 주교장(杖), 성배, 제식 때 쓰는 일곱 가지 촛대, 기도용 방석과 같은 특수한 종교적인 물건, 성자, 영웅, 역사적 사건을 위한 특별한 의식과 축제, 특히 성찬, 세정식, 기도와 축도 같은 집안에서 행하는 관행과 법이 금하는

---

123) Watt(1961), 그리고 카르마스인(Karmathians)들이 928년 카바의 벽으로부터 검은 돌을 떼어갔을 때의 공포에 대해서는 Saunders(1978, pp. 129~31) 참조.

124) 헤브루와 보다 뒤에 유럽과 중동의 정통 유대인 사이에 이디시어의 이용에, 특히 종교적 연구를 위한 이용에 대해서는 Heilman(1983, esp. ch. 5) 참조. 19세기에 헤브루를 유대회당 기도자의 수단으로 지속적으로 이용하는 것에 관해 수많은 논쟁이 있었다. 이에 대해서는 Hertzberg(1960, Introduction), 또한 Waxman(1936) 참조.

금주와 절식, 이 모든 것은 무수한 유대와 활동을 만들어서, 그것들에 의해 젊은 세대들이 사회화되어 의식과 관습으로 이루어진 고대의 기억과 신화의 연습을 통해 구원의 희망을 제공할 수 있는 종교적 신앙과 의식을 숭배하도록 하고 그것에 참여하도록 한다.

몇 가지 점에서 집에서 행하는 의식과 실천은 종교적 메시지를 전달하는 가장 효과적이고 민주적인 수단이다. 박해받은 이산민족 사람들이 이 방법을 가장 먼 지점까지 가지고 갔다는 것과 그렇기 때문에 우리가 여기서 종교를 가진 사람들의 신원 확인을, 즉 분명하게 알려주는 전통을 가진 인종적 민족 공동체의 신원 확인을 발견한다는 것은 놀라운 일이 아니다. 종교전쟁 후 프로테스탄트 국가에 사는 가톨릭교도처럼 다른 박해받은 소수민은 위기의 순간에도 가정에서 그들의 종교를 실천하도록 강요받았다. 또한 초국가적 종교에 대한 충성심은 모든 인종적 민족의 구속을 능가했다. 시간이 지나서 추방되지 않았다면 프랑스의 위그노처럼 그들은 그들 스스로 인종적 민족 공동체가 되거나 그들이 정착한 지배적인 인종적 민족과 평화롭게 지내면서, 상황이 참을 만하면 사적으로 공동체의 종교를 실천했다. 그러나 널리 관용이 베풀어지지 아니하면 새로운 종파와 교파는 그들의 메시지 내용이 명백히 보편적이고 그들의 격려의 근원이 절충주의적인 것이라 하더라도 곧 대체적으로 인종적 민족의 모습을 가져야만 했고, 가정에서의 실천은 더욱 중요성을 갖게 된다. 이란과 그 밖에서 바하이교(Bahai)[125]의 사례는 민족성의 부인에도 불구하고 이탈한 종파에서 원형적인 인종적 민족으로의 진보를 예증해 주고 있다.[126]

---

125) 1863년 후세인 알 리가 세운 종교로 모든 종교가 갖는 본질적 가치, 모든 인조의 융화 및 양성평등을 주장함—옮긴이.

결국, 준수하는 것을 모르는 사이 지나쳐 버리지 않거나 색다른 것
이 되지 않는다면, 가정에서의 실천은 공적인 의식과 기도에 의해 지도되
어야 한다. 또한 개인적인 예배로 빠지는 것을 피하기 위해서 개인은 일
정한 종교 공동체의 규칙과 의식을 감독해야 한다. 그래서 가족이 지키
는 준수는 일련의 교육기관과 종교기관의, 즉 사원, 신학교, 학교의 의해
감독을 받아야만 했고, 그 기관들은 공동체 활동의 네트워크를 형성한다.
이 네트워크의 활성화가 종교-인종적 민족 공동체의 범위와 단결의 중요
한 지표가 된다. 대부분의 구원의 종교가 인종적 민족의 경계를 넘는 것
을 목표로 하지만, 종교적 전통과 인종적 민족의 감정과 정체성의 접합이
매우 확대되고 있기 때문이다. 그리고 이런 접합은 이차적인 종교적 결
사의 네트워크를 통해서, 또한 종교의식과 기도의 연습이 공동체 신앙의
메시지를 재확인할 필요성을 통해서 발생한다. 이외에, 가정에서의 실천
과 상징의 성장은 깊이 있는 공적 의식과 구원의 메시지가 확장되도록 하
는데, 이것은 공동체의 활력과 단결의 두번째 지표이다. 공동체의 종교적
결속은 통상 공통된 인종적 민족정체성 의식의 버팀목이 되고, 공동체의
사회화 실천은 등장하는 세대 사이에 부착과 소속감을 유지시켜 준다.

다른 관점에서도 역시 구원의 종교의 채용은 역사적인 공동체 의식
의 강화와 창조에 도움을 준다. 이런 종교들은 배타적이고 지배적이다.
또한 그것들은 어떤 영토나 국가 안에서 종교적 통제의 독점을 추구하고,
어떤 형식의 절충주의도 (적어도 이론상) 거부하며, 전체로서의 모든 생명

---

126) 초기 이란 민족주의에서 바브교(Babism; 1844년 페르시아에서 바베 딘[Babed-Din]이 일으킨
   절충적 종교로, 일부다처제, 마약·주류의 상용, 노예매매 따위의 금지를 도모하고 남녀평
   등, 사유재산 철폐 등을 제창했다. 현재는 바하이교[Bahaism]가 이를 대신하고 있다―옮긴
   이)의 역할에 대해서는 Keddie(1962) 참조.

체를 통제하려고 한다. 이것은 결혼할 배우자 선택에까지 확장된다. 종교적 동족혼을 고집함으로써, '구원의 종교가 민족화되었다면'(지방화되었다면), 그것들은 부수적으로 인종적 민족의 동족혼을 강화한다. 드루즈교도에서 보았듯이, 아무나 그 종교로 진입하는 것이 허용되지 않고 맘대로 그 종교로부터 이탈할 수 있는 것이 아니며, 이런 까닭에 '인종적 민족의'—종교적인 공동체가 생겨났다. 종교, 구원의 메시지가 창조한 종교 공동체로 자유로운 진입이 가능하고 종교의식이 이탈을 제한하는 곳에서조차, 종교의 특수한 견해가 특수한 인종적 민족의 필요에 적응할 때는 종교공동체는 불가피하게 인종적 민족의 종교 밖에서 들여오는 결혼할 배우자의 승인을 거부함으로써 인종적 민족의 차별화를 강화한다. 양자택일적으로 구원의 종교는 지금까지 고무한 근본을 잊고 기존의 인종적 민족 현상을 승인하고 있는데, 이에 의해서 족외혼은 금지되고 있다. 이런 까닭에 동족혼은 곱절로 고결한 것이 된다.

구원의 종교의 전도 특성도 있다. 물론 이것은 인종적 민족을 초월하는 국가를 초월하는 것이지만, 실제로는 '영국인으로서의 사명' 등등처럼 기존의 인종적 민족 혹은 국가 안에서 작용하는 경향이 있다.[127] 여러 사례에서, 엘리트가 개종하면 그 사명은 다른 계층과 지역으로 확산되며, 아르메니아인과 콥트교도처럼 주민을 결속시키는 데 도움을 주어 민

---

127) P. Wormald, "The emergence of Anglo-Saxon Kingdoms" in L. Smith(1984, p.62)는 로마 노예시장에서 교황 그레고리와 앵글로 집단과의 위대한 만남은 그에게 영국에 있는 모든 야만인들은 (그 시대 대부분 사람들이 침입자라고 생각한 색슨이 아니라) 앵글로인이라고 확신을 시켰고, '그래서 그는 그의 선교사들에게 영국교회(the ecclesia anglorum)를 세우도록 했다. 캔터베리에 그들이 세운 교회는 처음부터 영국 국민에게만 책임을 진다는 견해에 몰입했고, 그 견해는 점차 베데(Bede) 자신과 같은 교회 사람을 경유해 그 무리들에게 침투되었다'. 행정적인 고려가 구조와 관행을 형성해서 초기 인종적 민족의 정체성을 굳히고 활기를 불어넣었다.

중적인 인종적 민족을 창출한다. 이렇게 심화된 종교 활동을 통해서 인종적 민족의 다른 부분의 인구가 그들의 조상과 기원, 그리고 역사적 경험을 정의해 주는 신화, 상징, 기억의 부가물과 축적을 의식한다. 아주 흔히, 종교 속의 영웅들이 인종적 민족의 영웅이 되며, 반대로도 된다(우리는 성 데니스, 성 조안, 성 루이스 및 프랑스 가톨릭의 요소를 생각한다). 또한 공동체를 위한 자기희생은 종교적 순교이며, 종교적 배교는 인종적 민족의 배신으로 간주된다. 다른 종교 사이의 결혼은 불경하고 공동체의 망신으로 간주된다. 무엇보다도 구원은 인종적 민족의 운명과 동등하게 된다. 이런 견해를 따르면, 세계는 종교적이고 인종적 민족인 공동체가 크고, 영광스럽고, 자유로운 때에만 구원받을 수 있다.

이 논의에서, 종교적 요인은 인종적 민족정체성을 결정체로 만들고 유지하는 데 근본 축이 되는 요소로 지적되었다. 여기서 두 가지 자격이 요구된다. 첫째는 상세한 분석이 명확해짐에 따라 종교적 요인은 다른 중요한 힘이 있는 환경 안에서 작동하고, 그중 일부는 다루어졌다. 이들에 포함된 것은, 공동체의 지정학적 위치, 위치가 자율성을 행사하는 정도 (그리고 기간), 활성화된 독립의식을 창출하는 데 전쟁과 영웅적인 투쟁의 충격, 그리고 계층제도 속에 공동체가 차지하는 장소, 공동체가 직면한 적대의 정도, 특정한 지역으로부터 문화를 발본해서 성소에 초점을 두는 능력, 신성한 언어와 필사의 역할, 특수한 생활양식과 특히 역사적 기록과 역사적 예측이다. 이 모든 것들은 인종적 민족이 살아 있는 기회에 다양한 정도로 영향을 행사했다. 그러나 그중 어느 것도 의식, 기도서, 관습, 신성한 언어와 성스런 경전, 그리고 조직화된 사제를 가진 공동체의 구원의 종교만큼 중요하지는 않다. 두번째 자격은 종교의 사회적 특징은 순수하게 교의적이거나 윤리적인 것보다 인종적 민족의 생존에 중요하고, 또 구원이란 필요를 충족시킬 수 있는 능력은 대부분의 경우 집단적 형식과 목표를 갖고 있다는 것이다. 윤리적인 일신교는 그 메시지가 상세한 교훈과 훈계에 일치해서 일상생활을 영위하는 데 동의한 명확한 특징을 갖는 공동체 자산과 격려가 되는 만큼 인종적 민족의 생존에 중요하다. 오랜 기간 동안 이들 종교의 의식과 법령은, 지나치게 기계적이고 엄격한 준수는 화석화와 쇠퇴로 나아갈 수 있지만, 적어도 근대 이전의 시대에서는 원래의 메시지보다 우선한다.

그러나 종교적 전통과 의식이 인종적 민족 공동체를 유지하는 데 큰 몫의 역할을 하기 때문에, 우리는 어떤 보다 작은 인종적 민족의 흡착력이 강한 지속성을 갖는데 별로 놀라지 않는다. 그런 지속성이 없다면 그 인종적 민족이 사라질지도 모른다고 예상하는 것이 합리적이다. 정치적·경제적 순환이라는 영토의 범위와 기술의 진보라는 변동적인 요인과는 달리, 종교적 전통은 본질상, 그리고 특히 법률로 편찬된, 의식과 예식으로 익혀진, 신성한 경전과 언어로 기록된 종교적 전통은 공적·사적 사회화와 보급기관이 손상을 입지 않기만 하다면, 역사와 운명의 문화공동체를 창조해서 수 세기 동안 유지할 수 있다. 이들 기관이 조직적으로 쇠퇴하기 시작할 때에는 인종적 민족의 통일과 정체성이 위태롭게 되고 공동체는 소멸할 가능성에 직면한다.

실제로 오직 근대에 세속적인 변동의 힘이 이때까지 밑받침하고 유지해 온 인종적 민족을 위협할 정도로 종교적 전통과 그 수호자들을 어지럽히는 데 성공했다. 그러나 지금까지 사회조건과 문화의 흐름은 지구상의 모든 곳에서 인종적 민족 공동체와 정체성의 확산과 유지에 도움이 되고 있다. 그래서 근대가 도래함에 따라 세계는 인종적 민족에 의해 영토적인 정치체제로 분열되었고, 다른 연합처럼 인종적 민족-종교적인 연대의 충돌 소리가 울려 퍼졌다. 이런 인종적 민족과 자민족 중심주의의 세계 속에서 민족주의가 생겨났고 민족이 일어났는데, 이들의 거대한 결합 결과를 이제 탐구해야만 한다.

2부

근대의
인종적 민족과 민족

6장 _ 민족의 형성

"근대 세계는 '민족의 세계'다"라고 말하는 것은 현실과 열망을 함께 묘사하는 것이다. 오늘날의 정치와 국가 형성을 정당화하는 원리는 민족주의다. 다른 어떠한 원리도 인류의 충성을 명령하지 못한다. 연합조차도 항상 민족 연합이다. 동시에 오늘날 조화를 이루고 공존한다는 의미에서 완전한 '민족-국가'인 국가는 없다. 대부분 국가에 인종적 민족의 주민이 '혼재해' 있으며, 상당히 중요하다고 할 정도의 소수민족이 있고 다수민족은 깊이 분열되어 있기 때문이다. 또한 이들 국가의 경계는 흔히 인종적 민족의 간명한 경계와 일치하지 않는다. 더구나 이들 국가 안에는 인종적 민족과 민족이 있다. 즉, 한편으로는 카탈루냐, 스코틀랜드, 플랑드르와 같이 어엿한 민족이 있는가 하면, 다른 한편에는 스페인의 갈리시아인 혹은 동부 독일의 소르비아인과 같은 인종적 민족 공동체가 있다. 양자 사이에는 자신들의 독자적인 별도의 국가를 갖고 있거나 갖지 못한 채 완전한 민족이 되기를 열망하는 인종적 민족이 있다. 그래서 이라크와 이란의 쿠르드족은 자신들의 인종적 민족으로 단일 민족을 형성하는 것을 목표로 한다. 비록 이것이 독립국가의 지위에 도달하지는 못한다 해도. 나가족, 드루즈교도, 시크교도, 티그레인, 모로인, 그리고 유럽의 웨일스인, 옥시타니아인, 코르시카인, 브르타뉴인, 알사스인, 그리고 아마도 시실리아인까지 그러하다. 그렇지만 다른 사례에도 인종적 민족 공동체는 이런 상태로 남는 데 만족하지만, 보다 큰 정치공동체 혹은 민족국가 안에서는 그들의 영향력과 특권을 극대화하려고 한다. 여기서 우리는 미국에서 백인 민족 혹은 인종적 민족의 파편에 대해서, 특히 미국에 있는 상당한 정도의 흑인과 푸에르토리코인을 생각해 볼 수 있다.[1]

그렇기 때문에 등장하고 있는 그림은 혼합된 혼돈스러운 것으로, 그 속에서 인종적 민족과 민족 사이에 깔끔한 선을 그리는 것은 어려우나, 그럼에도 불구하고 그 속에서 민족주의를 열망하는 힘은 한편으로는 모든 국가의 성격과 관계를, 다른 한편으로는 여러 민족의 목표와 성향을 변형시켰다. 민족주의자에게 세계는 민족의 세계이고, 각각의 민족은 자체에 특유한 유일한 성격을 갖고 있으며, 모든 정치권력은 민족으로부터만 나온다. 민족주의자의 눈에 민족은 고정되었으나 항상 진화하며, 항상적이나 다양성으로 가득한 갈라진 틈새가 없는 단일체이다. 이런 정치적 실체에 대한 견해가 지구상에 상당한 정도로 만연하고 있기 때문에 온갖 종류의 모호성과 긴장이 국가와 인종적 민족 사이의 관계에 나타난다. 그래서 민족주의 운동의 결과로 많은 사람들은 그들이 속해 있는 국가에 대한 충성과 그들 인종적 민족의 지속적이며 폭발적인 단결 중 어느 곳에 신의를 지킬 것인가 하는 문제에서 분열한다. 그들 인종적 민족은 단결할 경우 민족으로 탄생해 봉기할 것이다. 유사하게, 많은 인종적 민족

---

1) 후자에 대해서는 Draper(1970) and M. Kilson, "Blacks and neo-ethnicity in American political life" in Glazer and Moynihan(1975) 참조. 많은 유럽 인종적 민족의 자치운동에 대해서는 W. Connor, "Ethno-nationalism in the First World" in Esman(1977), 유럽 밖에 대해서는 Anderson et al.(1967) and A. D. Smith(1981a) 참조.

(ethnie)이 민족(nation)이 됨에 따라, 민족의 등장은 분리주의가 성장할 수 있는 옥토를 만들어 주었다.

서구의 혁명

어떻게 이런 사태가 발생했는가? 민족이 등장할 불가피성이 없던 때, 왜 '민족'은 인류와 남녀 대다수의 열망을 구현하게 되었는가? 또한, 전부는 아닐지라도 많은 인종적 민족이 수 세기 동안 자기네 지위와 몫에 꽤 만족해 왔다가, 지금 왜 민족이 되어야 할 필요성을 느끼고 있는가? 이런 의문에 답하기 위해서, 우리는 근대민족의 형성에 이르는 한 쌍의 경로와 이들 연속적인 도정으로부터 등장한 두 개의 민족 개념을 간략히 돌이켜 보아야만 한다.

민족의 지위로 이행하는 기원은 모호성에 싸여 있다. 원칙적으로 그 기원은 후에 '영국'과 '프랑스'로 알려지게 된 영토의 색슨과 프랑크에 의한 중세 초기의 점진적인 통합에까지 소급될 수 있다. 유사하게, 우리는 기원후 2000년대 초반에 통일된 스페인, 스웨덴, 폴란드 사람들의 국가성장과 그들 국가성장의 파도 속에 등장하는 러시아, 헝가리, 홀란드를 지적할 수 있다.[2] 중앙집권화된 국가와 같은 무엇인가가 이슬람 세계에, 즉 파티마 왕조의 이집트, 사파비 왕조(Safavid)[3]의 이란 그리고 정도는 약하지만 오스만 제국에 존재했다. 명나라처럼 무굴제국조차도 중앙의 행정을 자랑했다. 그렇지만 이렇게 '중앙집권화된 국가'는 그들이 다민족으

---

2) 이들 '오래 지속한 민족'에 대해서는 Seton-Watson(1977, ch. 2) 및 Breuilly(1982, ch. 1) 참조.
3) 1500~1736년 동안 이란을 지배한 왕조—옮긴이.

로 된 제국이 아닌 때에도 기원전 3000년대 말 이래 이들 지역에 존재했던 초기의 중동과 원동 국가와 다를 바가 없었다. 중세 유럽을 통해 정복, 합병, 결혼에 의해 점진적으로 일어났던 영토의 행정적 통합이 저절로 민족 형성에 책임을 지는 것은 아니다. 기껏해야 이런 영토의 행정적 통합은 후에 민족을 등장시키는 데 필요한 하나의 가능성에 불과한 껍질과 틀을 제공할 뿐이다.

틸리와 그의 동료들이 주장하듯이, 민족 혹은 합리적인 국가가 등장할 필연적인 그 무엇은 결코 없었다. 르네상스 시기 유럽에서 피렌체와 제네바 같은 도시국가부터 주(州), 종교적인 공국, 제국, 그리고 막 출현하는 소수의 순수하게 근대적인 국가에 이르기까지 많은 수효의 정치 단위가 발견된다.[4] 틸리 자신은 '국가' 형태로 된 정치체제의 성공적인 요소와 선행조건을 전체적인 묶음으로 열거하는데, 그것들은 보호받은 유럽의 지정학적 위치, 초기 자본주의와 상업, 매우 단일한 문화 지역(기독교 왕국), 탈중앙화된 정치구조 그리고 지주와 농민의 사회적 기반이다. 이런저런 요소들이 결합되어서 '근대국가' 형태가 유럽에서 다른 유형의 정치 형태를 압도하도록 했다. 그리고 유럽국가의 군사적·경제적 성공이 유사한 국가를 만들어 내려는 비유럽 지역 엘리트들을 자극했다.

국가형성을 바람직하게 만든 것은 유럽의 세 개의 혁명 즉 확실히 긴 기간 동안 꼭 같은 장소에서는 아니었으나 서구에서 처음 모습을 드러낸 세 유형의 혁명의 충격이었다. 이것은 분업 분야에서의 혁명, 행정통제에서의 혁명, 그리고 문화적 협동에서의 혁명이었다.

첫번째 혁명은 가장 주목을 받는다. 흔히 '(봉건제로부터) 자본주의

---

4) Tilly(1975, Introduction) 참조. 이 과정은 Poggi(1978)에 의해 추적되고 있다.

이행'이라 칭해지는데, 이것은 지금까지 가장 높은 수준의 경제적 통합을 기록했으며, 또한 그 통합은 과거와의 급속한 단절로 인해 강조되는 통합이었다. 월러스틴이 주장했듯이, 15세기 말 그들의 영역 안에서 주요 경제적 거래를 통제할 수 있는 강국으로 형성된 심장 지역의 등장은 서유럽 전체에서 높은 수준의 경제통합을 의미했고, 그뿐만 아니라 그들 지역을 다른 지역과 연결하는 위치에 있는 결절국가 안에서 서유럽과 동등하거나 심지어 서유럽보다 더 높은 수준의 경제통합을 의미했다. 그리고 이것이 역으로 세금, 독점, 관세로부터 나오는, 광산과 같은 주요 자원의 통제로부터 발생하는 수입의 형식으로, 그리고 무역과 상품거래에 대한 규제에서 국가의 힘을 강화시켰다.[5] 더욱 중요한 것은 서구 연안 지방에 있는 정치체제의 수중에 있는 국가 엘리트에게 생기는 상업적인 부, 팽창하는 부와 인구가 요구하는 생산성 증대이다. 이 생산성 증대는 생산과 공급 중심지 사이에 위치한 국가가 감독하는 커뮤니케이션 수단과 짝을 이룬다. 17세기경 국가중상주의는 국가 사이에 벌어진 경쟁을 크게 가속화시켜서, 프랑스, 영국, 스페인, 그리고 다른 국가의 영토 안의 대규모 경제통합에 박차를 가했다.[6]

이처럼 고조된, 그러나 집중화된 국가 활동의 효과는 특정한 경제 중심이 국가의 통제 아래 영토 안에 있는 다른 중심과 연계를 형성해서, 다양한 지역과 도시의 엘리트들이 다른 지역의 엘리트들과 공동된 경제적 운명으로 묶이도록 했다. 이것은 역으로 초기 단계에는 발달하지 않았

---

5) Wallerstein(1974, esp. ch. 3) 참조.
6) Navarri and Tivey in Tivey(1980) 논문 참조. 이런 활동 자체가 '민족주의적'이라고 여겨질 수 없으나, 그것은 의심할 바 없이 민족과 민족주의가 더 크게 성장하는 것을 수월케 하였다.

던 단일한 영토를 범위로 하는 직업제도를 점진적으로 형성하고 지속적인 지역적 분열을 침식하는 것으로 나아갔다.[7] 이런 까닭에 적어도 이론상으로 상인과 장인은 왕국의 영역 곳곳에서 부지런히 교역을 할 수 있었고, 유사한 경제적 조건과 보수를 찾을 수가 있었다. 실제로, 19세기에 이르러 정규적으로 수립된 커뮤니케이션과 결정된 정부정책이 결합되어 국가영역을 관통해서 강력하게 움직이는 노동력을 가진 표준화된 환경과 단일한 법으로 승인된 직업제도를 만들어 냈다. 그것은 19세기 말 프랑스에서 제3공화국 지도자들에 의해, 국가 영역 전체를 감당하는 통일된 경제체계 속으로 다양한 프랑스 지역의 경제적·직업적 조건과 관습을 도입하는 민족주의적 통합정책을 요구했다.[8]

이런 경제적 혁명과 밀접하게 교직을 이룬 것은 장관이라 할 정도로 놀랄 만큼 변화한 군사적·행정적 통제방법이었다. 절대주의 아래에서 전문적인 직업군대의 성장은 유럽 왕조의 영토적·정치적 지배력을 크게 확장시켰고, 그것은 17세기 후반에 포병과 전쟁계획의 혁명적 변화에 의해 크게 도움을 받은 발전이었다.[9] 공학과 병참의 발전은 고도로 훈련된 과학과 기술에 전문성을 가진 군사전문가라는 새로운 계급을 장려했다. 이 것은 역으로 군주가 육군과 해군을 위해 적절한 자원과 보급을 확보하기 위해 훈련된 관료의 봉사를 필요로 해서, 군주는 점차 관료를 충원하도

---

7) Deutsch(1966)의 개관 및 Ardant in Tilly(1975) 논문 참조. 그러나 지속적인 지역주의는 그 과정을 불완전하고 심지어 파편으로 만들어, 주기적인 '인종적-지역적 분화'의 근원(예컨대 방데, 바스크 지방, 스코틀랜드 하이랜드)과 몇몇의 경우 근대 인종적 민족의 자치운동의 기반을 구성한다. Orridge(1982) 및 Hechter(1975) 참조.
8) 19세기 말 프랑스에 대해서는 E. Weber(1979), 경제민족주의와 그 배경에 대해서는 Johnson(1968)과 Mayall(1984) 참조.
9) Tilly(1975)에 수록된 Finer의 논문 및 Howard(1976, ch. 6) 참조.

록 압력을 받게 되었다. 이것은 또한 군사학교에 참모대학의 성장을 포함시켰다. 그뿐만 아니라 이것은 보다 높은 수준의 교육기관, 과학원, 기술학원의 발달을 고무하고 중앙의 행정과 재정에 직급의 사다리 중 높은 지위를 확대하도록 고무했다.[10] 기술 전문가가 점차 최소한의 비용으로 최대한의 자원을 효율적으로 활용하게 되는 관료국가의 등장은 프랑스, 영국, 스페인, 그리고 후에 프러시아, 스웨덴, 러시아에서 15세기 말부터 18세기까지 일어난 점진적인 과정이었다. 그러나 틸리가 지적하는 것처럼 새로운 종류의 '합리적인 국가'와 그리고 그 국가이성의 명백한 우수성은 베네치아와 같은 초기의 계승국가를 포함해서 존재하고 있던 다른 정치체제에 매력과 성공을 보장해 주었다.[11]

잘 훈련된 지식인을 가지고 상대적으로 능률적으로 운영하는 군사-행정 국가기관의 경제적·정치적 자원을 집중하는 완벽한 능력은 오스만, 무굴, 중국의 제국 같은 가장 강력한 제국을 포함해서 다른 정치체제의 능력과 성취를 능가하였다. 어느 정도는 표트르 이후의 로마노프 러시아 제국이 했듯 서구 국가모델을 채용한 제국만이 살아남고 그들의 영토를 보유할 수 있었다.[12] 국가 엘리트의 구성과 그들 엘리트의 농민수탈 속에 일부 봉건적 요소가 남아 있었지만(특히 동유럽에서 강하게 남아 있었지만), 새로운 유형의 관료제 국가는 종종 귀족과 대립했던 부유한 부르주

10) Howard(1976, esp. p. 55). "국가권력과 조직의 발전은 이런 전문가의 힘을 가능하게 만들었다. 그러나 군사적 적용과 기술의 발전은 그들을 기능적으로 거의 필수적인 것으로 만들었다." 그것은 특히 17세기 말 프랑스에서 진전되었고 18세기에 고등교육으로 확장되었다. Archer and Vaughan(1971) 참조.
11) Tilly(1975, 서론, p. 35) 참조.
12) 표트르의 개혁에 대해서는 Pipes(1977, ch. 5), 근대국가의 우수한 능력에 대해서는 Mann(1984) 참조.

아 계급 및 그들과 연합한 지식인이 성장하도록 장려해서, 군주제가 폐기되거나 자리를 내주게 되었을 때, 이 새로운 계층이 그들의 이익과 정책을 실천할 수 있는 국가기관을 물려받았을 뿐만 아니라 앞선 세기에 수립된 국가운영기술의 전통과 개념을 물려받았다.

행정에서의 혁명과 군사력에서의 혁명은 비록 부르주아지의 재능이 그것을 가져오는 데 필수불가결하긴 했으나 부르주아지가 쏟은 노력의 산물은 아니었다. 그 대신 그들은 그들 전임자들의 국가관리 정책을 계승하고 심화시켜서, 이전 왕조의 조약이 수립했던 결정적인 유럽의 영토분할과 국가 간 질서를 강조했다. 달리 말하자면, 부르주아지와 인텔리겐치아는 그들의 이익과 위신을 극대화하려는 자신들의 목표를 위해 기존의 영토적·정치적 단위를 지지하고 이용해서, 국가체계와 그 체계가 낳은 전쟁의 희생자가 되었으며, 국가체계가 그들을 나락으로 인도했을 때에는 더욱 그랬다. 영국과 독일에서 산업자본가가 공격적인 경제정책과 식민정책을 선호했지만, 그들의 목표가, 복잡한 국가 사이의 관계가 1914년 유럽 각국의 리더십을 냉혹하게 이끌어 간 극단적인 민족주의 정책에 의해 도움을 받았는가 하는 점은 의심스럽다. 그러나 그 국가체계는 상인들의 제국주의가 결정적으로 자기를 파멸시키는 자체적인 논리를 가지고 있었다.[13]

끝으로, 문화와 교육에서의 혁명이 있었는데, 그 속에서 교회의 권위와 전통은 새로운 개념의 전체적인 기구에 의해 대치되었고, 그 기구 안에서 주권국가 자체가 제한적이고 가시적인, 구원의 실천을 약속하는 신

---

13) 19세기 국가의 침투에 대한 부르주아지의 도전에 대해서는 Poggi(1978, pp. 77~85 and ch. 6), 식민사업에 대한 자본가의 이익의 역할에 대해서는 Fieldhouse(1967) 참조.

성을 대신하고 또 천상의 구원의 도구가 시민 및 그들과 동등한 사람의 공동체의 창설을 위해 사용되었다. 여기서 다시 관료주의적인 '합리적' 국가는 대용적 신성으로서가 아니라 문화변동의 활동적 원리로서 중심적 역할을 했다. 시초부터 군주는 종교적 일관성을 확보하고, 교회와 성직자를 통제하며, 교회와 전통의 구속으로부터 국가정책을 해방하는 데로 기울었다. 이런 목적에서 그들은 고전에서 교육을 받고 세속적인 학습에 재능이 있으며 일차적인 충성을 왕조와 국가에 돌리며 관직의 형식으로 보상을 받는 인텔리겐치아의 성장을 고무했다. 이 새로운 계층과 국가와 영토적 영역의 동일화는 소용돌이 친 사회혁명을 통해서 국가, 영토, 문화공동체가 일치하는 것을 확실히 보장해 주었다. 동일화 과정에서 관료들은 점차 프랑스, 잉글랜드(그리고 후에 브리튼인), 예외가 있지만 스페인, 스웨덴, 홀란드, 헝가리, 러시아의 다른 계급과 지역을 엮어 주었다. 그러나 인종적 민족의 이질성이 헝가리와 러시아의 경우에는 큰 장애가 되었다.

그러나 서구에서 영토의 집중화와 합병은 점증하는 문화 표준화와 병행해서 이루어졌다. 행정에 사용되는 언어는 국가 규제라는 실천적 차원에서뿐만 아니라 교육받은 계층이 그들의 통일과 동질성을 상상하는 것을 가능하게 함으로써, 표준화된 소통양식을 산출하는 데 중요한 역할을 했다. 앤더슨이 생생하게 설명하듯이, 인쇄술 그리고 중앙집권화된 관료제 국가의 표준화된 행정 언어로 쓰인 대량으로 출판된 책과 엄청나게 나온 신문은 어렴풋한 주권국가의 구조를 가시적인 것이기보다는 상상적인, 생생한 실체의 한정된 공동체로 바꾸었다.[14]

---

14) B. Anderson(1983, ch. 4), 관료제의 성장에 대해서는 Jacoby(1973), 인텔리겐치아에 대해서

18세기 말부터, 라 샬로테(Louis La Chalotais)와 그레구아르(Henri Gregory) 대주교의 국민교육계획, 오스트리아 요제프 2세의 개혁, 그리고 프러시아, 영국, 프랑스, 스페인, 그리고 다른 국가가 육성한 학원, 화랑, 박물관, 대학의 증가로부터 출발해서, 우리는 국가가 중간계급에 대한 교육자의 역할을 채택해서, 표준화된 애국적 문화에 의해 몰입하고 정치적으로 의식 있는 시민을 형성하고자 하는 것을 발견한다.[15] 이것은 프랑스 혁명의 자코뱅 집권기에 가장 뚜렷한데, 그때 국가는 당파의 영광과, 자유, 평등을 위한 축제, 행진, 경기, 음악, 연극, 미술과 건축계획을 후원했다.[16] 그러나 바레르(Bertrand Barère)와 그레구아르 대주교에 의한 언어의 통일을 확보하려는 시도는 그렇게 중요하지 않았는데, 그것이 새로운 국가의 시민의 대중의식에서 내부적 불화를 허용하지 않는, 역사적 연대와 역사적 영토의 관점에서 문화적 동질성을 위한 운동에 조점을 맞추었기 때문이다. 자코뱅의 중앙집권주의자들은 단순히 프랑시아(Francia)의 유산을 점유했다. 그들은 프랑스의 여러 지역에서 진부한 텃세와 관습뿐만 아니라 고어체의 말과 사투리를 타파함으로써 그런 점유를 실행하고자 했다는 점에서 매우 논리적이었다. 국가의 불가분성은 국가 시민의 문화적 통일성과 동질성을 담고 있었다.[17]

는 Gouldner(1979) and Gella(1976) 참조.

15) 계몽적 절대주의 아래 이런 국가의 후원에 대해서는 Honour(1968) 및 Loquin(1912), 그리고 Godechot(1965) 참조.

16) 이런 축제와 행렬에 대해서는 Dowd(1948) 및 Herbert(1972) 참조. 여기서 그것들은 데이비드란 예술적 천재와, 그리고 초기 공화정의 통령인 브루투스와 볼테르에 대한 애국적 숭배와 결합되었다. 무신론의 찬미에 대해서 Leith(1965) 참조.

17) 공화주의적 행정 통일의 추동의 일부로서 혁명정권 아래 시도된 언어의 동질화에 대해서는 Lartichaux(1977) 및 Kohn(1967b) 참조. 영국에서 이 문제는 그렇게 급하지 않았거나, 웨일스와 스코틀랜드가 변화를 하던 세기 중에 더 일찍 해결되어서, 혁명적-애국적인 통일과 동

사실상, 국가는 강제적인 대중적 초등교육이 대부분의 서구 국가에서 규범이 되었을 때인 19세기 후반기에 교육자의 역할을 맡았다. 이 시기 프랑스의 정치적·사회적 발전에 관한 웨버(Eugine Weber)의 연구는 대중 징병제와 대중 교육의 성장과 더불어 대부분의 프랑스인이 어떻게 그들의 '프랑스인다움'을 느끼게 되었고 또 국가에 혹은 다양한 지방적·지역적 결사체를 뛰어 넘는 민족국가에 충성을 바치기 시작했는지를 보여 주고 있다. 이때에 비로소 교회의 배제를 통해 정치의 세속화 과정을 완결하고 주민을 프랑스 시민으로 동질화하는 데로 기운 국가 관료의 통제 아래 교육을 두는 것이 가능했다.[18] 유사하게 비스마르크의 독일제국에서 문화투쟁은 새로 취득된 잡색의 독일어를 말하는 지역에서 통일된 민족의식을 만들어 내려는 국가 엘리트의 동질화 운동을 보여 주었다.[19]

이들 세 개의 혁명은 중앙집권화되고 문화적으로 동질적인 국가의 양태를 따라 선회했다. 그리고 20세기 초 전체 유럽 대륙은 관료제에 의한 '합리적' 국가의 네트워크 속으로 쪼개졌고, 국가 형성의 인식과 실천은 해외에 있는 다양한 식민지의 영토로 이식되었다. 이러한 유럽과 식민지의 국가체계라는 도가니 안에서, 민족주의가 등장했고 민족이 형성되었다.

원 이데올로기의 필요성이 없었다.
18) E. Weber(1979) 참조. 그러나, '프랑스 민족'에 대한 공화주의자의 인식과 반혁명적 인식의 차이는 드레퓌스 사건에서 폭로되었다. Kedward(1965) 참조.
19) Hamerow(1958) 참조. 바바리아의 분리주의와 문화투쟁에 대해서는 Kohn(1965, ch. 8) 참조. 문화투쟁의 매력적인 모습은 베드포드(Sybille Bedford)의 소설 『유산』(A Legacy)이 제공하고 있다.

영토적 민족과 인종적 민족

그러나 이들 세 개의 혁명이 매우 불연속적이었기 때문에, 그 효과가 다른 시기 다른 지역에서 감지되었기 때문에, 그리고 이들 혁명은 대단히 다양한 사회적·문화적 환경에서 일어났기 때문에, 점진적으로 '형성'된 '민족'은 양과 형식에서 차이를 드러냈다. 종교적인 민족주의와 세속적인 민족주의와 민족, 부르주아 민족주의와 민족, 귀족주의적 민족주의와 민족, 프롤레타리아 민족주의와 민족, 보수주의적 민족주의와 민족, 사회주의적 민족주의와 민족, 관료적 민족주의와 민족, 민중주의적 민족주의와 민족이 있었다. 그뿐 아니라 아주 구분이 명확한 형식과 개념의 영토적 '민족'과 인종적 '민족'이 있다.

첫번째 유형은 그 이름이 사사하듯, 영토 인식과 명료한 지리적 경계 안의 상호작용으로부터 토대를 갖는다. 국가는 주권이라 하더라도 엄격히 구속을 받는 사법권을 가진 영토적 실체이다. 구속성 인식, 포괄성과 배타성 인식은 시민공동체의 정의에서 필수적이다. 이것은 부분적으로 앤더슨이 유념한 것인데, 그는 민족을 '본질적으로 한정되고 주권이 있는 것으로 상상된 상상의 정치적 공동체'로 정의한다.[20] 그것은 또한 백과전서파들이 유념한 것인데, 그들은 하나의 민족은 주어진 영토에 거주하면서 동일한 법률과 통치에 복종하는 사람들의 집단이라고 정의한다.[21] 사

---

20) Anderson(1983, p. 15) 참조. 민족의 영토적 특성에 대해서는 A. D. Smith and C. Williams (1983) 참조.

21) 이들 계몽주의의 견해에 대해서는 Kemilainen(1964) 참조. 그것은, 국가의 경계를 그리면서 기존의 인종적 민족의 위치를 고려하지 않은 프랑스와 영국의 행정가들에 의해 아프리카에 이식되었다. Montagne(1952) 및 C. Young, "Ethnicity and the colonial and post-colonial state in Africa" in Brass(1985) 참조.

실상, 이것은 첫번째의 민족 개념이고 또 한동안 유일한 민족 개념이었으므로, 보다 뒤의 '민족'에 즉 식민지 통치자와 아프리카 및 아시아의 계승자들이 다양한 문화로부터 창출해 내고자 하는 미래의 영토적 민족에 이론적 근거를 부여하는 일이 남아 있다.[22]

이런 민족 개념의 두번째 특징은 법적 특성이다. 민족은 법률과 법적 기구의 공동체이다. 민족의 구성원들은 공통된 법규에 의해 구속되어 있고, 동일한 권리와 의무를 갖는다. 원칙적으로, '인종, 피부색, 혹은 신조', 연령, 성 혹은 종교를 근거로 예외가 있을 수 없다. 법률은 단 하나의 근원으로부터 나오며, 민족, 민족의 단일성, 민족의 표준화의 표현물인 영토 국가는 민족국가의 주권을 반영한다. 이것은 역사적 사실로서 민족 개념이 경계 안의 배타적 관할권을 주장하는 주권국가를 소유한 주민 안에서 생겨났기 때문이다. 실제로, 민족의 영토적 개념은 주권국가의 지위의 실현 밖에서 생각하기 어렵다. 식민지의 억압에 저항해 싸운 아프리카의 민족주의자들은 그들의 투쟁을 통해서 (존재하지 않았던 계보와는 반대되는) 법적인 민족 개념과 결합된 식민국가와 관료기구를 물려받았다. 달리 말하자면, '영토적 민족'과 '법적 개념의 민족'이라는 용어는 모두 민족의 지위에 도달하는, 즉 민족을 창조하거나 형성하는 길을 의미한다. 이것은 역사적으로 그렇게 한 첫번째이자 가장 영향력이 있는 길이었다. '국가로부터 민족으로'라는 영국과 프랑스의 모델을 복제함으로써, 아프리카와 아시아의 민족주의자들은 서구의 발전과 군사적 성공을 열심히 배워, 애

---

22) Rotberg(1967) 및 Neuberger(1976) 참조. 아프리카 엘리트들에게 이 개념은 '부족주의'를 닮은(혹은 그것으로 오해되는) 그래서 대륙의 '발칸화'의 길을 열어 줄 대안적인 인종적 민족 개념을 상쇄하는 데 필요하다.

국적인 열정과 단결심을 흡수한 동질적이고 엄밀한 민족을 창출하기를 희망했다.[23]

그러나 곧 두 가지 다른 특징이 서구의 영토적 민족모델에 내재하고 있음이 발견되었다. 첫째는 시민권이다. 물론 이것은 신분증, 서약, 법적 정체성이라는 문제 이상이었고, 정부와 행정부에 대한 공통된 권리와 의무 이상의 것이었다. 최근까지 영어로 된 용어 '국적'(nationality)이 전달하는 것은 시민권의 외피였다. 비록 여기서 우리가 문제의 골자에 접근하고 있지만, 그것은 거주문제 혹은 부모의 거주문제 이상이었다. 본질적으로 '시민권'은 활발한 사회적·정치적 참여를 통해서 단결과 박애의 의미를 전달했다. 지금 실제로 권리와 의무 그리고 부합하는 서류를 가진 사람만이 참여할 수 있었다. 그리고 거주하는 사람과 부모가 거주자였던 사람만이 이들 권리를 이용해서 참여할 수 있었다. 그러나 참여하려는, 즉 르낭이 말하는 '매일 매일 하는 신임투표'를 분담하려는 의지는 영토에 대한 집착과 공동체와의 결합, 즉 그들의 부모(그리고 조부모 혹은 조상)가 그렇게 했던 사람들 사이에서만 발견될 수 있는 일종의 형제애에 기초하고 있다는 가정도 점점 성장했다. 달리 말하자면, 비록 최근에 온 사람들은 정식의 시민이지만 실질적 국가의, 즉 출생에 의한 거주자의 결속력이 있는 공동체의 한 부분이 될 수가 없었다. 고대 아테네에서 그랬듯이, 부모가 아테네인인 사람에게만 시민권을 제한하는 법률이 통과되었고, 페인(Tom Paine)의 사례에서 예시되듯이 이데올로기적 유사성에 기초하

---

23) Tilly(1975, Conclusion) 참조. 역시 '해외의 그리고 후대의 민족-국가 형성은 기안에 의한 창설'을 강조한다. 아프리카 민족 개념에 대한 서구의 영향에 대해서는 Hodgkin(1964) 및 Geiss(1974, ch. 5), 그리고 아랍의 이념에 대해서는 Hourani(1970) 참조.

여 시민권을 부여하는 프랑스에서 혁명의 첫번째 충격은 후에 오랜 거주와 인종적 민족의 조상에 기초한 역사적·계통적 공동체의 의미를 증대시켰다.[24] 그러나 다른 경우에, 시민권은 절대적인 성원의 지위를, 거주 성원과 활동적인 참여자에 걸맞는 동등한 법적 권리와 의무를 의미했다. 그 결과 시민권은 고르게 하는 영향력을 행사했고, 계급과 계층을 이론상 동등한 사람과 내부인의 공동의 공동체로 결합해 주었다.

다른 특징은 공통된 문화였다. 다시, '국가-민족'의 길은 공통된 신화 및 상징과 더불어 의미와 가치를 암묵적으로 공유한 상황에서만 작동하였다. 이런 의미, 신화, 상징이 다른 경쟁적인 화음 때문에 심금을 울리지 않는 곳에서는, 민족의 문화적 경계가 놓여 있었다. 이런 신화, 가치, 상징이 소통할 가능성이 없고 소통할 '언어'가 존재하지 않는 곳에서는, 스투르(Ludovit Stur) 같은 슬로바키아 지식인들이 했던 것처럼 어울리지 않는 농민의 방언과 시골의 전설로부터 창안하거나 변형해서, 보다 큰 모라비아를 회상하고 잠재적인 기억과 신화를 퍼뜨릴 슬로바키아 언어를 형성해야만 했다.[25]

실제로, 이것은 영토적 민족이 문화공동체여야만 한다는 것을 의미했다. 견고한 시민권은 공유한 신화, 상징, 가치로부터 형성되어, 교육제도를 통해서 표준화된 언어로 소통되는 공통된 '문화라고 하는 종교'를 필요로 했다. 그래서 영토적 민족은 대규모 교육 기업이 된다. 그 목적은 문화적 동질성이다. 남녀를 불문하고 사람들은, 주변의 것과 다르고, 그

---

24) 기원전 451년 시민권을 제한한 아테네의 법률에 대해서는 Hignett(1952, p. 255 and Appendix 10), 19세기 프랑스의 태도상의 변화에 대해서는 Weiss(1977, chs. 4 and 7) 및 Nolte(1969, Part I), 그리고 Kedward(1965) 참조.
25) Brock(1976) 및 Seton-Watson(1977, ch. 3) 참조.

민족의 상징과 신화에 대한 공감을 결여하고 그 민족의 가치와 기억이 의미를 갖지 않는 이방인들과 구별해 주는 공유한 단일한 생활방식과 신념 체계로 사회화되어야 한다. 이것은 루소의 이상이었는데, 그는 코르시카인과 폴란드인에게 인종적 민족이 생존하게 되는, 그래서 민족이 재활하는 열쇠가 되는 그들에게 특유한 문화적 특성과 토착적인 제도를 강조하도록 충고했다.[26] 그것은 교육자 역할을 하는 국가의 문화혁명이 서구의 경제적·정치적 혁명을 완결시킨 지점을 표시하고, 민족의 지위로 가는 두번째 길과 개념을, 즉 주로 동구에서 발견되는 민족-국가의 길로 가는 개념을 다룰 수 있는 수단을 제공하는 지점을 표시해 준다.

이 두번째 길에서, 민족은 점진적으로 혹은 불연속적으로 이전의 인종적 민족과 그 유대의 기초 위에서 형성되었고, 민족의 형성은 동원, 영토화, 정치화 과정을 통해 인종적 민족의 유대와 감정을 민족적 유대와 감정으로 '변형'하는 문제가 되었다. 일반적으로 이것은 계보학, 민중주의, 관습, 토착문화 보호주의 같은 요소를 강조하는 다른 개념의 민족을 낳았다.

이에 대해 보다 '가족적인' 민족 개념은 더 중요성을 보유한 혈통적 유대를 전제로 했다. 연대기와 계보학에 비쳐진 공통된 기원과 혈통에 대한 가정은 점차 그들 스스로를 '민족'으로 보고 다른 사람에 의해 '민족'이라고 보이는 공동체에 있는 여러 인종적 민족주의에서 발견될 수 있다. 아프리카의 몇몇 인종적 민족, 즉 이보(Ibo), 줄루(Zulu), 키쿠유(Kikuyu), 그리고 다른 인종적 민족은 근대 독립투쟁 단계에서도 조상에게 귀속된

---

26) 루소의 *Projet Corse*(1762)와 *Gouvernement de la Pologne*(1773)에 대해서는 Cohler(1970) 참조.

유대와 계보의 신화를 보유했다. 장로 그룹, 형제애를 보여 주는 상징적 의식, 희생적인 통솔의 관념은 독립투쟁에서 이보와 키쿠유 같은 인종적 민족에게서 뚜렷했다. 동유럽에서도 역시, 그리스인, 불가리아인, 헝가리인과 다른 인종적 민족 사이에서, 계보의 신화는 콘(Hans Kohn)과 다른 학자들이 불렀던 '유기체적'이고 '신비적인' 민족 개념 형성에 중요한 역할을 하였다.[27]

여기서 내가 말하는 '민중주의'는 네언(Tom Nairn)이 '새로운 중산계급의 민족주의 인텔리겐치아'는 대중을 역사 속으로 초대해야 한다고 썼을 때 그가 말하는 일종의 연합을 의미한다. 그들이 사실상 항상 그렇게 했는지 혹은 '사람들'의 역할에 관해서 그렇게 말만 했는지 논란의 여지는 있다.[28] 각각의 경우, 영토적 개념과 반대되는 인종적 민족 개념은 실제는 그렇지 않더라도 이론상 민중적이고, 하위에 속하는 개념이다(실제로 적어도 20세기 초까지 유럽에서 그 이후에 유럽 밖에서 대중적인 유권자를 형성한 것은 교육받은 계층, 하위에 속한 귀족, 하위에 속한 성직자, 상인, 기업가, 언론인, 변호사, 의사 등등이었다). 중요한 점은 민족의 지위를 얻는 길은 '민중적 동원'을 통해서, 즉 문제가 된 단위의 기초로 인종적 민족의 인

---

27) 이런 희생의식은 마우 마우(Mau Mau) 저항에서 두드러진 역할을 했다. Nottingham and Rosberg(1966) 참조. 바콩고(Bakongo) 역시 벨기에 당국과 다른 인종적 민족과의 투쟁에서 잃어버린 왕국의 역사 신화를 끌어냈다. Balandier(1953) 참조. 콘의 사고에 대해서는 Kohn(1967a, ch. 5) 참조. 그리고 J. Plamenatz, "Two types of nationalism" in Kamenka(1976)는 민족주의의 형식과 내용에 직접 관심을 갖는 것은 아니지만, 동/서 양분법으로 문화자원과 사회 수준을 다룬다. 또한 Breuilly's(1982)의 분석은 동유럽의 '인종적 민족'의 주장을 많이 이용하고 있다.

28) Nairn(1977, p. 340), 그리고 일부 비판에 대해서는 A. D. Smith(1981a, ch. 2) 참조. 민족 운동의 계급구성에 대해서는 V. Kiernan, "Nationalist movements and social classes" in A. D. Smith(1976b), and Seton-Watson(1977, ch. 10) and Breuilly(1982, ch. 15) 참조.

구통계학을 채택하고 더 많은 교육을 받은 의식이 있는 부문을 활성화시킴으로써 진전되었다는 것이다. 이런 식으로, 인종적 민족 개념은 영토적 민족이 의지하던 시민권 이상의 대응물을 만들어 냈다.[29)

셋째로, 민족의 인종적 개념은 영토적 민족의 접합을 제공했던 법전과 제도를 관습과 방언으로 대체하는 경향이 있다. 물론 이것은 인종적 민족으로서의 민족이 실제로 표준화된 법전이나 제도를 결여하고 있다는 것을 의미하는 것이 아니다. 다만 그것들이 민족 개념에서 두드러지지 않거나 혹은 구성원을 위해 이데올로기적 구속을 제공한다는 것을 의미한다. 대신, 인종적 민족의 민족주의자들은, 그들이 표준화하고 정교화하기 시작해서, 관습을 규칙과 법률로 격상시키고 방언을(그중 일부를) 언어로 바꾼, 기존의 관습과 언어적 유대에 호소한다. 발칸과 동유럽 지식인의 초기 민족주의 대부분은 그들이 무수한 방언을 민족적 독특성의 저수지로 보고 또 장래의 민족의 설계와 형성을 위한 풍요로운 저장고로 보는 기존의 선택된 '민속'에 대한 언어학적 조사, 사전 편집을 위한 조사, 인종학적 조사에 헌신했다.[30) 아시아와 아프리카에서 종교는 인종적 민족의 민족주의에 이바지하게 되었다. 흔한 사례가 있듯이, 그곳 어디에서

---

29) 이런 종류의 '지방적' 혹은 '대중동원형' 민족주의에 대해서는 Anderson(1983, ch. 5), 교육받은 계급과 인텔리겐치아의 역할에 대해서는 Seton-Watson(1960, ch. 6) 및 Pinard and Hamilton(1984), A. D. Smith, "Nationalism, ethnic separatism and the intelligentsia" in C. Williams(1982) 참조.

30) 아르질(Argile)이 보여 주듯 아프리카와 동유럽에서 인텔리겐치아와 다른 사람들의 문화적·정치적 활동 사이에는 중요한 유사성이 있었다. W. J. Argyle, "European nationalism and African tribalism" in Gulliver(1969) 참조. 그리고 초기 동유럽 민족주의의 소규모의 사회제도와 높은 교육수준에 대해서는 W. J. Argyle, "Size and Scale as factors in the development of nationalist movements" in A. D. Smith(1976b), 그리고 그들의 사전 편찬과 문헌학적 활동에 대해서는 Anderson(1983, ch. 5), 동유럽 슬라브 운동에 나타난 역사가와 다른 학자들의 탁월성에 대해서는 Kohn(1960) 참조.

나 관습과 방언은 오랫동안 공동체와 문화를 동일시하는 데 이바지한 전통적인 인종적 민족의 종교(인도의 힌두교, 미얀마의 불교, 필리핀의 가톨릭, 이란의 시아파 이슬람, 아랍의 수니파 이슬람, 여러 아프리카의 혼합주의 종교) 속에 착상했다.[31]

영토적 민족의 공통된 문화와 '시민적 종교'조차도 인종적 민족의 길과 민족 개념에 등가물을, 즉 인종적 민족이 되찾는 특징과 특유한 내부 지향성에 대한 믿음인 일종의 토착문화 보호주의의 소명을 가졌다. 지식인들이 정교화했듯, 토착문화 보호주의는 역사주의의 도구가 되었다. 고유한 근성과 토착적 가치라는 민속적 가정은 각각의 공동체는 자체적인 내부의 리듬에 따라 진화하고 그것의 자기표현과 운명은 급격히 다르고 독특하다는 자의식적인 사고로 변형되었다. 인종적인 민족 개념에서 '역사'는 영토적 민족 개념의 맞수가 되었다. 그러나 그것은 인류 발전의 보편적 법칙을 가진 일반적 역사가 아니라, 특정한 공동체의 독자적인 역사이다. 오직 후자만이 인간들을 결합해서 진보의 약속을 실현할 수 있다.

민족-형성

① 서구의 영토민족주의

많은 역사가들이, 특히 '서구' 민족주의와 '동구' 민족주의의 이분법으로

---

31) 동남아시아 민족주의에서 종교의 역할에 대한 조심스런 분석으로는 von der Mehden(1963), 그리고 Wertheim(1958) 및 D. E. Smith, Bechert, von der Mehden의 논문, "Lewy and Rahman on Hindu, Buddhist and Muslim nationalist mass-mobilization" in D. E. Smith (1974), A. D. Smith(1973b) 참조. 아프리카의 융합주의와 민족주의에 대해서는 Geiss(1974, esp. ch. 8) 참조.

유명한 콘이 지적했듯이, 영토적 민족과 인종적 민족이라는 근대 민족의 두 개념은 초기 민족 형성의 파도에 대한 다른 역사적 경험을 구현하고 반영한다. 가장 최초의 것은 서구, 즉 영국, 프랑스, 스페인, 홀란드, 그리고 후에 스웨덴과 러시아에서 발생했다. 여기서 '인종적 민족 국가'는 세 개의 혁명의 충격, 즉 경제의 통일과 영토의 집중화, 보다 많은 계층을 위한 동등한 법적 권리의 구비, 공적인 대중 교육체계의 성장을 통해 순수한 민족 국가로 점차 변형되어 갔다.[32)]

물론, 이것이 '민족'의 범주가 영토국가의 범주와 일치한다는 것을 의미하지는 않는다. 이들 경우 중 대부분에 자기들의 의지에 반해 병합되고 부수적으로 착취당하는 중요한 소수민족이 남아 있다. 그럼에도 불구하고, 역사적으로 국가의 핵심적인 인종적 민족의 우세와 문화적-정치적 지배는 매우 커서 그 민족이 주로 영토국가의 경계 안에 살고 있는 전체 인구의 정치생활과 사회제도의 형식과 내용을 명령했다. 영국, 프랑스, 카스티야의 인종적 민족은 전체 인구의 국가와 전통에 그들의 외양, 생활양식, 신화, 상징을 아로새겼으나, 병합된 소수민족의 전통과 신화를 파괴하지는 않았다. 물론 이것은 원래의 인종적 민족 국가가 보다 작은 지역에서 팽창해 관료적 수단을 통해 그 밖의 인구를 병합하기 시작한 방식의 결과이다. 4장에서 논의했듯이, 다른 인종적 민족 국가는 동일한 병합과정을 따랐지만, 성공의 정도는 달랐다. '민족국가'는 세 개의 혁명에 의해

---

32) 콘의 동서 양분법에 대해서는 Kohn(1967a, ch. 5) 참조. 일부 비판에 대해서는 A. D. Smith (1971, ch. 8) 그리고 2판(1983) 서문 참조. '민족의 국가'(national state)라는 용어는 '민족-국가'(nation-state)라는 용어보다 더 잘 이용되는데, 후자는 영토국가와 인종적 민족의 주민과 문화의 합치와 공존을 암시하기 때문이다. 최근의 인종적 민족의 자치운동의 분출이 보여 주듯 서구에서도 이런 합치 사례는 드물다. 이 책 6장과 9장을 볼 것.

이용될 수 있는 수단을 통해 수행된 동일한 과정이고, 그 과정을 완결시키는 데 걸린 시간의 길이는 내포된 대규모의 경제적·정치적·문화적 변형을 입증한다.

영국, 프랑스, 그리고 카스티야의 스페인이라는 원래의 인종적 민족의 정치체제는 13세기부터 17세기에 팽창했기 때문에, 그 국가들은 불가피하게 다른 인종적 민족을 병합해 그들을 종속적 혹은 보조적인 지위에 두었다.[33] 그렇지만 팽창된 국가의 지배적인 문화에 원래의 핵심적인 인종적 민족의 문화가 남아 있으며, 심지어 그 민족의 외부지역이 민족주의 시대 도래까지 그 지방의 성격을 유지하고 종속된 인종적 민족이 그들의 문화를 보유하도록 허용되었다 하더라도 마찬가지다. 그 과정에서 새로운 개념의 공동체가 생겨났다. 즉, 정치적으로 제약이 풀린 영토의 유대에 의해 구속받는 주민의, 동일시되는 주권으로 합병된, 그리고 공통된 정치문화를 가진 성원의 공동체가 생겨났다. 이런 새로운 관념은 본질적으로 도시적이고 시민적이다. 그것은 도시에 의한 시골의 자연스런 지배, 도시 계급의 법적 평등을 전제로 한다. 이런 지배와 평등이 확립되는 한, 등장하는 '민족 국가'는 처음에는 주변부의 문화에 크게 관심을 갖지 않는다. 그러나 유럽의 국가 사이의 경쟁이 증가하고 새로운 방법의 생산과 행정이 전통적인 방법을 능가함에 따라, 새로운 도시의 민족은 지방으로부터 인력과 자원을 강요하고 시골 지방과 주변부 주민을 종속시키고 표준화시켜서, 게일족의 하이랜드와 랑그독과 브르타뉴에서 일어났던 것처럼 그들 인종적 민족 문화의 통합과 심지어 존립을 위협했다.[34] 세 혁

---

33) Hechter and Levi(1979) 및 Strayer(1963) 참조.
34) 게일인의 하이랜드에 대해서는 Hechter(1975, pp. 50~57) 및 Nairn(1977, pp. 108~117), 브르

명의 결과로, 그리고 내부와 외부 압력의 결과로서, 서구 인종적 민족의 정치체제는 국가의 작동과 기구 안에서 그리고 그것을 통해서 영토적 민족으로 점진적으로 변형되었다. 이런 식으로, 그것은 '민족-국가'는 절대로 아니지만, '민족의 국가'가 되었다. 다른 인종적 민족은 국가의 지배적인 인종적 민족 문화 속으로 끌려갔으며, 결코 완전히 그런 것은 아니지만 상당한 정도로 지배적인 인종적 민족의 역사를 자기들의 역사로 받아들였다. 변용되지 아니한 민족은 경시되고 종속된 지위에 방치되었다. 이런 묘사로부터, 보다 광범위한 정치문화와 새로운 영토적 정치적 공동체, 즉 영국, 프랑스, 스페인의 공동체가 등장했다(영국의 경우, 이런 전이는 국명의 변동으로 표시되었다).[35]

유사한 영토적 민족과 정치공동체가 바로 뒤인 18세기 말 미국에 그리고 조금 더 뒤에 라틴아메리카에 나타났다. 여기서도 역시, 스페인과 포르투갈인의 인종적 민족의 제국과 영국인의 식민지가 정치적 유대와 영토적 거주에 의해 구속되었다. 미국의 경우, 18세기 말경 미국의 공동체를 원래의 영국 프로테스탄트 피난민과 정착민에로 돌리는 본국 조상숭배주의 전통이 있긴 했지만, (남과 북의, 노예와 장인의, 대규모 농장제 농업과 상업의) 사회경제적인 커다란 분열과 식민지의 지리적 분포는 그들 사이에 추구된 어떤 통일이 주요 특징으로 영토, 거주, 시민권, 법전을 가져야 한다는 것을 의미했다. 기독교 윤리가 역시 의미 있었지만, 식민지

타뉴에 대해서는 Reece(1979) 참조.

35) 이것은 분명히 스페인에는 덜 해당되는데, 스페인의 잘 구별된 지역문화와 잘 발달된 인종적 민족의식(포르투갈은 실제로 17세기에 분리되었고, 카탈루냐인의 1640년 반란은 실패했다)과 경제발전속도의 차이 때문이다. 이에 대해서는 Payne(1971) 및 Heiberg(1975), 인종적 민족 국가 관계에 대한 최근의 검토는 A. D. Smith(1985) 참조.

사이에 있는 어떤 공통된 문화가 공통된 말씨, 중산계급의 문학, 모국의 것과 다른 정착민의 공통된 생활양식과 정치제도 속에 들어 있었다.[36] 출현한 새로운 정치 공동체는 전제된 조상과의 유대와 구세적인 전망이 없을 수가 없었다. 그러나 영국에 저항하는 투쟁 환경을 다루어야만 했던 이유로, 시민적·공화주의적·법적·영토적 요소가 종종 충돌한 식민지 연합의 이익에 상당한 정도의 통일을 가져다 주었다.[37]

라틴아메리카의 크레올(creole)[38]은 스페인과 포르투갈 종주국과 종교뿐만 아니라 조상의 유대와 문화를 공유했다. 여기서 역시, 어떤 등장하는 공동체는 영토와 자체적인 정의를 위한 정치문화에 의존해야만 했다. 안에서 보자면, 이것들은 거대한 다인종적 민족의 제국에서 그 위에 걸쳐 있는 종교문화와 연결된 귀족주의적인 인종적 민족이었다. 이렇게

---

36) 일부 사람들은 13개주 식민지의 독립을 위한 투쟁에 '민족주의'란 명칭을 부여하는 것을 거부하는데, 부분적으로 그들의 동맹이 임시적이고 어떤 민족의식(얼마나 많은 민족이 이런 동의를 가지고 논쟁에 들어갔는가?)을 대표하지 않았다는 데 근거를 두고 있다. 그러나 주로 그들이 구현한 '민족'이 그들을 통일시키고 다른 적들과 그들을 구별해 주는 공통된 문화 시험에 실패했기 때문이다(동일한 반대가 1810년 라틴아메리카 민족주의에 대해서도 있었다). 그러나 이것은 엄격히 인종적 민족의 배경에 의존하는 '민족의 자격' 시험을 적용하는 것이다. 그리고 식민지 중간계급의 역사적 기원에 대한 인식, 18세기 후반의 위기 때 필그림 파더와 최초의 정착민으로부터 '본국의 조상숭배'를 발전시켰다고 생각하는 것에는 상당한 근거가 있는 반면, 관습법, 거주, 영역과 더불어 이들 권리와 자유를 인정하지 않는 정부에 반대해서 그들을 통일시킨 것은 '권리'와 '자유'라는 이데올로기로 된 시민의 종교였다. 그러나 영국에서는 중간계급을 위한 그런 권리를 빼앗고 있었다. 이것이 왜 앤더슨이 '민족이' 형성 중이었지만(항상 미리 만들어져야만 했던 환경을 감안하면) 정당하게 미국의 독립투쟁을 '민족주의' 투쟁의 출발점으로 잡았는가 하는 이유이다. Anderson(1983, ch. 4), 그리고 Kohn(1957b) 및 Tuveson(1968) 참조.

37) 이런 요소들이 전시된 로마의 공화주의적 풍속과, 리더십을 활성화한 (세속적인 파벌의 이익과 더불어) '영웅적 '이상에 대해서는 Nye(1960) 및 Victoria and Albert Museum(1976) 참조. 트럼불(Trumbull)과 그의 독립전쟁 시리즈에 대해서는 Jaffe(1976) 참조.

38) 서인도제도와 중남미 등 스페인어 권역에서 태어나서 자란 유럽인 특히 스페인계 사람—옮긴이.

느슨한 인종적 민족을 '민족의 국가'와 민족으로 변형하는 일은 스페인 지방으로부터 뚜렷하게 단절된 영토단위를 잘라내는 것을 의미했고, 또 한 크레올의 정치문화를 주요 도시의 중심 밖에 있는 다른 지역과 계급에로 확대하는 것을 의미했다. 이것은 분리주의 투쟁이 없이도 가능했으나, 1808년 이전 스페인 정부의 반동적 개입이 있었다. 그러나 상황은 곧 상위에 있는 중간계급의 민족을 본국과 분리되어 공존하는 국가의 형성과 결합시켰다. 중간계급의 기구와 후견은 후속 정권이 정치적 민족 공동체를 다른 계급에까지 확대하는 데 이용되었다.[39]

② 동구의 '민족성 중시주의'

민족 형성의 관점에서 '동구-서구'의 대비를 강하게 주장하지 않더라도, 19세기 초 중부와 동부 유럽 그리고 19세기 후기에 중동에서의 상황이 서구의 전개를 거의 닮지 않았다는 것은 사실이다. 세 개의 혁명은 훨씬 뒤에 도달했을 뿐만 아니라, 균등하지도 않았다. 기존의 정치체제들은 매우 달랐고, 대체로 모국에 기반을 둔 다인종적 민족의 제국이었다. 이들 러시아, 오스만투르크, 오스트리아 제국은 정치적 지배를 행사하고 다른 충성에 앞서 왕조의 연합을 한 핵심적인 인종적 민족으로 구성되어 있었다. 오스트리아 영역인 이탈리아와 독일에서 이들 지배적인 인종적 민족은 다른 열강과 함께 지리적 지역을 분할했거나, 독일의 경우에 한 무리의 다른 공국과 함께 그 지역을 공유한 (프러시아의) 변종을 제공했다. 문

---

39) 분리된 민족국가의 진화에 대해서는 Humphreys and Lynch(1966) 및 Masur(1966) 참조. 라 틴아메리카(와 다른 곳)의 크레올 사이에 민족주의 등장의 주요 조건으로서 대도시와 지방 간 관료의 순환이라는 매력적인 이론에 대해서는 Anderson(1983, pp. 55~61) 참조.

제가 된 '지역'은 정치적 기준과 인종적 민족의 기준에 의해 혹은 두 기준을 이용해 정의하려는 시도가 있었으나, 그 어느 것에 의해 정의된 것이 아니었다. '이탈리아'는 지리적 이점과 이전 로마의 통일성을 가지고 있었으나, 독자적인 역사와 정체성을 갖는 지역으로 분열되어 있었다.[40] 경계가 변경되었고 정치적 기억이 희미했던 '독일'은 여러 조각으로 찢겨져 있었으므로 지리적 도움을 받지 못했고, 신성로마제국 정치체제의 도움도 받지 못했다. 이런 까닭에 인종적 민족의 기준 특히 언어라는 기준에 대한 의존이 증대되어, 그것은 그 지역의 이전 국가의 지위에 대한 역사적 기억을 능가했다.

그래서 민족의 인종적 개념은 영토적 개념과 혼합되어, (특히 독일의 경우에) 대규모의 정치적 반향을 불러온 전략과 정책의 돌발적인 변전을 발생시켰다. 두 사례에서, 사회-경제적, 군사-행정적, 문화-교육적 혁명이라는 세 혁명의 충격은 영토로 보면 균등하지 않았고 급속했다. 이것은 문화적·정치적 통합이 없어서 민족의 지역적인 제약 타파와 문화통합에 문제점을 만들었고, 독일과 이탈리아의 강한 실지회복주의와 민족에게 깊은 지역적 간극을 만들었다. 여기서 다시 인종적 개념과 영토적 개념이라는 서로 다른 개념이 정치적으로 단편화된 '인종적 민족의 지역' 혹은 범주에서 민족의 지위로 나아가는 혼합된 경로로부터 나왔다. 역사적 공동체 의식의 전파는 거의 없었으나, 신화와 상징, 다양한 정치적 기억은 풍부했다.[41]

---

40) 이탈리아의 국가통일운동(Risorgimento)의 효과를 침식하는 지속적인 지역주의에 대해서는 Beales(1971) 및 Procacci(1973, ch. 13) 참조. 후기 이탈리아의 실지회복주의에 대해서는 De Grand(1978) 참조.
41) 독일의 호헨슈타우펜(Hohenstauffen: 독일에서 1138~1208년, 1215~1254년, 시칠리아에서

동유럽에서, 그리고 일부 중동 지방에서 민족의 인종적 개념은, 비록 중세의 국가의 지위에 대한 기억이 전제된 영토적 관념이 또한 발견되긴 하지만, 매우 큰 역할을 하고 있다. 이것은 특히 폴란드와 헝가리에 해당되고, 정도는 약하지만 크로아티아, 불가리아, 루마니아에도 해당된다. 앞의 처음의 두 인종적 민족은 민족주의 시대 전까지 그들의 정치체제를 보전했다. 폴란드의 경우 궁정, 성직자와 기사계급(szlachta)은 도시에서 반쯤 자율적인 포령을 형성한 소수민족인 독일인과 유대인 상인 및 장인과 함께 문화적으로 혼합된 농민을 지배하는 귀족주의적 인종적 민족을 형성했다.[42] 왕국이 보다 일찍 합스부르크 왕국으로 병합되긴 했지만, 헝가리에서 위엄이 있으나 소수인 귀족은 똑같이 중요하고 문화적으로 계층화된 지위를 차지했다. 폴란드인처럼 자치와 독립을 위한, 다시 말해서

1194~1266년까지 지배한 독일의 왕가—옮긴이)의 기억, 아르미니우스(Arminius: 기원후 9년에 로마군을 격파한 게르만의 영웅—옮긴이), 튜턴과 니벨룽겐의 신화는 Kohn(1965, ch. 3)과 Robson-Scott(1965)에서 논의되고 있다. 또한 보다 일반적인 것으로 Rosenblum(1967) 참조. 사회적 배경에 대해서는 Hamerow(1958) 참조. 1848년 독일 프랑크푸르트 의회에서의 인종적 민족과 영토적-역사적 주장의 혼합물에 대해서는 Breuilly(1982, pp. 65~79) 참조.

42) 폴란드 민족주의는 소유권을 잃은 지주와 귀족의 영지회복운동으로 시작되어, 코시우즈 (Kosciuzko)의 지도 아래 1794년의 봉기를 낳았다. 오직 기사계급만 1795년의 3차 분할에서 사라진 고대 폴란드 왕국 혹은 제츠포스폴리타(Rzeczpospolita)의 공통된 특권을 향유했다. 그러나 이때 폴란드의 정치적 영토주의는 인종적 요소와 결합했고, 특히 후고 코우와타이 (Hugo Kołłataj)와 스타니슬로브 스타시츠(Stanisław Staszic) 같은 개혁가의 영향력 있는 저술 속에서 결합했다. 1791년 또 다른 급진주의의 아버지 예지에르스키(Father Jezierski)가 민족을 다음과 같이 정의했다. '그것은 모든 시민에게 적용되는 하나의 일반적인 법체계 안에 구조화된 공통의 언어, 습관, 관습을 가진 사람들의 집합이다'. 그런 까닭에 암묵적으로 '민족'은 제3신분을 포함시켰고, 법과 시민권의 토대가 된 공통된 문화의 관점에서 정의되었다. 1800년대 초, 사뮤엘 린데(Samuel Linde)와 조리안 쵸다코프스키(Jorian Chodakowski) 같은 사람들은, 가상의 기독교 이전 슬라브 마을의 민주주의와 폴란드 농민과 민속양식에 남아 있는 더럽혀지지 않은 고대의 습속과 정신을 연구함으로써, 문화의 역사적·문헌학적 기반을 심화하고 있었다. 그럼에도 불구하고, 농민에 대한 이런 낭만적인 평가가 활동적인 민족의 정치적 포용으로 번역되는 데 몇 십 년이 걸렸다. P. Brock, "Polish nationalism" in Sugar and Lederer(1969, esp. pp. 311~7) 그리고 Halecki(1955) 참조.

조화로운 국가를 위한 투쟁은 영토화, 경제통합 그리고 필요한 경우 마자르화를 통한 다른 계층의 사회참여와 병진했다. 달리 말하자면, 대체로 귀족주의적이고 수평적인 인종적 민족을 완전히 정치적인 민족으로 전환하는 과정은 철저한 의식의 대중교육과 새로운 민족주의 파벌의 선전을 포함하고 있었고, 이전의 계급경계를 뛰어넘고 망설이는 귀족과 지식인에 의한 '역사적 영토' 안의 농민과 장인의 폴란드화/마자르화를 요구했다. 국가의 지위를 위한 외부적인 투쟁은 귀족주의적 인종적 민족을 정치적으로 참여하는 민족주의자로 바꾸는 내부적 변형과 함께 통합의 한 부분으로 진행되었다.[43]

그러나 이것은 불가피하게 합스부르크, 로마노프, 오스만 제국의 영토 안에서처럼, 폴란드와 헝가리 안에서 문화적으로 다른 하위 계층의 보다 많은 교육을 받은 분파 사이에 반작용을 낳았다. 이것은 부분적으로 민족주의자의 이상의 효과로 해외에 있는 지식인과 국내에 있는 지식인 사이를 순환하였으나, 인접한 민족주의 투쟁의 예와 같거나 더욱 중요한 것은 지금까지 성장한 중앙집권화된 정부의 압력이 그들의 다인종적 민족의 제국 지역을 경시하였다는 것이다. 차르 제국의 다른 인종적 민족과 마찬가지로, 크로아티아인, 체코인, 세르비아인, 그리스인, 불가리아인, 루마니아인, 슬로바키아인, 우크라이나인 사이에서 이런 압력과 접촉은

---

43) 물론, 헝가리 귀족들 사이에는 위기 때마다 외국인 혐오증을 특징으로 하는 일종의 '봉건적인' 자민족성 중심주의가 있었고, 우리가 보았듯 이것은 헝가리의 고귀한 사람들은 비교도인 오스만의 침공에 대항한 기독교의 보루를 형성했다는 사고로부터 신선한 자극을 받았다. 그러나 성 스테판(St Stephen) 왕실의 법적 특권을 상기시킨 이들 '계급의' 인종적 민족 감정은 18세기 말 프로테스탄트의 서구화 영향과 문화적인 마자르 민족주의를 가진 초기 로마주의에 의해 침식되었다. G. Barany, "Hungary: From Aristocratic to Proletarian Nationalism" in Sugar and Lederer(1969) 및 Seton-Watson(1977, pp. 157~69) 참조.

중앙정부나 귀족적인 인종적 민족의 문화동질화 프로그램에 의해서 의도된 것과는 반대의 효과를 가져왔다. 저항은 크로아티아인, 세르비아인, 체코인처럼 인종적 민족의 유대와 역사적 신화를 분명히 가진 (그리스인은 다시 다른 '상인의/이산민족의' 범주에 있었다) 상류 혹은 중간 계층의 인종적 민족에게만 국한되지 않았다. 그리고 그들의 문화 엘리트가 1848년 부활하고 있었던 문화공동체 통일에 기초한 정치적 프로그램을 제안할 수 있었다.[44]

국가 집중화의 압력, 민족주의의 사고 그리고 이웃의 민족주의 투쟁 사례는 초기의 도시화와 발전된 소통체계와 더불어, 슬로바키아 방언을 사용하는 가톨릭 농민과 우크라이나 방언을 사용하는 정교회 농민에 대해서 지식인과 다른 사람들 사이에 인종적 민족의 분리의식을 가열시켰다. 다른 경우로, 연결된 역사적인 혈통의 기억과 신화도 있었다. 즉, 19세기 슬로바키아에서 스투르에 의해 새롭게 표현된 스바토플룩(Svatopluk)과 모라비아 왕국의 기억, 우크라이나인 사이에 있던 코사크(Don Cossaks)와 그들의 추장에 대한 기억이다. 이들 신화와 기억의 충격 아래 스투르와 세브첸코(Shevchenko), 그리고 그의 동료 지식인들은

---

44) 이런 계획과 그들의 사회적·문화적 배경에 대해서는 Pech(1976) 참조. 크로아티아인들은 대부분 처음부터 우호적으로 대우를 받아 츠보니미르(Zvonimir) 왕실의 영토에 대한 고대의 호칭을 인정했고, 그래서 '역사적인' 민족의 지위를 인정했다.…… 그러나 1780년대부터 요제프 2세(Joseph II)의 중앙집권적 독일화 정책은 보다 크고 강력한 마자르 귀족들에게 종속적인 지위로 크로아티아 귀족을 위치시켰다. 그러나 1820년대부터 문화와 언어에서 마자르화는 곧 크로아티아 의회(Sabore)가 마자르 언어를 거부하고 크로아티아의 라틴어를 크로아티아어로 바꾸게 만들었다. 마자르와의 불화는 1849년 마자르의 봉기를 크로아티아의 총독 젤라식(Jellasic)이 패배시킴으로써 종결되었다. Seton-Watson(1977, pp. 131~42) 및 Pearson(1983, pp. 32~3, 54~5), 체코 민족운동에 대해서는 Singleton(1985, chs. 4~5), Joseph F. Zacek, "Nationalism in Czechoslovakia" in Sugar and Lederer(1969) 및 Seton-Watson(1977, pp. 149~57), 그리고 Breuilly(1982, ch. 3) 참조.

통일된 언어와 문학을 창조하기 시작해서 인종적 민족 농민의 범주에 그들의 인종적 민족 공동체 의식을 부여했고, 그것이 반대로 국가의 지위와 민족의 자격을 얻기 위한 투쟁의 기초가 되었다.[45]

중동에서 즉 이란인, 아랍인, 투르크인, 쿠르드인, 아르메니아인 사이에서 인종적 민족의 유대와 감정 역시 지속적이었으나, 정도가 달랐다. 그러나 이란이라는 부분적 예외가 있지만, 그들은 19세기경 영토적 표현이나 정치적 현시를 갖지 않았다. 이란에서 사파비(1501~1722)의 시아파 무슬림 운동이 (그때까지 실제로 존재하지 않았던) 시아파 무슬림과 페르시아인의 동일화를 보급했고, 아프칸의 카자르 왕조(1796~1925) 아래 부족적 요소의 침투와 수니파와 몇몇 인종적 민족의 종교적 소수민의 존재에도 불구하고 페르시아 궁정관료가 페르시아의 정체성을 살아 있게 만들었다는 것은 사실이다. 증대된 외국의 경제적 침략과 영국과 러시아의 요구에 대한 왕조의 활발하지 못한 대응은 마침내 독립적인 울레마 (ulema)의 지원을 받아 부상하고 있는 상인 계급과 지식인에 의한 강한 민족적 반응을 불러왔다. 첫번째는 1891년 담배 이권에 반대하는 것이었고, 그 다음 것은 1905~06년의 입헌운동이었다. 그러나 이란은 많은 비페르시아계인과 시아파가 아닌 무슬림교도 공동체를 포함하고 있었기 때문에, 사파비 왕조를 계승한 팔레비 왕조는 금세기에 시아파 페르시아 인종적 민족의 지배적인 지위와 점차 호전적인 민족주의에도 불구하고, 서구의 영토적 민족 개념을 도입하려 했다.[46]

---

45) 우크라이나 민족운동에 대해서는 Armstrong(1963, esp. chs. 1~2), 슬로바키아 민족운동에 대해서는 Brock(1976) 참조. 슬로바키아인, 루마니아인 그리고 우크라이나인에 대해서는 Seton-Watson(1977, pp. 169~91) 및 Pearson(1983, ch. 3)에서 간략히 논의되고 있다.
46) 시아파 무슬림의 사파비 왕조는 주로 유목을 하는 투르크계 인종적 민족에 기원을 가지나, 이

아나톨리아와 아랍의 중동에서 인종적 민족과 정치체제의 부조화 그리고 인종적 민족과 명확하게 표시된 영토의 불일치는 매우 커서, 그 결과 민족의 인종적 개념과 영토적 개념의 파열음이 들려왔다. 오스만 제국에서, 아나톨리아에 있는 투르크어를 말하는 이슬람의 핵심부는 아랍인, 아르메니아인, 그리스 정교도와 다른 인종적 민족에 의해 포위되었는데, 이것은 적어도 제국이 유럽에서 줄어들고 프랑스 혁명이 표명했던 것과 같은 영토적 민족의 이상이 지배자와 지식인의 사회의식에 침투하게 될 때까지, 오스만의 엘리트들이 투르크 민족을 그려내는 것을 어렵게 만들었다. 하미디안(Hamidian) 반격의 마지막 해가 지나서야 아나톨리아의 농민에 대해 경멸적으로 사용하는 용어인 '투르크'란 관념이 긍정적인 인종적 민족의 힘을 부여받고 서구적 개념의 영토적 민족과 조화를 이루

란의 통일과 열렬한 종교적 변화의 장기적인 결과는 국왕 아바스(Abbas)의 수도인 이스파한(Isfashan)에서 유래한 시아파의 페르시아 정체성 의식을 전파했다. 1796년 하푸칸의 카자르 왕조를 창건한 아가 무함마드(Aga Muhamad) 역시 투르크계 기원을 갖고 있다. 그러나 페르시아 사회와 문화는 그들의 지배 아래 침체되어, 1905~6년 입헌주의 운동 때까지 영국과 러시아의 정치적·경제적 패권 아래로 떨어지게 만들었다. 팔레비 왕조는 실제로 아(亞)인종적 그리고 다종교적 성격의 이란을 유지한 반면, 투르크의 아타튀르크가 시도했던 것처럼, 이슬람의 영향을 근절하지 않고 국가와 사회에 세속적인 페르시아의(이슬람 이전의) 민족정체성을 부여하려고 노력했다. Cottam(1979, esp. chs. 2~3, 6, 8, 10~13) 참조. 근대 이란의 역사에 대해서 그리고 사파비 왕조와 카자르 왕조에 대해서는 Avery(1965), Keddie(1981, chs. 1~3) 참조.

케디는 이렇게 주장한다. "이란에서 시아파 교리의 발전은 초점 일부를 독자적인 지역적 정체성의 감정에 두도록 했다. 두 요소를 구별하는 것이 불필요하긴 하지만, 20세기까지 이런 정체성을 가진 시아파의 요소는 이란적 요소보다 중요했다. 1501년부터 금세기까지, 이란주의와 시아파 교리는 많은 사람들에게 단일한 혼방물의 일부가 되었다."(p. 23)

시아파의 이슬람 율법학자인 울레마의 역할은 이란의 정체성과 관련해 어정쩡한데, 열두 기둥의 시아파 교리가 범민족적이나 역사적으로(1501년부터) 이란에 기반을 두고 있고 (19세기와 20세기 초 많은 무타질리파 신도[mujtajids: 신의 유일성, 창조된 코란, 정의의 신, 자유의지론을 신학적 기조로 삼는 종파인—옮긴이]들이 이라크에 근거하고 있지만) 대부분 페르시아어를 구사하는 사람들이 1722년경 시아파가 되었기 때문이다.

게 되었다.[47] 이런 변형에 들어 있는 내재적인 난점은 엔베르 파샤(Enver Pasha)와 그의 동료들이 1908년 청년터키운동을 떠맡은 후에 그들의 정책과 전시의 모험 속에서 작동되었다. 그들의 범터키 인종적 민족 통일 요구는 낮은 계급의 '투르크'가 공유하지 못한 계급구속적인 귀족주의적 오스만 민족에 오랫동안 침잠해 있던 인종적 민족의 유산에 있는 불안을 폭로하는 것이었다. 결국, 아타튀르크(Kemal Atatürk)가 초영토적인 인종적 민족의 범민족주의에 등을 돌리고 오스만의 수평적·귀족주의적 인종적 민족 대신에 이슬람 이전의 이데올로기적 기억(혹은 신화와 상징)을 가진 영토적 시민 민족주의로 대체했다. 오직 이런 기반 위에서만 서구적 양식의 '민족'이 진화할 수 있었다.[48]

아랍인들은 다른 문제에, 즉 방어할 수 없고 조직적으로 짜이지 않은 제국 안에서, 병합되지는 않았으나 몇몇의 인접한 단위로서 주로 오스만 제국의 지방으로, 후에는 식민지 영토로 분산되어 있다는 문제에 직면했다. 오스만의 정복 전후에 지리적 확장과 별도로 된 정치사는 아랍민족을 형성하려는 어떠한 시도에도 이중적인 어려움을 주었다. 한편으로는

---

47) 1860년대에 탄지마트(Tanzimat)의 개혁 후 젊은 오스만인이 오스만 민족주의와 정체성을 체계적으로 설명하려는 시도가 있었으나, 이것은 곧 1876년 하미디언의 반동으로 일소되었다. Mardin(1965) 참조. '투르크' 민족주의란 개념의 등장은 러시아와 중앙아시아의 '외부 투르크인'에 많은 것을 힘입었고, 특히 타타르와 아제리스 사이에서 가스프린스키(Gasprinskii)와 아게에프(Agaev)의 사고에 힘입었다. Bennigsen and Quelquejay(1960), Zenkovsky(1955) 참조. 19세기 오스만투르크에서 세속주의와 민족주의의 성장에 대해서는 Berkes(1964), '투르키즘'과 '투르크'에 대한 사고의 변형에 대해서는 Kushner(1976) 및 Lewis(1968, ch. 10) 참조.

48) 제1차 세계대전 기간 동안 청년터키당의 정책(과 그들의 살로니카에서의 기원)에 대해선 Lewis(1968, ch. 7) 및 Ramsaur(1957)에서 분석되고 있다. 지야 고칼프(Ziya Gokalp)의 이론과 영향에 대해서는 Heyd(1950 및 Berkes(1964), 보다 일반적으로 제국으로부터 민족-국가로의 이행에 대해서는 Karal(1965) 참조.

서구식 민족의 영토적 개념의 적용은 불가피하게 아랍의 인종적 민족 공동체를 영구적으로 파편화시켰고, 다른 한편으로 아랍의 인종적 민족 개념을 실현시키는 계획은 어떤 '범 운동'이라도 갖게 마련인 모든 지리적·경제적·정치적 문제에 부딪혔다.[49] 이슬람조차도 지정학적인 간극을 고려하는 데 불충분했는데, 아랍인들 사이에 있는 기독교의 존재(특히 레바논, 시리아, 팔레스타인에서) 때문에 그리고 보다 안전한 민족주의 이상을 추구하는 일부 아랍 지식인의 욕망과 수니파와 시아파의 뿌리 깊은 분열 때문이었다. 언어 역시 필요한 문화적 접착력을 제공할 수 없다. 고전적인 아랍어는 다양한 민중판인 구어와 동일하지 않고, 구어만이 다른 차이점이 쉽게 느껴지고 표현되는 소통의 도구이자 어휘를 제공한다. 정치-경제적 조화와 영토적-인종적 일치의 명백한 결핍은, 공동의 적의 존재와 서구문명과의 비교가 갖는 의미가 은폐함에도 불구하고, 민족의 지위를 얻으려는 영토적 혹은 인종적 도정을 밟으려는 운동을 방해했다. 하나의 예외인 이집트는 장기간의 국가방향과 영토적으로 엄밀한 정치공동체 전통을 장점으로 가져서, 상대적으로 이른 시기에 자신의 영토와 뚜렷이 구분이 되는 정치문화를 소유한 시민 공동체의 이상에로 움직일 수 있었다.[50]

---

49) 이것은 Binder(1964) 및 Sharabi(1966)에서 충분히 논의되었다. 이집트와 시리아 통일아랍공화국(1958~1961)처럼 분리된 아랍국가연합 시도는 정치적 경쟁자와 다른 수준과 종류의 경제적·사회적 발전을 저해했다. 또한 이스라엘 부정론자의 입장에서 볼 때 부유한 그리고 '온건한' 국가의 반응도 있고, 수니파와 시아파 공동체(우리가 여기서 비아랍인 이란의 영향력을 포함시킨다면 국가) 사이의 정치적-종교적 경쟁의 효과도 있다.

50) 이런 이집트의 전통에 대해서는 Safran(1961) 및 Vatikiotis(1969) 참조. 아랍민족주의의 형성에 있어서 레바논의 기독교도의 역할에 대해서는 Tibawi(1963) 및 Sharabi(1970) 참조.

인종적 민족 모델

20세기로 깊이 들어가지 않더라도, 이미 '인종적 민족'에 대립되는 '민족'의 새로운 특질과 전자가 후자에 미친 영향을 측정하는 것이 가능하다.

먼저 민족의 특질을 보도록 하자. 역사적으로 민족과 민족주의는 서구의 개념이었고 서구의 산물이었다. 민족의 지위를 향한 첫번째 단계, 첫번째 도정은 서구의 것이었다. 이런 까닭에, 우리는 민족 형성과 형성 이후 도정에서 고려해야 할 서구 모델의 영향력을 기대해야 한다. 인종적 민족과 민족을 구분하는 것이 어떤 의미에서 '서구의 특징과 특질'이라고 말하는 것은 정말로 문제를 과장하는 것이 아니었다. 영토방어 의식, 시민권, 법규, 그리고 정치문화는 서구 사회가 자신의 것으로 만든 사회의 특징이다. 단일한 분업에서 사회 이동성의 실현도 마찬가지이다. 이와 같은 사회의 특징들이 쉽게 일반화될 수 있는 반면, 그것들은 강한 서구 문화의 모습을 띠고 있다. 그것들은 실천과 마찬가지로 이상들을 지니고 있으며, 이들 이상들은 서구에서 근대 초기에 발원하였지만, 모든 서구 사회에 적용되었으며, 밑받침이 되는 사회적·정치적 전제로 전환되었다. 이처럼, 그 특징들은 매우 서구적인 형식으로 관료제, 자본주의, 기계의 동력기술, 그리고 기독교와 함께 지구상의 다른 지방으로 확산되었다. 이처럼 특유한 민족 형성과 민족주의의 '영토적 형식'은 최초의 성공적인 근대 사회(영국과 프랑스)에서 일찍 출현했고 포괄적이었기 때문에, 지정학적인 그리고 사회적인 지도의 형성에 첫번째 '민족-국가'의 이미지로 된 청사진을 제공했던 것으로 보인다.[51]

---

51) '근대화'와 '국가건설' 때 영국과 프랑스의 우위에 대해서는 Bendix(1966) 그리고

서구의 민족 형성과 개념은 역으로 민족을 만들려는 의도를 가진 아시아·아프리카 엘리트들에 의해 적용되고 채택되었다. 비록 지금까지 이 엘리트들이 대부분의 경우 영토국가의 식민지 유산의 토대 위에서 그들 민족의 목표를 달성할 수 없었지만. 이들 국가가 그들 영역 안의 강제와 추출의 필수적인 독점을 확보한 곳에도, 중앙집권화되고 자치적이며, 차별화된 공적 제도가 모든 경쟁적인 권력의 중심을 제압하고 주민이 참여하는 시민권을 부여받은 곳에도, 주민들이 동질적인 민족이 되기 전에 건너야 할 머나먼 길이 아직 남아 있다.[52]

여기가 혈통, 민중주의, 지방의 문화, 원주민 보호주의와 함께 대안적인 인종적 민족 모델의 영향력이 느껴지기 시작하는 곳이다. 서구에서 발견되는 시민적 민족모델의 이상과 아시아와 아프리카의 '민족을 갖지 아니한 국가'의 현실 사이에 놓여 있는 격차는 신생국가의 정치엘리트가 불가피하게 대안적인 민족 모델과 [서구와] 다른 민족통합 양식을 찾도록 한다. 이것은 오늘의 인도처럼, 대안적인 인종적 민족 모델이 통합이라는 심각한 문제를 부과하는 곳에서, 그리고 서구의 '시민적' 모델의 영토적 민족주의의 매력이 가장 큰 곳에서 부합한다.

이미, 중부 및 동부 유럽과 중동의 19세기 민족주의에 대해 우리가 행한 간략한 조사는 민족의 지위로 나아가는 도정과 개념에 미친 인종적

J. Plamenatz, "Two types of nationalism" in Kamenka(1976) 참조. 그러나 Seton-Watson(1977, ch. 2)은 그의 '오래된, 지속적인 민족'의 개념 안에 보다 넓은 그룹의 '서구 국가'(스웨덴과 러시아를 포함해서)를 포함시키고 있다. 이것은 네언, 겔너, 브륄리와 다른 사람들의 '근대주의자'의 입장——영국과 프랑스의 민족 겸 국가모델이 민족주의 분석의 출발점을 형성하는——의 수정을 반영하는 것이다.

52) 아프리카에서 국가와 '민족'의 창설 사이의 큰 간격의 현실에 대해서는 Neuberger(1977) 및 Markovitz(1977, ch. 3), 그리고 A. D. Smith(1983a, ch. 7) 참조.

민족의 영향과 인종적 민족 모델의 영향을 밝혀 주었다. 각각의 경우, 역사적인 영토와 전에 누렸던 독립에 대한 정치적 기억에 대한 호소가 있었지만, 인종적 민족의 유대와 감정의 회복과 재활성화에 의해서, 즉 주장되는 계보의 (종종 친족관계, 연대기와 문헌학을 통해서) 추적에 의해서, 대중동원에 의해서, 지방의 문화(종교, 언어, 관습과 제도)의 고양에 의해서, 토착문화 보호의 관점에서 (독특한 집단의 과거, 운명, 그리고 자치하려는 집단의 의지를 강조하는) 다시 쓰는 역사에 의해서, 보충되었다.

예컨대 19세기 그리스에서, 리가스 페레오스(Rhigas Feraios), 코라이스(Adamántion Korais), 카타르치스(Dimitrios Katartzis) 같은 그리스 지식인들이 프랑스 혁명으로부터 물려받은 영토적 개념과 시민적 모델의 민족은 그리스 정교의 비잔티움과 신성한 언어를 가진 인종적 민족에서 나온 인종적 민족의 민중적 개념과 모델에 겹쳐져 있다. 그리스 지식인들과 상인들은 고대 도시국가 그리스의 영토 규모와 그들의 이전의 영광에 대한 정치적 기억을 회상할지 모르나, 정교회 성직자, 목동, 그리고 시골 귀족은 말할 것도 없지만 농민에게 중요한 것은 그들 그리스 정교의 계보와 지방적 문화, (게릴라식) 민중반란과 이슬람에 정교를 대항시킨 그들 지방의 역사였다. 1833년 이후 그리스 국가의 후속 역사는 영토적 민족의 이상과 인종적 민족의 이상이란 두 가지 민족 이상의 충돌로, 그리고 시민적인 것과 혈연 겸 종교적인 것인 두 개의 민족통합 모델의 충돌로 이해될 수 있다.[53]

---

53) 18세기 말 신헬레네 계몽운동에서 유래한 그리스 민족의 헬레네적 개념은 Demos(1958) 및 C. Koumarianou, "The contribution of the Greek intelligentsia towards the Greek independence movement" in Clogg(1973)에서 분석되고 있다. 비잔틴의 개념과 거대한 이상(Megale Idea)에 대해서는 Campbell and Sherrard(1968, esp. chs. 1~3) 및 Dakin(1972) 참

지난 세기에 그리스에 해당되는 것은 더 동쪽인 곳에서도 지속하는 것으로 입증되었다. 인도에서 첫 반세기 동안 서구의 영토적 개념과 시민적 모델은 규모가 작은 상층의 하급 관료와 변호사로 된 브라만 중산층(여기에 일부 크샤트리아 지주와 바이샤 상인과 무역업자가 추가된다) 밖의 계층을 동원하는 데 실패했다. 이들 계층 밖으로 인도 민족의 개념을 확장한 것은 틸라크(B. G. Tilak)와 아우로빈도(Aurobindo)의 업적이지만, 그들은 시민적 모델을 채용하지는 않았다. 대신 새로운 급진주의자들은 산스크리스트어와 베다와 아리안의 문화를 가진 힌두교도 인도인에게 호소해야만 했는데, 이것은 불가피하게 혈연 겸 종교적 민족에서 무슬림과 시크교도를 배제하였다.[54] 의식적인 제도적 공동체라는 의미의 새로운 인도 민족 건설을 위해 다루게 될 이미 만들어진 인종적 민족을 우리가 말하지 않았다는 점에서, 인도의 경우는 흥미롭다. 1900년경 존재했던 것은 일반적인 산스크리스트 카스트 문화와 바르나(Varna) 제도와 더불어, 우리가 다른 곳에서 발견할 수 있는 것처럼 일관된 기원과 가계의 신화 속에서 작용할 수 있는 일단의 힌두 신화와 상징(다양한 변종이 있다)과 더불어, 보다 지방화된 차원(벵갈, 마하라슈트라)에서의 인종적 민족의 유대와 감정의 퇴적물이었다. 급진적인 민족주의자를 도운 것은 기타(Gita)와 같은 신성한 경전의 잔존, 칼리(Kali)와 시바(Shiva) 같은 신성

조. 1821년에 대부분의 그리스인들이 얼마나 스스로를 정교도로서보다 이렇게 인식했는가는 의심스럽다. 그러나 이런 표지와 인종적 민족의 내용이 19세기에 지속했다는 것은 밀레트 시스템(이 책의 5장 참조) 아래 '응집'시키는 어떤 태도와 감정 안에서 인종적 민족 종교와 변화하는 조건 아래 자기 쇄신과 재해석의 능력을 가진 특징적인 생활양식, 관습, 언어 및 조상 신화의 힘을 시사해 준다.

54) 아우로빈도의 가르침에 대해서는 Singh(1963), 다야난다(Dayananada)의 아리아 삼지(Arya Samaj)와 반네르제아(Banerjea)의 역사부활론으로부터 아리안과 힌두의 '인도'의 부활에 대해서는 Heimsath(1964) 및 McCulley(1966) 참조.

에 대한 광범위한 신앙, 암소 숭배. 갠지스 강가의 목욕재계 같은 잘 알려진 고대 힌두 문화의 상징과 의식의 존재이었다. 힌두교의 신화-상징 복합체가 강조되었고, 힌두교가 새로운 인도 민족의 신화원동기를 제공하면 할수록 인도에서 인종적 민족 모델의 영향은 더 커졌다.[55]

　나는 인도의 사례를 언급했는데, 그 이유는 이 사례가 스스로를 느끼게 만든 '인종적 민족 모델'이라고 내가 부르는 것 말고는 이전에 존재하는 제도적인 인종적 민족 공동체가 없다는 것을 시사해 주기 때문이다. 이것은 후기 식민지 국가로부터 민족을 형성하려 한 아프리카의 시도에도 해당된다. 거기에서 어려움은 인도에서만큼이나 끔찍한 것이었고, 어쩌면 인도에서보다 더욱 많았다. 예컨대 나이지리아에는 세 개의 중요한 인종적 민족과 한 무리의 작은 인종적 민족이 있었다. 영국에 의해서 조금씩 창설된 국가에 바로 1966년 쿠데타가 벌어졌고, 비아프라(Biafra) 계열에서 싹튼 내전이 뒤따랐으며, 인종적 민족의 지역적·경제적 경쟁을 없애는 일련의 군사적·행정적 시도가 뒤따랐다. 정치인, 공무원, 장교, 지식인으로 된 소수집단 사이에 있는 나이지리아 '민족주의'를 언급하는 것이 정당하지만, 어떠한 의미에서든 나이지리아 '민족'을 말할 수는 없다. 그러나 만일 연대한 민족이 형성되고 내부투쟁과 외부의 위협을 이겨내고 생존한다면, 나이지리아에서 자체를 동일한 법률에 복종하는 참여적인 시민의 영토적 공동체에 부착하는, 우리가 보아왔던 것과 같은 '시민 종교'의 출현을 상상하기 어렵다. 아프리카의 다른 나라와 마찬가지로 나

---

55) 급진적 민족주의자의 신성한 예배식과 힌두교 경전의 이용에 대해서는 Sakai(1961) 수록 Adenwalla와 Crane의 논문 참조, 인도 민족주의의 위치에 대해서는 Embree(1972), H. Erdman, "Autonomy movements in India" in R. Hall(1979), 영국 지배 아래 인도의 많은 것의 산스크리트화에 대해서는 Srinivas(1962) 및 Dumont(1970) 참조.

이지리아는 시민들이 시민종교 혹은 '정치문화'에 의해서 연대하는 민족을 창출할 수 있도록 해줄 수 있는 긴 시간과 스위스가 누렸던 것과 같이 보호해 주는 지정학적 위치를 결여했다. 중앙집권화된 힘을 오래 그리고 강하게 적용할 수 없어서, 연대를 확보하고 시민종교를 창출할 수 있는 유일한 길은 잠재적인 힘이 있는 신화와 공동의 상징을 통하는 것이다. 나이지리아가 갖는 난점은 그 지역의 과거에 희미하더라도 정치적 기억이, 모호하더라도 조상의 유대가 요구되는 목적에 봉사할 수 있는 공통된 인종적 민족의 경험 혹은 가용할 수 있는 인종적 민족이 없다는 것이다. 매우 단순하게, 국가가 자신으로부터 민족을 형성하려면, 나이지리아는 인종적 민족의 역사를 다시 쓰고 인종적 민족 문화를 융합함으로써, 인종적 민족의 유대와 감정을 창안해야 할 것이다.[56]

이것은 다른 아프리카 국가들이 바삐 할 일이다. 가나에서, 이 이름과 똑같은 이름을 가진 고대제국은 (비록 북동으로 약 350마일 되는 곳에 존재했었지만) 합병되어 공동의 영광스런 정치적 과거를 제공했다. 확실한 서구 민족들이 흘겨보았지만, 그들의 과거가 시민 종교에 필요한 요구에 봉사했다. 그렇지 않았다면 가나는 문화적으로 분열되고 또 인종적·민족적으로 이질적이었을 것이다. 자이르에서도 유사하게, 모부투 (Mobutu Sese Seko) 장군의 정권은 중앙의 정치제도와 리더십 주변에 수립된 다양한 인종적 민족의 상징주의로부터 형성된 정교한 자이르인의 민족종교를 공식화함으로써, 급진적인 인종적 민족을 보다 복합적인 전

---

56) 나이지리아의 현재의 문제의 배경에 대해서는 Coleman(1958)의 고전적인 연구 및 Sklar(1963) 참조. 내전과 군부정치에 대해서는 Panter-Brick(1970) 및 Markovitz(1977, ch. 9), 나이지리아 민족주의의 계급구성에 대한 초기 진술에 대해서는 Smythe and Smythe(1960) 참조.

체적인 인종적 민족으로 결속시켰다. 또 다른 경우로, 짐바브웨나 케냐에서처럼 일당제 국가를 지향하는 운동은 장래의 민족에 어떤 제도적 간극도 허용하지 않을 단 하나의 정치적 종교의 필요성을 표현해 주고 있다.[57]

이제 이것이 시사하는 것은 비록 가장 최근에 창출된 국가에서도 인종적 민족의 동질성과 문화적 통일이 두드러지게 고려해야 할 점이란 것이다. 사회가 순수하게 다원적이고 또한 이데올로기가 다원주의와 문화적 관용을 허용하고 있는 곳에서도, 신생국가의 엘리트들은 자신의 이상과 인종적 민족의 상황논리에 의하여, 새롭게 등장하는 자기네 민족의 새로운 신화와 상징 그리고 반식민주의의 새로운 '정치문화'와 후기 식민지 (아프리카 혹은 아시아의) 국가를 만들어야만 한다고 강요받고 있음을 발견한다. 민족이 서구의 영토적 시민적 모델 위에 수립된 정치적 공동체가 되려면, 그것은 역설적으로 상호 연대와 함께 사라져 가는 인종적 민족 형성 요소를 구성하는 가계의 신화, 역사적 기억, 공통된 문화를 창출해야만 한다. 그것이 가장 가까운 이웃과 민족을 차별화하고, 이웃 문화와 그들 문화를 구별해 주며, 인종적 민족을 구성하는 친족과 공통적인 유대를 갖는 이데올로기적 유사성을 강조한다. 이것은 기원과 가계의 '이데올로기적' 신화를 창조하거나 정교화함으로써 이루어진다. 우리가 모든 시민에게 확실한 기원과 부과된 공동의 조상을 지적하지 못한다면 우리는 오늘날 '미래의 민족'에 의해 추구될 같은 특질, 가치 및 이상을 구현하는 고대의 본보기에로 문화적 계보를 소급해 가야 한다. 프랑스 혁명기에 제

---

57) 가나와 모부투의 자이르 정권을 포함해서 아프리카의 군사정권이 직면한 문제에 대해서는 Gutteridge(1975), 아프리카의 '민족 건설'에서 역사의 이용에 대해서는 Ajayi(1960) 참조. 아프리카의 다인종 국가를 결합시키는 데 이용된 기제에 대해서는 Olorunsola(1972)에 수록된 논문 참조.

3 신분은 결코 작지 않은 일을 했다. 즉 그들은 자신들의 이데올로기적 혈통을 갈리아-로마 원주민까지 소급하고 확장함으로써 초기의 공화주의적인 로마와 스파르타에로 소급해서, 자기들은 그들의 후손이자 상속자라고 주장했다. 유사하게, 영국에서 19세기 휘그당원들은 그들이 자유와 의회제도에 대한 영국인의 사랑에 대해 아버지로 책임을 다한 앵글로색슨 조상과 정신적 친족관계에 있다고 주장했다. 그리스인들은 고대 헬라스에서부터 내려온 '이데올로기적' 가계라는 고전적 신화를 정교회의 비잔티움에서 나온 성직자-귀족-농민의 계보를 갖는 신화에 대비시켰다. 고전적 신화에서 그리스 지식인들이 채택한 계몽주의 가치는 고전적 그리스 세계의 본래의 진리의 계몽주의적 해석으로 간주되었다.[58]

가계의 내력의 혹은 이데올로기적 신화의 추적이라는 수단에 의해서 1789년 이후 대부분의 민족주의는 점차 인종적 민족의 모델에 의해 크게 영향을 받게 되었다. 민족주의자들이 일단 민족 형성의 길에 들어서면, 인종적-정치적으로 부합하는 문제와 더불어 문화적·사회적으로 통합하는 문제가 부각되었다. 통합을 이루고 일군의 국경과 본국을 정당화하기 위하여, 가계 신화는 외부적 용도로뿐만 아니라 내부적 동원과 협력을 위해서도 필요해졌다. 이들 신화는 국외자들에게는 의미가 있을 수도 있고 없을 수도 있는데, 그들의 이전의 태도에 달려 있다. 보다 더 중요한 것은 내부적 단결과 영토적 '뿌리의식'을 배양하는 역할에 있다. 민족의 단결은 결속 혹은 '형제애' 의식과 엄밀하고, 확실하며, 인정된 영토 혹은 '모국'을 요구한다. 그런 까닭에 모든 민족주의는 형제애와 모국을 추

---

58) 이런 가계 신화에 대한 충분한 논의는 A. D. Smith(1984a) 참조. 휘그 신화에 대해서는 Mosse(1963) 참조.

구한다. 그렇지만 어느 것도 하룻밤 새 생기는 것이 아니기 때문에 두 가지 모두 집단의 긴 역사적 경험을 전제로 한다. 그래서 '역사'가 민족주의와 민족 형성의 초점이 된다. 역사의 '재발견' 혹은 '창안'은 학자들이 하는 소일거리가 아니다. 그것은 민족의 명예와 집단적 노력이다. 우리 역사의 추적을 통해서, 우리가 누구이고, 우리는 어디서 왔으며, 우리가 언제 등장했고, 우리 조상은 누구였으며, 우리의 위대하고 영광스러운 것은 무엇이며, 우리의 영웅은 누구인가, 우리는 왜 쇠퇴했는가를 '우리'는 발견한다('재발견'한다). 그러나 '민족 자체'의 재발견은 학문적 문제가 아니다. 그것은 애태우고 이론의 여지가 있는, 압력을 가하는 실천적인 문제로, 민족주의자들이 민족을 창설하는 도중에 생과 사를 가져온다.[59)]

이처럼 긴급하고 깊이 자리잡은 필요 때문에, 근대 민족주의는 점점 통일적인 인종적 민족의 신화에 의뢰해야만 했으며, 새로운 민족 문화가 주조되는 자격이 있는 인종적 민족이 있을 때도 그러하다. 발칸의 상황을 아프리카로 수입하는 것을 두려워하면서 지배 엘리트는 그들이 이름하는 '종족주의'를 억제하고 인종적 민족을 유럽의 식민주의자들이 종족이라고 부르는 것과 동일시했다. 그렇지만 천명한 것이 실제 행동과 일치하지는 않았다. 실제로 그들은 자원을 인종적 근거로 할당하고, 인종적 민족의 구성비에 따라 행정적 지위를 부여했으며, 특정한 인종적 민족 출신이 다수를 차지하는 지역에 있는 각각의 인종적 민족에게 그들 몫을 나누어 주었다. 물론, 이는 자의적이었거나, 균등한 정책이 아니었다. 지배적인 인종적 민족은 통상적으로 소수민족보다 훨씬 큰 이익을 거두어들였

---

59) 민족적 목적을 위한 역사의 의미의 쇄신에 대해서는 Issacs(1975, ch. 7) 및 A. D. Smith(1981a, ch. 5) 참조.

고, 일부 경우는 케냐에서처럼 전략적인 정치적 지위 대부분을 자치했다.

　동시에, 지배적인 인종적 민족 공동체의 전통과 인물에 일방적으로 의존하는 것은, 즉 '하나의 인종적 민족' 모델에 경도하는 것은 심각한 위험을 가져온다. 대안적 전략은 신화와 상징을 결합함으로써, 과거의 공통된 기원(식민주의, 인종차별)을 찾고 다른 민족주의가 숭배했던 것과 같은 멀지만 공통된 영웅의 기원과 시대를 창조함으로써, 영토 국가 안에 다양한 인종적 민족의 전통으로부터 새로운 '정치문화'를 건설하는 것이다. 사실상, 이것은 새로운 영토의 미래 민족이 만일 인종적 민족의 차원과 특징을 결여하고 있다면, 그것들을 획득해야만 한다는 것을 의미한다. 루소의 표현으로, 민족은 '민족적 성격'을 부여받아야 한다.[60]

인종적 민족의 연대 혹은 정치적 시민권?

근대 세계에서의 민족의 형성에 대해 우리가 간략하게 설명한 요지는, 모든 민족은 영토적 원리와 요소, 그리고 인종적 원리와 요소를 특징으로 갖고 있으며, 보다 최근의 '시민적' 그리고 보다 고대의 '혈통적' 모델의 사회적·문화적 조직을 불안정하게 혼합하고 있음을 반영하고 있다는 것이다. 어떠한 '미래의 민족'도 모국 혹은 공통된 기원과 가계의 신화를 갖지 않고서는 살아남을 수 없다. 반대로 어떤 '민족이 되기를 갈망하는 인종적 민족'도 공통된 분업, 영토 안의 이동, 혹은 각각의 성원이 가져야 하는 법적으로 평등한 공통된 권리와 의무, 즉 시민권을 갖지 않고서는 그

---

60) 지배적인 인종적 민족(키구유) 아래 인종적 민족의 산술적 실천의 예로는 D. Rothchild, "Kenya" in Olorunsola(1972), 루소에 대해서는 Cobban(1964) 참조.

목표를 달성할 수 없다. 물론 민족은 역사의 특정한 시점에 다른 비율로 인종적 요소와 영토적 요소를 보여 준다. 원래의 서구 민족은 그들의 인종적 요소를 당연히 여겼고, 그런 까닭에 그들의 민족주의는 영토적 모델을 강조했다. 후에 내부 분열과 외부 압력이 영국과 프랑스로 하여금 그들의 기반을 재고하도록 만들었다. 19세기 말 프랑스에서 특히 통일에 파괴적이라고 생각되었던 소수민족과 이데올로기에 대항해 프랑스의 역사적·문화적 통일을 재확인하기 위해 강한 통합적 민족주의가 등장했다. 상대적으로 긴 기간 동안 소홀히 대접받았지만, 클로비스, 루이 9세, 잔 다르크는 인기 있는 숭배의 대상이 되었다. 이것은 단순히 프러시아의 알사스와 로렌의 병합에 직면한 반혁명적인 성직자의 군주제나 군국주의가 아니었다. 그것은 민중적이고 반유대적이며 지방적인 인종적 민족운동으로, '프랑스'를 인종적 민족으로 재정립하는 것을 추구하는 것이었다.

반대로, 유럽의 절반인 동부와 중동에서 민중적이며 인종적 민족 운동은 보다 '영토적' 개념의 그리고 '시민적' 모델로 이동했다. 우리가 보았듯, 아타튀르크와 그의 정당은 인종적 민족의 투르키즘과 모험에 등을 돌리고, 서구적 노선에 따라 영토적 민족, 즉 엄밀하게 경계가 설정된 영토, 시민권, 공통된 법전과 세속적·정치적 문화 혹은 시민 종교를 가진 민족을 수립하고자 노력했다. 어떤 의미에선 티토(Tito)도 그렇게 했다. 공산주의자들은 유고슬라비아의 6개 인종적 민족이 갖는 독특성을 인식하고 그것을 제도화하였지만, 그들은 또한 공통된 분업, 공통적인 시민권과 공통적인 법, 비동맹운동, 자치경영, 그리고 연방주의를 가진 유고슬라비아주의에 영향력을 가진 공통된 문화와 함께, 영토적으로 정의된 '일리리안'(Illyrian) 모국 안에 그들을 묶어 두려고 하였다.[61]

'민족' 개념의 핵심에 있는 이런 이중주의는 불가피하게 오늘날의 인종적 민족과 그 민족들이 종종 흡수되어 형성된 국가 사이의 관계에 깊은 불확실성을 야기했다. 민족의 개념 자체에는 고유한 불안정성이 있는데, 그것은 과거에도 그랬듯이 인종적 민족과 그것들이 포섭하려 하거나 초월하려고 하는 국가가 위치한 두 대척적인 극점 사이에서 앞뒤로 오가는 것 같다. 오늘날 민족 가운데 두 극점을 포섭해 인종적 민족이 국가와 공존하거나 일치되도록 하는 데 성공한 민족은 거의 없다. 사이프러스를 제외한다면, 오늘날의 그리스에서처럼 심지어 이런 공존과 일치가 달성된 곳에서조차, 고대 인종적 민족 공동체와 근대의 영토 국가는 '민족'과 그 민족의 자아인식을 불안정하게 하고 있다. '시민적' 모델의 민족과 '혈통적' 모델의 민족은 아직도 이중경로의 증거를 갖고 있고, 그 경로에 의해 그리스와 같은 민족이 인종적 민족으로 구성된 이산민족 공동체로부터 출현했으며, 1922년 이오니아의 재난은 범그리스 실지회복주의의 종말을 기록했다.[62] 오늘날, 그리스에서든, 폴란드에서든, 혹은 이제 모두 단일 인종으로 된 민족 국가 혹은 순수한 '민족-국가' 포르투갈에서든, 민족 개념에 들어 있는 오래된 계급의 이중성은 새로운 간극의 길을 열어 놓고 있다. 그러나 각각의 계급 혹은 부분은 영토적이거나 인종적·시민적이거나 혈통적 모델의 민족에로 많이 경도된 민족의 다른 이상을 선택하고 있다. 적어도 이들과 다른 '민족-국가'의 현재의 이데올로기적 갈등은 민족의 이상과 현실에 고유한, 위에서 밝힌 요소의 이중주의로부터 유래한다.

　민족을 구성한다고 주장하는 수많은 다민족 국가가 고려될 때, 이중

---

61) 프랑스의 통합민족주의에 대해서는 Nolte(1969, Part I), 유고슬라비아에서 공산주의의 민족성 이용에 대해서는 Schöpflin(1980) 및 Djilas(1984) 참조.
62) Dakin(1972) 및 Campbell and Sherrard(1968, chs. 4-5) 참조.

주의와 불안정은 지방적인 것이 되거나 분열적인 것이 된다. 전형적으로 다민족 국가는 다소간 정도의 차이는 있지만 주변의 작거나 약한 인종적 민족을 병합하거나 그것에 영향을 미치고자 하는 전략을 갖는 하나의 인종적 민족에 의해 지배되고 있다. 아르헨티나, 오스트레일리아 그리고 미국과 같은 이민자 사회에서조차 하나의 인종적 민족 공동체는 파도처럼 밀려 온 인종적 민족을 계승한 규범적 양식과 경제적 위치에서 앞서 있으며 영향을 받았다. 그 과정에서 보다 빨리 형성된 지배적인 공동체는 자기들의 전통을 확장하고 강화하거나 그것들을 보편화시켜 새로운 인종적 민족의 이민자 혹은 새로 흡수된 인종적 민족을 포함하도록 함으로써 보다 넓은 '정치 문화'를 주조하려 노력했다. 이때 이것은 강제에 의해 지원을 받으나, 통상적으로 경제적 제재나 제도적인 강제가 동원된다. 전형적으로, 새로 흡수된 인종적 민족 혹은 인종적 민족 이민자 성원은 공동의 문화에 적응하고 그 문화에 오랜 기간 동안 부착된 요소를 패용하고 그 지방의 말을 쓰는 대가로 시민권과 명확하게 된 분업체계 안으로 이동할 권리를 제공받는다. 많은 인종적 민족과 그들 이민자들은 (이 맥락에서 '인종적 민족의 파편'으로 간주될 수 있다) 스스로를 위한 민족의 지위를 열망하지 않았다. 그들은 스스로를 '별도의 독자적인 민족'을 구성하는 것으로 보지 않았으나, 그들은 그들의 인종적 민족을 해체하거나 민족성을 상실하는 것을 싫어하였다. 그래서 그들은 시민권과 이동성은 수용했으나, 그들에게 부착된 원초적인 인종적 민족의 요소를 유지하였다. 이런 식으로, 유사한 근대적인 현상, 즉 연대로부터 시민권의 분리가 일어났다.[63]

---

63) 미국에서 이민자 동화의 혜택에 대한 보다 이른 견해는 Lloyd Warner and Srole(1945) 참조.

이것이 의미하는 것은 이중적인 요소의 부착이다. 한편으로는 정치적 단위, 즉 국가에 대한 충성으로 시민권과 의무의 관점에서 표현된다. 다른 한편으로는 인종적 민족 공동체와의 연합과 연대 의식으로, 그 속에서 가족이 사회화되었다. 이런 식으로 카탈루냐 사람들은 그들이 시민이 되는 스페인이라는 국가에 충성을 표출한 반면, 동료 카탈루냐 사람에 대한 친족의 감정적 유대와 카탈루냐 문화와 역사에 대한 부착물을 유지했다. 이런 상황에서 두 종류의 '신화-상징 복합체'나 두 무리의 연합(소위 '이중적 충성')이 작동한다. 하나는 공식적인 상징주의와 모든 것을 포괄하는 신화, 예컨대 영국과 영국인의 '신화-상징 복합체'와 소련과 사회주의적 상징주의는 공적·정치적인 것이고, 다른 하나는 각각의 인종적 민족 공동체를 위한 반쯤 사적이고 문화적인 것이다. 이것은 많은 소수민족에게 낯익은 것으로, '고향'과 '세계' 사이를 잇는 폐쇄적이나 따뜻하고 좁은 친숙한 인종적 민족 네트워크와, 국가 및 국가의 공적 공동체와 일을 하는 직업 세계에 있는 넓고 개방적이며 비개인적인 시민의 유대를 대비시켜 준다.[64]

정치 공동체가 아무리 노력해도, 특히 오래된 인종적 민족이 많은 구성원의 가슴속에 계속 반응을 불러오고 심금을 울리는 곳에서, 흡수해서

이미 1950년대에 점증하는 의구심이 있었으며, Glazer and Moynihan(1964, 서론)은 번성하는 인종적 민족의 조직과 뉴욕의 인종적 민족 공동체의 일부에 대한 자체 평가를 지적했다. 미국뿐만 아니라 유럽과 제3세계에서 인종적 민족감정의 뚜렷한 부활에 대해서는 D. Bell, "Ethnicity and Social change" in Glazer and Moynihan(1975) 및 A. D. Smith(1981a, esp. chs. 1, 7~9) 참조.

64) 인종적·영토적 민족주의의 영국 사례에 대해서는 Birch(1977) 참조. 구소련의 사례는 다양한 이해관계, 정체성의 수준, 서로 교차되는 개인의 집단 가입에서 특히 흥미롭다. G. E. Smith(1985) 참조. 근대세계에서 국가-인종적 민족관계와 발생된 긴장에 대한 가능한 해결책에 대해서는 A. D. Smith(1985) 참조.

보충하려는 인종적 민족의 특성과 중요성을 취하기는 어렵기 때문이다. 그 결과, 많은 인종적 민족 성원이 깊이 공동체에 매달리는 반면 그들의 생활과 직업은 민족국가의 규범과 관행에 따라 조직화하거나, 반대로 흡수한 국가가 주는 권리와 편익의 포기를 거부하는 동시에 자신의 인종적 민족 문화와 정치적 영향력을 증대시키고자 하는 어정쩡한 상태이다. 이런 까닭에 시민권 주장과 내부적인 인종적 민족의 연대 요구를 결합하려고 노력하는 경향이 있다.[65]

일반적으로 말하자면, 시민권과 인종적 민족의 연대는 공적 부문과 사적 부문에서 별개로 작동하므로 그들 사이엔 알력이나 불편이 거의 없다. 그러나 충돌을 회피할 수 없는, 그리고 고통스런 선택을 해야 할 환경이 있다. 어떤 국가의 시민인 인종적인 소수민족은 다른 국가의 다른 인종적 민족의 분파와 혹은 자기들의 국가를 획득하기 위해 이웃나라와 전쟁 중에 있는, 또는 자기들의 국가를 소유하고 있으면서 이웃 나라와 전쟁 중에 있는 핵심적인 인종적 민족과 감성적으로 연대하는 강한 유대감을 가질 수도 있다. 이런 경우, '대리 민족주의'(vicarious nationalism)라는 새로운 상황이 발생한다. 이 경우, 민족의 지위 혹은 자신들의 민족국가를 주장하는 인종적 민족의 소수 분파는 다른 '자매가 되는 분파'를 위해서 혹은 자기네의 핵심 공동체를 위해 그것을 희망한다. 그것은 해외에 있는 그들의 혈족 집단의 투쟁을 지원했던 미국의 그리스인, 유대인, 아

---

65) 미국에서 '인종적 민족'의 부활의 일부 양면적 태도와 갈등적인 현시에 대해서는 Gans(1979) 참조. 서방으로 온 동유럽 이민자 중 많은 사람들에게, 그들이 지닌 옛날의 인종적 민족의 통합의 허물을 벗는 것은 너무 값이 비싼 것으로 증명되었다. 1차세계대전 후 이민자 비율은 여전히 높지만, 동유럽 이민자들은 가능하다면 유럽으로 특히, 합스부르크 지방으로 되돌아갔다. Pearson(1983, pp. 95~110, 187~9) 참조.

일랜드인이 보여 준 사례이다. 똑같은 것을 미국의 폴란드인, 우크라이나인, 혹은 아프리카인의 해방투쟁에 관련된 미국의 흑인 공동체에 대해 말할 수 있다. 각각의 경우, 그들의 '대리 민족주의'는 이주하고 있는 도중 혹은 이민 후 자아의 변형과 그들의 인종적 민족의 유산과 제도가 부분적으로 입는 손실에 대해 보상을 하는 데 도움을 준다. 이와 같은 영토를 뛰어넘는 정치참여에 가담함으로써, 그들은 민족주의 시대에 인종적 민족의 연대로부터 정치적 시민권을 분리하는 데 든 고통과 비용을 경감시키기를 희망한다.[66]

사실상, 흔히 '대리 민족주의'는 그들의 고통과 상실의 증후이자 상징이다. 아주 흔히, 다른 민족에 의해 지배받는 국가의 시민인 인종적 민족 성원은 그들이 시민권에의 충성과 인종적 민족의 연대 사이에 선택을 해야 하며, 특히 흡수한 국가의 정부정책이 해외에 있는 인종적 민족의 국가 혹은 인종적인 소수민족의 이해와 충돌할 때 그러하다. 미국에 있는 그리스인은 종종 일부 미국 행정부의 자국 이익을 위한 친투르크 군사정책과 정치적 정책이라고 본 것에 대해 관심을 표하거나 당혹해 했다. 그렇지만, 그들이 미국의 충성스런 시민으로 남아 있기를 바란다면 그들의 '대리 민족주의'에는 분명한 한계가 있다. 똑같은 일이 1946~48년 시기에 영국에서 발생했는데, 그때 영국의 유대인들은 노동당 정부가 펼친 정책에 첨예하게 부딪혔고, 영국에 대한 그들의 충성은 팔레스타인에 있는

---

66) 인종적 민족의 소수민족과 해외에 있는 그들의 '자매' 혹은 '핵심' 공동체 사이를 연결하는 몇 가지 사례는 Said and Simmons(1976) 및 R. W. Sterling, "Ethnic separatism in the international system" in R. Hall(1979), '대리 민족주의'가 넓은 정치 공동체에서 인종적인 소수민족의 생존을 보장해 주는 데 도움을 주는 방식의 사례 연구에 대해서는 Cohen(1983, ch. 3) 참조.

이슈브(yishuv)와 홀로코스트 생존자들과 공감하는 감정적 동조와 문화적 연대에 의해 도전을 받았다.

물론, 이런 종류의 '이중적 충성'은 많은 교차적인 연대와 다른 접근 목표를 가진 복합사회에서 공통적이다. 사실상, 다인종적이고 '민족적'이고 동질적이라고 주장하는 국가는 복수의 충성심을 격려해 주어야 한다. 국가는 공적이고 궁극적으로 강제적인 기구이고, 민족은 근본적으로 양면성을 가지고 투사되는 사회적·문화적 연대이기 때문이다.[67) 근대적 형성과 개념으로서, 민족은 세 개의 혁명의 유산을 받아들여만 하고 또 공통적인 시민의 모습과 이데올로기에 의해 구속되는, 영토적으로 중앙집권화되고, 정치화되며, 법적이며, 경제적으로 통일된 단위가 되어야 한다. 그러나 연대적인, 동원력이 있는 세력으로서 민족은 이전의 인종적 민족의 특성 중 일부를 인수해 다른 신화, 기억과 상징을 동화시키거나 혹은 자신의 것을 창안해야 한다. 한편으로 정치적 미래를 지향하면서 다른 한편으로 문화적 과거를 지향하는 민족의 이중적 지향은 근대 세계의 민족을 창조하는 데 중요한 특징과 추세로 검토를 필요로 하는 주제이다.

---

67) '국가'와 '민족' 사이의 몇 가지 정의와 특징에 대해서는 Tivey(1980, Introduction), Connor (1978) 및 Breuilly(1982, esp. Conclusion) 참조.

7장 _ 인종적 민족에서 민족으로

사회학의 고전적 주요 주제 중 하나는 규모가 작은 면대면 공동체나 공동사회로부터 규모가 크고 복합적이며 몰인격적인 사회나 이익사회로의 불가피한 전환이었다. 기술, 인구 그리고 분업이 확대되고 심화됨에 따라 초기의 작은 규모의 사회는 해체되어 오늘날의 민족국가와 같은 보다 더 크고, 더욱 중앙집권적이고, 합리적인 단위로 흡수되었다고 오랫동안 주장되어 왔다. 이런 관점은 생시몽과 콩트로부터 스펜서와 뒤르켐에 이르는 초기의 사회이론을 지배했으며, 후에 래드클리프-브라운(Radcliffe-Brown)부터 파슨스에 이르는 영국의 인류학자와 미국의 규범적 기능주의자에 의해서 부활하였다. 물론 그것과 더불어 민족성은 과거의 일이고 '부족적 유대'는 '민족 형성'이란 거대한 사업에서 이미 해체되었다는 믿음도 가져왔다.[1]

이론적이며 경험적인 많은 근거로, '근대화 이론'의 전체적인 패러다

---

1) 사회학의 진화론적 관점의 비판적 설명은 Nisbet(1969) 및 A. D. Smith(1973a) 참조. 인종적 유대가 '민족 건설'의 커다란 운동에서 해체되었다는 믿음은 Smelser(1968), Levy(1966) 같은 신진화론적 근대화론자의 관점에 고유하나, Deutch(1966) 및 Deutch and Foltz(1963)의 저작이 가장 상세하고 영향력이 있는 표현을 담고 있다. 현저한 비판으로는 Connor(1972) 참조.

임은 대체로 불신을 받아 왔다. 우리는 더 이상 '전통'과 '근대성' 같은 개념은 논쟁거리가 되지 않는다고 생각하지 않으며, 불가피하고도 불가역적인 전환 같은 사고를 자명하다고 생각하지도 않는다. 분명히 고전적인 관점은 단일한 구조 속에서 사회생활의 다양한 양상을 포괄하려 하였으며, '전통'과 '근대성' 개념은 평이하게 고도로 자민족 중심주의적인 서구 역사의 독해로부터 유래하였다. 근대화 이론의 타당성 상실과 더불어, 서구 자체 안에서 '예상하지 못했던' 인종적 민족의 유대와 감정의 소생의 의미와 그와 같은 추세에 비중을 두어야 한다.[2]

그러나 모든 것을 포괄하는 진화론적인 관점의 마지막 자취를 파괴하려는 광범위한 욕망은 우리가 '전통'과 '근대성' 같은 개념이 갖는 확실한 특징의 유용성을 간과하도록 유도할 수 있다. 사실상 많은 참여자의 마음속에 주관적으로 '전통'과 '근대성'은 실제적인 선택과 과정을 대표한다. 민족이 창조되는 방식을 분석하게 되면, 이들 개념이나 적어도 그 중 어떤 특징은 경제발전을 설명하려는 노력에서, 분명한 것은 아니지만 어떤 유용성을 지닐 수 있다. 본질적으로, '전통'과 '근대성'은 '민족 형성' 그 자체와 같은 문화적 건조물이기 때문이다. 그렇기 때문에 이 장에서 나는 새로운 것으로, 그리고 '근대적인 것'으로 간주되는 몇 가지 차원의 민족의 형성을 보고자 한다. 다음 장에서 나는 '과거', '역사' 그리고 '전통'에 대한 사람들의 이해에 의존하는 다른 특징을 탐구하도록 하겠다.

---

2) '근대화 이론' 비판으로는 Gusfield(1967) 및 Frank(1969), 그리고 Hoogvelt(1976, Part I) 및 Roxborough(1979, ch. 2) 참조. 인종적 유대와 감정의 분출, 특히 서구에서의 분출에 대해서는 Burgess(1978) 및 A. D. Smith(1979a, chs. 6~7), 그리고 Connor(1973) 참조.

인종적 민족의 정치화

마지막 장에서 나는 많은 '민족' 지망자들이 인종적 민족 모델을 채택해서 몇 가지 인종적 민족 요소를 취득하는 것을 보여 주고자 했다.

반대 역시 사실이다. 즉, 많은 인종적 민족이 '민족'이 되려고 하기 때문에 영토적 요소를 취득해서 시민적 모델을 채택한다. 물론, 모든 인종적 민족이 민족의 지위를 얻는 데로 기울어 있는 것은 아니었다. 만일 인종적 민족은 공유한 문화적 특성을 넘어서서 가계의 신화, 역사적 기억, 영토적 결합 그리고 연대의식을 필요로 한다는 점을 근거로 해서 민족성의 언어적 기준을 채택하기를 우리가 거부한다면, 현재까지 나타나 있는 것보다 더 많은 민족의 지위를 열망하는 잠재적인 민족으로 있는 수많은 인종적 민족이 아직도 세계에 있다는 사실을 설명할 수 없다. 몇몇 경우, 이것은 크기의 문제이다. 비록 안귈라(Anguilla)[3], 바하마(Bahamah), 그리고 뉴기니아의 시바이(Sivai) 사람들과 같은 예는 '크기' 자체가 그런 열망에 구체적인 장애가 되는 것은 아니라는 것을 시사해 주고 있다고 말해야 하지만, 성원들은 그들의 공동체가 수와 크기에서 너무 작아서 민족의 지위에 합당한 주장을 보장할 수 없다고 생각한다. 크기는 이익과 가능성을 철저히 계산하는 데 들어가는 여러 요소 중 하나일 뿐이다. 매우 큰 인종적 민족은 민족의 주권에 대한 요청이 정치적으로뿐만 아니라 경제적으로 받아들일 수 없는 대가를 가져올 것이라는 점을 결정해야 할지 모른다. 그래서 스코틀랜드와 카탈루냐는 보다 넓은 국가 안 잔류를 선택하고, 두 범위의 민족적 충성을 환영하기도 한다. 유사하게, 이라크의 쿠르

---

3) 서인도제도 동부 리워드제도 북부에 있는 영국령 섬—옮긴이.

드인은 이라크와 이웃 나라에 있는 쿠르드인의 완전 독립의 장애는 말할 것도 없고 민족적 통일에 대한 정치적 장애를 감안해서, 대체로 큰 국가 안의 자치적인 공동체에 남는 길을 선택하였다.[4]

그러한 정치적·경제적 계산에도 불구하고, 인종적 민족이 꼭 독립된 국가의 지위는 아니라도 민족의 지위로 나아가려는 압력은 매우 강력하다. 동유럽에서 지난 세기에 보다 많은 인종적 민족(즉, 특성과 연대의식을 보유했거나 소생시킨 공동체)이 자칭 '민족' 자치 요구를 모험적으로 해야만 한다는 강박관념을 느꼈다. 실제로 이것은 세 개의 이동을, 고립으로부터 행동으로, 정적인 비활동에서 활동으로, 문화에서 정치에로 이동을 의미했다. 동일한 세 개의 이동은 금세기 세계의 다른 지역에서도 추적될 수 있다.

여기서 내가 말하는 '고립'은 다른 인종적 민족과의 완전한 접촉의 결여를 의미하는 것이 아니다. 가장 단편화된 공동체조차도 보다 넓은 '주류' 공동체와 사업상 접촉을 정례화해 왔다. 그럼에도 불구하고 경제적·행정적·문화적 혁명이라는 세 개의 혁명 초기에 그리고 19세기 말 민족이 등장하기 전에, 그런 접촉은 예측이 가능하며 관례화된 활동에 국한되었고 오래 지속된 사회규범에 의해 숭상되었다. 사회 안의 내부적 생활과

---

4) Edmonds(1971) 및 이란의 쿠르드족에 대해서는 Cottam(1979, ch. 5) 참조. Nairn(1977, ch. 5)은 스코틀랜드와 카탈루냐 같은 '역사적 민족'은 덜 발전된 과거를 가진 인종적 민족(웨일스)과 자치를 지향하는 실용주의 정향에서 다르다고 주장한다. 아마도 우리는 이런 크나큰 정체성의 믿음이 성원들이 손쉽게 그리고 안전의식을 갖고 집중화하는 충성집단을 감싸도록 해준다는 것을 추가해야 할지 모른다. 확실히, 이런 종류의 주장은 주로 규모와 크기에 기반한 주장보다 더 좋아 보인다. Hobsbawm(1977)이 지적했듯이 규모가 작은 단위(예컨대 아이슬란드, 코르시카, 앙귈라)는 그들의 크기와 규모가 독립을 위한 열망을 죽이도록 하지 않기 때문이다. 예컨대 외국자본과 관광계획에 저항하는 코르시카인의 주장과 운동에 대해서는 Savigear(1977) 및 Kofman(1982) 참조.

다른 공동체의 제도 안에 국가에 의한 간섭 혹은 주류 사회의 간섭이 거의 없거나 조금도 없었다. 인종적 민족 안에서 하는 동족결혼을 지향하는 강한 경향과 함께, 이것은 유럽과 중동에서 그리고 생각건대 아마도 원동에서도 민족성의 안정적인 모자이크 패턴이 16세기부터 지속적으로 뒤집혀왔다는 것을 의미했다. 프랑스 혁명과 나폴레옹 전쟁이 도입한 국가 체계와 이데올로기적 전망의 급격한 변동 때까지, 모자이크 패턴은 어느 정도 사회적으로나 영토적으로 '굳어'졌다.[5] 내가 '세 개의 혁명'으로 요약한, 사업과 교역패턴에서, 행정의 성격, 전쟁과 국가 사이의 관계에서, 세속적 지식인의 등장, 대중문화와 교육의 변동 결과로서, 유럽 밖의 더 많은 인종적 민족이 서구에서 발전된 민족주의 메시지에 끌리게 되었다. 또한 더 많은 인종적 민족 혹은 그 지식인들이 종종 쇠퇴하고 있는 그들 공동체를 자칭 민족으로 보기 시작했다. 그 결과 지식인들은 점차 공동체를 위한 활동적인 역할을 제안했고, 그 속에서 '굳어진 것'은 국가 사이의 관계에 급진적인 개입으로 치환되었다. 19세기 중엽 체코와 슬로바키아의 대변자들은 중부 유럽 국가의 틀 안에서 자신들의 운명을 형성하는 데 공동체가 더 관여할 것을 제안했다. 이것은 역으로 인종적 경계 설정과 영토 주장에서, 정치제도에 대한 대표에서, 그리고 공동체 성원의 생활기회의 통제와 문화에서 공동체 지도자들이 보다 적극적인 역할을 수행할 것을 요구했다.[6]

---

5) 유럽의 인종적 민족의 '응집된 모자이크'에 대해서는 앞의 4장 및 Pearson(1983, ch1) 참조. 물론 근대 초 시기에 상당한 변화가 있었다. 통합된 프로방스의 분리, 보헤미아 왕국의 제거, 통일된 폴란드-리투아니아 연방의 변동, 영국의 아일랜드에 대한 팽창의 구체화, 포르투갈의 탈퇴와 프러시아의 부흥이 있었으며, 무굴제국의 등장과 (사우디)아라비아에 와하비 왕국의 등장은 말할 것도 없다.

6) 1848년과 이후 유럽의 보다 규모가 작은 인종적 민족의 주장에 대해서는 W. J. Argyle, "Size

이것은 역으로 공동체 안에 새로운 태도와 새로운 실천을 의미했다. 관련된 인종적 민족 대부분이 자기보전 비용의 일부로서 무저항주의자의 감정과 외모를 채택했다. 위기를 예외로 하면, 공동체의 지도자들은 그들 공동체를 보다 넓은 사회적·정치적 틀과 지시에 적응시키는 것을 목표로 삼았다. 수용과 포기 정신은 종종 이런 환경에서 배양되었고, 특히 상황이 위태로운 규모가 작은 인종적 민족 사이에서 발생했다. 심지어 지배적인 인종적 민족 사이에서도 지배계급만이 보다 모험적이고 개척적인 태도를 보여 주었다. 동부 유럽에서 종종 배제되었던 농민대중은 거의 소용되지 않았고, 대체로 인종적 민족의 수동성은 경제적 종속을 수반했다.

그러나 세 개의 혁명(혹은 그중 일부)의 시작과 민족주의의 부상과 더불어 하위계층 심지어 농민의 정치적 동원은 민족창조의 도정에 필수 요소가 되었다. 공동체의 지도자들은 중간계급과 농민의 무저항주의자의 외양을 변화시켜, 정치적 최하층민을 동원된 시민으로 변화시켰다. 보전과 동화를 선호했던 낡은 인종적 민족 감정은 타파되어야만 했다. 이런 까닭에, 인종적 민족의 보전으로부터 민족의 동원으로 이행을 수반한, 아버지에 대한 아들의 싸움, 즉 세대 간 싸움이 빈번했다.[7]

이전의 수동적인 역사적 객체를 시민과 역사의 주체로 동원하는 것은 역으로 권력에 대한 태도를 필요로 했다. 그것은 문화구조의 포기와

---

and scale as factors in the development of nationalist movements" in A. D. Smith(1976) and Pech(1976) 참조. 상대적으로 늦게 발전한 슬로바키아의 사례에 대해서는 D. W. Paul, "Slovak nationalism and the Hungarian state, 1870~1910" in Brass(1985) 참조.

7) 아들과 아버지의 갈등에 대해서는 Feuer(1969) 참조. 이동하는 다른 계층의 엘리트의 역할에 대해서는 P. Brass, "Elite groups, symbol manipulation and ethnic identity among the Muslims of South Asia" in Taylor and Yapp(1979) 참조.

정치 무대로의 진입을 의미했다. 그러나 보다 중요한 것은 그것이 민족주의 그 자체의 핵심적 요소인 문화와 정치의 접합을 포함한다는 것이다. 공동체의 성원이 문화를 보전하는 것만으로는 더 이상 충분하지 않다. 권력의 분배에 영향을 미치지 않고 정치적 주장을 하지 않고 문화 정원을 돌보는 것은 더 이상 가능하지 않다. 근대 이전 시대에, 비록 때때로 정치와 종교의 결연운동이 정치권력과 국가 내 연합과정에 영향을 미치기는 했지만, 정치라는 사업은 신민의 문화를 참조하지 않고서 수행되었다. 근대에는 인종적 민족의 기원과 종교뿐만 아니라 모든 문화적 차이와 역사적 지속성은 정치적 함의를 갖는다. 이전 시대에 일종의 문화적 동질성을 갖는다는 것은 왕국이나 국가에 도움을 주었다. 오늘날 실천하는 것이 '편안하다면' 모든 시민이 공유하고 참여하여 감싸주고 있는 공공문화를 갖는 것은 거의 필수적인 것이 되었다. 그런 정치문화를 결여한 국가는 국가 사이의 활동무대에서 분명히 불리하고, 그들의 정치생활은 간극과 긴장 위에 놓여 있다.[8]

민족의 자격을 얻기를 열망하는 어떤 인종적 민족은 정치화되어야 하고, 국가영역에서의 권력과 영향력을 위한 경쟁에서 위험을 무릅쓴 주장을 할 수 있어야 한다. 혹자는 더 나아갈 수 있다. 민족이 되려는 의도를 가지지 아니한, 즉 스스로를 핵심이 다른 곳에 있는 보다 넓은 인종적 민족의 한 '파편'으로 간주하는 인종적 민족조차 그들 스스로를 위한 그리고 그들이 귀속해 있다고 느끼는 핵심을 위해서 정치영역에로 진입해야

---

8) 문화와 정치 사이의 새롭고 필요한 관계는 여기에서 채용된 주장과 Gellner(1983, chs. 1~3)에 의하여 간명하게 제안된 '근대주의자'의 주장 사이에 합의할 수 있는 중요한 요소를 대표하고 있다.

한다는 것이다. 그렇게 함으로서 인종적 민족은 그들의 한 파편으로 흡수된 국가의 정책에 영향을 미쳐 그들의 핵심에 유리한 정책을 추구하기를 희망한다. 그들이 핵심을 가지고 있지 않다면 그들은 곧 같은 국가 안에 있는 이웃한 인종적 민족의 자격은 스스로 상응하는 노력을 필요로 한다는 것을 발견한다. 예컨대 미국과 캐나다에서 인종적 민족의 자격은 거의 모든 인종적 민족 혹은 그들의 파편이 영향력을 행사하도록 하고, 많은 인종적 민족의 이민자들이 새로운 미국 민족을 선호하여 그들의 인종적 정체성을 잃거나 약화시키는 것을 싫어하지 않음에도 불구하고, 스스로를 위해서 적절한 몫의 복지지출, 지위, 주택 및 교육과 같은 자원을 확보할 수 있도록 강요한다. 정체성이 약화하는 비율은 너무나 서서히 이루어지고 다른 인종적 민족의 계층상의 지위는 매우 가변적이므로, 계급처럼 다른 차원들이 권력, 신분, 부가 특권과 권력의 결정인자로 민족성을 대체하도록 허용하지 않는다. 그래서 인종적 민족이 점차 민족의 기대를 반기지 않는 사회에서조차 민족성의 정치화가 불가피해졌다.[9]

더구나 일단 진입하면, 인종적 민족이 정치의 영역에서 스스로 탈출하는 것이 거의 불가능하다. 이것은 민족으로서 독립된 지위를 추구하는 인종적 민족의 경우에 명백하다. 그러나 이것은 보다 큰 국가 안에 머물러 있는 인종적 민족에게도 역시 해당되고, 심지어 '민족의 지위'를 추구하지 않은 인종적 민족에게도 해당된다. 이것은 인종적 민족에 산술적인 그리고 대리적인 민족주의의 '환류' 효과 때문이다. 각각의 인종적 민족이 국가 예산, 관료와 전문 직업, 주택과 교육 및 복지혜택의 한 몫을 요구

---

9) 캐나다의 인종적 민족의 경쟁에 대해서는 Porter(1965) 및 Glazer and Moynihan(1975) 수록
   논문, 미국에 대해서는 Greeley(1974) 참조.

하기 때문에, 각각의 인종적 민족이 해외에 있는 동포가 친족에 유리하도록 국가에 영향력을 행사하려고 노력하기 때문에, 다른 인종적 민족은 불가피하게 같은 방식으로 정치영역에 끌려가서, 앞의 인종적 민족의 노력 같은 것을 두 배로 하게 만든다. 더구나 그들이 외부의 인종적 반대 입장에 있는 인종적 민족의 대리 민족주의를 보여 준다면, 국가간 체계의 침투력이 있는 영향은 국가 내 경쟁적인 인종적 민족 사이의 경합과 갈등의 수준을 높인다. 체계 내 경쟁적인 국가는 외부의 갈등을 조종함으로써 다른 국가 안의 대내적인 적대감 위에서 작용하기 때문이다. 인종적 민족의 동맹의 교체와 인종적 민족의 정치 진입에 미친 갈등의 결과는 그런 조종을 활발하게 하고 조종 범위를 확대해서, 인종적 민족이 정치적 역할을 (통상 큰 권력 게임의 앞잡이로) 익숙케 하고 그들 편에서 정치영역을 떠나려는 어떠한 움직임도 봉쇄한다.

아주 중요한 의미에서, 공동사회에서 이익사회로의 전환이라는 오래된 고전적 인식은 보다 제한적이지만 사활이 걸린 민족성이라는 영역에서 인가를 받는다. 즉 근대에서 인종적 민족은 정치화되어야만 하고, 정치의 영역에 남아 있어야 하며, 스스로 완전한 민족이 되려는 의도를 갖고 있지 않더라도 민족의 지위에로 나가도록 해야만 한다. 말하자면 그들은 이전의 고립, 수동성, 문화적 동화를 폐기하고, 활동적이고, 유동적이며 정치적으로 동태적이 되어야 한다. 생존하기 위해서 인종적 민족은 민족이 될 수 있는 자격의 특성 몇 가지를 가져야 하고 시민적 모델을 취해야 한다. 어느 정도까지 그들은 합리적인 정치적 중앙집권화, 대중의 문자 해독, 사회적 동원과 같은 특징과 더불어 이익사회의 일부 특성을 갖는다.

새로운 성직자

오래된 구분인 공동사회-이익사회가 몇 가지 부분적인 인가를 받는 두번째 의미가 있다. 그것은 민족의 새로운 성직자라고 할 수 있는 지식인의 등장이다.

앞 장에서 사제와 필경사의 중심적 역할이 공동의 신화를 전달하고 전파하고, 공동의 정체성의 의미를 축원하는 데 있다는 것을 살펴보았다. 공식적인 교육체계가 결여되었거나 결점이 있는 사회에서, 사원과 신봉자 및 보좌역은 인종적 민족의 전승지식과 의식의 영속화를 확보하고 계승하는 공동체의 새로운 세대에 동일화와 칭호를 제공해 주는 집단의 신화와 상징, 그리고 기억을 정교화하고 해석하는 데 추축적인 역할을 떠맡았다.[10]

대부분의 인종적 민족에 있는 조직과 위치 때문에 성직자, 필경사, 음유시인과 다른 정신적 일에 종사하는 사람들은 궁정과 관료제를 뛰어넘어 그들의 종교적 문화를 전파했다. 수도와 주요 도시에는 사원과 교회 조직이 닿는 범위 안에 상인과 장인들이 있었고, 작은 도시와 마을에 빈번하게 나타난 하급 성직자는 그들이 농민으로부터 그리고 농민에게로 가는 도관으로 행동했고 그들이 대표했던 위대한 전통의 종교의식과 개념을 통해서 농민의 문화와 관습에 영향을 끼칠 수 있었다. 사실상, 그 영향은 양방향적인 절차였다. 위대한 전통은 확실히 수많은 작은 전통에 영향을 주고 그것들을 '재해석'했으며, 작은 전통은 위대한 전통의 요소를

---

10) 인종적 민족의 기억을 보전하는 데 도움을 주는 의식과 사제단의 역할의 좋은 예로는 조로아스터교도에 대한 Boyce(1979) 참조.

흡수하고 채택해 자체적인 것으로 만들었다. 사제가 시골에 침투했던 정도는 교회조직의 유형과 종교적인 자기인식에 따라 상당히 달랐다. 소명을 구원으로 삼은 종교와 중앙의 통제에서 벗어난 자치적인 성직자는 위에서 논의되었듯 넓은 영토와 문자를 사용할 줄 모르는 농민에 대해 일반적으로 보다 동태적이고 영향력이 있었다. 성직자의 메시지는 어떤 경전의 계시에 들어 있는 것이지만, 소통하고 이해하기 쉬운 것이었다. 지방의 선생과 율법 박사가 누리는 상대적인 자유는, 특히 이슬람에서 이전에 존재하던 민속 의식을 융합해 적용하는 것을 장려했지만, 그럼에도 불구하고 비밀스럽고 불가해한 기도를 하는 초기의 보다 도시적이고 중앙집권화된 사원의 사제보다는 유목민 부족과 분산된 농민공동체에 잘 들어맞았다.

다시, 민중적인 인종적 민족 안에서 활동하는 종교와 성직자가 도시밖에 있는 마을과 분산된 상인과 장인들에게 다가갈 수 있는 좋은 기회를 잡았다. 보다 수평적이고 귀족적인 인종적 민족 속으로 엮어진 사원과 교회는 계급 구속적인 우주철학의 사회적 영역을 확장하려 하지 않거나 혹은 그것을 귀족적이지 아니한 계층의 관점과 개념으로 해석하려 들지 않는 경향이 있었다. 그것이 상형문자와 신성한 일에 쓰이는 글자와 기도서를 가진 파라오의 종교와 사원의 성직자가 일단 그리스어를 말하는 헬레네의 프톨레마이오스 왕조 아래서 하위 계층의 관료제적 정치연합으로부터 분리되자 점차 이집트의 농민 대중과 멀어지게 되고 보다 선교적이고 탈중앙집권화된 소박한 기독교가 고대의 종교 중심지 밖에서 낮은 계급의 개종자를 확보할 수 있었던 하나의 이유이다.[11]

---

11) 5장 및 Atiya(1968, Part I) 참조.

세계의 여러 지방에서 세 개의 혁명의 시작과 더불어, 성직자와 종교의 역할은 일반적으로 크게 변했다. 한편으로, 종교적 전제로부터 시장의 힘과 국가가 증대시킨 해방은 교회의 힘과 역할을 약화시켰고, 일부 경우는 해체로까지 나아갔다. 국가 관료와 정치 리더십이 작동범위를 확장함에 따라 종교조직은 많은 정치적·교육적 기능을 상실했고, 종종 강제적인 몰수를 통해서 많은 토지와 부를 상실했다. 그러나 세 개의 혁명의 충격은 가변적이고 균일하지 않아서, 다른 사회와 이들 사회 안의 종교조직은 다른 방식으로 반응했다. 그래서 제한된 정치적 의미의 세속화에서 오늘날까지 종교와 국가 사이에서 광범위한 동화가 이루어졌다. 우리가 갑작스러운 '종교의 사망'이라는 잘못 유도된 손쉬운 가정의 성격을 이해하기 위해서, 아일랜드, 폴란드, 이란, 아르헨티나와 같은 나라에서 성직자 및 종교조직의 영향력과, 오늘날 터키 지방의 이슬람 성장과 이스라엘의 주요 소수민족에게서 유대주의의 성장을 환기해야만 한다.[12]

누군가가 지적 감정의 세속화라는 보다 어렵고 모호한 영역에 돌아간다면 증거는 더욱 충돌하고 또 의심스럽다. 교회 참가자와 의식수행에 대한 통계가 신앙과 감정적 몰입의 적절한 지표로 간주된다면, 미국에서 교회에 가는 양태는 불가피한 종교의 쇠퇴라는 쉬운 예측을 뒤엎는다. 종교에 대한 지식은 종교적 감정의 안전한 지표를 제공해 준다고 가정할 수 없는데, 그 지표상의 설명에서 많은 경건한 농민은 비종교적이거나 무종교적이기 때문이다. 세속화 자체는 비종교적 이데올로기를 담고 있는데, 그 이데올로기는 본질상 파악하기 어려운 증거를 해석하는 데 결정적인

---

12) 터키에서 이슬람의 지속성, 그리고 이스라엘에서의 정통 유대교의 지속성에 대해서는
   Marmorstein(1952) 및 Landau(1981), Segre(1980) 참조.

역할을 한다.[13]

어떤 형식의 종교의 지속성과 일부 국가 성직자가 보여 주는 지속적인 역할의 주요 이유 중, 인종적 민족의 '색깔 입히기'가 가장 유명하다. 이들 성직자와 종교가 인종적 민족의 정체성과 민족의 목표와 얼마나 밀접하게 엮이는가는 주목할 만하다. 폴란드와 아일랜드에서 성직자는 내부의 도전과 외부의 압력에 직면해 정치공동체와 정체성의 수호자가 되었다. 그러나 바로 그 예가 오늘날 성직자의 역할과 종교의 '존재이유'에 어떤 변동을 보여 준다. 성직자는 정치에 개입해 있는 것만이 아니다 (그들이 항상 '정치'와 '종교'가 분리된 적이 없는 사회에 있었다고 주장할 만하다). 전체로서 교회는 정치게임에서 '한 파당'으로 정치적 논쟁에 개입한다. 또한 그들이 가져야만 하는 종교의 정의는 점차 인종적 민족의 혹은 민족의 정의가 되어가고 있다. 종교는 이제 과잉 성장한 혹은 현시적인 민족정신과 민족의 특질이 되었다. 종교의 꾸밈은 보편적이고, 중요한 것은 색깔 입히기와 '분위기'이다. 이것이 사회에서 종교에 힘과 생명을 주는 것이다. 그리고 증대하는 특정한 공동체 문화와 동일화하는 것은 종교에 특정한 민족의 제도로서 거역할 수 없는 호소력을 준다. 폴란드에서 일부 사건이 보여 주었듯 교회의 위계제도는 가장 중요한 민족의 상징에 대해 유보되는 경외심으로 다루어지고 있고, 그 영향은 자체의 지지자들이 지각하는 폴란드 역사와 문화를 동일시하게 한다. 유사한 급진적인 종교의 '민족화'는 과거 우누(U NU) 정권의 미얀마나 현재의 리비아에서 그랬듯이, 이란, 아일랜드, 파키스탄에서 발견된다. 이런 '민족화'는 필연적으로 종교조직과 지방의 성직자를 새롭게 주목해야 한다는 것을 의미

---

13) 세속화의 양태에 대해서는 Martin(1978, esp. ch. 2) 참조.

한다. 그들은 인종적 민족의 저장고이자 전달자로서의 전통적 역할을 넘어 정치적 무기와 민족의 동원자가 되었다.[14]

현대 사회에서 조직화된 종교와 성직자의 역할이 주목할 대상으로서 변화되었다는 점과 세 개의 혁명은 느끼는 충격의 정도에서 두드러진 좁은 범주의 지식인과 넓은 계층의 전문적인 인텔리겐치아라는 새로운 계급의 등장을 고무했다. 근대라는 시대의 부활에 앞서, 오랜 인종적 민족의 신화와 상징의 힘과 의미와 더불어 이전의 중앙 성직자의 지위가 쇠퇴함에 따라, 세속적인 학문의 부활에 의해 배양되고 고전적인 그리스-로마 철학과 문학에로의 복귀에 의해 자극받은 새로운 범주의 인문학적 지식인이 등장했다. 처음에는 르네상스 시기의 유럽에서 그리고 후에는 유럽 밖에서, 첫번째 파도의 인문주의자들은 다시 연구된 기독교와 이슬람의 구조 안에서 활동했다. 그러나 곧 그것을 대체 형식으로 인식하는 학문의 등장과 그 학문을 사회문제에 기술적으로 적용하는 것은 점점 증가하는 지식인 사회에서 합리주의 노선을 따른 사회 교육이란 스스로 부과한 과제에로 기우는 세속적인 모습을 가속화시켰다. 이 철학자들의 눈에 '사회'는 자연이나 제1원리에 일치하는 방법으로 과학이 개막한 새로운 기술을 이용해서 형성되고 재창조되어야 할 소중한 실체가 되었다.[15]

합리적인 계획과 사회교육의 이상을 전파한 통로를 형성한 것은 새

---

14) 우 누의 미얀마에 대해서는 M. Sarkisyanz, "On the place of U Nu's Buddhist Socialism in Burma's History of Ideas" in Sakai(1961) 및 H. Bechert, "Buddhism and Mass Politics in Burma and Ceylon" in D. E. Smith(1974), 그리고 F. Rahman, "The sources and meanings of Islamic Socialsim" in ibid, 그리고 Keddie(1981) 참조.
15) 유럽에서 이들 세속적 지식인의 등장과 중요성에 대해서 Gella(1976) 및 Anchor(1967), 무슬림 지식인에 대해서는, 1920년대까지의 보수주의를 강조하는 Hourani(1970), 서구 사상의 충격에 대해서는 Sharabi(1970) 참조.

로운 계층의 인텔리겐치아였다. 결국 그들은 전문가와 교사였다. 그들만이 기술을 사용하는 방법, 계몽주의자들의 패러다임을 적용하는 방법과 그것들을 사회 현실 속으로 넣는 방법을 알았다. 도시의 급격한 성장, 교육받은 사람과 기술적인 전문가에 대한 국가의 필요성, 그리고 그 결과 (종종 필요에 부응하기 위해 국가에 의해 이루어진) 교육의 확장은 세속적인 학문과 합리적 비판의 담론과 한 쌍을 이루었다. 대학과 기술기관이 설립되어, 새로운 세대의 잠재적인 공동체 지도자가 훈련을 받을 수 있는 새로운 장소와 작업실로 확대되었다. 그 결과 관료적으로 활동하는 과학 전문가에게 의존하는 국가가 이끄는 새로운 유형의 사회가 출현했다. 그리고 새로운 유형의 사회는 새로운 리더십을, 즉 문자해독 능력을 가진 세속적인 전문성과 확신할 수 있는 합리주의를 결합한 리더십을 필요로 했다.[16)

그렇기 때문에, 인종적 민족의 기억과 경험의 중심이 사원과 성직자로부터 대학과 학문공동체로 전이되었다는 것은 놀랄 일도 아니다. 엄청난 교육의 확대와 비판적 담론의 언어로 집단의 상징을 띄울 필요성은 지식인과 전문적인 추종자 및 경쟁자의 활동에 프리미엄을 주었다. 인종적 민족을 부활시킨 새로운 원동기는 학자들의 역사, 철학, 인류학적 연구에 의해서 그리고 시인, 음악가, 극작가, 화가의 문학과 예술적 업적에 의해 생성된다. 일부 사회에서 성직자는 학자나 시인이 얻기를 바랄 수 없는 방식으로 하위계층의 사랑을 받지만, 그들 역시 점점 보편적인 비판적 담론의 언어로 메시지를 띄우고, 또한 종종 다양한 지식인들이 발견하거

---

16) 인텔리겐치아와 그들의 위계적인 관료와의 갈등에 대해서는 Gouldner(1979) 및 A. D. Smith(1981a, ch. 6) 참조.

나 창조한 새로운 인종적 민족의 신화와 상징에다 종교 조직과 구원의 약속을 결합해야 한다. 점차적으로, 그들이 내린 영원한 구원이라는 포고는 후손을 통해 일시적으로 충족되는 민족의 메시지에 의해 상대화되고 축소되었다. 그래서 성직자들은 점차 학자와 시인들이 생성한 새로운 신화와 상징의 대변자나, 때때로 큰 목소리를 내는 효과적인 조수가 된다.[17]

여기서 역시, 우리는 오래된 인종적 민족 공동체가 민족의 자격이라는 방향으로 급진적으로 변형되는 것을 발견한다. 인종적 민족의 낡은 축은 쇠퇴 중에 있고 혹은 경로를 바꾸어야만 한다. 고대의 성직자와 그들의 사원은 진부한 공간으로 떨어지거나 정치적인 인종적 민족의 활동 속에서 새로운 역할을 찾고 급격히 경로를 수정해서 그들의 사원을 구한다. 동시에, 그들의 장소는 점점 더 비판적 담론에 몰두하는 세속적인 지식인에 의해서, 그리고 '과학적인 국가' 이미지와 비용–편익으로 사회를 변형시키고 또 사회를 자기네들이 상상하는 '새로운 세계'로 이끌어가려는 데로 기울어 있고 계속 파도처럼 밀려오는 직업적인 전문가에 의해 채워지고 있다. 이를 위해서 그들은 청사진을 필요로 한다. 이 청사진은 천문학, 역사학, 철학, 인류학, 사회학과 같은 과학적 학문에 의해 자물쇠가 풀리고, 소설, 연극, 심포니, 오페라, 발레, '역사' 그리고 풍경화와 같은 새로운 이익사회(Gesellschaften)의 정신을 쉽게 표현하는 장르와 학문인 '새로

---

17) 이 예는 19세기 말 아일랜드에서 발견되는데, 거기서 수많은 사제들이 게일연맹 및 그것과 연관된 사회를 지지하고 보조했다. Hutchinson(1987, ch. 4) 참조. 시온주의 유대인 사이에서는 정통파 본류가 팔레스타인에 유대인의 부흥과 유대의 가치와 전제에 기초한 국가 설립에 몰입했다. Hertzberg(1960, Part Ⅶ) 및 Segre(1980) 참조. 이란의 민족주의가 페르시아 시아파 혁명에 얼마나 영향을 주었는가는 매우 논쟁적이다. Keddie(1981, ch. 8) 참조. 분명히 이슬람의 반제국주의는 이란 성직자 가운데 가장 강력한 요소가 되었고, 지난 40년간 정치적 저작을 낳았다.

운' 문학과 예술의 장르 속에서 그 윤곽이 표현되는, 공동체를 민족으로 다시 정립하는 학자–지식인의 낭만적인 해석에 의해 제공된다.

단일 지배의 정치와 영토화

사회학의 고전적 관점에 의하면 이익사회는 사회의 모든 성원의 활동을 조직하는 복잡한 분업과 고도로 중앙집권화된 행정을 대표한다. 이런 특징의 고전적 모델은 종종 시장자본주의와 관료제 국가의 시민권으로 해석된다. 그리고 근대사회는 시장보다는 계획기구에 기초한 혼합경제, 혹은 사회주의 경제를 포함하고 또한 법적 시민권은 같은 관료제 국가라 하더라도 국가에 따라 그리고 개인의 계급에 따라 다르다고 지적되고 있다. 다시, 특수한 근대적 변동에 보다 한정적인 언급은 고전적 모델이 범하기 쉬운 과도한 일반화의 위험을 극복해야 한다. 또한 인종적 민족으로부터 민족에로의 이동의 일부인 변동을 다시 설명함으로써, 근대 세계의 특정한 경향을 조명하는 것이 가능하다.

나는 앞서 보다 많은 인종적 민족이 민족주의의 시민적 모델을 채택하고 있으며 영토적 요소를 취하고 있다고 말했다. 이것은 완전한 의미의 민족의 지위를 열망하는 인종적 민족에게 분명히 사실이며, 보다 제한된 방법으로 보다 넓은 국가 구조 안에서 인식되는 데 만족해하는 인종적 민족 사이에서도 발견된다. 만일 국가가 더욱 중앙집권화되고 개입주의가 가시적이라면, 주민이 분열적인 인종적 민족은 위험을 무릅쓰고 특정한 영토를 요구한다. 그들은 그들의 운명을 통제하는 영토적 '모국' 개념과 엄밀한 공간의 형성을 창출하는 것을 목표로 한다. 이것은 다양한 형식을 취한다.

한편으로, 경계에 대한 관심과 내부적 커뮤니케이션의 문제가 있다. 프랑스의 중앙정부와 프랑스의 인종적 민족에 반대하는 브르타뉴인이 하는 불평 중 하나는 브르타뉴 공국이었을 때 중세의 '역사적' 국경에 따라 그 범위의 한계를 철폐하지 못했다는 것이다. 다른 하나는 주요 동맥이 되는 도로가 파리의 이해관계에 의해서 즉 북부와 남부의 길을 따라 브르타뉴로 연결되고, 브르타뉴로부터 상품을 수송할 필요라는 지침을 따를 뿐 반도의 내부를 주변부와 연결시키지 않아, 브르타뉴가 경제적으로 경시되도록 하고 있다는 점이다.[18] 체코인과 주데덴에 거주하는 독일인과의 분쟁은 영토적 차원을 갖는다. 즉 체코인은 보헤미아와 모라비아의 심장부가 인정을 받는 엄밀하고 둥근 서부국경을 원했다. 그들은 또한 방어할 수 있는 국경선을 원했다. 그들의 영토적 연장선과 내부의 인종적 민족의 분열을 감안하면 그들이 차지하는 교차로와 같은 위치는 그들이 민족성의 영토적 특징에 매우 민감하게 만들었다. 방어는 또한 스위스와 이스라엘의 경우에도 강한 특징을 갖는다. 교차로의 위치를 이용하는 적에 대항하기 위해 엄밀한 모양과 방어할 수 있는 국경선의 필요성은 국가의 지위를 이루는 영토적 기초에 강한 관심을 낳았다. 스위스의 경우, 이것은 무장중립과 외국인 영토구매자(그리고 영원히 정착하는 외국인)에 대한 저항정책을 의미했다.[19] 이스라엘의 경우, 때때로 모국을 보다 엄밀하고 더욱 방어할 수 있는 곳으로 만들기 위해 선제공격을 감행할 수 있다는 영토적 안보관에 대한 관심으로 나아갔다.[20]

---

18) 파리 중심지가 빼앗은 지역이자 '내부' 식민지인 브르타뉴에 대한 분석은 Reece(1979) 및 Mayo(1974) 참조.
19) 체코의 사례로는 Deutsch(1966, ch. 6) 및 Pearson(1983, pp. 149~60) 참조.
20) 스위스인의 방위 태세에 대해서는 Steinberg(1976, ch. 6), 이스라엘인에 대한 개관은

우리는 모국의 위치와 경계를 문화적으로 이용하는 데 들어 있는 인종적 민족성의 '영토화' 추세를 또한 발견한다. 웨일스에서, 웨일스언어학회 회원들은 웨일스 영역 안의 영국인의 제2의 가정을 공격하며, 심지어 도로 위 영어 표지를 페인트로 덧칠해 웨일스 이름으로 표시하기도 한다.[21] 짐바브웨에서, 정부와 관광청은 역사를 가진 땅에 뿌리를 가진 영토적 민족의 상징으로 그리고 짐바브웨와 외부인을 위한 민족적 기념물과 부지로 대(大)짐바브웨 유적지를 어떻게 이용할 것인가에 대해서, 그리고 민족적 의미에 대해서 학자들과 논쟁을 한다.[22] 히타이트와 보가즈코이(Bogaz-Koy)에 있는 그들의 수도는 서구화된 투르크인에게 전유되어, 이스탄불에서 앙카라로 영토의 이전을 위한 문화적 요체를 제공하고, 세속적이고 영토적으로 정의된 터키를 밑에서 받쳐 주었다.[23] '단(Dan)에서 브엘세바(Beersheba)까지'로 이스라엘인의 모국을 정의하는 성경의 인용은 뚜렷한 영토적 형식으로 인종적 민족에 근거를 제공해서 영토적 민족으로 다시 정의하는 또 다른 예이다. 마찬가지로, 중부 유럽의 영토에서의 고고학 이용은 최근 도착한 주민들에게 문명의 계승에 들어 있는 깊은 영토적 뿌리의 의미와 조짐을 주었다.[24]

물론, 자신의 민족 공간인 '모국'의 필요성은 민족주의의 중심적 명

Elon(1971, ch. 9) 참조.

21) 웨일스 언어학회와 그들의 활동에 대해서는 C. Williams(1977) 그리고 G. Williams(1985, pp. 287~95) 참조.

22) 대짐바브웨에 대한 계속적인 해석과 이용에 대한 설명은 Chamberlin(1979, pp. 27~35) 참조.

23) 새로운 터키를 이슬람 이전 과거에 근원을 두려는 아타튀르크의 시도에 대해서는 Lewis(1968, pp. 357~61) 및 Zeine(1958, pp. 77~8), Kushner(1976, ch. 5), 종족적 범투르크주의와 결합한 터키의 극우정당에 대해서는 Landau(1981, chs 4~6) 참조.

24) Elon(1971, ch. 10) 참조. 마사다(Masada)의 활용에 대해서는 Chamberlin(1979, pp. 11~18) 참조.

제이다. 정말로, 민족주의는 항상 다른 목표가 무엇이든, 땅의 소유와 유지에 관한 것이다. 그것의 소유와 유지를 통해서 민족 건설이라는 실천적 사업이 수행되기 때문이다. 모국 안에서 그리고 모국 위에서만 인종적 민족 성원은 정치적 형제애와 사회적 결속을 느낀다. 모국 안에서 그리고 모국 위에서만 국가 혹은 엘리트는 '시민'을 동원한다. 그리하여, 아르메니아인, 쿠르드인, 에웨인, 소말리아인들처럼 분열되어서 종속된 공동체, 또는 이산민족이 발견했듯이, 민족의 전제조건은 모국의 획득이다.[25]

그러나 모국은 정치적 상징의 쓰임새 이외에도 다른 쓰임새를 갖는다. 그것은 경제적 전제, 즉 루소와 리스트(Friedrich List) 이래 민족주의자의 이상이었던 자족이란 필요의 토대를 제공해 준다.[26] 그것은 진정으로 건강하고 번영하는 민족은 경제적으로 자족적이라고 주장한다. 훗날의 민족주의자들은 '종속'이라는 용어로 보다 큰 전제요구를 띄우고, 자본주의 중심부와의 밀접한 경제적 연계가 초래하는 해로운 결과를 분석한다. 종속이론이 힐퍼딩(Rudolf Hilferding), 룩셈부르크(Rosa Luxemburg), 레닌(Vladimir Lenin)의 제국주의론 등 맑스주의적 관점의 수정으로부터 나왔지만, 그 본령이 처음 미국의 아메리카인디언과 흑인 공동체에 적용되었고, 이후 라틴아메리카 민족에 적용되었다는 것은 아주 흥미롭다. 그 이론은 다시 서구로 되돌려져서, 서구 국가 안의 소수의 인종적 민족에게 적용되는 주요이론이 되었다. 학문적 형식에서 그 모델은 '내적 식민주

---

25) '모국'과 '민족의 영토' 이용에 대해서는 A. D. Smith(1981c) 참조. 이미 프랑스 혁명에서 자코뱅의 지도자들은 프랑스의 '자연적 국경'을 고정하고, 공화국을 위한 불가분적이고 엄밀한 경계의 모국을 창설하고자 했다. Kohn(1967b) 참조.
26) 루소의 이상에 대해서는 Cohler(1970), 리스트에 대해서는 Johnson(1968) 수록 Kahan 논문 참조.

의' 가운데 하나이다. 보다 대중적인 형식으로, 종속이론은 몰인격적 상태에 있는 거대 규모의 이익사회 세계들에서 공동체에 대한 바람을 대변한다.[27]

달리 말하면, 급속하게 변동하는 거대 사회에서 문화와 공동체의 방어는 문화적 관심을 영토적 관심으로 만들고 공동체 상실이 초래하는 무서운 경제적 결과를 조명함으로써 근대 세계와 관계를 맺을 필요성을 수용했다. '내적 식민주의' 모델은 인종적 민족주의자에 의해서 자치주의 사례를 보강하는 데 사용되고 있다. 그것은 중심부가 행하는 주변부 자원의 약탈, 일방적인 상품의 부등가 교환, 가치가 있는 기술과 인력의 유출, 중심부에 유리한 수송과 소통체계, 일방적인 교역패턴, 교육을 포함한 불균등한 용역의 할당, 인종적 소수민족이 하위의 지위의 역할을 떠맡는 경향이 있는 계층제도의 성장을 정부가 소홀히한 결과라고 지적한다. 그 의미는 모국의 자원과 예산을 자치적인 인종적 민족이 통제하는 경제를 재구성해서 공동체가 손상을 입지 않도록 보존해야 하며, 그렇게 하지 않을 경우 더 큰 쇠퇴, 동화, 박탈을 당할 공동체의 이익을 지지해야 한다는 것이다.[28]

자립경제가 대부분의 인종적 민족에게 유토피아적인 꿈으로 남아 있다면, 공동체 지도자들이 요구한 인종적 민족의 자원에 대한 보다 큰 통제는 정치화 및 전문화 추세와 짝이 되어 많은 인종적 민족으로 하여금 민족의 지위로 나아가게 만들었다는 것은 의문의 여지가 없다. 비록 그들

---

27) 이런 이론의 역사에 대해서는 Brewer(1980) 및 Orridge(1981), 신랄한 비평으로는 Warren (1980, ch. 7), '내부 식민지' 모델에 대해서는 Hechter and Levi(1979), Stone(1979) 참조.
28) 이 모델에 대한 보다 대중적인 견해에 대해서는 Mayo(1974), 이들 요소를 특징짓는 '내부 식민지'의 관점에서 영국의 발전 분석으로는 Hechter(1975) 참조.

이 온전한 독립을 추구할 의도가 없었다고 하더라도 그렇다. 그것은 인종적 민족 성원으로 하여금 그들의 공동체를, 단순히 반복적인 민속 문화나 집단적 기억과 상징의 저장소로서보다는 특별한 경제적 문제와 특유한 자원을 가진 영토단위로 생각하게 만들었다. 다시 한 번, 결합된 영토화와 자족 요구가 인종적 민족을 정치적·경제적 계산의 세계로 집어넣었고, 그 세계에서 국가, 계급, 인종적 민족은 '민족'의 '진정한' 대표로서 권력을 조종했다. 바스크인, 브르타뉴인, 스코틀랜드인, 크로아티아인, 쿠르드인, 에리트리아인은 그들의 공동체를 특수한 경제적 이해관계를 가진 잠재적인 혹은 실제적인 '영토'로 생각해야만 했다. 인종적 민족은 오늘날 '도구주의자들'이 주장하듯 자원과 권력을 동원하는 압력집단과 기반이 되었다.[29]

사실상, 압력집단과 계급의 대안으로서 인종적 민족의 새로운 역할은 상대적으로 최근의 것이다. 그것은 희소자원에 대한 (특히 급속하게 팽창하는 도시에서) 인종적 민족의 자격에 의해 강화되었다. 도시에 거주하는 인종적 민족의 자격은 여러 시설을 통제하려는 운동을 증가시키고 있다. 인종적 민족 공동체가 영토적 기반을 가지고 있다면, 그것은 공동체가 자족하고 중심부에 덜 의존하도록 하기 위해서 '모국'을 위한 자원의 재분배 요구를 배양해서, 인종적 민족이 '모국의 규칙'을 통해 더 강력한 영토적 모습을 갖도록 한다. 인종적 민족 혹은 그 파편이 어떠한 영토적 기반을 가지지 않는다면 (해외의 혹은 멀리 떨어진 핵심공동체를 제외하고) 도시의 인종적 민족의 자격은 1970년대 미국의 흑인 공동체 사이에서 일

---

29) Taylor and Yapp(1979)에 수록된 Brass의 설명적인 논문 및 Brass(1985), 그리고 Enloe(1973) and (1980) 참조.

어났던 것처럼, 인종적 민족 공동체가 수적으로 압도적인 다수의 대표를 가진 지역이나 도시에서 지원을 공동체가 통제하는 것에로 나아간다. 여기서도 역시 지금 어떠한 영토화를 동반하지 않았지만, 저변에 깔린 동력은 자립경제를 지향하고 있다. 여기에도 민족의 지위로 가려는 절박한 움직임이 있지만, 분열과 공동체 안의 깊은 문화갈등 (흑인의 경우, 미국 문화와 잃어버린 아프리카의 과거나 과거의 특징을 부활시키려는 욕구 사이의) 때문에, 이 운동은 장애물에 막힌다. 모국이나 자신의 모국을 얻을 기회를 가진 인종적 민족만이 신중하게 민족의 지위로 가는 길을 추구할 수 있다.[30]

그러나 보다 큰 요점은 도시의 희소자원에 대한 인종적 민족의 민족주의와 다른 성공한 인종적 민족의 '시위효과' 사이에서 점점 증가하는 경쟁이 '민족의 지위'가 의미하는 통합된 한 부분인 영토화와 자립경제를 획득하려는 투쟁을 심화시킨다는 것이다. 역사적 상황의 본질상 모국을 얻는 것을 바랄 수 없는 사람들은 심각하게 불리하다. 그들 지도자들이 아무리 위험을 무릅쓰고 민족의 지위를 과격하게 요구한다 해도, 희소자원을 위한 경쟁에서 보다 성공한 인종적 민족에게 폭력으로 반응한다 해도, 그들은 그들의 파편화된 공동체가 널리 바라는 '민족'이란 목표로 가

---

30) 초기 흑인 분리주의에 대해서는 Draper(1970, chs. 6~8), 1970년대 초 흑인 공동체주의에 대해서는 M. Kilson, "Blacks and neo-ethnicity in American political life" in Glazer and Moynihan(1975) 참조. 흑인 민족주의는 통상 희생과 편견에 대한 저항으로, 그리고 소홀히 취급된 국가 부문을 미국의 유산으로 진입할 수 있도록 강제하는 집단적 운동으로 해석된다. '아프리카로의 귀환과 흑인 무슬림 운동은 보다 급진적인 반미 태도와 감정, 즉 미국의 흑인은 별개의 유산과 운명에 의해 주류 미국생활의 밖에 있고 근본적으로 다르다는 의식을 가리킨다. Bracey, Meier and Rudwick(1970), 그리고 가비즘(Garveyism: 자메이카 출신으로 미국에서 활동한 흑인 지도자 가비[Garvei, 1887~1940]의 흑인을 분리하여 아프리카에 흑인 자치국가를 건설하자는 주장—옮긴이)을 포함해 과거의 운동에 대해서는 Brotz(1966) 참조.

는 길을 따라가도록 할 수가 없다. 모국을 가진 혹은 얻을 수 있는 사람만이 결국 인종적 민족이 가진 경쟁력이 있는 지위를 이용할 수 있는 입장에 있고 또 그 길을 따라 공동체를 몰아갈 수 있다. 그리고 만일 현재의 정치적·경제적 환경이 계속된 장애물을 만들어 낸다 하더라도, 카탈류냐와 바스크 지방에서 일어났던 것처럼, 이런 곳[모국을 얻을 수 있는 곳]에 잠재력이 있으며, 이후 민족이 될 계기가 새롭게 마련될 것이다. 그런 과정에서, 인종적 민족은 점차 외부의 오염으로부터 오래된 민속과 전통을 보전하는 데 기운 반쯤은 고립되고 종종 종속적인 공동체로부터, 민족의 세계에서 자칭 민족으로서 자신의 영토의 자원과 영토적 감정을 개발하는 것을 목표로 삼는 정치적 공동체로 변화한다.

동원과 포용

민족의 개념에서 중심적인 것은 시민권이다. 프랑스 혁명기인 1789년 5월 베르사유에 있는 전체 신분회의 전야에, 「삼부회 진정서」는 한 민족의 '시민의' 권리의 관점에서 제3신분과 온건한 농민의 특별한 요구를 반복적으로 담고 있었다. 그리고 그 개념은 국민의회와 국민공회에 의한 후속적인 입법의 초석이 되었다. 그 이후 시민권 운동은 민족의 제도화의 주요 지표 중 하나가 되었다. 프랑스에서 그랬던 것처럼 시민의 법적 권리와 의무의 초기 승인과 낮은 계급과 외곽 지역 권리의 완전한 실현과 이용 사이에는 시차가 있었다. 그러나 이것은 민족 건설의 사회적 과정과 민족의 법적 제도를 분리시킬 필요성의 또 다른 사례일 뿐이다.[31]

---

31) 시민-민족 개념의 성장에 대해서는 Palmer(1940), 삼부회 진정서(cahiers de doleances)에 들

근대 이전 시대에, 인종적 민족 성원은 공개적인 정치적 표현을 제공받지 못했고, 시민권이란 법적 개념에 의해서는 더욱 그랬다. 일부 고대 그리스 도시국가에서 특히 아테네에서 그리고 중세 이탈리아의 코뮨에서, 폴리스 혹은 공화국은 시민권의 관점에서 표현되었다. 그러나 이들 도시국가는 적어도 그리스의 경우 보다 넓은 헬레네 (혹은 이오니아, 도리아, 아이올리스인, 혹은 보에오티아인) 인종적 민족 공동체의 파편이었다. '헬라'와 '이탈리아'로 공통된 영토의식은 있었으나, 두드러지지 않았다. 거기에는 헬라스 혹은 이탈리아의 공통된 시민권 의식을 지지하는 그 지역을 관통하는 경제적 통일, 공통된 분업, 혹은 생산양식에 근접하는 어떠한 것도 없었다. 이런 까닭에 도시국가의 다른 사례처럼 시민권은 공통된 민족의식을 하부에서 나누었다.[32]

　　오직 근대에 인종적 민족이 공통된 법적 시민권에 의하여 내부적 관계를 재구축하여 민족의 지위로 크게 도약하도록 추동되고 있음을 느끼게 되었다. 물론 이런 설명은, 민족은 그들 자신의 국가를 가져야만 하나, 어떤 식으로든 보다 넓은 단일한 혹은 연합 국가에 포함된 '민족'으로 널리 인정받는 단위라는 사례가 있다는 것을 시사한다. 이 경우 '시민권'이라는 권리와 의무는, 앞의 마지막 장에서 기술되었듯, 근대 세계에서 완숙한 두 개의 '민족' 개념을 실현시키는 특징인, 인종적인 민족과 영토적-정치적 민족 사이에서 구분된다. 다시 스페인이 좋은 본보기를 제공한다.

어 있는 시민의 이용에 대해서는 Shafer(1938) 및 Cobban(1963, I, Part III) 참조. 1793년의 자코뱅 헌법은 수십 년 동안 가장 평등적이었으며, 나폴레옹 군대가 침입한 곳은 어디에나 다른 헌법을 위한 모델을 제공했다. Droz(1967, ch. 6) 및 M. Anderson(1972, ch. 2) 참조.

32) 노예제는 실제로 도시국가나 그 영토를 묶어 주지 않았다. 다만 그리스에서 다른 생산관계를 최소한으로 보충했을 뿐이다. Finley(1961) 수록 논문 및 Finley(1981, Part II) 참조. 이탈리아의 코뮨에 대해서는 Waley(1969) 참조.

카탈루냐인은 근대 이전 세계에 하나의 인종적 민족(ethnie)이었듯 의심할 바 없이 오늘날 하나의 민족(nation)이다. 그들은 다소간의 차이는 있어도 그들의 역사적 영토 안에 살고 있을 뿐만 아니라, 그들 자신의 언어를 가르치고, 카탈루냐인과 카탈루냐 지방에서 대중적이고 공적이며 표준화된 교육체계를 지원한다. 그들은 또한 비록 보다 넓은 스페인의 경제와 밀접하게 연결되어 있지만, 공동체의 경제를 갖고 있다. 그러나 이것 이상으로, 그들 자신들에게 조세를 부여하고 그들 성원은 방위를 제외하고 내부의 여러 분야에서 공동체의 정책을 만드는 권리를 포함해서 카탈루냐 사람으로서의 권리와 의무를 갖는다. 동시에, 스페인의 다른 인종적 민족과 마찬가지로 카탈루냐인은 스페인인이다. 그들은 스페인의 법적 시민권을 가지고 있을 뿐만 아니라, 다른 스페인인과 어떤 공통된 감정과 광범위한 정치문화를 공유하고 있다.[33]

이 예는 근대 정치생활의 공통된 특징을 보여 주고 있다. 즉 포용과 동원이란 두 가지 혹은 그 이상의 차원이 동시에 발생하는 것인데, 근원에서 하나는 인종적이고 다른 하나는 영토적-정치적이지만, 그것 둘 다 정당하게 '민족적'이라고 명명할 수 있다. 매우 단순하게, 오늘날 많은 개인은 동시에 2개의 민족에, 즉 카탈루냐인과 스페인인, 브르타뉴인과 프랑스인, 크로아티아인과 유고슬라브인, 스코틀랜드인과 영국인, 심지어 요루바인과 나이지리아인에 속해 있다.[34]

---

33) 카탈루냐 사람 사이에 '스페인적' 감정은 정치상황에 따라 변했다. Read(1978) 및 Payne(1971) 참조.
34) 용어 그대로의 의미로 유고슬라비아와 나이지리아가 '민족'을 구성하는가는 논쟁의 여지가 있다. 아마도 우리는 로트버그(Rotberg)와 함께 '의중(intent)의 민족'이라고 말해야만 한다. 유고슬라비아의 경우 의도는 모호하지만 말이다(Djilas, 1984 참조). 요루바인 역시 '민족'의 기준 중 몇 가지, 즉 경제적 통일과 요루바인의 자격으로서의 법적 권리를 결여하고 있다.

여기서 중요한 점은 하나의 인종적 민족이 민족으로 되기 위해서는 그 구성원을 시민으로 바꾸어야 한다는 것이나, 이것이 자신의 국가를 가져야 한다는 것을 의미하지는 않는다는 것이다. 누구나 완전한 독립이 없이도 법적 시민의 권리를 가질 수 있으며, 특히 연방에서 그러하다. 필수 불가결한 것은 수평적인 인종적 민족을 계급을 초월하는 민족으로 전환하는 것이고, 또한 민중적·수직적 인종적 민족의 경우, 공동의 정치적 목표를 위해 포섭된 성원을 동원하는 것이다. 달리 말하자면, 자칭 민족에게 중요한 것은 포용과 동원이다.

먼저 포용을 보기로 한다. 이것은 특히 수평적인 인종적 민족에게 영향을 준다. 결국 그들은 정의상 대부분의 중간계급과 모든 하위계급을 배제한다. '하나의 민족'이 되기 위해서, 그들은 중간계급과 하위계급을 포용해야 한다. 혹은 그들이 자체적인 중간계급과 하위계급을 갖고 있지 않다면, 그들은 중간계급과 하위계급을 '발견'해야 한다. 그래서 19세기 헝가리의 실력자와 하위귀족과 지식인은 팽창하는 도시의 중간계급을 격려한 것처럼 크로아티아인과 슬로바키아인 농민을 마자르화했다. 폴란드인 기사계급과 지주는 다시 지식인과 함께 루테니아인(Ruthenian)[35]과 다른 농민은 배제하거나 개종시키면서, 분할된 폴란드의 여러 지역의 가톨릭을 믿는 농민을 폴란드화시켜야만 했고, 19세기 말 급속도로 팽창하는 산업 중심지에서 폴란드 문화를 증진시켜야만 했다.[36] 왈라키아와 몰다비아에서 귀족과 성직자는 19세기 초까지 농민을 조롱했다. 그러나 후

Rotberg(1967) 및 A. D. Smith(1973c, Section 1) 참조.
35) 우크라이나인, 소러시아인 — 옮긴이.
36) 위의 6장 및 Pearson(1983, chs 1~3), 그리고 7장의 파울의 논문, 이 장의 각주 6 참조.

에 그들은 부상하는 중간계급과 함께 참여하여 다키아(Dacia)[37] 신화와 루마니아어 주위로 농민을 동원해 통일하는 것이 유용하고 필요하다는 것을 발견하였다.[38]

공동체 조직의 포용양식의 변화의 동력이 무엇이든, 그 효과는 인종적 민족의 기반을 넓히고 또 특수한 영토와 자원 즉 '모국'에 뿌리를 내리도록 하는 것이었다. 그것은 또한 시민권의 부여로 낮은 계급과 그 당파에 법적 양보를 의미했다. 민족주의 이데올로기는 보편적 시민권 개념을 떠맡았고, 그 이데올로기 아래서 수평적인, 대체로 귀족적인 인종적 민족으로부터 포용적인 수직적 민족으로 이행하는 것이 영향을 받았다. 결국 '민족'은 시민의 충성의 목표이자 시민의 공통된 의지의 표현이다.

국외자에게는 배제되는 '누군가'를 자신의 시민으로 삼는 포용행위에 의해서, 수평적인 인종적 민족은 지금까지 해왔던 것보다 훨씬 더 예리하게 인종적으로, 영토적으로 그 자체의 경계를 정하도록 요구받았다. 상류계급은 그들이 자신들의 문화에 모호하게 동화시킨 높은 신분의 외부인과 습관적으로 동맹을 맺고 결혼을 했는데, 이제 낮은 신분의 '내부자'와 일차적으로 관계를 맺어야만 했고, 심지어 농민을 '그들 자신의' 농민으로 인정해야만 했으며, 농민에 대해 특별히 책임을 져야 했다. 이것이 수평적인 인종적 민족이 민족으로 되기 전에 처음으로 수직적인 그리고 민중적인 인종적 민족으로 되어야만 한다는 것을 의미하는 것은 아니

---

37) 카르파티아산맥과 다뉴브강 사이에 있는 현재 루마니아 지역의 고대 명칭으로, 고대에 왕국이 있었으나 후에 로마의 속주로 됨—옮긴이.

38) S. Fischer-Galati, "Romanian nationalism" in Sugar and Lederer(1969) 참조. 유사한 발전이 19세기 말 핀란드에서 발생했는데, 거기서 주로 스웨덴어를 말하는 교육을 받은 관료 계급이 점차 자유주의자와 펜노만(Fennomans)의 압력에 의해 자리를 개방하게 되었고, 그렇게 함으로써 본래의 핀란드어와 문화를 '민족의' 지위에 올려주었다. Jutikkala(1962, ch. 8) 참조.

다. 지금 수평적인 인종적 민족이 영토적으로나 사회적으로 압착되었지만, 그들은 (소수의 중간계급과 함께) 통제력을 보유하고 있고 또 '그들의' 농민 혹은 장인을 문화적으로 변화시킬 수 있다. 민족은 포용적이지만 인종적 민족보다 느슨하고 통상 크기 때문에, 그것은 전체적인 공통된 인종적 민족의 문화 안에서 보다 큰 계급적 차이를 조정할 수 있으며, 농민은 운동 혹은 지방적인 국가 혹은 정부를 통해 민족주의자들이 점차 부과하는 다양한 패턴의 공통된 인종적 민족 문화를 유지할 수 있다. 시민권의 법적 구속을 통해서 느슨하지만 구체적인 포용이 일어난다.

물론, 수평적인 인종적 민족의 리더십과 그들의 귀족주의적 문화패턴에 도전하는 새로운 계급이 있었는데, 특히 인텔리겐치아와 부르주아지가 그 역할을 맡았다. 이들은 일부 방언을 사용하는 농민의 신화와 문화를 이용해서 보다 넓은 대안적인 '민족' 문화공동체를 창조한다. 이것에, 뚜렷하게 민중적이며 배타적인 의도가 있다. 그 결과로 나온 민족은 그리스와 프랑스에서처럼 수평적이며 귀족적이고, 수직적이며 민중적인 요소의 혼합이다. 여러 방식으로, 이것은 영국에서 발생한 것이다. 영국에서, 토지귀족의 문화는 기업가와 전문가에 의해 수립된 새로운 규범과 혼합되었고, 그와 더불어 그것들은 토리당의 노동자 클럽, 음악 홀, 스포츠 문화를 통해 부상하는 노동자 계급에 침투해서, 식민제국과 19세기 말의 주전론의 고무로 증대된 영국인의 배타성 의식에 기반을 두고, 계급을 초월하는 연계를 창조해 냈다. …… 그 결과, 영국(British 때로는 English) 민족이란 개념이 계급구조를 통해 확산된 것이었다. 디즈레일리(Benjamin Disraeli), 처칠(Randolph Churchil) 그리고 체임벌린(Joseph Chamberlain)은 레저와 여가활동에 의해 발생한 감정을 통해서 문화적 유대 맺기라는 전통을 시작했다. 이것과 국외자와 식민지 사람들에 대한 배제가 당파적 목적을 위해서가 아니라 작업장을 초월한 시민권 의식을 창조하기 위해서, 그래서 계급을 초월해 민족의식을 창조하기 위해서 이용되었다.[39)]

수직적·민중적 모델의 경우, 포용의 의미는 광범위하게 확산되었으나, 종종 활발하지 못했다. 요구된 것은 성원을 동원하고 새로운 시민의 유대를 창조하려는 정치적 목적의 인식이었다. 많은 요소들이 이런 동원을 가속화할지도 모른다. 이보(Ibo)와 같은 민중적 공동체는 일반적이고 대단히 중요한 이보 공동체 개념에도 불구하고, 공통의 목적을 실현하기 어려운 단편적인 연계 구조로 확산될지도 모른다. 이보 씨족 각각의 성원이 이보의 역사와 문화, 그리고 정체성을 갖고 있기 때문에, 계보적 유사성 및 혈통과 관계 없이 권리와 의무를 갖는 이보 씨족이, 스스로를 보다 넓은 '민족'의 단편으로 보도록 하는 새로운 이데올로기가, 시민으로 된 민족의 창조를 위해 보다 총체적인 동원이 시작되기 전에 등장해서 충분히 높은 지위에 있는 서구화된 남녀를 격앙시켜야만 한다.

아르메니아인, 콥트교도, 드루즈교도 종파, 시크교도, 마론교도처럼 일부 분파적인 이산민족 공동체의 사례에서, 장애는 주로 종교적인 것이고 성직자의 것이다. 몇 가지 방식으로, 신앙 공동체(umma)는 원형민족처럼 보인다. 그러나 그 목적은 근본적으로 다르기 때문에, 그 결과도 매우 다르다. 근대 이전 시대에, 종교적-인종적 민족의 공동체의 동원은 공동체의 문화나 영토 혹은 그것 모두를 회복하는 것을 목표로 삼는다. 그것은 인종적 민족의 민족주의이기보다 민족성 중시주의이다. 성원들이

---

39) J. R. Jones, "England" in Rogger and Webber(1965) 참조. 사회문제와 하위계급에 대한 우파와 토리당의 정책과 태도에 대해서는 Finlayson(1983) 참조.

종교적·인종적 민족의 공동체를 '민족'으로 변형하려는 것을 목표로 하는 종교적·인종적 민족 공동체는 두드러지게 정치적인 것이다. 그것은 민족들로 이루어진 세계에서 공동체를 위하여 일종의 세속적 권력을 획득하는 것을 목표로 삼고, 수동적인 '객관적 민족'을 활동적인 '주관적 민족'으로 변형함으로써 민족의 생존과 부활을 확보한다. 그래서 마론교도, 시크교도, 아르메니아인과 유대인은 근대 이전의 시대에 계속되는 지배자의 정책에 따라 행동하고 그런 정책의 '대상'을 구성하는 공동체에 적합한 정적(quietistic, 貞的) 자세를 통해 몇 세기 동안 생존을 확보해 왔다. 그러나 오늘날 그들의 성원은 생존과 성공이 근대 세계의 민족에게서 내포하는 것에 대한 새로운 해석으로 무장해서, 더 이상 다른 인종적 민족 성원들이 행하는 효과적인 지배를 감내하려고 하지 않는다. 역으로, 그것은 내부 혁명을 의미하고, 그 혁명에서 징적 진통의 수호자들과 생존의 도구인 경전은 활동적이고 실제적인 공동체 구원 메시지를 설교하는 새로운 인텔리겐치아에 의해 밀려났다. 이런 까닭에, 인텔리겐치아 뒤에 숨어 낡은 사제들의 교회조직에 저항하는 농민과 노동자들 동원하는 투쟁, 즉 학교와 대학으로부터 언론기관과 법원으로 퍼진 싸움은 끝내 의회와 거리로 퍼져 간다.[40]

도시국가의 근린동맹과 '경계선에 있는' 인종적 민족의 경우, 구성원

---

40) 차르의 사례는 교훈적이다. 인종적 민족의 자기변혁에 대한 성직자와 관료의 장애를 극복하는 인텔리겐치아의 역할에 대해서는 Zenkovsky(1953) 및 Bennigsen and Quelquejay (1960) 참조. 아르메니아인의 경우도 그러한데, 이에 대해서는 Nalbandian(1963) 참조. 시크교도의 경우, 종교와 정치는 불가분적이었는데 비록 내부 분열이 있었지만(도시와 시골의 시크교도 사이에 특히 그러했고), 도시의 인텔리겐치아는 항상 종교-문화적 요구에 정치적 표출을 제공했고, 자치 혹은 주권은 종교 공동체의 문화적 개성을 보호해서 충분히 표현하는 것이 필수적이라고 주장했다. Pettigrew(1982)의 상세한 분석 참조.

사이의 전통적 경쟁은 계속 민족의 지위를 위해 움직이려는 모든 시도를 한다. 스위스 지역에서, 1798년 헬베티아 공화국(Helvetic Republic)은 프랑스의 자코뱅 모델에 따라 주와 도시국가의 와해를 극복하고자 했으나, 너무 단명해서 전통적 지역주의와 서로 결속한 주들의 자유를 분쇄할 수 없었다. 이런 낡은 경쟁의 근원에 1815년 이후 이탈리아어와 프랑스어를 사용하는 주가 추가됨으로써 새로운 초점이 되는 적대감이 덧붙여졌는데, 그런 적대감은 1848년 내전의 종교-정치적 간극에서 절정을 이루었다.[41] 북부 이탈리아에서 르네상스 기간 동안 도시국가가 획득한 조그마한 인종적 민족의 단결은 1808년과 1870년의 정치적 통일 후에도 전통적 충성을 다하는 지방주의와 지역주의에 의해 심각하게 방해받았고, 이것은 더 넓은 문화-역사적 단위 안에서 오늘날까지 지속되고 있다.[42] 지방주의는 하우사-풀라니 혹은 쿠르드 부족처럼 '부족연합'에서 더욱 두드러진다. 여기서 파당과 연합은 특수한 사바나 왕국 혹은 산악계곡을 지배하며, 두 가지 경우 일부 움직임이 외부의 위협과 경쟁 아래 정치적 유동 방향으로 발생하기는 했지만 새로운 계급은 영토적 간극을 가진 혈연 연합이 범인종적 민족의 기초 위에서 정치적 유동에 유리하지 않음을 보여준다.

이런 까닭에, 민중적·수직적인 인종적 민족이 민족의 지위로 나아가는 데 유리한 근거를 제공한다고 생각하는 것은 잘못된 것이다. 포용이라는 사실이 바로 내부 분열을 현저하게 만들거나 혹은 토착적인 전통이 변동에 더욱 저항하도록 만든다. 불가피하게, 친족 집단을 영토적 시민으로

---

41) 스위스의 헬베티아 공화국과 내전에 대해서는 Kohn(1957, chs. 5, 12, 15~16) 참조.
42) Procacci(1973, ch. 13) 및 Beales(1971, 서론) 참조.

바꿈으로써 민족의 창설은 전통적 가치와 이미지를 갖는 공동체에 대한 재(再)정의와 권력투쟁을 포함하기 때문이다. 그리고 새로운 유형의 공동체를 상상하는 것은 통상 계속되는 세대 사이에 오랫동안 질질 끄는 갈등의 과정이다.

새로운 상상

이들의 새로운 상상의 목표와 내용은 무엇인가? 앤더슨은 그의 분별력 있는 연구에서 우리의 상상의 새로운 민족을 본질적으로 추상적이고 정신적인 구성물이지만 주권이 있으되 제한적인 공동체라고 정의했다. 우리의 구성물에 형체를 부여하기 위해서 그가 인용하는 많은 소설에서(소설은 특히 상상된 그러나 '현실적인' 공동체의 형식이다), 시간과 공간에 존재하는 집단을 지지하고 '대표하는' 개인의 일반화된 이미지가 있다. 우리는 소설 속의 어떤 관습을 통해서, 즉 연대순으로 되고 비어 있는 동질적인 시간의 서술을 통해서 보편적인 개인을 인식하게 된다. 이것은 민족주의가 짝을 이루며 집단적 불멸을 추구하는 선형적 역사 개념에 상응한다. 동시에 개인은, 마을을 넘어 한 번도 여행을 해보지 아니한 그의 가슴과 마음 속에 '모국'이 환기시키는 잘 정의되고, 한정적이며, 일반화된 공간에 위치해 있다. 온갖 종류의 고안물은 특정한 유형의 공동체의 사회적 연대를 '고정'시키는 데 사용된다. 그 고안물은 서로 알지 못하는 사람들을 연결시켜 주는 사건의 사용, 그러한 사건의 정확한 날짜, 소설에 의해 관련된 사건 속으로 독자들의 일상생활이 포섭되는 것, 유사한 공동체에 있는 비슷한 제도와 비교될 수 있는 제도를 유형화할 수 있는 다수 제도의 이용, 사회 모습을 묘사할 수 있는 조심스럽기는 하나 일반적인 자질

구례한 일의 이용, 소설 속의 일반적이지만 종종 이름이 없는 영웅, 그리고 먼 곳에 있는 익명이지만 실제적인 근원으로부터 오는 메시지(신문, 텔레비전, 라디오 등등)에 대한 빈번한 언급 등이다.[43]

달력의 시간 및 제한되지만 구체적인 공간에 대한 새로운 시각과 달리, 새로운 상상은 민족을 동질적인 개인의 무리로 그린다. 이때 개인은 일반화되고 동등한 사람 혹은 '시민'이며, 개인의 관계는 몰인격적이지만 형제적인 우애가 있다. 말하자면, 하나의 민족에서 개인은 본질적으로 대체가능하다. 그들의 연결은 뒤르켐의 용어의 의미로 '유기적'이다. 다시 말하면, 그들은 복합적인 분업에 기반을 둔 상호간의 기대를 갖고 상보적인 역할을 맡는다.[44] 동시에, 이런 역할의 점유자는 개인 간에 상호 교환될 수 있고 소모될 수 있다. 그들의 개별적인 특이성과 기질은 생생하게 흥미로운데, 그들은 거의 민족의 작동과 생존에 영향을 미치지 않는다. 마찬가지로, 새로운 상상에서 지역적·계급적·종교적 혹은 다른 차이는 더 이상 '시민'의 성격을 규정하지 않거나 공동체를 분열시키지 않는 것으로 느껴진다. 소설, 연극, 풍경, 민족의 시대의 특징적인 형식에서, 지역적·계급적·종교적 혹은 다른 차이는 앞선 시대로부터 살아남은 생존을 대변해 주고 있고, 그것을 우리(독자 혹은 관객)는 이제 올바르게 해석할 수 있다.

그래서 무소륵스키(Modest Mussourgsky) 같은 역사오페라 작곡자는 우리에게 분파적이고 사회적이며 지역적인 적의를 가진 구(舊) 러시

---

43) Anderson(1983, chs. 2~3) 참조. 인쇄술과 책이 준 충격에 대해서는 Febvre and Martin(1984, esp. ch. 8) 참조.
44) Durkheim(1964) 및 Gouldner(1962)의 뒤르켐에 대한 서론 참조.

아의 모습을 제공하며, 관객에게 그(녀)는 진보하는 역사 공동체의 한 부분이고 역사공동체의 동요와 운명에 동참하고 있다는 것을 시사해 주고 있다. 오페라 『보리스 고두노프』(Boris Godunov)에서 가톨릭을 믿는 폴란드와 정교회를 믿는 러시아의 충돌과 귀족과 평민의 갈등은 성스러운 바보의 마지막 한탄과 연대기 작가 겸 수도승인 피멘(Pimen)의 회고에 의해서 우리 자신의 달력상의 시간과 동질적인 공간으로 요약되고 일반화된다. 『호반시치나』(Khovanshchina)에서 마르파(Marfa)는 통찰력으로 자부심이라는 주제를 일반화해서, 비천한 거지뿐만 아니라 왕자를, 구신도뿐만 아니라 서구주의자를, 표도르의 새로운 질서뿐만 아니라 스트렐치 가드(Streltsy Guard)를 포함시킨다. 모든 것이 상호작용하는 민족 공동체의 부분이라는 새로운 역사적 드라마 속에 들어 있고, 모든 것이 지구상에 분명히 정의된 부분에서 연대기적으로 비어 있는 시간을 통하는 '역사의 운동'인 사회 진보에 잡혀 있는 동등한 '시민'이기 때문이다. 몇몇 주석가가 언급했듯이, 두 오페라의 영웅은 사람들 스스로였다. 그러나 어떤 의미에서 이것은 특정한 영역이 공동체의 독특한 환경의 이미지를 자아내는 드라마, 소설, 오페라, 혹은 풍경화의 새로운 민족적 장르에 있는 많은 다른 예에도 해당한다.[45)]

---

45) 무소륵스키 스스로 (스타소프에게, 1876년 12월 25일 편지) 이렇게 썼다.
"그러나 나의 현재의 의도는 고전적 멜로디를 지향하는 것이 아니라 삶을 분담하는 멜로디를 지향하고 있다. 나는 인간의 언설을 탐색한다. 그래서 나는 이런 종류의 언설이 창조한 멜로디에 도달해 있다.…… 누군가는 이것을 감각으로 정당화되는 멜로디라 부를지 모른다. 이런 노동은 나에겐 즐거움이다. 갑자기 그리고 예기치 않게 그토록 사랑했던 멜로디와 반대되는 무엇인가가 들려오고, 누구나 즉각 이해한다."
1881년 죽기 직전 소묘적인 전기를 쓰면서, 무소륵스키는 이렇게 주장한다.
"그의 예술에 대한 신조의 설명은 예술의 의무에 관한 그의 생각으로부터 생겨났다. 예술은 그 자체로 목적이 아니라 인류에 대한 소통의 수단이다. 이 원리가 그의 전적인 창조적 활동 새로운 상상에서, '대중'은 처음으로 구체적인 형식과 분명한 역할을 부여받는다. 그들은 더 이상 셰익스피어의 『줄리어스 시저』에서처럼 영웅이 한 구상을 실천하는 데 필요한 한 번 쓰고 버리는 군중이 아니다. 비록 그들의 영향이 때때로 보이지 않지만, 그들은 그들 자신의 권리로 한 부분을 맡고, 아마도 역사의 개시라는 중심적 역할을 수행한다. 그들은 최종적으로 호소할 수 있는 장을 구성하고, 점차 개인이 갈망하는 목표를 구성하는데, '그들이' 조상과 마찬가지로 후손을 대표하고, 오늘날 후손만이 변천하는 삶을 이겨내고 사는 의미를 전달하기 때문이다. 정치에서처럼 엘리트는 '대중'의 지지를 부탁해야 하고 그들의 지지투표를 얻기 위해 경쟁을 해야 한다. 그래서 새로운 상상은 공동체를 유사하지만 독특한 공동체의 문화와 의미를 구현하는 무수하지만 익명의 본질적으로 인식할 수 있는 선남선녀에게 속해 있는 것으로 그린다. 역사적 동력으로서의 대중 인식 속에, 새로운 비전은 민족에게 인종적 민족이 소유하지 못했던 권력과 위신을 부여한다.

그러나 새로운 비전에서 대중은 민족으로 어떻게 통합될 수 있는가? 무수히 많은 얼굴 없는 개인들이 어떻게 관계를 맺을 수 있는가? 새로운 양식의 소통과 새로운 인식, 즉 과학에 의해서 그렇게 한다. 옛날 사제와 필경사의 소통 규칙과 달리, 새로운 양식은 공개적이고 기술적이다. 그 양식은 귀속적인 집단에 한정되지 않고, 신성한 예배의식을 아는 '내부자의' 보존물도 아니다. 그것은 특수한 기술적 지식을 요구하지만, 이것은 원리상 최소한의 일반 교육, 즉 읽기, 쓰기와 셈을 할 줄 아는 모든 사람에

을 결정한다." Einstein(1947, ch. 17, esp. pp. 311~14) 참조. 이로부터 인용문을 따왔다. 그리고 러시아 음악에서의 민족주의에 대해서는 Raynor(1976, ch. 8, esp. pp. 141~6) 참조.

게 개방되어 있다. 요구되는 것은 교육 수단에 관한 지식, 즉 공식적 의미의 언어이고 더욱 중요한 것은 인종적 민족 공동체의 내부 언어에 대한 친숙성이다. 처음 유형의 (공식적 의미의) 언어가 통합력으로 작용하는 데 불충분하기 때문이다. 공식적 언어는 대중에 대한 정부의 소통 혹은 대규모의 경제조직 혹은 교육조직의 소통을 원활하게 한다. 그러나 이것은 일방적 체계이다. '대중'은 쉽게 메시지를 되돌려 줄 수 없고, 그에 못지않게 서로간에 경험을 전할 언어를 이용할 수 없다. 이런 '내부적인' 혹은 '헤르더 류의' 언어적 의미에서 민족성은 소통능력에 제약을 가한다. 말하자면, 집단적 역사 경험은 특유하고 유일한 표현수단인 그들 자신의 '언어' 혹은 '양식'을 발견한다. 이것은 고대의 말 혹은 복장, 가구, 건축의 양식 혹은 특별한 음악과 춤, 혹은 그것을 소유하고 행하는 사람들을 묶어 주는 독특한 관습, 제도, 방식을 소생시키고 쇄신할지도 모른다.[46)]

그러나 대중을 자칭 민족으로 묶어 주는 것은 이런 넓은 의미의 '내부 언어'의 회복이 아니다. 내부 언어가 소중히 보호하는, '근대적' 학문적 형식의 경험 자체에로 복귀하는 대응이 있다. 말하자면, 고대의 경험은 이전 시대의 서정시처럼 단순히 다시 말해지지 않는다. 그것은 오늘날의 가정과 새로운 접근법 및 문헌학, 고고학, 인류학, 사회학, 역사학이라는 학문을 이용해서 '해석'과 조사를 받아야 한다. 이들 학문은 근대의 사회결속과 시민권에 필요한 도구이다. 그것이 우리가 시공간상, 그리고 새로운 민족의 시대의 제한된 공간과 달력의 시간표상 우리의 집단적 위치를 '이해'하게 해주기 때문이다. 이런 '학문'이 없다면 글자 그대로의 의미

---

46) 언어와 민족성에 대한 헤르더 류의 개념에 대해서는 Berlin(1976) 및 Barnard(1965), 사회변동에 대한 언어의 관계에 관해서는 Haugen(1966) 및 A. D. Smith(1982) 참조.

를 갖는 민족은 있을 수 없다.

이것은 본질적으로 낭만주의적인 민족 개념 특히 인종적 민족의 다양성과, 점차 기계적이고 합리적 속성을 갖는 근대의 과학적인 학문 사이의 격차라는 관점에서 말할 수 있는 추가적 진술일지 모른다. 동물과 인류의 화석 연대를 밝히거나 고대 문명의 건축물과 음식물을 분석하는 고고학과 같은 학문에서 오늘날 사용되는 기술은 민족 형성의 드라마에서 엘리트들이 '자기네의' 대중을 소생시키고 활기를 북돋아주는 민족의 각성과 개화의 이미지와는 거리가 먼 듯하다. 그렇지만 이런 기술이, 즉 이런 참을성 있고 신중한 분석, 서술, 분류, 출토품 꿰맞추기와 붙이기 같은 기술이 민족주의 고고학자들이 하초르(Hatsor) 혹은 마사다(Masada)[47]에서 발굴된 야딘(Yadin) 같은 민족의 고대 과거에 대한 그(그녀)들의 (그리고 '우리의') 그림을 수립하는 것을 가능케 한다.[48] '과거'가 '저기' 있다는 민족의 가정과 드라마의 부분 부분이 남아서 발굴되어 환영받기를 기다리고 있다. 그것은 탐험가와 발굴자처럼 열기와 먼지 속에 그것을 발굴하는 일에 도움을 주려 모여드는 수많은 자원봉사자에게, 그리고 그들을 따라 각각의 발굴현장, 기념물, 박물관을 순례하는, 오직 좋은 전시를 가능하게 해주는 과거만이 만족스러울 수 있다는 의미에서 좋은 전시에 목말라하는 관광객에게 하는 약속이다. 전시는 아주 중요하고, 그것의 '과학적 정확성' 또한 중요하다. 우리는 수단이 메시지만큼 중요한 (일부 아방가르드 예술 양식에서 갖듯이, 수단이 메시지를 능가하거나 포함할 수는 없

---

47) 사해 서해안의 언덕 요새. 기원전 73년 960인의 광신적 유대교 신자가 로마에 항복하기를 거부하고 자결한 곳—옮긴이.

48) Yadin(1966) and (1975), 그리고 아부심벨과 마사다에서처럼 과거를 보존하는 데 사용된 고고학적이고 과학적인 기술에 대해서는 Chamberlin(1979) 참조.

다 해도) 세속적이며 기계적인 시대에 살고 있기 때문이다. 이것은 '민족'이 과학이라는 수단을 통해서만 상상될 수 있다는 것을 의미한다. 이런 까닭에, 사회학과 인류학은 '대중'을 이해하는 프리즘과 조망이 된다. 오직 사회학적 이해를 통해서만 민족의 동포애가 파악될 수 있다. 그 역도 마찬가지이다. 이것은 놀라운 일이 아니다. 사회학이 우선적으로 해야 할 중심적인 일 중 하나가 사회적 결합과 공동체의 유형, 사회변동 특히 근대화가 새로운 종류의 공동체를 침식하거나 원활히 작동하도록 하는 방법에 있다면 말이다.

또한, 가장 사회학적인 일이 이분법적 역사관(누가 신석기 시대의 혁명 그 너머로까지 가려 한다면 삼분법적 역사관)을 전제하고 있다는 것은 조금도 이상하지 않다. '전통적인'(복합적인 농업과 종교의) 시대 혹은 사회유형은 '근대'(산업의, 자본주의적인, 그리고 세속적인) 유형과 대비되는데, 근대 유형에서 '민족'과 '대중'은 그 어느 때보다 큰 단위의 영토, 기술, 인구로 나아가는 사회발전에 대한 불가피하고도 보편적인 설명의 한 부분인 근대성의 제한적이나 필요한 특징이 된다.[49] '민족국가'와 인류의 민족으로의 분화가 비교사회학과 집단 및 제도에 대한 통시적인 그리고 교차문화적인 연구에 필요한 분석의 틀인 것처럼, 민족의 자기 이해, 그리고 영토적 단위와 '민족'의 인종적 동포애로 엘리트와 '그들 엘리트의'(역사적으로 제휴한) 대중을 동일화 하는 데, 진화론적 사회이론의 개념

---

49) Parsons(1966)는 3중적 견해(원시적-과도기적-근대적)를 제공하고 있는데, 마지막 3단계는 세부적으로 구분된다. 그러나 일반적으로 사회학자는 농경사회와 산업사회의 '전후' 모델을 가지고 작업을 한다. 주민의 규모와 포용 및 참여의 성장은 근대에로의 이행의 주요 요소이다. Lerner(1958) 및 Eisenstadt(1973), 그리고 Gellner(1982) 참조.

시리즈와 현대적 관점 또한 필요하다.[50]

그렇다면, 이것이 새로운 민족적 상상의 목표이자 내용이다. 즉, 통일된 과거가 발굴되어 박물관의 양식으로 다시 전시되는 역사의 드라마를 통해 엘리트와 대중의 인종적 동포애를 보여 주고, 그렇게 함으로써 근대의 산업주의와 과학이 가지고 있는 위험한 파편화와 소외에 직면해서 집단적 운명과 공동체의 깊은 의미를 환기시키는 것이, 바로 새로운 민족적 상상의 목표이자 내용이다.

---

50) 방법론적인 민족주의에 대해서는 Merritt and Rokkan(1966), 진화론과 민족주의 사이의 밀접한 관계에 대해서는 A. D. Smith(1983b) 참조.

8장 _ 전설과 풍경

향수와 후손

현대 사회학의 역설 중 하나는 한 쌍을 이루는 깊은 과거에 대한 향수와 혁신에 대한 선호이다. 그러나 오늘날 많은 수의 사람들이 비록 사회변동과 새로운 사고에 몰입하고 있지만, 그들은 자기들이 전체적으로 떨어지기를 싫어하는 이전 생활방식에 대한 개인적 기억과 집단적 기억을 구체화해 주는 전통과 가치에, 그리고 그들이 돌아가기를 갈망하는 몇 가지 양상에 매달려 있다. 이것은 우리에게 어린 시절의 기억인 '잃어버린' 세계를 창조해 주는 문학, 예술, 음악과 유행에서 재빨리 계승하는 '복고'에서 볼 수 있다. 과거의 의미를 상실했지만 계속되는 복고와 유행, 비록 상업주의에 의해 배양되지만 신예술과 빅토리아풍의 소생, 시골생활과 소멸된 귀족제도에 대한 향수, 고고학과 고대 유적에 대한 매혹은 모두 많은 사람들이 과거 시대와 과거의 가치에 깊이 천착하고 있다는 점을 가리킨다.[1]

---

1) 예술, 기술, 유행에서 이러한 부활은 Hillier(1968)와 Battersby(1976)에서 논의되고 있다. 유럽

다시 돌이킬 수 없는 과거에 대해 갖는 광범위한 향수는 어떻게 설명될 수 있는가? 그것은 물질주의와 상업이 과거의 많은 것을 황폐화시킨 오늘날에만 꽃피는 그 무엇인가? 한 가지 대답은 사회변동의 진행속도와 폭을 통제할 필요성이다. 모든 사회는 그들의 혁신을 정당화해야 하고, 현대의 변동 비율은 앞선 과거에 대한 호소를 더욱 필요하게 만든다. 왜 그렇게 많은 제3세계 지도자들이 새로운 정책과 혁신을 승인받기 위해 그들 국민의 과거를 조사하는가를 우리가 발견하려는 이유가 거기에 있다. 또한 고풍으로 돌아가는 것은 급속한 변동을 동반한다.[2] 그러나 이것은 이런 질문을 요구한다. 왜 사회는 과거로 돌아감으로써 그들의 혁신을 정당화할 필요가 있는가, 또한 왜 그들의 특별한 과거인가? '전통'사회에서, 우리는 전례와 관습에 대한 관심을 기대할 수 있다. 그러나 그것은 왜 근대화하고 있는 혁신적인 사회에서 압박을 느낄 정도로 필요성이 있는 것인가?

그러나 이미 1부에서 민족성 중시주의는 일종의 향수를 배양한다는 것을 살펴보았다. 우리는 인종적 민족과 민족성은 일종의 '향수'를, 즉 돌이킬 수 없을 정도로 잃어버린 보다 초기의 생활양식이라고 주장되는 황금시대의 소박한 방식으로 돌아가려는 희망을 포함하고 있다. 이것은 보

의 예술에서 초기의 부활과 재발견에 대해서는 Haskel(1976) 참조. 활발한 온갖 종류의 골동품 거래가 있는데, 거래자와 경매업소에 의해 규모와 가격이 끌어올려지고 있다. 그럼에도 불구하고 그것들은 강한 향수어린 감정을, 특히 민족주의적인 향수를 키우고 있다. 서구의 과거에 대한 향수에 대해서는 Lowenthal(1985) 참조.

2) M. Matossian, "Ideologies of 'delayed industrialisation': some tensions and ambiguities" in Kautsky(1962) 참조. 아랍과 아프리카의 사회주의 운동은 코란이든 전통적인 아프리카 부족의 습속이든 토착민의 토양에 서구화하는 급진주의를 세우려 시도하고 있다. Worsely(1964) 그리고 Gellner and Ionescu(1970) 수록 John Saul 논문 및 Eisenstadt and Azon(1975) 수록 논문 참조.

다 보편적인 필요를, 근대를 넘어선 '정당화'에 대한 필요를 시사한다.

전통과 이미 지나가 버린 과거에 대한 향수에 관한 의문에 표준적인 또 다른 대답이 있다. 이것은 근대의 조건 특히 자본주의와 관료제는 개성을 침식시키고 강하게 느껴지는 소원함과 안식의 부재를 가져왔다는 것이다.[3] 근대 산업 자본주의의 사회구조 역시 소외구조이다. 우리의 노동처럼 우리가 창조한 생산물은 우리와 반대편에 서서 파편의 느낌을 주는 소외의 '대상'이 된다.[4] 다른 한편으로, 현대사회는 특히 무규범에 빠지기 쉬운 것으로 간주되고 있다. 즉 급격한 변동이 우리 생활을 불규칙적인 것으로 만들고 우리의 열정을 기회가 있는 노선에서 벗어나게 만든다.[5] 이런 까닭에, 만족스러운 사회구조 안에서 우리를 재통합시키고 다시 뿌리를 내리도록 하는 대책이, 즉 자유와 개성을 보존하면서 사회 정의와 결속에 머물도록 하는 대책이 긴요하다. 이것은 역으로 현대 사회와 사회질서 유형을 집단의 전통과 태어난 고장, 다시 말하면 집단의 역사와 모국에 연결시키는 것을 의미한다.

여기서 난점은 태어난 곳의 역사는 사회통합과 개인의 자유에 대한 필요를 충족시키는 것을 거의 격려하지 않는다는 것이다. 사회정의와 연대에 대한 어떤 비전이 왜 지방의 거소에 제한될 필요가 있는가 하는 문제는 명백하지 않다. 혁명은 국경선을 모른다. 이런 문제에 대한 하나의 대답은 드브레(Regis Debray)에 의해 제공되었다. 시간상의 시작과 흐름

---

3) Berger, Berger and Kellner(1974, chs 2, 8) 참조.
4) Marx(1970, pp. 708~9) 및 Easton and Guddat(1967, esp. pp. 289~90)에 수록된 그의 『경제철학 수고』(1844) 참조.
5) '소외'와 '아노미'의 비교, 그리고 맑스와 뒤르켐의 사회학에서 그것들의 결과에 대해서는 Lukes(1977, ch. 4) 참조.

그리고 공간상의 한계의 철폐를 강조하는 민족은 무의미와 불합리성에 대한 장벽을 세우고자 하며, 그들이 그렇게 하지 않는다면 홍수와 같이 밀려오는 무의미와 불합리성이 인류를 삼켜버릴지 모른다. 그 답은 그들 민족에게 그들이 시간과 공간상 구체적인 경계를 가진 '그들 류의' 고대의 결사체에 속해 있으며, 이런 결사체에 속해 있다는 사실은 그렇지 않은 경우 모호하고 위험할 수 있는 삶에 어느 정도의 확실성과 목적을 제공하고 있다는 것을 말해 준다.[6] 그러나 이것은 소외문제가 보편화되어 있다는 것을 의미한다. 이런 의미에서, 민족 혹은 시간과 공간상 구속을 받는 인류의 결사체는 정도는 다르지만 항상 존재해 왔으며, 바로 이 사실은 결코 현대에만 한정되는 것이 아닌 무의미성을 극복할 수 있는 다소 보편적인 필요성을 제시한다.

이것은 또 다른 가능성이다. 과거에 대한 향수, 특히 '자신이 속한' 인종적 민족의 과거에 대한 향수는, 죽음과 죽음이 가져올 필멸성의 허무함을 사람들이 극복하고자 하기 때문에, 모든 시대와 대륙의 사회에 하나의 특징이 되어 왔다. 누군가를 하나의 '역사' 공동체와 운명에 연결시킴으로써, 개인은 망각으로부터 그(그녀)의 사람과 업적을 보전하는 어떤 불멸성을 얻기를 희망한다. 또한 그들은 공동체의 과실에 의해 살고 과실을 지닌다. 이제 공동체가 (통상 내세에서) 구원의 달성과 연결된 종교적 생활방식의 그릇이자 구현체로 여겨짐에 따라, 종교 공동체의 가치와 생활방식이 위협받는 급박한 위기의 시대에 인종적 민족의 과거에 대한 향수는 표피적일 뿐이다. 개인이 공동의 전통에 따라 살게 되므로, 다른 세계에서 구원 혹은 존재 상태에 도달하기를 희망할 수 있었고, 과거를 소생

---

6) Debray(1977), 그리고 경계란 의문에 대해서는 Dunn(1978, ch. 3) 참조.

시킬 필요성은 주창되지 않았다. 그 외에, '전통' 사회에서 우리는 집단의 전통에 의하여 자신의 생활양식과 야망을 갖출 것을 기대하고, 그래서 지속되고 있는 과거를 갈망할 필요가 거의 없었다. 내부에서의 새로운 발전과 외부로부터 오는 압력이 지속성의 실현과 의미를 침해할 때만 '인종적 민족의' 부활 필요성이 있었다.

그러나 과학, 공리주의 철학, 탐욕스런 물질주의는 전통을 부식했고, 세속적인 역사개념을 증진시켰다. 천당과 지옥에 대한 믿음의 약화, 신앙의 사유화 및 '의미 없는' 의식에 대한 반작용과 함께, 인종적 민족 공동체의 과거는 종교적 은둔처로부터 분리되었다. 사람들은 남녀 모두 그토록 많은 사람들이 갈구하던 불멸을 다른 곳에서 찾았다. 많은 사람들이 그것을 후손이란 생각에서 발견했다. 후손 안에서 그리고 후손을 통해서 행위가 의존하고 기억이 살아 있다. 그러나, 이들 행위와 기억은 행위와 기억 같은 하나의 사슬 안에서만 '의미'가 있는데, 그 사슬은 뒤로는 모호한 세대의 조상 가운데 뻗어 있고, 앞으로는 똑같이 알 수 없는 세대인 후손에로 뻗어 있다. 아마도 이것은 사실 문제인 근대성을 특징으로 하는 가족의 뿌리에 대한 요구와 공동체의 역사와 운명에 대한 염원을 모두 설명해 주고 있다. 어떤 경우에도, 누군가의 인종적 민족의 과거에 대한 향수는 전통과 구원의 종교의 쇠퇴와 더불어 근대에서 더욱 심각하고, 광범위하며, 지속적인 것이 되었다. 이런 의미에서 인종적 민족의 민족주의는 세대가 기억과 정체성의 사슬로 떨어질 수 없게끔 개인을 지속적인 공동체와 연결하고, 사후의 존재에 대한 견해를 제거함으로써 생긴 쓸모없다는 허무함의 의식을 제거하는 것을 목표로 삼는 '대리적인' 종교가 된다.

이런 접근법의 장점은 그것이 근대 이전의 사례인 '인종적 민족'의 향수와 보다 널리 퍼진 근대적 사례의 '민족주의적' 향수를 정의롭게 한다는 것이다. 이 두 형식의 향수 사이의 인과적 차이는 사후의 삶 혹은 경험적 우주를 넘어선 실체와 관련되는 우리의 종교적 믿음과 전통이 쇠퇴한 결과 변형된 우리의 시공간 개념에 있다. 이런 초경험적인 실체에 대한 초기의 암묵적인 믿음은 보다 순수한 형식의 '실체'를 구성한다고 느끼는 '영원한' 그리고 '공간이 없는' 관점에다 세속적인 사건과 경험을 둠으로써, 죽음 자체를 포함하여 세속적인 사건과 경험을 상대화하였다. 이것은 개인과 집단을 확실하게 형이상학적인 실체 혹은 신의 계획 안에 위치시킴으로써 개인과 집단에 똑같이 일정한 정도의 정체성과 안정성을 부여했다. 이런 식으로, 그것들은 우주 통합의 한 부분이 되었고, 더 이상 홀로 존재하지 않게 되었다.[7]

그러나 새로 도입된 신앙의 세속화와 한정적인 공간 그리고 동질적인 달력상의 시간에 대한 인식은 우주의 연대를 침식시켜, 개인을 '종교 이전의' 고립상태로 복귀시켰다. 그들의 정체성은 지상의 존재와 초자연적인 존재 사이에 있어야 할 지속성이 결여되어 이제 위협받고 있고, 안전의 의미는 최종으로 보이는 죽음에 의해 파괴된다. 남아 있는 모든 것은 기억과 희망, 역사와 운명이다. 그러나 이 기억과 희망은 집단적이고 또 세대 사이의 것이다. 그것은 '우리의' 역사이고 '우리의' 운명이다. 향수는 종종 유토피아와 연결된다. 미래에 대한 우리의 청사진은 다양하게 우리의 과거 경험으로부터 도출되고 있고, 우리가 앞으로 여행함에 따라서 우리는 과거를 되돌아보고 있다. 그 과거는 홀로 알 수 있고, 명료해 보

---

7) 이들 전통과 악의 존재를 신의 섭리라고 하는 신정설의 문제에 대해서는 G. Obeysekere, "Theodicy, Sin and Salvation in a Sociology of Buddism" in Leach(1968), 그리고 A. D. Smith(1970) 참조.

이는 것이며 또한 영원하지 않은 미래를 홀로 이해할 수 있는 것이다.

'과거'의 의미

그러나 과거는 정말로 그처럼 명료한 것인가? 우리는 하나의 단일하고도 분명히 말할 수 있는 과거에 대면해 있는가 아니면 우리가 재구성해야 하는 복수의 과거에 대면해 있는가? 아니면, 우리가 갈망하는 과거는 우리의 현재의 필요에 부응하기 위하여 그려진 단순한 고안물인가?

　최근, 일부 학자와 학문은 과거와 아주 최근에 '발명된 전통'에 대한 우리의 해석에서 현재의 필요란 역할을 강조해 왔다. 예컨대, 스코틀랜드 민족성의 기념비적인 기장(旗章)이라고 오랫동안 주장되어 온 스코틀랜드 고지대 지방의 남자들이 입는 격자 무늬의 짧은 스커트는 자코바이트 (Jacobite)[8] 반란의 파도와 하일랜드 전통의 성장 속에 18세기 중엽 '고안된' 것임이 판명되었다.[9] 조금 뒤에, 최초의 웨일스 시낭송회(Eistedfodd)는 음유시인의 과거에서 '엄숙성의 뿌리'를 찾으려는 웨일스 지식인 사회에 의해 확립되었다. 그러나 새로운 시인 대회는 옛, 중세의 대회와는 의미와 내용에서 매우 다르다.[10] 영국의 대관식은 19세기의 고안물이었다. 그것은 그보다 빠른 시대로부터 소재를 흡수하였지만, 현재의 형식과 내

---

8) 명예혁명으로 프랑스에 망명한 제임스 2세의 복권을 꾀한 정치세력―옮긴이.

9) H. Trevor-Roper, "The Invention of Tradition: The Highland Tradition of Scotland" in Hobsbawm and Ranger(1983)는 그 고안에 대한 논쟁적인 설명을 제공하고 있다. R. Martine(1982, 43~55) 참조.

10) Mayo(1974, ch. 5) 및 P. Morgan, "From a Death to a view: The Hunt for the Welsh Past in the Romantic Period" in Hobsbawm and Ranger(1983) 참조. 드루이드주의(Druidism)의 부활에 대해서는 Piggott(1985, ch. 4) 참조.

용은 근대적인 것이고 근대적 필요에 대한 대답이다.[11]

이것은 민족주의의 고양 그 자체와 일치한다. 이것은 또한 재구성과 적나라한 고안이 갖는 창조적인 힘을 부여받는다. 그래서 19세기 말 헝가리의 애국자들은 896년을 공식적인 헝가리 건국년도로 정했고, 부다페스트에 1천년 기념 조형물을 세웠다. 그 기둥 형태의 조형물 위에 대천사 가브리엘이 놓여져 있는데, 그의 발 아래 말을 탄 마자르인 정복자가 있다.[12] 폴란드에서 1960년대에 여러 출판물이 폴란드 국가 수립 1천년과 서기 966년 기독교에로의 개종을 축하했다.[13] 베오그라드 국립박물관은 세르비아 민족주의의 한 가지 사례로 1803~04년 카라게오르게비치(Karageorgevic)라고 하는 돼지 사육업자와 농민이 세르비아 민족 개념 혹은 형성되는 민족의 고안물을 가지고 있었는지 의심스럽지만, 그의 지도 아래 오스만제국에 대항한 첫번째 세르비아인의 봉기를 묘사한다.[14] 그러나 그것은 민족주의가 자신의 역사를 쓰는 방식의 또 다른 사례이다.

그러나 민족주의는 하고 싶은 대로 그것의 역사를 쓰는가? 아니면 그것이 기록하는 전통과 '과거'에 의해 구속을 받는가? 달리 말하면 과거는 '충만한가?' 아니면 '텅 비어 있는가?' 나에게는 과거가 종종 생각되는 것보다 더 충만한 것으로 보인다. 때때로 너무 충만해서, 민족주의자들은 그들의 목적을 위해 그것을 잘라내기도 하고 그들이 나누어주기를 원

---

11) D. Cannadine, "The context, performance and meaning of Ritual: The British Monarch and the 'Invention of Tradition', c. 1820~1977", in Hobsbawm and Ranger(1983) 참조.

12) 이 유적은 Horne(1984, pp. 177~8)에서 서술되고 있다.

13) Gieysztor et al(1959) and (1962)이 사례이나, 그것들은 국가 이전의 단계의 중요성을 지적하고 있다(미에슈코 1세[Mieszko I]는 가톨릭 신앙을 채택해서 966년에 두 개의 칭호를 받았으나, 이것이 폴란드 국가의 개막을 가리키는 것인가? 개막의 요구는 그 자체가 이 관점에서는 '민족주의적'이다).

14) Horne(1984, pp. 173, 177) 참조. 세르비아의 봉기에 대해서는 Stavrianos(1957) 참조.

하는 이야기를 위해 선별적인 기억을 이용한다. 물론, 모든 시대의 역사에 날조라고 할 정도로 노골적인 순수한 고안물들이 있다(우리는 튜더 왕조에 의해 이루어진, 작은 진실을 둘러싸고 있는 사악한 왕 리차드 3세 신화의 날조 혹은 솔로몬왕을 둘러싸고 생겨난 전설을 생각한다). 그러나 대부분의 경우, 민족주의자들이 정교화한 신화학은 날조가 아니라, 그 시대의 서사시, 연대기, 전통적이지만 아마 분석되지 아니한 소재와 신화 그리고 문화유물의 재조합이었다. 고안물은 아주 종종 기존의 요소와 소재를 고상하게 재결합한 것이기 때문에, 우리는 엄격한 의미에서 민족주의 신화학을 '고안물'이라고 불러도 좋을 것이다. 이런 고상한 재조합은 자기들의 '뿌리'를 찾는 지식인의 작업에서 두드러진다.[15]

그러나 그들의 활동에도 분명하고 특별한 한계가 있다. 이것은 그 시대의 기존 사료 편집 기준, 그리고 신화와 소재 자체의 원전 및 내부적인 일관성에 의해 제공된다. 달리 말하면, 재조합은 '특징이 있어야' 한다. 그것은 직관적으로 특별한 전통의 과거와 그 분위기에 '좌우되며' 일관적이다. 이것이 우리가 프랑스의 과거 및 역사와 그리스의 역사 및 과거를 구분할 수 있는 이유이다. 영웅적 인물의 유형, 희생의 정도, 주요 사건의 분위기, 거주지의 향기, 이것 모두 체계적으로 다르다. 마찬가지로 그것들은 특수한 '역사적 형상', 즉 분석적으로 타당한 비교라기에는 회의적이지만, 그럼에도 불구하고 질과 향기에서 매우 특징적인 배열을 이룬다.[16]

---

15) 새로운 방식으로 낡은 요소를 재결합하는 것으로서의 '고안'에 대해서는 La Piere(1965) 및 Banks(1972), 이전 시대의 고안에 대해서는 Plumb(1965, ch. 3) 참조.

16) 물론 독일의 역사편찬학파는 다른 역사와 과거의 독특성을 과장해서, 베버가 일원적인 자연과학의 방법에 의존하는 인과적-역사적 접근법과의 조화를 추구한 '문화과학'을 위한 순수하게 표의적인(ideographic) 방법을 정당화했다. Aron(1978) 참조.

여기서, 중요한 자격부여를 할 필요가 있다. 역사는 인종적 민족이 양적으로 충분히 기억과 기록을 보유할 만큼 운이 좋은 곳에서 '충만하다'. 이것은 동어반복으로 들릴지 모르나, 역사적으로 '충만한' 인종적 민족은 역사적으로 '쇠잔한' 인종적 민족의 속도조정자이자 모델이라는 필수적인 점으로 우리를 이끈다. 그래서 슬로바키아의 역사가는 19세기 초 일어난 보헤미아-모라비아의 기록과 신화로부터 그들의 기록과 신화를 끊어내야만 했다. 그들은 희미한 모습의 왕, 오래 전 일어난 사건에 그들이 선택했던 낭만적 민족주의, 그리고 좋은 '역사적' 보존 상태에 있던 이웃 체코의 모델을 유지하여 명백한 생동감을 부여했다. 달리 말하면, 근대의 목적에 봉사하는 '과거'는 '충만해야 할' 뿐만 아니라, 그것은 보전되거나 아니면 재구성되어야 한다.'[17]

그렇기 때문에 우리는 유용하게 충만하며 잘 보존된 과거를 가진 인종적 민족과 과거가 결여되었거나 후속적으로 첨부된 것에 의해 가려진 인종적 민족을 구별할 수 있다. 첫번째 사례의 경우, 과거를 '재발견하는' 선택적 기억의 경우가 많고, 두번째 사례의 경우 묻히지 않을 수 있었던 소재와 신화로부터 과거를 추측한 '재구성'이 많다. 오직 드문 경우에만 우리는 순수한 날조를 말할 필요가 있다.

재발견과 재구성에 관해 지적할 점이 더 있다. 사물의 본질상, 전해 내려온 '과거'는 다층적으로 다양하게 해석되기 쉽다. 그것은 종종 다른 추세의 전통을 포함한다. 아주 드물게, 어떤 인종적 민족의 '단일한' 과거를 말하는 것이 가능하고, 각각의 인종적 민족은 일련의 과거를 갖고 있는데, 근대의 세속적인 지식인들은 그것을 일관된 목적을 가진 방법으로

---

17) Brock(1976) 및 Seton-Watson(1977, pp. 169~74) 참조.

연결시키려 시도한다. 그런 지식인들이 그들의 목표를 거의 달성하지 못한다는 사실은 주요한 분파의 주민의 눈에 그들이 파악한 과거의 '복수의' 본질을 입증하는 것이다. 실제로, 다른 계층과 지역 출신 지식인들이 그들의 필요와 목적을 위하여 선별한 해석과 전통의 변종 중에 중요하고 체계적인 것이 있다. 나는 뒤에 이 문제로 돌아갈 것이다. 지금 이 시점에서는 위에서 서술한 한계 안에서 인종적 민족의 과거의 다양성과 변동성을 강조하는 것이 필요하다. 적어도 역사적으로 잘 보전된 인종적 민족의 경우 선택할 소재와 신화가 있는데, 그것으로부터 다른 이익집단과 계급이 그들이 속해 있던 공동체의 과거에 대한 읽을거리를 변형시켜 만들어 낸다.

역사 드라마로서의 낭만적 민족주의

근대의 인종적 민족과 민족이 그들의 과거를 '재발견'하거나 '재구성'하기 위해서 추구하는 두 가지 기준이 있다. 그것은 교훈적인 것과 극적인 것이다. 근대 세계에서, 역사는 도덕적 교사이자 일시적인 지상에서의 구원의 드라마이다. 두 가지 양상은 밀접하게 얽혀 있다.

만일 우리가 민족의 과거를 재발견하거나 재구성하는 데 지식인들이 이용하는 특수한 기준을 상세히 밝히다 보면, 우리는 되풀이되는 목표를 발견한다. 첫째는 일종의 '자연주의'이다. 그들이 내놓으려 하는 과거는 상상될 수 있는 한 유기적이고 자연적이어야 하며, 우리 역사는 그것이 자연계를 다스리는 법칙과 유사한 종류의 '법칙'에 공동체가 복종하는 자연계의 확장인 것처럼 해석된다. 달리 말하면, 사회는 별과 식물처럼 탄생, 성장, 개화 및 쇠퇴 ─ 그리고 쇄신 ─ 의 법칙에 종속되어 있고, 유사한 요소를 공급받는다. 이들 자양분의 결핍은 쇠퇴를 의미했고, 그것을 재공급하는 것은 민족주의 교육자의 과업이다.

이런 진화론자의 견해에 성장과 발전의 의미가 병행한다. 공동체는 결코 고요히 있지 않으며, 항상 변화를 입으며, 어떠한 단계도 영원히 지속할 수 없다. 그러나 공동체가 순종하는 발전 경향은 공동체마다 독특하다. 이것들은 그것이 입는 보조, 범위 및 강도를 지시한다. 이런 까닭에 재발견되고 회복되어야 할 과거는 변화와 성장을 보여 주는 과거이다. 이것은 역으로 특수한 사건과 인물이 다른 발전단계에 들어가는 패턴을 정해 준다. 성장원리는 역으로 다른 두 개의 기준, 즉 일관성과 통일, 그리고 부의 기준을 제공해 준다. 첫째로, 어떤 과거는 이음매 없이 통일되어 보인다. 이야기 속의 다른 가닥은 일관되게 단일한 패턴을 형성한다. 세세한 것에는 의심이 있을 수 있지만, 대부분의 사건과 인물은 성장의 전체적인 패턴에 들어맞게 예시되며, 공동체 역사의 전제성과 중요성의 의미를 강조한다. 그러나 이야기는 더 '풍부해지도록' 해야 한다. 그것은 흥분을 자아내는 풍부한 사건, 즉 생생한 세목을 담은 풍부한 장식용 벽걸이를 포함한다. 지식인의 과업은 공동체의 기록에 들어 있는 때로는 갈등적인 소재와 신화, 모두를 정의롭게 해주는 분명하고 조화로운 패턴 속으로, 실톱으로 썬 것과 같은 조각들을 맞추는 것이다.[18]

이런 추상적 기준을 넘어서서, 보다 지배적인 관심이 있다. 이것은 과거 속으로 생명을 불어 넣는, 즉 진실로 살아 있는 과거를 창조하는 것이다. 그것은 역사를 재발견하는 골동품 애호주의가 아니고, '있었던 그

---

18) 이런 사회 진화론적 비유로는 Nisbet(1969) 및 Martins(1974), 민족주의의 적용에 대해서는 A. D. Smith(1983b) 참조.

대로'라는 흥미 없는 과거의 조사도 아니며, 살아 있는 과거로 다시 들어가서 과거가 우리의 필요에 부응하도록 만드는 갈구하는 희망이다. 그것이 왜 민족주의 역사가, 아들 머리 위의 사과를 쏘아 맞춘 빌헬름 텔, 페이피어스 호수 얼음 위에서 튜턴 기사를 참살한 알렉산드르 넵스키, 랭스에서 황태자에게 왕관을 씌운 잔다르크, 바빌론의 물을 이용한 유대인, 진군해 오는 에드워드 군대 너머의 울퉁불퉁한 바위산에 대해 한탄하는 마지막 웨일스 시인과 같은 과거의 인상적인 장면으로 가득 차 있는가 하는 이유이다. 중요한 것은 다른 사람이 아닌 특정한 사람과 결합한, 매우 특징적인 배경에서 잊지 못할 사건이 환기시키는 특유한 분위기이다. 이 분위기는 그들이 사건과 경험에 반응해 채용한 자신들의 기억과 생활양식에서 그들을 분리시킨다.

낭만, 신비, 드라마——이것은 어떠한 민족주의 구원의 드라마에도 들어 있는 기둥이다. 그것은 중요하다. 그것이 우리에게 '우리는 누구인가'를 가르쳐 주는데, 여러 세대를 뻗어나가서 우리를 조상 및 후손과 묶는 사슬로 연결해 주는 의미를 나누어 갖도록 도움을 주기 때문이다. 그것은 또한 중요한데, 우리가 '우리 스스로를 발견하려 한다면', '우리는 어디에 있나' 그리고 '우리는 무엇이 되어야 하나'를 가르쳐 주기 때문이다. 공동체 생활에서 과거 시대의 분위기와 드라마를 전달함으로써, 우리는 선조의 삶과 시대를 '다시 살아가고' 또 우리 스스로를 '운명공동체'로 만든다.[19]

우리는 이런 삶의 재구성을 어떻게 얻을 수 있는가? 우리는 어떻게

---

19) 이런 사고는 Bauer(1924)에게로 소급되고, 그 앞에는 독일 낭만주의 작가들이 있었다. Reiss(1955) 및 Barnard(1969) 참조.

과거로 다시 들어갈 수 있는가? 이것은 문헌학, 인류학, 역사학, 사회학, 고고학, 그리고 민속학과 같은 근대의 과학적 학문이 도움을 줄 수 있는 곳에 있다. 그것들은 연쇄작용을 미치는 근대 지식에 따라 인종적 민족의 과거 이미지를 감촉해 알 수 있는 실체로 옮길 수 있다. 아마도 고고학은 공동체의 과거를 회복하는 데 가장 유용한 학문이었다. 물론, 고고학적 방법과 도구는 물질적인 유물 혹은 고대 유적의 연대를 밝히고 묘사하며 위치시키고 분류한다. 그러나 이처럼 명백한 중립성은 검사를 위해 유적지와 유적이 선택될 때 애당초 그렇듯, 누군가 해석을 시작하는 순간 파기된다. 우리는 오크 혹은 브르타뉴의 거석, 크노소스와 대(大)짐바브웨의 궁전, 카르낙과 앙코르와트의 신전, 중동의 유적지를 우리 혹은 다른 사람들의 공동체 혹은 발굴지에 관한 발견 '이야기' 혹은 발견 양태의 관점에서 설명한다. 우리의 고고학적 재발견과 해석을 통해서, 우리는 고대와의 관계와 긴 시간을 명예롭게 여기는 환경을 언급함으로써 '우리 스스로'를 위치시키고 '우리의 공동체'를 위엄이 있게 한다. 발굴된 유물은 우리에게 오직 감촉해 알 수 있는 대상이 할 수 있는 것처럼, 이전 시대와 선조들의 직접성을 실감하게 해주고, 연대기와 서사시의 기록에 생생한 본질을 제공한다. '뿌리'를 재발견하려는 데로 기울어 '돌아온 인텔리겐치아'에게, 이런 물질의 전시는 살아 있는 과거로의 재진입을 근거를 갖고 확신시켜 준다. 고고학과 문헌학은 합리주의와 경험주의에 몰입해 있는 세속적인 인텔리겐치아에게 재구성을 위한 확실한 기초를 제공해 준다.

이런 물리적 명백함과 정말 같은 박진감에 대한 바람은 18세기와 19세기에 유럽의 지적·미학적 의식에 침투한 방법을 알아보는 것이어서 흥미롭다. 서구 학자들, 비평가와 예술가들 사이에, 이전에 정리되었던 유산과 과거의 차이에 대한 인식이 늘고 있다. 1760년대부터, 교훈적인 고전주의의 저장물로서 제국의 위엄을 가진 과거 '로마'의 동아리들과 보다 순수한 '그리스' 계통의 미학적 유산과 헬레네 배경의 동아리 사이에 논쟁이 일어났다. 피라네시(Giovanni Battista Piranesi), 다비드(Jacques Louis David), 아담(Adam) 형제는 로마의 이상을 지지했으나, 곧 빈켈만(Johann Winckelman)과 괴테(Johann Wolfgang von Goethe) 같은 작가와 퓨젤리(Henry Fuseli)와 플랙스먼(John Flaxman) 같은 예술가는 처음으로 헬레네의 공헌을 치켜세웠다.[20] 나폴레옹의 이집트 원정 무렵 이집트의 유산에 대한 새로운 인식이 표면화되었고, 곧 재빠르게 독일, 영국, 그리고 보다 뒤에 프랑스에서 과거 중세 고딕 양식에 대한 재평가가 뒤를 이었다.[21] 이런 취향의 변화는 프랑스의 로코코와 합리주의 헤게모니에 대항하는 지방적인 서구의 반란으로 시작되었는데, 현재의 필요에 답을 주어야 하는 생생하고 명백한 과거에 대한 요청에 결정화이자 자극이 되었다.

고고학과 예술뿐만 아니라 문헌학과 사전 편찬은 구원-드라마로서의 교훈적인 과거와 역사에 대한 견해를 갖고 '돌아온 인텔리겐치아'에 의해 제공되었다. 언어의 기원을 추적해서 단어와 구절의 의미와 동의어를 명백히 하는 기술은 언어가 집단의 기억과 경험 안에서 친숙하고 계시적인 입장을 갖는 것으로 여기는 보다 진보적인 틀 안에서 '이해되었다.' 이것은 헤르더와 그의 게르만 및 슬라브계 추종자에 의해 인기를 얻은 견

---

20) 이란 예술에 관한 논쟁은 Irwin(1972), '그리스 양식'의 계통적 순수성과 요약에 대해서는 Rosenblum(1967, ch. 4), 그리고 플랙스먼의 기여와 대중성에 대해서는 Bindman(1979) 참조.

21) 이집트의 부활에 대해서는 Clayton(1982) 및 Honour(1968), 예술에서의 중세주의에 대해서는 Loquin(1912, esp. p. 160 sqq) 및 Vaughan(1978, chs. 3~4) 참조.

해였으나, 앤더슨이 말한 인쇄-기술 자본주의라고 부른 것에 대한 밀접한 연결과 의존, 그리고 그 결과 분출한 인쇄된 책과 신문은 많은 지식인들이 투자한 역사적 '재발견'과 '재구성' 과제를 위한 주요 수단과 방법으로서의 음성학과 문헌학을 고고학 및 미술에 대등한 지위로 격상시키는 데 성공했다. 최근의 연구는 인종적 민족과 민족의 형성을 설명해 주는 언어의 역할을 저평가하는 경향이 있지만, 오늘날까지 민족성의 매개수단과 용기로 언어를 애호하는 유럽중심적인 편견이 남아 있다.[22]

대조적으로, 인류학과 사회학은 집단 역사의 재발견과 관련해 지위가 모호해졌다. 한편으로는, 전쟁 기간과 전쟁 바로 뒤의 시기에 꽃피었던 보다 더 무역사적인(ahistorical) 인류학과 사회학, 그중 특히 기능주의는 종합적·제도적 역할 분석을 애호하여 집단의 기억, 신화, 상징 속에 있는 모든 기원을 캐는 조사와 관심에 등을 돌렸다. 반면 맑스주의적 역사주의는 인종적 민족의 문제, 민족문제 및 특수주의적인 모든 노력으로부터 멀어졌다.[23] 그렇기 때문에, 집단심리학과 '민족의 성격' 형성에 대한 초기의 관심에도 불구하고, '과학적' 분과 학문으로서의 사회학과 인류학은 금세기를 통틀어 살아 있는 과거로 재진입하여 과거의 운명을 재구성하려는 인텔리겐치아에게 매력적이지 못했다.[24] 다른 한편, 이런 인텔리겐치아 성원은 빈번하게 사회학적 자료와 인류학적 분석에 의지해서 보

---

22) B. Anderson(1983, ch. 3), 헤르더의 범슬라브 추종자에 대해서는 Kohn(1960) 및 Thaden(1964), 민족주의 연구에 있는 언어상의 편견에 대해서는 위에서 인용한 Znaniecki, Gellner and Seton-Waton의 저작 참조.
23) 기능주의의 무역사적 접근법에 대해서는 Nisbet(1969) 및 A. D. Smith(1973a), 민족성과 민족주의에 대한 맑스주의의 '맹점'에 대해서는 Nairn(1977, ch. 2) 및 Debray(1977) 참조.
24) Bauer and Renner의 저작에서 뿐만 아니라, Le Bon, Fouillee, Trotter의 저작과 Michel의 Der Patriotismus에서 입증된 초기의 이해. 그러나 이것들은 주류 사회학의 담론과 조사에 침투하지 못하고 있다. A. D. Smith(1983b) 참조.

다 많은 지식이 갈구되는 많은 지역에서 결핍된 역사적 증거를 보상해 주었다. 재구성과 재발견을 하면서, 지식인들은 뒤르켐이 보다 고풍스런 시대에 관한 추측에 회고적인 개연성을 제공하기 위해 '원시적인'(그래서 '초기의') 오스트레일리아 부족의 토템 종교 연구에 빠졌듯이, 최근의 통계적·민족지학적 자료로 억지로 끌려가고 있다. 이런 점에서 '이보의 인류학'이나 '폴란드의 사회학'은, 아주 최신의 증거에 기초한다면, 역사적 기록이 결핍되었던 인종적 민족의 역사 영역을 재구성하는 기초로 봉사할 수 있다.[25]

일반적으로, 인종적 민족의 과거를 재발견하거나 재구성하는 데로 기운 역사주의 지식인들은 가장 최근의 기술이나 과학적 방법을 부끄러움 없이 낭만적 모험을 감행하는 데 사용하는 것을 후회하지 않는다고 말해도 좋을 것이다. 그들은 '과학'을 이용해서, 집단생활의 시적 수사를 체계화하고, '입증하며', 극적이고 고무적인 과거의 이미지와 신화를 구성한다.[26]

우리에게 정체성과 가치를 주는 역사적 드라마는 두 가지 일을 해야

---

25) 그래서 Thomas and Znaniecki의 『유럽과 미국의 폴란드 농민』(*The Polish Peasant in Europe and America*) 또는 Ruppin의 『근대세계의 유대인』(*The Jews in the Modern World*) 같은 책은 그 학문적 의도가 무엇이든 '민족의 개요'와 '성격'의 이해에 공헌하고 있다. 이런 회고적 재구성은 종종 잘못 유도하고 있지만, 구전의 전통이 이용될 수 있는 곳에서는 특히 유용함이 입증되었다. 아프리카에서 기록문서가 없는 과거를 민족주의로 재구성하는 데 미치는 심각한 약점에 대해서는 Mazrui(1985) 참조.

26) 교훈적이며 낭만적인 이미지와 메시지를 전달하는 '현실적'이며 '자연주의적인' 수단의 이용은 소설, 글룩(C. W. Gluck)의 새로운 양식의 오페라, '역사'와 풍경화의 등장과 더불어 18세기에 유행했다. 이에 대해서는 Wind(1938) 및 Charlton(1984) 참조. 부분적으로 로코코의 인공물인 신현실주의는 영웅적 풍조와 혁명의 이상에 적합한 '단순한' 양식으로 여겨졌다. Rosenblum(1961), (1967, chs. 1~2) 그리고 A. D. Smith, "Neo-Classical and Romantic elements in the emergence of nationalist conceptions" in A. D. Smith(1976b) 참조.

만 한다. 그것은 드라마를 해설하는 실체와 단위를 한정해야 한다. 그리고 그것은 가시적인 목표를 향하여 실체 혹은 단위의 방향을 지향시켜 주어야 한다. 한편으로, 그것은 역사적인 그리고 형이상학적인 공동체를 제공해서, 지구상의 다른 공동체 사이에 있는 시간과 공간상에 위치시켜야 한다. 다른 한편으로 그것은 미래를 위한 인종적 민족의 청사진을 발생시켜야 한다. 그것이 펼치는 드라마는 공동체의 목표달성을 위한 행동으로 돌입하는 집단성으로 우리를 자극시켜야 한다. 그것은 도덕적 활동을 통해 부활의 '메시지'를 담아야 하며, 동시에 민족 사이에 있는 우리 몫으로 우리를 편안케 하고 위로해 주어야 한다. 모든 공동체가 쇠퇴의 순간을 심지어는 굴복의 순간을 경험하기 때문에, 드라마-신화는 성장, 쇠퇴, 그리고 재탄생의 도정을 '설명'해야 한다. 그리고 첫번째 과제는 공동체를 과거에 '순수한' 혹은 '뒤섞이지 않은' 상태에 '있었던 것처럼' 위치시키고 서술하는 것이다. 우리는 집단의 재탄생을 나누어 가짐으로써 그런 상태로 돌아가야만 한다. '기본으로 돌아감으로써, 영광스런 과거와 영웅주의로 복귀함으로써 고무적이지 아니한 모호한 현재의 불순물로부터 우리를 정화함으로써, 우리는 평범에서 벗어나 우리 공동체의 순수한' 운명에 입문할 수 있다. 이상화된 과거와 동일화하는 것은 우리가 특색이 없는 그리고 가치가 없는 현재를 초월하도록 돕고, 그래서 죽음을 이겨내 살고 무의미함을 추방하는 통일의 중요성을 우리 개인의 생활에 부여해 준다.[27]

---

27) Shils(1960)에는 인도와 제3세계 지식인 사이에 정화 운동에 대한 우수한 분석이 들어 있다. 1890년대 중국의 개혁에 대해서는 Howard(1969) 참조. 물론 프랑스에서 가까운 과거로부터 '로마공화정'을 뿌리째 뽑아내 부흥시키려는 프랑스 혁명의 욕망 속에 이미 들어 있었다. Crow(1978) 참조.

공동체가 위치할 수 있고, 시적 공간과 황금시대를 통해서, '진정한' 상태가 밝혀질 수 있는 두 가지 방법이 있다. 첫째는 전망을 이용하는 것이고, 둘째는 역사를 이용하는 것이다. 전자는 특징적인 영역에 공동체가 뿌리를 내리는 것이다. 후자는 영웅의 시대에 기원과 개화(開花)를 나타내는 것이다. 이 두 가지 모두 역사적이고 형이상학적인 공동체의 개성을 제공하고, 그것으로부터 공동체를 인도할 재생의 윤리가 나온다.

시적 공간: 풍경의 이용

공동체는 특별한 본고장으로부터 분리될 수 없다. 이것은 추방, 상업, 탐험으로 여러 공동체를 떠나 흩어진 이산민족에게도 해당된다. 그들은 방언, 교육 혹은 구전에 남겨진 자국에 의해서 계속 집단의식을 충족시키는 자신만의 풍경을 소유했다. 그들은 유대인들이 게토에서 그리고 아르메니아인들이 교역의 전초기지에서 그랬듯이 그들의 새로운 환경에서 보충을 해 주는 공간에 관한 시를 발전시켰다. 그래서 여기서 복합적이고 이중적인 풍경이 천년지복적인 신화에 환경을 제공한다.[28]

　대다수의 공동체에서, 많은 주민은 본래의 영역에 혹은 선택한 영역에 남아 있고, 여러 세대가 지나면, 실제의 그리고 그들의 (그리고 다른 사람의) 인식상의 땅과 결합한다. 그들의 생산양식, 정주패턴, 민속 문화는

---

28) (우리가 이런 용어를 사용한다면) 집단적인 이산민족의 의식에는 이따금 세대들마다 그들이 태어난 곳으로 건너갈 때 특별히 작동하는 두세 개 군의 풍경이, 즉 기원의 땅, 운명의 땅, 조상의 땅이 있다. 그럼에도 불구하고, 예후다 할레비(Yehudah Halevi) 같은 스페인의 유대인 시인들이 했듯, 조상의 땅은 덜 생생하게 그려지고 이상화되고, 종종 나타나지 않기도 한다. 그들의 시에 대해서는 Goldstein(1975), 그리고 Barnett(1971) 참조. 또한 Armstrong(1982, ch. 7) 및 Seton-Watson(1977, ch. 10) 참조.

특정한 환경과 끊임없는 접촉을 통해 낮에 활동하는 생활의 노동과 여가로부터 생겨났다. 해안가 한 모퉁이에 사는 브르타뉴인 어부나 해외교역을 하는 카탈루냐인이나 중국인과 달리 스위스 농민은 산간 계곡의 다른 '자연'과 부딪힌다. 그렇지만 중요한 것은 어떤 영토적 특징과 생활양식 그리고 뒤를 이은 세대가 기울이는 개별적인 분위기와 전통의 내면화이다. 자연 그대로의 지리가 생활방식을 제약하고 특정한 생산양식과 정주패턴, 민족정체성을 장려하는 반면, '민족의 성격'은 집단의 인식에 의해 더 직접적으로 영향을 받는다. 그런데 집단적 인식은 특별히 뻗어나간 땅에 대해 인종적 민족이 갖는 의미에 대한 신화와 상징 속에 그리고 그렇게 뻗어나간 땅(그리고 그 땅의 주요 특징)이 그들 공동체의 운명으로부터 빠져나갈 수 없도록 연결된 '모국'으로 전환된 방식 속에 새겨져 있다.[29]

어떤 인종적 민족과 그들의 영토의 결합에 관해 주목해야 할 첫번째 일은 상습적인 고풍이다. 공동체의 신화에서, 그 기원은 신비적인 원시시대까지 되돌아간다. 이것은 멀어서 접근할 수 없는 조상의 영지에 대한 인종적 민족의 상상 속에 어울린다. 출신지는 본래 신비적이다. 일부 경우, 그것들은 중앙아시아의 투란(Turan)의 전설적인 땅처럼 공동체가 살고 있는 현재의 땅에서 멀리 떨어져 있고, 범투르크주의 역사가, 언어학자, 시인에 의해 재발견되고 칭송된다. 그것은 칭송과는 먼 거칠고, 누더기가 되고, 이교도적인 요람, 즉 원시적인 전사 부족에게 맞는 환경이었고, 셀주크투르크와 오스만투르크 족이 이주해 오면서 아나톨리아와 발칸으로 싸우면서 그들의 길을 개척하였으며, 이슬람을 채택해서 정주한

---

29) '민족의' 관점에서의 물리적 위치와 배경 해석에 대해서는 Smith and Williams(1983), 민족 정체성과 지역주의에 대한 영토 관계의 논의는 Knight(1982) 참조.

농민과 도시민을 포함시켰다. 그래서 19세기 경, 반유목적인 투란인의 기원신화가 정교하게 꾸며졌을 때, 그것은 농경을 하거나 도시에 사는 평균적인 '투르크'인의 의식에 거의 반향을 발견할 수 없었던 문자로 된 교훈적인 고안물로 상기되어야만 했다.[30]

다른 경우, 이들 문자에 의한 기억은 상실되기도 했다. 헝가리에서 9세기 마자르족의 침입 이전 시대에 대한 증거는 거의 없고 또 그 시대에 대한 기억도 없다. 그리고 크로아티아와 세르비아에는 러시아의 산림지역으로부터 온 유고슬라비아족의 등장에 관한 희미한 자취가 음성학적 증거로 남아 있을 뿐이다. 스칸디나비아 기원의 바랑기안 루스(Varangian Rus)족도 유사하게 희미하며, 힌두교도 인도인은 정복해 온 아리아인의 성격과 스텝 지방을 가리키는 참고할 만한 점을 리그베다에 가지고 있을 뿐이다.[31] 시간석으로 멀리 떨어져 있고 공간적으로 먼 '발상지'가 향수 어린 생각을 거의 불러오지 않는다면, 공동체가 계속 점령하고 있는 영토 안의 발상지대는 다르다. 19세기 독일의 민속작가는 고대 게르만 부족을 독일의 영토 혹은 독일 영향력 안에 있는 엘베강 동쪽의 숲에서 등장하는 것으로 묘사해서 전통적인 게르만의 동진(Darang nach Osten)을 고양시

---

30) 근대 투르크인에게서 '투란'의 부활에 대해서는 Kushner(1976) 및 Zeine(1958, pp. 77~9) 참조. '투란'의 땅은 이란의 적인 사산조와 후기 페르시아의 신화에 나타나지만, 초기 페르시아와 후기 투르크 용법 사이에 어느 정도 일치가 있는가는 알려져 있지 않다. *Cambridge History of Iran* III/1, Part 3, chapter 10(b) 참조. 범투란 신화는 보다 엄밀한 그러나 정치적으로 파괴적인 범투르크주의—이것은 헝가리인과 핀족을 배제하고 코카서스와 중앙아시아의 아제르인, 타타르인, 우즈백인, 투르크인, 카자크인을 포함한다—를 애호하는 오스만투르크(그리고 터키 밖의) 학자들에 의해 포기되었다.

31) 인도 유럽인의 기원의 가능성에 대해서는 Moscati(1962 ch. 5) 및 Thapar(1966, ch. 2), 바랑인(Varangian: 9세기 루리크 왕 아래서 러시아에 왕조를 세운 고대 스칸디나비아 왕조의 하나)에 대해서는 Vernadsky(1969, pp. 29~35), 슬라브 이주자에 대해서는 Koht(1947) 및 Singleton(1985 ch. 2) 참조.

켰다. 이런 이상에 의하면, 게르만인은 그들의 조상처럼 그들의 자작농장과 정주지에서의 '경작자'를 요구했고, 그래서 독일의 재탄생은 '흙' 위의 집단적 존재가 독일을 재생시킨 자연적인 동부 평원에 게르만인의 정착을 요구했다.[32] 아일랜드에서 '발상지'는 아련한 것이었다. 다른 서사시의 전통은 그 발상지역을 서쪽 혹은 북쪽에다, 즉 이교도의 게일 부족 문화를 가진 농업을 하는 심장 지역에 두었다.[33] 유대인의 비전은 메소포타미아의 우르(Ur)나 하란(Harran)이 아니라 유대와 사마리아의 푸른 언덕 그리고 샤론의 들판을 회상했다. 사막이나 유목의 향수가 아니라 경작을 하는 농부의 생활로의 복귀는 훗날 유대 주민이 작은 도시의 상인이나 장인의 존재와 거리가 먼 여러 세대의 조상과 자치적인 공동체에 의해 신성시되는 영역으로 끌고 갔다.[34]

이런 예들은 민족주의자의 공간적 비전이 얼마나 뚜렷하고 실천적인가를 보여 준다. 공간적 비전은 민족이 수립될 수 있는 영역을 요구한다. 그러나 이 비전은 또한 파헤치는 데 주목할 점, 즉 고풍의 신비적인 요소를 포함하며, 특히 환경이 공동체보다 앞선 이전 역사의 자취를 만들어 내는 곳에서 더욱 그렇다. 브르타뉴 시인이 고대의 고인돌을 재발견하고, 이스라엘 고고학자가 초기 청동기 시대 가나안의 구리로 된 야생염소 모양의 잔 더미를 발견했을 때, 근대의 공동체는 흥분하고 또 선사시대 문명과의 결합에 의해 위신이 높아지지만, 그 문명이 소멸했다는 것과 이전

---

32) 이들 농경민의 이상은 순민족적인(Volkisch) 이론과 Mosse(1964)가 연구한 19세기 독일 저술가에 대한 정보를 주고 있다.
33) 이들의 켈트 기원에 대해서는 Chadwick(1970, pp. 83~8, 169~72), 신화의 전통에 대해서는 MacCana(1985, pp. 54~71) 참조.
34) 농업에 대한 고무는 Elon(1971)의 생생한 연구 참조. 이것은 유대인을 '사막의 사람들'로 보는 독일 순민족적인 (그리고 나치의) 견해인 점에서 역설적이다.

의 비전과 물질적 유물이 말없는 증거가 될 만큼 시간이 가파르게 경과한 것을 생각하면 불안하다. 공포와 숭앙의 태도가 등장하고, 이것은 자연숭 배의 의식으로 끝나는 자연에 대한 낭만적 강박관념 위로 퍼진다.

이것은 두번째 요점, 즉 자연적 위치와 역사적 위치의 동일화를 통 한 공동체와 영역의 융합에로 나아간다. 한편으로, 자연적 특징은 역사 화한다. 그것은 민족주의 지식인들이 정교하게 꾸미는 과거를 재구성하 는 행위자가 된다. 신의 거소인 올림포스나 미얀마의 메루(Meru)와 같은 산은 민족정신 혹은 창조성 근원의 상징이 된다. 융프라우나 스노도니아 (Snowdonia) 산맥처럼, 그것은 민족이 열망하지만 도달할 수 없는 순수 성과 고귀한 위엄을 상징하는 특별한 인종적 민족의 시를 부여받는다. 호 수와 강은 민족주의자의 언행록의 일부가 된다. 스위스 사람에게 루체른 호수(Vierwaldstätterse)는 특별한 장소로 의미를 갖는다. 우리(Uri), 슈비 츠(Schwyz), 운테르발덴(Unterwalden) 3개 산악 주가 그들의 계곡에서 합스부르크의 압제자를 제거할 것이라고 한 루틀리(Rutli) 서약에 맹세하 고, 근처 알트드로프(Altdorf)에서 게슬러에게 영웅적으로 대적했던 1291 년의 동맹이 탄생했다.[35] 아스완댐과 근대 산업화로 손상된 변화와 도시 의 강한 이슬람 윤리에도 불구하고, 나일강은 이집트인에게 글자 그대로 또 그 모습 그대로 생명의 제공자이고, 오늘날까지도 강둑 위에서 그리고 강으로 인해 삶을 영위하는 공동체를 정의하는 데 도움이 된다.[36]

---

35) 알프스에 대한 새로운 예찬은 (Hans Bull의 노르웨이 협곡 찬미처럼) 1770년대 질풍노도 운동 의 한 부분이었다. Kohn(1967a, chs. 5, 7~8), Kenwood(1974) 그리고 Charlton(1984, ch. 3) 참조. 루틀리(Rutli) 서약의 영향에 대해서는 Kohn(1957) 및 Steinberg(1976, ch. 2) 참조.

36) 이집트, 영토, 주민에 대한 근대 이집트인의 태도에 대해서는 Jankowski(1979) 및 Vatikiotis (1968, ch. 8) 참조.

러시아에서 전체 풍경은 민족주의 이미지를 가진 러시아 역사와 사람들의 동반자가 되었다. 자작나무, 넓고 긴 볼가강, 끝없는 평원, 멀리 뻗어있는 초원지대 그리고 긴 겨울은 러시아인의 외모와 문화적 산물에, 특히 넓게 탁 특인 공간과 광활한 하늘 아래 놓인 광대한 숲은 시슈킨(Ivan Shishkin)과 레비탄(Issac Levitan)과 같은 화가의 풍경화에 자취를 남겼다. 똑같은 '풍경'이 보로딘(Aleksandr Borodin)의 「중앙아시아의 초원에서」 혹은 스트라빈스키(Igor Stravinsky)의 『봄의 제전』에 들어 있는 음악의 경쾌한 색조에 깃들어 있다.[37] 『봄의 제전』는 민속학자이자 고고학자-화가인 뢰리히(Nicolai Roerich)에게서 영감을 받아, 러시아인 특유의 이질적인 원시성과 봄의 소생을 찬미한 것이다.

이처럼 공동체와 자연의 통일은 버크(Edmund Burke)가 '친숙하고' '숭고한' 것이라고 이름한 것을 의식적으로 추구함으로써 성취된다. 이 범주는 자연의 다른 특징과 결합되어 편안함과 경외감을 유발하는데, 그것은 우리에게 자연환경의 조용한 친숙성, 혹은 멀리 전개되는 장엄함과 근접불가능성이란 다른 감동을 불러일으킨다. 후자는 스위스, 독일, 영국의 산을 그리는 화가나 시슈킨과 사브라소프(Aleksei Savrasov) 같은 러시아의 풍경화가에게서 발견된다. 반면 전자는 야외를 그리는 네덜란드 화가와 황금시대의 도회 풍경을 그리는 덴마크 화가에게서 발견되는데, 관객을 누그러트려 긴장을 풀게 해주고 공동체가 환경과 조화를 이루고 자연이 집안으로 들어 온 부르주아 사회의 안락함을 환기시켜 주는, 온화하고 편안한 자연(들판, 소롯길, 마차와 가옥)의 매력을 전달한다.[38]

---

37) 뢰리히(Roerich)에 대해서는 Korotkina(1976) 및 Bowlt(1982, pp. 250~5) 참조.
38) 순회(Peredvizhniki) 예술가 및 그 추종자의 인기에 대해서는 Gray(1971, ch. 1), 시슈킨, 레

동전에는 양면이 있듯, 역사적 장소와 유적의 자연화에도 양면성이 있다. 그러나 양면성이 있음에도 그 사이에는 공통점도 있다. 실제로 모든 유형의 건물이나 유적은 자연화되고, 공동체 환경의 한 구성요소로 전환될 수 있다. 웨섹스(Wessex)의 긴 굴, 브르타뉴나 오크니(Orkneys)의 돌무덤, 러시아의 운하요새, 그리스와 이탈리아의 사원, 이라크와 시리아의 텔(tells)[39]은 모두 주변 자연과 융합되어 성소를 가진 자연이 됨으로써, 몇 세기 동안 공동체의 상상적인 구성물이 되었다. 중세의 성과 장원이 풍경과 특별히 융합한 경우도 있다. 노르만인과 십자군의 성은 스페인으로부터 폴란드 및 팔레스타인에 이르기까지 이곳저곳에서 풍경을 만드는데 그 풍경은 다들 정연한 모습을 지닌다. 그 성들은 적의 기장이 그렇듯 여러 인종적 민족의 전통과 상상 속으로, 즉 공동체가 벌인 자랑스럽지만 잔인한 과거 투쟁의 산물인 섬뜩한 유적 속으로 흡수되었다.

관련된 영토 안에 인종적 민족의 귀족제도에 의해 세워진 '토착적' 성도 많이 있다. 윈저(Windsor)와 바르빅(Warwick), 스티얼링(Stirling), 블로아(Blois), 암보이즈(Ammboise), 크론보르크(Kronborg), 바벨(Wawel)과 바르샤바(Warsaw), 라인 지방의 성, 중세 일본의 요새가 바로 그런 것이다. 이중 일부는 '국가기념물'로서, 나치의 분쇄 후에 아름답게 재건축된 바르샤바의 옛 시가지에 있는 성처럼 재건축되었다. 다른 성은 귀족이 아닌 다른 계급으로부터 모호한 감정을 불러일으키지만, 그것이 그 공동체 유적지와 풍경으로부터 분리될 수 없기 때문에 인종적 민족의

비탄 및 다른 사람들의 그림에 대해서는 Levedev(1974), 헤이그 학파에 대해서는 Royal Academy of Arts(1983), 덴마크의 고전 예술에 대해서는 National Gallery(1984) 참조.
39) 고대의 버려진 구조물이 쌓여 이루어진 인공의 언덕 —옮긴이.

의식의 한 부분으로 남아 있다. 그것은 '자연'속에서 자랐고, 우리가 상상하는 풍경과 떨어질 수 없는 요소가 되어, 인종적 민족의 생명의 부활에 필수적인 '토대'가 되었다.[40]

　　이것은 대수도원, 수도원, 궁궐, 사원의 유적지에도 해당된다. 이들 유적지와 그 터전의 건설자들에 대한 차분한 근대의 역사적 설명이 어떠하든, 그것은 그들의 그늘 속에 살다간 공동체 성원의 많은 후대 세대들의 의식에 침투해 있다. 그것은 그 주위에서 전설, 속요, 시, 그리고 끝으로 포스터(Edward Morgan Forster)가 환기시켜 주는 말라바르의 신비의 동굴 혹은 람페두사(Lampedusa) 섬이 환기시켜 주는 시실리 바로크 궁정처럼 근대문학에 유령을 내놓는 시도를 촉발시켰다. 유적지에 대한 숭배는 특히 낭만주의적 소설과 회화에서 힘이 있었다. 대사원의 유적지라는 전체적인 예술의 장르는 18세기 영국에서 성장했는데, 거기서 수채화가들, 그 중에서도 특히 터너(William Turner), 거틴(Thomas Girtin), 커즌스(John Robert Cozens)는 종종 현란한 속성이 덧붙여진 퇴락하는 성상안치소와 복도에 있는 으스스한 신비적 분위기를 풍겼다.[41] 신비적인 호숫가에 있는 달빛을 받은 유적지는 작가가 선호하는, 특히 오페라와 발레에서 좋아하는 소재였다. 『백조의 호수』나 『람메르무어의 루치아』(Lucia di Lammermoor) 혹은 『아이다』(Aida) 같은 19세기의 걸작은 인종적 민족의

---

40) 바르샤바 성의 재건축에 대해서는 Horne(1984, p. 179) 및 Chamber-lin(1970, pp. 3~11). 시골의 집들도 역시 중세의 혹은 시골 귀족의 기억과 혼합된 감정을 불러일으키지만, 그것들은 관광과 민족주의를 근거로 보전을 바란 민족주의적 랜드마크가 되었다. 영국의 시골의 집들에 대해서는 Girouard(1978) 참조.

41) 프리드리히(Caspar David Friedrich), 블레헨(Carl Blechen), 쉰켈(Karl Friedrich Schinkel) 같은 독일 예술가는 프랑스의 유적 전문가 그라네(Francois-Marius Granet)가 했듯이 한적한 풍경 속에 설립된 고딕 교회의 신비와 쇠망을 전달했다. Honour(1981, ch. 4) 및 Vaughan(1978, ch. 4) 참조.

분위기와 주제의 부속품을 재건하고자 했다.[42]

어떤 '유적지'는 인종적 민족의 모국에 대한 자체 정의와 명칭-귀속에 대해 예외적일 만큼 중요성을 갖는다. 이것은 엄격히 종교적이거나 반쯤은 세속적이었다. 후자 가운데 파라오의 유적인 피라미드와 사원이 있는데, 그것들은 특히 기자, 카르낙, 테베에 있다. 그 효과는 복합적이다. 가장 명백한 차원에서 그것은 20세기 초 다른 아랍인과 이집트인을 구별하고 근대 이집트인의 파라오-콥트 조상을 지적했던 타하 후세인(Taha Hussein) 같은 저자가 내린 '파라오주의'로 된 명백한 자기정의를 제공해 주었다. 모호한 차원에서, 고대 이집트의 장엄함에 대한 서구 학자(와 여행객)의 관심은 불가피하게 19세기 말 20세기 초 이집트의 민족적 자부심에 대한 인식을 소생시키고 정당화했다. 더 정확하게 파악하기는 어렵지만, 천년지복설적인 과거와 강력한 이슬람 이전 문명에 대한 이집트인의 의식은 나일강을 따라 이루어진 오래된 유적지의 '적합성'에 대한 의식과 그 배경과 영토적인 정체성의 특징적 성격에 대한 의식을 공동체에다 제공해 주었다. 정말로 고대 시기에, 이집트인들은 스스로를 '땅'(Ptah)의 '주민'으로 보았고, 다른 사람들은 유목민 혹은 야만인으로 보았다. 오늘날 이집트인들은 이슬람과 아랍민족 사이에서 특유한 지위를 유지하고 있다.[43]

유적은 오랜 거주와 소유에 의해 가치가 있는 영역이라는 주장에 기

---

42) 몇몇 낭만적 역사 가극에 대해서는 Einstein(1947, pp. 266~9, 274~82) 및 Raynor(1976, ch. 8) 참조. 유럽화한 차이콥스키는 그의 발레와 심포니에서 '민족의' 춤과 음악을 이용했고, 『백조의 호수』의 달빛이 교교한 배경에 특별히 민족적인 것은 없지만, 그의 오페라에서 러시아 주제를 선택했다.

43) 이집트적인 것의 의미에 대해서는 Safran(1961, esp. Part III), 서구의 이집트와 그 유적에 대한 관심에 대해서는 Clayton(1982) 및 Harding(1979, ch. 4) 참조.

반한 독특한 정체성 인식을 표현하고 그것에 대한 증거를 담고 있다. 유사한 요구는 비록 성공적이지는 못했지만 그리스인에 의해서도 이루어질 수 있다. 기원전 1000년대 초 그리스인이 거주했던 고대 이오니아 도시의 사원과 유적지는 특징적인 그리스인의 정체성과 요구를 입증한다. 그러나 이 경우 그 명칭과 귀속은 경쟁적인 문화인 이슬람과 적대적인 정치 체제를 가진 투르크에 의해서 효과적으로 도전을 받았고, 그리스의 유산은 비잔티움과 헬레니즘으로 나뉜 그리스인의 의식의 분출에 의해 심각하게 침해 받았다. 코린트, 미케네, 올림피아, 델피 그리고 아테네의 아크로폴리스의 여러 신전과 도시의 유적지가 가시적으로 만든 초기의 고전적인 문화를 보다 뒤의, 그러나 더욱 살아 있는 정교회 문화에 접목하는 것은 매우 그럴듯했다. 다시 한번, 구성요소가 짝을 이룬 세속주의가 인종적·종교적 몰입 및 가정과 충돌한다 해도, 서구의 헬레니즘 애호주의는 오늘날의 그리스를 찬양받는 고대의 문명에 연결시킴으로써 민족적 자부심을 고양시켰다. 종교적인 전통과 제도와의 긴장에도 불구하고, 고대 헬레네의 이상과 모델에 힘입은 서구의 원리 위에 근대 정치체제를 구성하는 것이 가능하였다. 그러나 인종적 민족의 범주를 완성하고 헬레네 문명과 풍경의 모든 지역을 되찾으려는 시도는 '엄밀하게 구성된 국가의' 민족주의의 명령에 저항할 수 없었다. 문화적 풍경은 공동체의 충성심을 자극하고, 개별적인 정체성 의식을 증가시키나, 전략적 위치를 감안하면, 인종적 민족의 국가 건설이라는 정치적·군사적 현실을 압도할 수 없었다.[44]

---

44) 비잔틴의 세계교회의 재창조와 이오니아를 재획득하려는 시도의 실패에 대해서는 Dakin (1972) 및 Campbell and Sherrard(1968), 그리스의 사회-경제적 발전에 미친 헬레니즘의 영

물론, 투르크의 입장에서 케말 아타튀르크의 세속주의에도 불구하고 그리스의 침입에 대한 저항은 이슬람의 승리로, 다시 말하자면 인종적·종교적 공동체의 모국을 위한 신성한 전쟁으로 간주되었다.[45] 아마도 이것은 투르크의 성공을 설명해 주는 것 같다. 그렇다면, 유대인은 이런 견해를 지지할 것이다. 메기도(Megiddo), 라키시(Lachish), 하초르 같은 텔(tells)에 많은 것이 묻혀 있지만, 성지에 주기적으로 유대인을 끌고 가는 '유적지'와 성소가 있었다. 특히 서부 통곡의 벽은 종교적인 유대인과 적의를 품은 시온주의자에게 계속 정신적 영향을 행사하였다. 물론 그와 동등한 다른 편의 동등한 힘은 종교적인 무슬림에게 엘아크사(el-Aqsa) 모스크와 바위 돔(Dome of Rock)의 매력이다. 헤브론에 있는 템플 마운트(Temple Mount)와 멕펠라 동굴(Cave of Macpelah)은 아브라함의 묘지로 유서 깊은 장소인데, 무슬림과 유대인 모두에게 똑같이 신성하다. 그러나 유대인에게, 고고학은 이스라엘이란 모국을 정의하는 데서, '단으로부터 브엘세바'에 이르는 국경선을 표시하는 데서, 인류의 유적과 그들의 '풍경'을 결합하여 사람들을 '모국'에 합치시키는 데서 종교적 열정과 결합하였다. 나할-히버(Nachal-Hever) 동굴에서 바르코크바(Bar-Kochba)의 서한을 발견하거나 메기도에서 솔로몬의 마구간을 발견하는 것은 역사적 지식에 대한 중요한 공헌일 뿐만 아니라, 인간의 고대 유적과 자연 환경을 연결시키는, 그래서 공동체와 모국을 연결시키는 분리할 수 없는

향 비판으로는 Pepelassis(1958), 그리스의 재발견에 들어 있는 그리스 애호감정에 대해서는 Tsigakou(1981) 참조.

45) 아타튀르크가 고대 인종적 민족의 심장부 근처에 수립된 엄밀한 영토를 위한 필요성에 부응해 아나톨리아 심장부와 히타이트 수도에 가까운 곳에 있는 앙카라로 수도를 옮긴 것은 의미심장하다. Sykes(1965, ch. 2) 및 Lewis(1968) 참조.

연대의 계시였다. 유적을 자연화함으로써, 공동체는 시간과 공간 속에 정
의된다. 우리는 '우리가 어디에 있는가'를 듣는다.[46]

모든 종류의 성지, 건물, 자연적 특징은 공동체의 한계를 넘어 '풍경'
속에 위치시킬 수 있다. 그것들은 공동체의 역사에 있었던 상징적인 위
기, 극적인 사건 혹은 전환점을 환기시키고 공동체에 창조적 힘의 초점
을 부여함으로써 그렇게 한다. 암리차르 황금사원이 신성한 중심을 표시
하고 펀잡 지방을 별도의 독립국가로 바꾸려 투쟁하는 호전적인 시크교
도에게 힘의 구심점을 제공하듯, 오늘날 시아파 이슬람의 이란에서 창조
적인 에너지와 신앙의 중심인 성스런 도시 쿰(Qom)과 마샤드(Mashad)
가 그런 역할을 한다.[47] 여러 가지 방식이 가능하며, 낮은 차원의 표현도
가능하다. 남부의 야스나 고라에 있는 검은 마돈나(Black Madonna) 성당
은 폴란드인들에게 신성한 중심지이자 가톨릭 애국주의의 중심으로 기
능했다. 라싸(Lhasa)의 신성한 사원 겸 궁전은 근대 티베트인에게 많은
역할을 한다. 캄보디아의 앙코르와트(Angkor-wat), 자바의 보로부두르
(Borobudur), 미얀마의 바간 사원 역시 공동체 역사상 과거의 중심을 표
시해 주거나 혹은 창조적 에너지와 역사를 대변한다. 아프리카에서 그에
걸맞는 흥미로운 점은 대짐바브웨의 신비스런 돌의 유적지에 의해, 특히
타원의 사원(Elliptical Temple)에 의해 제공되는데, 그 기능에 관해서는
아직도 학술적으로 논란이 있다. 유적은 자연환경으로부터 '자라난' 것처

---

46) 바르코크바와 나할 히버에 대해서는 Yadin(1971), 메기도와 하초르 같은 고대 성서상의 주거
    지에 대한 근대의 연구에 대해서는 Winton Thomas(1967), 과거의 의미와 유대인과 이스라
    엘인에 대한 조사는 McIntyre(1968, pp. 108~112) 참조.
47) 이란에 대해서는 Cottam(1979, p. 25) 및 Pope(1969, pp. 74, 95~98), 시크교의 중심지 암리차
    르(와 히말라야 밑에 있는 중요한 시크교 사원인 아난드푸르 사히브)에 대해서는 Spear(1978, pp.
    134~5), 그리고 특히 최근의 분열과 전개에 대해서는 Pettigrew(1982) 참조.

럼 보이지만, 시멘트를 바르지 않고 매끈한 평석의 돌로 된 거대한 벽을 건축한 기술과 현란함은 중세 아프리카 문명의 존재를 입증하고 있다. 짐바브웨는 그 장소의 토속적인 호칭에서 따온 이름이며, 근대 짐바브웨가 초기 백인 인종주의 이론의 경멸과 잘못된 표현을 수정하기를 열망하고 있다. 근대의 민족주의적인 짐바브웨에게 이 거대한 유적지의 복합체는 신생국가에 아프리카의 문화와 사회의 재건이란 열렬한 열망을 위한 모델과 고무를 유지해 준다. 동시에 그것은 낯선 지배와 서구의 영향이 어지럽힌, 민족과 주거지 사이, 인간과 자연 사이의 조화를 시사하고 있는 것 같다.[48]

인간이 만들었거나 자연적으로 유래한 신성한 장소는 과거에나 오늘날에나 인종적 민족을 인식하는 데 중요하다. 왜냐하면, 그것들은 개인보다 더 큰 힘을 환기시키고 역사적 결합과 상징적 의미로 경외심을 부여하기 때문이다. 우리는 이런 과정을 영국의 여러 섬에 흩어져 있는 다양한 문화와 유적에서 추적할 수 있다. 북아일랜드 뉴그랜지(New Grange)의 거석 문화는 영국의 도서 곳곳에 퍼져 있으며, 이에 걸맞는 것이 스페인에 있고 브르타뉴에 고인돌이 있다. 우리는 그것을 오크니 무덤의 석실, 웨일스와 컴브리아의 환상열석, 특히 월트셔의 윈드밀 힐(Windmill Hill) 복합단지에서 발견한다. 이것은 에이브버리, 웨스트 켄넷(West Kennet)의 긴 굴, 오버톤(Overton)의 지성소와 실버리 힐(Sillbury Hill)의 인조 구릉을 포함하고 있다. 다른 목적이 무엇이든, 이 모든 유적은 특히 윈드밀 힐 복합단지는 자연에 인간의 자취를 남겨, 자갈을 깐 진지에 '대

---

48) Chamberlin(1979, pp. 27~35). 짐바브웨의 규모가 작은 소수민족 사이에서의 인종적 민족 풍경의 보전에 대해서는 Ucko(1983) 참조.

규모 풍경을 조성하고 재현하려는' 욕망을 보여 준다. 이런 기념물이 건설된 기간의 길이와 그들이 섬긴 위대한 여신에게 바친 의식은 영국 안에 인종적 민족 문화의 지속성을 시사해 준다. 그 문화는 철기시대 사람들이 와서야 끊겼다.[49]

기원전 1000년대 초기 계속된 켈트족의 침입, 특히 라 테네(La Tene) 문화를 가진 부족의 침입은 영국과 아일랜드, 특히 글래스턴베리 주위와 아일랜드의 타라(Tara)와 우슈네흐(Uisnech)에 중요한 유적과 기념물을 남겼다. 글래스턴베리 호숫가 촌락은 로마시대 말기와 그 후, 특히 아더(Arthur)와 고대 팔레스타인 도시 아리마대(Arimathea)의 요셉에 관한 전설이 결합되어 침입해 온 앵글로색슨의 이교도적인 노르만 신화에 반대되는 켈트족의 기독교 문화를 생산할 때, 영국과 초기 웨일스 문화의 발달에 중요한 의미를 가졌다. 대수도원, 묘지, 글래스턴베리의 울퉁불퉁한 바위산, 사우스 캐드버리(South Cadbury)의 (카멜롯?) 구릉요새에서 아더왕과 그의 기사에 관한 전설은 요셉이 영국으로 가져온 성배(Holly Grail)의 전설과 엮어졌고, 494년 몬 바도니쿠스(Mons Badonicus)에서 앵글로색슨 이교도에 대해 로마-영국 수령이 거둔 승리는 신성한 아발론(Avalon)[50] 섬 주변에서 쇠퇴하는 켈트 공동체와 기독교 문화를 옹호하는 것으로 변형되었다.[51]

---

49) 에이브버리에 대해서는 W. Anderson(1983, p. 44 밑 이하), 실버리 힐(Silbury Hill)에 대해서는 Dames(1976)의 위대한 여신에 관한 이론 참조. 스톤헨지가 과거 영국에서 해석된 방식에 대해서는 Chippindale(1983, esp. chs. 6~7) 참조.

50) 켈트 전설에서 말하는 서방의 극락도로, 아더왕이나 영웅들이 사후에 이곳으로 갔다고 함―옮긴이.

51) 글래스턴베리와 아더왕 유적군(群)에 대해서는 Radford and Swanton(1978, esp. ch. 4) 참조. 글래스턴베리 섬은 한 때 습지대였던 곳으로, 그 안에 초기 영국 은자의 교회에 호소력을 가졌던 거소인 토르를 받치는 암벽과 돌출부가 솟아 있었다. 글래스턴베리 '섬'과 토르 및 500

433년경 성 패트릭(St Patrick)에 의해 기독교화한 타라와 스레인 (Slane)의 켈트 문화에서, 신성한 장소와 문화의 융합이 발생했다. 드루 이드(Druid)[52] 중심지에 대한 패트릭의 영웅적 승리가 있었고, 패트릭 은 '크로아패트릭(Croagh Patrick) 산'을 올랐다. 이를 기념하여 아일랜드 인은 7월 마지막 일요일에 가파른 산을 오르거나 항해하다 정박하는 섬 인 로그 드레그(Lough Dreg)와 더니갈(Donegal)을 순례한다. 공동체 생 활에서 전환점을 마련하는 정신적 에너지의 중심은 산과 도서와 같은 인 상적인 특징을 가진 자연에 의해 상징화되고 있다. 563년 성 콜롬바(St. Columba)[53]가 흘러들어가 영국의 북부 지역 도서에 켈트 문화의 전파의 중심지가 된 이오나(Iona) 섬처럼, 정신적 집중과 영감의 근원은 성스러 운 사람 및 사건의 기억과 결합된 흔하지 않은 자연적 특징(산, 갑/곶, 섬, 작은 숲)으로부터 공동체와 연대의식을 불러일으키는 힘을 추출한다. 그 리고 경탄할 만한 자연과 특별한 인간의 결합은 이중적 상징을 통해서 후 속 세대에게 복귀한 민족주의 인텔리겐치아가 민족 재생의 신화로 정교 하게 꾸며 준 소속감과 앙양 의식을 불러일으킨다.[54]

자연에서 특별한 것만이 훗날의 역사주의 목적에 봉사하는 것은 아

년경 영국의 수령으로서 아더에 대한 이용할 만한 기록에 대해서는 W. Anderson(1983, pp. 79~82) 참조. 우리는 몬 바도니쿠스에서 아더의 승리는 반세기 동안 앵글로색슨의 진출을 저 지하고 웨일스, 아일랜드, 콘월에 중요한 결과를 갖는 영국 기독교-켈트 문화의 부흥을 가져 왔다는 것을 추가해야만 한다.

52) 골, 브리테인, 아일랜드에 살고 있던 고대 켈트족의 기독교 이전 신앙이었던 드루이드교의 사 제. 당시 최고의 학자로서 예언이나 마술을 행했으며 재판관임과 동시에 민족시인이기도 했 음—옮긴이.

53) 521~597. 스코틀랜드에 전교한 아일랜드의 선교사—옮긴이.

54) 크로아패트릭과 정박지 도서(Station Island)에 대해서는 W. Anderson(1983, pp. 27~34, 86), 성 패트릭에 대해서는 Chadwick(1970, pp. 199~203), 이오나에 대해서는 W. Anderson(1983, pp. 89~94), 자연 상징주의에 대해서는 ibid., ch. 1 참조.

니다. 거주하는 곳의 풍경 속에 있는 보통의 자연과 보통사람들이 민족주의 방앗간의 밀알이 된다. 복귀한 인텔리겐치아와 중간계급의 문화적인 격려는 도시인의 물질주의와 경쟁적인 개인주의의 해독제가 되는 것으로, 시골의 '자연' 생활이 대변하는 정신적 전체성의 갈망이기 때문이다. 인텔리겐치아의 도시적 '민중주의'에는 몇 가지 면에서, '보통사람'과 농민생활의 재발견, 들, 강, 숲, 인간의 자연 거주지의 재발견, 순수와 진리의 구현으로서 시골민족에로 복귀하는 것이 있다. 첫번째는 미슐레(Jules Michelet)와 푸시킨(Aleksandr Pushkin) 이래 쭉 '보통 사람'의 입장에서 쓰인 역사와 드라마를 낳았다. 여기서 노동계급과 농민은 무소륵스키의 오페라, 밀레(Jean-François Millet)나 민중집단과 개인의 투쟁 관점에서 러시아 역사를 재구성한 러시아인 수리코프(Vasily Surikov)의 회화에서처럼 실제적인 '민족'을 구성한다.[55]

들판과 숲의 회복은 베토벤(Ludwig van Beethoven)의 (헌사가 있는) 「전원교향악」 속에, 혹은 워즈워스(William Wordsworth)의 호반으로의 은퇴 속에, 휴일의 시골산책, 해안가와 산악 순례로부터 증가하는 도시인의 '자연으로의 복귀' 및 브르타뉴에서 지난 세기에 프랑스 예술가들이 추구한 바 있는 멀리 떨어진 곳에 사는 농민문화와 슬프고 엄숙한 켈트인의 종교성의 통합 요청 속에 이미 나타나고 있다. 이 모든 것은 우리의 통합이 우리에게 복구된다면 회복되어야 할 '잃어버린 과거'를 농민생활과 자연환경 속에서 재발견하려는 '민중주의적' 충동의 재발을 나타낸다.[56]

---

55) 미슐레에 대해서는 Kohn(1961, ch. 2), 푸시킨에 대해서는 Frankel(1972, pp. 42~5), 밀레와 쿠르베의 그림에 대해서는 Nochlin(1971), 거대한 역사적 상황에 대해서는 Kemenov(1979) 참조.
56) 19세기 프랑스에서 브르타뉴인의 광신에 가까운 종교적 믿음과 브르타뉴 농민의 예배의식에

시골의 습속에 대해서 말하자면, 그것은 브르타뉴에서든, 혹은 핀란드에서든, 혹은 『안나 카레니나』(*Anna Karenina*)의 레빈(Levin)에 대해 '소박한' 진리를 표현하였던 러시아 농민 사이에서든, 그것은 매우 경쟁적이고 종종 무정부적인 도시의 뻔뻔스런 도회풍에 복합적으로 빠져 있는 사람에게 호소하는 태고적인 소박함이다. 이런 까닭에 민속음악은 호소력이 있다. 인종적 민족의 문화, 농민의 습속, 시골의 관습, 마을의 건축과 가구를 보여 주는 것은 환락에 신물이 났거나 근심이 많은 도시 거주자에게, 도시 생활이 거의 파괴하다시피 만든 마음을 통하고, 가깝게 얽힌 가족과 같은 공동체 안에서 살아가는, 조급하지 않고 고요한 존재의 신성한 소박함과 위엄을 불러일으킨다.[57]

이런 식으로, 신성한 장소와 유적이 없는 보통의 평범한 풍경조차 점차 도시화된 근대 세대의 의식에 윤리적 중요성을 갖는다. 그 풍경은 공동체 역사에서 예전 시대에 속했던 검소하고 소박한 생활양식과 이상의 증거이고 또 그것들의 축적물이기 때문이다.

대해서는 Royal Academy of Arts(1979, esp. pp. 19~25), 특히 퐁타방(Pont-Aven)에 있는 베르나르(Émile Bernard)와 고갱(Paul Gauguin)의 감정에 대해서는 ibid., pp. 53, 58, 85~6, 89, 129, 217 참조. 그 시대 몇몇 화가들이 그린 특색이 있는 성자의 축제일 기록은 Ibid., pp. 53, 58, 85~6, 89, 129, 217 참조.

57) 19세기 핀란드에서는 칼렐리어니즘(Karelianism) 예술운동이 전개되었는데, 이 운동은 멀리 북동쪽으로 가 노래와 시를 수집한 뢴뢰트로부터 시작되었다. 이때 수집된 노래와 시는 『칼레발라』(*Kalevala*)로 편집되었는데, 1835년 처음 출판되고 1849년에 증보판이 출간되었다. 일단의 작가, 예술가, 건축가들이 남아있는 소박한 농민의 생활 속에서 헬싱키와 다른 도시의 도시화가 파괴하고 있는 생활양식을 찾았다. Laitinen(1985, esp. p. 62) 참조. 은다우(Ndau), 소토(Sotho), 벤다(Venda), 은데베레(Ndebele) 및 카랑가(Karanga)와 같은 짐바브웨의 소수 민족을 위한 '문화가옥'을 건설함으로써 인종적 민족의 민속을 보전하려는 시도에 대해서는 Ucko(1983), 일반적인 민중주의에 대해서는 Gellner and Ionescu(1970) 참조.

황금시대 : 역사의 이용

이 시대에 두 가지 입장이 후속 세대를 위해 나왔다. 첫째는 공동체의 기원을 주재하고 스스로 신과 함께한 건국의 아버지들의 시대이다. 두번째는 현자, 성인, 영웅을 가진 공동체가 광휘를 발했던 황금시대로, 이 시대의 공동체는 고전적인 형식을 갖추고 또 영광스러운 기억과 문화적 업적의 유산을 후세에 전했다. 우리의 관심을 가장 끄는 것은 두번째 시대의 유형이지만, 그것은 영웅적인 기원과 계보 신화라는 맥락에서 이해될 수 있다.

이런 근대 인종적 민족의 신화에 중심적인 것은 직선적 발전 관념이다. 말하자면 공동체는 자연 속에 존재하고, 자연과 같은 탄생, 성장, 성숙, 쇠퇴, 재탄생의 법칙에 복종한다. 발전은 순환적이라기보다는 직선적인데, 쇠퇴 시기는 '자연스럽지 않은', 내부로부터 '배반'의 문제 혹은 외부로부터의 '굴복'과 쇠퇴의 문제로 간주된다. 미노그(Kenneth Minogue)가 썼듯이, 이들 신화는 잠자는 미녀를 닮아, 외부의 악마의 힘에 찔려 민족주의의 새벽이 도래해서 새로운 '황금시대'에 진정한 자아로 공동체를 회복할 때까지 잠을 잔다. 발전 양태에는 선결요소가 있다. 만개, 쇠퇴, 재탄생은 공동체의 기원 분석으로부터 예측될 수 있다. 그것은 '발생학적 암호'로 씌어져 있다. 복합적인 문화는 그 경로의 시초에 가장 빠르고 가장 기초적인 형태로 추적될 수 있다.[58]

이것으로부터 오늘날의 낭만주의적 민족주의 신화가 형식과 내용에

---

58) Minogue(1967, ch. 1) 참조. 신화에서처럼 극단적인 간섭이 있었다. 즉 여기서 왕자는 ──지적인 ── 민족주의 교육가이나, 그의 출현은 자명한 것으로 느껴졌다.

서 진화론적이라는 사실을 추론하는 것은 단순히 그 연대를 추정하는 것이 아니라, 그것을 넘어 역사주의 지식인들이 '과학'과 과학적 방법을 시적 구성 속으로 넣은 방법을 보여 주는 것이다. 이를 위해, 신화는 (종종 정교한데) 공동체 과거를 재구성한 것이며, 그것은 순수학문과 환상을 뒤섞고, 재탄생의 윤리에 봉사하는 객관적으로 기록된 자료와 전설을 뒤섞는다. 이것은 여기서 '민족의 신화학'과 인종적 민족의 기원과 계보의 '신화'에 의해 이해될 수 있는 것이다. 이것은 보다 초기의 소재를 체계적으로 편집하고 재구성하는 관점으로, 이 자체가 초기의 자료를 중심으로 정교하게 꾸민 객관적 기록과 전설로 구성되어 있다. 이때 객관적 기록과 전설이 결합되어 공동체의 역사와 운명에 대한 통일된 설명이 되고 또 구체적인 행동의 경로를 암시하고 포함한다. 일부 예외는 있지만, 역사주의 지식인의 역사편찬과 과학적 방법의 정합성이 일치하는 것은 아니다. 실제로 객관성은 그들의 주요 관심사가 아니다. 그들의 목표는 공동체의 운명을 설명하고 환부를 치료하는 방식으로, 과거를 들은 그대로 옮기는 것이다. 이 목적에 역사주의자들은 공동체에 관한 다른 견해와 추세를 맞추어 인종적 민족의 혈족의 현재 상황에 대해 확신할 수 있고 감정적으로 만족시켜 주는 설명을 제공하는 단일하고도 통일된 '과거'를 생산해야 한다. 본래 색조의 '해결책'을 흐리게 하거나 침식시키는 느슨한 목적도, 의심도, 혹은 갈등적인 견해도 있어서는 안 된다. '역사'의 다양한 읽을거리. 즉 복합적인 역사의 운명은 외부의 사건이 '각성'시키는 데 성공한 정체성 의식을 약화시키고 억누를 수 있다. 통일된 역사와 단일한 설명은 그처럼 불러일으킨 의식을 '이해할' 수 있고 지시할 수 있다.

전형적으로, 우리는 어떤 민족의 신화학 혹은 인종적 민족의 기원과 계통에 관한 신화에서 일련의 소재 혹은 요소를 발견한다. 이들은 다음과 같은 것이다.

1. 시간상 기원의 신화, 즉 공동체는 언제 탄생했는가?
2. 공간상 장소의 신화, 즉 공동체는 어디서 탄생했는가?
3. 조상의 신화, 즉 누가 우리를 낳았고, 우리는 그(그녀)로부터 어떻게 내려왔는가?
4. 이주의 신화, 즉 어디로 유랑했는가?
5. 해방의 신화, 즉 우리는 어떻게 속박에서 자유롭게 되었는가?
6. 황금시대 신화, 즉 우리는 어떻게 위대해지고 영웅적이 되었는가?
7. 쇠퇴의 신화, 즉 우리는 어떻게 쇠퇴하고, 정복/추방당했는가?
8. 재탄생의 신화, 즉 우리는 이전의 영광을 어떻게 회복할 것인가?

두번째와, 어쩌면 네번째 소재와 별도로, 이들 모든 요소는 초인간적인 존재 혹은 '영웅'의 개입과 고무를 필요로 한다. 혹은 일곱번째 소재에서 초인간적 존재 혹은 영웅의 부재 혹은 감소를 필요로 한다. 기본패턴은 공동체 '발생의 암호'에 놓여 있지만, 그것이 결실을 맺기 위해서는 인간적 혹은 초인간적 인간 혹은 존재를 요구한다. 다양한 단계의 달성은 자발적 존재의 도움을 필요로 한다. 그렇지 않다면, 공동체는 그 도정의 초기 단계에 매인 상태에 머물러 있을 것이다. 기본적인 정체성의 암호는 패턴과 방향을 정한다. 그러나 인간과 영웅이 그것을 '실현'할 수 있다. 그것이 왜 전설이 개인화되고, 황금시대가 영웅의 시대인가 하는 이유이다. 역사의 이용은 위인의 '덕목'이다.[59]

---

59) 민족주의 시대가 전에는 신으로 다루어졌던 인물을 인간화한 '영웅'으로 바꾸는 경향이

사실상, 세계의 어떠한 곳에서도 공동체가 가지고 있던 과거의 유명한 영웅의 덕을 건조물, 조각상, 묘지, 기념물에서 기리지 않는 위대한 도시란 없다. 고대의 영웅과 천재의 이름을 본 딴 거리와 광장은 현재의 세대들에게 그들의 문화적·도덕적 유산을 회상하도록 한다. 파리에 있는 페르 라세즈(Pere Lachaise) 같은 몇몇 묘역, 웨스트민스터 사원 혹은 피렌체의 성 크로체 같은 몇몇 교회는 유명한 망자에 대한 집단적 기념의 증거가 된다. 무명용사 묘를, 혹은 '왕'과 '국가'를 위해 자신의 삶을 희생해 오늘날 영웅이 되고 그들을 둔 가치 있는 후손으로 만들어 주는 영광스런 망자의 기념관을 자랑하지 않는 수도는 없다.

인종적 민족의 기념물에 대한 자극은 새로운 것이 아니다. 기원전 1세기 구약외전 중 한 편인 「집회서」의 저자는 '유명한 사람을 칭송하라'고 썼다. 이집트와 아시리아로부터 노르만과 러시아에 이르는 위대한 왕과 귀족은 그들 조상의 업적과 용맹을 기록했다. 새로운 것은 기념물의 자극적 형식이고, 상징이 다소간 공개적으로 불러일으키는 집단의 목표

있다고 말하는 것이 흥미롭다. 우리는 이것을 핀란드 칼레발라의 인물인 바이나모이넨 (Vainamoinen) 숭배에서 발견한다. 19세기 초 그는 '핀란드의 아폴로'인 신이었고, 크리스프리드 가나더(Christfrid Ganander)의 『핀 신화학』(*Mythologia Fennica*, 1789)에 의하면 '우수한' 오르페우스(Orpheus)였다. 19세기 중엽 뢴로트 이후 핀족의 고대 역사에 대한 하나의 설명으로 취급되면서 현자와 영웅이 되었다. 이에 대한 주석을 붙이면서, 라우리 혼코(Lauri Honko)는 이렇게 주장한다.

"민족정체성이 위협받고 강화될 필요가 있다고 느껴질 때는 언제나 역사해석이 전면에 등장한다. 다른 한편, 신화적 해석은 내부 갈등과 외부 압력이 문제가 되지 않는 시대에 전형적이다. 이따금 두 해석은 동시에 통용된다. 그러나 이 경우 시대정신에 맞지 않는 이론은 한편으로 제쳐진다"(Honko, 1985, p. 16) 참조.

19세기 초 핀란드는 러시아의 지배를 받고 있으나 스웨덴의 엘리트 문화를 가지고 있었는데, 내부 분열과 외부 압력에 놓이게 되었고, 그래서 뢴로트의 역사화 작업의 비옥한 토양이 되었다. 19세기와 20세기 초 유럽 전체에 퍼져 있던 영웅숭배에 대해서는 The descriptions of tombs, museums and monuments, in Horne(1984) 참조.

이다. 이들 목표는 더 이상 상류계급의 개인이나 가족이 아니라 여러 가지로 포장된 전체 공동체이다. 위대한 인간에 대한 숭배는 우리 민족에 대한 부착을 표현하고, 민족의 천재성은 위대한 지적·문화적 영웅에게서 실현된다.

공동체와 공동체 덕의 본보기로 위인을 숭배하는 것이 명확해진 것은 18세기 말 경이었다. 이미 구제도 아래에서 건축가와 화가들은 왕실의 후원 아래 그들 공동체의 덕을 우화와 상징으로 기념하는 작품을 만들도록 위임받았다. 그래서 1774년 루이 14세가 새로 임명한 건설국장인 앙지비에 백작(Comte d'Angiviller)은 프랑스 중세 왕실의 역사에서 중요한 사건을 특히 성 루이의 삶과 영불전쟁으로부터 나온 일화를 묘사하는 일련의 그림을 지도적인 예술가에게 위탁했다. 이것은 분명히 왕이 다루기 힘든 귀족과 벌이는 투쟁에서 선전적 진술로 의도된 것이었고, 부상하고 있는 부르주아지를 겨냥한 것이었다. 그 함의는 프랑스의 위대함은 과거에 그랬던 것처럼 왕실의 후원 아래 근대화된 행정을 통해 소생했다는 것이다.[60] 같은 맥락에서 파리의 국립묘지 판테온(Pantheon)은 세속화되었고, 프랑스 혁명 초기에는 최근 프랑스의 '위대한 망자'의 장엄한 무덤으로 변했다. 이때 볼테르(Voltaire)의 유골은 셀리에르에서 옮겨져 1791년 다시 안장되었다.[61] 혁명이 진행됨에 따라서, 축연, 제단, 비유적인 조각상의 형태로 된 명백한 국가기념물과 마찬가지로, 프랑스의 '로

---

60) 왕실의 위탁과 그들의 격려에 대해서는 F. J. Cummings, "Painting under Louis XVI, 1774~89" in Detroit(1975) 참조. 근대화하고 있는 국가의 옹호 아래 프랑스에서 민족감정의 부활과 역사적 그림의 등장에 대해서는 Loquin(1912) 및 Leith(1965) 참조.
61) 1791년에 대한 기념과 판테온 건설에 대해서는 Herbert(1972) 참조. 판테온은 원래 (1760년대 말 건설된) 성 즈느비에브(St. Geneviève) 성당이었으나 축성되지 못했고, 혁명 기간 동안 묘로 변형되었다.

마계 조상' 뿐만 아니라 프랑스의 최근의 위대한 인물과 먼 과거의 보다 위대한 인물들이 기념되었다. 다비드의 나폴레옹 대관식 그림이나 그로스(Antoine-Jean Gros)의 나폴레옹 전투 기록으로 당대 역사기록이 넘쳐났듯, 루소와 디드로 같은 유명한 근대 인물의 장르는 우동(Jean-Antoine Houdon)에 의해 시작되어 나폴레옹 시대로 확대되었다. 그 메시지는 명료하다. 민족의 부활이 가까워졌고, 나폴레옹은 오늘날의 성 루이(St Louis)나 프랑수아 1세(Françis I)라는 것이다.[62]

유명한 사람의 모습을 만들어 민족의 천재를 숭배하는 것은 18세기 말과 19세기 초에 영국, 프러시아 및 이탈리아를 휩쓸어, 라이프치히의 사자(死者)에 대한 기념비, 헨델과 베토벤 같은 작곡가의 흉상을 만들게 했고, 이탈리아에서 아피아니(Andrea Appiani)와 카무치니(Vincenzo Camuccini)는 로마의 영광을 회상시키는 프레스코화(회벽 위에 그리는 그림)를 만들었다.[63] 지식인들이 자각했듯이, 각각의 공동체는 과거, 그리고 특히 자체 관념을 간결하게 보여 주는 영웅을 이용하기 시작했다. 천재의 숭배에 사람들의 창조성과 세상에 대한 사명의식이 반영되었다. 실제로 천재나 영웅을 이용하거나 낳지 못하는 공동체는 주장을 거부당하는데, 공동체의 개성은 위인 속에 완전히 들어 있기 때문이다.

물론, 그런 영웅은 역사적 인물로 취급되는데, 어떠한 위대한 특징

---

62) 집정관 브루투스(Brutus), 호라티우스(Horatius), 레굴루스(Regulus), 스키피오(Scipio), 코르넬리아(Cornelia)는 로마 공화정에서, 뒤 게클링(Bertrand Du Guesclin), 베야르(Beyard), 앙리 4세(Henry IV), 볼테르, 루소는 프랑스인 가운데 가장 호감을 산 '덕'의 본보기였다. Rosenblum(1967, ch. 2) 및 Benoit(1897) 참조. 또한 A. D. Smith(1979b) 참조. 나폴레옹 시대에 대해서는 Detroit(1975)에 수록된 Rosenblum의 논문 및 Friedlaender(1952) 참조.
63) 이들 신고전주의 기념물의 예는 Arts Council(1972a) 및 Honour(1968, ch. 3) and (1981, ch. 6) 참조.

도 객관적인 역사적 사실과 시적 신화 혹은 전통 사이에 만들어지지 않기 때문이다. 그들을 '입증하고', 그들을 적절한 역사적 윤리적 배경 속에 위치시키려는 노력이 행해졌다. 복식, 말씨, 습관, 인상, 그리고 악세사리에 의해 그들은 한 시대와 하나의 공동체에 부과되었다. 다비드와 카노바 (Antonio Canova) 같은 조각가와 화가는 그들이 영웅들에게 부여한 귀족적 분위기만큼 고고학적으로 세세하게 주의를 기울여 영웅들의 고전적인 고풍스런 모습을 재창조했다.[64] 19세기 중엽, 공동체와 관련된 중세 역사상의 사건과 그 시대를 주관한 영웅은 '공식적인' 민족 건설을 표현하는 언어 중 일부가 되었다. 배리(Charles Barry)가 재건축한 하원(1849)의 벽 위에 매클라이즈(Daniel Maclise)가 그린 영국 역사의 결정적 순간 초상 시리즈는 싹트는 민족적 자부심과 정체성을 압축적으로 보여 준다. 이런 자부심과 정체성을, 러시아에서는 수리코프와 무소륵스키가, 그리스에서는 브리자키스(Theodoros Vryzakis)와 코라이스가, 폴란드에서는 마테이코(Jan Matejko)와 쇼팽(Fryderyk Franciszek Chopin)이, 핀란드에서는 뢴로트(Elias Lönnrot)와 갈렌-칼레라(Akseli Gallen-Kallela), 시벨리우스(Jean Sibelius)가 프레스코화, 서사시, 혹은 음악으로 표현해서, 새로워진 민족의 신선한 영광을 고무하는 영웅시대의 이상을 결정체로 형상화했다.[65]

영웅은 외롭지 않다. 그는 '고독한 천재'일지 모르지만, 민족주의 관

---

64) 이에 대해서는 Rosenblum(1967, chs. 1~2) 및 Wind(1938) 참조. 여러 가지 양식으로, 커플리(John Copley)와 웨스트(Benjamin West) 같은 미국의 화가들은 고고학적 접근법을 개척했으나, 그들은 가빈 해밀턴(Gavin Hamilton)과 모르티머(Mortimer) 같은 영국의 예술가들과 경쟁적이었다. Irwin(1966) 및 Grigson(1950) 참조.
65) 매클라이즈에 대해서는 Arts Council(1972b), 그리고 19세기 중세의 숭배에 대해서는 Vaughan(1978, ch. 4) 및 Honour(1981, ch. 4) 참조.

점에서 그는 공동체의 창의성을 담는 그릇이고, 그렇기 때문에 민족의 생활 흐름의 한 부분이 된다. 무엇보다도, 그는 황금시대의 한 부분이고, 황금시대와 밀접하게 연결되어 있다. 그는 황금시대의 본보기이다. 그는 역사성을 조금도 갖고 있지 않을지도 모르지만, 그런 사실 자체가 선한 사람들에게 전부이다. 왜냐하면, 후속 세대에게 중요한 것은 영웅의 신화 만들기의 특질이기 때문이다. 우리는 이런 영웅들은 어디서나 동일하다고 하는 래그런 경(Sir Raglan)의 초기의 명제를, 더구나 그 영웅들은 중세 중부와 동부 유럽의 의식과 종교적인 드라마로부터 추출되며 그들의 상징적 신화적 차원은 과도하게 평가한다는 명제를 받아들일 필요가 없다. 훗날의 민족주의 역사가들이 황금시대의 영웅들에게 주는 그럴듯한 신뢰감이 무엇이든, 그들의 호소는 존재 의식의 '과학적 토대'에 있는 것이 아니라 고대의 귀족성의 구경거리와 전경을 제공하고 그들의 특질과 실천을 열심히 배우려는 야망을 고무함으로써 상상력을 불러일으키는 능력에 있다. 아더 왕이나 빌헬름 텔이나 아킬레스와 같은 영웅의 역사적 토대가 무엇이든 전체 시대와 사회에 확대되는 인종적 민족의 전형적인 인물의 잠재적 효과를 부정하는 것은 아니다. 이들 영웅 각자는 그(그녀)의 주위 상황 안에서만 의미를 갖기 때문이다. 그들이 후의 세대에게 도전을 부여한다면, 그들은 열심히 배울 수는 있으나 다른 환경과 시대에 이식될 수는 없는 영웅적인 시대와 고상한 특질을 가진 사회를 집약적으로 보여 줄 수 있다. 사실상 그들의 영웅주의는 후속 세대가 여행한 거리와 더불어 성장하며, 그 영웅은 사실상 어떤 토대를 갖든 갖지 않든 순수한 기록과 기억을 대체하는 신화와 상징 속에서 등장했다.[66]

---

66) 이것은 칼레발라 역사에 관해 근대 학자들이 도달한 결론이다. Honko(1985) 참조. 아

다른 시대에 어떤 영웅이 전면에 나서는 방법을 보는 것은 흥미롭다. 아더 왕과 원탁의 기사는 중세의 기사 시대가 이지러지고 새롭고 보다 중앙집권화되고 관료화된 질서가 등장할 때인 15세기에 매우 인기가 있었다. 그리고 그의 호소는 19세기의 유사한 전환기에 일신하였는데, 그때 그는 부활하는 '브리손인'(Brython)[67] 문화의 일부로서 '켈트인의 웨일스 민족주의에 의해 전유되었다.[68] 마찬가지로 빌헬름 텔은, 17세기의 농민의 등장이 이미 그의 이름을 환기시켰지만, 18세기 말 르미에르(Antoine Marin Lemierre)와 실러(Friedrich Schiller)의 연극, 빈센트(François-André Vincent)와 샬(Jean Frederic Schall)의 그림, 로시니(Gioachino Antonio Rossini)의 오페라와 함께 인기를 얻었다. 사실, 그의 역사성과 관계없이 텔이 이국의 전제자 게슬러의 명령에 따라 아들의 머리 위에 사과를 올려놓고 쏘았다는 것은 급진적 반란의 정신을 담는 것으로, 스위스에서 우리의 시대에도 계속 그 정신을 담고 있다. 텔은 슈타우파허(Stauffacher), 루틀리, 젬파흐(Sempach), 모르가르텐(Morgarten)을 따라 합스부르크의 간섭에 대한 스위스의 투쟁기에서 연원하는데, 그의 전설은 그와 같은 시대적·공간적(알프스의) 배경 밖에서는 상상될 수 없는 것이었다.[69]

더와 빌헬름 텔과 같은 영웅의 경우, 상당 부분 사실일지 모른다. Thurer(1970, ch. 2) 및 Alcock(1973) 참조. 초기의 래글런에 대한 주제들은 Kauffman(1973)이 편집한 책에서 논의되었다. 또한 신화와 의식의 평가에 대해서는 Kirk(1973) 참조.

67) 브리손어를 쓰는 켈트계 인종적 민족―옮긴이.

68) G. Williams(1985, pp. 25~6, 56, 71~2, 123~5) 및 J. L. Nelson, "Myths of the Dark Ages" in L. Smith(1984) 참조. 아더왕의 '귀환'은 이미 9세기 웨일스에서 발견되나 15세기에 유명해졌다. 중세 신화창조에 미친 아더류의 영향에 대해서는 G. Ashe, "The Visionary Kingdom" in Ashe(1971) 참조.

69) Steinberg(1976, ch. 2) 및 뱅상와 샬의 그림 및 그들의 문예의 모델에 대해서는 Detroit(1975, pp. 135, 603~5, 669) 참조.

같은 방식으로, 아킬레스 같은 고대 그리스 영웅의 인기는 다른 근대 유럽의 민족이 향수를 갖고 돌이켜 보는 황금시대라는 특수한 상황에서 생겨난다. 만일 그리스인이 아킬레스의 기억과 신화를 어렵게 다시 전유해야 한다면, 다른 유럽의 민족은 그를 그들의 초기 역사에 할당하는 것이 훨씬 쉽다는 것을 발견했다. 해밀턴, 다비드, 아피아니, 플랙스먼(John Flaxman)의 '호메로스의 부활'에서 자신들을 쇄신하는 서구 유럽의 민족은 고대적이며 고전적인 공통된 서사시에 나오는 조상을 찾는 한편, 또한 '위대한 일'을 하려는 욕망으로 가득 찬 북부의 사람들이 모방할 수 있는 그리스적이며 지중해적인 근대적 노력을 위한 영감을 찾았다. 영웅의 유형처럼, 몹시 노력하는 아킬레스는 모국에 가까운 영웅주의의 본보기이자 멀지만 조상의 문명으로부터 나오는 도전자로 행동하게 되었다.[70]

어떤 상황에서 영웅이 하는 역할은 쿠 홀린(Cuchulain)[71]의 매력을 고찰함으로써 가장 생생하게 평가될 수 있다. 오그래디(Standish O' Grady)와 그레고리 여사(Lady Gregory)가 얼스터 전설집의 무용담에서 기독교 도입 이전 아일랜드 영웅시대의 신화를 재발견했을 때, 게일연맹과 유사한 조직에 들어 있는 그의 추종자들은 특별히 아일랜드 서북부 지방인 콘노트로부터 매브(Maeve) 여왕의 침입에 저항하는 얼스터의 콘초바르(Conchobar) 왕을 도운 아일랜드 '이방인' 인물에 끌렸다. 쿠 홀린과 그의 초기의 용기, 기적과도 같은 위업, 관용, 자기희생, 아름다움, 충성

---

70) 영웅주의의 다른 고전적 사례가, 특히 필로크테테스(Philocletes), 오이디푸스(Oedips), 헤라클레스의 사례가 있다. 오이디푸스/안티고네의 주제에 대해서는 Rubin(1973), 아킬레스와 일리아스에 대해서는 Weibensohn(1964) 및 Irwin(1966, ch. 2) 참조. 18세기 말 프랑스와 영국의 살롱과 학원에 있는 무수하고 다양한 고전 역사의 주제에 대해서는 A. D. Smith(1979b), 그보다 다소 이른 시기의 것에 대해서는 Bardon(1963) 및 Koch(1967) 참조.
71) 아일랜드 얼스터의 영웅으로 많은 전설의 주인공─옮긴이.

과 같은 공적과 자질은 고풍의 존귀함과 자유의 시대를 환기시켜 주었고, 그 속에서 아일랜드의 충분한 잠재력이 실현되었다.[72] 그와 같은 지고한 왕, 현자, 전쟁 영웅들의 황금시대로부터 나온 잠재력으로 말미암아, 영국의 속박이 쇠퇴하게 되고 영국의 속박에 오래도록 불복종하는 것은 피할 수 없는 것이었다. 피안나(fianna: 전사집단)와 필리드(filid: 시인과 지식인)의 귀족적 황금시대가 구체화했듯이, 해방되고 시골에 기반을 둔 켈트 민족이 내부의 쇠퇴를 역전시켜, 민족들의 우호 속에 문화적·사회적 지도력을 발휘하는 정당한 위치로 아일랜드를 복구시킬 수 있었다. 19세기에 발생한 초기 켈트 예술과 문학의 재발견과 평가는 단절된 계보의 발전과 공동체의 재생 요구라는 민족주의 신화를 증진시켰다. 아다 성배(Ardagh Chalice), 타라 브로치(Tara Brooch), 켈즈(Kells)의 서적과 같은 보물을 생산할 수 있는 사람들은, 현재는 외국인의 압제에 의해 위축되었지만 미래의 창조성과 위대함을 위한 잠재력을 가져야만 했다. 그래서 쿠 훌린과 핀 맥 쿨(Fin Mac Cool) 그리고 그들의 영웅집단은 '우리의 것'과 '우리 안에 있는 것', 그리고 어떤 외국인도 이해하기를 바라지 않는 것을 상징화할 수 있었다. 먼 과거 황금시대로의 복귀는 공동체가 스스로를 발견할 수 있는 왕도였다.[73]

---

72) 이러한 이용에 대해서는 Chadwick(1970, pp. 134~5, 268~71), 예이츠와 오그래디가 처음 편집한 그레고리 여사의 얼스터 순환의 회복에 대해서는 Lyons(1979 ch. 3) 및 Kohfeldt(1985) 참조.

73) 피안나(fianna)와 필리드(filid)에 대해서는 Chadwick(1970, ch. 5), 예술 속에서의 그리고 그것을 통한 아일랜드 역사의 회복에 대한 명쾌한 설명은 Sheehy(1980), 아일랜드 예술사에 대해서는 Harbison et al.(1978, 초기 기독교 예술에 대해서는 ch. 5) 참조. 조지 페트리 같은 예술가 겸 고고학자의 중요성은 Hutchinson(1987, ch. 3)에서 충분히 기록되고 있다. 이들이 '게일의' 아일랜드 이미지와 특질에 미친 효과는 신생 아일랜드와 아일랜드의 과거에 대한 관심을 갖고 결합한 많은 인물을 통해 여과되었다.

다른 문화의 모든 영웅 전설에서 우리가 보여 줄 수 있는 소재의 유사성이 무엇이든, 그들 자신의 땅과 그들 공동체 사이에 있는 영웅의 중요성은 그의 특별한 덕과 특유한 배경에 있다. 이 덕은 특별한 후손집단에 특유하고, 배경은 단일한 공동체와 그들의 환경에만 부합한다. 영웅은 하나의 본보기이다. 어떤 때에, 그 본보기는 혈통상의 후손임을 주장하지 못하고 보다 유동적인 '이데올로기적' 친족 혹은 인척관계를 주장하는 집단에 의해 전유될 수 있다. 그러나 그의 존재와 자질은 그들이 상징하고 있는 영웅시대에 그와 그의 동료로부터 나온 혈통상의 계보를 주장하는 집단에게 특별한 의미를 갖는다. 황금시대의 영웅에 추정적인 계보신화는 어떤 사실에 기초하고 있음에도 불구하고 자기들이 계보와 땅을 그 시대까지 소급할 수 있다고 느끼는 투쟁 중에 있는 공동체에 강력한 호소력을 갖는다. 영웅은 중요성을 갖는데, 최근에 부가된 추상적 덕 때문이 아니라, 그가 현대의 영웅들이 겨루기를 희망하고 그와 그의 동료가 영감과 방향을 제공하는 과거 공동체의 업적의 황금시대의 본보기가 되어 주기 때문이다. 그는 그를 정신적 친족관계가 있는 조상으로 주장하는 사람들을 뛰어남과 도전에 의해 통일시키고 동원할 수 있는 분위기와 환경을 축약한다. 무엇보다도 그는 근대의 복잡성으로 말미암아 흐려지고 오염된 공동체의 '실제' 자질을 순수한 형식으로 구현한다. 우리 스스로를 그의 업적과 황금시대 영웅들의 업적 속에 넣음으로써 우리는 마침내 적나라한 운명의 족쇄로부터 자유롭게 되고 진정한 자율적인 공동체의 이미지로 근대성을 조성할 수 있다.[74]

74) 영웅적 특질에 대한 이런 편향의 예는 몇몇 민족에서의 부활을 통해 발견된다. 우리는 바이나모이넨과 레민카이넨에 대한 핀란드인의 관심을 언급했지만, 게일-스코틀랜드 민족주의에

가장 확실한 비전을 가진 민족주의자도 매우 다른 근대의 조건 아래서 황금시대로 실제로 복귀하거나 모방적인 영웅 이미지를 그려낼 수 없다는 것에 대해 반대가 있을지 모른다. 가장 결정적인 영웅적 민중주의자는 '우리 선조'와 아주 다른 노선을 따라 근대사회를 조직할 필요에 양보를 했다. 그러나 이런 반대는 그 밑바닥에 있는 도구주의를 배반한다. '황금시대'의 신화는 긴 과거가 있는 지속성과 정체성이 주요 특징인 완전한 '민족의 도정'을 물려받은 소재로부터 재구성하고자 하는 정교한 민족주의 신화학의 한 부분이다. 동시에, 대부분의 민족주의자들이 채택한 진화론 모델은 그 지속성과 정체성을 지속적 발전에 종속하도록 만들었다. 노르웨이의 민족주의자가 바이킹 시대의 나라의 특징으로 복귀하도록 권하는 것은 아니다. 훗날의 민족주의자를 압박하여 노르딕(Nordic) 사람들과 이들 '고대의' 노르웨이인을 구별해서 근대 노르웨이를 위한 언어적·정치적 자치로 이끈 것은 독립과 모험 (그리고 장인) 정신이었다.[75]

마찬가지로, 근대 핀란드 지식인은 1835년 뢴로트에 의해 편찬된 『칼레발라』(*Kalevalla*)에서 신과 영웅에로의 복귀를 지시하지는 않았다. 1890년대와 1900년대에 시벨리우스의 교향시, 악셀리 갈렌-칼레라의 회

대한 동등한 정도로 강한 오신의, 게일-아일랜드 민족주의를 위한 쿠 훌린의, 대두하는 독일 민족주의를 위한 지그프리드(Sigfried)와 부룬힐트(Brunhilde)의, 터키에서 오구즈 칸(Oguz Khan)의, 그리스에서 아킬레스의, 초기 유대 민족주의에서 다윗의 영향이 있다. 또한 보다 뒤 프랑스 민족주의에서 잔다르크 숭배가 있었다. 이에 대해서는 Warner(1983, ch. 13) 참조.
75) 초기 노르웨이 민족주의에 대해서는 Elviken(1931), 보다 뒤의 문화발전에 대해서는 K. Haugland, "An outline of Norwegian cultural nationalism in the second half of the nineteenth century" in Mitchison(1980) 참조. 여기서 노르웨이-스웨덴 연합의 하위 동참자로서 변화하는 노르웨이의 운명에 그리고 농민의 뉴노시크(Landsmal: 서부 노르웨이의 방언과 고대 스칸디나비아어에 바탕을 둔 인공적 언어. 1885년 두 가지 공용어 중 하나로 채택됨—옮긴이) 운동—서부 농민의 방언은 보다 예스럽고 옛 스칸디나비아의 언어와 문학을 상기시켜 준다—의 발달과정 속에 노르웨이의 도시화에 대한 강조가 이루어지고 있다.

화를 통해 널리 알려진 레민카이넨(Lemminkainen) 같은 영웅은 스웨덴의 문화와 러시아의 정치적 강압으로부터 자유를 추구하면서 막 출현하기 시작한 핀란드 문화의 자연스런 개성을 구현하는 것으로 보였다. 그들은 시간과 안개 낀 장소를 말했으나, 핀족을 묶어 주지만 노르딕과 러시아 이웃과 그들을 구별해 주는 내부의 감정과 정신적 친근성을 시사하는 자질과 업적에 의해서 그렇게 말했던 것이다. 칼레발라의 전설이 환기시킨 것은 호수와 산림의 자연환경 속에 있는 자유로운 사회가 달성한 핀란드 문화의 원시적 황금시대였다. 그것은 핀족이 그들의 정체성과 차별대우를 받는다는 인식에 비례해서 자치를 부여받았을 때 부활한 것이었다.[76] 아름다운 풍경 속에 고대인의 목가적 전원시와 조화를 이루는 자유교역을 하는 자유주의의 그리고 서구화 하고 있는 메셀린(Leo Mechelin)과 루네베르그(John Ludvig Runeberg)의 추종자도, 핀란드의 민족 문화와 언어의 지지자로 시골 생활의 계속성을 강조하여 성직자와 농부에게

---

76) 1907년 커비(Kirby)의 번역으로 이루어진 『칼레발라』의 재발견과 내용에 대해서는 Branch(1985) 참조. 그것의 확실성, 혹은 민속-역사 또는 신화로서의 지위에 관해서는 많은 논란이 있다. 다시 말하면 이것은 사람들이 역사적 맥락에서 서사시로 만든 것의 분석과 일치하지 않는다. 중요한 것은 핀란드가 하나의 '민족국가'로 형성되는 19세기 대부분의 사람에게 『칼레발라』의 영웅들은 아주 고대의 그러나 '잃어버린' 핀란드 역사 시대부터의 실제 인물로 믿어졌고, 그래서 스웨덴 문화의 영향과 러시아의 정치적 지배에 대한 투쟁에서 핀란드 젊은이를 고무하는 본보기와 영감을 제공했다는 것이다. 그 이외에, 그것은 자신의 역사를 그것도 고대의 빛나는 역사와, 이웃과 비견할 만한 자신의 문자언어를 가져야 하는 로마적인 민족의 이상에 부합했다. Branch(1985) 및 Honko(1985) 참조.
시벨리우스의 음악적 상상력과 핀란드와 핀란드의 과거에 대한 세계의 이미지에 미친 『칼레발라』의 영향에 대해서는 Layton(1985) 참조. 핀란드의 예술, 특히 1890년대 악셀리 갈렌 칼레라—그와 루이 스파르(Louis Sparre) 같은 예술가들은 본래의 장소에서(in situ) 연구했다—의 모델로부터 그리고 당시 프랑스, 독일, 영국에서 유행한 현실주의와 상징주의의 결합으로 그려진 칼레라의 핀란드의 '민족적 양식'에 미친 『칼레발라』의 역할에 대해서는 Boulton Smith(1985) 참조. 먼 과거의 핀-우그릭(Finno-Ugric) 부족 문화에 대해서는 Lehtinen(1985), 유사한 역사적 영향에 대해서는 G. Karlsson, "Icelandic Nationalism and the Inspiration of History" in Mitchison(1980) 참조.

호소했던 요르조코스키넨(Yrjö Sakari Yrjö-Koskinen)과 스넬만(Johan Vilhelm Snellman)의 민중주의적이며 급진적인 페노만(Fennomans) 운동도, 민족적 서사시에서 그려진 전쟁 영웅과 부족 갈등의 생활양식과 이상으로의 복귀를 원하지 않았다. 그보다 시에 담긴 교훈적이며 분위기 있는 요소, 그리고 초기 시대에 진정한 핀족의 문명과 문자문화가 있었다는 단순한 사실은 그들의 상상력을 잡아두고 민족 창조의 프로그램을 격려했다.[77]

1902년 출판된 쿠 훌린의 업적에 관한 그레고리 여사의 책에서 예이츠(William Butler Yeats)가 환기시킨 것은 같은 상상력의 기능이었고, 그가 좁은 우리의 공간과 삶의 한계와 대비시킨 것은 크고 깊은 감정에 대한 동일한 호소였다.[78] 민족이 되기를 열망하는 작은 인종적 민족의 인텔리겐치아에게, 그리스, 로마, 이스라엘의 고전시대의 가치를 가진 영웅의 황금시대를 재발견하는 것은 신분의 상징과 내부의 필요가 되었다. 맥퍼슨(James Macperson)이 영역해 발표하고 소개하여 핀 맥 쿨과 오이신(Oisin, Ossian)[79]의 오래된 무용담의 비전을 불러일으킨 오시안 서사시가 유럽인들의 상상력을 자극해서 여러 지역에서 작가와 화가들이 고대

---

77) Jutikkala(1962, ch. 8) 및 M. Klinge, "'Let Us Be Finns'-the Birth of Finland's National Culture" in Mitchison(1980) 참조. 클린지는 핀란드의 자기 이미지를 형성하는 것으로 (스웨덴어로 쓰여진) 루네베르그 시의 이상향적인(Arcadian) 전원적인 목가풍을 강조하고 있다.

78) '우리의 좁은 방, 우리의 짧은 생명, 곧 끝날 우리의 열정과 감정이 우리를 검댕이가 낀 유한한 현실을 가진 기만으로부터 끄집어 낼 때, 마침내 여기에 인간의 감정을 거의 만족시킬 만한 크고도 심오한 우주가 있도다'라고 Kohfeldt(1985, p. 149)에서 읊조리고 있다. 이런 이교도의 귀족적 산물(얼스터 순환)이 예이츠에게 갖는 중요성은 Hutchinson(1987, ch. 4)에서 논의되고 있다.

79) 아일랜드, 스코틀랜드의 3세기경의 전설적인 영웅—옮긴이.

켈트 영웅을 그리고 또 찬양하고자 했다는 것은 조금도 이상하지 않다.[80]

유럽 밖에서도 역시 유럽민족의 역사와 비교되는 곳에 위치하고 유럽에서 제공한 것과 같이 통일과 동원의 영감을 제공하는 역사의 회복을 꿈꾼 식민지 지식인이 있었다. 그래서 19세기 말 힌두교를 믿는 인도 지식인들은 막스 뮐러(Max Müller)가 선도한 베다 유산 연구로 돌아갔다. 라마야나(Ramayana)와 마하바라타(Mahabharata)의 영웅들은 갠지스의 자유로운 도시국가의 고전적 황금시대를 다스리고 독립을 쟁취한 후, 약화된 후손들을 위해 문명과 시샘할 만한 종교문화의 표준을 세운 역사적 인물이 되었다.[81]

알아프카니(Jamal al-Din al-Afghani)와 라시드 리다(Rashid Rida)로부터 사티 알후스리(Sati al-Husri)와 아프라크(Michel Aflaq)에 이르는, 연속적으로 출현한 아랍 지식인들은, 예언자 시대 유형의 사회로 돌아가려는 목적이 아니라 오늘날 무슬림 아랍 민족을 지도하기 위한 교육과 격려를 찾을 목적으로, 자기 쇄신을 하는 아랍 민족을 위해 예언자와 동료 (그리고 아마도 우마야드 혹은 압바스 칼리파트) 시대의 영광을 회복하고자 했다. 코란으로부터 근대 사회주의와 자유주의가 도출되는 것을 보여 주기

---

80) 오시안 시에 대해서는, Okun(1967) 참조. 그는 1770년대 화가 알렉산더 런시먼(Alexander Runciman)과 그의 조언자인 휴 블레어(Hugh Blair) 주변의 스코틀랜드 민족주의자 모임을 논의한다. 블레어는 그의 *Critical Dissertation on the Poetry of Ossian*(1765, Vol. II, p. 408) 에서 이렇게 썼다. "모든 시골은 그 자체에 특유한 풍경을 갖는다. 훌륭한 시인의 상상력은 그 것을 보여 준다. …… 외국 이미지의 소개는 시인을 배반하고, 자연으로부터가 아니라 다른 작가로부터 베끼는 것이다."(Vol. II, p.408)……전형적인 낭만주의적이고 민족주의 이전의 감정이다.
 숭배는 독일과 (나폴레옹과 잉그레[Ingres]에 의해) 프랑스에서(Detroit, 1975, pp. 434~5, 455~7 참조) 그리고 덴마크에서 이루어졌다.
81) McCulley(1966) 및 Heimsath(1964), 그리고 Kedourie(1971, 서론)에 수록된 비평 참조.

위한 그들의 노력은 공동체의 단결 및 분별의식과 조화를 이루는 보편적 이상을 구현하기 위한 인종적·종교적으로 특수한 기반을 발견할 필요성을 밝혀냈다.[82]

이따금, 격려와 도덕적 지침을 끌어낼 수 있는 황금시대의 선택이 실제 있다. 근대 이란에서, 우리는 팔레비 왕가와 함께 아케메네스 왕조의 영광의 시절로 돌아가, '아리안'의 도덕성과 특수한 페르시아 문화에 대한 사회적·개인적 열망을 모델로 할 수 있다. 반대로, 우리는 아케메네스 왕조와 사산 왕조의 유산을 해체해서, 호메이니 아래 성직자 정권이 채택한 것과 같이 특수하게 시아파이며 반(反)우마야드인 무슬림의 역사적인 외양을 포괄할 수 있다. 여기서 불멸성은 공동체에 봉사하는 고통과 순교의 불멸성으로, 그것은 이란 국경을 넘어서까지 도달하지만 그럼에도 불구하고 이란인의 세계관과 이란의 제도에 결합되어 있고 그것들 속에 깔려 있다.[83] 똑같은 선택이 근대 그리스와 이집트에 나타나고 있는데, 보다 오래되고 고전적인 '파라오 류'의 유산이, 매우 대중적으로 확산된 정교회 비잔틴과 아랍 무슬림 문화에 직면해 대체로 지적 엘리트 사회에 한정

---

82) 수니파 이슬람에서 동료시대의 찬양(시아파는 초기 3대 칼리프의 찬탈과 우마야드 왕조를 비난한다)은 순수화된 이슬람에로의, 그리고 부패하지 않은 신앙을 구현한 초기 아랍의 방식에로의 복귀를 추구한 살라피야(Salafyya) 운동과 결합되어 있다. Gibb(1947) 및 Brown(1964) 참조. 가장 위대한 해설자는 라시드 리다(1865~1934)라는 시리아인이다. 그는 이집트로 이민을 가서 개혁주의 신문 알만나르(al-Manar)를 창간했는데, 그 신문의 보수주의적 부활론은 매우 영향력이 있다. 이슬람으로부터 근대 이데올로기와 기구를 도출한 주장의 이용에 대해서는 Dawn(1961) 및 Sharabi(1970) 참조.

83) 팔레비 정권의 아리안과 아케메네스적 소재의 이용에 대해서는 Cottam(1979, pp. 328~30), 그리고 커마니(Kermani)와 카르사비(Karsavi)에서 반(反)이슬람적인 이란 민족주의에 대해서는 Keddie(1981, pp. 191~2, 199), 그리고 시아파의 이란주의와 알 에 아흐마드(Al-e Ahmad), 샤리아티(Shariati)와 아야톨라(ayatollahs)에 대해서는 Keddie(1981, pp. 202~28) 참조.

된 것이기는 하지만 그래도 남아 있다는 것은 놀라운 일이다. 이 점에서, 세속적인 헬레니즘은 전쟁 기간에 타하 후세인(Taha Hussein)과 압델 라지크(Abd-el Razique)에서 반짝 번성한 세속적 이집트주의보다 더 순조롭게 번성했다. 그렇지만 (범아랍의 외양보다) 순수한 이집트의 외양에로 주기적으로 돌아가는 것은 이집트인의 명확한 감정적 선택의 문제로 남아 있다.[84]

정당성과 계보를 찾고 안전한 정체성을 갈망하게 된 근대 인텔리겐치아와 중간계급은 각각의 황금시대 속에서 시적이고, 크나큰, 그리고 심오한 세계가 다시 들어서는 것을 발견했다. 그 세계는 사업가, 산업가, 외교관을 크노소스, 트로이, 우르, 그리고 니네베의 먼 과거로 유혹하고, 전문가, 성직자, 상인, 그리고 교사를 상상적인 그들 공동체의 중세 초기의 과거에 대한 깊은 연구에로 끌고 가서, 그들의 마음에 자국을 남기고 그들의 외양과 삶을 변혁시킨 신비와 상상의 세계였다. 영웅적인 과거에 대한 숭배는 '그런 세계를 각성'시키는 강력한 수단이었다.

그러나 중간계급과 그들의 인텔리겐치아는 틀에 박힌 세계에서 마술보다 더 많은 무엇인가를 필요로 한다. 그들은 또한 도덕적 지침을 원한다. 이것 역시 영웅의 세계가 공급할 수 있는 것이다. 브르네(Nicolas-Guy Brenet)와 뒤라모(Louis-Jean-Jacques Durameau) 같은 화가가 스키피오(Scipio)의 절제, 뒤 게클랭 혹은 베야르의 용맹을 묘사할 때, 그들이 로마공화정이나 중세 프랑스 황금시대의 위대함과 존귀함을 드러내기를

---

84) 이런 이집트인의 감정을 향한 이집트에 대해서는 Ahmed(1960) 및 Vatikiotis(1969, chs. 13, 17) 참조. 20세기 전반기 파라오의 이집트주의는 Jankowski(1979)와 Shamir(1981, esp. Gershoni)에서 분석되고 있다.

원한다면, 그들은 그 나라 사람들이 고대의 영웅과 필적하기를 권고하는 것이다.[85] 벤저민 웨스트(Benjamin West)가 브룬디지움(Brundisium)[86]으로부터 남편 게르마니쿠스(Germanicus)의 유골을 가지고 오며 슬퍼하는 아그리피나(Agrippina)를, 그리고 2년 후 1759년 퀘벡 정상의 전투 중 죽어가는 울프(Wolfe) 장군을 묘사했을 때, 그는 만일 영국인들이 울프의 (그리고 게르마니쿠스의) 자기희생정신을 따른다면 고대 로마의 가치를 가진 영국인의 영광의 신시대가 열릴 것이라는 가능성을 제시하고 있는 것이다.[87] 18세기 말 프랑스에서 일단의 비평가와 작가들은 나라 사람들이 로마의 예술 및 건축과 함께 고대 로마의 덕이 로마의 상속자이자 정신적 계승자인 프랑스의 영광스런 부활을 확보해 줄 수 있기 때문에, 그것을 본받도록 권고했다.[88] 한 세기 후에 인도에서, 틸라크와 아우로빈도는 근대 힌두교도를 위해 2천년 전 크리슈나(Krishna)가 바가바드-기타(Bhagavad-Gita)의 아르주나(Arjuna)에 남긴 도덕적 교훈을 끌어내서, 인도인들에게 자유를 위한 투쟁에서 용맹하고 충성을 다할 것을 촉구했다.[89]

---

85) 이들 화가에 대해서는 F. Cummings, "Painting under Louis XVI, 1774~89" in Detroit(1975) 및 Sandoz(1961). 혁명 기간 동안 이들 영웅에 대한 정치적 이용에 대해서는 Herbert(1972) 및 Rubin(1973) 참조.

86) 이탈리아 동남부 아드리아 해 연안의 항구도시 브린디시의 옛 이름. 로마시대 주요 군사 항구도시―옮긴이.

87) 서구의 게르마니쿠스와 울프에 대해서는 Irwin(1966, pp. 48~51) 및 Victoria Albert Museum(1976, pp. 36~7, 82~6) 참조. 서구는 사실상 고대와 근대 영웅 사이의 연결에 관해서 매우 명확하다. Wind(1938) 참조.

88) 그리스-로마의 부활을 격려한 라퐁 드생예네(La Font de Saint Yenne)와 디드로 같은 비평가에 대해서는 Leith(1965) 및 Crow(1978) 참조.

89) M. Adenwalla, "Hindu concepts and the Gita in early Indian national Thought" in Sakai(1961), Singh(1963), 그리고 Pocock(1958) 참조.

물론, 민족주의자들이 스스로 설정한 과제를 위해 요구되는 '덕'을 끌어내는 것도 가능하다. 그것은 놀랄 만큼 어디에서나 비슷하다. 그것은 군사적 용맹, 관대함, 절제, 자기희생, 인내, 충성, 특히 무엇보다도 애국심을 포함한다. 이 모든 것들은 한 영웅의 진수가 되는 '고귀함'의 자질을 이룬다. 그러나 더 엄밀하게 조사해 보면, 로젠블룸(Robert Rosenblum)이 '역사적 이동성'이라고 말한 상당히 많은 것들이 작가, 예술가, 그리고 정치가들이 정의한 영웅적인 주제-문제에 허용되고 있으며 — 로베스피에르와 다른 혁명가들은 많은 목록의 유명인을 환기시켰다 — 영웅이 본보기로 보여 주는 덕의 의미는 주제 문제와 도덕적 권고를 받은 청중의 역사적 상황에 따라 다르다.[90]

전체적으로, 아킬레스, 다윗 왕, 집정관 브루투스 같은 여러 공동체의 영웅들은 어떤 공동체의 자체적인 전통의 영웅에 대한 렌즈를 통해 여과되었고, 후대 세대들이 존경하는 '덕'이 영웅과 동시대를 산 사람들에게 가치가 있다고 생각된 덕과 반드시 같은 것은 아니다(우리는 유대인과 비유대인을 포함해서 그 시대의 다윗이나 솔로몬에게 돌려진 '덕'을 생각한다). 민족주의자의 과제는 특수하기 때문에, 그리고 그들이 발굴해 낸 신화가 문화에 구속을 받기 때문에, 공동체의 고대 영웅과 황금시대가 제공하는 도덕적 지침과 격려를 이해하는 것 역시 특수하다. 자유를 위한 투쟁에 요구되는 추상적인 덕의 목록은 이런 도덕적 특수성을 포섭할 수 없다. 역사는 도덕 교사이지만, 우리를 위해서 문화에 구속을 받는 영웅과 범인에게서 '우리의' 특유한 덕과 악을 묘사할 때만 교사가 된다. 장난을 좋아하는 독일인 틸 오일렌스피겔(Till Eulenspiegl), 슬프고도 그리고 변덕

---

90) '역사적 이동성'에 대해서는 Rosenblum (1967, esp. pp. 34(note 106), 42~51, 78~85) 참조.

스러운 스페인의 기사 돈키호테, 유머가 있고 젊은 핀란드인 레민카이넨, 꿈 많은 켈트족의 음유시인인 아일랜드인 오이신이 있다. 역사는 일반화된 도덕성이 아닌, 특유한 과거를 표현하는 특유한 도덕성의 원천이다.

우리는 황금시대와 그 시대의 영웅에 관한 전설을 다음과 같이 요약할 수 있다.

1. 인간이 만든 유물 혹은 독특한 자연의 특징처럼 고대의 영웅은 그들을 위해서 찾게 되는 것도 아니고, 그들에게 혹은 그들의 방식으로 돌아가는 어떤 바람이 있기 때문에 찾게 되는 것이 아니다. 그들이 빛나는 횃불처럼 공동체의 재생 모델을 제공하는 영웅주의와 영광의 황금시대를 상징하기 때문에, 그들은 흥미롭다.

2. 고대의 영웅은 단순히 추상적인 덕의 저장소로서 흥미로운 것이 아니며, 또 역사는 분별되지 않는 도덕성의 원천도 아니다. 역사처럼 영웅은 그들의 시간적·공간적 배경 안에서, 특별한 공동체의 가정된 덕과 자질을 요약하고 구현하는 것으로 이해되고 평가될 수 있다.

3. 황금시대와 영웅은 공동체 과거의 민족주의적 신화학의 배경 안에서 파악될 수 있다. 그 안에서 그들은 인종적 민족의 역사의 진화론적인 재구성이라는 틀 안에서 중요한 다른 것들과 함께 현재와 비교되는 중심으로 봉사한다.

4. 유사하게 새로워진 영웅 예찬과 천재 숭배는 '민족'의 전유로부터 의미와 대중적 호소를 추출한다. 영웅과 천재의 위대성과 숭고함은 그들이 밝혀 주는 공동체의 창조적인 힘과 특유한 덕을 상징하고 결정체로 만들어 주기 때문이다.

5. 영웅과 황금시대의 역사는 똑같이 이차적이다. 후손에게 중요한 것은 잃어버린 광휘와 덕성을 불러내서 오늘날 민족의 자기 쇄신에 자극

제와 모델로 작동하는 영웅과 황금시대의 능력이다. 이런 까닭에, 어떤 전기에 적절한 비전을 상상으로 만들어 문자를 해독할 수 있는 계급 대다수에게 최대의 지렛대를 행사할 수 있는 영웅과 황금시대가 후에 찾아지고, 그것은 민족의 부활의 도덕적 방향과 기조를 형성하는 데 최대의 영향력을 가질 것이다.

신화와 민족 건설

고대의 인종적 민족의 핵심 주위에 구성되는 단위가 민족 형성의 가장 좋은 기회를 지지한다면, '역사'와 '풍경'은 민족 건설의 축이자 주형이다. 그러나 그것들의 가장 큰 영향력은 간접적이다. 즉, 그것들이 불러오는 공동체의 신화와 상징을 통해야 한다. 여기에 '공동체 창조의' 잠재성이 있고, 여기서 우리는 그것들의 역량의 직접적인 근원을 발견한다. 일단 발굴되고 전유되면, 시적 공간과 황금시대의 신화학과 상징주의는 사회적 자국을 남긴다.

물론, 민족 건설이라는 과제에서 역사와 자연의 이용을 평가하는 것은 쉽다. 뒤섞인 무리의 사람들을 제도화된 민족으로 바꾸는 것, 그들에게 소속감과 정체성을 주는 것, 그들을 통일하고 통합하는 것, 그들에게 확실성과 자치의식을 심어 주어 그들이 자기 지배에 적합하도록 하는 것, 이 모든 것은 그들이 동원될 수 있고 안정될 수 있는 상징적 틀을 요구한다. 이것은 과거의 신화학과 자연의 시가 제공할 수 있는 것이다. 그것은 지도자들이 위대한 영웅주의 시대를 행동과 성취의 행위 모델로 언급함으로써 공동체를 위한 목표설정을 가능케 한다. 그것은 사람들에게 해체되고 대변동을 하는 기간 동안 정주와 안정감을 준다. 그것은 짓밟힌 사람들에게 그들의 (그 이전의) 위엄과 고풍을 부여해 준다. 그리고 그것은 여러 종류의 집단과 계급을 공동의 혈통이라는 신화를 통해 단일한 단위로 만든다.

이 모든 것은 사실이고, 중요하다. 그러나 그것이 빠트린 것, 즉 이런 신화와 상징, 가치와 기억이 미래의 민족을 형성하는 '방법'이 더욱 중요하다. 그것은 단순히 당시 지도자와 엘리트만의 '수단'이 아니라, 전체 공동체의 수단이 되었다. 그것은 강력한 신호와 설명이었고, 계승하는 세대에 감정을 발생시키는 역량을 가지고 있으며, 엘리트와 사회학자들이 적절하다고 보는 '합리적' 이용을 넘어 폭발적인 힘을 보유한다. 영웅적인 과거를 환기하는 것은, 마치 오늘날 분쟁에 빠진 모든 인종적 민족과 민족이 말해 주고 있듯이, 불을 가지고 노는 것과 같다. 이들 신화적인 과거가 발생시킨 불은 여러 세대 동안, 처음 수용을 자극했던 사건 이후로도 오래 오래 타오른다. 이런 이유로, 현재의 민족 건설에서 고대 신화의 형식, 신성한 장소의 상징주의에 상당한 주의를 기울여야 한다. 사회제도와 사회형성의 분석에 의한 것처럼, 황금시대의 신화와 본질에 관한 시를 조사해 보면 우리는 근대 민족의 '정신'과 '모양'에 관해 많은 것을 배운다.

이런 주장을 하면서, 특별한 민족의 특징은 사회 형성의 한 유형으로서 '모든 민족'이 갖고 있는 일반적 특징과 구별되어야 한다. 근대 민족을 구성하는 주민의 생활에서 둘 다 똑같이 중요하고 서로 밀접하게 연결되어 있다. 예컨대 교육제도는 포괄적인 관점에서 서술되고 분석될 수 있으며, 그들의 주요 특징과 기능은 일반화될 수 있다. 그러나 영국, 프랑스, 독일의 제도의 차이는 쉽게 구별이 되며, 교환 문제가 입증해 주듯이 참여자에게 절대로 필요한 것이다. 설명될 수 있으나 쉽게 일반화될 수 없는 기풍, 강조, 범위, 심도의 차이는 다양한 교육제도에 스며들어 있다. 커리큘럼, 시험, 교육의 실행 및 제도적 구조(영국의 사립학교, 독일의 김나지움, 프랑스의 뤼세와 그랑제콜)의 광범위한 차이는 보다 젊은 세대에 결과적으로 달리 나타나는 외양과 성취를 형성한다. 그런 예들은 산업상의 관계, 의회의 관행, 교회-국가 관계, 여가와 소비패턴, 그리고 가족과 결혼 관계에서처럼 다양한 분야에서 증가한다.

　근대화의 여러 도정에서처럼 산업화 이전 민족의 매우 다양한 역사와 문화로부터 많은 차이가 생겨난다.[91] 이러한 역사적 분기는 근대 민족의 핵심을 형성하는 인종적 민족 집단의 특수한 특징과 분리될 수 없다. 이웃 민족의 제도와 다른 제도적 차이 그리고 심지어 계급 차이는 종종 그들의 특수성이 인종적 민족의 윤곽 혹은 등장하는 민족의 패턴을 구성하는 신화, 상징, 기억, 가치의 전체 복합체에 힘입는다. 예컨대, 프랑스 행정과 교육의 고도로 중앙집권화된 성격은 군주제의 국가주의적 전통과, 종종 프랑스와 다른 사회와 문화를 가진 지역주의와 지방주의의 지방분권주의 경향에 맞서기 위해서 파리에 기반한 왕실의 프랑스 신화학과 상징주의를 발전시킬 필요에 많이 의존하고 있다. 왕조의 지속성이 1793년 무너졌을 때에 중앙집권화된 국가주의는 보다 넓은 프랑스의 언어적·문화적 동질화 운동의 한 부분으로 번성했다. 그레구아르 대주교로부터 제3공화국의 교육전문가에 이르기까지, 브르타뉴, 알사스, 프로방스, 바스크 및 다른 지역 문화를 희생해서 프랑스 문화와 사회를 하나로 통일한다는 자코뱅의 중앙집권주의 인식에 대한 관심은 끊임없다. 대조적으로, 인도

---

91) 산업사회에서 사회 및 문화 패턴의 '일치' 문제에 대해서는 많은 문헌이 있다. Kerr et al.
(1962), J. Goldthorpe, "Social Stratification in Industrial Societies" in Halmos(1964),
Bell(1973) 그리고 Kumar(1978) 참조. 민족성과 민족주의에 산업주의와 후기 산업주의 개념
의 적용에 대해서는 Richmond(1984) 참조.

의 의회, 정치생활, 제도의 탈중앙집권적 성격은 카스트, 지역, 언어(그리고 종교)의 '구조적' 분화 그리고 힌두교(그리고 힌두교가 아닌 종교)를 믿는 인도의 '문화적' 신화학과 상징주의를 반영한다. 인도의 특수성은 사회 및 문화생활과 실천에서 다양성을 관용하는 역량에 있다. 작지만 대륙과 다름 없는 인도의 다양한 역사가 탐구됨에 따라, 그들의 신성한 유적지는 목록으로 만들어지고, 그들의 영웅은 찬양받으며, 그들의 황금시대가 재발견되고 칭송되며, 이처럼 다양한 고풍과 믿음이 간극과 제도의 다양성만큼이나 근대 인도 민족 사회의 모양과 내용에 스며들어 그것들을 유도했다.[92]

이 점에서, 이들 신화가 왜 소생했고 이들 상징의 암호와 역사적 기억이 새로운 방식으로 힘을 얻게 되었는가가 분명해진다. 신화학과 상징주의는 항상 '지도'와 '도덕성'을 제공한다. 오늘날, 인종적 민족의 신화학과 민족의 상징주의는 일단 재구성되고 재해석되어 근대의 필요에 부응한다면, 근대 민족의 지도와 도덕성을 제공할 수 있다. 하나의 공동체의 황금시대는 인종적 민족의 미래를 그리고, 청사진을 제공하기도 한다. 그것의 자연적 특징, 유적과 영역은 민족의 공동체 안에 그것을 위치시키고 경계를 부여한다. 그것의 신성한 장소와 영웅이 근대 공동체의 성원을 격려하고 그들에게 살아 있는 민족의 내부 법칙에 일치하는 방법을 가르쳐준다.

---

92) 프랑스 구제도의 중앙집권주의에 대해서는 J. Stayer, "The Historical experience of nation-building in England and France" Deutsch and Foltz(1963) 및 P. Anderson(1974b), 자코뱅의 전통과 언어의 중앙집권주의에 대해서는 Kohn(1967b, chs. 12~14) 및 Lartichaux(1977) 참조. 오늘날 '자코뱅의 중앙집권주의'에 대해서는 Coulon(1978), 인도 사회의 탈중앙집권화 성격은 Barrington Moore(1967, ch. 6)에서, 그리고 다른 방식으로 Dumont(1970)에서 강조되고 있다.

무엇보다도, 혼돈되고 뿌리가 없는 근대 세계에서, 전통적인 종교가 불경한 것과 성스러운 것을 구별했던 것과 같은 방식으로 낯선 것과 확실히 '우리 것인' 것을 분명히 구분해 표기함으로써, 인종적 민족의 신화학과 상징은 집단의 유산을 회복할 수 있고, 우리 스스로와 다른 사람에게 '우리는 누구인가'를 설명할 수 있다. 유사하게, 인종적 민족의 민족주의는 민족의 삶의 이야기 속에 비판적 시기와 본보기가 되는 사람을 찬송하고 격찬하는, 그들 자신의 예식과 성스러운 의식, 축제와 환영회, 유적과 기념물, 행진과 순례를 발생시킨다.

그러나, 이처럼 정교하게 꾸며진 신화학이 근대 민족을 얼마나 정확하게 서술해 내고 위치지을 수 있는가? 이것은 인종적 민족의 지도 작성과 도덕성의 몇 가지 사례를 고찰함으로써 가장 잘 알 수 있다.

첫째, 그리스의 사례. 내가 암시하였듯이, 과거에는 분열이 있었기 때문에 근대 그리스인에게 미래는 한 가지 이상의 방식으로 '과거 전부'를 비출 수 있다. 한 학파는 그리스의 비잔틴 뿌리와 영광을 주장했다. 그들은 6세기와 그 뒤의 세기에 발칸과 그리스 전체에 슬라브인 이민자의 대규모 유입을 지적하며, 이것이 쇠퇴한 헬레네(혹은 헬레네-로마) 문화와의 연계를 약화시켰다고 주장했다. 비잔틴적인 것은 본질적으로 기독교 정교이다. 오직 그리스 언어와 기도서가 기독교 이전 과거와의 연계를 유지한다. 오스만 제국의 정교도 군사조직 밀레트에서, 기독교는 18세기 말 서구의 이념과 상업화의 충격 아래 변형되기 쉬운 과도기에 비잔틴의 그리스 인종적 민족이 살아남도록 해 주었다.[93] 비잔틴-정교회 성직자와

---

93) 비잔틴 제국과 정교회의 밀접한 친근성에 대해서는 Runciman(1977) 참조. 이는 비잔틴에 남아 있는 로마법과 그리스 문화에 대한 의존을 보여 준다. 오스만 제국 아래 그리스 정체성이

그들 무리에게, 모레아에 있는 명사들과 콘스탄티노플에 있는 파나리오트(Phanariot)에게 그리스의 통제 아래 비잔틴 제국의 부흥이라는 거대한 꿈은 재탄생하는 그리스 국민을 위치짓고 에게 지방과 이오니아 지방에 그들의 미래를 그리는 것이었다. 그것은 또한 농민, 명사, 성직자들로 된 근본적으로 소규모 자작농의 농업사회 부흥으로 가되, 대주교 아래 교육받은 정교회 엘리트에 의해 지도되는 길을 가리켰다.

다른 학파는 아나톨리아에 군사적 모험을 부르는 이런 꿈에 반대해서, 고전적 고풍의 서구식 독법으로부터 청사진을 가져왔다. 서구화된 지식인들은 고대 그리스 세계의 인구학적인 단절을 양해하는 반면, 근대 서구의 세속적인 이상과 고전적인 아테네인의 이상 사이에 계속되고 있는 정신적 유사성을 주장했다. 고전적인 고풍의 문화유산을 통해 파리와 런던으로부터 아테네와 콘스탄티노플까지 뻗쳐 있는 동서축을 따라 근대 그리스를 위치시킨다면, '헬레네'의 지도는 '비잔틴'의 지도와 훨씬 달랐다. 후자는 모스크바로부터 콘스탄티노플과 이집트에 이르는 남북축을 가지고 있었고, 그것은 재탄생하는 비잔틴의 그리스를 동부 기독교의 보호자인 정교회 러시아와 결합했다. 인종적 민족의 도덕성에도 유사한 대비가 있었다. 그리스의 부활이라는 비잔틴 개념은 정교회 기독교의 덕, 교회의 통제의 쇄신을 그리고 있는 반면, 세속적인 헬레네 전망은 합리적인 조사, 자기통제, 고대 그리스의 윤리적 메시지를 요약하는 것 같은 성찰적 선택이란 특질로의 '복귀'를 주장했다.

도덕적 전망과 지도 작성에 나타난 이런 차이는 역으로, 서구적 표준

손상되지 않게 한 정교회의 개념에 대해서는 Stavrianos(1961) 및 Arnakis(1963), 그리고 앞의 5장 참조.

에 의해 미발전된 경제와 사회의 구속 안에서 갈등을 벌이는 제도적 필요성과 사회정책을 낳았다. 둘 다 '회고적'이었지만, 정교회의 황제제도와 문화적 유사성을 가진 위계적이며 신학적인 비잔틴의 이상은 정치제도가 명사 가운데 있는 지지자와 성직자의 통제를 받는 시골 지방사회에 나타났다. 서구에 대한 그들의 의구심은 거대한 이상(Megal Idea) 속에 내재한 동방정책과 아나톨리아와 에게 지방에 비잔틴 제국의 부흥이란 꿈으로 보상받을 수 있는 것이었다. 반면 헬레네적 전망은 비잔틴의 이상이 교육과 법제도에서 인문적 고전주의의 '신사다운 이상'의 강조를 통해 기술발전과 경제발전을 이루는 데 제동기로 작용할 수 있다고 생각해서, 그리스의 사회적·정치적 정책을 국가가 지도하는 사회 발전이라는 서구의 모습과 개명의 길로 향하도록 하는 것 같았다.[94)]

둘째, 인도의 사례. 여기도 역시 상당한 범주의 역사적 선택이 있었다. 베다의, 베다 이후 고전적인, 마우리아의 과거는 모두 힌두교도 사이에 지도 작성과 사회적 도덕성에 개입했다. 확실히, 19세기 중엽 브라모 사마지(Brahmo Samaj)와 후에 아리아 사마지(Arya Samaj)가 시도한 개혁주의는 그들의 모델로 마우리아 이전 시기의 고전적 인도의 재구성을 택해, 힌두교를 제거하고 후에는 그것에 부착된 카스트 제도를 제거하고자 했다. 붓다 시대 갠지스 평원 주위에 있는 북인도 도시국가의 모습은 이제 막 출현하는 '인도'를 위한 정신적 위치(그리고 물리적 중심)와 도덕적 영감의 중심지를 제공해 주었다. 이 점에서, 내가 언급했던 틸라크의

---

94) 비잔틴과 헬레네 그리스의 경쟁 '지도'로는 Campbell and Sherrard(1968, esp. chs 1~3), 신생 독립국 그리스의 성직자 역할에 대해서는 Frazee(1969), 그리스 국가의 사회 경제적 성과와 서구 도시 자본주의에의 의존을 비판한 것에 대해서는 Mouzelis(1978) 및 Pepelassis(1958) 참조.

바가바드-기타의 도덕적 명령에 대한 호소는 서구의 근원에서 수입되어 온 과도하게 세속적이고 합리적인 윤리와 크게 대척적으로 가정한 '우리 조상'과 '고대의 영웅'의 덕에 사회 윤리를 두려고 고안되었다.[95] 이것은 중요한 정치적 결과를 가져왔는데, 그것은 한편으로 무갈 황금시대와 인 더스에 기반한 종교적 풍경을 가진 거대한 무슬림 공동체를 가져왔고, 다른 한편으로 보다 개혁적이고 세속적인 의회에로 접근하는 것과 대조적으로 인도 민족주의에 신전통주의적 민중주의적 경향을 가져왔다. 이들 두 형식의 인도 힌두 민족주의는 출현하는 인도 민족의 자기 인식과 인도 정치체제의 핵심을 형성하는 힌두 공동체의 사회통합의 기반을 특징지었다.[96] 그것은 파키스탄에 대한 인도 정책의 동요에 대해서뿐만 아니라 국내의 정치적 폭력과 공동체 갈등의 발생 빈도에 심각한 영향을 미쳤다.

셋째, 이스라엘의 사례. 여기에도 인종적 민족의 상징주의와 신화학이 제공하는 기본 정향에서 똑같은 급진적인 분기가 있다. 전체로서의 '유대인들'에게 일반적이고 통일적인 몰입이 남아 있던 반면, 그들의 정체성과 운명에 대한 매우 다른 해석이 근대 시기에 등장했다. 지각된 서구로부터 오는 도전에 대한 반응으로 자극받긴 했지만, 이들 해석은 다른 모국, 황금시대 그리고 영웅 인식의 언저리에서 결정체로 되었다. 한편으로, 탈무드의 유산을 통해서 걸러지고 땅을 토라에 종속시켜 미시나의 렌즈를 통해 보는 이집트 탈출과 사원의 쌍둥이 영웅시대를 돌이켜 보는 정

---

95) 서구와 마주한 초기 힌두의 접촉과 자기개념에 대해서는 Pocock(1958) 및 Heimsath(1964) 참조. 이미 다야난다, 팔(Pal) 그리고 바네르지는 틸라크와 아우로빈도의 등장 전에 순화된 힌두교에로의 복귀를 주장하고 있었다.

96) 의회의 세속적 개혁주의에 대해서는 Seal(1968), 호전적인 민중주의의 성장에 대해서는 Embree(1972, chs. 2~4), 무슬림인 인도인의 감정에 대해서는 F. Robinson, "Islam and Muslim Separatism" in Taylor and Yapp(1979) 참조.

통파의 혼재된 인식이 있었다. 후자의 경우, 에즈라의 토라는 간결한 입법을 통해 소규모 경작자의 필요에 적용되었는데, 그 모든 특성에 대해서 훨씬 초기의 '모세 5경'(Pentateuch)은 침묵했으나 신이 승인한 구전의 법은 전수되었다. 팔레스타인은 이런 율법학자의 유대주의와 유대민족 개념에 추축을 제공했지만, 보다 뒤에 게마라(Gemara)[97]의 편찬은 바빌로니아의 도시 공동체 생활에 적용되어, 모국을 법과 유대 민족의 실제 영웅으로 등장한 율법학자인 현자에게 종속시켰다.[98] 그 결과, 모국이 오늘날 이스라엘에 다시 수립되었을 때에도, 심지어 성서상의 모국의 위치가 민족주의 귀환자에 의해 정통파 유대주의(Gush Emunim)로 역설될 때에도, 이산민족은 중요성을 유지한다. 영토에 대한 주장을 둘러싸고 정통파의 지위에 분열이 있으나, 이스라엘 국가를 선택한 본질적인 신학적 견해에서는 분열이 적다. 진정한 '유대국가'의 이상은 미시나의 팔레스타인에서 발견되었듯이 율법학자인 현자의 통솔 아래 이루어지는 종교적인 공동체의 자치를 전제로 한다.[99]

세속적인 유대민족의 인종적 민족의 지도 작성과 도덕성은 매우 다르다. 이데올로기적(그리고 사회적) 노선에 의한 분화가 있었지만, 유대 역사와 운명에 대한 세속적인 개념은 그것을 다윗과 솔로몬 통치 아래 유대왕국 영광의 부활로 본다. 그 왕국에서는 대체로 동등한 목축업자, 경작자, 도시인의 신화적인 질서가 위대한 시인과 예언자를 거부해서 기본적으로 평등주의적이고 진보적인 사회질서 속에 사회적으로 지나친 것

---

97) 탈무드의 주석 편―옮긴이.
98) Neusner(1981), Seltzer(1980, ch. 6), 그리고 앞의 5장 참조.
99) 정통파 시온주의에 대해서는 Hertzberg(1960, Part VII), 오늘날 이스라엘의 정통파의 이상에 대해서는 Segre(1980) 및 Gutmann(1979) 참조.

을 억제할 수 있었다.[100] 일부 세속주의자에게, 유대 운명의 부활은 창조적인 열매를 맺는 풍요로운 '땅'인 고국에 정착하고 농업에로 복귀하는 것을 통해서만 이루어질 수 있었다. 시온주의와 알리야(alia)는 정상화와 재생의 선행조건이지만, 그것들은 구체적으로 영토적(작은 이스라엘), 정치적(세속국가) 결과와 옛날의 왕과 재판관(군사지도자와 정치가)에서 뚜렷하게 영웅모델을 인식하는 서구적인 사회적·정치적 정향과 밀접하게 연결되었다.[101] 다른 세속주의자에게 유대민족의 부활은, 유대주의에서 더 뒤의 탈무드의 부가물이 제거되기만 한다면 이루어지는 유대주의의 재탄생에 의해 성취될 것이다. 필요한 것은 '원래의' 예언적 전통으로 복귀하는 것인데, 그 전통은 유대인과 비유대인 모두에게 도덕적 영감을 주고 모든 민족 가운데 이스라엘 민족에게 정신적 위치를 제공해 주는 것이었다.[102]

끝으로, 영국의 사례. '오래된' 지속적인 하나의 민족으로서 영국은

---

100) 이런 유목 왕국의 견해는 19세기 초 베를린에 있는 초기 하스칼라(Haskalah: 18~19세기 중부 및 동부 유대인 사회에서 일어난 계몽운동으로, 모세 멘델스존의 제창에 따라 독일에서 시작되었는데, 예술 및 과학 지식과 이에 대한 기여를 증진시키고 유대인 이외의 사람들의 복장, 습관, 언어 따위를 유대인 사회에 대담하게 받아들여 유대인과 유대교가 일반사회에 받아들여지게 힘씀—옮긴이)에서 발견된다. Eisenstein-Barzilay(1959) 및 Meyer(1967), 그리고 러시아 추종자에 대해서는 Greenberg(1976, Vol. I, chs. 2~3) 참조.
101) 이런 세속적인 사회주의 이미지는 1차세계대전 전후 2차 및 3차 알리요트(Aliyot)가 시온주의로 부활하는 데 자극제가 되었다. 생생한 설명은 Elon(1971, chs. 4~5), 그리고 고든(A. D. Gorden)과 시르킨(Syrkin), 베르디체프스키(Berdichewski) 같은 인물에 대해서는 Hertzberg(1960, 서론 및 Part VI) 참조. 문학, 특히 비알릭(Bialik)과 체르니코프스키(Tchernikowsky)의 시에서 헤브루의 부활은 종교로부터 지배 당하고 근심에 휩싸인 유배(Galut)와는 대조적인 루소가 가진 것과 같은 농경에 대한 견해를 제공했다. Halkin(1970) 참조.
102) 이런 전통에 서 있는 중요 인물은 아카드 함(Achad Ha'am, 1856~1934)으로, 그의 역할은 Hertzberg(1960, Introduction), Vital(1975, chs. 9~10) 및 Kornberg(1983, Part III)에서 논의되고 있다.

어떠한 인종적 민족의 지도 작성이나 도덕적 영감도 필요로 하지 않는 것처럼 보인다. 그러나 그렇지가 않다. 적어도 노르만의 침입 이래, 웨일스, 스코틀랜드, 보다 뒤의 아일랜드의 정체성과 정반대로 등장하는 앵글로-노르만 혹은 영국의 정체성을 외치고 설명하는 연대기 기록자나 성직자에 의해 신화가 유포되고, 상징이 공표되었다. 특히 먼머스의 제프리는 영국 군주제에 강력한 틀의 정치적 주장을 제공한 알비온(Albion)에 상륙한 브루투스(Brutus)와 그의 아들에 관한 영향력 있는 신화를 내놓았다. 트로이로부터 탈출한 아이네이아스의 위대한 손자인 브루투스는 알비온의 해안에 도착하자마자, 왕국을 나누어 세 아들에게 주었는데, 장남인 로크리누스(Locrinus)는 잉글랜드를 받고, 둘째인 캄베르(Kamber)는 웨일스를 받았으며 막내 알바나크투스(Albanactus)는 스코틀랜드를 받았다. 이 토대 위에서 플랜태저넷가(Plantagenet)[103]와 후의 튜더 왕조는 스코틀랜드와 웨일스에 대한 잉글랜드의 우위와 봉건적 헤게모니를 주장했다. 이것은 웨일스와 스코틀랜드를 5세기 봉건군주의 조공국가로 보고 16세기에 확실한 믿음을 가지고 공격을 하는 영국의 민족의식을 불러일으킨 아더 왕의 전설에 관한 견해를 수용함으로써 지지받았다.[104]

훗날의 신화만들기와 도덕생성 활동은 17세기와 18세기에 발생했고, 17세기의 것은 특히 내전 기간 동안 노르만의 요크(Yoke)공 신화를 강조하고, 18세기의 것은 아리마대(Arimathea)의 요셉과 아더 가계의 글래스톤베리(Glastonbury)에 초점을 둔 국내에서 성장한 평등주의적 기독교

---

103) 1154년 헨리 2세의 즉위부터 1485년 리차드 3세의 사망 때까지 영국을 지배한 왕가―옮긴이.

104) 이런 주장은 스코틀랜드 왕실의 평등과 독립을 보전하기 위한 시도로 스코틀랜드 연대기 작가와 역사가에 의해 반박되고 있다. Mason(1985) 및 5장 주 62 참조.

의, 블레이크(William Blake)의 이상을 강조했다.[105] 이것은 역으로 드루이드와 켈트의 브리튼(Britons)에서 다시 새로워진 이익과 연결되어 있는데, 시저가 암시했듯이 브리튼이 게일인과 다른 켈트인의 문화적 중심으로 행동할 때, 평화와 자연과의 조화를 이룬 목가적인 황금시기라고 여겨졌다.[106] 그렇지만 거기에는 또한 '노르만인 요크'에 저항하는 반란을 뒤따른 앵글로색슨에게 비례적인 이익이 있었다. 로위나와 보티건(Rowena and Vortgern), 고드윈(Godwin) 백작과 엠마(Emma) 여왕, 그리고 알프레드(Alfred) 왕의 생애와 같은 주제는 18세기 말의 '역사 그림'에 실려 있다. 1792년 젊은 아더(Arthur Young)에 의해 설립된 충성을 다하는 사람들의 모임은 영국인의 자유와 명예혁명을 통한 의회주의의 발전인 의회의 성장의 기원을, 중세 귀족주의의 유산과 온정주의라는 토리와 디즈렐리 파의 이미지와는 대조적으로 앵글로와 색슨의 '자유로운' 제도로까지 소급시켜 주었다.[107] 고고학 또한 19세기에 보다 넓은 대영제국(British)의 제국적 틀 안에서 색슨의 기원에 토대를 둔 순수한 영국인(English)의 정체성을 지지했다. 영국과 독일에서 켐블(Kemble)과 라이트(Wright) 같은 사람의 작품은 하우스만(Alfred Edward Houseman)과 조지언파 시인들(Georgians), 보건-윌리엄스(Ralph Vaughan-Williams)와 박스(Arnold Bax) 같은 작곡가, 샤프(Cecil Sharpe)가 부활시킨 포크송 속에 영국인의 자기 이미지를 고양시켰고, 이것은 우파와 민중적인 좌파를 넘어 많은 영

---

105) 블레이크 학파의(Blakean) 견해에 대해서는 Bindman(1977, chs. 1~2), 노르만인 요크(Yoke)에 대해서는 Kohn(1940) 및 Hill(1968, ch. s) 참조.
106) 드루드의 조직에 대한 시저의 설명과 17세기 및 18세기 드루이드에 대한 점증하는 관심에 대해서는 Piggott(1985, pp. 104~8) 그리고 Dixon(1976, pp. 25~6) 참조.
107) 영국 역사에서 이런 중세의 주제에 대해서는 Kendwood(1974) 및 Irwin(1966, 4장), 왕립협회에 대해서는 Mosse(1963) 및 L. Smith(1984)에 수록된 Janet Nelson 논문 참조.

국인을 이끄는 줄을 제공하고 있다.[108]

이처럼 간략한 요약에서, 우리는 '민족 건설'이 소통의 하부구조 주위에 적절한 제도를 수립하거나 복잡한 계급구조를 발생시키는 단순한 문제가 아님을 알 수 있다.[109] 그것은 한 번에 되는 일도 아니다. 민족을 창설하는 것은 반복적 활동이고, 주기적으로 새로워져야 하는 활동이다. 그것은 끊임없는 재해석, 재발견, 재구성을 포함한다. 각각의 세대는 '과거'의 신화, 기억, 가치, 상징에 비추어 지배적인 사회집단과 제도의 필요와 격려에 가장 잘 봉사하는 민족의 제도와 계층체계를 재정비해야 한다. 이런 까닭에 재발견과 재해석 활동은 결코 완전하지 않고 결코 단순하지 않다. 그것은 '민족'의 범위 안에서 주요 사회집단과 제도 사이에 실행한 근대화의 산물이고, 그것은 인지된 이상과 이익에 답한다.

동시에, '민족 건설' 활동은 구체적인 전통 안에서 작동한다. 그것은 각각의 세대에 의해 완전히 새로 만들어지는 것이 아니라, 앞선 세대의 신화학과 상징주의를 물려받는다. 새로운 세대는 전임자의 해석을 거부할 수도 있고, 그들의 가치, 신화, 상징에 의문을 제기하며, 새로운 것을 위해 신성한 것을 버리고 다른 것으로 황금시대와 영웅을 대체할 수도 있

---

108) 켐블과 라이트에 대해서는 Dixon(1976), 조지언 파 시인과 에드워드 시대의 작곡가에 대해서는 Nairn(1977, pp. 262~5) 및 J. R. Jones, "England" in Rogger and Weber(1966), 그리고 현재 영국의 민족주의 혹은 민족주의의 부재에 대해서는 Birch(1977, pp. 135~8) 및 Seton-Watson(1979) 참조. 이런 대중의 민족주의(일부는 영국적이고 일부는 브리튼의)는 많은 공공의식, 전쟁기념물, 민족의 자유, 그리고 오늘날에도 영국인의 생활의 특징을 형성하는 왕실과 영국 시골의 부착물이라고 주장되고 있다.

109) 이런 개념에 대해서는 Deutsch and Foltz(1963) 참조. 그러나 앱터(Apter), 할펀(Halpern), 바인더(Binder) 같은 '근대화' 이론가들은 핵심적인 인종적 민족의 신화, 상징, 기억에 큰 관심을 기울이고 있다. Connor(1972) 참조.

다. 그러나 이런 의문의 제기와 대체는 모두 구체적인 감정적·지적 한계 안에서 이루어지고, 그 한계는 어떤 물리적 경계보다도 외부에 훨씬 더 강력하고 오래 지속되는 장벽을 이룬다. 이것은 사회적 자력과 심리적 무게가 한 민족의 핵심적인 유산의 토대를 구성하는 특정한 인종적 민족의 '신화-상징 복합체'에 부착되어 있기 때문이다. 그것은 비록 강력하기는 하지만 상당한 고풍의 문제이고, 공통된 '역사와 운명'을 공유하는 혈연 집단의 신화적·감정적 연합을 통해 유대를 만들고 과거 '사회'를 생성할 수 있는, 입증된 능력의 문제이다.

그렇기 때문에 각각의 세대는 자체의 사회지도를 구성하고 특수한 인종적 민족의 도덕성을 선택하지만, 특정한 인종적 민족의 내재적인 민족성을 구성하는 특수한 '신화-상징 복합체'에 특히 풍경과 시대와 개인의 특유한 범위에 강력하게 들러붙은 사회적 부착물에 의해 형성된 연관된 제약 속에서 그렇게 한다. 이런 까닭에 우리가 우리 시대에 지도 작성과 도덕성의 범위를 측정하려 한다면 특정한 인종적 민족의 역사에 정통할 필요가 있다. 또한 우리는 각각의 세대가 받은 유산으로 무엇을 만드는가를 보기 위해 계속 재발견하고, 재구성된 역사를 파악해야만 한다.

이것 모두 강하게 민족의 '근대성'을 특징짓는다. 민족이 지속되려면, 인종적 민족의 핵심 위에 기초를 두어야만 한다. 또한 민족은 연속성이 있는 사회의 교육받은 사람들 집단이 재진입하고 민족의 전설과 풍경이 민족을 위치시키고 미래를 방향 짓는 살아 있는 과거를 갖고 있거나 찾아야만 한다. 이와 같이 반복되는 활동에서 후속 세대 지식인과 인텔리겐치아는 종종 그들 신분의 야망에 실망하지만, 강한 매력을 발휘하고 그들의 건조한 전문주의에 해독제를 제공해 주는 '과거'의 재구축에로 돌아간다.[110] 그들이 꿰맨 다음 교육제도를 통해 전파하는 이미지는 보다 뒷

세대의 무의식적인 가정이 되는데, 그 가정들은 근대 영국인이 그들의 집단적 정체성과 환경 의식에 '당연한' 배경으로 가져간 스톤헨지와 드루이드에 관한 가정처럼, 혹은 비록 세속적이더라도 유대인이 흡수하여 학문적으로 신화를 탐구하는 연구가 영원히 파괴하지 못한 사원과 예루살렘의 강력한 신화처럼, 그들 세대의 사회의식 속에 풍부한 일종의 침전물을 형성한다.[111] 보다 더 중요한 것은 영웅과 유적에 붙어 있는 종종 가공적인 계보와 신화는 발굴되고 분석될 때에야 제몫을 한다는 것이다. 헤르만(Hermann)과 그의 케루스키(Cherusci), 아더 왕과 그의 기사, 오구즈(Oguz) 칸과 그의 부족, 유다의 사자와 암하라, 텔과 스위스 연방은 후속 세대에게 많은 것을 추구한 독일 '숲의' 독일다움, 웨일스의 (그리고 브리튼인의) 브리튼다움, 아나톨리아 투르크의 중앙 아시아적 특질, 에티오피아의 성서적 고풍, 빠르게 산업화하고 있는 스위스의 건전한 농민의 정체성을 소중히 보호하고 있다.

이 모든 신화와 계보는 역사적 정체성을 '설명'하고 있다. 그러나 그것은 또한 성원과 외부인에게 그것을 상징하고, (범투르크주의의 사례에서처럼 글자 그대로) 민족의 운명을 지적한다. 이런 신화와 상징에서 두려움을 주는 사회변동에 대해 시대에 뒤떨어진 보상을 찾는 것은 충분하지 않다. 빌헬름 텔은 단순히 거대한 다국적 기업을 가진 산업화한 스위스에서 농민의 무지로 입은 손실을 보상해 주는 것이 아니다. 융프라우가 스위스 사람들에게 금융과 산업 부문 아래 자유로운 사람의 영원한 가치를 상징

---

110) 지식인의 역할에 대해서는 Weber(1947, p. 176) 및 Kedourie(1971, 서론), 그리고 A. D. Smith(1981, ch. 5) 참조.

111) 드루이드와 스톤헨지에 대해서는 Piggott(1985, ch. 4), 사원의 중요성에 대해서는 Rosenau(1979) 참조.

해 주듯, 텔은 그의 앞뒤 스위스인들을 자유와 번영의 조건이 되는 정신의 독립으로 인도한다.[112]

이것은 나를 나의 출발점으로 데려가고 있다. 종말로 보이는 죽음이 위협하는 불멸은 후손의 기억을 통할 필요가 있기 때문에, 우리는 과거로의 복귀가 필요한 것이다. 우리 후손의 기억 속에 우리 희망이 있다. 그것은, 우리 아버지들의 이야기가 우리 앞에 있듯이 우리의 이야기가 전해 내려가서, 역사가 될 것을 요구한다. 이런 의미에서 역사는 운명의 선행 조건, 우리의 불멸성의 보증, 그리고 후손을 위한 교훈이다. 우리는 후손을 통해 살아야만 하기 때문에, 우리 가족의 자손, 역사 그리고 교훈은 우리에게 속해 있고, 우리 집단의 이야기를 말해 준다. 이런 까닭에 우리의 신화, 기억, 그리고 상징은 항상 새로워지고, 끊임없이 거듭 말해지며, 우리의 생존을 확실히 해 주어야 한다. 민족은 우리 후손 모든 세대에 의해서 항상 새로워지고, 또 우리 이야기를 거듭 다시 말해 주어야 한다.

---

112) Steinberg(1976, p. 19)에 있는 관찰 참조.
　　텔의 이미지는 급격히 사물의 스위스다움을, 즉 15세기와 16세기의 새로운 지배계급이 위협한 '오랜 법, 권리, 약속'을 지지하게 되었다. 결과적으로, 스위스 자신의 과거에 대한 공식적인 스위스의 태도를 정의하게 되었다.……이야기의 사실의 확실성은 문제거리가 아니다. 빌헬름 텔이란 이름을 가진 사람이 없었고, 그가 아들 머리 위의 사과를 쏘지 않았다 하더라도, 빌헬름 텔 이야기는 거짓이 아니다. 진실은 스위스인이 정의되고 그들의 정확한 공적 가치를 만든 공동체 전통이라는 진실이다.

9장 _ 민족의 계보학

이제 이번 분석의 실낱을 모으는 것이 가능하다. 1부는 고대와 중세 세계에서 민족 '이전의 역사', 인종적 민족 공동체의 본질, 역할, 지속성을 검토했다. 2부는 근대 세계의 민족의 본질과 등장, 그리고 과거 인종적 민족과의 모호한 관계를 탐색했다. 6장은 2개의 명확히 구분되는 민족 개념과 민족의 지위로 나아가는 2개의 경로, 즉 시민적-영토적 경로와 인종적-계보적 경로를 보여 주었다. 첫번째는 지배적인 관료국가를 법과 시민권의 영토적 단위로 바꿈으로써, 두번째 것은 그들 국가에 대한 반작용으로 민중적이며 방언을 쓰는 공동체를 형성함으로써 조성된다. 7장은 근대민족이 인종적 민족의 모델을 넘어서 보다 영토적이고 시민적인 유형의 정치단위로 이행하려는 시도의 방식을 개관했다. 정치화와 지역화와 같은 과정을 통해서, 인텔리겐치아의 리더십과 참정권의 확대를 통해서, 경제적 통일과 전제를 통해서, 그리고 무엇보다도 모든 성원을 동원해서 엘리트를 대중과 묶어 주는 새로운 소통양식을 수립함으로써, 새로운 모델의 인간 결사체가 등장해서, 보다 오래된, 보다 지방화한 충성심과 정체성을 대신하거나 포섭했다. 그러나 이들 새로운 '민족'은 역사를 필요로 한다. 8장은 민족이 인텔리겐치아를 통해 최소한의 연대를 확보하고 근대성의 동화 압력에 직면해 구분이 되는 정체성을 구비해 주는 '과거'를 재창조하고 재구성하는 방식을 논했다. 공동체를 공간과 시간상에 둠으로써, 시적 공간을 사랑스럽게 재창조하고 황금시대를 재구성함으로써, 인텔리겐치아와 그들의 청중들은 그들 스스로 느끼고 확신하며 다른 사람들이 '그들 자신의 것'이라고 느끼고 확신하는 인종적 토대로 돌아가게 된다. 이것은 역으로 근대 민족의 '지도'와 '도덕성'을 제공한다.

이 장에서 나는 근대 민족과 민족주의를 그들의 인종적 민족의 뿌리의 맥락에서 연구하는 것이 중요한가, 그리고 이들 차원을 소홀히 하는 학자와 정치가들이 어떤 대가를 치르는가를 제시하고자 한다.

파르메니데스류 학파와 헤라클레이토스류 학파

민족성 연구에서 폭넓은 두 개의 경향이 구별될 수 있다. 첫째는 '원초주의자' 혹은 '영속주의자'에 의해 대표되는 것으로, 주로 근본주의적이고 정태적이다. 그것은 "존재의 상태는 변동에 구속받지 않는다. 즉 존재하는 것은 존재하는 것이고 누구도 논리적으로 '존재'에 더하거나 뺄 수 없다"는 파르메니데스(Parmenides)[1]의 가정으로부터 출발한다. 물론 후일의 원초주의자가 변화하지 않는 인종적 민족에 찬동하는 것은 아니다. 그가 주장하는 것은 '민족성'의 특질은 비록 현시(顯示)와 강도가 변화하고 변동한다 해도, 모든 인간 결사체에 내재한다는 것이다. 비록 인간성의 특정한 부분이 변한다 해도 민족성은 인간성에 주어진 특성으로 여겨진

---

1) 기원전 450년경에 활약한 그리스의 철학자로 엘레아 학파의 시조—옮긴이.

다. 두번째 경향을 나는 헤라클레이토스(Heraclitus)[2]류 경향으로 부르고 싶다. 모든 것은 흐르고, 특정한 인종적 민족도 등장하고 해체하는 경향을 보이며, 민족성 자체도 고도로 가변적이고 소모될 수 있는 자원이다. 엄밀히 조사해 보면, 그것은 완전히 소멸될지도 모르며 혹은 선별적인 동아리에서만 발견될지도 모른다. 어떤 경우에 대중이 인종적 민족 감정에 의해 불이 붙지만, 다른 경우에 그들은 집단적인 문화적 부착물을 망각할지도 모른다.

어떤 의미에서 이런 주장은 해결이 될 수 없는 것인지 모른다. 그러나 다른 의미에서 우리는 파르메니데스류 학파나 헤라클레이토스류 학파는 실제로는 다른 유형의 현상을 보고 있다는 것을 발견한다. 헤라클레이토스류 학파는 그들의 눈을 특정한 경우 혹은 짧은 시차를 두고 표출된 태도와 감정에 고정했다. 혹은 그들은 민족 운동 혹은 민족적 충성심을 통해 이들 감정과 열망이 정지에 미친 충격에 관심이 있다. 파르메니데스류 학파는 사회적·정치적 운동에서 표출된 인종적 민족의 감정과 태도의 특별한 현시로부터 인류 집단을 통일시키고 표시하는 보다 불변적인 문화 차원, 즉 종교, 습관, 언어, 역사적 기억으로 돌아가는 듯하다. 집단성은 역사를 통해 이들 차원 주위에서 형성하는 경향이 있다는 것을 말하면서, 그들은 이들 태도를 '원초적'이고 인간 본성에 고유한 것이라고 취급한다. 우리가 이미 보았듯이, 이것은 마치 인종적 민족의 유대와 감정이 보편적이고 자연적이라는 결론처럼, 보장되지 아니한 가정이다. 그러나 영속주의자는 '민족성'을 되풀이되는 역사의 특징으로 보고 특정한 인종적 민족의 유대를 지구적이고 지속적인 것이라고 본다는 점에서 올바르다.

---

2) 기원전 540~470. 만물은 부단히 유전(流轉)한다고 가르친 고대 그리스의 철학자—옮긴이.

모든 것이 흘러갈지도 모른다. 그러나 일부는 아주 매우 천천히 깨닫지 못한 채 흘러간다. 특정한 인종적 민족의 신화학과 상징주의의 내용은 점차 바뀌고 그것들의 의미는 변할지 모르나, 형식은 더욱 지구적이고, 새로운 의미를 탐구하는 모델과 고무로서 보다 초기의 내용을 보전한다. 역사상 어떠한 시기에도 민족성이 없던 때가 없었으며, 인종적 민족이 사회적 역할을 하지 않은 때가 없었다.[3]

인종적 민족이 부활할 수 있다는 사실, 민족이 인종적 민족의 신화학과 상징주의를 재구성할 수 있다는 사실, 그리고 인종적 민족은 어떤 환경에서 '창조될 수 있다'는 사실은 특정한 인종적 민족의 순응성을 시사해 준다. 인간을 민족으로 구분하도록 요구하는 어떤 것은 혈연에 따른 선택이며 인간의 본성 혹은 경험은 아닌 것 같다. 인종적 민족이 정치단위의 유일한 기반을 제공한다는 것은 말할 것도 없다.

이것을 수용한다는 것이 헤라클레이토스류 학파의 입장을 포용하는 것은 아니다. 인종적 민족과 민족은 '저 너머의' 고정된 불변의 실체가 아니다(민족주의자조차 그렇게 생각하지 않았다). 그러나 그것은 모든 외부의

---

3) 헤라클레이토스류 학파의 접근의 좋은 예는 Atly(1982, p. 1)에 의해 제공되고 있다. 이때 그는 "…… 설명 요소로서 인종적 민족의 감정에 대한 일관된 역할을 보여 주는 것은, 사람의 감정의 사적인 본질을 감안하면 그 존재를 보이는 유일한 타당한 방법"이라고 주장한다.

파르메니데스류 학파의 접근의 좋은 예는 피시맨(Joshua Fishman)에 의해 제공되고 있다(Joshua Fishman, 1980, pp. 84~5 참조). "민족성은 항상 혈족관계의 현상으로, 즉 그 자체와 공통된 조상과 세대에 의한 연결을 공유하는 사람들 안에 흐르는 지속성으로 경험되어 왔다.…… 모든 사람을 세대에서 세대로 (과거조상으로부터 미래의 세대로) 영원한 유대로 연결시켜 주는, 확실히 살아 있는 실체로 민족성을 인정하는 것이 중요하다."

그러나 그도 역시 인종적 민족 성원의 자격과 내용 및 특징의 변하기 쉬움과 조종가능성, 그리고 '원래의 변하지 않는 인종적 민족'의 신화적 본질을 인정한다(Joshua Fishman, 1988).

우리의 중도적 입장은 인종적 민족의 존재와 역할에 역사적 한계를 인정하나, 적어도 청동기 시대 및 문자의 기록 이래 민족성을 말해 주는 언급과 표지는 세계 도처에 풍부하다는 것이다. 1장 참조.

힘이 멋대로 움직일 수 있는 완전히 순응적이고 유동적인 절차나 태도도 아니다. 그것들을 '실제적인' 사회력의 얼굴이나 통로 혹은 밑에 있는 원자적 구조의 문화적 표피로 해석하는 것은 인종적 민족의 정체성과 인종적 민족의 간극이 갖는 독립된 역할과 일으키는 힘을 놓치는 것이다. 무엇보다도, 모든 도구주의의 설득은 인간의 신앙과 인간의 행동에 대해 신화와 역사가 가지고 있는 강력한 영향력을 놓친다. 이것은 이전의 시대에서처럼 근대 세계에서도 사실이다. 근대 세대의 환경은 앞선 세대에 의해서 창조된 환경에 의해서만 형성된다. 그뿐만 아니라 망각에 반대해 우리를 확신시켜 주는, 그리고 세속적인 시대에 곳곳에서 보다 분명히 인종적 민족의 그리고 민족의 형태를 취하는 '역사와 운명' 공동체의 필요는 근대의 사회적·정치적 생활의 강력한 결정요소이다. 그것은 강력하지만, 종종 예측할 수 없고 폭발적인 것이다. 이런 까닭에, 근대 민족주의의 인종적 민족의 뿌리를 신중히 받아들이고, 주민들을 흥분시켜 지역적 국가체계를 묶어 주는 위험한 힘의 균형에 도발하도록 그들을 동원할 수 있는 신화, 기억, 상징에 합당한 비중을 두는 것이 필요하다.

헤라클레이토스 학파가 갖는 영원한 흐름에 대한 몰입이 아닌 파르메니데스류 학파가 갖는 사물의 불변성과 고정성에 대한 믿음은 인종적 민족 현상의 다양성과 복잡성을 그리고 인종적 민족의 유대와 감정의 재발과 지속성을 정당화해 줄 수 있다. 신화-상징 복합체에서 그리고 주민을 분열시키거나 통일시켜 주는 그리고 그들 태도와 감정의 방향을 정하는 결합된 가치와 기억에서 민족성의 본질과 역할에 대한 단서를 찾는 관점인 '상징의' 관점에 의해서 우리는 파르메니데스류 학파에 가장 잘 접근할 수 있다. 종교, 관습, 언어, 제도의 커다란 차원과 단층선에 주된 주의를 고정함으로써, 우리는 민족성을 원초적이고 고정된 무엇으로 다루는 위험에서 벗어난다. 특수한 인종적 민족이나 인종적 민족 일파의 태도, 감정 그리고 정치운동에만 집중하게 되면, 우리는 다른 사회적·경제적 힘의 종속적 '도구' 혹은 '경계표시'로 우리가 보는 인종적 민족이 나날이 부침하는 모습에 사로잡힐 위험이 있다. 그러나 이들 대안을 피하고 집단의 후속 세대에게 전수되고 그 세대를 그들 스스로와 외부인에게 정의해 주는 신화, 상징, 기억과 가치의 복합체에 주목함으로써, 우리는 인종적 민족을 동시에 변할 수도 있고 지구적이기도 한 것으로, 민족성을 역사에서 변동적인 것이며 재발하는 것으로 다룰 수 있다. 민족성과 인종적 민족은 더 이상 인간의 정태적인 특성이 아니다. 그러나 그것들은 또한 다른 힘의 도구 혹은 유동적인 문화의 경계가 되는 기제도 아니다. 인종적 민족의 신화, 상징, 기억, 가치를 통한 민족성 연구는 우리가 인종적 민족에 있는 정체성의 동태적이고 표출된 성격과 인간사에 미치는 장기적인 영향을 파악하도록 허용해 주는 반면, 내용과 의미에서 변동도 허용하고 있다.

민족의 '고풍'

우리가 역사를 강조하는 '상징적' 접근법을 채택할 때, 역설적이기는 하지만 우리는 앞서 행한 분석에 비추어 이해하는 근대 민족에 관한 어떤 결론으로 인도된다.

간단히 쓰자면, 근대 민족은 근대주의자들이 우리로 하여금 믿게 만드는 것처럼 '근대적'이지 않다. 민족들이 근대적이었다면, 그것들은 생존할 수가 없었다. 이것은 내게 많은 것을 의미한다.

첫째, 민족은 한 번에 도달할 수 있는 정책적 목표가 아니다. 민족은 과정이고, 그것도 장기적인 과정이다. 동원, 포섭, 영토화, 정치화 그리고 전제의 과정은 결코 끝나지 않고 각각의 세대에 의해 항상 다시 정의되기 쉽다. 항상 정교화되고 수정되면서, 그것은 진도가 측정되고 후퇴가 수정되는 '민족의 과거'를 전제로 한다. 민족은 시간과 관계없는 현재에 존재하지 않는다. 그것은 장기에 걸친 역사적 과정이고, 항상 구체적인 제약 안에 다시 활성화되고 재구성된다. 이런 까닭에 모든 민족의 '근대성'은 각각의 세대 안에 있는 역사적 뿌리와 부가물에 의해 특징이 부여된다.[4]

둘째로, 인종적 민족이 남아 있다면, 민족은 인종적 민족의 핵심을 필요로 한다. 민족이 인종적 민족을 결여하고 있다면, 민족은 그것을 '다시 고안해' 내야 한다. 그것은 재구성되어 성원과 국외자에게 다시 제시될 수 있는 적합하고 확신을 주는 과거의 발견을 의미한다. 최초의 유럽 민족은 강하고 결속력이 있는 인종적 민족의 핵심 주변에서 구축되어, 그들 국가는 이웃의 인종적 민족을 흡수하고 문화변용을 통해 변화시켰다. 동유럽과 중동의 보다 뒤의 많은 국가들은 폴란드, 루마니아, 그리스, 터키, 이란 및 이라크에서 종종 상당한 인종적 소수민족을 가지고 있었음에도 불구하고 이런 인종적 민족의 핵심에 맞게 고안되었다. 서남아시아와 사하라 이남 아프리카 식민지 지도자는 유사한 인종적 민족 모델을 염두에 두고 있었다. 그러나 새로운 식민지 국가의 사회-문화적 기초를 제공할 수 있는 인종적 민족을 선별한다는 것은 훨씬 어려워 보였다. 동남아시아에서, 진전된 새로운 다원사회는 미얀마와 인도네시아에서처럼, 카

---

4) 이런 의미에서, 민족은 다른 혼란스러운 개념 즉 '근대성'과 다르지 않다. 여기서 역시 '표적'은 우리의 파악을 곤란하게 하고 우리 관점에서 멀어진다. Nettl and Robertson (1968, esp. Part I) 참조.

렌족(Karen)과 화교(華僑)와 같이 퍼져 있는 인종적 민족 공동체처럼 계속되는 분리주의 경향과 함께, 지배적인 인종적 민족을 선호하는 경향이 있었다. 아프리카에서는, 지배적인 인종적 민족이 케냐와 짐바브웨처럼 몇몇 국가에 등장했으나, 대부분의 국가에서는 인종적 민족의 균형이 너무 고르거나 너무 복잡해서 하나의 인종적 민족이 국가의 기초를 제공할 수 없었다. 그 결과 아프리카의 국가는 인종적 민족의 핵심과 공통된 역사적 신화학의 장점이 없기 때문에 '영토국가'를 창설하는 데 심각한 어려움에 직면해 있는 것 같다.[5)]

셋째, 신생국가에서 열망하는 근대 민족주의의 사명은 앞의 4장에서 분석된 인종적 민족의 '민중적' 유형으로부터 내용을 취하고 격려를 받는다. '수평적' 유형의 귀족주의적 인종적 민족이 보다 관료적인 인종적 민족의 정치체제로 변형되지 않았다면, 근대의 상황은 그 인종적 민족을 소멸시켜 왔다. 그러나 근대의 상황은 실제로는 보다 작은 '민중적' 유형의 인종적 민족을 자극했다. 이것은 역설로 나아간다. 군사와 산업 영역에서, 큰 '민족-국가'는 근대화와 산업자본주의의 동력이 되었다. 그러나 사회적 문화적 영역에서 폐쇄적이나 선교적인 종교를 가진, 문화를 보유한 민중적인 인종적 민족이 가장 작게 분리된 민족이 되기를 원하는 민족 모델이 되었다. 그리하여, 오늘날 민족국가 세계는 그들과 같은 사회적·문화적 모습을 띠고, 계급을 뛰어넘는 동원은 가장 큰 국가 중에서조차 내부 일에 영향을 미치는 보다 민주적인 참여를 발생시킨다. 나는 뒤에서 이런 사태로 돌아갈 것이다.

---

5) 보다 뒤의 국가창설에서 숙고와 고안의 역할은 틸리에 의해 Tilly(1975)의 결론에서 강조되고 있다. 비유럽 국가의 문제에 대한 보다 깊은 논의에 대해서는 앞의 6장 참조.

넷째, 민족은 모국을 필요로 한다. 정체성, 통일, 자치를 배양하는 영지뿐 아니라, '우리 조상'이 살았고 '우리가 가슴속으로 가져가는' 역사적 영토를 필요로 한다. 그것이 왜 '우리' 조상의 권리증서와 기억을 구현하는 유적과 성소가 공통된 민족의 지위에 대한 인식을 발생시키는 데 그처럼 중요한가 하는 이유이다. 예컨대, 1903년 우간다나 아르헨티나에 러시아와 폴란드의 유대인을 재정착시키는 것이 이론적으로 가능했다. 그러나 시온주의자 회의에 나온 유대인 대표들은 우간다에서 그들 혈연을 알지 못했듯 어떤 조상의 유적과 성소를 알지 못했고, 아르헨티나를 그들의 가슴속으로 가져갈 수가 없었다. 그들은 그들의 발이 그들을 어디로 데려가야만 하는 것을 말해 주는 기도서조차 필요로 하지 않았다. 타라와 아마, 야스나고라와 그니에즈노, 암리차르, 에크미아드진과 예루살렘과 같은 유적을 둘러싼 신화와 기억, 새로운 국가에 있는 고고학의 열정, 태어난 곳의 풍경과 기념물에 대한 축복은 변화의 세기 아래에 '재발견된' '변하지 않은 과거'를 가진 지속성이 필요함을 보여 주었다. 모국은 과거의 노력을 중심으로 민족을 수립하는 것을 도와주고 환경은 재탄생의 선행 조건이다.[6]

끝으로, 민족은 영웅과 황금시대를 필요로 한다. 영웅은 곧 신화학의 신전에 들어갈 것이나 (일시적으로?) 잊혀질 수 있는 로베스피에르, 레닌, 마오, 혹은 나세르 같은 근대의 혁명가일 수도 있고, 다른 고대의 영웅이 복원될 수도 있다. 그러나 그들이 워싱턴과 생쥐스트(Saint-Just)처럼 고풍의 옷을 걸치거나, 은크루마(Nkrumah), 사회주의 불교도인 우 누(U Nu), 차르와 같던 스탈린처럼 고대 민족의 전통과 연결될 수 있다면 도움

---

6) 1903년 시온의회와 우간다에 관한 논쟁에 대해서는 Halpern(1961, ch. 5) 참조.

이 된다. 영웅은 오늘날의 지도자들이 열망하고 서구의 발전한 문명과 어울리는 이상을 구현하는 '황금시대'를 본보기로 한다. 황금시대는 근대성의 동화압력과 유혹에 저항하는 분별된 유산을 가진 각각의 세대에 확신을 주며, 만일 그런 확신을 주지 못하면 그 세대들은 근대성의 동화압력과 유혹에 빠질지도 모른다. 민족은 같은 표준으로 비교할 수 없어서 분별이 되는 특징적인 문화를 요구하고, 이것은 영웅적인 과거에서 가장 잘 수립된다. 유사하게 근대 민족의 경쟁력은 주민의 활동을 요구하고, 이것은 부활되어야 할 황금시대의 분출로 가장 잘 제공된다.[7]

여기에 근대 민족의 '고풍' 즉 구성원이나 구성원의 중요한 분파가 뚜렷하게 그들의 것이어서 그들의 독특성을 표현해 주는 것이라고 가정하는 과거에 있는 뿌리 같은 것이 있다. 우리는 종종 머리가 둘 달린 야누스와 같은 민족주의의 특질에 대해 듣는다. 그러나 나의 주장은 그보다 훨씬 더 나아간다. 정신뿐만 아니라 구조에서, 민족주의뿐만 아니라 근대 민족은 야누스적인 것이 입증되었고, 또 이것은 필요하다. 만일 과거의 민족성에 대한 어떠한 모델도 없고 이전에 존재하는 인종적 민족이 없다면, 민족과 민족주의도 없이, 오직 위로부터 부여된 아주 다른 현상인 국가와 국가주의만 있었을 것이다. 주민을 동질화하고 그들의 문화와 감정을 자극하는 데 국가의 역할은 상당하지만, 국가는 민족의 갈망과 단결을 동원하는 인종적 민족의 핵심이나 모델이 없이 그런 결과를 만들어 낼 수 없다. 세 개의 혁명에 의해 시작된 새로운 추세는 스스로 구별이 되는 민족의 특질, 주민의 행동화, 독특한 정체성과 운명에 대한 의식, 그들의 문화적 통일성을 설명해 주지 못한다. 근대의 조건과 추세는 의심할 바 없

---

7) 예컨대 아프리카의 신생국에서 '동원체제'에 대해서는 Apter(1963) 및 Ayal(1966) 참조.

이 유일한 정당성 있는 정치적 단위로 민족관념과 민족모델을 확산하는 데 책임이 있으나, 그들은 민족과 민족주의가 존재하도록 하기 위해서는 사회-문화적 조직 모델과 전략적인 인종적 민족의 사례로 일반적인 민족성을 고무하는 것이 필요했다. 인종적 민족과 민족이 없이는 민족과 민족주의도 있을 수 없다. 민족이 미래를 가지려 한다면 민족은 신화와 과거를 필요로 하며, 그런 과거는 무(無)에서 주조될 수도 없고, 반향을 불러일으킬 신화가 제조될 수 없기 때문이다. 혁명적인 신화조차 과거를 전제로 하고, 그중 많은 것은 버려진다. 그러나 하나의 운하는, 즉 평등과 소박성의 황금시대는 구원되고 찬미된다. 이런 과거와 신화는 불가피하게 인종적 민족의 것이다. 그들은 이리저리 문화적으로 구속받고 역사적으로 정의된 주민을 갖고 있다. 그래서 가장 근대적인 민족은 고대의 인종적 민족에 들어 있는 뿌리에 의해서 정의되고 위상을 차지하며, 가장 혁명적인 신화는 잃어버려서 재발견되어야만 하는 원초적이면서 고풍스러운 과거를 회상시킨다.[8]

민족성을 초월할 수 있는가?

그러나 민족이 인종적 민족의 민족성을 초월할 수 있을까? 인종적 민족의 과거가 민족의 목적에 봉사한다면, 민족은 재구성된 인종적 민족의 과거를 저버리지 않을 것인가? 가정은 충분히 그럴 가능성이 있다. 결국, 우

---

8) 민족주의의 '야누스'적인 성격에 대해서는 Nairn(1977, ch. 9), 혁명을 겪은 프랑스와 러시아에서 몇몇 아프리카 해방운동에 있었던 것처럼 먼, 세속적-평등주의적인 과거(로마 혹은 중세)에 대한 열망이 있었다. Ajayi(1960) 참조.

리는 경제적·행정적 혁명을 통해 인종적 민족이 어떻게 동원되고 정치화되었는가를 살펴보았다. 성직자의 권력과 기능은 침식되어, 세속적인 인텔리겐치아에 의해 대체되어 새로운 과학적 담론을 선택했다. 민족의 영토화는 확대되는 인구를 부양하기 위해 방어할 수 있는 국경선과 분화된 경제를 가진 전제적이며 엄밀한 '모국'에 대한 새로운 요구를 촉구했다. 민족은 인종적 민족보다 훨씬 더 포괄적이고, 모든 민족성원은 참정권을 (점차) 갖고, 이론상 계급, 종교, 가족, 성, 피부색은 시민권과 무관하게 되었다. 그 결과, 민족은 보다 정치화되었다. 민족은 전에 인종적 민족이 가져보지 못했던 방법으로 국가간 관계에서 능동적이어서, 역사에 직접적으로 영향을 끼치고 있다. 민족에서 대중은 마침내 제 목소리를 내게 되고, 방언으로 말하며, 스스로를 역사적 시간에 위치시키고, 과학적 담론에 가담하고 있다.

이 모든 것은 매우 새롭고 혁명적이다. 그리고 어떤 식으로든 있는 그대로이다. 그러나 이들 변화를 목적보다 소통과 결사체의 수단상의 혁명으로 보는 것도 가능하다.

이들 수단은 끈기 있게 변화해 왔다. 먼저 사제와 필경사들이 대대로 인종적 민족의 '신화-상징 복합체'의, 즉 인종적 민족의 기억의 수호자이자 도관이었다. 이제는 지식인과 전문가들이 근대 민족의 신화와 상징을 재발견해서 미래의 세대에 전수하는 것 같고, 부르주아지와 군대는 인종적 민족의 팽창과 침투를 밑에서 받쳐 주는 권력으로서 귀족을 대신했다.

민족은 어떠한 인종적 민족보다도 포용적이고 성원을 잘 동원할 수 있다. 민중적인 인종적 민족은 많은 도시국가가 그러했듯이 남자 인구 전체를 전투로 동원할 수 있었다. 오직 남자 인구만이 시민권의 방식으로 혜택을 받았다. 근대 민족은 시민을 징집해 편성한 군대로 전쟁을 수행하며, 전체인구를 포함시킨다. 두 차례의 세계대전에서 여성은 물류와 생산에서 가치를 헤아릴 수 없을 정도로 지원했고, '가내 전선'에서 사기를 유지했다.[9] 그리스와 로마에서 가장 오래 끈 전쟁인 펠로폰네소스 전쟁과 포에니 전쟁은 아테네에서 일시적인 정치적 봉기에도 불구하고 대부분의 시민이 마지막 해까지 일상적인 일을 하게끔 했다. 고대에서 인종적 민족은 또한 아주 엄밀한 경계 안에서 자신을 지탱해서 그들의 광물자원과 농업자원을 이용하고자 했다. 수메르인, 이집트인, 중국인, 그리스인, 유대인, 로마인은 모두 그들의 우수성과 그들 영역의 장점을 확신했고, 대(大) 플리니우스(Gaius Plinius Secundus)는 로마 사람들을 고귀한 승리자 국민(Populus victor gentium)이라고 생각했다.[10] 이 점에서 근대 민족과의 유일한 차이는 모국의 자원을 이용하고 또 '지도상에' 정치적으로 스스로를 위치시키는 크나큰 능력이다. 스스로를 전에는 선택된 소수만의 저장소였던 '지도' 위에 위치시키는 것은 오늘날 보편적인 목표가 되었다.

지금까지, 근대 민족은 인종적 민족의 구성원이 결합하고 소통했던 방식을 확장하고, 깊게 했으며, 합리화했다. 그들은 놀랄 만큼 새로운 요소를 도입하지도 않았고 혹은 인간 결사체와 소통의 목표를 바꾸지도 않았다.

'새롭게 상상하기'와 새로운 사상의 구조 안에 누군가가 기대했던 것과 같은 참신함은 거의 없다. 현대적 민족이 과거를 재구성한 표지인 황

9) 여성의 역할과 '가내 전선'에 대해서는 Marwick(1974) 참조. 1942년 러시아에서 여성 역시 전투에 참여했다.
10) 플리니우스의 언급에 대해서는 Balsdon(1979, p. 2) 및 앞의 3장 참조.

금시대를 생각해 보자. 그 개념은 고대 그리스와 로마에서, 헤시오도스, 헤로도토스, 플루타르코스 및 스트라본에게서 발견된다. 시리아계 그리스인 포시도니우스(Posidonius)는 원시적이며 '정의로운' 드루이드를 찬미했고, 플리니우스는 신비적인 하이퍼보리아 사람(Hyperboreans)[11]의 빛나는 땅과 경건한 조화를 향수에 젖어 되돌아보았다.[12] 이미 한(漢)제국에서 중국인들은 존경하는 마음으로 주나라 말기 공자(孔子)의 고전 시대를 회고했다. 반면에 웨일스와 아일랜드에서 지고한 왕 타라와 아더의 기사들은 근대에서 민족주의자들이 부흥하는 웨일스와 아일랜드를 꿈꾸기 전에 황금시대에 대한 전망을 환기시켜 주었다.[13]

아마도 고대 인종적 민족과 그들의 상류층 대변자는 대중에게 아부를 하려 하지 않았고, 그들을 기껍게 포섭하려 하지 않았다. 그들은 아리스토파네스(Aristophanes)에 의해 웃음거리가 되었고, 플라톤(Plato)과 유베날리스(Decimus Iunius Iuvenalis)[14]에 의해 멸시를 받았다. 그러나 로마에서 다소간 모호했다. 대중은 로마 국민 중 자유민 출신 평민(plebs ingenua populus Romanus)으로, 외국의 부족보다 우월했다. 미시나 유대에서 종교적으로 무지한자들은 무시되었으나, 이스라엘인은 예언자의 전통상 유대인과 초기 기독교인에게 '신성한' 사람들이었다.[15]

---

11) 그리스 신화의 북풍을 일으키는 산 너머에 있는 것으로 생각된 영원한 햇빛과 풍요의 나라에 사는 사람―옮긴이.
12) Piggott(1985, pp. 91~8, 112~17)에는 고전적인 고대의 황금시대의 이상과 포시도니우스(Posidonius)에 대한 탁월한 논의가 있다. 현대의 대응으로는 Lowenthal(1985, pp. 23~5, 41~6, 332~5) 참조.
13) Lowenthal(1985, pp. 332~348), 중세의 아더왕 숭배에 대해서는 Ashe(1971), 초기 중국의 문화에 대해서는 Goodrich(1948, pp. 23~29, 45~55) 참조.
14) 60~140에 생존한 고대 로마의 풍자시인―옮긴이.
15) Neusner(1981), 로마의 평민에 대해서는 Balsdon(1979, pp. 12~16), Plato, *Republic*(Book

공동체에서 대중과 그들에 대한 태도와 별개로, 근대 민족과 민족주의가 오래된 인종적 민족 개념과 구조의 의미와 범주를 확장하고 심오하게 만들었다는 것은 명백하다. 민족주의는 확실히 이런 구조와 이상을 보편화시켰으나, 근대의 '시민적' 민족은 실제로 민족성 혹은 인종적 민족의 감정을 초월하지는 못했다. 그것은 서구의 신기루, 즉 희망적인 실체였다. 보다 엄밀히 조사해 보면, 장래 이루어야 할 민족의 신화와 언어를 제공하는 문화인, 미국, 오스트레일리아, 아르헨티나의 초기 탐색적이고 지배적인(영국의 혹은 스페인의) 문화를 지닌 이민자 사회에서 실제로 시민적 민족이 인종적 민족의 핵심을 보여 준다.[16]

수단에 반대되는 목표의 관점에 의하면, 민족과 인종적 민족, 민족주의와 민족성 중시주의 사이에는 (동일성이 아닌) 놀랄 만한 연속성이 있다. 예컨대, 근대 이전의 민족성 중시주의는 각각의 특징이 있는 공동체가 외부의 간섭으로부터 손상을 입지 않고 자유롭기를 원했다. 근대 민족주의자들은 각각의 문화 공동체는 자신의 국가를 혹은 적어도 연방 안에서 '모국의 통치'를 가져야 한다고 믿고, 또 모든 국가는 각각 단일한 동질적인 문화를 가져야 한다고 믿는다. 다른 한편, 문화에 대한 인종적 민족의 태도와 민족의 태도에도 상당한 지속성이 있다. 인종적 민족 운동은 그들의 문화를 새롭게 하고, 그들 조상의 문화를 보전하기 위하여 모국과 자원을 통제한다. 민족주의는 특유한 문화의 물신을 만들어서, 근대 이전 민족성 중시주의자들이 했던 것을 더욱 효과적으로, 즉 외부의 것을 차단

VII)는 그의 반민주적 주장을 담고 있다.

16) 확실히 이민자 사회는 '역사'와 지배적 인종적 민족의 구조로부터 부담을 덜 지지만, 미국에서조차 새로운 미래의 민족에게는 그 부담이 없을 수가 없다. 계통에 대한 미국의 이데올로기와 18세기 사상에서의 (그가 이름하는) '본국의 조상숭배'에 대해서는 Burrows(1982) 참조.

하고, 근대의 대중교육체계를 이용해 조상의 신화와 전통을 혈족들에게 전파한다.

이와 같은, 인종적 민족과 민족 사이에 있는 목표의 지속성은 연대와 재생산이라는 기본적인 충동으로 나아간다. 인종적 민족의 정체성과 운명의 수호자들은 때때로 외부의 위협에 대응하기 위하여 보다 큰 사회적 결속과 조화를 추구한다. 그들은 공동체의 성원 안에 보다 큰 자존심을 주입할 필요성과 이상화된 과거로 복귀하여 위신의식을 회복할 필요성을 느꼈다. 그들은 공동체의 다른 분파들에게 공동체라는 큰 가족 안의 형제애의 유대를 상기하도록 하고자 했다. 결속, 사회적 조화, 자존심, 위신, 형제애, 이것은 모든 민족주의자들이 추구하는 목표이자 모든 민족의 이상이다. 규모가 변하면 내용도 변한다. 그리고 민족주의자들이 가용할 수 있는 수단도 보다 '과학적이고' 효과적이다. 그러나 이것은 수단에서의 변화이고, 목표에서의 변화가 아니다. 민족과 민족주의가 지금까지 해온 것은, 자치를 특징으로 하는 정치와 전제적인 운영원리를 특징으로 하는 경제의 요구에 그들을 연결시킴으로써, 목표를 확대하는 것이고 그들에게 보다 큰 내용을 제공하는 것이다. 그 결과, 오늘날 자신의 위신을 회복하고 자신의 문화를 쇄신하는 일이 근대 이전 시대에서보다 질서와 규모에서 크게 달라진 과제이다. 그 과제는 연대와 재생산이라고 하는 넓게 보아 유사한 목표를 달성하기 위해서, 문화와 정치의 관계와 국가간 정치질서의 인종적 민족구성원의 관계에 급격한 변화를 포함한다.

규모가 작은 민족의 세계는?

왜 민족이 인종적 민족의 기반을 수단에서는 초월하지만 목표에서는 거의 초월하지 못하는가 하는 깊은 이유가 있다. 그 이유는 규모가 작은 민족의 충격이다.

서구 역사학자와 사회학자들은 대체로 '거대 민족', 즉 맑스가 말하는 '지도적 민족' 출신의 학자들이다. 규모가 작은 민족이나 사회는 통상 억압적이거나 홀대하는 '중심'의 '주변부'로 취급되고 있다. 규모가 큰 서구의 민족은 규모가 작은 동부 혹은 남부의 민족을 식민화하고 동화시켰다. 선진 산업사회는 발전도상에 있는 규모가 작은 민족에 자신들의 미래의 이미지를 씌웠다. 그리고 이와 유사한 일은 부지기수이다.[17] 이런 규모가 큰 민족의 시각에 관련된 골칫거리는 조야한 민족 중심주의뿐만 아니라 차이를 크기와 규모의 문제로 보는 일관성의 결여이다. 규모가 작은 민족(혹은 사회구성체 혹은 사회)은 다른 문제와 다른 해결책을 갖는다. 설상가상으로, 규모가 큰 민족은 규모가 작은 민족의 문제를 세계정치로 가져가서 필요하다면 폭력에 의해서라도 자기네 주장대로 요리하려는 습관을 가지고 있다. 규모가 작은 민족의 눈에 그들 자신의 문화는 통상 서구 혹은 강대국 엘리트와 관련되어 있다. 이것은 다른 사람들에게는 이차적으로 보인다. 규모가 작은 민족은 스스로와 다른 민족에게 초래되는 불편과 혼란이 어떠하든 문화를 위해 싸울 준비가 되어 있다.

이제, 사실상 규모가 작은 민족이 모든 민족과 국가 가운데 대다수를 차지한다. 어림잡아도 규모가 작은 민족은 오래된 민중적인 인종적 민족에 새로운 생명을 주었다. 그리고 그들 중 많은 민족이 공통적인 주제를

---

17) 맑스주의자의 '위대한 민족'의 전통의 유산에 대해서는 Davis(1967) 및 Cummins(1980), 민족주의의 확산에 적용된 중심부-주변부 모델에 대해서는 Nairn(1977), 그 비판으로는 A. D. Smith(ch. 4 및 서문) 참조.

두고 지역에 따라 달라 변형되어 분출했다. 세계주의자인 맑스조차 민족 문화는 민족-국가의 쇠퇴 후에도 생존한다고 이해했다. 규모가 작은 인종적 민족이 존재하고 있다는 사실 자체가 크고 강력한 민족에게는 안 맞는 방법이지만 그 방법으로 규모가 작은 인종적 민족의 문화를 영속화하는 데 도움이 된다. 규모가 작은 민족에게 그들의 역사와 문화는 존재의 수단이자 목표가 되며, 그들이 거대 민족-국가가 가진 기술 우위와 경제적 지배로 위협을 느끼면 느낄수록, 구분이 되는 그들의 문화는 더욱 두드러지고 생명력이 있게 된다. 그것이 독자적인 단위로서 그들의 존재이유이기 때문이다.

불가피하게, 장래에 하나의 민족이 될 인종적 민족의 권리 주장은 다른 유사한 자기 주장을 고무하고, 한 지역의 인종적 민족의 주장은 다른 지역에서 반향을 불러온다. 소수의 거대 민족과 다수의 규모가 작은 민족이 이룬 세계에서 민족주의는 불가피하게 새로운 문화적 바벨탑을 만들어 낸다.

그러나 이것은 항상 일어나는 것은 아니지 않은가? 결국, 역사는 여러 차례 동일한 구성의 집단성을 보여 주었다. 소수의 거대 제국은 많은 작은 공국, 도시국가, 인종적 민족에 의해 둘러싸였고 또 그들을 흡수했다. 아주 종종 기술 발전과 문화 혁신이 작지만 개방적인 역사와 문화 공동체, 즉 수메르, 페니키아, 그리스, 유대, 홀란드, 엘리자베스의 영국, 르네상스기 이탈리아의 도시국가로부터 나왔다. 이것은 훗날 근대의 '크나큰' 민족과 그들 엘리트의 오만불손에 대해 상기하도록 해주는 유용한 공동체이다.

어쨌든 오늘날, 대부분의 민족은 민중적이며 지방적인 인종적 민족의 이미지를 본받고 있으며, 민족주의는 규모가 작은 민족과 인종적 민족에 의해 전담되고 있다. 문화적 다원주의는 세계적인 규모로 정치적 다원주의로 변환되었다.

이것은 개별 민족과 그 성원을 위해서 무엇을 의미하는가? 세계 안보와 평화를 위한 함의는 무엇인가?

민족과 그 성원으로부터 시작하도록 하자. 규모가 작은 민족으로 구성된 다원주의 세계는 첫째로 각각의 공동체에 독립적인 정치적 존립 논리를 제공해 주는 지방적 문화의 유지와 독특성을 확보해 준다. 성장가능성을 유지하기 위해서 규모가 작은 정치적 민족은 계속 특유하고 영웅적인 과거 위에 세워진 특징적인 문화를 새로운 세대를 위해 재구성해야 한다. 인종적 민족이나 그 대변자가 구별이 되는 문화와 자체의 믿을 수 있는 역사를 제시한다면, 그것에 따라 그들 자신의 영토와 경제를 가진 포괄적이고 동원된 민족으로 변화시키는 하나의 '민족'의 지위를 갖고 사회를 재조직화한 명백한 사례가 있다. 반대로, 이런 독특한 문화를 제시하지 못해 확신을 주는 과거를 재발견하지 못한다는 것은 시초부터 인종적-민족 운동에 사형을 선고하는 것 같다. (북솔로몬제도의 부겐빌인들과는 별개로) 뉴기니에서 몇몇 '미크로네시아 민족운동'의 실패는 파푸아뉴기니 대학의 고원해방전선(Highlands Liberation Front)이나 지방의 파푸아 베세나(Papua Besena) 운동처럼 운동을 위한 분명한 인종적 민족의 핵심과 특유한 역사가 결핍된 증거이다.[18]

어떤 인종적 민족의 과거를 지속적으로 육성하는 것이 사회적 보수

---

18) 이에 대해서는 May(1982)에 수록된 B. McKillop, "Papua Besena and Papuan separatism" 그리고 B. Standish, "Elite communalism: the Highlands Liberation Front", 그리고 또한 같은 책의 메이의 서론과 결론 참조.

주의를 암시하는가? 확실히 전통과 과거에 대한 관심은 위협받는 엘리트의 수중에 유용한 지렛대일 수 있고, 발전을 재촉하지만 급격한 변동을 막는 공동체에 관해 위안을 주기는 하지만 거짓된 인식을 강화한다. 그러나 다른 가능성도 있다. 엘리트는 '과거' 혹은 과거의 일부를 이용해서, 메이지(明治) 시대 개혁가들이 했듯 그들이 탄식하는 현재의 특징을 뒤엎고 기술적·경제적 혁신을 정당화할 수 있다. 이것은 똑같이 규모가 작은 민족에게도 해당된다. 체코인, 이스라엘인, 노르웨이인, 이보인 그리고 카탈루냐인들은 모두 그들의 과거와 특유한 문화를 육성했고, 급진적인 사회 변동에 관여했다. 그들은 그렇게 하면서 특징상 덜 분별적인 것도 아니고 덜 민족주의적이지도 않았으나, 그들의 역사적 문화가 설정한 한계 안에서 과거를 해석했다.

물론, '알려진 과거'를 '희망하는 과거'와 대비하는 것은 쉽다. 자유주의자와 사회주의자들은 '후진적으로 보이는' 상고주의의 태도에 대한 의구심에도 불구하고 보수주의에 대한 대항마로 '부드럽고' 이상화하는 원시주의를 많이 제공받는다. 사실, 모든 시대에 과거에 대한 이상화된 전망은 사회변동을 부여잡고 고무한다. '희망하는 과거'는 마음을 편안하게 하는 환상으로 가득하나, 숙명론자의 위로를 도입하기보다 대결을 고무하고 혁신을 부추기는 것 같다. 우리가 보아왔듯이. 색슨의 자유, 고전적인 도시국가, 베다의 왕국, 이스라엘 국가의 이상은 19세기와 20세기에 영국, 그리스, 인도, 이스라엘에서 사회변동을 이끌고 고무하는 모델과 영웅적인 사례를 제공했다.[19]

---

19) '유연한' 원초주의와 '견고한' 원초주의 사이의 그리고 '희망하는 과거'와 '알려진 과거' 사이의 대비에 대해서는 Piggott(1985, pp. 91~8, and ch. 4), 내가 이미 살핀 이런 의문에 대한 충

이런 이유로 규모가 작은 민족은 그들의 과거로 돌아간다. 그들이 풍부한 과거를 가지고 있다면, 이것은 육성되고 이용될 자원이다. 이들 민족은 흔히 가정되는 것처럼 경제적 의존에서 도움이 되지 않는 것은 아니다. 그들은 인구를 넘어 무엇인가를 가지고 있다. 그것은 어렴풋한 인종적 민족을 엄밀하고 목적을 갖는 민족으로, 즉 정치적 운명을 책임지고, 규모가 작은 다른 민족과 협력해서 지구의 자원과 기술을 보다 균등하게 배분하는 것을 보장하는, 역사와 운명의 공동체로 바꾸어 줄 수 있는 신화, 상징, 가치, 기억이다.

목적을 갖는 규모가 작은 민족의 정치적 다원주의는 어떻게 이들 민족의 성원들에게 영향을 주는가? 넓게 말하자면, 규모가 작은 민족의 세계는 큰 무리로 밀려오는 망명자, 피난민, 국가를 가지지 않은 사람들과 함께 결속력이 있고 분별력이 있는 시민의 실체를 만드는 경향이 있다. 국가 사이의 압력과 마찬가지로 국가 안의 압력은 모든 민족이 문화적으로 시민을 동질화하도록 해왔으나, 이런 추세는 보다 폐쇄적인 유형의 사회와 권위주의 정권에 의지하는 보다 작은 민족에서 특히 두드러졌다. 시민에게 이것은 때때로 여행, 다른 부류 사이의 결혼, 산아제한 및 여가활동에서 제약을 의미했다. 이들은 세계대전 전 아일랜드나 호메이니 통치하의 이란에서처럼 종교적으로 정향을 갖는 정권에서 더욱 두드러졌으나, 이동의 제한과 정치적 제약은 모든 종류의 공산주의 정권 및 군부정권의 특징이다.

다른 한편, 사회통합과 인종적 민족의 동포애라는 명분으로 민족 시민성원의 평등을 지향하는 추세가 점점 증가하고 있다. 반쯤 신정적인 정

분한 일반론적 논의는 Lowenthal(1985, esp. chs 1~2, 5) 참조.

권과는 달리, 주민이 많은 분파가 개발과 방위라는 과제를 위해 동원됨에 따라서 민족이라는 '가족' 안에서 성, 계급, 지역 간 장벽이 약화되고 있다. 실제로 아프리카와 아시아의 새로운 다인종국가를 밑에서 받쳐 주는 믿을 수 있는 통일적인 과거를 공통적으로 결여하고 있는 '대중동원' 체제 아래에서, 당과 국가가 '역사'를 만들고 있으며, 그런 활동과 상징을 통해 시민이 공동선을 위해 집단적 자기희생을 하게끔 활기를 북돋운다. 여기서, 대체로 규모가 작은 국가의 민족이 대내적으로 이질적인 민족과 결속해 보다 억압적이고 대중을 동원하는 정권을 전복하는 경향이 있는데, 미얀마와 에티오피아에서처럼 그리고 어느 정도는 케냐와 짐바브웨에서처럼 하나의 인종적 민족이 나머지 민족을 지배해서 자신들의 이미지를 갖는 국가를 만들고자 하는 곳에서 특히 그러하다.[20]

보다 규모가 작은, 특히 최근에 성립된 민족의 성원들은 유사한 속박을 받기 쉽고, 다른 영역에서 새로운 기회에 노출되어 있다. 유럽이 '완전한' 민족의 기준으로 언어를 강조하는 것은 공동체 안팎에 새로운 장벽을 쌓았다. 그러나 그것은 또한 지금까지 멸시되고 약해진 소수민족 공동체에게 새로운 기회를 주었다. 이것은 캐나다, 벨기에, 유고슬라비아에서 가장 명백하게 볼 수 있는데, 거기서 전에 약했던 플랑드르, 퀘벡, 그리고 마케도니아 공동체가 보다 크게 존중받고 새로운 기회와 문호개방의 이점

---

20) 케냐와 짐바브웨에서 지배적인 인종적 민족의 리더십(케냐에서 여당 KANU는 거의 전적으로 키쿠유인이며 정치생활을 독점하나, 짐바브웨에서 지배적인 인종적 민족인 소나족[특히 하부집단인 카랑가족]은 소수민족인 은데벨레와 그들의 정당 및 백인소수민과 경쟁해야 한다)에 대해서는 Horowitz(1985, pp. 10~11, 432~7), 미얀마에 대해서는 Burma, ibid.(pp. 514~6, 518~21). 에티오피아의 혁명적인 암하라가 지배하는 정치체제와 오로모, 티그레 및 이리트리아 인종적 민족과의 지속적인 투쟁에 대해서는 Halliday and Molyneux(1981) 및 Mayall(1983) 참조.

을 누릴 수 있게 되었다. 동시에 이들 3개국은 정치적 표출을 추구하는 문화적 다원주의에 의해 고조된 민족 내적 긴장이 발생한 좋은 사례이다. 언어는 새롭고 강력한 차원의 동일화와 공동체를 부여하나, 이동성에 장애가 되고 —— 특히 사투리를 사용하는 인텔리겐치아와 그의 경쟁자에게 (양방향에서) 그러하다 —— 또한 다른 문화적 차이 위에 부과되는 간극과 적대의 새로운 원리가 된다.[21]

교육에서도 역시 정치적 다원주의의 충격은 민족성원에게는 양면적이다. 한편으로 민족주의자들은 세속적인 교육을 증진시켰고 종종 양성교육을 했다. 혹자는 타타르인들 사이에 행한 이스마일 가스프린스키(Ismail Gasprinski)의 초기의 개혁이나 자디드(jadid) 실험을, 또는 로이(Ram Mohan Roy)와 다야난다(Swami Dayananda)와 같은 초기 인도 민족주의자들이 행한 서구화 프로그램을 생각한다.[22] 그들은 또한 학교제도를 이용해서 전에는 경멸을 당하던 공동체에 새로운 자존심을 불러일으켰다. 그러나 그들은 사회와 대상에 상당한 대가를 치르고 그렇게 했다. 특히 보다 뒤의 민족주의는 대체로 개인주의의 표출을 거부하고, 종종 민족의식을 배양하기 위해 역사, 문학, 사회과학에서 '진리'에 대한 좁은 시각의 '공식적인' 견해를 부여하고자 했다. 그래서 정치적 다원주의와 경쟁적 민족주의의 후원 아래 이루어지는 크게 팽창한 교육은 소비자에게는 명암이 교차하는 양면성이 있는 축복임이 증명되었다.

---

21) 언어의 역할과 언어학적 경쟁에 대해서는 Fishman(1968) 및 Gellner(1964, ch. 7), 제3세계에서 이들의 정치적 이용에 대해서는 Horowitz(1985, pp. 50~1, 219~24) 참조. 그러나 그는 언어를 몇 가지 집단적 특성 중 하나로 간주한다.

22) 다야난다와 로이에 대해서는 Heimsath(1964) 및 Pocock(1958), 가스프린스키의 개혁주의에 대해서는 Zenkovsky(1953) 및 (1955), 그리고 Bennigsen and Quelquejay(1966), 말라야에서의 유사한 개혁주의에 대해서는 Roff(1967, ch. 3) 참조.

그래서 단일한 영역과 단일한 분업 아래 인종적 혈족의 급격한 통일을 이루었다. 이상(理想)화된 자립경제 운영원리로 사람들은 더욱 의심할 나위 없이 보다 크게 노동에 몰입하게 되었다. 노동과 생산에서 인종적 민족의 동질성이 직업적인 영역을 개방하고 전에 통치 엘리트나 소수민족의 터전이었던 것을 시민, 특히 토착민에게 개방해 주었다. 그러나 다인종국가에서 이런 급속한 노동과 경영의 토착화는 많은 문제를 야기했는데, 그것은 중요한 영역에서 숙련기술의 부족과 인종적 경쟁의 심화뿐만이 아니었다. 새로 독립한 나이지리아에서 결합된 두 요소는 하우사 노스(Hausa North)의 이보 상인들의 희생과 케냐와 우간다로부터 온 많은 아시아 사업가를 추방하는 배경이 되었다. 신생국가에서처럼 오래된 민족에서 많이 발견되는 현상인 거래와 생산에서의 부패와 부수적으로 일어나는 편협성을 가진 경제적 보호주의의 위험도 있다. 국제질서에 대한 반발은 인종적 민족의 시민성원에 대한 반발보다 더 심각하다.[23]

인종적 민족의 동원과 지구적 안보

우리가 강대국, 규모가 작은 많은 민족 그리고 장래 민족의 세계에서 정치적 다원주의의 함의로 눈을 돌리면, 우리는 보다 큰 역설과 문제에 직면한다.

이것들에 접근하면서, 우리는 세계의 국가 간 질서와 민족주의 사이의 역사적 관계를 유념해야 한다. 넓게 말해서, 각각의 지역적 국가체계가 해당 지역에서 민족주의 출현보다 시간적으로 선행했다. 이미 자리를

---

23) 경제민족주의에 대해서는 Johnson(1968) 및 Mayall(1984) 참조.

잡았기 때문에, 입헌관료국가와 그들의 엘리트는 그들에게 부여된 이익과 제도를 위협할지 모르는 어떤 원인과 감정을 의심스럽게 바라보았다. '민족의 합치'를 향한 고유한 운동, 즉 국가, '모국', 그리고 인종적 민족의 문화, 공동의 목적과 동질성을 갖는 주민을 만들려는 운동은 불가피하게 주민의 문화적·역사적 단위를 말하지 않고서도 때때로 수립되었던 지역적 국가체계를 불안정하게 한다.[24]

문제는 사회-정치적 해방을 위한 운동과 집단재생의 비전과 윤리를 낳는 정체성과 연대 필요성을 결합시키는 민족주의가 국가와 인종적 민족에 의해 이미 잘 수립된 세계에서 일어났다는 것이다. 인종적 민족을 그들 자신의 모국, 그리고 더 좋다면 국가와 일치시키는 것을 추구하면서 민족주의는 경제적·외교적·군사적 유대의 네트워크에 연결되어 있는 이미 퍼져 있는 관료국가 유형을 유지하려는 의지를 가진 강대국 엘리트들의 적대적인 의심을 받았다. 그래서 민족주의에 내재하는 규모가 작은 국가에 대한 파편화와 편견은 민족주의를 '예측불가능한 것'과 '파괴적인 것'으로 만들었다.

그 뒤를 이은 모순에는 몇 가지 양상이 있다. 첫째, 장래 이룰 민족 수가 언젠가 한때는 규모의 경제 원리를 가진 현재 구성된 지역적 국가체계가 제공할 수 있는 것보다도 더 많을 수 있다는 것이다. 작은 민족의 세계는 탈중앙화한 세계이고, 하나의 모델로서 탈중앙화가 많이 받아들여지는 경제이론과 사회계획에 직면해 비상하고 있다. 그것은 또한 국가의

---

24) 사실상, 우리가 주장했듯이 초기 서구 국가는 핵심적인 인종적 민족 주위에서 형성되었고, 호로비츠가 지적하듯(Horowitz, 1985, pp. 75~6) 규모가 큰 단위가 형성되었다면 피할 수 없는 것이었으나 식민지 경계의 임의적 설정은 과장된 것이었다. 민족과 민족주의 이전 국가체계의 형성에 대해서는 Tilly(1975, Introduction and Conclusion) 참조.

주권이 대중적인 즉 민족적인 동의라는 정당화로 숨겨지고 있음에도, 권력이 인력을 포함해 영토와 자원을 극대화하는 국가에 기반하고 이제 거의 신성불가침한 것으로 간주되는데도, 이른바 '권력의 실체'에 직면해서 비상하고 있다. 이런 투쟁에서 국가 엘리트는 '관료적 민족주의'의 기술을 채용한다. 그들은 그들 국가가 '민족'을 구성하고, 민족은 주권을 가진 그래서 통합적이고 오직 정당한 것이라고 주장한다. 그 결과 민족주의는 '관제' 교의가 되고, 민족은 영토적 관료국가에 의해 인수된다.[25]

불가피하게, 민족주의를 '관제' 국가 이데올로기로 바꾼 결과는 지역적 국가체계 안에 기존의 국가와 동등하게 될 수 없는 공동체가 하는 주장의 타당성을 부인하는 것이다. 지역체제의 구성원이 되는 근대국가의 경계 안에서 보다 작은 인종적 민족에 대한 고무는 축소될 수 있고, 공동체 주장은 '민족국가'의 협동에 의해 인정을 거부당할 수 있다. 자기네 지역에서 국가 형성의 시기를 놓친 후, 영토 수정을 요구하는 드루즈, 팔레스타인, 쿠르드, 아르메니아인의 공동체와 같은 공동체는, 지역에서 위협받는 특정한 국가뿐만 아니라 지역적 국가체제 전체의 그리고 '국제공동체'라고 알려진 체제 총체의 반대에 직면한다.[26]

민족주의와 다양한 국가체계 사이에서 벌어지는 충돌의 또 다른 양상은 기존 국가의 영토주장에 초점을 두고, 인종적 민족과 정치적 동기의 혼합물에 의해 발동된다. 이들은 그 지역이 성서상의 유대와 사마리아 지

---

25) 사실상, 지난 세기 후반기에 이런 기술이 출현했다. 앤더슨은 그것을 관제 민족주의라고 정의했다. Anderson(1973, ch 6), 그리고 A. D. Smith(1979a, ch. 7) 참조. 탈중앙집권화에 대해서는 Kohr(1957) 및 Nairn(1976) 참조.
26) 인종적 민족의 분리와 실지회복주의의 총체적인 힘에 대해서는 A. D. Smith(1983c) 및 Horowitz(1985, ch. 6) 참조.

방을 구성한다는 것을 근거로 하는 이스라엘의 요르단강 서안에 대한 주장, 스페인의 지브롤터에 대한 주장, 아르헨티나의 포클랜드 혹은 말비나스에 대한 주장, 파키스탄의 카슈미르에 대한 주장을 포함한다. 모국 밖에 있는 혈족 사이에 인종적 민족 감정을 동원함으로써 그들의 모국을 확대하는 것은 오늘날 오가덴과 케냐 북부 소말리아 민족주의처럼 지난 세기와 금세기 유럽 실지회복주의의 징표이었다. 그리고 그것은 종종 지역적 국가체제를 위협하고 첨예한 갈등과 강대국의 개입을 불러와 전면적인 전쟁으로 나아갔다.[27]

다인종국가에 대한 충성심과 인종적 혈족의 연대 특히 해외거주자와 모국 국가 내 거주자의 연대를 조정하는 데 맞물린 난점도 있다. 우리는 6장에서 이런 애매함이 '대리' 민족주의'로 나갈 수 있다는 것을 살펴보았으나, 재정 원조, 도덕적 지지, 그리고 테러리스트의 도피의 관점에서 국제적인 결과는 중요하다. 우리는 혈족의 모국을 위해 행해지는 유대인과 그리스인의 원조, 모국을 위한 아일랜드인의 원조를 생각하게 되는데, 그것들 모두 제법 규모가 있는 소수민족이 거주하는 미국과 같은 국가를 위해서뿐만 아니라 동부 지중해나 중동처럼 미묘하게 악화된 지역에서 세력균형을 위해서도 성과를 내고 있다.[28]

국가 경계 안에서 국가에 대한 충성과 민족적 연대 사이의 갈등은 더욱 흔하다. 1789년 프랑스와, 1908년 오스만투르크에서 발생했던 것처럼 국가는 '핵심적인' 인종적 민족으로부터 멀어질 수 있고, 이것은 인종적

---

27) 소말리아와 아프리카의 곳에 대해서는 I. Lewis(1980) 및 Mayall(1983), 그리고 특히 I. Lewis(1983) 수록 논문 참조. 실지회복주의가 (일반적으로) 목표달성에 실패하는 이유에 대해서는 Horowitz(1985, pp. 281~8) 참조.
28) 이들 몇 가지 해외 연계 사례에 대해서는 Said and Simmons(1976) 참조.

민족을 새로 꾸민 인종적 민족의 신화 주위로 동원하고 그들을 민족으로 바꾸는 '혁신적' 민족주의를 낳을 수 있다. 프랑스 혁명의 성과와 터키 진보연합 위원회의 쿠데타는 잘 알려져 있으며, 그것들은 몇 십 년 동안 유럽과 중동의 국가체계에 심각한 혼란을 초래했다. 이들 혼돈으로부터 새로운 국가 질서가 나왔고, 그 질서 속에서 엄밀한 '민족-국가'는 종종 실행되지 아니했지만 이상이 되었다.[29]

더욱 빈번한 것은 민족이 되려는 의도를 가진 소수민족의 인종적 연대와 국가에 대한 충성 사이에 벌어지는 충돌이다. 국가는 분명히 이 경쟁에서 불리하다. 국가의 관료 엘리트들은 종종 멀리 떨어져 있고 불신을 받으며, 국가경제계획은 중앙의 '핵심적' 인종적 민족 혹은 민족의 필요를 반영하는 경향이 있고, 국가의 가치, 기억, 상징은 통상 핵심적 인종적 민족의 것들이다. 만일 국가가 오래된 포용적인 전통을 소유하고 있지 않으면서, 국가의 지배적인 인종적 민족 공동체가 국가의 나머지 인구에 자기네 전통을 부여하려 한다면, 이것은 통상적으로, 특히 소수민족이 자체의 중요한 역사적 전통과 경제적 자원을 가지고 있다면, 홀대받거나 억압받는 인종적 소수민족 사이에 분리주의의 불을 붙이는 것이다. 에티오피아의 티그레(Tigre), 짐바브웨의 은데벨레(Ndebele), 이란과 이라크의 쿠르드, 펀잡의 시크, 스리랑카의 타밀족 같은 인종적 민족은 위로부터 중앙의 충성심을 부여하려는 국가와 지배적이며 핵심적인 인종적 민족에 격렬하게 반응했다. 프랑스, 스페인같이 잘 확립된 국가에서조차 브르타뉴, 바스크 족은 지배적인 프랑스-파리 그리고 카스티야의 인종적 민족 신화와 상징에 토대를 둔 관제민족주의를 부과하는 것에 저항했다. 이런

---

29) 터키인의 경우에는 B. Lewis(1968, chs. 5, 7~8) 및 Leiden and Schmitt(1968) 참조.

운동이 제3세계와 같이 유럽의 국가 안 체제를 위협하지 않았지만, 그것들은 일부 사람들이 근대국가의 충성심과 경제적·정치적 권력의 배분을 재고하게 만들었다.[30]

이처럼 복합적인 긴장과 갈등의 관점에서, 우리는 하나 혹은 보다 많은 지역적 국가체제의 분리를 기대해도 좋을 것이고, 이 분리가 (아프리카의 혼곳과 중동에서 일어난 소요에도 불구하고) 오늘날까지 발생하지 않았다는 사실은 깊이 스며든 관료적 이해와 국가 내 네트워크에 직면할 때 보이는 인종적 민족주의의 상대적 취약성을 시사해 준다. 특정한 민족주의는 약하거나 저발전되었는데, 그것들이 작동하는 공동체가 인구나 크기 그리고 두 가지에서 아주 작고, 물질적·문화적 자원을 거의 가지고 있지 않기 때문이다. 혹은 인텔리겐치아 자신이 너무 작고 영향력이 없어서 최근까지 옥시타니의 사례와 같이 보다 넓은 공동체 안에서 인종적 민족의 민족주의를 확산할 수 없기 때문이다. 그러나 특정한 민족주의의 '약점'은 두 가지 의미에서 상대적이다. 그것은 통상 이웃한 인종적 민족 사이에서 다른 민족주의의 힘을 의미한다. 민족의 세계는 질투심이 많은 세계이다. 그것은 또한 선취득의 이점이 있다. 어떤 지역에서 보다 일찍 형성된 민족주의는 가장 애호되는 경향이 있다. 그들은 그들이 바라는 경계 가까이에 혹은 경계 안에 파생된 제2의 민족주의를 관용하려 하지 않는다. 그래서 항상 보다 작은 인종적 민족의 민족주의, 즉 주변부 인종적 민족과 그들 민족주의 안에 있는 인종적 민족 포령의 민족주의의 무한정한

---

30) 유럽에서 최근의 인종적 민족운동이 두드러지기는 하지만 덜 원초적이기 때문에 덜 파괴적이고 덜 강력한 이유에 대해서는 Allardt(1979, esp. ch. 2), 충성심의 해체의 관점에서 보는 다른 근거로는 A. D. Smith(1985 및 1986a) 참조.

후퇴 가능성은 지방적 마찰 이상을 야기하지 못하는 것 같다. 홉스봄은 인종적 민족 포령 민족주의의 후퇴 가능성을 셰틀랜드(Shetlands)[31] 효과라고 분식했다. 위치, 크기, 자원, 늦음, 이 모든 것은 분열 생식하는 인종적 민족의 경향을 담고자 꾀한다.[32]

사실상, 지역적 국가체계를 부지하는 것은 인종적 민족의 분리주의——이 결과로 오가덴, 미얀마, 필리핀, 사하라, 에리트리아, 티그레, 쿠르디스탄에서 최근의 분리주의 전쟁이 많이 일어났다——에 대한 강대국(분쟁수역에서 싸우면서 낚시질을 할 준비가 되어 있는)과 '국제공동체'의 힘과 적대가 아니라, 폭발적인 신화-상징 복합체에 의해 촉발된 불균등하게 발생하고 시차가 다른 정체성과 운동이다. 이 불균등성이 어떤 일부 인종적 민족에게 그 지역의 다른 인종적 민족보다 유리한 지위를 마련해 준다. 그리고 그것은 핵심적이고 지배적인 인종적 민족에 토대를 둔 국가의 네트워크가 전지역에 관할권을 확대하도록 허용해 준다. 일단 그 지역이 채워지면, 힘의 공백을 밀어내고 사회적 공간이 단단해진다면, 후발주자인 어떤 인종적 민족의 정체성은 기존의 국가체계로부터 인정받거나 분리되는 데 크나큰 어려움을 갖게 될 것이다. 이것은 지속적인 고대의 정체성이 위험에 빠지는 급박한 문제를 제기한다. 아르메니아와 쿠르디스탄의 사례는 지역적인 국가 형성을 해야 할 중요한 순간에 역사적 사건이나 구상으로 그들의 주장을 확실히 실현하지 못한 인종적 민족의 가장 명백한 본보기이다. 특히 아르메니아의 경우는 흡수되는 인종적 민족의

---

31) 영국 오크니제도 동북쪽에 위치해 스코틀랜드의 한 주를 구성하고 있는 군도—옮긴이.
32) Hobsbawm(1977), 그리고 옥시타니에 대해서는 Coulon(1978) 및 Coulon and morin(1979) 참조.

주장을 막기 위해 극단적인 수단을 기꺼이 이용하려는, 아주 강력한 그리고 국가가 후원하는 인종적 민족주의의 그늘 아래 지역적 국가체계의 일부로 자신을 확립하려는 분열된 공동체의 어려움을 예시해 준다.[33]

그러나 이것은 부정형적인 사례이다. 신생 국가나 오래된 국가 안에서 인종적 민족이 입헌적 수단과 폭력적 수단에 의해서 보다 많은 자치와, 때로는 독립을 추구하는 것을 흔히 발견할 수 있다. 그들은 독자적인 역사적 신화에 기초한 분별이 되는 강한 정체성 의식을 발전시켜 정치적 승인으로 가는 문이 잠겨 있는 것을 발견할 뿐이다. 소수의 인종적 민족 운동만 지역적 국가체계를 위협할 뿐, 다수의 인종적 민족 운동은 국가의 역할과 힘의 재정립을 강화하고 있으며 종종 보다 큰 연방주의로 나아가는 방향으로 그렇게 한다. 인도, 캐나다, 벨기에, 그리고 유고슬라비아는 잘 알려진 사례를 제공하고 있고, 새로운 인종적 민족의 질서가 얼스터, 사이프러스, 스페인, 이라크, 스리랑카 및 펀잡 지방에서 추구되고 있다. 민족 재편을 위한 인종적 민족 운동이 활동 중에 있고, 꽤 널리 퍼져 있는 것도 사실이다. 그리고 가장 처리하기 어려운 국제 문제와 민감한 지구상의 쟁점이 카슈미르, 오가덴, 중동(요르단강 서안과 걸프)과 같은 인종적 민족의 갈등에 집중된 것은 우연이 아니다. 이들 갈등은 역으로 분쟁지역에서 갈등적인 '권리' 주장을 가진 양립할 수 없는 역사와 정체성으로부터 나오고 있다.[34]

---

33) 근대 미국의 정치운동에 대해서는 Lang(1982, chs. 1~2) 및 Hovannisian(1967), 분리주의 정치에 대한 강대국의 신중한 개입에 대해서는 Spanier(1972) 및 A. D. Smith(1981a, ch. 7) 참조.
34) 이런 인종적 민족 갈등의 특별한 사례연구에 대해서는 R. Hall(1979), 오늘날 인종적 민족 갈등의 평가에 대해서는 Seton-Watson(1971) 및 Horowitz(1985, esp. Parts IV and V), 그리고 Azar and Burton(1986), 일부 인종적 민족 운동과 결합한 폭력에 대해서는 Wilkinson(1974) 참조.

평화와 발전에 전념하는 국가들이 행하는 지역적 혹은 지구적 질서 구축 시도가 부딪히는 인종적 민족의 민족주의 문제와 적대에 대해 간략하게 기술된 것을 검토해 보면, 우리는 정체성 갈등의 근원을 역사적 유대, 인종적 민족의 신화와 상징에서 연구할 긴급한 필요성을 발견한다. 정치가와 학자들은 인종적 민족이 갖는 적대의 직접적인 정치적·경제적 명분에 너무나 자주 매달려 왔는데, 그런 명분은 분열을 과장하거나 심화시키는 데 중요해도 인종적 민족의 민족주의가 취하는 느낌의 깊이와 방향을 거의 설명해 주지 못한다. 국가 엘리트들과 그들의 조언자들은 너무나 자주 장래 민족이 될 잠재적 민족의 열망을 부정해 왔고 또 그들의 안보에 대한 두려움과 정체성의 필요성을 경시해 왔는데, 그것은 정확히 소수인 인종적 민족의 다른 신화, 상징, 기억 그리고 다른 특징의 가치에 대한 (종종 기꺼이 배우려 하지 않는 자세에 의해 심화된) 무지 때문이다. 국가 안의 많은 조직에 특징적인 권력의 이익 및 지식과 상상력 결핍은 불가피하게 재탄생한 인종적 민족의 희망을 좌절시켰다. 그 결과 그들의 열망의 불꽃은 그들을 국가체계의 석쇠 위에서 재로 만들었고 이웃과 경쟁자들을 쓰라린 상호살육적인 전쟁 속으로 빠뜨렸다. 또한 '국제적인 공동체'는 당연히 엉성하게 구성된 '민족국가'를 인정할 수밖에 없기 때문에, 그것은 종종 (민족)국가의 협조로 지금까지 인정받아 온 국가의 '정당한' 정권이 저지른 야만적 방식을 관용하도록 강요받아 온 반면, 합리적이든 아니든 침해되고 배제된 장래의 민족이 행하는 주장의 정당성을 거부하도록 강요받았다.[35]

---

35) 이것이 그런 모든 주장이 전적으로 혹은 부분적으로 정당하다는 것을 인정하는 것이 아니며, 또는 전적인 수용이 내표하는 파편화와 무질서의 위험을 무시하는 것도 아니다. 그러나 많은

이것이 '민족의 전쟁' 시대의 암담한 전망을 제시하는가? 우리는 정부에 저항하는 '사람들'의 주장을 선택해서 많은 국가의 해체를 감수해야 하는가? 실제로 조정할 많은 문제가 있지만, 대체로 만족할 수 있는 두 개 무리의 주장으로 사태를 예견하는 것이 실제로 가능하다. 예컨대, 우리는 연방 혹은 연합 국가를 크게 이용하여 가장 지속성이 있으나 배제되었던 인종적 민족의 민족주의를 그들 체계의 궤도 안에 포용하여, 현재의 지역적 국가체계와 같은 것의 안정성을 보장할 수 있다. 물론 이것은 보다 큰 중앙집중화와 국가 개입의 추세의 정지를 의미한다. 원칙적으로, 연방과 연합국가의 등장은 인종적 민족과 민족의 열망을 국가의 지위와 주권으로부터 단절시켜서, 현재 모든 사회적·정치적 승인을 받지 못한 인종적 민족이 '연결된' 혹은 그들 위에 존재하는 국가 안에 넓은 문화적·경제적 자치를 획득하도록 허용하는 것이 가능하다. 역으로, 인종적 민족의 민족주의는 '민족의 합동' 요구를 포기하고 보다 직접적이고 확실한 인종적 민족/민족의 정체성을 희생하지 않고서도 높은 수준의 '시민적 민족주의'를 발전시켜야만 할 것이다.

여러 가지 방식으로, 이 모든 것은 유토피아적 꿈으로 남아 있다. 정체성이 존중되면서 국가라는 '우산'에 의해 보호받는 민족의 세계는 현재로서는 거리가 먼 가능성일 뿐이다. 인종적 민족의 테러와 폭력이 주기적으로 발생한다면, 보다 더 직접적으로 중요한 것은 침잠해서 인식되지 못

학자들과 정치가들이 내부적으로 분출하는 정체성 요구를 파악하지 못하고 있고, 인종적 민족의 정체성과 공동체의 근거에 있는 깊고도 친숙한 감정을 파악하지 못하는 한, 질서와 국가의 권위의 필요와 인종적 민족 공동체의 필요 사이의 균형을 획득하는 기회가 조직적으로 봉쇄되고 있다. A. D. Smith, "Conflict and Collective Identity: Class, Ethnie and Nation" in Azar and Burton(1986) 참조.

하는 인종적 민족의 열망과 국가 엘리트와 그들이 핵심이 되는 인종적 민족의 이익과 근심 사이에 균형을 맞추어 줄 필요성이다. 사실, 이것은 일부 제3세계 국가에서 심지어 연방화라는 해법이 바람직하거나 실행할 수 있다고 여겨지지 않은 곳에서, 인종적 민족의 갈등을 감소시키고 포용하는 다양한 기술을 통해 수행되었다. 다른 국가에서 연방의 제도는 인종적 민족의 적대를 최소화하는 데 도움을 주었고, 영토적 정체성과 문화에 대한 정치적 승인을 보장했다.

동시에, 정치적·경제적 자원이 매우 불균등한 세계에서 우리는 지속적인 인종적 민족 내부의 갈등을 예상해야만 하며, 특히 이런저런 이유로 강력한 인종적 민족 감정에 대한 정치적 승인이 소멸한 후진 지역에서 더욱 그러하다. 이것은 역으로 희소자원을 위한 심화된 인종적 민족 내부의 경쟁을 촉발하고, 인종적 민족의 윤곽과 자기인식을 뚜렷하게 한다. 이런 환경에서 많은 사람들이 편안함과 영감을 위해, 과거에 아주 종종 우리 별 지구에서 역사적으로 별개였던 사람들을 지지하고 인도했던 인종적 민족의 유대와 상징, 기억과 신화에 의존할 것이다. 인종적 민족의 정체성을 밑에서 받쳐 주는 신화, 기억, 상징의 내적 의미를 이해하지 못하고 그것들의 힘을 인정하지 못한다면, 우리는 근대 세계에서 국가와 개인 사이의 관계를 혼란시키는 인종적 민족의 적대를 파악할 수 없다.

옮긴이 후기

이 책은 앤서니 스미스의 저서 *The Ethnic Origins of Nations*(1986)을 우리말로 옮긴 것이다. 저자 앤서니 스미스는 런던정경대학 교수로서 민족주의에 관한 많은 논문을 발표하고 저서를 출간하면서, 가장 활발하게 민족주의를 연구하는 학자 가운데 속하는 사람이다. 그는 민족과 민족주의와 관련해 이 책『민족의 인종적 기원』 출간 전에도 이미『민족주의 이론』(1971),『민족운동』(1976),『20세기의 민족주의』(1979),『근대 세계에서의 인종적 민족의 부활』(1981),『제3세계의 국가와 민족』(1983)을 출간했고, 이후에도『민족정체성』(1991),『세계화시대의 민족과 민족주의』(1995)를 출간했다. 그가 출간한 연구서의 수효가 많다는 점에서뿐만 아니라, 그가 연구 대상과 범위를 광범위하게 잡아 유럽을 중점적으로 다루되 제3세계까지, 그리고 고대부터 현대까지를 아우르면서 동서고금의 풍부한 사례를 소재로 일관된 연구를 해왔다는 점에서, 그는 이 시대 탁월한 민족주의 연구자 중 한 사람이라 해도 지나치지 않다.

　민족과 민족주의는 연구자 수만큼이나 많은 수의 학설이 있다고 할 정도로 이론이 분분한 주제이다. 이 책의 저자 스미스는 민족을 근대적 현상이라고 보는 '근대주의자'의 이론과 민족적 유대와 감정을 인간성의 보편적 특질로 보는 '원초주의자'의 이론으로 기존의 민족 이론을 대별하고 그 중간적 입장에서 민족의 기원과 계통을 밝히려 한다. 스미스는 민족에게 축적된 역사적 경험과 집단적 경험이 중요하다고 보고, 문화적 차이를 가진 역사적 공동체, 즉 "공유한 조상의 신화, 역사, 문화와 특정한 영역과 연대의식을 가진 명명된 인간의 집합"을 인종적 민족이라 정의하고, 이 인종적 민족의 '신화', '기념물', '상징'의 출현과 의미를 중시하여 분석의 중요한 뼈대로 삼고 있다. 그리하여 이 책『민족의 인종적 기원』은 한편으로 전근대에 역사적으로 존재했던 인종적 민족의 범주와 지속성을, 다른 한편으로 근대 민족과 민족주의 형성에 미친 근대화의 충격을 규명하면서 민족의 형성과정을 그려내고 있다.

이 책은 서장격인 1장, 2부 7개의 장으로 된 본론, 종장인 9장으로 구성되어 있는데, 1장에서는 근본주의자와 원초주의자의 입장을 개관한다. 1부는 인종적 민족의 본질과 기원을 검토하는 내용으로, 인종적 민족의 주요 특징과 그 토대, 인종적 민족의 감정과 운동 및 그것들의 발생상황, 인종적 민족 공동체의 대중동원과 폐쇄성, 그리고 인종적 민족의 부활을 기술하고 있다. 2부에서는 현대에 인종적 민족 공동체가 생존하고 있는 것을 분석한다. 2부는 서구의 경제적, 정치적, 문화적 혁명에 의해 인종적 민족은 단절되거나 아니면 근대적 민족으로 형성되며, 이 단계에서 한편으로는 대중에 기반을 갖고 활동하는 세속적 이익사회의 특징을 갖고 다른 한편으로는 과거의 황금시대를 재현하기 위한 활동을 통해 새로운 민족으로 형성된다는 것을 기술한다. 종장인 9장은 결론으로 현재의 민족과 과거의 인종적 민족의 정체성은 정합성을 보이고 있다는 점에서 인종적 민족이 지속성을 갖는다는 점을 강조하고 있다.

고대부터 현대까지 유럽과 중동의 인종적 민족이 형성되고 그것이 민족으로 바뀌는 근원을 밝히고 있는 이 책은 다음과 같은 점에서 전공자에게든 일반 독자들에게 크나큰 유용성과 진진한 흥미를 주리라 믿는다. 무엇보다도 먼저 이 책은 독자들이 역사적으로 등장한 인종적 민족의 지속성과 근대 민족의 인종적 기원을 근본적으로 이해할 수 있도록 설명해 주고 있다. 둘째, 이 책은 20세기 말 지구촌 곳곳에서 자신들의 독자적인 국가를 갖기 위한 노력의 일환으로 분출했었고, 21세기인 현재도 분리 독립을 추구하는 소수 민족의 분리주의 운동의 발생 원인과 그 운동의 힘을 이해하게끔 하고 있다. 셋째, 이 책이 다루고 있는 대상이 시대적으로 고대부터 현대까지, 공간적으로는 중동에서 유럽까지 걸쳐 있는 여러 인종적 민족이고, 이들 인종적 민족의 형성과 기원을 서술하는 데 그들의 역사와 문화를 신화, 기념물, 상징을 소재로 삼아 설명하고 있기 때문에, 독자들에게 시간과 공간의 제약을 넘어 인류 역사에 관한 풍부한 읽을거리를 제공하고 있다. 넷째, 비록 이 책에서 한민족과 한국 민족주의가 분석되고 있지는 않지만 이 책의 핵심개념이 되는 "공유한 조상의 신화, 역사, 문화와 특정한 영역과 연대의식을 가진 명명된 인간의 집합"이란 인종적 민족 개념은 오랜 역사/문화 공동체를 이루어 온 한민족의 기원과 힘에 대한 이해와 한국 민족주의를 연구하는 데 유용한 분석개념으로서 큰 도움을 주고 있다.

필자가 학문의 길에서 활동하는 데 있어 감사드려야 할 분들이 많이 있지만, 이 책을 내는 데 도움을 주신 몇 분께 특별히 감사의 인사를 드리지 않을 수 없다. 진덕규 이화여자대학교 명예교수님은 역자의 석사과정 때 지도교수로서 한국의 정치사와 민족주의에 대해 관심을 갖도록 해주셨고, 사제로 학연을 맺은 이래 지금까지 학문의 길로 가는 데 변함없는 격려와 도움을 주셨다. 신복룡 건국대학교 명예교수님은 역자가 이 책을 번역하고 있음을 아시자 노안임에도 불구하고 자청하셔서 초고를 읽고 잘못된 번역을 바로잡는 수고를 해주셨다. 그린비출판사의 박순기 편집장은 정확한 번역서가 되도록 번역문과 원문을 대조하면서까지 교열을 보면서 독자들이 읽기 쉬운 글이 되도록 글의 흐름을 바로잡는 데 도움을 주었다. 그럼에도 불구하고 이 책에 있는 잘못된 번역의 책임은 전적으로 옮긴이에게 있음을 밝히며 독자들의 질정을 바란다.

부디 이 책이 독자들이 민족과 민족주의를 심층적으로 이해하고 현대 세계에서도 지구촌 곳곳에서 분출하는 분리주의 운동을 이해하는 데 도움이 되기를 바란다.

참고문헌

Abraham, S. and Abraham, N. (eds) 1983: *Arabs in the New World*, Studies on Arab-American communities, Detroit: Wayne State University Press.

Acton, T. 1979: Academic success and political failure: a review of modern social science writing in English on the Gypsies. *Ethnic and Racial Studies*, 2, pp. 231-41.

Adenwalla, M. 1961: Hindu concepts and the *Gita* in early Indian national thought. In R. A. Sakai(ed.), *Studies on Asia*, Lincoln: University of Nebraska Press.

Ahmed, J. M. 1960: *The Intellectual Origins of Egyptian Nationalism.* London: Oxford University Press.

Ajayi, A. J. A. 1960: The place of African history and culture in the process of nation-building in Africa south of the Sahara. *Journal of Negro Education*, 30, pp. 206-13.

Akzin, Benjamin 1964: *State and Nation.* London: Hutchinson.

Alcock, J. 1973: *Arthur's Britain.* Harmondsworth: Penguin.

Allardt, E. 1979: *Implications of the Ethnic Revival in modern, industrialised society.* Commentationes Scientiarum Socialium 12, Societas Scientiarum Fennica, Helsinki.

Alty, J. H. M. 1982: Dorians and Ionians, *the Journal of Hellenic Studies*, 102, pp. 1-14.

Anchor, R. 1967: *The Enlightenment Tradition.* New York: Harper & Row.

Anderson, B. 1983: *Imagined Communities: Reflections on the origin and spread of Nationalism.* London: Verso Editions and New Left Books.

Anderson, C. W., von der Mehden, F. R. and Young, C. 1967: *Issues of Political Development*. Englewood Cliffs: Prentice-Hall.

Anderson, M. S. 1972: *The Ascendancy of Europe, 1815-1914*. London: Longman.

Anderson, Perry 1974a: *Passages from Antiquity to Feudalism*. London: New Left Books.

_____ 1974b: *Lineages of Absolutism*. London: New Left Books.

Anderson, W. 1983: *Holy Places of Britain*. London: Ebury Press.

Andreski, S. 1954: *Military Organisation and Society*. London: Routledge and Kegan Paul.

Andrewes, A. 1956: *The Greek Tyrants*. London: Hutchinson University Library. 1965: The growth of the city-state. In H. Lloyd-Jones, (ed.) *The Greek World*, Harmondsworth: Penguin.

_____ 1971: *Greek Society*. Harmondsworth: Penguin.

Antal, F. 1956: *Fuseli Studies*. London: Routledge and Kegan Paul.

Apter, D. (ed.) 1963a: *Ideology and Discontent*. New York: Free Press.

_____ 1963b: Political religion in the new nations. In C. Geertz (ed.), *Old Societies and New States*. New York: Free Press.

Arberry, A. J. (ed.) 1969: *Religion in the Middle East: Three Religions in Concord and Conflict*, Vol. I: Judaism and Christianity; Vol. II: Islam. Cambridge: Cambridge University Press.

Archer, M. and Vaughan, M. 1971: *Social Conflict and educational change in England and France*, 1789-1848, Cambridge: Cambridge University Press.

Argyle, W. J. 1969: European nationalism and African tribalism. In P. H. Gulliver(ed.), *Tradition and Transition in East Africa*. London: Pall Mall Press.

_____ 1976: Size and Scale as factors in the development of nationalist movements. In A. D. Smith, (ed.) *Nationalist Movements*, London: MacMillan and New York: St Martin's Press.

Armstrong, J. 1963: *Ukrainian Nationalism*. 2nd edn, New York: Columbia University Press.

_____ 1976: Mobilised and proletarian diasporas. *American Political Science Review*, 70, pp. 393-408.

_____ 1982: *Nations before Nationalism*. Chapel Hill: University of North Carolina Press.

Arnakis, G. 1963: The role of religion in the development of Balkan nationalism.

In B. Jelavich and C. Jelavich(eds), *The Balkans in Transition*. Berkeley: University of California Press.

Aron, R. 1978: *German Sociology*. Westport, Conn: Greenwood Press.

Arts Council of Great Britain 1972a: *The Age of Neo-Classicism*. London: Royal Academy of Arts.

_____ 1972b: *Daniel Maclise(1806-70)*, National Portrait Gallery, London.

Ashe, Arthur(ed.) 1971: *The Quest for Arthur's Britain*. London: Paladin Books.

Ashworth, G. (ed.) 1977-80: *World Minorities*. Vol. I, 1977; Vol. II, 1978; Vol. III, 1980. Sunbury, Middlesex: Quartermaine House Ltd.

Atiya, A. S. 1968: *A History of Eastern Christianity*. London: Methuen.

Atkinson, W. C. 1960: *A History of Spain and Portugal*. Harmondsworth: Penguin.

Avery, P. W. 1965: *Modern Iran*. London: Ernest Benn.

Avi-Yonah, M. 1976: *The Jews of Palestine: A Political History from the Bar-Kochba War to the Arab Conquest*. Oxford: Basil Blackwell.

_____ 1981: *Art in Ancient Palestine*. The Hebrew University, Jerusalem: Magnes Press.

Ayal, E. B. 1966: Nationalist ideology and economic development, *Human Organisation*, 25, pp. 230-39.

Azar, E. E. and Burton, J. W. (eds) 1986: *The Theory and Practice of International Conflict Resolution*. Brighton: Wheatsheaf.

Baeck, L. 1948: *The Essence of Judaism*. New York: Schocken Books.

Balandier, G. 1953: Messianismes et nationalismes en Afrique Noire. *Cashiers Internationaux de Sociologie*, 14, pp. 41-65.

Balsdon, J. V. 1979: *Romans and Aliens*. London: Duckworth.

Banks, J. 1972: *The Sociology of Social Movements*. London: Macmillan.

Banton, M. 1967: *Race Relations*. London: Tavistock.

Barbu, Z. 1967: Nationalism as a source of aggression. In CIBA, *Conflict*. London: The Ciba Foundation.

Bardon, H. 1963: Les peintures à sujets antiques au XVIIIe siècle d'après les livres de Salons. *Gazette des Beaux-Arts*, 6ème période, LXI, pp. 217-49.

Barnard, F. M. 1965: *Herder's Social and Political Thought*. Oxford: Clarendon Press.

_____ 1969: Culture and political development: Herder's suggestive insights. *American Political Science Review*, 62, pp. 379-97.

Barnett, R. (ed.) 1971: *The Sephardi Heritage*. London: Valentine, Mitchell & Co. Ltd.

Barth, F. (ed.) 1969: *Ethic Groups and Boundaries*. Boston: Little, Brown & Co.

Barzun, J. 1932: *The French Race*. New York: Columbia University Press.

Battersby, M. 1976: *The Decorative Twenties*. London: Studio Vista.

Bauer, Otto 1924: *Die Nationälitatenfrage und die Sozialdemokratie*. Vienna: Brand.

Baynes, N. H. and Moss, H. St. L. B (eds) 1969: *Byzantium: An Introduction to East Roman Civilisation*. Oxford, London and New York: Oxford University Press.

Beales, D. (ed.) 1971: *The Risorgimento and the Unification of Italy*. London: Allen and Unwin.

Beckett, J. C. 1958: *A Short History of Ireland*. London: Hutchinson University Library.

Bedford, S. 1975: *A Legacy*. London: Fontana Paperbacks.

Beetham, D. 1974: *Max Weber and the Theory of modern politics*. London: Allen and Unwin.

Bell, D. 1973: *The Coming of Post-Industrial Society*. New York: Basic Books.

Bellah, R. 1964: Religious evolution, *American Sociological Review*, 29, pp. 358-74.

Ben-Arieh, Y. 1979: *The Rediscovery of the Holy Land in the nineteenth century*. The Hebrew University, Jerusalem: Magnes Press.

Bendix, R. 1964: *Nation-Building and Citizenship*. New York: Wiley.

_____ 1966: Tradition and Modernity reconsidered. *Comparative Studies in Society and History*, 9, pp. 292-346.

Ben-Ezzi (Jacob) Cohen(Shafik) 1965: *The Samaritans: Their History-Customs-Religion*. Jordan: Nablus.

Bennigsen, A. and Lemercier-Quelquejay, C., 1960: *Les mouvements nationaux chez les Musulmans de la Russie*. Paris: Mouton.

_____ 1966: *Islam in the Soviet Union*. London: Pal Mall Press.

Benoî, François 1897: *L'Art Français sous la Révolution et l'Empire, les doctrines, les idées, les genres⋯*. Paris 1897.

Ben-Sasson, H. and Ettinger, S. (eds) 1971: *Jewish Society through the Ages*. London: Valentine, Mitchell & Co.

Benthem van den Berghe, G. Van 1966: Contemporary nationalism in the Western world. *Daedalus*, 95, pp. 828-61.

Berger, P., Berger, B. and Kellner, H. 1974: *The Homeless Mind*. Harmondsworth: Penguin.

Berger, S. 1972: Bretons, Basques, Scots and other European nations. *Journal of Interdisciplinary History*, 3, pp. 167-75.

Berkes, N. 1964: *The development of Secularism in Turkey*. Montreal: McGill University Press.

Berlin, I. 1976: *Vico and Herder*. London: Hogarth Press.

Beteille, A. 1965: *Caste, class and power: changing patterns of stratification in a Tanjore village*. Berkeley and Los Angeles: University of California Press.

Beyer, W. C. 1959: The civil service in the Ancient World. *Public Administration Reivew*, 19, pp. 243-9.

Binder, L. 1964: *The Ideological Revolution in the Middle East*. New York: Wiley.

Bindmand, D. 1977: *Blake as an Artist*. Oxford: Phaidon.

_____ (ed.) 1979: *John Flaxman, R. A.*, London, Royal Academy of Arts: Thames & Hudson.

Birch, A. 1977: *Political integration and disintegration in the British Isles*. London: Allen & Unwin.

Bisson, T. N. 1982; Myth and genealogy in the rise of Catalonia: the early version of the *Gesta Comitum Barcinonensium*, Paper for Conference on *Legitimation by Descent*, Maison des Sciences de l'Homme, Paris.

Blau, J. L. et al. 1959: *Essays on Jewish Life and Thought*. New York: Columbia University Press.

Bloch, M. 1961: *Feudal Society*. 2 vols, London: Routledge & Kegan Paul.

Bond, B. and Roy, I. (eds) 1975: *War and Society*. London: Croom Helm.

Boulton Smith, J. 1985: *The Kalevala* in Finnish Art. Books from Finland, 19/1, pp. 48-55.

Bowlt, J. E. (ed.) 1982: *Russian Stage Design: Scenic Innovation, 1900-30*. From the collection of Mr and Mrs Nikita D. Lobanov-Rostovsky, Mississippi Museum of Art, Jackson MS.

Boyce, D. G. 1982: Separatism and the Irish Nationalist tradition. In C. Williams (ed.), *National Separatism*. Cardiff: University of Wales Press.

Boyce, M. 1979: *Zoroastrians; their religious beliefs and practices*. London: Routledge & Kegan Paul.

Bracey, J. H., Meier, A. and Rudwick, E. (eds) 1970: *Black Nationalism in America*. Indianapolis and New York: Bobbs-Merrill.

Braidwood, R. and Willey, G. (eds) 1962: *Courses towards Urban Life*. New York: Aldine Publishing Co.

Bramson, L. and Goethals, G. W. (eds) 1964: *War, Studies in Psychology, Sociology, Anthropology*. New York: Basic Books.

Branch, M. (ed.) 1985: *Kalevala; the Land of Heroes* (trans W. F. Kirby). London, The Athlone Press, and New Hampshire, Dover.

Brand, J 1978: *The Scottish National Movement*. London: Routledge & Kegan Paul.

Brandon, S. G. F. 1967: *Jesus and the Zealots*. Manchester: Manchester University Press.

_____ 1969: *On the Trial of Jesus of Nazareth*, London: Batsford.

Brass, P. 1974: *Religion, Language and Politics in North India*. Cambridge: Cambridge University Press.

_____ 1979: Elite groups, symbol manipulation and ethnic identity among Muslims of South Asia. In D. Taylor and M. Yapp, (eds) *Political Identity in South Asia*, London and Dublin: Curzon Press.

_____ (ed.) 1985: *Ethnic Groups and the State*, London: Croom Helm.

Breuilly, J. 1982: *Nationalism and the State*, Manchester: Manchester University Press.

Brewer, A. 1980: *Marxist Theories of Imperialism*. London: Routledge & Kegan Paul.

Bright, J. 1978: *A History of Israel*. London: SCM Press.

British Library 1978: *The Christian Orient*. London: British Museum Publications Ltd.

Brock, P. 1976: *The Slovak National Awakening*. Eastern European Monographs, Toronto: University of Toronto Press.

Brooke, C. 1969: *From Alfred to Henry III, 871-1272*. London: Sphere Books Ltd.

Brotz, H. 1966: *Negro social and political thought, 1850-1920*. New York and London: Basic Books.

Brown, L. C. 1964: The Islamic Reformist movement in North Africa. *Journal of Modern African Studies*, 2. pp. 55-63.

Burgess, E. 1978: The resurgence of ethnicity, *Ethnic and Racial Studies*, 1, pp. 265-85.

Burn, A. R. 1960: *The Lyric Age of Greece*. London: Edward Arnold.

_____ 1978: *The Pelican History of Greece*. Harmondsworth: Penguin.

Burney, C. and Lang, D. M. 1971: *The Peoples of the Hills; Ancient Ararat and Caucasus*. London: Weidenfeld & Nicolson.

Burrows, E. G. 1982: Bold Forefathers and the Cruel Step-Mother: Ideologies of Descent in the American Revolution. Paper for Conference on *Legitimation by Descent*, Maison des Sciences de l'Homme, Paris.

Cambridge Ancient History: Vol. I/Part 2, *The Early History of the Middle East* (1971); Vol. II/Part 1, *The History of the Middle East and the Aegean Region, 1800-1300 BC* (1973). 3rd edn, Cambridge: Cambridge University Press.

Cambridge History of Iran: Vol. III/Parts 1 and 2, *The Seleucid, Parthian and Sassanian periods* (ed. E. Yarshater) (1983); Vol. IV, *The Perioud from the Arab Invasion to the Saljuqs* (ed. R. N. Frye) (1975). Cambridge: Cambridge University Press.

Cambridge History of Judaism: Vol. I, *Introduction; the Persian Period* (eds W. D. Davies and L. Finkelstein) (1984). Cambridge: Cambridge University Press.

Campbell, J. and Sherrard, P. 1968: *Modern Greece*. London: Benn.

Carmichael, J. 1967: *The Shaping of the Arabs*. New York: The Macmillan Company.

Chadwick, N. 1970: *The Celts*. Harmondsworth: Penguin.

Chamberlin, E. R. 1979: *Preserving the Past*. London: J. M. Dent & Sons.

Charlton, D. G. 1984: *New Images of the Natural in France* (The Gifford Lectures 1982-3). Cambridge: Cambridge University Press.

Chippindale, C. 1983: *Stonehenge Complete*. London: Thames & Hudson.

CIBA 1967: *Conflict*. The Ciba Foundaiton, London.

Clayton, P. 1982: *The Rediscovery of Egypt*. London: Thames & Hudson.

Clogg, R. (ed.) 1973: *The Struggle for Greek Independence*. London: Macmillan.

Cobban, A. 1963: *A History of France*, Vol. I, 1715-99. erd Edn, Harmondsworth: Penguin.

_____ 1964: *Rousseau and the Modern State*. 2nd edn. London: Allen & Unwin.

Cohen, S. M. 1983: *American Modernity and Jewish Identity*. London & New York: Tavistock Publications.

Cohler, Anne 1970: *Rousseau and Nationalism*. New York: Basic Books.

Coleman, J. S. 1958: *Nigeria, Background to Nationalism*. Berkeley and Los

Angeles: University of California Press.

Cornolly, P. 1981: *Greece and Rome at War*. London: Phoebe MacDonald.

Connor, W. 1972: Nation-building or nation-destroying? *World Politics*, 24, pp. 319-55.

_____ 1973: The Politics of Ethno-nationalism. *Journal of International Affairs*, 27. pp. 1-21.

_____ 1977: Ethno-nationalism in the First World. In M. Esman, *Ethnic conflict in the Western World*, Ithaca: Cornell University Press.

_____ 1978: A nation is a nation, is a state, is an ethnic group, is a···, *Ethnic and Racial Studies*, 1, pp. 377-400.

_____ 1984: Eco- or ethno-nationalism? *Ethnic and Racial Studies*, 7, pp. 342-59.

Contenau, G. 1954: *Everyday Life in Babylon and Assyria*. London: Edward Arnold.

Cook, J. M. 1983: *The Persian Empire*, London, J. M. Dent.

Cook, M. 1983: *Muhammad*. Oxford and New York: Oxford University Press.

Cottam, R. 1979: *Nationalism in Iran*. Pittsburgh, PA: University of Pittsburgh Press.

Coulborn, R. 1959: *The Origin of Civilised Societies*. Princeton University Press.

Coulon, C. 1978: French political science and regional diversity: a strategy of silence. *Ethnic and Racial Studies*, 1, pp.80-99.

_____ and Morin, F. 1979: Occitan ethnicty and politics, *Critique of Anthropology*, 13-14, pp. 105-23.

Crow, Tom 1978: The Oath of the Horatii in 1785: Painting and pre-Revolutionary radicalsim in France. *Art History*, I, pp. 424-71.

Cruse, H. 1967: *The Crisis of the Black Intellectual*. London: W. H. Allen.

Cummins, I. 1980: *Marx, Engels and National Movements*. London: Croom Helm.

Crone, P. and Cook, M. 1980: *Hagarism, the making of the Islamic World*. Cambridge: Cambridge University Press.

Dakin, D. 1972: *The Unification of Greece, 1770-1923*. London: Ernest Benn Ltd.

Dames, M. 1976: *The Silbury Treasure*. London: Thames & Hudson.

Daniel, G. 1971: *The First Civilisations*. Harmondsworth: Penguin.

David, A. R. 1982: *The Ancient Egyptians: Beliefs and Practices*. London and Boston: Routledge & Kegan Paul.

Davies, Norman 1982: *God's Playground, A History of Poland*, 2 vols, Oxford:

Clarendon Press.

Davis, H. B. 1967: *Nationalism and Socialism: Marxist and Labor theories of Nationalism*. London and New York: Monthly Review Press.

Davis, R. H. 1976: *The Normans and their Myth*. London: Thames & Hudson.

Dawn, C. E. 1961: From Ottomanism to Arabism: the origin of an ideology. *Review of politics*, 23, pp. 379-400.

Debray, R. 1977: Marxism and the National Question, *New Left Review*, 105, pp. 20-41.

De Grand, A. J. 1978: *The Italain Nationalist Association and the rise of Fascism in Italy*. Lincoln and London: University of Nebraska Press.

Demos, R. 1958: The Neo-Hellenic Enlightenment, 1750-1820. *Journal of the History of Ideas*, 19, pp. 523-41.

Detroit 1975: *French Painting, 1774-1830: The Age of Revolution*. Detroit: Wayne State University Press, for the Institute of Arts.

Deutsch, K. W. 1966: *Nationalism and Social Communication*. 2nd edn, New York: M.I.T. Press.

_____ 1969: *Nationalism and Its Alternatives*. New York: Knopf.

_____ and Foltz, W. J. (eds) 1963: *Nation-Building*. New York: Atherton.

Dinur, Ben-Zion 1969: *Israel and the Diaspora*. Philadelphia: Jewish Publication Society of America.

Ditchfield, P. H. 1985: *The charm of the English Village*. London: Bracken Books.

Dixon, P. 1976: *Barbarian Europe*. Oxford: Elsevier-Phaidon.

Djilas, A. 1984: Communists and Yugoslavia. *Survey*, 28, pp. 25-38.

Doob, L. 1964: *Patriotism and Nationalism: their psychological foundations*. New Haven: Yale University Press.

Draper, Theodore 1970: *The Rediscovery of Black Nationalism*. London: Secker and Warburg.

Droz, Jacques 1967: *Europe between Revolutions, 1815-48*. London and Glasgow: Collins.

Dowd, David 1948: *Pageant-master of the Republic: Jacques-Louis David and the French Revolution*. Nebraska: University of Lincoln Press.

Dubnow, Simon 1958: *Nationalism and History* (ed. K. Pinson). Philadelphia: Jewish Publication Society of America

Dumont, L. 1970: *Homo Hierarchicus*. London: Paladin.

Dunlop, D.M. 1967: *The History of the Jewish Khazars*. New York: Schocken Books.

Dunn, John 1978: *Westeren political theory in the face of the future*. Cambridge: Cambridge University Press.

Durkheim, Emile 1915: *The Elementary Forms of the Religious Life* (trans. J. Swain) London: Allen & Unwin.

_____ 1962: *Socialism and St Simon* (introduced by A. Gouldner). New York: Collier-Macmillan.

_____ 1964: *The Division of Labour in Society* (trans. G. Simpson). New York: Free Press of Glencoe and London: Collier-Macmillan.

Easton, D. and Guddat, K. H. (eds) 1967: *Writings of the Young Marx on Philosophy and Society*. Garden City, New York: Anchor Books.

Eberhard, W. 1977: *A History of China*. 4th edn, London: Routledge & Kegan Paul.

Edmonds, C. J. 1971: Kurdish Nationalism. *Journal of Contemporary History*, 6, pp. 87-107.

Ehrenberg, V. 1960: *The Greek State*. Oxford: Basil Blackwell.

Einstein, Alfred 1947: *Music in the Romantic Era*. London: J. M. Dent & Sons.

Eisenstadt, S. N. 1962: Religious organisations and political power in centralised empires. *Journal of Asian Studies*, 21, pp. 271-94.

_____ 1973: *Tradition, Change and Modernity*. New York: Wiley.

_____ and Azmon, Y. (eds) 1975: *Socialism and Tradition*. Atlantic Highlands, New J -ersey: Humanities Press.

Eisenstein-Barzilay, I. 1959: National and anti-national trends in the Berlin Haskalah. *Jewish Social Studies*, 21, pp. 165-92.

Ellis Davidson, H. R. 1984: *Gods and Myths of Northern Europe*. Harmondsworth: Penguin.

Elon, Amos 1971: *The Israelis: Founders and Sons*. London: Weidenfeld & Nicolson.

Elviken, A. 1931: The genesis of Norwegian nationalism. *Journal of Modern History*, 3, pp. 365-91.

Embree, A. T. 1972: *India's Search for National Identity*. New York: Alfred A. Knopf.

Emery, W. B. 1961: *Archaic Egypt*. Harmondsworth: Penguin.

Encyclopedia Judaica 1971: Jerusalem: Keter Publishing House.

Enloe, Cynthia 1973: *Ethnic conflict and political development*. Boston: Little, Brown & Co.

_____ 1980: *Ethnic Soldiers*. Harmondsworth: Penguin.

Epstein, A. L. 1978: *Ethos and Identity*. London: Tavistock Publications Ltd.

Esman, M. (ed.) 1977: *Ethnic conflict in the Western World*. Ithaca: Cornell University Press.

Febvre, L. and Martin, H-J. 1984: *The Coming of the Books: The impact of Printing, 1450-1800*. London: Verso Edition.

Ferguson, J. 1973: *The Heritage of Hellenism*. London: Thames & Hudson.

Feuer, L. S. 1969: *The Conflict of Generations*. London: Heinemann.

Fieldhouse, D. K. (ed.) 1967: *The Theory of Capitalist Imperialism*. London: Longman.

Finlayson, G. 1983: The changing face of British Conservatism. *History Today*, 33, pp. 15-21.

Finley, Moses (ed.) 1961: *Slavery in Classical Antiquity*. Cambridge: Heffer & Sons.

_____ 1981: *Economy and Society in Ancient Greece*. London: Chatto and Windus.

Fishman, Joshua (ed.) 1968: *Languange problems of developing countries*. New York: John Wiley.

_____ 1980: Social theory and ethnography: neglected perspectives on language and ethnicity in Eastern Europe. In P.F. Sugar (ed.) *Ethnic diversity and conflict in Eastern Europe*, Santa Barbara: ABC-Clio.

Florescu, R. R. 1967: The Uniate Church: catalyst of Rumanian nationalsim. *Slavic and East European Review*, 45, pp. 324-42.

Fondation Hardt 1962: *Grecs et Barbares, Entretiens sur l'antiquite classique*. VIII, Geneva.

Forrest, W. G. 1966: *The Emergence of Greek Democracy*. London: Weidenfeld & Nicolson.

Francis, E. K. 1968: The ethnic factor in nation-building, *Social Forces*, 46, pp. 338-46.

Frank, A. G. 1969: *Latin America: Underdevelopment or Revolution?* New York: Monthly Review Press.

Frankel, T. 1972: *The Russian artist: the creative person in Russian culture*. New York: macmillan.

Frankfort, H. 1948: *Kingship and the Gods.* Chicago: Chicago University Press.

_____ 1954: *The birth of civilisation in the Near East.* New York: Anchor Books.

_____ 1970: *Art and Architecture of the Ancient Orient.* Harmondsworth: Penguin Books.

Frankfort, H., Frankfort, H.A., Wilson J. A. and Jacoboson T. 1949: *Before Philosophy.* Harmondsworth: Penguin.

Frazee, C. A. 1969: *The Orthodox Church and Independent Greece, 1821-52.* Cambridge University Press.

Friedlaender, W. F. 1952: *David to Delacroix.* Cambridge Mass: Harvard University Press.

Frye, Richard N. 1966: *The Heritage of Persia.* New York: Mentor.

Furnivall, J. S. 1948: *Colonial Policy and Practice.* Cambridge: Cambridge University Press.

Gans, H. 1979: Symbolic ethnicity, *Ethnic and Racial Studies,* 2, pp. 1-20.

Ganshof, F. L. 1952: *Feudalism* (trans. P. Grierson). London: Longman, Green & Co.

Gantz, J. (ed.) 1981: *Early Irish Myths and Sagas* (trans. J. Gantz). Harmondsworth: Penguin.

Geertz, C. (ed.) 1963a: *Old Societies and New States.* New York: Free Press.

_____ 1963b: The Integrative Revolution, In C. Geertz, (ed) *Old Societies and New States.* Harmondsworth: Penguin.

_____ 1963c: Ideology as a cultural system. In D. Apter, (ed.) *Ideology and Discontent,* New York: Free Press.

Geiss, I. 1964: *The PanAfrican Movement.* London: Methuen.

Gella, A. (ed.) 1976: *The Intelligentsia and the Intellectuals.* Beverley Hills: Sage Publications.

Gellner, E. 1964: *Thought and Change.* London: Weidenfeld & Nicolson.

_____ 1973: Scale and Nation. *Philosophy of the Social Sciences,* 3, pp. 1-17.

_____ 1982: Nationalism and the two forms of Cohesion in Complex Societies (Radcliffe-Brown Lecture in Social Anthropology). *Proceedings of the British Academy,* London, Vol. 68, Oxford University Press.

_____ 1983: *Nations and Nationalism.* Oxford: Basil Blackwell.

Geoffrey of Monmouth 1966: *The History of the Kings of Britain* (trans. L. Thorpe). Harmondsworth: Penguin.

Ghirshman, R. 1954: *Iran*. Harmondsworth: Penguin.

Gibb, H. A. R. 1947: *Modern Trends in Islam*. Chicago: Chicago University Press.

Gieysztor, A., Herbst, S. and Lesnodorski, B. 1959: *A Thousand Years of Polish History*. Warsaw: Polonia Publishing House.

_____ 1962: *Millenium: A Thousand Years of the Polish State*. Warsaw: Polonia Publishing House.

Giner, S. and Archer, M.S. (eds) 1971: *Contemporary Europe: Class, Status and Power*. London: Weidenfeld & Nicolson.

_____ (eds) 1978: *Contemporary Europe, Social Structures and cultural patterns*. London: Routledge & Kegan Paul.

Girouard, M. 1978: *Life in the English Country House; a social and architectural history*. New Haven: Yale University Press.

Glazer, N. and Moynihan, D. P. (eds) 1964: *Beyond the Melting-pot*. Cambridge, Mass: M. I. T. Press.

_____ (eds) 1975: *Ethnicity, theory and experience*. Cambridge, Mass: Harvard University Press.

Godwin,J. 1981: *Mystery Religions in the Ancient World*. London: Thames & Hudson.

Godechot, j 1965: *France and the Atlantic Revolution of the Eighteenth Century, 1770-99*. New York: Free Press.

Goitein, S. D. 1955: *Jews and Arabs, their contacts through the ages*. New York: Schoken Books.

Goldstein, D. 1975: *The Jewish Poets of Spain*. Harmondsworth: Penguin.

Goodrich, L. C. 1948: *A Short History of the Chinese People*. London: Allen & Unwin.

Goody, Jack 1971: *Tradition, technology and the State in Africa*. London: Oxford University Press.

Gouldner, Alvin 1979: *The Rise of the Intellectuals and the Future of the New Class*. London: Macmillan.

Grant, M. 1973: *The Jews in the Roman World*. London: Weidenfeld &Nicolson.

_____ 1982: *From Alexander to Cleopatra*. London: Weidenfeld & Nicolson.

Graves, Robert 1960: *The Greek Myths*. 2 vols, Harmondsworth: Penguin.

Gray, C. 1971: *The Russian Experiment in Art, 1863-1922*. London: Thames & Hudson.

Greeley, Andrew 1974: *Ethnicity in the United States*. New York: John Wiley.

Green, V. H. 1964: *Renaissance and Reformation*. 2nd edn, London: Edward Arnold.

Greenberg, L. 1976: *The Jews of Russia*. 2 vols, New York: Schocken Books.

Grigson, G. 1950: Painters of the Abyss. *Architectural Review*, 108, New York: pp. 215-20.

Grimal, Pierre 1968: *Hellenism and the Rise of Rome*. London: Weidenfeld & Nicolson.

Gulliver, P. H. (ed.) 1969: *Tradition and transition in East Africa*. London: Pall Mall.

Gurney, O. R. 1954: *The Hittites*. Harmondsworth: Penguin.

Gusfield, J. 1967: Tradtion and modernity: misplaced polarities in the study of social change. *American Journal of Sociology*, 72, pp. 351-62.

Gutkind, P. and Wallerstein, I. (eds) 1976: *The Political Economy of Contemporary Africa*. Beverley Hills: Sage Publications.

Gutmann, E. 1979: Religion and its role in national integration in Israel. *Middle East Review*, 12, pp. 31-36.

Gutteridge, W. F. 1975: *Military regimes in Africa*. London: Methuen & Co.

Hadas, M. 1943: From Nationalism to Cosmopolitanism in the Greco-Roman World. *Journal of the History of Ideas*, 4, pp. 105-111.

_____ 1950: National survival under Hellenistic and Roman imperialism. *Journal of the History of Ideas*, 11, pp. 131-9.

Haim, S. G. (ed.) 1962: *Arab Nationalism, an Anthology*. Berkeley and Los Angeles: University of California Press.

Halecki, O. 1955: *A History of Poland*. London: J. M. Dent & Sons.

Halkin, S. 1970: *Modern Hebrew Literature*. New York: Schocken Books.

Hall, J. 1962: Feudalism in Japan. *Comparative Studies in Society and History*, V, pp. 15-51.

Hall, John 1985: *Powers and Liberties: the causes and consequences of the rise of the West*. Oxford: Basil Blackwell.

Hall, R. (ed.) 1979: *Ethnic Autonomy- Comparative Dynamics*. New York: Pergamon Press.

Halliday, F. 1979: *Iran: Dictatorship and development*. Harmondsworth: Penguin.

_____ and Molyneux, M. 1981: *The Ethiopian Revolution*. London: Verso and

New Left Books.

Halmos, P. (ed.) 1964: The development of Industrial societies. *Sociological Review Monograph*, No. 8.

Halpern, B. 1961: *The idea of a Jewish State*. Cambridge, Mass: Harvard University Press.

Hamerow, T. 1958: *Restoration, Revolution, Reaction: Economics and Politics in Germany, 1815-71*. Princeton University Press.

Handelsman, M. 1929: Le rôle de la nationalité dans l'historire du Moyen Age. *Bulletin of the International Committee of Historical Sciences*, 2 (2), pp. 235-46.

Hanham, H. J. 1969: *Scottish Nationalism*. London: Faber.

Harbison, P., Potterton, H. and Sheehy, J. 1978: *Irish Art and Architecture*. London:

Thames & Hudson.

Harden, Donald 1971: *The Phoenicians*. Harmondsworth: Penguin.

Harding, James 1979: *Artisters Pompiers, French Academic Art in the nineteeth century*. London: Academy Editions.

Harrison, S. 1960: *India, the most dangerous decades*. Princeton University Press.

Haskell, F. 1976: *Rediscoveries in Art*. London: Phaidon.

Haugen, E. 1966: Dialect, language, nation. *American Anthropologist*, 68/4, pp. 922-35.

Hecher, M. 1975: *Internal Colonialism: the Celtic Fringe in British National Development, 1536-1966*. London: Routledge & Kegan paul.

Hechter, M. and Levi, M. 1979: The comparative analysis of ethno-regional movements. *Ethnic and Racial Studies*, 2, pp. 260-74.

Heiberg, M. 1975: Insiders/Outsiders: Basque Nationalism. *European Journal of Sociology*, 16, pp. 169-93.

Heilman, S. C. 1983: *The People of the Book: Drama, Fellowship and Religion*. Chicago and London: University of Chicago Press.

Heimsath, C. 1964: *Indian Nationalism and Hindu social reform*. Princeton University Press.

Henderson, G. P. 1971: *The revival of Greek Thought*. Edinburgh and London: Scottish Academic Press.

Hengel, M. 1980: *Jews, Greeks and Barbarians*. London: SCM Press.

Héraud, G. 1963: *L'Europe des Ethnies*. Paris: Presses d'Europe.

Herbert, R. 1972: *David, Voltaire, Brutus and the French Revolution*. London: Allen Lane.

Hertz, Frederick 1944: *Nationality in History and Politics*. London: Routledge & Kegan Paul.

Hertzberg, A. (ed.) 1960: *The Zionist Idea, A Reader*. New York: Meridian Books.

Heschel, Joshua 1969: *The Prophets, An Introduction*, vol. I. New York: Harper & Row.

Heyd, Uriel 1950: *The Foundations of Turkish Nationalism; the life and teachings of Ziya Gökalp*. London: Luzac & Co., Harvill Press.

Highet, Gilbert 1959: *Poets in a Landscape*. Harmondsworth: Penguin.

Hignett, C. 1952: *A History of the Amercian Democracy*. Oxford: Clarendon Press.

Hill, Chirstopher 1968: *Puritanism and Revolution*. London: Panther Books.

Hillier, Bevis 1968: *Art Deco*. London: Studio Vista.

Hitti, P. K. 1928: *The Origins of the Druze People and Religion*. New York: Columbia University Press.

Hobsbawm, E. 1977: Some reflections on 'The Break-up of Britain'. *New Left Review*, 105, pp, 3-23.

Hobsbawm, E. and Ranger, T. (eds) 1983: *The Invention of Tradition*. Cambridge: Cambridge Univesity Press.

Hodgkin, T. 1964: The relavance of 'Western' ideas in the derivation of African nationalism. In J. R. Pennock (ed.), *Self-government in modernising societies*. Prentice-Hall, Englewood Cliffs, NJ, 1964.

Honko, Lauri 1985: The *Kalevala* Proceeds, *Books from Finland*, 19/1, pp. 16-23.

Honour, Hugh 1968: *Neo-Classicism*. Harmondsworth: Penguin.

_____ 1981: *Romanticism*. Harmondsworth: Penguin Books.

Hoogvelt, A. 1976: *The Sociology of Developing Societies*. London: Macmillan Press Ltd.

Hopkins, Keith 1978: *Conqueror and Slaves*. Cambridge: Cambridge University Press.

Horak, Stephen (ed.) 1985: *Eastern European National Minorities, 1919-80: A Handbook*. Littleton, Colorado: Libraries Unlimited Inc.

Horne, Donald 1984: *The Great Museum*. London and Sydney: Pluto Press.

Horowitz, D. 1985: *Ethnic Groups in Conflict*. Berkeley, Los Angeles and London:

University of California Press.

Hourani, A. 1970: *Arabic Thought in the Liberal Age, 1798-1939*. London and New York: Oxford University Press.

Hovannisian, R. 1967: *Armenia: the Road to Independence*. Berkeley: University of California Press.

Howard, M, 1976: *War in European History*. London: Oxford University Press.

Howard, R. C. 1969: The Chinese Reform Movement of the 1890s: a symposium. *Journal of Asian Studies*, 29/1 (Introduction, pp. 7-14).

Humphreys, R. A and Lynch, J. (eds) 1965: *The Origins of the Latin America Revolutions 1808-26*. New York: Knopf.

Hutchinson, J. 1987: *The Dynamics of Cultural Nationalism*, London: Allen & Unwin.

Huxley, G. L. 1966: *The Early Ionians*. London: Faber & Faber.

_____ 1972: *Winckelmann, Writings on Art*. Oxford: Phaidon.

Issacs, Harold 1975: *The Idols of the Tribe*. New York: Harper & Row.

Jackson Knight, W. F. 1944: *Roman Vergil*. London: Faber & Faber.

Jacobsen, T. 1976: *The Treasures of Darkness*. New Haven: Yale University Press.

Jacoby, H. 1973: *The bureaucratisation of the world*(trans. E. Kanes). Berkeley and Los Angeles: University of California Press.

Jaffe, Irma 1976: *Trumbull, the Declaration of Independence*. London: Allen Lane.

Jakobson, R. 1945: The beginnings of national self-determination in Europe. *Review of Politics*, 7, pp. 29-42.

James, Burnett 1983: *The Music of Jean Sibelius*. East Brunswick and London: Associated University Press.

Jankowski, J. P. 1979: Nationalism in Twentieth Century Egypt, *Middle East Review*, 12, pp. 37-48.

Jelavich, B. and Jelavich C. (eds) 1963: *The Balkans in Transition: Essays on the development of Balkan life and politics since the eighteenth century*. Berkeley: University of California Press.

Johnson, H. G. (ed.) 1968: *Economic Nationalism in old and new states*. London: Allen & Unwin.

Jones, Gwyn 1973: *A History of the Vikings*. London: Oxford University Press.

Joseph, John 1983: *Muslim-Christian relations and inter-Christian rivalries in the Middle East: The case of the Jacobites in an age of transition*. Albany: State

University of New York Press.

Jutikkala, Eino 1962: *A History of Finland*. London: Thames & Hudson.

Kamenka, E. (ed.) 1976: *Nationalism, the nature and evolution of an idea*. London: Edward Arnold.

Kantorowicz, E. H. 1951: Pro Patria Mori in medieval political thought. *American Historical Review*. 56, pp. 472-92.

Kaplan, A. 1976: *Waters of Eden*. New York: NCSY, Union of Orthodox Congregations of America.

Kara, E. Z. 1965: Turkey: from Oriental empire to modern nation state. In G. Metraux and F. Crouzet (eds), *The New Asia*, New York and Toronto: Mentor.

Kaufmann, Y. 1961: *The Religion of Israel*. London: Allen & Unwin.

Kautsky, John (ed.) 1962: *Political change in Underdeveloped countries*. New York: Wiley.

Keddie, N. 1962: Religion and irreligion in early Iranian nationalism. *Comparative Studies in Society and History*, 4, pp. 265-95.

_____ 1981: *Roots of Revolution: an Interpretive History of Modern Iran*. New Haven and London: Yale University Press.

Kedourie, E. 1960: *Nationalism*. London: Hutchinson.

_____ (ed.) 1971: *Nationalism in Asia and Africa*. London: Weidenfeld & Nicolson.

Kedward, R. (ed.) 1965: *The Dreyfus Affair*. London: Longman.

Keen, Maurice 1969: *A History of the Middle Ages*, Harmondsworth: Penguin

Kemenov, V. (ed.) 1979: *Vasily Surikov*. Leningrad: Aurora Art Publishers.

Kemilainen, A. 1964: *Nationalism, Problems concerning the World, the Concept and Classification*. Yvaskyla: Kustantajat Publishers.

Kenrick, D. and Puxon, G. 1972: *The Destiny of Europe's Gypsies*. London, for Sussex University Press: Chatto-Heinemann.

Kenwood 1974: *British Artists in Rome, 1700-1800*. Greater London Council: Kenwood.

Kerr, C. et al. 1962: *Industrialism and Industrial Man*. Cambridge, Mass: Harvard University.

Kessler, D. 1985: *The Falashas, the forgotten Jews of Ethiopia*. New York: Schocken Books.

King, P. 1976: Tribe: conflicts in meaning and usage. *The West African Journal of*

Sociology and Political Science, 1/2, pp. 186-94.

Kirk, G. S. 1973: *Myth, its meanings and functions in ancient and other cultures.* Cambridge: Cambridge University Press.

Kirkland, D. 1938: The growth of national sentiment in France before the fifteenth century. *History*, 23, pp. 12-14 (and in Leon Tipton. *Nationalism in the Middle Ages.* New York: Holt, Rinehart and Winston).

Klausner, Joseph 1956: *The Messianic Idea in Israel.* London: Allen & Unwin.

Klausner, S. 1960: Why they chose Israel, *Archives de Sociologie des Religion*, 9. pp. 129-44.

Knight, D.B. 1982: Identity and Territory: Geographical perspectives on Nationalism and Regionalism. *Annals of the Association of American Geographers*, 72/4, pp. 514-31.

Koch, G. F. 1967: *Die Kunstausstellung.* Berlin: Walter de Grutyer & Co.

Kochan, L. 1963: *The Making of Modern Russia.* Harmondsworth: Penguin.

Kofman, E. 1982: Differential modernisation, social conflicts and ethno-regionalism in Corsica. *Ethnic and Radical Studies*, 5, pp. 300-312.

Kohfeldt, L. 1985: *Lady Gregory.* London: Andre Deutsch.

Kohn, Hans 1929: *A History of Nationalism in the East* (trans. M. Green). London: G. Routledge & Sons.

_____ 1940: The origins of English nationalism. *Journal of the History of Ideas*, I, pp. 69-94.

_____ 1957a: *Nationalism and Liberty: the Swiss Example.* New York: Macmillan.

_____ 1957b: *American Nationalism: an interpretive essay.* New York: Macmillan.

_____ 1960: *Pan-Slavism.* 2nd edn, New York: Vintage Books.

_____ 1961: *Prophets and Peoples.* New York: Collier Books.

_____ 1965: *The Mind of Germany.* London: Macmillan.

_____ 1967a: *The Idea of Nationalism.* 2nd edn, New York: Collier-Macmillan.

_____ 1967b: *Prelude to Nation-States: the French and German Experience, 1789-1815.* New York: Van Nostrand.

Kohr, Loepold 1957: *The Breakdown of Nations.* London: Routledge & Kegan Paul.

Koht, H. 1947: The Dawn of Nationalism in Europe, *American Historical Review*, 52, pp. 265-80.

Kornberg, J. (ed) 1983: *At the Crossroads, Essays on Ahad Ha'am.* Albany: State

University of New York Press.

Korotkina, L. (ed.) 1976: *Nikolai Roerich*. Leningrad: Aurora Art Publishers.

Kramer, S. N. 1963: *The Sumerians*. Chicago: Chicago University Press.

Krejci, Y. and Velimsky, V. 1981: *Ethnic and Political Nations in Euope*, London: Croom Helm.

Krober, A. 1963: *Style and Civilisation*. Berkeley and Los Angeles: University of California Press.

Kumar, K. 1978: *Prophecy and Progress*. Harmondsworth: Penguin.

Kuper, Leo 1974: *Race, Class and Power*. London: Duckworth.

_____ 1981: *Genocide*. Harmondsworth: Penguin.

Kushner, David 1976: *The Rise of Turkish Nationalism*. London: Frank Cass.

Laitinen, Kai 1985: The *Kalevala* and Finnish Literature. *Books from Finland*, 19/1,pp. 61-64.

Lal, Barbara P. 1983: Perspectives on ethnicity: old wine in new bottles. *Ethnic and Racial Studies*, 6, pp. 154-73.

Landau, Jacob 1981: *Pan-Turkism in Turkey*. London: C. Hurst & Co.

Lang, D. M. 1980: *Armenia, Craddle of Civilisation*. London: Allen & Unwin.

_____ 1982: *The Armenians, A People in Exile*. London: Allen & Unwin.

La Piere, R. T. 1965: *Social Change*. New York: McGraw-Hill.

Larthichaux, J-Y. 1977: Linguistic politics during the French revolution, *Diogenes*, 97, pp. 65-84.

Lasko, Peter 1971: *The Kingdom of the Franks; North-West Europe before Charlemagne*. London: Thames & Hudson.

Layton, Robert 1985: The *Kalevala* and Music. *Books from Finland*, 19/1, pp. 56-59.

Leach, E. (ed.) 1968: *Aspects of Practical Religion. Cambridge Papers in Social Anthropology*, No. 5.

Lebedev, A. (ed.) 1974: *The Itinerants; Society for Circulation Art Exhibitons, (1870-1923)*. Leningrad: Aurora Art Publishers.

Legum, Colin 1962: *Pan-Africanism, A Political Guide*. London: Pall Mall Press.

Lehtinen, Ildiko 1985: The Silk Roda. *Form-Function*, 2, pp. 24-41.

Leiden, C. and Schmitt, K. M. 1968: *The Politics of Violence*. Englewood Cliffs, NJ: Prentice-Hall.

Leith, J. A. 1965: *The Idea of Art as Propaganda in France, 1750-99*. Toronto:

University of Toronto Press.

Lerner, Daniel 1958: *The Passing of Traditional Society*. New York: Free Press.

Levenson, J. R. 1959: *Li'ang Chi Ch'ao and the Mind of Modern China*. 2nd edn, Ch'i revised, Berkeley and Los Angeles: University of California Press.

Levi, M. A. 1965: *Political Power in the Ancient World* (trans. J. Costello). London: Weidenfeld & Nicolson.

Levine, D. N. 1965: *Wax and Gold: Tradition and Innovation in Ethiopian Culture*. Chicago and London: Chicago University Press.

Levy, Marion 1966: *Modernisation and the Structure of Societies*. Princeton University Press.

Lewis, A. 1974: *Knights and Samurai*. London: Temple Smith.

Lewis, B. 1968: *The Emergence of Modern Turkey*. London: Oxford University Press.

_____ 1970: *The Arabs in History*. 5th edn, London: Hutchinson & Co.

Lewis, C. T. and Short, C. (eds) 1955: *A Latin Dictionary*. Oxford: Clarendon Press(1879).

Lewis, I. 1980: *A Modern History of Somalia*. London: Weidenfeld & Nicolson.

_____ (ed.) 1983: *Nationalism and Self-determination in the Horn of Africa*. London: Ithaca Press.

Lewis, W. A. 1965: *Politics in West Africa*. London: Allen & Unwin.

Liddell, H. G. and Scott, R. (eds) 1869: *A Greek-English Lexicon*. 6th edn, Oxford: Clarendon Press.

Llobera, J. 1983: The idea of *Volksgeist* in the formation of Catalan nationalist ideology. *Ethnic and racial Studies*, 6, pp. 332-50.

Lloyd, Seton 1956: *Early Anatolia*. Harmondsworth: Penguin

_____ 1967: *Early Highland Peoples of Anatolia*. London: Thames & Hudson.

Lloyd-Jones, H. 1965: *The Greek World*. Harmondsworth: Penguin.

Lloyd-Warner, W. and Srole, L. 1945: *The social systems of American ethnic groups*. New Haven: Yale University Press.

Loquin, J. 1912: *La peinture d'histoire en Frace de 1747 à 1785*. Paris: Henri Laurens.

Lowenthal, D. 1985: *The Past is a Foreign Country*. Cambridge: Cambridge University Press.

Lukes, S. 1977: *Essays in Social Theory*. London: Macmillan Press Ltd.

Lyons, F. S. 1979: *Culture and Anarchy in Ireland, 1800-1930*. London: Oxford University Press.

MacCana, Proinsias 1985: *Celtic Mythology*. London: Newnes Books.

Maccoby, H. 1974: *Revolution in Judea*. London: Ocean Books.

McCulley, B. T. 1966: *English Education and the origins of Indian Nationalism*. Gloucester, Mass: Smith.

McIntyre, I. 1968: *The Proud Doers: Israel after Twenty Years*. London: British Broadcasting Company.

McKay, James 1982: An exploratory synthesis of primordial and mobilisationist approaches to ethnic phenomena. *Ethnic and Racial Studies*, 5, pp. 395-420.

MacNeill, W. H. 1963: *The Rise of the West*. Chicago: University of Chicago Press.

_____ 1981: *The Pursuit of Power*. Oxford: Basil Blackwell.

Madan, T. et al. 1971: On the nature of caste in India: Review Symposium on Louis Dumont's *Homo Hierarchicus*. *Contributions to Indian Sociology*, N.S. XIV.

Mallowan, M. 1965: *Early Mesopotamia and Iran*. London: Thames & Hudson.

Mann, Michael 1984: The autonomous power of the state: its orgins mechanism and results. *European Journal of Sociology*, XXV, pp. 185-213.

_____ 1986: *The sources of social power*, Vol. I: Power in agarian societies; Vol. II: Power in industrial societies. Cambridge: Cambridge University Press.

Marcu, E. D. 1976: *Sixteenth-century Nationalism*. New York: Abaris Books.

Marcus, Jacob (ed.) 1965: *The Jew in the Medival World*. New York: Harper & Row.

Mardin, S. 1965: *The Genesis of Young Ottoman Thought: A Study of the modernisation of Turkish political ideas*. Princeton University Press.

Markovitz, I. L. 1977: *Power and Class in Africa*. Englewood Cliffs, NJ: Prentice-Hall.

Marmorstein, E. 1952: Religious opposition to nationalism in the Middle East, *International Affairs*, 28, pp. 344-59.

Martin, David 1978: *A general theory of Secularisation*. Oxford: Basil Blackwell.

Martine, R. 1982: *Clans and Tartans*. Edinburgh: Spurbooks.

Martins, Herminio 1974: Time and Theory in Sociology. In J. Rex (ed.); *Approaches in British Sociology*. London: Routledge & Kegan Paul.

Marwick, A. 1974: *War and social change in the twentieth century*. London:

Methuen. Marx, K. 1970: Capital, Vol. I. London: Lawrence & Wishart.

_____ 1964: *Pre-Capitalist Economic Formations* (ed. E. Hobsbawm). London: Lawrence & Wishart.

Mason, R. A. 1985: Scotching the Brut: the early history of Britain. *History Today*, 35, January 1985, pp. 26-31.

Masur, G. 1966: *Nationalism in Latin America.* New York: Macmillan.

Mary, R. J. (ed.) 1982: *Micronationalist movements in Papua New Guinea.* Political and Social Change Monograph, No. 1, Australian National University, Canberra.

Mayall, J. 1983: The national question in the Horn of Africa. *The World Today*, 39/9, pp. 336-43.

_____ 1984: Reflections on the 'new' economic nationalism, *Review of International Studies*, 10, pp, 313-21.

Mayo, P. 1974: *The Roots of Identity: Three national movements in contemporary European politics.* London: Allen Lane.

Mazuri, A. 1985: African archives and oral tradition. *The Courier*, UNESCO, Paris, February 1985, pp. 13-15.

Mehden, F. von der 1963: *Religion and nationalism in Southeast Asia.* Madison, Milwaukee and London: University of Wisconsin Press.

Meillassoux, C. 1973: Are there castes in India? *Economy and Society*, 2, pp. 89-111.

Merritt, R. and Rokkan, S. (eds) 1966: *Comparing Nations: the use of quantitative data in cross-national research.* New Haven: Yale University Press.

Meskill, J. 1973: *An Introduction to Chinese Civilisation.* Lexington, Mass: D. C. Hearth & Co.

Metraux, G. and Crouzet, F. 1965 (eds): *The New Asia.* New York and Toronto: Mentor.

Meyer, M. A. 1967: *The Origins of the Modern Jew: Jewish identity and European culture in Germany,* 1749-1824. Detroit: Wayne State University Press.

Minogue, K. 1967: *Nationalism.* London: Batsford.

Mitchell, Marion M. 1931: Emile Durkheim and the Philosophy of Nationalism. *Political Science Quarterly*, 46, pp. 87-106.

Mitchison, R. (ed.) 1980: *The Roots of Nationalism: Studies in Northern Europe.* Edinburgh: John Donald Publishers.

Montagne, R. 1952: The 'modern state' in Africa and Asia. *The Cambridge Journal*, 5, pp. 583-602.

Moore, Barrington 1967: *The social origins of Dictatorship and Democracy*. London: Allen Lane.

Morgan, K. O. 1971: Welsh nationalism: the historical background, *Journal of Contemporary History*, 6, pp. 153-72.

_____ 1982: *Wales: Rebirth of a Nation, 1880-1980*. London: Oxford University Press.

Morgan, Prys 1983: From a Death to a View: the Hunt for the Welsh Past in the Romantic period. In E. Hobsbawm and T. Ranger (eds). *The Invention of Tradtion*, Cambridge: Cambridge University Press.

Moscati, S. 1957: *Ancient Semitic Civilisations*. London: Elek Books.

_____ 1962: *The Face of the Ancient Orient*. New York: Anchor Books.

_____ 1973: *The World of the Phoenicians*. London: Cardinal, Sphere Books Ltd.

Mosse, G. 1963: *The Culture of Western Europe*. London: John Murrary.

_____ 1964: *The Crisis of German Ideology*. New York: Grosset & Dunlap.

Mouzelis, N. 1978: *Modern Greece: Facets of Underdevelopment*. London: Macmillan.

Murray, L. and Murray, P. 1963: *The Art of the Renaissance*. London: Thames & Hudson.

Nairn, Tom 1976: Scotland and Wales: Notes on Nationalist Pre-history. *Planet*, 34, pp. 1-11.

_____ 1977: *The Break-up of Britain: Crisis and Neo-nationalism*. London: New Left Books.

Nalbandian, L. 1963: *The American Revolutionary Movement: the development of Armenian political parties through the nineteenth century*. Berkeley: University of California Press.

National Gallery 1984: *Danish Painting. The Golden Age* (ed. K. Monrad). London: National Gallery.

Nettl, J. P. and Robertson, R. 1968: *International Systems and the Modernisation of Societies*. London: Faber.

Neuberger, B. 1976: The African concept of Balkanisation, *Journal of Modern African Studies*, XIII, pp. 523-9.

_____ 1977: State and Nation in African thought, Journal of African Studies, 4, pp.

198-205.

Neusner, Jacob 1981: *Max Weber Revisited: Religion and Society in Ancient Judaism*. Eighth Sacks Lecture, Oxford Centre for Postgraduate Hebrew Studies, Oxford.

Nisbet, R. (ed.) 1965: *Emile Durkheim*. Englewood Cliffs, NJ: Prentice-Hall.

_____ 1969: *Social Change and History*. Oxford, London and New York: Oxford University Press.

Nochlin, L. 1971: *Realism*. Harmondsworth: Penguin.

Nolte, Ernest 1969: *Three Faces of Fascism*. (trans. L. Vennewitz,) New York and Toronto: Mentor Books.

North, Martin 1960: *The History of Israel*. London:Adam & Charles Black.

Nottingham, J. and Rosberg, C. 1966. *The Myth of 'Mau Mau': Nationalism in Kenya*. New York:Praeger.

Nye,J. B, 1960 *The Cultural Life of the New Nation, 1776-1830*. London: Hamish Hamilton.

Oates, Joan 1979: *Babylon*. London: Thames & Hudson.

Ogilvie, R. M. 1976: *Early Rome and the Etruscans*. London: Fontana Paperbacks.

Okamura, J. Y. 1981: Situational ethnicity. *Ethnic and Racial Studies*, 4, pp. 452-65.

Okun, H. 1967: Ossian in painting. *Journal of the Warburg and Courtauld Institutes*, 30, pp. 327-56.

Olorunsola, V. (ed.) 1972: *The politics of cultural subnationalism in Africa*. New York: Anchor Books.

Olmstead, A. T. 1975: *History of Assyria* (1923). Chicago and London: Chicago University Press, Midway Reprint.

Oosten, J. G. 1985: *The War of the Gods*. London: Routledge & Kegan Paul.

Oppenheim, Leo 1977: *Ancient Mesopotamia: Portrait of a Dead Civilisaiton*. Rev. edn by Erica Reiner, Chicago and London: University of Chicago Press.

Orridge, Andrew 1977: Explanations of Irish nationalism: a review and some suggestions. *Journal of the Conflict Research Society*, I, pp. 29-57.

_____ 1981: Uneven Development and Nationalism, I and II. *Political Studies*, XXIX/1 and 2, pp, 1-15, 181-90.

_____ 1982: Separatist and autonomist nationalism: the structure of regional loyalties in the modern state. In C. Williams (ed), *National Separatism*.

Cardiff: University of Wales Press.

_____ and Williams, C. 1982: Autonomist nationalism: a theoretical framework for spatial variations in its genesis and development. *Political Geography Quarterly*, 1/1, pp. 19-39.

Owen, G. R. 1981: *Rites and Religions of the Anglo-Saxons*. Newton Abbott and London: David & Charles.

Palmer, R. 1940: The national idea in France before the Revolution, *Journal of the History of Ideas*, I, pp. 95-111.

Panter-Brick, S. (ed.) 1970: *Nigerian politics and military rule*. London: Athlone Press.

Parfitt, Tudor 1985: *Operation Moses: the story of the Exodus of the Falasha Jews from Ethiopia*. London: Weidenfeld & Nicolson.

Parsons, Talcott 1966: *Societies: Evolutionary and comparative Perspectives*. Englewood Cliffs, NJ: Prentice-Hall.

Paskiewicz, H. 1954: *The Origin of Russia*. London: George Allen & Unwin.

Paul, D. W. 1985: Slovak naitonalism and the Hungarian state, 1870-1910. In P. Brass (ed.), *Ethnic Groups and the State*. London: Croom Helm.

Payne, S. 1971: Catalan and Basque nationalism. *Journal of Contemporary History*, 6, pp. 15-51.

Pearlmann, M. 1973: *The Maccabees*. London: Weidenfeld & Nicolson.

Pearson, R. 1983: *National Minorities in Eastern Europe, 1848-1945*. London: Macmillan Press Ltd.

Pech, Stanley 1976: The nationalist movements of the Austrian Slaves in 1848. *Social History*, 9, pp. 336-56.

Pepelassis, A. 1958: The image of the past and economic backwardness. *Human Organisation*, 17, pp. 19-27.

Pettigrew, J 1982: The growth of Sikh community consciousness, 1947-1966. *South Asia*, New Series, Vol. 111/2, (December 1980) printed 1982, pp. 43-62.

Pevsner, N. 1955: *The Englishness of English Art*. Reith Lectures, British Broadcasting House, London.

Piggott, Stuart 1985: *The Druids*. London: Thames & Hudson.

Pinard, M. and Hamilton, R. 1984: The class bases of the Quebec independence movement: conjectures and evidence. *Ethnic and Racial Studies*, 7, pp. 19-54.

Piotrovsky, B. 1969: *The Ancient Civilisation of Urartu*. (trans. J. Hogarth). London:

Barrie & Rockliff, The Cresset Press.

Pipes, Richard 1977: *Russia under the Old Regime*. London: Peregrine Books.

Plumb, J. H. 1965: *The Death of the Past*. Harmondsworth: Penguin.

Pocock, D. 1958: Notes on the interaction of English and Indian thought in the nineteenth century. *Journal of World History*, 4, pp. 833-48.

Poggi, G. 1978: *The development of the modern state*. London: Hutchinson & Co.

Poliakov, Leon 1966-75: *A History of Anti-Semitism*, vol. I (Elek) 1966; vol. II (Routledge & Kegan Paul) 1974; vol. III (Routledge & Kegan Paul) 1975, London.

_____ 1974: The Aryan Myth. New York: Basic Books.

Pope, Upham 1969: *Introducing Persian Architecture*. London: Oxford University Press.

Popper, Karl 1962: *The Open Society and Its Enemies*. 4th edn, London: Routledge & Kegan Paul.

Porter, J. 1965: *The Vertical Mosaic*. toronto: University of Toronto Press..

Pritchard, J. B. ed. 1958: *The Ancient Near East*. Princeton University Press.

Procacci, G. 1973: *History of the Italian People* (trans. A. Paul). Harmondsworth: Penguin

Purvis, James D. 1968: *The Samaritan Pentateuch and the Origin of the Samarian Sect*, Harvard Semitic Monographs, Vol. 2. Cambridge, Mass: Harvard University Press.

Radford, C. and Swanton, M. J. (eds.) 1978: *Arthurian Sites in the West*. Exeter: University of Exeter.

Raglan, Lord Fitzroy 1979: *The Hero; A study in Traditon, Myth and Drama* (1936) (ed. W. Kaufmann). New York: Meridian Books.

Rajak, T. 1983: *Josephus: The Historian and his Society*. London: Duckworth.

Ramsaur, E. 1957: *The Emergence of the Young Turks*. Princeton University Press.

Ranum, Orest (ed.) 1975: *National Consciousness, History and Political Culture in Early-Modern Europe*. Baltimore and London: John Hopkins University Press.

Raynor, Henry 1976: *Music and Society since 1815*. London: Barrie & Jenkins.

Read, Jan 1978: *The Catalans*. London: Faber.

Reade, Julian 1983: *Assyrian Sculpture*. London: British Museum Publications Ltd.

Redfield, R. 1960: *Peasant Society and Culture*. Chicago: University of Chicago Press.

Reece, J. 1979: Internal colonialism: the case of Brittany. *Ethnic and Racial Studies*, 2, pp. 275-92.

Reiss, H. S. (ed.) 1955: *The Political Thought of the German Romantics, 1793-1815*. Oxford: Blackwell.

Reynolds, S. 1983: Medieval *origines Gentium* and the community of the realm. *History*, 68, pp. 375-90.

Reynolds, S. 1984: *Kingdoms and Communities in Western Europe, 900-1300*. Oxford: Clarendon.

Reynolds, V. 1980: Sociobiology and the idea of primordial discrimination. *Ehtnic and Racial Studies*, 3, pp. 303-15.

Riasanovsky, N. V. 1893: *A History of Russia*. 4th Edn, London: Oxford University Press.

Richmond, A. 1984: Ethnic nationalism and postindustrialism. *Ethnic and Racial Studies*, 7, pp. 4-18.

Rickard, P. 1974: *A History of the French Language*. London: Hutchinson University Library.

Roberts, Michael (ed.) 1979: *Collective identites: Nationalisms and Protest in modern Sri Lanka*. Colombo: Marga Institute.

Robson-Scott, W. D. 1965: *The Literary Background of the Gothic Revival in Germany*. Oxford: Clarendon Press.

Roff, W. R. 1967: *The Origins of Malay Nationalism*. New Haven: Yale University Press.

Rogger, Hans and Weber, Eugene (eds) 1965: *The European Right: A Historical Profile*. Berkeley: University of California Press.

Rokkan, S., Saelen, K., and Warmbrunn, J. 1972: *Nation-building. Current Sociology*, 19/3, Mouton, The Hague.

Rosenau, H. 1979: *Vision of the Temple: The Image of the Temple of Jerusalem in Judaism and Christianity*. London: Oresko Books Ltd.

Rosenblum, R. 1961: Gavin Hamilton's *Brutus* and its aftermath. *Burlington Magasine*, 103, pp. 8-16.

_____ 1967: *Transformations in late eighteenth-century Art*. Princeton University Press.

Rotberg, R. 1967: African nationalism: concept or confusion? *Journal of Modern African Studies*, 4, pp. 33-46.

Roux, Georges 1964: *Ancient Iraq*. Harmondsworth: Penguin.

Roxborough, Ian 1979: *Theories of Underdevelopment*. London: Macmillan Press Ltd.

Royal Academy of Arts 1979: *Post-Impressionism*. London: Weidenfeld & Nicolson for the Royal Academy.

_____ 1983: *The Hague School* (eds R. de Leeuw, J. Silleris and C. Dumas) London: Royal Academy of Arts, Weidenfeld & Nicolson.

Rubin, J-H 1973: Oedipus, Antigone and Exiles in post-Revolutionary French Painting. *Art Quarterly*, 36, pp. 141-71.

Rudolph, L. and Rudolph, S. 1967: *The Modernity of Traditon*. Chicago: University of Chicago Press.

Runciman, S. 1947: *The Medieval Manichee; A Study of Christian Dualist Heresy*. Cambridge: Cambridge University Press.

_____ 1975: *Byzantine Style and Civilisation*. Harmondsworth: Penguin.

_____ 1977: *The Byzantine Theocracy*. Cambridge: Cambridge University Press.

Sabloff, J. and Lamberg-Karlovsky, C. (eds) 1974: *The Rise and Fall of Civilisations*. Menlo Park, California: Cummings Publishing Company.

Safran, Nadav 1961: *Egypt in Search of Political Community*. Cambridge, Mass: Harvard University Press.

Saggs, H. W. F. 1984: *The Might that was Assyria*. London: Sidwick & Jackson.

Said, A. and Simmons, L. (eds) 1976: *Ethnicity in an International Context*. New Brunswick: Transaction Books.

Ste. Croix, G.E.M. de 1981: *The Class Struggle in the Ancient Greek World*. London: Duckworth.

Sakai, R.A. (ed.) 1961: *Studies on Asia*. Lincoln: University of Nebraska Press.

Sandoz, M. 1961: N. G. Brenet, peintre d'Histoire. *Bulletin de la Société d'Hidstoire et de l'Art français* (1960), pp. 33-50.

Sarkisyanz, E. 1964: *Buddhist Backgrounds of the Burmese Revolution*. The Hague: Nijhoff.

Sathyamurthy, T. 1983: *Nationalism in the Contemporary World*. London: Frances Pinter.

Saunders, J. J. 1978: *A History of Medieval Islam*. London: Routledge & Kegan Paul.

Savigear, P. 1977: Corsicans and the French Connection. *New Society*, 10 Feburary

1977, pp. 273-4.

Schermerhorn, R. 1970: *Comparative Ethnic Relations*. New York: Random House.

Schiff, G. 1973: *Johann Henrich Füssli, 1741-1825*. Zürich: Verlag Berichthaus.

Schöpflin, G. 1980: Nationality in the fabric of Yugoslav politics. *Survey*, 25, pp. 1-19

Seal, Anil 1968: *The Emergence of Indian Nationalism*. Cambridge: Cambridge University Press.

Segre, D. 1980: *A Crisis of Identity: Israel and Zionism*. London: Oxford University Press.

Seltzer, Robert M. 1980: *Jewish People, Jewish Thought*. New York: Macmillan.

Sen, K. M. 1961: *Hinduism*. Harmondsworth: Penguin.

Seton-Watson, G. H. N. 1960: *Neither War, Nor Peace*, London: Methuen.

_____ 1967: *The Russian Empire, 1901-1917*. London: Oxford University Press.

_____ 1971: Unsatisfied nationalisms. *Journal of Contemporary History*, 6, pp. 3-14.

_____ 1977: *Nations and States*. London: Methuen.

_____ 1978: *The Imperialist Revolutionaries*. Stanford: Hoover Institution Press

_____ 1979: Nationalism, nations and Western policies. *The Washington Quarterly*, 2/1, pp. 91-103.

Shafer, B. C. 1938: Bourgeois nationalism in the Pamphletts on the eve of the French Revolution. *Journal of Modern History*, 10, pp. 31-50.

_____ 1955: *Nationalism: myth and reality*. New York. Harcourt, Brace.

Shamir, S. (ed.) 1981: *Self-views in Historical Perspective in Egypt and Israel*. Tel-Aviv: Tel Aviv University.

Shanin, T. (ed.) 1971: *Peasants and Peasant Societies*. Harmondsworth: Penguin.

Sharabi, H. 1966: *Nationalism and Revolution in the Arab World*. Princeton: van Nostrand.

Sheehy, Jean 1980: *The Rediscovery of Ireland's Past*. London: Thames & Hudson.

Shepperson, G. 1953: Ethiopianism and African nationalism. *Phylon*, 14, pp. 9-18.

1960: Notes on Negro American influence on African nationalism. *Journal of African History*, I, pp. 299-312.

_____ and Price, T. 1958: *Independent African: John Chilembwe and the origins, setting and significance of the Nyasaland Native Rising of 1915*. Edinburgh: Edinburgh University Press.

Sherrad, P. 1959: *The Greek East and the Latin West, A Study in the Christian tradition*. London: Oxford University Press.

Sherwin-White, A. N. 1952: *Racial Prejudice in imperial Rome*. Oxford: Blackwell.

Shils, Edward 1957: Primordial, personal, sacred and civil ties. *British Journal of Sociology*, 7, pp. 113-45.

_____ 1960: The intellectuals in the political development of the new states. *World Politics*, 12, pp. 329-68.

Siegfried, A. 1950: *Switzerland*. London: Cape.

Silverberg, J. (ed.) 1968: *Social mobility in the caste system in India*. The Hague: Mouton.

Simmel, G. 1964: *Conflict, and The Web of Group Affiliations*. New York: Free Press.

Singh, K. 1963: *Prophet of Indian Nationalism*. London: Allen & Unwin.

Singleton, F. 1985: *A Short History of the Yugoslav Peoples*, Cambridge: University Press.

Sklar, Richard 1963: *Nigerian Political Parties*. Princeton University Press.

Sklare, M. and Greenblum, J. 1979: *Jewish Identity on the Suburban Frontier: A Study of Group Survival in an Open Society*. 2nd edn, Chicago and London: University of Chicago Press.

Smelser, N. J. 1968: *Essays in Sociological Explanation*. Englewood Cliffs, NJ: Prentice-Hall.

Smith, A. D. 1970: Modernity and evil: some sociological reflections on the problem of meaning. *Diogenes*, 71, pp. 65-80.

_____ 1971: *Theories of Nationalism*. 2nd ed, 1983, London: Duckworth and New York: Harper & Row.

_____ 1973a: *The Concept of Social Change*. London and Boston: Rotledge & Kegan Paul.

_____ 1973b: Nationalism and Religion: the role of religious reform in the genesis of Arab and Jewish nationalism. *Archives de Sociologie des Réligions*, 35, pp. 23-43.

_____ 1973c: *Nationalism*, A Trend Report and Annotated Bibliography. *Current Sociology*, 21/3, The Hague: Mouton.

_____ 1976a: *Social Change*. London & New York: Longman.

_____ (ed.) 1976b: *Nationalist Movements*. London: Macmillan and New York: St

Martin Press.

_____ 1979a: *Nationalism in the Twentieth Century*. Oxford: Martin Robertson and New York: New York University Press.

_____ 1979b: The 'historical revival' in late eighteenth-century England and France. *Art History*, 2, pp. 156-78.

_____ 1981a: *The Ethnic Revival*. Cambridge: Cambridge University Press.

_____ 1981b: War and ethnicity: the role of warfare in the formation of self-images and cohesion of ethnic communities. *Ethnic and Racial Studies*, 4, pp. 375-97.

_____ 1981c: States and homelands: the social and geopolitical implications of national territory. *Millennium*, 10, pp. 187-202.

_____ 1982: Language and Nationalism. *Incorporated Linguist*, 21/4, pp. 144-47.

_____ 1983a: *State and Nation in the Third World*. Brighton: Harvester Press.

_____ 1983b: Nationalism and classical social theory. *British Journal of Sociology*, 34, pp. 19-38.

_____ 1983c: Ethnic Identity and World Order. *Millenium*, 12, pp. 149-61.

_____ 1984a: National Identity and Myths of Ethnic Descent. *Research in Social Movements, Conflict and Change*, 7, pp. 95-130.

_____ 1984b: Ethnic Myths and Ethnic Revivals. *European Journal of Sociology*, 25, pp. 283-305.

_____ 1984c: Ethnic persistence and national transformation. *British Journal of Sociology*, 35, pp. 452-61.

_____ 1985: Ethnie and nation in the modern world. *Millennium*, 14, pp. 127-42.

_____ 1986a: History and Liberty: dilemmas of loyalty in Western democracies. *Ethnic and Radical Studies*, 9, pp. 43-65.

_____ 1986b: Conflict and collective identity: class, *ehtnie* and nation. in E.E. Azar and J. W. Burton (eds), *The Theory and Practice of International Conflict Resolution*, Brighton: Wheatsheaf.

_____ and Williams, C. 1983: The national construction of social space. *Progress in Human Geography*, 7, pp. 502-18.

Smith, D. E. (ed.) 1974: *Religion and Political Modernisation*. New Haven: Yale University Press.

Smith, G.E. 1985: Ethnic nationalism in the Soviet Union: territory, cleavage and control. *Environment and Planning C: Government and Policy*, 3, pp. 49-73.

Smith, L.M. (ed.) 1984: *The Making of Britain: The Dark Ages*. London: Macmillan.

Smooha, S. 1978: *Israel: Pluralism and Conflict*. London and Henley: Routledge and Kegan Paul.

Smythe, H. and Smyth, M. 1960: *The New Nigerian Elite*. Stanford, California: Stanford University Press.

Snowden, Frank 1983: *Before Colour Prejudice*. Cambridge, Mass: Harvard University Press.

Snyder, Louis 1976: *The Varieties of Nationalism, a Comparative View*. Hinsdale, Illinois: The Dryden Press.

Southern, R. 1967: *The Making of the Middle Ages*. London: Hutchinson University Library.

Spanier, G. 1972: *Games Nations Play*. London: Thomas Nelson and Sons Ltd.

Spear, Percival 1978: *A History of India*, vol. II. Harmondsworth: Penguin.

Srinivas, M. 1962: *Caste in Modern India*. Bombay: Asia Publishing House.

Stavrianos, L.S. 1957: Antecedents of the Balkan revolutions of the nineteenth century. *Journal of Modern History*, 29, pp. 333-48.

Stavrianos, L. S. 1961: *The Balkans Since 1453*. New York: Holt.

Steingberg, J. 1976: *Why Switzerland?* Cambridge: Cambridge University Press.

Stone, John (ed.) 1979: *Internal Colonialism. Ethnic and Racial Studies* 2.

Strayer, J. 1963: The historical experience of nation-building in Europe. In K.W. Deutsch and W. J. Foltz (eds), *Nation-Building*, New York: Atherton.

Strizower, S. 1962: *Exotic Jewish Communities*. New York and London; Thomas Yoseloff.

Sugar, P. F. (ed.) 1980: *Ethnic Diversity and conflict in Eastern Europe*. Santa Barbara: ABC-Clio.

_____ and Lederer, I. J. (eds) 1969: *Nationalism in Eastern Europe*. Far Eastern and Russian Institue, Publications on Russia and Eastern Europe, no. 1. Seattle and London: University of Washington Press.

Sykes, Christopher 1965: *Cross-roads to Israel*. London: Collins.

Szporluk, Roman 1971: The Nations of the USSR in 1970. *Survey*, 4, pp. 67-100.

_____ 1979: *Ukraine: a Brief History*. Detroit: Ukrainian Festival Committee.

Taylor, D. and Yapp, M. (eds) 1979: *Political Identity in South Asia*. London and Dublin: Centre of South Asian Studies, SOAS, Curzon Press.

Tcherikover, V. 1970: *Hellenistic Civilisation and the Jews*. New York: Athenaeum.

Thaden, E. C. 1964: *Conservative Nationalism in nineteenth-century Russia*. Seattle: University of Washington Press.

Thapar, Romila 1966: *A History of India*, vol. I. Harmondsworth: Penguin.

Thürer, G. 1970: *Free and Swiss*. London: Oswald Wolff.

Tibawi, A. L. 1963: The American missionaries in Beirut and Butrus al-Bustani. *St Anthony's Papers*, 16, pp. 137-82.

Tilly, Charles (ed.) 1975: *The formation of national states in Western Europe*. Princeton University Press.

Tipton, Leon (ed.) 1972: *Nationalism in the Middle Ages*. New York: Holt, Rinehart and Winston.

Tivey, Leonard (ed.) 1980: *The Nation-State*. Oxford: Martin Robertson.

Todd, Malcolm 1972: *The Barbarians: Goths, Franks and Vandals*. London: Batsford.

Trigger, B. G., Kemp, B. J., O'Connor, D. and Lloyd, A. B. 1983: *Ancient Egypt, a Social History*. Cambridge: Cambridge University Press.

Tsigakou, F.-M. 1981: *The Rediscovery of Greece: Travellers and painters of the Romantic era*. London: Thames & Hudson.

Tudor, Henry 1972: *Political Myth*. London: Pall Mall Press Ltd/Macmillan.

Tuveson, E. L. 1968: *Redeemer Nation: the idea of America's millennial role*. Chicago and London: University of Chicago Press.

Ucko, Peter 1983: The politics of the Indigenous Minority. *Journal of BioSocial Science, Supplement*, 8, pp. 25-40.

Ullendorff, E. 1973: *The Ethiopians, An Introduction to Country and People*. 3rd edn, London: Oxford University Press.

Van den Berghe, P. 1967: *Race and Racism*. New York: Wiley.

_____ 1978: Race and ethnicity: a sociobiological perspective. *Ethnic and Racial Studies*, 4, pp. 401-11.

_____ 1979: *The Ethnic Pheonomenon*. New York: Elsevier.

Van der Ploeg, J. R. M. 1982: *The Syrian Manuscripts of St Thomas Christians*. Bangalore: Dharmaram Publications.

Vatikiotis, P. J. (ed.) 1968: *Egypt since the Revolution*. London: Allen & Unwin.

_____ 1969: *A Modern History of Egypt*. New York and Washington: Frederick A. Praeger. Vaughan, William 1978: *Romantica Art*. London: Thames & Hudson.

Vernadsky, George 1969: *A History of Russia*. 6th rev. ed, New Haven: Yale

University Press.

Victoria and Albert Museum 1976: *American Art, 1750-1800: Towards Independence*, London: Victoria and Albert Museum.

Vital, D. 1975: *The Origins of Zionism*. Oxford: Clarendon Press.

Wakin, Edward 1963: *A Lonely Minority: the modern story of Egypt's Copts*. New York: William Morrow & Company.

Walek-Czernecki, M. T. 1929: Le rôle de la nationalité dans l'histoire de l'Antiquité. *Bulletin of the International Committee of Historical Sciences*, II, pp. 305-20.

Wallerstein, I. 1974: *The Modern World System*, New York: Academic Press.

Waley, D. 1969: *The Italain City-Republics*, London: World University Library.

Warburton, T. R. 1976: Nationalism and language in Switzerland and Canada. In A. D. Smith (ed.) *Nationalist Movements*, London: Macmillan and New York: St Martin's Press.

Ware, Timothy 1984: *The Orthodox Church*. Harmondsworth: Penguin.

Warner, Marina 1983: *Joan of Arc*. Harmondsworth: Penguin.

Warren, Bill 1980: *Imperialism, Pioneer of Capitalism*. New York and London: Monthly Review Press.

Watt, Montgomery 1961: *Muhammad, Prophet and Statesman*. Oxford: Oxford University Press.

Waxman, M. 1936: *A History of Jewish Literature*. 4 vols, New York: Bloch Publishing Co.

Webb, K. 1977: *The growth of nationalism in Scotland*. Harmondsworth: Penguin.

Weber, Eugene 1979: *Peasants into Frenchmen; The modernisation of rural France, 1870-1914*. London: Chatto & Windus.

Weber, Max 1947: *From Max Weber, Essays in Sociology* (eds. H. Gerth and C. W. Mills.) London: Routledge & Kegan Paul.

_____ 1952: *Ancient Judaism*. New York: Free Press.

_____ 1958: *The Religion of India*. New York: Free Press.

_____ 1965: *The Sociology of Religion*. (trans, E. Fishchoff). London: Methuen.

_____ 1968: Ethnic Groups, in *Economy and Society*, vol. I, ch. 5, G. Roth and C. Wittich (eds) Bedminster Press, New York.

Weibensohn, Dora 1964: Subjects from Homer's Iliad in Neo Classical Art. *Art Bulletin*, 46, pp. 23-38.

Weiss, J. 1977: *Conservatism in Euriope, 1770-1945*. London: Thames & Hudson.

Welch, Claude 1966: *Dream of Unity: Pan-Africanism and political unification in West Africa*. Ithaca: Cornell University Press.

Wells, J. and Barrow, R. H. 1950: *A short History of the Roman Empire*. 5th edn, London: Methuen & Co.

Werblowski, R. J. 1972: Messianism in Jewish History. In H. Ben-Sasson and S. Ettinger (eds) *Jewish Society through the Ages*, London: Valentine, Mitchell & Co.

Wiener, A. 1978: *The Prophet Elijah in the development of Judaism*. London, Henley and Boston: Routledge & Kegan Paul.

Wilkinson, L. P. 1975: *The Roman Experience*. London: Elek Books Ltd.

Wilkinson, P. 1974: *Political Terrorism*. London: Macmillan.

Wiliams, C. 1977: Non-violence and the development of the Welsh Language Society, 1962-74. *Welsh Historical Review*, 8, pp. 26-55.

_____ (ed.) 1982: *National Separatism*. Cardiff: University of Wales Press.

Williams, Gwyn 1985: *When was Wales?* Harmondsworth: Penguin.

Wind, Edgar 1938: The revolution in history paintion. *Journal of the Warburg and Courtauld Institutes*, 2, pp. 116-27.

Winton Thomas, D. (ed.) 1967: *Archaeology and Old Testament Study*. Oxford; Clarendon Press.

Wirth, Louis 1956: *The Ghetto* (1928), 4th Impression. Chicago: University of Chicago Press.

Worsley, Peter 1964: *The Third World*, London: Weidenfeld & Nicolson.

Worrell, W. H. 1945: *A Short Account of the Copts*. Ann Arbor, Michigan: University of Michigan Press.

Yadin, Yigael 1966: *Masada*. London: Weidenfeld & Nicolson.

_____ 1971: *Bar-Kokhba*. London: Weidenfeld & Nicolson.

_____ 1975: *Hazor*. London: Weidenfeld & Nicolson.

Zeine, Z. N. 1958: *Arab-Turkish relatios and the emergence of Arab Nationalism*. Beirut: Khayats, and London: Constable & Co. Ltd.

Zenkovysky, S. 1953: A century of Tatar revival. *American Slavic and East European Review*, 12, pp. 303-18.

_____ 1955: Kulturkampf in pre-revolutionary Central Asia, *American Slavic and Eat European Review*, 14, pp. 15-41.

_____ 1960: *Pan-Turkism and Islam in Russia*. Cambridge, Mass: Harvard

University Press.

Zernatto, G. 1944: Nation: The history of a word, *Review of Politics*, 6, pp. 351-66.

Znaniecki, F. 1952: *Modern Nationalities*. Urbana, Illinois: University of Illinois Press.

찾아보기

ㄱ

가계(家系) 133
가나 311
가스프린스키, 이스마일(Ismail Gasprinski) 457
가톨릭 247
갈렌-칼레라, 악셀리(Akseli Gallen-Kallela) 404, 410
개종 91
거틴, 토머스(Thomas Girtin) 388
게르만 383
　~의 동진 383
겔너, 어네스트(Ernest Gellner) 9, 23, 38, 39, 157, 163
경제적 보호주의 458
계급 163, 169, 173, 373
계보 133, 134
　~회복운동 122, 123
고고학 376, 377
공동사회 331, 332
과거 368~370, 372
관습 291, 292
괴테, 요한 볼프강 폰(Johann Wolfgang von Goethe) 377
교사 337
교육 337, 358, 420, 432
국가 276
　중앙집권화된 ~ 276
　합리적인 ~ 280
　~중상주의 278
　~형성 277
　~형성을 위한 세 개의 혁명 277, 285, 293, 297, 298, 322, 326~328, 334, 336
국민적 민족성(nationality) 197
국적(nationality) 287
국제연맹 33
국제연합 33
그레고리 여사(Lady Gregory) 407, 412
그레구아르(Henri Gregory) 대주교 283, 421
그로스(Antoine-Jean Gros) 403
그리스 308, 423
　~ 도시국가 114, 217, 347
　~의 비잔틴적 전망 424
　~의 유적지 390
　~의 헬레네적 전망 424
　~ 정체성 249

근대성 40, 324
　민족의 ~ 432
근대주의 33, 36~38, 41, 44, 46, 48, 53~55,
156, 172
근대화 39
근대화론자 28
근대화 이론 323, 324
기독교 87, 88, 245, 263, 264, 295
　아르메니아의 ~ 88
　이집트의 ~ 88
　~ 민족주의 185
기록 372
기억 193, 372
길가메시(Gilgamesh) 86

ㄴ·ㄷ

나바테아인 251~253
나보니두스(Nabonidus) 122
나이지리아 310, 311
　~ 민족주의 310
나폴레옹 1세(Napoléon I) 403
내적 식민주의 342, 343
네스토리우스파교 193
네언, 톰(Tom Nairn) 23, 290
넵스키, 알렉산드르(Alexander Nevsky)
170
노아 162
농민 328
다비드, 자크 루이(Jacques Louis David)
377, 403, 404, 407
다야난다, 스와미(Swami Dayananda) 457
다원주의 455
　문화적 ~ 457
　정치적 ~ 455, 457, 458
다인종국가 461

단테, 알리기에리(Alighieri Dante) 140
대리 민족주의(vicarious nationalism) 320,
321
대중 359, 361
대짐바브웨 392
대(大) 플리니우스(Gaius Plinius Secundus)
447
대학 337
도교 263
도구주의 28, 38, 55, 344
도쿠가와(德川) 막부 201
독일제국 284
돈키호테 418
동원 349
뒤라모, 루이-장-자크(Louis-Jean-Jacques
Durameau) 415
뒤르켐, 에밀(Émile Durkheim) 53, 323, 356
드루이드 395
드루즈교 242, 243, 268, 352
드브레, 레지(Regis Debray) 365
디즈레일리, 벤저민(Benjamin Disraeli) 351

ㄹ

라 샬로테, 루이(Louis La Chalotais) 283
라틴아메리카 296
래그런 경(Sir Raglan) 405
래드클리프-브라운, 알프레드(Alfred
Radcliffe-Brown) 323
러시아 정교회 129
레드필드, 로버트(Robert Redfield) 83
레민카이넨(Lemminkainen) 411, 418
레비탄, 이삭(Issac Levitan) 386
로시니, 조아키노 안토니오(Gioachino
Antonio Rossini) 406
로이, 람 모한(Ram Mohan Roy) 457

로젠블룸, 로버트(Robert Rosenblum) 417

록칸, 스타인(Stein Rokkan) 206

롤로(Rollo) 121

뢰리히, 니콜라이(Nicolai Roerich) 386

뢴로트, 엘리아스(Elias Lönnrot) 404, 410

　『칼레발라』 410

루네베르그, 요한 루트비히(John Ludvig
Runeberg) 411

루틀리(Rutli) 서약 385

「룻기」 91, 108

르네상스 354

르미에르, 앙투앙 마랭(Antoine Marin
Lemierre) 406

리가스 페레오스(Rhigas Feraios) 308

□

마니교 175

마론교 192, 245, 352, 353

마자르화 349

마카비 가문(Maccabees) 257

마타티아스(Mattathias) 131

마테이코, 얀(Jan Matejko) 404

매클라이즈, 다니엘(Daniel Maclise) 404

먼머스의 제프리(Geoffrey of Monmouth)
237, 429

메로빙거 왕조 135

메셸린, 레오(Leo Mechelin) 411

메토디우스(Methodius) 163

멜라, 폼포니우스(Pomponius Mela) 216

모건, 이올로(Iolo Morgan) 240

모국 75, 83, 205, 209, 248, 250, 313, 315,
339, 341, 342, 344, 345, 350, 355, 365, 382,
391, 426, 443, 446, 449, 459

　~의 상실 248

모부투 세세 세코(Mobutu Sese Seko) 311

몰다비아 349

몽골 97

　~의 정복 176

무소륵스키, 모데스트(Modest
Mussourgsky) 356, 396, 404

　『보리스 고두노프』(Boris Godunov) 357

　『호반시치나』(Khovanshchina) 357

무어, 배링턴(Barrington Moore) 9

무함마드 174, 265

문자해득 156

문헌학 377

문화 69, 70, 72

　~와 정치의 접합 329

　~의 지속성 209

문화적 다원주의 453

뮬러, 막스(Max Müller) 413

미노그, 케네스(Kenneth Minogue) 398

미슐레, 쥘(Jules Michelet) 396

미시나 426

민족(nation) 25, 26, 31, 46, 53, 156, 197,
271, 276, 284, 306, 317, 325, 361, 449

　낭만주의적 ~ 개념 360

　~ 개념의 이중주의 316, 317

　~의 규모 451, 455

　~의 근대성 40, 432

민족감정 32

민족성 26, 32, 79~81, 86, 331, 436~438

　민족성의 정치화 330

　~과 종교의 융합 86

민족성 중시주의(ethnicism) 49, 111,
117~119, 126~128, 130, 132, 154, 197,
202, 297, 352, 364, 449

　헬레네 ~ 145

민족정체성 31, 32

민족주의(nationalism) 36, 53, 156, 197,
271, 284, 300~302, 306, 314, 329, 342, 370,

449, 452, 459
　관료적 ~ 460
　관제~ 462
　낭만주의적 ~ 373, 398
　대리적 종교로서의 ~ 367
　웨일스의 ~ 406
　인도 ~ 426
　프랑스의 ~ 316
　~의 우연성 40
민중주의 290, 396
밀레, 장 프랑수아(Jean-François Millet)
396
밀레트(millet) 체제 152, 184, 236, 249,
250, 423

ㅂ

바가바드-기타(Bhagavad-Gita) 416, 426
바레르, 베르트랑(Bertrand Barère) 283
바르트, 프레드릭(Fredrik Barth) 38
바스크 37, 239, 247
　~ 민족주의 247
바스 학파(Barthians) 211
바하이교(Bahai) 266
반식민주의 118
발레 388
방언 291, 292
배리, 찰스(Charles Barry) 404
버크, 에드먼드(Edmund Burke) 386
범그리스 민족성 187
범수메르 감정 187
범터키 이데올로기 185
범투르크주의 382, 433
범헬레니즘 146, 175
법률 286
베르길리우스, 푸블리우스 마로(Publius

Maro Vergilius) 127
베버, 막스(Max Weber) 111
베토벤, 루트비히 판(Ludwig van
Beethoven) 396
　「전원교향악」 396
보로디노(Borodino) 전투 170
보로딘, 알렉산드르(Aleksandr Borodin)
386
　「중앙아시아의 초원에서」 386
보수주의 453
볼테르(Voltaire) 402
부르주아지 281, 351, 446
부족연합 190
분리주의 276
불교 89, 263
　미얀마의 ~ 89
브라모 사마지(Brahmo Samaj) 425
브루투스(Brutus) 429
브륄리, 존(John Breuilly) 23
브르네, 니콜라-기(Nicolas-Guy Brenet)
415
브르타뉴 37, 239, 247, 340
브리자키스, 테오도로스(Theodoros
Vryzakis) 404
비드(Bede) 162
비스마르크, 오토 폰(Otto von Bismarck)
284
비탈리아누스(Vitalis) 162
빈센트, 프랑수아-앙드레(François-André
Vincent) 406
빌헬름 텔 405, 406, 433
빙켈만, 요한(Johann Winckelman) 377

ㅅ

사르곤(Sargon) 왕조 141

사브라소프, 알렉세이(Aleksei Savrasov) 386

사산 왕조 231, 414

사이스(Saites) 왕조 260

사전 편찬 377

사제 332, 446

사파비 왕조 302

사회 336

사회통합 165

사회학 361, 378

산업화 39

상상의 공동체 39

상징 116

상징주의 422, 431

생시몽, 클로드 앙리 드(Claude Henri de Saint-Simon) 323

샤를 3세(Charles the Simple) 121

샤를마뉴(Charlemagne) 136

샤카(Shaka) 190

샤푸르 1세(Shapur I) 124, 231

샬, 장 프레데릭(Jean Frederic Schall) 406

성 메스롭-마소츠(St Mesrop-Mashotz) 251

성직자 333, 334, 446

성 콜롬바(St. Columba) 395

성 패트릭(St Patrick) 395

세계종교 263

세르비아

～ 민족주의 370

셀레우코스 왕조 130

셰익스피어, 윌리엄(William Shakespeare) 358

『줄리어스 시저』 358

소수민족 238, 239, 293

솔로몬 왕조(에티오피아) 231

쇼팽, 프레드릭 프랑수와(Fryderyk Franciszek Chopin) 404

수니파 305

수리코프, 바실리(Vasily Surikov) 396, 404

수메르인 86

쉴즈, 에드워드(Edward Shils) 43

스넬만, 요한 빌헬름(Johan Vilhelm Snellman) 412

스위스 340, 354, 385

헬베티아 공화국(Helvetic Republic) 354

스위스 연방 189

스카치폴, 테다(Theda Skocpol) 9

스코틀랜드 37, 325

스키피오(Scipio) 415

스투르, 루도비트(Ludovit Stur) 288

스튜어트 왕조(Stuart) 165

스트라본(Strabon) 448

스트라빈스키, 이고르(Igor Stravinsky) 386

『봄의 제전』 386

스펜서, 허버트(Herbert Spencer) 323

슬로바키아 301

시민 173, 342

시민권 287, 288, 315, 318, 346, 347, 446

시벨리우스, 얀(Jean Sibelius) 404, 410

시슈킨, 이반(Ivan Shishkin) 386

시아파 305

시온주의 258, 428

시크교 193, 352, 353

시턴-왓슨, 휴(Hugh Seton-Watson) 9, 11, 23

신화 50, 94, 166, 170, 313~315, 399, 422

가계의 ～ 65, 66

전쟁～ 95

신화-상징 복합체(myth-symbol complex) 50, 51, 52, 133, 134, 137, 139, 155, 208, 319, 432, 446, 464

공동체의 ～ 140, 146

아시리아의 ～ 168

종교적 ~ 146
신화원동기(mythomoteur) 50, 51, 52, 66,
105, 133, 135~137, 140, 153~155, 258
　고대 그리스의 ~ 142
　공동체의 ~ 141
　도시국가 ~ 140
　메소포타미아의 ~ 137
　비잔틴 제국의 ~ 138, 235
　아르메니아인의 ~ 148, 149
　아일랜드인의 ~ 151
　왕조의 ~ 138, 140
　유대인의 ~ 147
　인도의 ~ 310
　종교적-왕조적인 ~ 137
　프랑스의 ~ 135, 136
신화-종교 복합체
　아일랜드인의 ~ 151
신화학 422, 431
실러, 프리드리히(Friedrich Schiller) 406

ㅇ

아게실라우스(Agesilaus) 146
아담(Adam) 형제 377
아답파(Adapa) 138, 225
아더 왕 전설 405, 406, 429
아랍
　~의 정복 176
아르다시르(Ardashir) 184
아르메니아 250, 251, 253, 268, 352, 353,
381
　~의 지정학적 위치 204
아르메니아인 학살 254
아리스토파네스(Aristophanes) 448
아리아 사마지(Arya Samaj) 425
아리아인 180, 181

~의 침공 180
아시리아 138, 203, 219, ~223, 225, 226,
229, 259
　~의 몰락 218
　~의 소멸 220, 223, 226
　~의 정체성 226
　~의 종교 224
아우로빈도(Aurobindo) 309, 416
아이네이아스(Aeneas) 135, 162, 429
아이스퀼로스 93, 108, 114
　『에우메니데스』 114
　『페르시아인들』 108
아일랜드 190, 240, 384
　~ 민족성 241
　~의 성직자 335
　~의 정체성 190
아케메네스 왕조(Achaemenids) 124, 182,
414
아크나톤(Akhnaton) 137
아크진(Benjamin Akzin) 69
아킬레스 405, 407
아타튀르크, 케말(Kemal Atatürk) 304, 316,
391
아피아니, 안드레아(Andrea Appiani) 403,
407
아후라-마즈다(Ahura-Mazda) 숭배 261
『안나 카레니나』 397
암스트롱, 존 알렉산더(John Alexander
Armstrong) 9, 25, 48, 49, 81, 83, 84, 177
앙지비에 백작(Comte d'Angiviller) 402
앤더슨, 베네딕트(Benedict Anderson) 23,
38, 282, 285, 355, 378
언어 70~72, 237, 238, 255, 265, 282, 288,
298, 305, 359, 378, 456
에스겔(Ezekiel) 127
에스라(Ezra) 147

에티오피아 왕조 123
엘람인 159, 160
엘리시, 에누마(Enuma Elish) 86
엘리야(Elijah) 127
엡스타인, 아널드 레오나르드(Arnold
Leonard Epstein) 47
역사 67~69, 292, 314, 456
~의 창안 314
~ 재발견 314
역사적 이동성 417
역사주의 379, 395, 399
맑스주의적 ~ 378
열심당(Zealot) 131, 132
「열왕기」 108
영국 237, 238, 428, 430
명예혁명 430
~의 유적 393
영속주의 28, 44, 46, 53, 54, 80, 436, 437
영역(territory) 73, 74, 83
영웅 404, 405, 417, 418, 431, 443
영토 313
~민족주의 292
~적 민족 285, 288, 291, 293, 295
~회복운동 120
예술 377
예이츠, 윌리엄 버틀러(William Butler Yeats)
412
오그래디, 스탠디시(Standish O'Grady) 407
오리지, 앤드루(Andrew Orridge) 207
오이신(Oisin) 418
오페라 388
왈라키아 349
왈렉-체르네키, M. T.(M. T. Walek-
Czernecki) 197
『왕들의 책』 125
「요나」 108

요르조코스키넨, 요르조 사카리(Yrjö Sakari
Yrjö-Koskinen) 412
요세푸스, 플라비우스(Flavius Josephus)
132
우동, 장 앙투안(Jean-Antoine Houdon)
403
우르남무 126
우투헤갈(Utu-hegal) 119
울레마(ulema) 302
워즈워스, 윌리엄(William Wordsworth) 396
원시주의 454
원초주의(primordialism) 28, 33, 43, 44, 46,
80, 436
월러스틴, 이매뉴얼(Immanuel Wallerstein)
9, 278
웨버, 유진(Eugine Weber) 284
웨스트, 벤저민(Benjamin West) 416
웨일스 37, 239
~ 공동체 240
~ 민족주의 406
~언어학회 341
유고슬라비아주의 316
유대교 263
유대인 130, 243, 254, 255, 257, 259, 265,
353, 381, 384, 391
~의 저항운동 130
유대주의 428
유목 82, 85
유베날리스, 데키무스 유니우스(Decimus
Iunius Iuvenalis) 448
유적지 389, 391, 392
그리스의 ~ 390
음유시인 332
『이고르 원정기』 170
이란 198, 199, 231, 302
~의 황금시대 414

이름 61~63
이반 3세 152
이반 4세[이반 뇌제] 152, 153, 170
이보(Ibo) 290, 352
이산민족 191, 248~250, 254, 257, 266, 352, 381, 427
이소크라테스(Isocrates) 146
이스라엘 340, 426
이슬람 262~264
이시도루스(Isidore) 162
이익사회 331, 332, 339, 343
이익집단 373
이중적 충성 319, 322
이집트(고대) 103, 197, 198, 233, 234, 259, 260, 333, 389
　~의 종교 261
이집트(근대) 305
이탈리아 354
　~ 도시국가 354
인구 210, 211, 214
　~의 지속성 209, 211
인도 309, 422, 425
　~ 민족주의 426
　~의 신화원동기 310
　~ 지식인 413
인류학 361, 378
인민(people) 58
인보동맹(隣保同盟) 106, 140, 144, 186
인쇄-기술 자본주의 38, 378
인쇄술 282
인종적 민족(ethnie) 10, 32, 46, 51, 53, 58, 59, 61, 62, 73, 76, 78, 197, 271, 285, 293, 449
　대안적인 ~ 모델 307
　수직적-민중적인 ~ 185, 186, 191, 194~196, 228

　수평적-귀족적인 ~ 177, 180, 183, 194, 196, 228~230, 233
　헬레네의 ~ 143
　~의 두 유형 171, 172
　~의 소멸 227
　~의 영역 73
　~의 이름 62
　~의 해체 215
인종적 민족 공동체 25, 26
인종적 민족성(ethnicity) 197
인종청소 211, 214
인텔리겐치아 281, 282, 337, 351, 353, 412, 446
일본 201

ㅈ · ㅊ

자립경제 343, 345, 458
자민족 중심주의(ethnocentrism) 49, 111, 112, 114, 117, 133, 146, 150, 202, 271
자연 382
자연주의 373
자이나교 263
자이르 311
자코뱅 421
전문가 337
전쟁 92, 93, 95, 96, 99, 170, 174, 186, 189, 208
　~신화 95
전통 324
절대주의 279
정주 82, 85
정체성 47
정치 330
　~와 문화의 접합 329
정치적 다원주의 453

정치적 동원 328
정치체제 103
제2차 드빈회의(Council of Dvin) 253
제3세계 10
젬랴(zemlya) 154
조로아스터교 124, 174, 183, 198, 231, 250, 261, 262, 263
조지언파 시인 430
존스(Thomas Jones) 240
종교 38, 39, 70, 72, 75, 82, 85, 86, 259, 264, 269, 270, 333, 334
　구원의 ~ 267, 268
　민족성과 ~의 융합 86
　역사주의 ~ 258
　~의 민족화 335
종속 342
종속이론 342, 343
종속적 주변부 37
주권국가 286
지멜, 게오르그(Georg Simmel) 95
지식인 332, 336, 372, 373, 403
지정학 203, 205
　아르메니아의 ~적 위치 204
　폴란드의 ~적 위치 204
　~적인 위치 95
직선적 발전 관념 398
진화론 399
짐바브웨 341
차르 153
처칠, 랜돌프(Churchil, Randolph) 351
청년터키운동 304
체임벌린, 조지프(Joseph Chamberlain) 351
체코 340
초서, 제프리(Geoffrey Chaucer) 237
칠렘브웨, 존(John Chilembwe) 118

ㅋ

카, E. H.(E. H. Carr) 9
카노바, 안토니오(Antonio Canova) 404
카롤링거 왕조 135
카르티르(Kartir Hangirpe) 124
카모세(Kamose) 119
카무치니, 빈첸초(Vincenzo Camuccini) 403
『카비』 125
카스트제도 53, 254
카타르치스, 디미트리오스(Dimitrios Katartzis) 308
카탈루냐 37, 248, 319, 325, 348
카페 왕조 136
칼데아 왕조(Chaldean) 122
칼케돈(Chalcedon) 공의회 253
커즌스, 존 로버트(John Robert Cozens) 388
코라이스, 아다만티오스(Adamántios Korais) 308, 404
코르시카 37
코바드(Kobad) 231
코트, H.(H. Koht) 197
콘, 한스(Hans Kohn) 290, 293
콥트교 192, 234, 246, 268, 352
콥트어 246
콩트, 오귀스트(Auguste Comte) 323
쿠르드인 325, 326
쿠 훌린(Cuchulain) 407, 408, 412
쿨본, 루쉬톤(Rushton Coulborn) 81, 82
크레올(creole) 296
크리슈나 416
크세노폰 108, 219
　『역사』 108
클레이스테네스(Cleisthenes) 114
키로스(Cyrus) 왕 122, 205, 223

키릴(Cyril) 4세 대주교 246
키릴로스(Kyrillos) 163
키에르난, 빅토르(Victor Kiernan) 9
키쿠유 290
킴방구, 시몬(Simon Kimbangu) 118

ㅌ

『탈무드』 91, 426
태평천국운동 117
터너, 윌리엄(William Turner) 388
터키 진보연합 위원회 462
테무친(칭기즈칸) 169
텔엘아마르나 시기 108
토라 426
토착문화 보호주의 292
투르크 303, 304
튜더(Tudor) 왕조 165
티리칸(Tiriqan) 119
티토, 요시프(Josip Broz Tito) 316
틸라크, 발 강가다르(Bal Gangadhar Tilak) 309, 416, 425
틸리, 찰스(Charles Tilly) 9, 23, 206, 277
틸 오일렌스피겔(Till Eulenspiegl) 417

ㅍ

파르메니데스(Parmenides) 436
파르메니데스류 학파 437, 439
파르시교 192, 261
파샤, 엔베르(Enver Pasha) 304
파슨스, 탤컷(Talcott Parsons) 323
파푸아뉴기니 453
  고원해방전선(Highlands Liberation Front) 453
  파푸아 베세나(Papua Besena) 운동 453

판테온(Pantheon) 402
팔레비 문자(Phalavi) 260
팔레비 왕조 302
페노만(Fennomans) 운동 412
페니키아 216
  ~의 소멸 215, 217
페르시아 182
페리클레스(Pericles) 145, 187
페이피우스(Peipius) 전투 170
페인, 토머스(Thomas Paine) 287
페트라르카, 프란체스코(Francesco Petrarca) 140
포스터, 에드워드 모건(Edward Morgan Forster) 388
포시도니우스(Posidonius) 448
포용 349, 350, 351, 354
폴란드 204, 299, 300, 349, 370
  ~의 성직자 335
  ~의 지정학적 위치 204
표트르 1세 154, 280
푸시킨, 알렉산드르(Aleksandr Pushkin) 396
풍경 381, 386, 391, 392, 397, 432
퓨젤리, 앙리(Henry Fuseli) 377
프랑스
  ~ 민족국가 284
프랑스(중세) 200
프랑스 혁명 283, 312, 462
프랑크 왕국 135
프톨레마이오스 왕조 98, 122, 123, 198, 234, 260, 333
플라톤(Platon) 448
플랑드르 37
플랙스먼, 존(John Flaxman) 377, 407
플루타르코스(Plutarchos) 448
피라네시, 조반니 바티스타(Giovanni

Battista Piranesi) 377

피핀(Pepin) 136

핀란드

  ~의 황금시대 411

핀 맥 쿨(Fin Mac Cool) 408

필경사 332, 446

ㅎ

하미디안(Hamidian) 반격 303

하밀카르(Hamilcar Barca) 169

하시딤(Chassidim) 131

하위계층 328

학문 359

한니발(Hannibal) 169

합리주의 337

향수(nostalgia) 83, 84, 364, 366, 367

헝가리 299, 300, 349, 370, 383

헤라클레이토스(Heraclitus) 437

헤라클레이토스류 학파 437, 438, 439

헤로도토스(Herodotos) 59, 108, 448

『역사』 108

헤롯(Herod) 132

헤시오도스(Hesiodos) 142, 448

헥터, 마이클(Michael Hechter) 9

헨리 8세 238

호라티우스, 퀸투스(Quintus Horatius) 127

호메로스(Homeros) 142, 175

호스로 1세(Chosroes I) 124, 125, 231, 232

홀로코스트 254, 258

홉스봄, 에릭(Eric Hobsbawm) 9

홍수전(洪水全) 117

황금시대 126, 405, 407, 409, 418, 426, 431, 443

  이란의 ~ 414

  핀란드의 ~ 411

후세인, 타하(Taha Hussein) 389

흑인문화 70

히타이트 178, 179, 180, 181

  ~의 귀족 178

힌두교 413

힌두 민족성 182